Rowohlts Klassiker der Literatur und der Wissenschaft

Herausgegeben von
Ernesto Grassi
unter Mitarbeit von
Walter Hess

Griechische Philosophie
Band 4

PLATON

Sämtliche Werke

3

PHAIDON, POLITEIA

In der Übersetzung
von Friedrich Schleiermacher
mit der Stephanus-Numerierung
herausgegeben von
Walter F. Otto † · Ernesto Grassi
Gert Plamböck

ROWOHLT

176.–180. Tausend September 1986

Veröffentlicht im Rowohlt Taschenbuch Verlag GmbH,
Hamburg, Februar 1958

Umschlagentwurf Hans Hermann Hagedorn
Gesetzt aus der Linotype-Aldus-Buchschrift
und der Palatino (D. Stempel AG)
Gesamtherstellung Clausen & Bosse, Leck
Printed in Germany
980-ISBN 3 499 45027 5

Platon · Sämtliche Werke 3

Die Ziffern am Rande sind die Seiten- und Abschnittszahlen der dreibändigen Platon-Ausgabe von Henricus Stephanus (Paris 1578), nach denen man Platon allgemein zitiert. Sie sind gegeben nach der gebräuchlichsten modernen Ausgabe, der von Ioannes Burnet (Oxford 1899–1906). In den Gliederungen bedeutet die letzte Ziffer die Zeilenzahl des Stephanus-Abschnitts bei Burnet. Diese stimmt mit der Übersetzung nicht notwendig genau überein.

PHAIDON

GLIEDERUNG

A. Einleitung:

1. Der Aufschub der Hinrichtung des Sokrates und sein Grund (1. Kap., 57 a 1—58 c 5).
2. Zustand der beim Tode des S. Gegenwärtigen; ihre Namen (2. Kap., 58 c 6—59 c 7).

B. Hauptteil: Erzählung des Phaidon

I. Beginn der Handlung und einleitende Gespräche. 1. Der Eintritt in das Gefängnis; S. über die notwendige Verbindung des sogenannten Angenehmen mit seinem Gegenteil (3. Kap., 59 c 8—60 c 7). 2. a) Der Traum des S.; seine zwiefache Beschäftigung mit der Musik (4. Kap., 60 c 8—61 b 7); b) Auftrag des S. an Euenos und jeden Philosophen, ihm zum Tode zu folgen (5. Kap., 61 b 7—61 e 4). 3. a) Unerlaubtheit eines gewaltsamen Todes (6. Kap., 61 e 5—62 c 8); b) Gründe des Kebes und Simmias gegen das behauptete Sterbenwollen des Philosophen (7. Kap., 62 c 9—63 b 3); c) Hoffnungen des S. für den Tod und Entschluß, sich deswegen zu rechtfertigen (8. Kap., 63 b 4—64 a 3).

II. Philosophieren und Sterben, der Philosoph und der Tod. 1. Das verborgene Sterben des wahren Philosophen: Ablösung der Seele vom Leib (9. Kap., 64 a 4—65 a 8). 2. a) Das Treffen der Wahrheit mit der Seele allein (10. Kap., 65 a 9—66 a 10); b) Der Leib als Hindernis beim Erkennen des Reinen und Ungetrübten (11. Kap., 66 b 1—67 b 6). 3. a) Furchtlosigkeit des wahrhaft Philosophierenden vor dem Tod (12. Kap., 67 b 7—68 b 7); b) Die Tugend der Menge und die der wahren Philosophen (13. Kap., 68 b 8—69 e 5).

III. 1. Beweis der Unsterblichkeit der Seele: Das Entstehen aller Dinge aus ihrem Gegenteil. 1. Zweifel des Kebes, ob die Seele nach dem Tode noch ist und Einsicht hat (14. Kap., 69 e 6—70 c 3). 2. a) S. über das Entstehen aller Dinge aus ihrem Gegenteil (15. Kap., 70 c 4—71 b 10); b) Anwendung dieses Satzes auf Leben und Tod; Schluß, daß die Seelen der Verstorbenen irgendwo sind (16. Kap., 71 c 1—72 a 10). 3. Notwendigkeit, daß es ein Wiederaufleben der Toten gibt (17. Kap., 72 a 11—72 e 2).

IV. 2. Beweis: Die Wiedererinnerungslehre. 1. Begriff der Wiedererinnerung (18. Kap., 72 e 3—74 a 1). 2. a) Der Vorgang der Wiedererinnerung und seine Voraussetzung (19. Kap., 74 a 2—75 c 6); b) Besitz der Erkenntnis des Wesens vor der Geburt (20. Kap., 75 c 7—76 a 8). 3. a) Schluß: Die Seelen waren auch vor der Geburt und hatten Einsicht (21. Kap., 76 a 9—76 d 6); b) Das vorgeburtliche Sein der Seele ist so notwendig wie das Sein der Ideen (22. Kap., 76 d 7—77 b 1).

V. 3. Beweis: Das Ähnlichsein der Seele mit dem unsichtbaren Beständigen. 1. a) Bedenken des Kebes und Simmias, ob die Seele nicht nur vor, sondern auch nach dem Tode ist (23. Kap., 77 b 1—77 d 5); b) Ein Kind ist in uns, das der Besprechung bedarf (24. Kap., 77 d 5 bis 78 b 3). 2. a) Zwei Arten des Seienden: das sich immer gleich bleibende unsichtbare Beständige und die sich ändernden sichtbaren Dinge (25. Kap., 78 b 4—79 a 5); b) Der Leib ist dem sichtbaren Seienden ähnlich, die Seele dem unsichtbaren (26. Kap., 79 a 6—79 c 1). 3. a) Zustand der Seele, wenn sie vermittels des Leibes etwas betrachtet und wenn sie für sich selbst das ihr verwandte Gleiche schaut (27. Kap., 79 c 2—79 e 7); b) Auch als Beherrscherin des Leibes ist die Seele dem Göttlichen ähnlich (28. Kap., 79 e 8—80 b 7). 4. Schluß: Die Seele geht nach dem Tode, wenn sie rein ist, in Wahrheit zum unsichtbaren Göttlichen (29. Kap., 80 b 8—81 a 11).

VI. Reinheit und Befleckung der Seelen. 1. a) Beschaffenheit der unrein abscheidenden Seelen (30. Kap., 81 b 1—81 e 2); b) Wiedergeburt der unphilosophischen Seelen ihrer Sinnesart nach (31. Kap., 81 e 2 bis 82 b 9). 2. a) Bestimmung und Weg der philosophischen Seele (32. Kap., 82 b 10—82 d 7); b) Erlösende Wirksamkeit der Philosophie auf die Seele und Hemmung der sinnlichen Begierden (33. Kap., 82 d 8 bis 83 e 4). 3. Die Haltung der Seele eines philosophischen Mannes (34. Kap., 83 e 5—84 b 7).

VII. Einwendungen des Kebes und Simmias gegen das Gesagte und ihre Wirkung auf die Anwesenden. 1. Scheu des Kebes und Simmias, einen Zweifel vorzubringen; unerschüttert-heitere Stimmung des S., des Genossen der Schwäne (35. Kap., 84 c 1—85 d 10). 2. a) Einwand des Simmias: Ist die Seele etwas wie die Harmonie und Stimmung des Leibes, dann ist sie zwar unsichtbar und göttlicher als er, muß aber doch vor ihm vergehen (36. Kap., 85 e 1—86 d 4); b) Einwand des Kebes: Die Seele mag immerhin dauerhafter sein als der Körper, ihre völlige Unvergänglichkeit folgt aus dem Gesagten noch nicht (37. Kap., 86 d 5—88 b 8). 3. a) Wirkung der Einwände auf die übrigen Anwesenden und auf Sokrates (38. Kap., 88 c 1—89 c 11); b) Warnung des S. vor Redefeindschaft; ihre Entstehung aus Kunstlosigkeit (39. Kap., 89 c 11—90 d 8); c) Bereitschaft des S. zu weiterer Untersuchung (40. Kap., 90 d 9—91 c 5).

VIII. Widerlegung des Einwandes des Simmias. 1. a) Er stimmt nicht zusammen mit der sicher begründeten Wiedererinnerungslehre (41. Kap., 91 c 6—92 e 3); b) Eine als Stimmung aufgefaßte Seele ließe nicht Grade der Tugend und des Lasters zu (42. Kap., 92 e 4—94 b 3); c) Die Seele als Stimmung könnte den Leib nicht beherrschen (43. Kap., 94 b 4—95 a 3).

IX. Die Bemühungen des Sokrates um Erkenntnis der Ursache von Entstehen und Vergehen. 1. Wiederaufnahme des Einwands des Kebes (44. Kap., 95 a 4—95 e 6); 2. Unbefriedigtsein des S. über die von den Naturphilosophen behaupteten Ursachen des Entstehens und Vergehens (45. Kap., 95 e 7—97 b 7). 3. a) Hoffnungen auf die ordnende Vernunft des Anaxagoras als eine Ursache, die das Beste jeden Dinges zum Erklärungsgrund macht (46. Kap., 97 b 8—98 b 6); b) Enttäuschung des S. über Anaxagoras. Unterschied zwischen Ursache und Mitursache (47. Kap., 98 b 7—99 d 3). 4. a) Zuflucht des S. von den Dingen zu den Gedanken, um in ihnen die Wahrheit der Dinge zu betrachten (48. Kap., 99 d 4—100 a 9); b) Die sokratische Ursachenforschung: Begründung durch eine angesetzte Teilhabe an dem, was in Wahrheit ist (49. Kap., 100 b 1—102 a 8).

X. 4. Beweis der Unsterblichkeit aus dem Wesen der Seele. 1. a) Möglichkeit einer gleichzeitigen Teilhabe der Dinge an entgegengesetzten

Wesenheiten, aber Unmöglichkeit, daß die Wesenheit selbst oder die in uns ihr Gegenteil annimmt (50. Kap., 102 a 8—103 a 3); b) Unterschied dieser Aussage über die Wesenheiten von der in Kap. 15 vertretenen Entstehung der Dinge aus ihrem Gegenteil (51. Kap., 103 a 4 bis 103 c 9); c) Nicht nur die Wesenheiten lassen ihr Gegenteil niemals zu, sondern auch anderes ist notwendig mit einer Entgegensetzung verbunden (52. Kap., 103 c 10—104 c 10). 2. a) Genauere Bestimmung der Wesenheiten, die außer sich selbst immer zugleich noch ein bestimmtes Entgegengesetztes mit sich führen (53. Kap., 104 c 11 bis 105 b 4); b) Anwendung auf die Seele, die immer Leben mit sich bringt (54. Kap., 105 b 5—105 d 12). 3. a) Schluß: Die Seele ist also unsterblich und daher auch unvergänglich (55. Kap., 105 d 13 bis 106 d 4); b) Völlige Überzeugung des Kebes und Unsicherheit des Simmias (56. Kap., 106 d 5—107 b 10).

XI. Endmythos über das künftige Schicksal der Seele. 1. Der Weg in die Unterwelt für die sittsame und der für die unreine Seele (57. Kap., 107 c 1—108 c 5). 2. a) Lage und Größe der Erde; Beschaffenheit unserer Wohnsitze (58. Kap., 108 c 5—110 b 4); b) Aussehen der wahren Erde und Glückseligkeit ihrer Bewohner (59. Kap., 110 b 5—111 c 3). 3. a) Das System der unterirdischen Ströme (60. Kap., 111 c 4—112 e 3); b) Die vier Hauptströme: Okeanos, Acheron, Pyriphlegethon und Kokytos (61. Kap., 112 e 4—113 c 8). 4. Die Schicksale der verschiedenartigen Seelen nach ihrem Verdienst (62. Kap., 113 d 1—114 c 8). 5. Das Vertrauen auf diesen Mythos als schönes Wagnis (63. Kap., 114 d 1 bis 115 a 8).

XII. Letzte Worte und Handlungen des Sokrates. 1. Letzter Auftrag des S. an Kriton und die Freunde. Seine Zuversicht über das Fortgehen der Seele (64. Kap., 115 b 1—116 a 1). 2. Beisammensein mit den Verwandten und Ankündigung des Sonnenuntergangs (65. Kap., 116 a 2 bis 117 a 3). 3. Das Trinken des Gifts, letzte Worte und Tod des Sokrates (66. Kap., 117 a 4—118 a 14).

C. Schluß: Schlußworte über Sokrates (67. Kap., 118 a 15—118 a 17).

ECHEKRATES, PHAIDON

[1. Der Aufschub der Hinrichtung und sein Grund]

ECHEKRATES: Warst du selbst, o Phaidon, bei dem Sokrates an je- 57 a
nem Tage, als er das Gift trank in dem Gefängnis, oder hast du es
von einem andern gehört?

PHAIDON: Selbst war ich da, o Echekrates.

ECHEKRATES: Was also hat denn der Mann gesprochen vor seinem
Tode, und wie ist er gestorben? Gern hörte ich das. Denn weder von
meinen Landsleuten, den Phliasiern, reist jetzt leicht einer nach
Athen, noch ist von dort her seit geraumer Zeit ein Gastfreund ange-
kommen, der uns etwas Genaues darüber berichten konnte, außer b
nur, daß er das Gift getrunken hat und gestorben ist, von dem Übri-
gen wußte keiner etwas zu sagen.

PHAIDON: Auch von der Klage also habt ihr nichts erfahren, wie 58 a
es dabei hergegangen ist?

ECHEKRATES: Ja, das hat uns jemand erzählt, und wir haben uns
gewundert, daß, obwohl sie schon längst abgeurteilt war, er offen-
bar erst weit später gestorben ist. Wie war doch das, o Phaidon?

PHAIDON: Durch einen Zufall fügte es sich so, Echekrates. Es traf
sich nämlich, daß gerade an dem Tage vor dem Gericht das Schiff
bekränzt worden war, welches die Athener nach Delos senden.

ECHEKRATES: Was hat es damit auf sich?

PHAIDON: Dies ist das Schiff, wie die Athener sagen, worin einst
Theseus fuhr, um jene «zweimal sieben» nach Kreta zu bringen, die
er rettete und sich selbst auch. Damals hatten sie dem Apollon ge- b
lobt, wie man sagt, wenn sie gerettet würden, ihm jedes Jahr ei-
nen Festzug nach Delos zu senden, welchen sie nun seitdem immer
und auch jetzt noch jährlich an den Gott senden. Sobald nun dieser
Festzug angefangen hat, ist es Gesetz, während dieser Zeit die Stadt
rein zu halten und von Staats wegen niemanden zu töten, bis das
Schiff in Delos angekommen ist und auch wieder zurück. Und dies
währt bisweilen lange, wenn widrige Winde einfallen. Des Festzu-
ges Anfang ist aber, wenn der Priester des Apollon das Vorderteil c
des Schiffes bekränzt; und dies, wie ich sage, war eben den Tag vor
dem Gerichtstage geschehen. Daher hatte Sokrates soviel Zeit in dem
Gefängnis zwischen dem Urteil und dem Tode.

[2. Zustand der beim Tode des S. Gegenwärtigen; ihre Namen]

ECHEKRATES: Wie war es aber bei seinem Tode selbst, o Phaidon?
Was wurde gesprochen und was getan? Welche von seinen Vertrau-
ten waren bei dem Manne? Oder ließ die Behörde sie nicht zu ihm,
und er starb ohne Beisein von Freunden?

PHAIDON: Keineswegs, sondern es waren von ihnen, und zwar d
ziemlich viele, zugegen.

Echekrates: Alles dieses bemühe dich doch uns recht genau zu erzählen, wenn es dir nicht etwa an Muße fehlt.

Phaidon: Nein, ich habe Muße und will versuchen, es euch zu erzählen. Denn des Sokrates zu gedenken, sowohl selbst von ihm redend als auch anderen zuhörend, ist mir immer von allem das Erfreulichste.

Echekrates: Und eben solche, o Phaidon, hast du jetzt auch zu Hörern. Also versuche nur alles, so genau du immer kannst, uns vorzutragen.

e Phaidon: Mir meinesteils war ganz wunderbar zumute dabei.
Bedauern nämlich kam mir gar nicht ein als wie einem, der bei dem
Tode eines vertrauten Freundes zugegen sein soll; denn glückselig
erschien mir der Mann, o Echekrates, in seinem Benehmen und seinen
Reden, wie standhaft und edel er endete, so daß ich vertraute,
er gehe auch in die Unterwelt nicht ohne göttliche Schickung, sondern
59 a auch dort werde er sich wohlbefinden, wenn jemals einer sonst. Darum
nun trat mich weder etwas Weichherziges an, wie man doch denken
sollte bei solchem Trauerfall, noch auch waren wir fröhlich, wie
in unsern philosophischen Beschäftigungen nach gewöhnlicher Weise,
obwohl unsere Unterredungen auch von dieser Art waren; sondern
in einem gar nicht festzulegenden Zustande befand ich mich
und in einer ungewohnten Mischung, die aus Lust zugleich und Betrübnis
zusammengemischt war, wenn ich bedachte, daß er nun
gleich sterben würde. Und alle Anwesenden waren fast in derselben
Gemütsstimmung, bisweilen lachend, dann wieder weinend, ganz
b vorzüglich aber einer unter uns, Apollodoros. Du kennst ja wohl den
Mann und seine Weise.

Echekrates: Wie sollte ich nicht.

Phaidon: Der war nun ganz vorzüglich so; aber auch ich war gleichermaßen bewegt und die übrigen.

Echekrates: Welche aber waren denn gerade da, Phaidon?

Phaidon: Eben dieser Apollodoros war von den Einheimischen zugegen und Kritobulos mit seinem Vater Kriton; dann noch Hermogenes und Epigenes und Aischines und Antisthenes. Auch Ktesippos, der Paeanier, war da und Menexenos und einige andere von den Landsleuten; Platon aber, glaube ich, war krank.

Echekrates: Waren auch noch Fremde zugegen?

c Phaidon: Ja, Simmias, der Thebaner, und Kebes und Phaidondes,
und aus Megara Eukleides und Terpsion.

Echekrates: Wie aber Aristippos und Kleombrotos, waren die da?

Phaidon: Nein, es hieß, sie wären in Aigina.

Echekrates: War noch sonst jemand gegenwärtig?

Phaidon: Ich glaube, dies waren sie ziemlich alle.

Echekrates: Und wie nun weiter? Was für Reden, sagst du, wurden geführt?

[3. Der Eintritt in das Gefängnis; S. über die notwendige Verbindung des sogenannten Angenehmen mit seinem Gegenteil]

Phaidon: Ich will versuchen, dir alles von Anfang an zu erzäh-

len. Wir pflegten nämlich auch schon die Tage vorher immer zum d
Sokrates zu gehen, ich und die andern, und versammelten uns des
Morgens im Gerichtshause, wo auch das Urteil gefällt worden war;
denn dies ist nahe bei dem Gefängnis. Da warteten wir jedesmal,
bis das Gefängnis geöffnet wurde, und unterredeten uns unterdes-
sen. Denn es wurde nicht sehr früh geöffnet; sobald es aber offen
war, gingen wir hinein zum Sokrates und brachten meist den Tag
bei ihm zu. Auch damals nun hatten wir uns noch früher versam-
melt, weil wir tags zuvor, als wir abends aus dem Gefängnis gingen, e
erfahren hatten, daß das Schiff aus Delos angekommen sei. Wir ga-
ben uns also einander das Wort, auf das früheste an dem gewohn-
ten Ort zusammenzukommen. Das taten wir auch, und der Türste-
her, der uns aufzumachen pflegte, kam heraus und sagte, wir sollten
warten und nicht eher kommen, bis er uns riefe. Denn, sprach er, die
Elf lösen jetzt den Sokrates und kündigen ihm an, daß er heute ster-
ben soll. Nach einer kleinen Weile kam er dann und hieß uns hin-
eingehen. Als wir nun hineintraten, fanden wir den Sokrates eben 60 a
entfesselt, und Xanthippe, du kennst sie doch, sein Söhnchen auf dem
Arm haltend, saß neben ihm. Als uns Xanthippe nun sah, wehklagte
sie und redete allerlei dergleichen, wie die Frauen es pflegen, näm-
lich: O Sokrates, nun reden diese deine Freunde zum letzten Male
mit dir, und du mit ihnen. Da wendete sich Sokrates zum Kriton und
sprach: O Kriton, laß doch jemand diese nach Hause führen. Da
führten einige von Kritons Leuten sie heulend und sich übel gebär-
dend fort. Sokrates aber, auf dem Bette sitzend, zog das Bein an sich b
und rieb sich den Schenkel mit der Hand, indem er zugleich sagte:
Was für ein eigenes Ding, ihr Männer, ist es doch um das, was die
Menschen angenehm nennen; wie wunderlich verhält es sich zu dem,
was ihm entgegengesetzt zu sein scheint, dem Unangenehmen, daß
nämlich beide zu gleicher Zeit zwar nie in dem Menschen sein wol-
len, doch aber, wenn einer dem einen nachgeht und es erlangt, er
meist immer genötigt ist, auch das andere mitzunehmen, als ob sie
zu zweit an einer Spitze zusammengeknüpft wären; und ich denke, c
wenn Aisopos dies bemerkt hätte, würde er eine Fabel daraus ge-
macht haben, daß Gott beide, da sie im Kriege begriffen sind, habe
aussöhnen wollen, und weil er dies nicht gekonnt, sie an den Enden
zusammengeknüpft habe, und deshalb nun, wenn jemand das eine
hat, komme ihm das andere nach. So scheint es nun auch mir ge-
gangen zu sein; weil ich von der Fessel in dem Schenkel vorher
Schmerz hatte, so kommt mir nun die angenehme Empfindung hin-
tennach.

*[4. Der Traum des S.; seine zwiefache Beschäftigung mit der Mu-
sik]* Darauf nahm Kebes das Wort und sagte: Beim Zeus, Sokrates,
das ist gut, daß du mich daran erinnerst. Denn nach deinen Gedich-
ten, die du gemacht hast, indem du die Fabeln des Aisopos in Verse d
gebracht, und nach dem Vorgesang an den Apollon, haben mich
auch andere schon gefragt, und noch neulich Euenos, wie es doch zu-
gehe, daß, seitdem du dich hier befindest, du Verse machst, da du es

zuvor nie getan hast. Ist dir nun etwas daran gelegen, daß ich dem
Euenos zu antworten weiß, wenn er mich wieder fragt, und ich weiß
gewiß, das wird er: so sprich, was ich ihm sagen soll. – Sage ihm
denn, sprach er, o Kebes, die Wahrheit, daß ich es nicht tue, um et-
wa gegen ihn und seine Gedichte aufzutreten, denn das, wüßte ich
e wohl, wäre nicht leicht, sondern um zu versuchen, was wohl ein ge-
wisser Traum meine, und mich vor Schaden zu hüten, wenn etwa
dies die Musik wäre, die er mir anbefiehlt. Es war nämlich dieses: es
ist mir oft derselbe Traum vorgekommen in dem nun vergangenen
Leben, der mir bald in dieser, bald in jener Gestalt erscheinend im-
mer dasselbe sagte: O Sokrates, sprach er, mach und treibe Musik.
Und ich dachte sonst immer, nur zu dem, was ich schon tat, ermun-
61 a tere er mich und treibe mich noch mehr an, wie man die Laufenden
anzutreiben pflegt, so ermuntere mich auch der Traum zu dem, was
ich schon tat, Musik zu machen, weil nämlich die Philosophie die
vortrefflichste Musik ist und ich diese doch trieb. Jetzt aber, seit das
Urteil gefällt ist und die Feier des Gottes meinen Tod noch verscho-
ben hat, dachte ich doch, ich müsse, falls etwa der Traum mir doch
beföhle, mit dieser gewöhnlichen Musik mich zu beschäftigen, auch
dann nicht ungehorsam sein, sondern es tun. Denn es sei doch siche-
rer, nicht zu gehen, bis ich mich auch so vorgesehen und Gedichte
b gemacht, um dem Traum zu gehorchen. So habe ich denn zuerst auf
den Gott gedichtet, dem das Opfer eben gefeiert wurde, und nächst
dem Gott, weil ich bedachte, daß ein Dichter, wenn er ein Dichter
sein wolle, Fabeln dichten müsse und nicht vernünftige Reden und
ich selbst nicht erfindsam bin in Fabeln, so habe ich deshalb von de-
nen, die bei der Hand waren und die ich kannte, den Fabeln des Aiso-
pos, welche mir eben vorkamen, in Verse gebracht.

*[5. Auftrag des S. an Euenos und jeden Philosophen, ihm zum Tode
zu folgen]* Dieses also, o Kebes, sage dem Euenos, und er solle wohl-
leben und, wenn er klug wäre, mir nachkommen. Ich gehe aber, wie
c ihr seht, heute, denn die Athener befehlen es. – Da sagte Simmias:
Was läßt du doch da dem Euenos sagen, o Sokrates! Ich habe schon
viel mit dem Manne verkehrt; aber soviel ich gemerkt, wird er auch
nicht die mindeste Lust haben, dir zu folgen. – Wieso? fragte er, ist
Euenos nicht ein Philosoph? – Das dünkt mich doch, sprach Sim-
mias. – Nun, so wird er auch wollen, er und jeder, der würdig an
diesem Geschäfte teilnimmt. Nur Gewalt wird er sich doch nicht
selbst antun; denn dies, sagen sie, sei nicht recht. Und als er dies sag-
d te, ließ er seine Beine von dem Bett wieder herunter auf die Erde, und
so sitzend sprach er das Übrige. – Kebes fragte ihn nun: Wie meinst
du das, o Sokrates, daß es nicht recht sei, sich selbst Leides zu tun,
daß aber doch der Philosoph dem Sterbenden zu folgen wünsche? –
Wie, Kebes? Habt ihr über diese Dinge nichts gehört, du und Sim-
mias, als ihr mit dem Philolaos zusammenwart? – Nichts Genaues
wenigstens, Sokrates. – Auch ich kann freilich nur vom Hörensagen
davon reden; was ich aber gehört, bin ich gar nicht abgünstig euch
e zu sagen. Auch ziemt es sich ja wohl am besten, daß der, welcher

im Begriff ist, dorthin zu wandern, nachsinne und sich Bilder mache über die Wanderung dorthin, wie man sie sich wohl zu denken habe. Was könnte einer auch wohl noch weiter tun in der Zeit bis zum Untergang der Sonne! –

[6. Unerlaubtheit eines gewaltsamen Todes] Weshalb also sagen sie, es sei nicht recht, sich selbst zu töten, o Sokrates? Denn ich habe dies, wonach du eben fragtest, auch vom Philolaos gehört, als er sich bei uns aufhielt, und auch schon von andern, daß man dies nicht tun dürfe. Genaues aber habe ich von keinem jemals etwas darüber ge-
hört. – So mußt du dich noch weiter bemühen, sagte er, du kannst es 62 a
ja wohl noch hören. Vielleicht aber kommt es dir auch wunderbar vor, daß dies allein unter allen Dingen schlechthin so sein soll und auf keine Weise, wie doch sonst überall, bisweilen und einigen, besser zu sterben als zu leben. Und denen nun besser wäre zu sterben, wird dir wunderbar vorkommen, daß es diesen Menschen nicht erlaubt sein solle, sich selbst wohlzutun, sondern daß sie einen andern Wohltäter erwarten sollen. – Da sagte Kebes etwas lächelnd und in seiner Mundart: Das mag Gott wissen. – Es kann freilich so schei-
nen, unvernünftig zu sein, sprach Sokrates, aber es hat doch wohl b
auch einigen Grund. Denn was darüber in den Geheimnissen gesagt wird, daß wir Menschen wie in einer Feste sind und man sich aus dieser nicht selbst losmachen und davongehen dürfe, das erscheint mir doch als eine gewichtige Rede und gar nicht leicht zu durchschauen. Wie denn auch dieses, o Kebes, mir ganz richtig gesprochen scheint, daß die Götter unsere Hüter und wir Menschen eine von den Herden der Götter sind. Oder dünkt es dich nicht so? – Allerdings
wohl, sagte Kebes. – Also auch du würdest gewiß, wenn ein Stück c
aus deiner Herde sich selbst tötete, ohne daß du angedeutet hättest, daß du wolltest, es solle sterben, diesem zürnen, und wenn du noch eine Strafe wüßtest, es bestrafen? – Ganz gewiß, sagte er. – Auf diese Weise nun wäre es also wohl nicht unvernünftig, daß man nicht eher sich selbst töten dürfe, als bis der Gott irgendeine Notwendigkeit dazu verfügt hat, wie die jetzt uns gewordene. –

[7. Gründe des Kebes und Simmias gegen das behauptete Sterbenwollen des Philosophen] Dieses freilich, sagte Kebes, scheint ganz billig. Was du jedoch vorher sagtest, daß jeder Philosoph gern werde
sterben wollen, dieses, o Sokrates, kommt dann ungereimt heraus; d
wenn doch, was wir eben sagten, sich richtig so verhält, daß Gott es ist, der unser hütet, und wir zu seiner Herde gehören. Denn daß nicht die Vernünftigsten gerade am unwilligsten aus dieser Pflege sich entfernen sollten, wo diejenigen für sie sorgen, welche die besten Versorger sind für alles, was ist, die Götter, das ist gar nicht zu denken. Denn sie können ja nicht glauben, daß sie sich selbst besser hüten werden, wenn sie frei geworden sind; sondern nur ein unvernünftiger Mensch könnte das vielleicht glauben, daß es gut wäre,
von seinem Herrn zu fliehen, und könnte nicht bedenken, daß man e
ja von dem Guten nicht fliehen muß, sondern sich soviel als möglich

daran halten, und daß er also unvernünftigerweise fliehen würde;
der Vernünftige aber würde immer streben, bei dem zu sein, der bes-
ser wäre als er. Und so käme ja wohl, o Sokrates, das Gegenteil von
dem heraus, was eben gesagt ward, den Vernünftigen nämlich ziem-
te es, ungern zu sterben, und nur den Unvernünftigen, gern. — Als
dies Sokrates angehört hatte, schien er mir seine Freude zu haben an
63 a des Kebes Eifer in der Sache, und indem er uns ansah, sagte er: Im-
mer spürt doch Kebes irgend Gründe aus und will sich gar nicht
leicht überreden lassen von dem, was einer behauptet. — Darauf sag-
te Simmias: Aber jetzt, o Sokrates, scheint auch mir etwas an dem zu
sein, was Kebes vorbringt. Denn weshalb doch sollten wohl wahrhaft
weise Männer von besseren Herren, als sie selbst sind, fliehen und sie
gern loswerden? Und zwar scheint mir Kebes mit seiner Rede auf
dich zu zielen, daß du es so leicht erträgst, uns zu verlassen und auch
jene guten Herrscher, wie du selbst gestehst, die Götter. — Ihr habt
b recht, sprach er. Ich denke nämlich, ihr meint, ich solle mich hierüber
verteidigen wie vor Gericht. — Allerdings, sagte Simmias. —

*[8. Hoffnungen für den Tod und Entschluß, sich deswegen zu recht-
fertigen]* Wohlan denn, sprach er, laßt mich versuchen, ob ich mich
mit besserem Erfolg vor euch verteidigen kann als vor den Richtern.
Nämlich, sprach er, o Simmias und Kebes, wenn ich nicht glaubte,
zuerst zu andern Göttern zu kommen, die auch weise und gut sind,
und dann auch zu verstorbenen Menschen, welche besser sind als die
hiesigen, so täte ich vielleicht unrecht, nicht unwillig zu sein über
c den Tod. Nun aber wißt nur, daß ich zu wackeren Männern zu kom-
men hoffe; und wenn ich auch das nicht so ganz sicher behaupten
wollte: daß ich zu Göttern komme, die ganz treffliche Herren sind,
wißt nur, wenn irgend etwas von dieser Art, will ich dieses gewiß
behaupten. So daß ich eben deshalb nicht so unwillig bin, sondern der
frohen Hoffnung, daß es etwas gibt für die Verstorbenen, und, wie
man ja schon immer gesagt hat, etwas weit Besseres für die Guten als
für die Schlechten. — Wie nun? sagte Simmias. Gedenkst du, diese
Meinung für dich zu behalten und so von uns zu gehen, oder möch-
test du auch uns davon mitteilen? Mich wenigstens dünkt, dies müs-
d se ein gemeinsames Gut sein auch für uns; und zugleich wird ja
eben das deine Verteidigung sein, wenn du uns von dem, was du
sagst, überzeugst. — So will ich es denn versuchen, sprach er. Zuvor
aber laßt uns von unserm Kriton hören, was es doch ist, was er mir
schon lange sagen will. — Was sonst, o Sokrates, sprach Kriton, als
daß der, welcher dir den Trank bereiten soll, mir schon lange zure-
det, man müsse dir andeuten, doch ja so wenig als möglich zu spre-
chen. Denn er sagt, durch das Reden erhitze man sich, und das ver-
trage sich nicht mit dem Trank; wenn aber doch, so hätten die bis-
e weilen auch zwei- und dreimal trinken müssen, die dergleichen ge-
tan. — Darauf sagte Sokrates: Laß ihn laufen! Mag er nur seiner-
seits sich anschicken, mir auch zweimal zu geben, und wenn es nötig
wäre, auch dreimal. — Das wußte ich wohl fast vorher, sagte Kriton;
aber er ließ mir schon lange keine Ruhe. — Laß ihn, sprach er.

Euch Richtern aber will ich nun Rede darüber stehen, daß ich mit
Grund der Meinung bin, ein Mann, welcher wahrhaft philosophisch
sein Leben vollbracht, müsse getrost sein, wenn er im Begriff ist zu
sterben, und der frohen Hoffnung, daß er dort Gutes in vollem Maß 64 a
erlangen werde, wenn er gestorben ist. Wie das nun so sein möge,
o Simmias und Kebes, das will ich versuchen euch deutlich zu ma-
chen.

*[9. Das verborgene Sterben der wahren Philosophen: Ablösung der
Seele vom Leib]* Nämlich diejenigen, die sich auf rechte Art mit der
Philosophie befassen, mögen wohl, ohne daß es freilich die andern
merken, nach gar nichts anderm streben als nur zu sterben und tot
zu sein. Ist nun dieses wahr: so wäre es ja wohl wunderlich, wenn
sie zwar ihr ganzes Leben hindurch sich um nichts anderes bemüh-
ten als um dieses, wenn es nun aber selbst käme, dann unwillig sein
wollten über das, wonach sie lange gestrebt und sich bemüht haben.
— Da lachte Kebes und sagte: Beim Zeus, Sokrates, wiewohl ich
jetzt eben nicht im mindesten lachlustig bin, hast du mich doch la- b
chen gemacht. Ich denke nämlich, wenn die Leute dies so hörten,
würden sie glauben, es sei ganz vortrefflich gesagt gegen die Philo-
sophen, und würden gewiß gewaltig beistimmen — die bei uns ganz
besonders —, es sei so, die Philosophen sehnten sich wirklich zu ster-
ben, und sie ihrerseits wüßten auch, daß sie wohl verdienten, dies zu
erlangen. — Da würden sie auch ganz wahr sprechen, o Simmias, das
eine ausgenommen, daß sie das recht gut wüßten. Denn weder wis-
sen sie, wie die wahrhaften Philosophen den Tod wünschen, noch
wie sie ihn verdienen und was für einen Tod. Laßt uns nun, sprach
er, jenen den Abschied geben, zu uns selbst aber sagen, ob wir wohl c
glauben, daß der Tod etwas sei? — Allerdings, fiel Simmias ein. —
Und wohl etwas andres als die Trennung der Seele von dem Leibe?
Und daß das heiße tot sein, wenn abgesondert von der Seele der Leib
für sich allein ist und auch die Seele abgesondert von dem Leibe für
sich allein ist? Oder sollte wohl der Tod etwas anderes sein als die-
ses? — Nein, sondern eben dieses. — So bedenke denn, Guter, ob auch
dich dasselbe bedünkt wie mich; denn hieraus, glaube ich, werden
wir das besser erkennen, wonach wir fragen. Scheint dir, daß es sich d
für einen philosophischen Mann gehöre, sich Mühe zu geben um die
sogenannten Lüste, wie um die am Essen und Trinken? — Nichts we-
niger wohl, o Sokrates, sprach Simmias. — Oder um die aus dem Ge-
schlechtstriebe? — Keineswegs. — Und die übrige Besorgung des Lei-
bes, glaubst du, daß ein solcher sie groß achte? Wie schöne Kleider
und Schuhe und andere Arten von Schmuck des Leibes zu haben,
glaubst du, daß er es achte oder verachte, mehr als höchst nötig ist
sich hierum zu kümmern? — Verachten, dünkt mich wenigstens, wird e
es der wahrhafte Philosoph. — Dünkt dich also nicht überhaupt ei-
nes solchen ganze Beschäftigung nicht um den Leib zu sein, sondern
soviel nur möglich von ihm abgekehrt und der Seele zugewendet? —
Das dünkt mich. — Also hierin zuerst zeigt sich der Philosoph als
seine Seele von der Gemeinschaft mit dem Leibe ablösend vor den 65 a

übrigen Menschen allen. – Offenbar. – Und die meisten Menschen meinen doch, o Simmias, wem dergleichen nicht süß ist und wer daran keinen Teil hat, dem lohne es nicht zu leben, sondern ganz nahe sei der am Totsein, der sich um die angenehmen Empfindungen nicht bekümmere, welche durch den Leib kommen. – Du sprichst vollkommen recht. –

[10. Das Treffen der Wahrheit mit der Seele allein] Wie aber nun
mit dem Erwerb der richtigen Einsicht selbst, ist dabei der Leib im
Wege oder nicht, wenn ihn jemand bei dem Streben danach zum Ge-
b fährten mit aufnimmt? Ich meine es so: Gewähren wohl Gesicht und
Gehör den Menschen einige Wahrheit? Oder singen uns selbst die
Dichter das immer vor, daß wir nichts genau hören noch sehen? Und
doch, wenn unter den Wahrnehmungen, die dem Leibe angehören,
diese nicht genau sind und sicher: dann die andern wohl gar nicht;
denn alle sind ja wohl schlechter als diese; oder dünken sie dich das
nicht? – Freilich, sagte er. – Wann also trifft die Seele die Wahrheit?
Denn wenn sie mit dem Leibe versucht, etwas zu betrachten, dann
c offenbar wird sie von diesem hintergangen. – Richtig. – Wird also
nicht in dem Denken, wenn irgendwo, ihr etwas von dem Seienden
offenbar? – Ja. – Und sie denkt offenbar am besten, wenn nichts von
diesem sie trübt, weder Gehör noch Gesicht noch Schmerz und Lust,
sondern sie am meisten ganz für sich ist, den Leib gehen läßt und so-
viel irgend möglich ohne Gemeinschaft und Verkehr mit ihm dem
Seienden nachgeht. – So ist es. – Also auch dabei verachtet des Phi-
d losophen Seele am meisten den Leib, flieht von ihm und sucht für
sich allein zu sein? – So scheint es. – Wie nun hiermit, o Simmias?
Sagen wir, daß das Gerechte selbst etwas sei oder nichts? – Wir be-
haupten es ja freilich beim Zeus. – Und nicht auch das Schöne und
Gute? – Wie sollte es nicht? – Hast du nun wohl schon jemals hier-
von das Mindeste mit Augen gesehen? – Keineswegs, sprach er. –
Oder mit sonst einer Wahrnehmung, die vermittels des Leibes er-
folgt, es getroffen? Ich meine aber alles dieses, Größe, Gesundheit,
Stärke, und, mit einem Worte, von allem insgesamt das Wesen, was
e jegliches wirklich ist; wird etwa vermittels des Leibes hiervon das
eigentlich Wahre geschaut, oder verhält es sich so: wer von uns am
meisten und genauesten es darauf anlegt, jegliches unmittelbar selbst
zu denken, was er untersucht, der kommt auch am nächsten daran,
jegliches zu erkennen? – Allerdings. – Und der kann doch jenes am
reinsten ausrichten, der am meisten mit dem Gedanken allein zu je-
dem geht, ohne weder das Gesicht mit anzuwenden beim Denken,
66 a noch irgendeinen anderen Sinn mit zuzuziehen bei seinem Nachden-
ken, sondern, sich des reinen Gedankens allein bedienend, auch jeg-
liches rein für sich zu fassen trachtet, soviel wie möglich geschieden
von Augen und Ohren und, um es kurz zu sagen, von dem ganzen
Leibe, der nur verwirrt und die Seele nicht Wahrheit und Einsicht
erlangen läßt, wenn er mit dabei ist. Ist es nicht ein solcher, o Sim-
mias, der, wenn irgendeiner, das Wahre treffen wird? – Über die
Maßen hast du recht, o Sokrates, sprach Simmias. –

*[11. Der Leib als Hindernis beim Erkennen des Reinen und Unge-
trübten]* Ist es nun nicht natürlich, daß durch dieses alles eine solche b
Meinung bei den wahrhaft Philosophierenden aufkommt, so daß sie
auch dergleichen unter sich reden wie: «Es wird uns ja wohl gleich-
sam ein Fußsteig heraustragen, weil, solange wir noch den Leib ha-
ben neben der Vernunft bei dem Erforschen und unsere Seele mit die-
sem Übel im Gemenge ist, wir nie befriedigend erreichen können,
wonach uns verlangt; und dieses, sagen wir doch, sei das Wahre.
Denn der Leib macht uns tausenderlei zu schaffen wegen der notwen-
digen Nahrung, dann auch, wenn uns Krankheiten zustoßen, verhin- c
dern uns diese, das Wahre zu erjagen, und auch mit Gelüsten und
Begierden, Furcht und mancherlei Schattenbildern und vielen Kinde-
reien erfüllt er uns; so daß recht in Wahrheit, wie man auch zu sa-
gen pflegt, wir um seinetwillen nicht einmal dazu kommen, auch nur
irgend etwas richtig einzusehen. Denn auch Kriege und Unruhen und
Schlachten erregt uns nichts anderes als der Leib und seine Begierden.
Denn über den Besitz von Geld und Gut entstehen alle Kriege, und
dieses müssen wir haben des Leibes wegen, weil wir seiner Pflege d
dienstbar sind, und daher fehlt es uns an Muße, der Weisheit nach-
zutrachten, um aller dieser Dinge willen. Und endlich noch, wenn er
uns auch einmal Muße läßt und wir uns anschicken, etwas zu unter-
suchen: so fällt er uns wieder bei den Untersuchungen selbst be-
schwerlich, macht uns Unruhe und Störung und verwirrt uns, so daß
wir seinetwegen nicht das Wahre sehen können. Sondern es ist uns
wirklich ganz klar, daß, wenn wir je etwas rein erkennen wollen, wir
uns von ihm losmachen und mit der Seele selbst die Dinge selbst e
schauen müssen. Und offenbar dann erst werden wir haben, was wir
begehren und wessen Liebhaber wir zu sein behaupten, die Weisheit,
wenn wir tot sein werden, wie die Rede uns andeutet, solange wir
leben aber nicht. Denn wenn es nicht möglich ist, mit dem Leibe ir-
gend etwas rein zu erkennen: so können wir nur eines von beiden,
entweder niemals zum Wissen gelangen oder nach dem Tode. Denn
alsdann wird die Seele für sich allein sein, abgesondert vom Leibe, 67 a
vorher aber nicht. Und solange wir leben, werden wir, wie sich zeigt,
nur dann dem Erkennen am nächsten sein, wenn wir, soviel möglich,
nichts mit dem Leibe zu schaffen noch gemein haben, was nicht höchst
nötig ist, und wenn wir mit seiner Natur uns nicht anfüllen, sondern
uns von ihm rein halten, bis der Gott selbst uns befreit. Und so rein
der Torheit des Leibes entledigt, werden wir wahrscheinlich mit eben-
solchen zusammen sein und durch uns selbst alles Ungetrübte erken- b
nen, und dies ist eben wohl das Wahre. Dem Nichtreinen aber mag
Reines zu berühren wohl nicht vergönnt sein.» Dergleichen, meine
ich, o Simmias, werden notwendig alle wahrhaft Wißbegierigen den-
ken und untereinander reden. Oder dünkt dich nicht so? – Auf alle
Weise, o Sokrates. –

[12. Furchtlosigkeit des wahrhaft Philosophierenden vor dem Tod]
Wenn nun, sprach Sokrates, dieses wahr ist, o Freund, so ist ja gro-
ße Hoffnung, daß, wenn ich dort angekommen bin, wohin ich jetzt

gehe, ich dort, wenn irgendwo, zur Genüge dasjenige erlangen wer-
de, worauf alle unsere Bemühungen in dem vergangenen Leben ge-
c zielt haben; so daß die mir jetzt aufgetragene Wanderung mit guter
Hoffnung anzutreten ist auch für jeden andern, der nur glauben kann
dafür gesorgt zu haben, daß seine Seele rein ist. — Allerdings, sprach
Simmias. — Und wird nicht das eben die Reinigung sein, was schon
immer in unserer Rede vorgekommen ist, daß man die Seele mög-
lichst vom Leibe absondere und sie gewöhne, sich von allen Seiten
her aus dem Leibe für sich zu sammeln und zusammenzuziehen und
soviel als möglich, sowohl gegenwärtig wie hernach, für sich allein
d zu bestehen, befreit wie von Banden von dem Leibe? — Allerdings,
sagte er. — Heißt aber dies nicht Tod, Erlösung und Absonderung der
Seele von dem Leibe? — Allerdings, sagte jener. — Und sie zu lösen
streben immer am meisten, sagte er, und allein die wahrhaft Philo-
sophierenden; und eben dies also ist das Geschäft der Philosophen,
Befreiung und Absonderung der Seele von dem Leibe; oder nicht? —
Offenbar. — Also wäre es ja, wie ich anfänglich sagte, lächerlich,
wenn ein Mann, der sich in seinem ganzen Leben darauf eingerichtet
e hätte, so nahe als möglich an dem Gestorbensein zu leben, her-
nach, wenn eben dieses kommt, sich ungebärdig stellen wollte. Wäre
das nicht lächerlich? — Wie sollte es nicht? — In der Tat also, o Sim-
mias, trachten die richtig Philosophierenden danach zu sterben, und
tot zu sein, ist ihnen unter allen Menschen am wenigsten furchtbar.
Erwäge es nur so. Wenn sie auf alle Weise mit dem Leibe entzweit
sind und begehren, die Seele für sich allein zu haben, geschieht die-
ses aber, dann sich fürchten und unwillig sein wollten; wäre das
68 a nicht die größte Torheit, wenn sie dann nicht mit Freuden dahin ge-
hen wollten, wo sie Hoffnung haben, dasjenige zu erlangen, was sie
im Leben liebten — sie liebten aber die Weisheit —, und des Zusam-
menseins mit demjenigen entledigt zu werden, was ihnen zuwider
war? Oder sollten nur viele, denen menschliche Geliebte und Weiber
und Kinder gestorben sind, freiwillig haben in die Unterwelt gehen
wollen, von dieser Hoffnung getrieben, daß sie dort die wiedersehen
würden, nach denen sie sich sehnten, und mit ihnen umgehen; wer
aber die Weisheit wahrhaft liebt und eben diese Hoffnung kräftig
aufgefaßt hat, daß er sie nirgend anders nach Wunsch erreichen wer-
b de als in der Unterwelt, den sollte es verdrießen zu sterben, und er
sollte nicht freudig dorthin gehen? Das muß man ja wohl glauben,
Freund, wenn er nur wahrhaft ein Weisheitsliebender ist. Denn gar
stark wird ein solcher dieses glauben, daß er nirgend anders die
Wahrheit rein antreffen werde als nur dort. Wenn sich aber dies so
verhält, wie ich eben sagte, wäre es nicht große Unvernunft, wenn
ein solcher den Tod fürchtete? — Gar große, beim Zeus, sagte jener. —

[13. Die Tugend der Menge und die der wahren Philosophen]
Also, sagte er, ist dir das wohl ein hinlänglicher Beweis von einem
Manne, den du unwillig siehst, wenn er sterben soll, daß er nicht die
c Weisheit liebte, sondern den Leib irgendwie; denn wer den liebt, der-
selbe ist auch geldsüchtig und ehrsüchtig, entweder eines von beiden

oder beides. — Vollkommen verhält es sich so, wie du sagst. — Wird
nun nicht auch, o Simmias, sagte er, was man Tapferkeit nennt, den
so Gesinnten vorzüglich zukommen? — Ganz gewiß wohl, antworte-
te er. — Nicht auch die Besonnenheit, was auch alle Leute Besonnen-
heit nennen, sich von Begierden nicht fortreißen lassen, sondern sich
gleichgültig gegen sie verhalten und sittsam, kommt nicht auch sie
denen allein zu, welche den Leib am meisten geringschätzen und in
der Liebe zur Weisheit leben? — Notwendig, sagte er. — Denn, fügte d
jener hinzu, wenn du nur recht betrachten willst die Tapferkeit und
Besonnenheit der andern, so wird sie dir ganz wunderlich vorkom-
men. — Wie das, o Sokrates? — Du weißt doch, sagte er, daß den Tod
die andern alle unter die großen Übel rechnen. — Allerdings. — Ist es
also nicht aus Furcht vor noch größeren Übeln, daß die Tapferen un-
ter ihnen den Tod erdulden, wenn sie ihn erdulden? — So ist es. —
Also weil sie sich fürchten und aus Furcht sind alle tapfer, bis auf die,
welche die Weisheit lieben. Wiewohl das doch ungereimt ist, daß ei-
ner aus Furcht und Feigheit tapfer sein soll. — Freilich wohl. — Und e
wie die Sittsamen unter ihnen? Hat es mit denen nicht dieselbe Be-
wandtnis? Aus irgendeiner Zügellosigkeit sind sie besonnen, wiewohl
wir freilich sagen, dies sei unmöglich, aber doch geht es ihnen wirk-
lich ganz ähnlich bei dieser einfältigen Besonnenheit. Denn aus Be-
sorgnis, einiger Lust beraubt zu werden, und weil sie diese begehren,
enthalten sie sich der einen, weil von anderen beherrscht, und wie-
wohl man das Zügellosigkeit nennt, von Lüsten beherrscht werden, 69 a
begegnet ihnen doch, daß sie, von Lüsten beherrscht, andere Lüste
beherrschen, und dies ist doch dem ganz ähnlich, was eben gesagt
wurde, auf gewisse Weise aus Zügellosigkeit besonnen geworden zu
sein. — Das leuchtet ein. — O bester Simmias, daß uns also nur nicht
dies gar nicht der rechte Tausch ist, um Tugend zu erhalten, Lust ge-
gen Lust und Unlust gegen Unlust und Furcht gegen Furcht austau-
schen, Größeres gegen Kleineres, wie Münze; sondern jenes die ein-
zige rechte Münze ist, gegen die man alles dieses vertauschen muß,
die Vernünftigkeit, und daß nur mit dieser in Wahrheit Tapferkeit b
besteht und Besonnenheit und Gerechtigkeit und überhaupt wahre
Tugend, mit Vernünftigkeit, mag nun Lust und Furcht und alles üb-
rige der Art dabei sein oder nicht dabei sein; werden aber diese abge-
sondert von der Vernünftigkeit gegeneinander umgetauscht, eine sol-
che Tugend dürfte dann wohl immer nur ein Schattenbild sein und in
der Tat knechtisch, nichts Gesundes und Wahres an sich habend, das
Wahre aber gerade Reinigung von dergleichen allem sein, und Be- c
sonnenheit und Gerechtigkeit und Tapferkeit und die Vernünftigkeit
selbst Reinigungen. Und so mögen auch diejenigen, welche uns die
Weihen angeordnet haben, gar nicht schlechte Leute sein, sondern
schon seit langer Zeit uns andeuten, wenn einer ungeweiht und un-
geheiligt in der Unterwelt anlangt, daß der in den Schlamm zu lie-
gen kommt, der Gereinigte aber und Geweihte, wenn er dort ange-
langt ist, bei den Göttern wohnt. «Denn», sagen die, welche mit den
Weihen zu tun haben, «Thyrsusträger sind viele, doch echte Begei- d
sterte wenig». Diese aber sind, nach meiner Meinung, keine anderen,

als die sich auf rechte Weise der Weisheit beflissen haben, deren einer auch ich nach Vermögen im Leben nicht versäumt, sondern mich auf alle Weise bemüht habe zu werden. Ob ich mich aber auf die rechte Weise bemüht und etwas vor mich gebracht, das werden wir, dort angekommen, sicher erfahren, wenn Gott will, binnen kurzem, wie mich dünkt. Dieses nun, sprach er, o Simmias und Kebes, ist meine Verteidigung darüber, daß euch zu verlassen und die hiesigen Ge-
e bieter, mir mit Recht nicht schwerfällt noch mich verdrießt, weil ich dafür halte, auch dort nicht minder vortreffliche Gebieter und Freunde anzutreffen als hier. Bin ich also für euch überzeugender gewesen in meiner Verteidigung als für die Athenischen Richter, so ist es gut.

[14. Zweifel des Kebes, ob die Seele nach dem Tode noch ist und Einsicht hat] Als Sokrates dieses geredet, fiel Kebes ein und sprach: O Sokrates, das andere dünkt mich alles gar schön gesagt, nur das von
70 a der Seele findet großen Unglauben bei den Menschen, ob sie nicht, wenn sie vom Leibe getrennt ist, nirgend mehr ist, sondern an jenem Tage umkommt und untergeht, an welchem der Mensch stirbt, und sobald sie von dem Leibe sich trennt und ausfährt wie ein Hauch oder Rauch, auch zerstoben ist und verflogen. Denn wäre sie noch wo, für sich bestehend und zusammenhaltend, wenn erlöst von diesen Übeln, die du eben beschrieben hast: so wäre ja große und schöne Hoffnung,
b o Sokrates, daß alles wahr sei, was du sagst. Aber dies bedarf vielleicht nicht geringer Überredungsgründe und Beweise, daß die Seele noch ist nach dem Tode des Menschen und noch irgend Kraft und Einsicht hat. – Du sprichst ganz wahr, sagte Sokrates, o Kebes; aber was sollen wir machen? Sollen wir eben das miteinander durchsprechen, ob es wahrscheinlich ist, daß es sich so verhalte, oder ob nicht? – Ich mindestens, sagte Kebes, möchte gern hören, was für eine Meinung du hierüber hast. – Wenigstens glaube ich nicht, sprach Sokrates, daß irgendeiner, der es hört, und wäre es auch ein Komödien-
c schreiber, sagen dürfte, daß ich leeres Geschwätz treibe und Reden führe über ungehörige Dinge. Dünkt es euch nun gut, dann müssen wir die Sache genau betrachten.

[15. S. über das Entstehen aller Dinge aus ihrem Gegenteil] Laßt es uns aber so betrachten, ob die Seelen, nachdem die Menschen gestorben, in der Unterwelt sind oder ob nicht. Eine alte Rede gibt es nun freilich, die, deren wir erwähnt haben, daß, wie sie von hier dorthin gekommen sind, sie auch wieder hierher zurückkehren und wiedergeboren werden aus den Toten. Und wenn sich dies so verhält, daß die Lebenden wiedergeboren werden aus den Gestorbenen: so
d sind ja wohl unsere Seelen dort? Denn sie könnten nicht wiedergeboren werden, wenn sie nicht wären. Und ein hinreichender Beweis wäre dies, daß es so ist, wenn wirklich offenbar würde, daß die Lebenden nirgend anders herkämen als von den Toten. Wenn dies aber nicht so ist, dann bedürften wir eines anderen Grundes. – Gewiß, sagte Kebes. – Betrachte es nun nicht allein an Menschen, fuhr jener fort, wenn du dessen eher innewerden willst, sondern auch an den

Tieren insgesamt und den Pflanzen; und überhaupt an allem, was
eine Entstehung hat, laß uns zusehen, ob etwa alles so entsteht, nir- e
gend anders her als jedes aus seinem Gegenteil, was nur ein solches
hat, wie doch das Schöne von dem Häßlichen das Gegenteil ist und
das Gerechte von dem Ungerechten, und ebenso tausend anderes sich
verhält. Dieses also laß uns sehen, ob nicht notwendig, was nur ein
Entgegengesetztes hat, nirgend anders her selbst entsteht als aus die-
sem ihm Entgegengesetzten. So wie, wenn etwas größer wird, muß es
doch notwendig aus irgend vorher kleiner Gewesenem hernach grö-
ßer werden? — Ja. — Nicht auch, wenn es kleiner wird, wird es aus
vorher Größerem hernach kleiner? — So ist es, sagte er. — Und eben- 71 a
so aus Stärkerem das Schwächere und aus Langsamerem das Schnel-
lere? — Gewiß. — Und wie? Wenn etwas schlechter wird, nicht aus
Besserem, und wenn gerechter, nicht aus Ungerechterem? — Wie
sonst? — Dies also, sprach er, haben wir sicher genug, daß alle Dinge
so entstehen, das Entgegengesetzte aus dem Entgegengesetzten. —
Freilich. — Und wie? Gibt es nicht auch so etwas dabei, wie zwischen
jeglichem Entgegengesetzten, was doch immer zwei sind, auch ein
zwiefaches Werden von dem einen zu dem andern und von diesem b
wieder zu jenem zurück? Wie zum Beispiel zwischen dem Größeren
und Kleineren Wachstum und Abnahme ist, und so nennen wir auch
das eine wachsen, das andere abnehmen. — Ja, sagte er. — Nicht auch
aussondern und vermischen, abkühlen und erwärmen, und so alles,
wenn wir auch bisweilen die Worte dazu nicht haben, muß sich doch
der Sache nach überall so verhalten, daß eines aus dem andern ent-
steht und daß es ein Werden von jedem zu dem andern gibt. — Ge-
wiß. —

*[16. Anwendung dieses Satzes auf Leben und Tod und Schluß, daß
die Seelen der Verstorbenen irgendwo sind]* Wie nun, fuhr er fort, ist
dem Leben auch etwas entgegengesetzt, wie dem Wachen das Schla- c
fen? — Gewiß, sagte er. — Und was? — Das Totsein, sagte er. — Also
entstehen diese auch aus einander, wenn sie entgegengesetzt sind,
und es gibt zwischen ihnen zweien ein zwiefaches Werden. — Wie
sollte es nicht? — Die Verknüpfungen nun des einen Paares von den
eben genannten Dingen will ich dir aufzeigen, sprach Sokrates, und
das dazugehörige Werden, du aber mir die andern. Ich sage nämlich,
das eine sei Schlafen und das andere Wachen, und aus dem Schlafen
werde das Wachen und aus dem Wachen das Schlafen, und dies Wer- d
den beider sei das Einschlafen und das Aufwachen; habe ich es dir
hinlänglich erklärt oder nicht? — Vollkommen. — Sage du mir also
nun ebenso von Leben und Tod. Sagst du nicht, dem Leben sei das
Totsein entgegengesetzt? — Das sage ich. — Und daß beides aus ein-
ander entstehe? — Ja. — Aus dem Lebenden also, was entsteht? — Das
Tote, sprach er. — Und was aus dem Toten? — Notwendig, sprach er,
muß man eingestehen, das Lebende. — Aus dem Gestorbenen also, o
Kebes, entsteht das Lebende und die Lebenden? — So zeigt es sich,
sprach er. — Also sind, sprach er, unsere Seelen in der Unterwelt. — e
So scheint es. — Und nicht wahr, auch von dem Werden, was hierzu

gehört, ist das eine deutlich genug? Denn Sterben ist doch deutlich
genug, oder nicht? — Freilich, sagte er. — Was wollen wir aber nun
machen? sprach er. Wollen wir nicht auch das entgegengesetzte Wer-
den hinzunehmen, sondern soll die Natur von dieser Seite lahm sein?
Oder müssen wir nicht notwendig auch ein dem Sterben entgegenge-
setztes Werden annehmen? — Auf alle Weise, sagte er. — Und was
für eines? — Das Aufleben. — Also, sprach er, wenn es ein Aufleben
72 a gibt, so wäre eben dieses das Werden der Lebenden aus den Toten, das
Aufleben? — Freilich. — Also auch auf diese Weise kommt es uns her-
aus, daß die Lebenden aus den Toten entstanden sind, nicht weniger
als die Toten aus den Lebenden. Ist dies nun so, so schien es uns ja
ein hinreichender Beweis, daß die Seelen der Verstorbenen irgendwo
sein müssen, woher sie wieder lebend werden. — Mich dünkt, o So-
krates, dem Eingestandenen gemäß müsse es sich so verhalten. —

[17. Notwendigkeit, daß es ein Wiederaufleben des Toten gibt]
Siehe nun auch, o Kebes, sprach er, daß wir nichts mit Unrecht einge-
standen haben, wie mich dünkt. Denn wenn nicht dem auf die eine
b Art Gewordenen immer das auf die andere entspräche und das Wer-
den wie im Kreise herumginge, sondern es ein gerade fortschreiten-
des Werden gäbe nur aus dem einen in das Gegenüberstehende, ohne
daß dies sich wieder wendete und zum andern zurückkäme: so siehst
du wohl, daß am Ende alles einerlei Gestalt haben und in einerlei Zu-
stand sich befinden und aufhören würde zu werden. — Wie meinst du
das? fragte er. — Es ist gar nicht schwer, sagte er, zu begreifen, was
ich meine; sondern wie wenn das Einschlafen zwar wäre, ein Aufwa-
chen aber entspräche ihm nicht, das aus dem Schlafenden würde, so,
weißt du wohl, würde am Ende alles beweisen, Endymion sei nur ei-
c ne Posse und nichts Besonderes, weil es auch allem andern ebenso er-
ginge wie ihm, daß es schliefe; und wie, wenn alles immer vermischt
würde und nicht gesondert, bald jenes Anaxagoreische sich einstellen
würde, «Alle Dinge zusammen» sein. Würde nicht ebenso auch, lie-
ber Kebes, wenn alles zwar stürbe, was am Leben Anteil hat, nach-
dem es aber gestorben wäre, das Tote immer in dieser Gestalt bliebe
und nicht wieder auflebte, ganz notwendig zuletzt alles tot sein und
d nichts leben? Denn wenn zwar aus dem andern das Lebende würde,
das Lebende aber stürbe: wie wäre dann zu helfen, daß nicht zuletzt
alles im Totsein aufginge? — Gar nicht, denke ich, o Sokrates, sagte
Kebes, sondern du scheinst mir durchaus richtig zu reden. — Es ist
auch, o Kebes, sagte er, wie mich dünkt, auf alle Weise so, und nicht
etwa überlistet gestehen wir dieses ein, sondern es gibt in der Tat ein
Wiederaufleben und ein Werden der Lebenden aus den Toten und ein
e Sein der Seelen der Gestorbenen. —

[18. Die Wiedererinnerungslehre als Beweis für Unsterblichkeit; Begriff der Wiedererinnerung] Und eben das auch, sprach Kebes ein-
fallend, nach jenem Satz, o Sokrates, wenn er richtig ist, den du oft
vorzutragen pflegtest, daß unser Lernen nichts anderes ist als Wie-
dererinnerung und daß wir deshalb notwendig in einer früheren Zeit

gelernt haben müßten, wessen wir uns wiedererinnern, und daß dies
unmöglich wäre, wenn unsere Seele nicht schon war, ehe sie in diese 73 a
menschliche Gestalt kam; so daß auch hiernach die Seele etwas Un-
sterbliches sein muß. –

Aber, o Kebes, sprach Simmias einfallend, welche sind davon die
Beweise? Erinnere mich daran, denn in diesem Augenblick besinne
ich mich nicht recht darauf. – Nur an den einen, schönsten, sagte Ke-
bes, daß, wenn die Menschen gefragt werden und einer sie nur recht
zu fragen versteht, sie alles selbst sagen, wie es ist, da doch, wenn ih-
nen keine Erkenntnis einwohnte und richtige Einsicht, sie nicht im-
stande sein würden, dieses zu tun. Und wenn man sie zu den geome-
trischen Figuren führt oder etwas Ähnlichem, so zeigt sich dabei am b
deutlichsten, daß sich dies so verhält. – Wenn du es aber so nicht
glaubst, o Simmias, sagte Sokrates, so sieh zu, ob du uns, wenn du es
etwa folgendermaßen betrachtest, beistimmen wirst. Du zweifelst
nämlich, wie doch das sogenannte Lernen könne Erinnerung sein? –
Ich zweifle zwar, sprach Simmias, gerade nicht; nur eben dieses, wo-
von die Rede ist, bedarf ich, erinnert zu werden; und fast schon aus
dem, was mir Kebes versucht hat zu sagen, habe ich mich besonnen
und glaube es. Nichtsdestoweniger aber würde ich jetzt gern hören,
wie du es vorgetragen hast. – Auf diese Weise ich, sprach er. Wir
gestehen doch wohl, daß, wenn sich einer an etwas erinnern soll, er c
dies vorher schon wissen muß. – Gewiß wohl. – Gestehen wir etwa
auch dieses, daß, wenn einem Erkenntnis auf folgende Weise
kommt, dies Erinnerung sei? Ich meine aber diese Art, wenn jemand
irgend etwas sieht oder hört oder anderswie wahrnimmt, und er
dann nicht nur jenes erkennt, sondern dabei noch ein anderes vor-
stellt, dessen Erkenntnis nicht dieselbe ist, sondern eine andere, ob
wir dann nicht mit Recht sagen, daß er sich dessen erinnere, wovon
er so eine Vorstellung bekommen hat? – Wie meinst du das? – So d
wie dergleichen: Eine ganz andere Vorstellung ist doch die von ei-
nem Menschen und die von einer Leier? – Wie sollte sie nicht? –
Du weißt aber doch, daß Liebhabern, wenn sie eine Leier sehen, oder
ein Kleid oder sonst etwas, was ihr Liebling zu gebrauchen pflegt, es
so ergeht: sie erkennen die Leier, und in ihrer Seele nehmen sie zu-
gleich das Bild des Knaben auf, dem die Leier gehört, und das ist
nun Erinnerung; so wie auch einer, wenn er den Simmias sieht,
wohl leicht an den Kebes denkt, und tausenderlei dergleichen. –
Tausenderlei, beim Zeus, sagte Simmias. – Und nicht wahr, sprach
er, dergleichen ist nun Erinnerung, vorzüglich, wenn es einem bei e
solchen Dingen begegnet, die ihm, weil sie ihm seit langer Zeit schon
nicht vorgekommen und er nicht an sie gedacht, in Vergessenheit ge-
raten waren. – Allerdings, sagte er. – Wie nun, kann man sich auch
wohl, wenn man ein gemaltes Pferd sieht oder eine gemalte Leier,
eines Menschen dabei erinnern, und wenn man den Simmias gemalt
sieht, sich des Kebes dabei erinnern? – Auch das freilich. – Auch
wenn man den Simmias gemalt sieht, sich des Simmias selbst erin-
nern? – Das kann man freilich, sagte er. – 74 a

[19. Der Vorgang der Wiedererinnerung und seine Voraussetzung]

Und nicht wahr, in allen diesen Fällen entsteht uns Erinnerung, das
eine Mal aus ähnlichen Dingen, das andere Mal aus unähnlichen? –
So entsteht sie. – Aber wenn nun einer bei ähnlichen Dingen sich an
etwas erinnert, muß ihm nicht auch das noch dazu begegnen, daß er
inne wird, ob diese etwas zurückbleiben in der Ähnlichkeit oder
nicht hinter dem, dessen er sich erinnert? – Notwendig, sagte er. –
Wohlan denn, sprach jener, sieh zu, ob sich dies so verhält. Wir
nennen doch etwas gleich – ich meine nicht ein Holz dem andern
oder einen Stein dem andern noch irgend etwas dergleichen, sondern
außer diesem allen etwas anderes, das Gleiche selbst; sagen wir, daß
das etwas ist oder nichts? – Etwas, beim Zeus, sprach Simmias, ganz
b stark. – Erkennen wir auch dieses, was es ist? – Allerdings, sprach
er. – Woher nahmen wir aber seine Erkenntnis? Nicht aus dem,
was wir eben sagten, wenn wir Hölzer oder Steine oder irgend an-
dere gleiche Dinge sahen, haben wir nicht bei diesen uns jenes vor-
gestellt, was doch verschieden ist von diesen? Oder scheint es dir
nicht verschieden zu sein? Bedenke es nur auch so: Erscheinen dir
nicht gleiche Steine oder Hölzer, ganz dieselben bleibend, bisweilen
als gleich und dann wieder nicht? – O ja. – Wie aber? Das Gleiche
c selbst erschien dir auch das bisweilen als ungleich, oder die Gleich-
heit als Ungleichheit? – Nimmermehr wohl, Sokrates. – Also,
sprach er, sind jene gleichen Dinge und dieses Gleiche selbst nicht
dasselbe. – Offenbar keineswegs, o Sokrates. – Doch aber bei jenen
gleichen, verschieden von diesem Gleichen, hast du die Erkenntnis
des letzteren vorgestellt und erhalten? – Vollkommen richtig. –
d Wie aber weiter, sprach er, begegnet uns wohl so etwas bei den glei-
chen Hölzern und andern, von denen wir eben sprachen? Scheinen
sie uns ebenso gleich zu sein, wie das Gleiche selbst, oder fehlt etwas
daran, daß sie so sind wie das Gleiche, oder nichts? – Gar viel,
sprach er, fehlt daran. – Müssen wir nun nicht gestehen, wenn je-
mand, der etwas sieht, bemerkt: dieses, was ich hier sehe, will zwar
sein wie etwas gewisses anderes, es bleibt aber zurück und vermag
e nicht so zu sein wie jenes, sondern ist schlechter – daß der, welcher
dies bemerkt, notwendig jenes vorher kennen muß, dem er sagt daß
das andere zwar gleiche, aber doch dahinter zurückbleibe? – Not-
wendig. – Und wie? Geht es uns nun so mit den gleichen Dingen
und dem Gleichen selbst? – Auf alle Weise. – Notwendig also ken-
75 a nen wir das Gleiche schon vor jener Zeit, als wir zuerst, Gleiches er-
blickend, bemerkten, daß alles dergleichen strebe zu sein wie das
Gleiche, aber doch dahinter zurückbleibe. – So ist es. – Aber auch
das geben wir doch zu, daß wir eben dieses nirgend anders her be-
merkt haben noch imstande sind zu bemerken als bei dem Sehen
oder Berühren oder irgendeiner andern Wahrnehmung, denn diese
sind mir alle einerlei. – Sie sind auch einerlei, o Sokrates, für das,
wohin unsere Rede will. – Aber doch an den Wahrnehmungen muß
b man bemerken, daß alles so in den Wahrnehmungen Vorkommende
jenem nachstrebt, was das Gleiche ist, und daß es dahinter zurück-
bleibt. Oder wie wollen wir sagen? – So. – Ehe wir also anfingen

zu sehen oder zu hören oder die anderen Sinne zu gebrauchen, muß-
ten wir schon irgendwoher die Erkenntnis bekommen haben des ei-
gentlich Gleichen, was es ist, wenn wir doch das Gleiche in den
Wahrnehmungen auf jenes beziehen sollten, daß dergleichen alles
zwar strebt zu sein wie jenes, aber doch immer schlechter ist. — Not-
wendig nach dem vorher Gesagten, o Sokrates. — Nun aber haben
wir doch gleich von unserer Geburt an gesehen, gehört und die ande-
ren Sinne gebraucht? — Freilich. — Und wir mußten, sagen wir, schon
ehe dieses geschah, die Erkenntnis des Gleichen bekommen haben? — c
Ja. — Ehe wir also geboren wurden, müssen wir sie, wie sich zeigt,
bekommen haben. — So zeigt es sich. —

[20. Besitz der Erkenntnis des Wesens vor der Geburt] Wenn wir
sie also vor unserer Geburt empfangen haben und in ihrem Besitz
geboren worden sind: so erkannten wir auch schon, ehe wir wurden
und sobald wir da waren, nicht das Gleiche nur und das Größere und
Kleinere, sondern alles dieser Art insgesamt. Denn es ist uns ja jetzt
nicht mehr von dem Gleichen die Rede als auch von dem Schönen
selbst und dem Guten selbst und dem Rechten und Frommen und, d
wie ich sage, von allem, was wir bezeichnen als «dies selbst, was
ist», in unsern Fragen, wenn wir fragen, und in unsern Antworten,
wenn wir antworten. So daß wir notwendig von diesem allen die
Erkenntnisse, schon ehe wir geboren wurden, erhalten haben. —
So ist es. — Und daß wir, wenn wir sie nicht immer wieder vergäßen,
nachdem wir sie bekommen, auch immer wissen und uns ihrer das
ganze Leben hindurch bewußt sein würden. Denn das heißt ja wis-
sen, eine empfangene Erkenntnis besitzen und nicht verloren haben.
Oder heißt das nicht vergessen, o Simmias, Verlust einer Erkennt-
nis? — Auf alle Weise, sagte er, o Sokrates. — Und wenn wir, meine e
ich, vor unserer Geburt sie besaßen und sie bei der Geburt verloren
haben, hernach aber beim Gebrauch unserer Sinne an solchen Ge-
genständen eben jene Erkenntnisse wieder aufnahmen, die wir ein-
mal schon vorher hatten: ist dann nicht, was wir lernen heißen, das
Wiederaufnehmen einer uns schon angehörigen Erkenntnis? Und
wenn wir dies «wiedererinnern» nennen, werden wir es nicht rich-
tig benennen? — Gewiß. — Denn das hatte sich uns doch als möglich 76 a
gezeigt, daß, wer etwas wahrnimmt, es sei nun durch Gesicht und
Gehör oder irgendeinen anderen Sinn, dabei etwas anderes vorstel-
len könne, was er vergessen hatte und was diesem nahe kam als un-
ähnlich oder als ähnlich. Also, wie ich sage, eines von beiden, ent-
weder sind wir dieses wissend geboren worden und wissen es unser
Leben lang alle, oder die, von denen wir sagen, daß sie hernach erst
lernen, erinnern sich dessen nur, und das Lernen ist eine Erinnerung.
— Wohl gar sehr verhält es sich so, Sokrates. —

*[21. Schluß: Die Seelen waren auch vor der Geburt und hatten Ein-
sicht]* Welches nun wählst du, o Simmias? Daß wir wissend gebo-
ren werden oder daß wir uns hernach dessen erinnern, wovon wir b
schon vorher eine Erkenntnis gehabt hatten? — So im Augenblick, o

Sokrates, weiß ich nicht zu wählen. – Wie aber? Kannst du hier
wählen, oder was dünkt dich hiervon? Muß ein wissender Mann von
dem, was er weiß, Rechenschaft geben können oder nicht? – Ganz
notwendig, o Sokrates, sprach er. – Und dünkt dich denn, daß alle
Rechenschaft zu geben imstande sind von dem, was wir eben anführ-
ten? – Das wünschte ich wohl, sprach Simmias; aber ich fürchte
vielmehr, es möchte uns schon morgen hierzulande keiner mehr ge-
funden werden, der dies gehörig zu tun vermöchte. – Du meinst also
c nicht, o Simmias, daß alle dieses wissen? – Keineswegs. – Also er-
innern sie sich dessen, was sie einst gelernt hatten? – Notwendig. –
Wann aber hatten unsere Seelen die Erkenntnis davon bekommen?
Doch wohl nicht, seitdem wir als Menschen geboren sind? – Nicht
füglich. – Früher also? – Ja. – Also waren, o Simmias, die Seelen,
auch ehe sie in menschlicher Gestalt waren, ohne Leiber, und hatten
Einsicht. – Wenn wir nicht etwa bei der Geburt diese Erkenntnisse
empfangen, o Sokrates, denn diese Zeit bleibt uns noch übrig. –
d Gut, o Freund! Aber in welcher andern Zeit verlieren wir sie denn?
Denn wir haben sie nicht, wenn wir geboren werden, wie wir eben
eingestanden. Oder verlieren wir sie in derselben Zeit, in welcher
wir sie auch empfangen? Oder weißt du noch eine andere Zeit anzu-
geben? – Keineswegs, o Sokrates, sondern ich merkte nur nicht, daß
ich nichts sagte. –

*[22. Das vorgeburtliche Sein der Seele ist so notwendig wie das Sein
der Ideen]* Also verhält es sich nun so, sprach er, o Simmias? Wenn
das *ist*, was wir immer im Munde führen, das Schöne und Gute und
jegliches Wesen dieser Art, und wir hierauf alles, was uns durch die
Sinne kommt, beziehen, als auf ein vorher Gehabtes, was wir als das
e unsrige wieder auffinden, und diese Dinge damit vergleichen: so muß
notwendig, ebenso wie dieses ist, so auch unsere Seele sein, auch ehe
wir noch geboren worden sind. Wenn aber alles dieses nicht ist, so
wäre dann auch diese Rede vergeblich geredet. Verhält es sich wohl
so, und ist es die ganz gleiche Notwendigkeit, daß jenes ist und daß
auch unsere Seelen sind auch vor unserer Geburt und daß, wenn je-
nes nicht, dann auch nicht dieses? – Über die Maßen, o Sokrates,
sprach Simmias, dünkt es mich dieselbe Notwendigkeit zu sein; und
an einen sichern Ort rettet sich unser Satz, dahin nämlich, daß un-
77 a sere Seele auf dieselbe Weise ist, ehe wir noch geboren werden, wie
jenes alles, wovon du eben sprachst. Denn ich habe gar nichts, was
mir so klar wäre wie eben dieses, daß alles dergleichen wahrhaft in
dem allerhöchsten Sinne ist, das Schöne und das Gute und was du
sonst eben anführtest; und mir wenigstens genügt der Beweis voll-
kommen. – Wie aber dem Kebes? sprach Sokrates. Denn wir müs-
sen auch den Kebes überzeugen. – Gewiß auch ihn, sprach Simmias,
wie ich glaube, wiewohl er der hartnäckigste Mensch ist im Unglau-
ben an anderer Reden. Allein davon, glaube ich, ist er nun hinrei-
chend überzeugt, daß, ehe wir geboren wurden, unsere Seele war.

[23. Bedenken des Kebes und Simmias, ob die Seele auch nach dem Tode ist] Ob aber auch, nachdem wir gestorben sind, sie noch sein b
wird, das scheint auch mir selbst, o Sokrates, noch nicht bewiesen zu sein, sondern es steht noch entgegen, wie auch Kebes eben sagte, jene Rede der Vielen, ob nicht, indem der Mensch stirbt, die Seele zerstiebt und auch ihr dieses das Ende des Seins ist. Denn was hindert doch, daß sie zwar anderwärts her werde und bestehe und sei, auch ehe sie in menschlichen Leib gelangt, daß aber doch, nachdem sie in diesen gelangt ist, wenn sie von ihm getrennt wird, alsdann auch sie selbst endet und untergeht? – Wohl gesprochen, o Simmias, sagte c
Kebes. Denn es scheint gleichsam die eine Hälfte von dem bewiesen zu sein, was wie brauchen, daß nämlich, ehe wir geboren wurden, unsere Seele war; aber man muß noch dazu beweisen, daß auch, wenn wir tot sind, sie um nichts weniger sein wird als vor unserer Geburt, wenn der Beweis seine Vollendung bekommen soll. – Es ist doch, o Simmias und Kebes, sprach Sokrates, auch jetzt schon bewiesen, wenn ihr diesen Satz zusammenbringen wollt mit jenem, den wir vorher zugestanden hatten, daß nämlich alles Lebende aus dem Gestorbenen entsteht. Denn wenn die Seele auch vorher ist und wenn sie notwendig, indem sie ins Leben geht und geboren wird, d
nirgend andersher kommen kann als aus dem Tode und dem Gestorbensein: wie sollte sie dann nicht notwendig, auch nachdem sie gestorben ist, sein, wenn sie doch wiederum geboren werden soll? Bewiesen also ist dies, wie ich sagte, auch jetzt schon.

[24. Ein Kind ist in uns, das der Besprechung bedarf] Dennoch scheint ihr, du und Simmias, gern auch diesen Satz noch weiter durcharbeiten zu wollen und euch zu fürchten wie die Kinder, daß nicht gar buchstäblich der Wind sie, wenn sie aus dem Leibe herausfährt, auseinanderwehe und zerstäube, zumal wenn einer nicht et- e
wa bei Windstille, sondern in recht tüchtigem Sturmwinde stirbt. – Da sagte Kebes lächelnd: So tue denn so, als fürchteten wir uns, und versuche, uns zu überreden. Lieber jedoch nicht, als ob wir selbst uns fürchteten, aber vielleicht ist auch in uns ein Kind, welches dergleichen fürchtet. Dieses also wollen wir versuchen zu überzeugen, daß es den Tod nicht fürchten müsse wie ein Gespenst. – Dieses müßt ihr, sprach Sokrates, täglich besprechen, bis ihr es herausbannt. – Woher aber, o Sokrates, sprach er, sollen wir einen tüchtigen Bespre- 78 a
cher zu solchen Dingen nehmen, nun du doch von uns scheidest? – Hellas ist groß, o Kebes, sagte er, und treffliche Männer sind darin, und groß sind auch die Geschlechter der Barbaren, die ihr alle durchsuchen müßt, um einen solchen Besprecher zu finden, ohne Geld zu scheuen und Mühe. Denn es gibt wohl nichts, worauf ihr das Geld besser wenden könntet. Aber auch untereinander müßt ihr euch bemühen, denn ihr möchtet auch wohl nicht leicht einen finden, der dies besser als ihr zu tun vermöchte. – Das soll gewiß geschehen, sprach Kebes, von wo wir aber abgegangen sind, dahin laß uns zu- b
rückkehren, wenn es dir recht ist. – Mir gar sehr recht, wie sollte es nicht? – Wohl gesprochen, sagte er. –

[25. Zwei Arten des Seienden: Das sich immer gleich bleibende unsichtbare Beständige und die sich ändernden sichtbaren Dinge] Also ungefähr so, sprach Sokrates, müssen wir uns selbst fragen: Welcherlei Dingen kommt es wohl zu, dies zu erfahren, das Zerstieben, und für welche muß man also fürchten, daß ihnen dieses begegne, welchen aber kommt es nicht zu, und für welche nicht? Dann müssen wir untersuchen, zu welchen von beiden die Seele gehört, und hieraus und dem gemäß entweder Mut fassen oder besorgt sein
c für unsere Seelen. – Ganz richtig, sagte er. – Und nicht wahr, dem, was man zusammengesetzt hat und was seiner Natur nach zusammengesetzt ist, kommt wohl zu, auf dieselbe Weise aufgelöst zu werden, wie es zusammengesetzt worden ist; wenn es aber etwas Unzusammengesetztes gibt, diesem, wenn sonst irgend einem, kommt wohl zu, daß ihm dieses nicht begegne? – Das scheint mir sich so zu verhalten, sprach Kebes. – Und nicht wahr, was sich immer gleich verhält und auf einerlei Weise, davon ist wohl am wahrscheinlichsten, daß es das Unzusammengesetzte sei; was aber bald so, bald anders und nimmer auf gleiche Weise, dieses das Zusammengesetzte? – Mir wenigstens scheint es so. – So laßt uns denn
d gehen, sprach er, zu dem, wovon wir auch vorher sprachen. Jenes Wesen selbst, welchem wir das eigentliche Sein zuschreiben in unsern Fragen und Antworten, verhält sich dies wohl immer auf gleiche Weise, oder bald so, bald anders? Das Gleiche selbst, das Schöne selbst, und so jegliches, was ist, selbst, nimmt das wohl jemals auch nur irgendeine Veränderung an? Oder verhält sich nicht jedes dergleichen als ein einartiges Sein an und für sich immer auf gleiche Weise und nimmt niemals und auf keine Weise irgendwie eine Veränderung an? – Auf gleiche Weise, sprach Kebes, und einerlei verhält es sich notwendig, o Sokrates. – Wie aber die vielen Dinge,
e wie Menschen, Pferde, Kleider oder sonst irgend etwas dergleichen, schöne oder gleiche oder sonst einem von jenem gleichnamige, verhalten sich auch diese immer gleich oder ganz jenem entgegengesetzt, weder mit sich selbst jedes noch untereinander jemals, um es kurz zu sagen, auch nur im mindesten gleich? – Dieses wiederum so, sprach Kebes; niemals verhält es sich einerlei. – Und diese Dinge,
79 a sprach er, kannst du doch anrühren, sehen und mit den andern Sinnen wahrnehmen; aber zu jenen sich gleichseienden Wesenheiten kannst du doch wohl auf keine Weise irgend anders gelangen als durch das Denken der Seele selbst, sondern unsichtbar sind diese und werden nicht gesehen. – Auf alle Weise, sagte er, hast du recht. –

[26. Der Leib ist dem sichtbaren Seienden ähnlich, die Seele dem unsichtbaren] Sollen wir also, sprach er, zwei Arten des Seienden setzen, sichtbar die eine und die andere unsichtbar? – Das wollen wir, sprach er. – Und die unsichtbare als immer auf gleiche Weise sich verhaltend, die sichtbare aber niemals gleich? – Auch das, sagte er,
b wollen wir setzen. – Wohlan denn, sprach er, ist nicht von uns selbst das eine Leib und das andere Seele? – Allerdings. – Welcher von jenen beiden Arten nun wollen wir wohl sagen daß der Leib ähnlicher

sei und verwandter? — Das muß ja jedem deutlich sein, dem Sicht-
baren. — Wie aber die Seele, ist die unsichtbar oder sichtbar? — Men-
schen wenigstens ist sie es nicht, o Sokrates, sagte er. — Aber wir
sprachen doch von dem Sichtbaren und Unsichtbaren für die Natur
der Menschen, oder meinst du für irgendeine andere? — Für die
menschliche. — Was sagen wir also von der Seele, daß sie sichtbar
sei oder nicht sichtbar? — Nicht sichtbar. — Also unsichtbar. — Ja. —
Ähnlicher also als der Leib ist die Seele dem Unsichtbaren, er aber
dem Sichtbaren. — Ganz notwendig, o Sokrates. — c

[27. Zustand der Seele, wenn sie vermittels des Leibes etwas betrachtet und wenn sie für sich selbst das ihr verwandte Gleiche schaut]
Und nicht wahr, auch das haben wir schon lange gesagt, daß die
Seele, wenn sie sich des Leibes bedient, um etwas zu betrachten, es sei
durch das Gesicht oder das Gehör oder irgendeinen andern Sinn —
denn das heißt vermittels des Leibes, wenn man vermittels eines
Sinnes etwas betrachtet —, daß sie dann von dem Leibe gezogen wird
zu dem, was sich niemals auf gleiche Weise verhält, und dann selbst
schwankt und irrt und wie trunken taumelt, weil sie ja eben solches
berührt. — Das haben wir gesagt. — Wenn sie aber durch sich selbst d
betrachtet, dann geht sie zu dem reinen, immer seienden Unsterb-
lichen und sich stets Gleichen, und als diesem verwandt hält sie sich
stets zu ihm, wenn sie für sich selbst ist und es ihr vergönnt wird,
und dann hat sie Ruhe von ihrem Irren und ist auch in Beziehung
auf jenes immer sich selbst gleich, weil sie ebensolches berührt, und
diesen ihren Zustand nennt man eben die Vernünftigkeit. — Auf alle
Weise, o Sokrates, sagte er, ist dies schön und wahr gesagt. — Wel-
cher von beiden Arten also dünkt dich die Seele nach dem Vorheri-
gen und dem jetzt Gesagten ähnlicher und verwandter zu sein? — Je- e
der, sagte er, dünkt mich, o Sokrates, müßte nach dieser Darstellungs-
weise zugeben, auch der Ungelehrigste, daß doch in allem und jedem
die Seele dem sich immer gleich Bleibenden ähnlicher ist als dem
nicht solchen. — Und wie der Leib? — Dem anderen. —

[28. Auch als Beherrscherin des Leibes ist die Seele dem Göttlichen ähnlich] Betrachte es auch von dieser Seite, daß, solange Leib und
Seele zusammen sind, die Natur ihm gebietet, zu dienen und sich be- 80 a
herrschen zu lassen, ihr aber, zu herrschen und zu regieren; auch
hiernach nun, welches von beiden dünkt dich dem Göttlichen ähnlich
zu sein und welches dem Sterblichen? Oder dünkt dich nicht das Gött-
liche so geartet zu sein, daß es herrscht und regiert, das Sterbliche
aber, daß es sich beherrschen läßt und dient? — Das dünkt mich. —
Welchem gleicht nun die Seele? — Offenbar, o Sokrates, die Seele dem
Göttlichen und der Leib dem Sterblichen. — Sieh nun zu, sprach er,
o Kebes, ob aus allem Gesagten uns dieses hervorgeht, daß dem
Göttlichen, Unsterblichen, Vernünftigen, Eingestaltigen, Unauflös- b
lichen und immer einerlei und sich selbst gleich sich Verhaltenden am
ähnlichsten ist die Seele, dem Menschlichen aber und Sterblichen und
Unvernünftigen und Vielgestaltigen und Auflöslichen und nie einer-

lei und sich selbst gleich Bleibenden, diesem wiederum der Leib am ähnlichsten ist? Oder wissen wir hiergegen noch etwas anderes zu sagen, lieber Kebes, daß es sich nicht so verhalte? — Wir wissen nichts dergleichen. —

[29. Schluß: Die Seele geht nach dem Tode, wenn sie rein ist, in Wahrheit zum unsichtbaren Göttlichen] Wie nun, wenn sich dieses
so verhält, kommt nicht dem Leibe wohl zu, leicht aufgelöst zu werden, der Seele hingegen, ganz und gar unauflöslich zu sein oder we-
c nigstens beinahe so? — Wie sollte es nicht? — Und du bemerkst doch,
sprach er, daß, wenn der Mensch stirbt, auch seinem Sichtbaren, dem Leibe, der noch im Sichtbaren daliegt, den wir Leichnam nennen und dem es zukommt, aufgelöst zu werden und zu zerfallen und verweht zu werden, nicht gleich etwas hiervon widerfährt, sondern er noch eine ganz geraume Zeit so bleibt, und wenn einer bei günstiger Leibesbeschaffenheit stirbt und zu ebensolcher Zeit, dann gar lange. Und wenn der Leib zusammengefallen ist und getrocknet, wie sie in Ägypten einbalsamiert werden, so hält er sich fast undenkliche Zeit.
d Ja einige Teile des Leibes, wie Knochen, Sehnen und alles dergleichen, sind, wenn er auch schon verfault ist, sozusagen doch fast unsterblich. Oder nicht? — Ja. — Und die Seele also, das Unsichtbare und sich an einen andern ebensolchen Ort Begebende, der edel und rein und unsichtbar ist, nämlich in die wahre Geisterwelt zu dem guten und weisen Gott, wohin, wenn Gott will, alsbald auch meine Seele zu gehen hat, diese, die so beschaffen und geartet ist, sollte, wenn sie von dem Leibe getrennt ist, sogleich verweht und unterge-
e gangen sein, wie die meisten Menschen sagen? Daran fehlt wohl viel, ihr lieben Kebes und Simmias! Sondern vielmehr verhält es sich so, wenn sie sich rein losmacht und nichts von dem Leibe mit sich zieht, weil sie mit gutem Willen nichts mit ihm gemein hatte im Leben, sondern ihn floh und in sich selbst gesammelt blieb und dies immer im Sinn hatte — was nichts anderes heißen will, als daß sie recht phi-
81 a losophierte und darauf dachte, leicht zu sterben; oder hieß dies nicht, auf den Tod bedacht sein? — Allerdings ja. — Also welche sich so verhält, die geht zu dem ihr Ähnlichen, dem Unsichtbaren, zu dem Göttlichen, Unsterblichen, Vernünftigen, wohin gelangt ihr dann zuteil wird, glückselig zu sein, von Irrtum und Unwissenheit, Furcht und wilder Liebe und allen andern menschlichen Übeln befreit, indem sie, wie es bei den Eingeweihten heißt, wahrhaft die übrige Zeit mit Göttern lebt. Wollen wir so sagen, o Kebes, oder anders? — So, beim Zeus, sprach Kebes. —

[30. Beschaffenheit der unrein abscheidenden Seelen] Wenn sie aber,
b meine ich, befleckt und unrein von dem Leibe scheidet, weil sie eben immer mit dem Leibe verkehrt und ihn gepflegt und geliebt hat und von ihm bezaubert gewesen ist und von den Lüsten und Begierden, so daß sie auch glaubte, es sei überhaupt gar nichts anderes wahr als das Körperliche, was man betastet und sieht, ißt und trinkt und zur Liebe gebraucht, und weil sie das für die Augen Dunkle und Un-

sichtbare, der Vernunft hingegen Faßliche und mit Weisheitsliebe zu
Ergreifende gewohnt gewesen ist zu hassen und zu scheuen und zu
fürchten, meinst du, daß eine so beschaffene Seele sich werde rein für c
sich absondern können? — Wohl nicht im mindesten, sprach er. —
Sondern durchzogen von dem Körperlichen, womit sie durch den Um-
gang und Verkehr mit dem Leibe, wegen des ununterbrochenen Zu-
sammenseins und der vielen Sorge um ihn, gleichsam zusammenge-
wachsen ist? — Freilich. — Und dies, o Freund, muß man doch glau-
ben, sei unbeholfen und schwerfällig, irdisch und sichtbar, so daß
auch die Seele, die es an sich hat, schwerfällig ist und wieder zurück-
gezogen wird in die sichtbare Gegend aus Furcht vor dem Unsicht-
baren und der Geisterwelt, wie man sagt, an den Denkmälern und
Gräbern umherschleichend, an denen daher auch allerlei dunkle Er- d
scheinungen von Seelen gesehen worden sind, wie denn solche See-
len wohl Schattenbilder darstellen müssen, welche nicht rein abgelöst
sind, sondern noch teilhaben an dem Sichtbaren, weshalb sie denn
auch gesehen werden. — Das leuchtet wohl ein, o Sokrates. — Und
freilich leuchtet auch ein, o Kebes, daß dies nicht die Seelen der Gu-
ten sind, sondern der Schlechten, welche um dergleichen gezwungen
sind herumzuirren, Strafe leidend für ihre frühere Lebensweise, wel-
che schlecht war. Und so lange irren sie, bis sie durch die Begierde
des sie noch begleitenden Körperlichen wieder gebunden werden in e
einen Leib.

[31. Wiedergeburt der unphilosophischen Seelen ihrer Sinnesart nach]
Und natürlich werden sie in einen von solchen Sitten gebunden, de-
ren sie selbst sich befleißigt hatten im Leben. — Was meinst du für
welche, o Sokrates? — Wie, die sich ohne alle Scheu der Völlerei und
des Übermuts und Trunkes befleißigten, solche begeben sich natür-
lich in Esel und ähnliche Arten von Tieren. Oder meinst du nicht? — 82 a
Das ist ganz wahrscheinlich. — Die aber Ungerechtigkeit, Herrsch-
sucht und Raub vorzogen, diese dagegen in die verschiedenen Ge-
schlechter der Wölfe, Habichte und Geier. Oder wohin anders sollen
wir sagen, daß solche gehen? — Ohne weiteres, sprach Kebes, in der-
gleichen. — Und gewiß ist es so doch auch mit den übrigen, daß jeg-
liche der Ähnlichkeit mit ihren Bestrebungen nachgehen? — Gewiß,
wie sollten sie nicht. — Also, sprach er, sind auch wohl die glück-
lichsten unter diesen die, und kommen an den besten Ort, welche der
volksmäßigen und bürgerlichen Tugend nachgestrebt haben, die man b
dann Besonnenheit und Gerechtigkeit nennt, die aber nur aus Ge-
wöhnung und Übung entsteht ohne Philosophie und Vernunft? —
Wieso sind diese die glückseligsten? — Weil doch natürlich ist, daß
diese wiederum in eine solche gesellige und zahme Gattung gehen,
etwa in Bienen oder Wespen oder Ameisen, oder auch wieder in diese
menschliche Gattung, und wieder ganz leidliche Männer werden. —
Das ist natürlich. —

[32. Bestimmung und Weg der philosophischen Seele] In der Götter
Geschlecht aber ist wohl keinem, der nicht philosophiert hat und

c vollkommen rein abgegangen ist, vergönnt zu gelangen, sondern nur dem Lernbegierigen. Eben deshalb nun, o lieber Simmias und Kebes, enthalten sich die wahrhaften Philosophen aller von dem Leibe herrührenden Begierden und harren aus und geben sich ihnen nicht hin, nicht etwa weil sie Verderb des Hauswesens und Armut fürchten, wie die meisten Geldsüchtigen, noch auch die Ehrlosigkeit und Schmach der Trägheit scheuend, wie die Herrschsüchtigen und Ehrsüchtigen, enthalten sie sich ihrer. — Das würde sich auch für sie nicht ziemen,
d o Sokrates, sprach Kebes. — Freilich nicht, beim Zeus, sagte er. Darum sagen auch allen solchen, o Kebes, jene alle, die irgend für ihre Seele Sorge tragen und nicht für der Leiber Bildung und Bedienung leben, Fahrewohl und gehen nicht gleichen Schritt mit ihnen, die ja nicht wissen, wohin sie gehen. Sie selbst aber, feststellend, daß sie nichts tun dürfen, was der Philosophie zuwider wäre und der Erlösung und Reinigung durch sie, wenden sich dorthin nachfolgend, wohin jene sie führt. —

[33. Erlösende Wirksamkeit der Philosophie auf die Seele und Hemmung der sinnlichen Begierden] Wie das, o Sokrates? — Das will ich dir sagen, sprach er. Es erkennen nämlich die Lernbegierigen, daß die
e Philosophie, indem sie ihre Seele übernimmt als ordentlich gebunden im Leibe und ihm anklebend und gezwungen, wie durch ein Gitter durch ihn das Sein zu betrachten, nicht aber für sich allein, und daher in aller Torheit sich umherwälzend, und da sie die Gewalt dieses Kerkers erkennt, daß er durch die Begierde besteht, auf welche Weise der Gebundene selbst am meisten immer mit angreift, um gebunden
83 a zu werden — wie ich nun sage, die Lernbegierigen erkennen, daß, indem die Philosophie in solcher Beschaffenheit ihre Seele annimmt, sie ihr gelinde zuspricht und versucht, sie zu erlösen, indem sie zeigt, daß alle Betrachtung durch die Augen voll Betrug ist, voll Betrug auch die durch die Ohren und die übrigen Sinne, und indem sie überredet, sich von diesen zurückzuziehen, soweit es nicht notwendig ist, sich ihrer zu bedienen, und sie ermuntert, sich vielmehr in sich selbst zu sammeln und zusammenzuhalten und nichts anderem zu
b glauben als sich selbst, was sie für sich selbst von den Dingen an und für sich anschaut; was sie aber vermittels eines anderen betrachtet, dieses, weil es in jeglichem anderen wieder ein anderes wird, für nichts Wahres zu halten, und solches sei ja eben das Wahrnehmbare und Sichtbare, was sie aber selbst sieht, sei das Denkbare und Unsichtbare. Dieser Befreiung nun glaubt nicht widerstreben zu dürfen des wahrhaften Philosophen Seele und enthält sich deshalb der Lust und Begierde, der Unlust und Furcht, soviel sie kann, indem sie bedenkt, daß, wenn jemand sehr heftig sich freut oder fürchtet, trauert oder begehrt, er nicht nur ein so großes Übel hiervon erleidet,
c als er wohl glaubt, wenn er etwa erkrankt ist oder einen Verlust erlitten hat seiner Begierden wegen, sondern was das größte und äußerste aller Übel ist, dieses erleidet er und bringt es nicht in Rechnung. — Welches ist doch dieses, o Sokrates? sprach Kebes. — Daß nämlich jedes Menschen Seele, sobald sie über irgend etwas sich heftig erfreut

oder betrübt, auch genötigt ist, von demjenigen, womit ihr dieses
begegnet, zu glauben, es sei das Wirksamste und das Wahrste, ob-
wohl sich dies doch nicht so verhält. Und dies sind doch am meisten
die sichtbaren Dinge, oder nicht? — Freilich. — In diesem Zustande
also wird am meisten die Seele von dem Leibe gebunden. — Wieso? — d
Weil jegliche Lust und Unlust gleichsam einen Nagel hat und sie an den
Leib annagelt und anheftet und sie leibartig macht, wenn sie dann
glaubt, daß das wahr sei, was auch der Leib dafür aussagt. Denn da-
durch, daß sie gleiche Meinung hat mit dem Leibe und sich an dem
nämlichen erfreut, wird sie, denke ich, genötigt, auch gleicher Sitte
und gleicher Nahrung wie er teilhaftig zu werden, so daß sie nim-
mermehr rein in die Unterwelt kommen kann, sondern immer des
Leibes voll von hinnen geht; daher sie auch bald wiederum in einen
andern Leib fällt und wie hingesät sich einwurzelt und daher unteil- e
haftig bleibt des Umganges mit dem Göttlichen und Reinen und Ein-
gestaltigen. — Vollkommen wahr ist, was du sagst, o Sokrates, sprach
Kebes. —

[34. Die Haltung der Seele eines philosophischen Mannes] Dieser
Ursachen wegen also, o Kebes, sind die wahrhaft Lernbegierigen sitt-
sam und tapfer, und nicht weshalb die Leute sagen. Oder meinst du?
— Nein, ich gewiß nicht. — Es geht auch nicht anders, als daß die 84 a
Seele eines philosophischen Mannes so rechnet und nicht glauben
kann, sie müsse sich zwar von der Philosophie erlösen lassen, nach-
dem diese sie aber erlöst, sich selbst wiederum der Lust und Unlust
hingeben, um sich wieder festbinden und die vorige Arbeit vergeb-
lich machen zu lassen, als wolle sie das Gegenstück treiben zu der
Penelope Weberei; sondern Ruhe von dem allen sich verschaffend,
der Vernunft folgend und immer darin verharrend, daß sie das Wah-
re und Göttliche und der Meinung nicht Unterworfene anschaut und b
sich davon nährt, glaubt sie, solange sie lebt, so leben zu müssen,
nach dem Tode aber, zu dem Verwandten und ebensolchen gelangt,
von allen menschlichen Übeln erlöst zu werden. Hat sie sich so ge-
nährt, so ist wohl kein Wunder, wenn sie nicht fürchtet, ob sie nicht
doch bei der Trennung von dem Leibe zerrissen, von ich weiß nicht
welchen Winden verweht und zerstäubt umkommen und nirgend
mehr sein werde.

*[35. Scheu des Kebes und Simmias, einen Zweifel vorzubringen; un-
erschüttert-heitere Stimmung des S., des Genossen der Schwäne]*
Eine Stille entstand nun, nachdem Sokrates dieses gesagt, auf c
lange Zeit, und er selbst, Sokrates, war ganz in das Vorgetragene
vertieft, wie man ihm ansehen konnte, und auch die meisten von uns.
Kebes und Simmias aber sprachen ein weniges miteinander. Da sah
sie Sokrates an und fragte: Wie? Euch dünkt doch nicht etwa das
Gesagte noch mangelhaft gesagt zu sein? Denn es gibt wohl noch viel
Bedenken und Einwendungen dabei, wenn einer es ganz genau durch-
nehmen will. Hattet ihr nun etwas anderes untereinander, so will ich
nichts gesagt haben; wenn ihr aber noch hierüber zweifelt, so tragt

nur ja kein Bedenken, es entweder allein zu sagen und anzuführen,
d wenn ihr glaubt, daß es so besser werde vorgetragen werden, oder
auch mich mit dazu zu nehmen, wenn ihr meint, mit mir besser zu
fahren. — Da sagte Simmias: Ich will dir die Wahrheit sagen, Sokra-
tes. Wir beide haben schon lange zweifelnd einander angestoßen und
aufgemuntert zu fragen, weil wir zwar gern hören möchten, aber
doch Bedenken tragen, dir Unruhe zu machen, daß es dir nicht etwa
zuwider wäre bei dem jetzigen Unglück. — Als er dies hörte, sagte er
mit leisem Lächeln: O weh, Simmias! wahrlich gar schwer werde ich
e die übrigen Menschen überzeugen, daß ich das jetzige Geschick für
kein Unglück halte, da ich nicht einmal euch überzeugen kann, son-
dern ihr fürchtet, ich möchte jetzt mißgestimmter sein als sonst im
Leben. Und wie es scheint, haltet ihr mich in der Wahrsagung für
schlechter als die Schwäne, welche, wenn sie merken, daß sie sterben
sollen, wie sie schon sonst immer gesungen haben, dann am meisten
85 a und vorzüglichsten singen, weil sie sich freuen, daß sie zu dem Gott
gehen sollen, dessen Diener sie sind. Die Menschen aber, wegen ihrer
eigenen Furcht vor dem Tode, lügen auch über die Schwäne und sa-
gen, daß sie über den Tod jammernd aus Traurigkeit sängen, ohne
zu bedenken, daß kein Vogel singt, wenn ihn hungert oder friert oder
ihm sonst irgend etwas fehlt, auch selbst nicht einmal die Nachtigall
oder die Schwalbe und der Wiedehopf, von denen sie sagen, daß sie
aus Unlust klagend singen; aber weder diese, glaube ich, singen aus
b Traurigkeit noch die Schwäne; sondern weil sie, meine ich, dem Apol-
lon angehören, sind sie wahrsagerisch; und da sie das Gute in der
Unterwelt voraus erkennen, so singen sie und sind fröhlich an jenem
Tage besonders und mehr als sonst vorher. Ich halte aber auch mich
dafür, ein Dienerschaftsgenosse der Schwäne zu sein und demselben
Gotte heilig und nicht schlechter als sie das Wahrsagen zu haben von
meinem Gebieter, also auch nicht unmutiger als sie aus dem Leben
zu scheiden. Also deshalb mögt ihr immer sagen und fragen was ihr
wollt, solange die elf Männer der Athener es gestatten. — Sehr schön,
sagte Simmias; also will ich dir sagen, was für Zweifel ich habe, und
c dann auch dieser, wiefern er das Gesagte nicht annimmt. Denn ich
denke über diese Dinge, o Sokrates, ungefähr wie du, daß etwas
Sicheres davon zu wissen in diesem Leben entweder unmöglich ist
oder doch gar schwer; aber was darüber gesagt wird, nicht auf alle
Weise zu prüfen und nicht eher abzulassen, bis einer ganz ermüdet
wäre vom Untersuchen nach allen Seiten, daß das einen gar weich-
lichen Menschen verrät. Denn eines muß man doch in diesen Dingen
erreichen, entweder, wie es damit steht, lernen oder finden oder, wenn
dies unmöglich ist, die beste und unwiderleglichste der menschlichen
d Meinungen darüber nehmen und darauf wie auf einem Notkahn ver-
suchen durch das Leben zu schwimmen, wenn einer nicht sicherer und
gefahrloser auf einem festeren Fahrzeuge, einer göttlichen Rede,
reisen kann. So will denn auch ich jetzt mich nicht schämen zu fra-
gen, da ja auch du dasselbe sagst, und nicht hernach mir selbst Vor-
würfe zu machen haben, daß ich jetzt nicht gesagt habe, was ich den-
ke. Mir nämlich, o Sokrates, sowohl wenn ich bei mir selbst als wenn

ich mit diesem das Gesagte betrachte, erscheint es gar nicht gründlich genug. –

[36. Einwand des Simmias: Ist die Seele etwas wie die Harmonie und Stimmung des Leibes, dann ist sie zwar unsichtbar und göttlicher als er, muß aber doch vor ihm vergehen] Darauf sagte Sokrates:
Vielleicht, o Freund, erscheint es dir ganz recht; aber sage nur, wie- e
fern nicht gründlich. – Insofern, sprach er, als auch von der Stimmung und der Leier und den Saiten einer ganz auf dieselbe Weise reden könnte, daß nämlich die Stimmung etwas Unsichtbares und Unkörperliches und gar Schönes und Göttliches ist an der gestimm-
ten Leier, die Leier selbst aber und die Saiten Körper sind und Kör- 86 a
perliches und zusammengesetzt und irdisch und dem Sterblichen verwandt. Wenn nun einer die Leier zerbräche oder die Saiten zerschnitte oder zerrisse, so könnte einer mit derselben Rede wie du durchführen, jene Stimmung müsse notwendig noch da sein und nicht untergegangen. Denn es wäre doch keine Möglichkeit, daß die Leier noch da sein sollte, nachdem die Saiten zerrissen wären, und die Saiten selbst, die doch dem Sterblichen ähnlich sind, die Stimmung aber
sollte untergegangen sein, die doch dem Göttlichen und Unsterblichen b
gleichartig und verwandt ist, und zwar noch vor dem Sterblichen; sondern, würde er sagen, notwendig muß die Stimmung noch irgendwo sein, und eher werden die Hölzer verfaulen und die Saiten, als jener etwas begegnen wird. Nun aber glaube ich, o Sokrates, du selbst wirst auch dies schon erwogen haben, daß wir uns die Seele als so etwas vorzüglich vorstellen, wenn doch unser Leib eingespannt ist und zusammengehalten von Warmem und Kaltem, Trocknem und Feuchtem und dergleichen Dingen, daß unsere Seele die Mischung
und Stimmung eben dieser Dinge sei, wenn sie schön und im rechten c
Verhältnis gegeneinander gemischt sind. Ist nun die Seele eine Stimmung: so ist offenbar, daß, wenn unser Leib unverhältnismäßig erschlafft oder angespannt wird von Krankheiten und andern Übeln, die Seele dann notwendig sogleich umkommt, obgleich sie das Göttlichste ist, eben wie alle andern Stimmungen in Tönen und in allen Werken der Künstler, die Überreste eines jeden Leibes aber noch lan-
ge Zeit bleiben, bis sie verbrannt werden oder verwesen. Sieh nun zu, d
was wir gegen diese Rede sagen wollen, wenn jemand behauptet, daß die Seele als die Mischung alles zum Leibe Gehörigen in dem, was wir Tod nennen, zuerst untergehe. –

[37. Einwand des Kebes: Die Seele mag immerhin dauerhafter sein als der Körper, ihre völlige Unvergänglichkeit folgt aus dem Gesagten noch nicht] Da sah sich Sokrates um, wie er oftmals tat, und sagte lächelnd: Simmias hat ganz recht gesprochen. Wenn nun einer besseren Rat weiß als ich, warum antwortet er nicht? Denn er hat die Sache gewiß gar nicht schlecht angegriffen. Doch mich dünkt, ehe wir antworten, müssen wir erst auch den Kebes hören, was der wieder
unserer Rede Schuld gibt, damit wir Zeit gewinnen und uns beraten e
können, was wir sagen wollen, und dann, wenn wir ausgehört ha-

ben, ihnen entweder einräumen, wenn sie etwas Ordentliches scheinen angestimmt zu haben, oder wenn nicht, dann also unsere Rede verfechten. Also, sagte er, sprich, o Kebes, was denn dich beunruhigt hat. — Ich will es also sagen, sprach Kebes. Mir scheint nämlich unsere Rede noch immer auf demselben Fleck zu sein und an demselben Mangel, dessen wir schon vorher erwähnten, auch jetzt noch zu lei-
87 a den. Denn daß unsere Seele schon war, ehe sie in diese Gestalt kam,
das will ich nicht zurücknehmen, daß es nicht sehr sinnreich und,
wenn es nicht anmaßend ist zu sagen, ganz befriedigend bewiesen
wäre; daß sie aber auch noch, wenn wir tot sind, irgendwo sei, dies
scheint mir nicht eben so. Daß freilich die Seele nicht stärker und
dauerhafter sein sollte als der Leib, dies gebe ich der Einwendung
des Simmias nicht nach, denn in diesem allen scheint sie mir sich gar
weit zu unterscheiden. Warum also, könnte die Rede wohl sagen, bist
du noch ungläubig, wenn du doch siehst, daß nach des Menschen
b Tode das Schwächere noch ist? Dünkt dich denn nicht, daß das Dau-
erhaftere sich gewiß noch erhalten müsse in eben dieser Zeit? Dage-
gen nun überlege, ob ich hiermit etwas sage. Denn eines Bildes be-
darf ich freilich auch, wie es scheint, ebensogut wie Simmias. Mich
dünkt nämlich dies gerade ebenso gesagt, wie wenn jemand, wenn
ein alter Mann, der ein Weber war, gestorben wäre, diese Rede füh-
ren wollte: Der Mensch ist nicht umgekommen, sondern ist gewiß
noch irgendwo, und zum Beweise dafür wollte er das Kleid anführen,
was er anhatte und selbst gewebt hatte, daß das doch noch wohlbe-
halten wäre und nicht umgekommen; und wenn ihm einer nicht glau-
c ben wollte, er diesen dann fragte, was wohl seiner Natur nach dauer-
hafter wäre, ein Mensch oder ein Kleid, wenn es nämlich im Gebrauch
wäre und getragen würde, und wenn der dann antworten müßte, der
Mensch bei weitem, jener dann glaubte bewiesen zu haben, der
Mensch also müsse wohl ganz gewiß wohlbehalten sein, da ja das
Vergänglichere nicht untergegangen wäre. Ich denke aber, o Simmi-
as, das verhält sich nicht so. Sieh aber auch du zu, was ich meine.
Denn jeder würde wohl der Meinung sein, daß das einfältig gesagt
wäre, wenn es jemand sagen wollte. Denn dieser Weber hat schon
gar viele solche Kleider verbraucht und gewebt und ist zwar später
umgekommen als jene vielen, aber als das letzte, denke ich, doch
d eher, und deshalb ist doch wohl ein Mensch noch immer nicht schlech-
ter oder vergänglicher als ein Kleid. Und dieses selbe Bild, meine ich,
läßt sich anwenden auf Seele und Leib; und wer eben dasselbe sagte
von diesen, würde mir scheinen verständig zu reden, daß nämlich
die Seele zwar dauerhafter ist und der Leib schwächer und vergäng-
licher, doch aber, würde er hinzusetzen, verbrauche ja jede Seele
viele Leiber, zumal wenn sie viele Jahre lebe. Denn wenn der Leib
immer im Fluß ist und vergeht, solange der Mensch lebt, die Seele
e aber das Verbrauchte immer wieder webt: so muß ja die Seele wohl,
wenn sie umkommt, diese ihre letzte Bekleidung noch haben und
eher freilich nur als diese einzige umkommen; und erst wenn die See-
le umgekommen ist, kann dann der Leib die Natur seiner Schwach-
heit beweisen, indem er schnell durch Fäulnis vergeht. So daß man

also diesem Satz noch nicht zuverlässig trauen darf, daß, wenn wir
tot sind, unsere Seele noch irgendwo ist. Denn wenn jemand auch 88 a
dem, der deine Behauptung vorträgt, noch mehr einräumen wollte
und zugeben, unsere Seele sei nicht nur in der Zeit vor unserer Ge-
burt gewesen, sondern es hindere auch nichts, daß nicht auch nach
dem Tode die Seelen einiger noch wären und sein würden und noch
oft würden geboren werden und wieder sterben — denn so stark sei
sie von Natur, daß sie dieses gar vielmal aushalten könne; nur aber,
indem er dieses zugäbe, nicht auch noch jenes einräumte, daß sie in
diesen vielen Geburten gar nicht von Kräften komme und auch am
Ende nicht in einem von diesen Toden gänzlich untergehe, sondern
sagte, diesen Tod und diese Auflösung des Leibes, welche der Seele b
den Untergang bringt, wisse nur keiner, denn es sei unmöglich, daß
irgendeiner von uns ihn fühle; wenn sich nun dieses so verhält, so
kann doch von keinem, der über den Tod guten Mutes ist, gesagt
werden, daß er nicht auf eine unverständige Weise mutig sei, wenn
er nicht zu beweisen vermag, daß die Seele ganz und gar unsterblich
und unvergänglich ist; wo nicht, so muß jeder, der im Begriff ist zu
sterben, für seine eigene Seele in Sorgen sein, ob sie nicht gerade in
dieser Trennung von dem Leibe ganz und gar untergehen werde.

[38. Wirkung der Einwände auf die übrigen Anwesenden und auf Sokrates]

Alle nun, als wir sie beide dieses hatten sagen gehört, waren wir, c
wie wir uns hernach gestanden, auf unangenehme Weise verstimmt,
weil sie uns, die wir durch die vorigen Reden stark überzeugt waren,
wieder unruhig zu machen und in Ungewißheit zurückzuwerfen
schienen, nicht nur über das bereits Gesagte, sondern auch wegen
dessen, was nun noch würde gesagt werden, ob nicht wir ganz un-
taugliche Richter wären oder auch die Sache selbst gar nicht zu ent-
scheiden.

ECHEKRATES: Bei den Göttern, o Phaidon, ich verzeihe euch das.
Denn auch ich, da ich dies jetzt von dir gehört, habe so zu mir ge-
sprochen: Welcher Rede soll man nun wohl noch glauben? Denn die d
so sehr glaubliche, welche Sokrates vorgetragen, ist nun doch um al-
len Glauben gekommen. Denn gar wunderbar ergreift mich dieser
Satz jetzt und schon immer, daß unsere Seele eine Stimmung ist; und
wie er jetzt ausgesagt worden, hat er mir in Erinnerung gebracht,
daß auch mir das vorher schon so geschienen hatte. Und so bedarf
ich nun wieder wie anfangs einer andern Rede, um mich zu überzeu-
gen, daß mit dem Sterbenden die Seele nicht mitstirbt. Sage nun, beim
Zeus, wie Sokrates dieses verfolgt hat und ob auch ihm, wie du von
euch sagst, etwas Verdrießliches anzumerken war oder nicht, sondern e
er seinen Satz ruhig verteidigte, und ob er es befriedigend getan hat
oder unzureichend. Dies alles berichte uns so genau als möglich.

PHAIDON: Gewiß, o Echekrates, wie oft ich auch schon den Sokra-
tes bewundert hatte, nie doch war ich mehr von ihm eingenommen
als damals. Denn daß er etwas zu erwidern wußte, ist wohl nichts 89 a
Besonderes; aber ich bewunderte ihn zuerst vorzüglich darüber, wie

freundlich und sanft und beifällig er die Reden der jungen Männer aufnahm, dann, wie scharf er bemerkte, wie sie auf uns gewirkt hatten, endlich, wie gut er uns heilte und gleichsam wie Flüchtlinge und Geschlagene zurückrief und uns zusprach, ihm zu folgen und die Rede mit ihm zu erwägen.

ECHEKRATES: Wie also?

PHAIDON: Das will ich dir sagen. Ich saß nämlich zu seiner Rechten
b ten neben dem Bett auf einem Bänkchen, er aber saß weit höher als ich. Nun strich er mir über den Kopf, faßte die Haare im Nacken zusammen – denn er pflegte wohl oft in meinen Haaren zu spielen – und sagte: Morgen also, o Phaidon, wirst du wohl diese schönen Locken abscheren? – So sieht es wohl aus, o Sokrates, sprach ich. – Nicht doch, wenn du mir folgst. – Was denn? fragte ich. – Heute noch, sagte er, wollen wir, ich meine und du diese, abscheren, wenn uns nämlich die Rede stirbt und wir sie nicht wieder ins Leben rufen
c können. Und wenn ich du wäre und mir diese Rede abhanden käme, wollte ich, wie die Argeier, einen Eid darauf ablegen, nicht eher das Haar wachsen zu lassen, bis ich in ehrlichem Kampf die Rede des Simmias und Kebes besiegt hätte. – Aber, sagte ich, mit zweien kann es ja auch Herakles nicht aufnehmen. – So rufe denn mich herbei, sprach er, als deinen Iolaos, solange es noch Tag ist. – Das tue ich denn, sagte ich, aber nicht als Herakles, sondern wie Iolaos den Herakles. – Das ist gleichviel, sagte er.

[39. Warnung des S. vor Redefeindschaft; ihre Entstehung aus Kunstlosigkeit] Aber daß wir uns ja zuerst hüten, daß uns nicht etwas Gewisses begegne. – Was doch? fragte ich. – Daß wir ja nicht Rede-
d feinde werden, sprach er, wie andere wohl Menschenfeinde. Denn unmöglich, sagte er, kann einem etwas Ärgeres begegnen, als wenn er Reden haßt. Und die Redefeindschaft entsteht ganz auf dieselbe Weise wie die Menschenfeindschaft. Nämlich die Menschenfeindschaft entsteht, wenn man einem auf kunstlose Weise zu sehr vertraut und einen Menschen für durchaus wahr, gesund und zuverlässig gehalten hat, bald darauf aber denselben als schlecht und unzuverlässig findet, und dann wieder einen; und wenn einem das öfter be-
e gegnet und bei solchen, die man für die vertrautesten und besten Freunde hält, so haßt man dann endlich, wenn man immer wieder anstößt, alle, und glaubt, daß nirgend an einem irgend etwas Gesundes ist. Oder hast du nicht bemerkt, daß das so zu gehen pflegt? – Jawohl, sagte ich. – Ist das nun nicht, sprach er, schändlich, und ist nicht offenbar, daß ein solcher sich ohne die Kunst, die sich auf Menschen versteht, an den Umgang mit den Menschen wagt? Denn wenn er dieser Kunst gemäß mit ihnen umginge: so würde er, wie es sich in der Tat verhält, so auch glauben, daß die sehr guten und sehr
90 a schlechten beide immer nur wenige sind, die mittelmäßigen aber am zahlreichsten. – Wie meinst du das? sprach ich. – Gerade, sagte er, wie mit dem sehr Großen und sehr Kleinen; glaubst du, daß es etwas Selteneres gibt, als einen ganz ausgezeichnet großen oder ausgezeichnet kleinen Menschen oder Hund oder sonst etwas zu finden?

Und ebenso mit schnell und langsam, häßlich und schön, weiß und schwarz? Oder hast du nicht gemerkt, daß von alledem das Äußerste selten vorkommt und wenig, das Mittlere aber unendlich häufig? – Freilich, sprach ich. – Und meinst du nicht, sagte er, wenn ein Wett- b
streit der Schlechtigkeit angestellt würde, daß auch da nur sehr wenige sich als die ersten zeigen würden? – Natürlich, sagte ich. – Freilich natürlich, sprach er; aber darin sind eigentlich die Reden nicht den Menschen ähnlich, sondern nur weil du führtest, bin ich dir hierher gefolgt, wohl aber darin, daß, wenn jemand einer Rede getraut hat, daß sie wahr sei, ohne die Kunst, welche sich auf Reden versteht, und sie ihm dann bald darauf wieder falsch vorkommt, manchmal mit Recht, manchmal mit Unrecht, und so wieder eine und eine andere – und vorzüglich gilt das, wie du wohl weißt, von denen, die sich mit Streitreden abgeben, daß sie am Ende glauben, c
ganz weise geworden und allein zu der Einsicht gelangt zu sein, daß nicht nur an keinem Dinge irgend etwas Gesundes und Richtiges ist, sondern auch an den Reden nicht, vielmehr alles sich ordentlich wie im Euripos von oben nach unten dreht und keine Zeitlang bei etwas bleibt. – Vollkommen richtig, sprach ich, redest du. – Und, o Phaidon, wäre das nun nicht ein Jammer, wenn es doch wirklich wahre und sichere Reden gäbe, die man auch einsehen könnte, wenn einer, weil er auf solche Reden stößt, die ihm bald wahr zu sein scheinen, d
bald wieder nicht, sich selbst nicht die Schuld geben wollte und seiner Kunstlosigkeit, sondern am Ende aus Mißmut die Schuld gern von sich selbst auf die Reden hinwälzte und dann sein übriges Leben in Haß und Schmähungen gegen alle Reden hinbrächte und so der Wahrheit und Erkenntnis der Dinge verlustig ginge? – Beim Zeus, sagte ich, ein großer Jammer. –

[40. Bereitschaft des S. zu weiterer Untersuchung] So laß uns denn, sprach er, zuerst davor uns hüten und dem in unserer Seele keinen Eingang verstatten, als ob an allen Reden am Ende wohl gar nichts e
Tüchtiges wäre; sondern vielmehr, daß wir nur noch nicht recht tüchtig sind, aber tapfer sein und trachten müssen, tüchtig zu werden, du und die übrigen des ganzen künftigen Lebens wegen, ich aber eben wegen des Todes. So daß ich vielleicht gar jetzt nicht sonderlich phi- 91 a
losophisch mich in dieser Sache verhalte, sondern wie die ganz Ungebildeten rechthaberisch. Denn auch diese, wenn sie über etwas streiten, kümmern sich nicht darum, wie sich das wohl eigentlich verhält, wovon die Rede ist, sondern nur, daß den Anwesenden das annehmlich erscheine, was sie selbst festgestellt haben, danach trachten sie. Und ich scheine gegenwärtig nur soviel mich von ihnen zu unterscheiden, daß ich nicht danach trachten will, daß den Anwesenden das, was ich behaupte, wahr erscheine, außer beiläufig, sondern daß es mir selbst nur recht gewiß sich so zu verhalten scheine. Ich berechne nämlich, lieber Freund – und siehe nur, wie eigennützig –, wenn das b
wahr ist, was ich behaupte, ist es doch vortrefflich, davon überzeugt zu sein; wenn es aber für die Toten nichts mehr gibt, werde ich doch wenigstens diese Zeit noch vor dem Tode den Anwesenden weniger

unangenehm sein durch Klagen; dieser mein Irrtum aber dauert nicht mit aus, denn das wäre ein Übel, sondern wird in kurzem untergehen. So gerüstet also, sprach er, o Simmias und Kebes, mache ich mich an die Rede. Ihr aber, wenn ihr mir folgen wollt, kümmert
c euch wenig um den Sokrates, sondern weit mehr um die Wahrheit; und wenn ich euch dünke etwas Richtiges zu sagen, so stimmt mir bei, wenn aber nicht, so widerstrebt mir auf alle Weise, damit ich nicht, im Eifer mich und euch zugleich betrügend, wie eine Biene den Stachel zurücklassend davongehe.

[41. Widerlegung des Einwands des Simmias: Er stimmt nicht zusammen mit der sicher begründeten Wiedererinnerungslehre]

Wohlan denn, fuhr er fort, erinnert mich zuerst, was ihr sagtet, wenn ihr vielleicht findet, daß ich es nicht recht behalten habe. Simmias, denke ich, ist ungewiß und fürchtet, die Seele möchte, obwohl etwas Göttlicheres und Schöneres als der Leib, doch vor ihm
d untergehen, indem sie ihrer Natur nach eine Stimmung sei. Kebes aber schien dieses zwar zuzugeben, daß die Seele dauerhafter sei als der Leib, aber das könne doch niemand wissen, ob nicht die Seele, wenn sie nun viele Leiber oftmals verbraucht hat, den letzten Leib doch zurückläßt und nun selbst umkommt und dieses dann eben der Tod ist, der Untergang der Seele, denn der Leib geht ja doch immer unter ohne Aufhören. Ist es dieses, o Simmias und Kebes, was wir
e jetzt zu betrachten haben? — Sie gaben beide zu, dieses sei es. — Und die vorigen Reden, sprach er, nehmt ihr die alle nicht an, oder einige zwar, andere aber nicht? — Einige, sprachen sie, andere aber nicht. — Was sagt ihr also von jener Rede, sprach er, in welcher wir behaupteten, alles Lernen sei Erinnerung, und wenn sich dies so verhalte, müsse notwendig unsere Seele anderswo vorher sein, ehe sie an
92 a den Leib gebunden worden? — Ich meinesteils, sprach Kebes, war damals wunderbar überzeugt davon und bleibe auch jetzt dabei, wie bei nichts anderem. — Und mir, sagte Simmias, geht es ebenso, und es sollte mich wundern, wenn ich jemals hierüber anders dächte. — Aber du mußt doch anders denken, o thebanischer Freund, sprach Sokrates, wenn nämlich jene Meinung bestehen soll, daß eine Stimmung ein zusammengesetztes Ding ist und daß die Seele als eine Stimmung aus dem, was in dem Leibe unter sich gespannt ist, bestehe.
b Denn du wirst doch nicht sagen wollen, die Stimmung sei eher vorhanden, als dasjenige da ist, woraus sie hervorgehen muß; oder willst du das? — Keineswegs, o Sokrates, sagte er. — Merkst du nun aber wohl, sagte er, daß dir dieses herauskommt, wenn du sagst, die Seele sei auch, ehe sie in eines Menschen Gestalt und Leib komme, sie sei aber zusammengesetzt aus dem, was dann noch nicht ist? Die Stimmung wenigstens ist nicht so, der du sie vergleichst; sondern
c die Leier und die Saiten und die Töne sind vorher ungestimmt da, und zuletzt von allen entsteht die Stimmung und geht zuerst wieder unter. Wie kann dir nun diese Rede mit jener zusammenstimmen? — Gar nicht, sprach Simmias. — Und doch, sprach er, sollte ja wohl, wenn irgend eine Rede, die von der Stimmung gut zusammenstim-

men. — Das sollte sie wohl, sagte Simmias. — Diese aber, sagte er,
stimmt dir doch nicht; also sieh zu, welche von beiden du wählen
willst, die, daß das Lernen Erinnerung ist, oder die, daß die Seele
Stimmung ist. — Viel lieber jene, o Sokrates, sagte er. Denn diese
letztere ist mir ohne allen Beweis gekommen, nur aus einer gewissen d
Wahrscheinlichkeit und Angemessenheit, woher auch die meisten
Menschen zu dieser Meinung kommen; ich weiß aber, daß die Reden,
die sich nur durch einen solchen Schein bewähren, leere Prahler sind,
und wenn man sich nicht wohl mit ihnen vorsieht, einen gar leicht
betrügen, in der Meßkunst und in allem andern. Jene Rede aber von
dem Lernen und der Erinnerung beruht auf einem annehmungswür-
digen Grunde; denn es war gesagt worden, daß unsere Seele, auch
ehe sie in den Leib komme, ebenso sei, wie jenes Wesen selbst ist,
welches den Beinamen führt dessen «was ist». Und dieses habe ich,
wie ich mich selbst überzeuge, ganz mit Recht und mit gutem Grunde e
angenommen. Daher ist nun notwendig, wie ich sehe, daß ich es we-
der mir noch einem andern gelten lasse, welcher sagt, die Seele sei
eine Stimmung. —

*[42. Eine als Stimmung gefaßte Seele ließe nicht Grade der Tugend
und des Lasters zu]* Und was, sprach er, o Simmias, sagst du hierzu?
Scheint dir wohl der Stimmung oder irgendeiner andern Zusammen-
setzung zuzukommen, daß sie sich anders verhalten könne als jenes,
woraus sie besteht? — Keineswegs. — Auch nicht irgend etwas ande- 93 a
res tun, wie ich denke, oder leiden außer dem, was jenes tut und lei-
det? — Er stimmte ein. — Also kommt auch wohl der Stimmung nicht
zu, das anzuführen, woraus sie zusammengesetzt ist, sondern zu fol-
gen? — Das dünkte ihn auch so. — Weit gefehlt also, daß die Stim-
mung entgegengesetzt sich bewegen oder klingen oder sonstwie ent-
gegengesetzt sein könnte ihren Teilen. — Weit gefehlt, sagte er. —
Und wie, ist nicht ihrer Natur nach jede Stimmung gerade so Stim-
mung, wie sie gestimmt ist? — Das verstehe ich nicht, sagte er. —
Nicht, sagte er, wenn sie besser gestimmt ist oder in höherem Grade,
falls dieses geschehen kann, wird sie dann nicht auch mehr Stimmung b
sein und in höherem Grade, wenn aber in geringerem und weniger,
dann auch nicht so sehr und weniger? — Freilich. — Findet nun das
wohl auch bei der Seele statt, daß eine Seele auch nur im allergering-
sten mehr und in höherem Grade oder weniger und in geringerem
als die andere eben dieses, Seele, sein kann? — Nicht im mindesten,
sagte er. — Wohlan denn, beim Zeus, sprach er, von der einen Seele
sagt man doch, daß sie Vernunft hat und Tugend und gut ist, von
der andern aber, daß sie Unvernunft und Verderben hat und schlecht
ist; und das sagt man doch mit Recht? — Mit Recht freilich. — Die nun c
annehmen, daß die Seele eine Stimmung ist, was werden die wohl sa-
gen, daß dieses sei in den Seelen, die Tugend und das Laster? Etwa
wiederum eine andere Stimmung und Verstimmtheit? So daß die
eine gestimmt ist, die gute, und in ihr selbst, die doch Stimmung ist,
eine andere Stimmung hat, die andere aber wiederum ungestimmt ist
und keine andere in sich hat? — Ich weiß es nicht zu sagen, sprach

Simmias; offenbar aber müßte so etwas sagen, wer jenes voraussetzt.
d — Darüber aber sind wir ja vorher einig geworden, daß keine Seele
mehr oder weniger Seele ist als die andere, und dies ist doch ebenso-
viel, als daß keine Stimmung mehr oder weniger Stimmung ist als
die andere; nicht wahr? — Freilich. — Die aber weder mehr noch we-
niger Stimmung ist, ist auch weder mehr noch weniger gestimmt. Ist
es so? — So ist es. — Die aber weder mehr noch weniger gestimmte,
hat die wohl größeren oder geringeren Anteil an dem Wesen der
Stimmung oder gleichen? — Gleichen. — Also auch die Seele, wenn
e die eine eben dieses, Seele, weder mehr noch weniger ist als die an-
dere, ist sie also auch weder mehr noch weniger gestimmt? — So ist
es. — Und steht es so, so hat auch die eine weder mehr noch weniger
Anteil an Verstimmtheit oder Stimmung? — Freilich nicht. — Und
steht es wiederum so: könnte dann wohl die eine mehr oder weniger
als die andere Anteil haben an Tugend und Laster, wenn doch das
Laster Verstimmtheit ist und die Tugend Stimmung? — Nicht mehr.
94 a — Oder vielmehr, o Simmias, wenn wir es recht genau nehmen,
wird keine Seele irgend Anteil am Laster haben, wenn sie Stimmung
ist. Denn da die Stimmung immer vollkommen eben dieses ist,
Stimmung: so kann sie an der Verstimmtheit gar niemals Anteil ha-
ben. — Freilich nicht. — Dann also auch nicht die Seele, da sie voll-
kommen Seele ist, am Laster. — Wie ginge das wohl nach dem Ge-
sagten? — Nach dieser Rede also werden uns alle Seelen aller Leben-
digen gleich gut sein, wenn sie doch ihrer Natur nach gleich sehr die-
ses sind, Seelen. — So dünkt mich auch, Sokrates, sprach er. — Dünkt
es dich aber auch recht so gesagt zu sein, und daß der Rede dieses
b begegnen würde, wenn die Annahme richtig wäre, daß die Seele
Stimmung sei? — Ganz und gar nicht, sagte er. —

[43. Die Seele als Stimmung könnte den Leib nicht beherrschen] Und
wie, über alles, was an dem Menschen ist, sagst du nicht, daß eben
die Seele herrsche, zumal die vernünftige? — Gewiß nichts anderes. —
Und etwa immer nachgebend den Zuständen des Leibes, oder auch
ihnen widerstrebend? Ich meine nämlich so: wenn dieser Hitze hat
oder Durst, daß sie dennoch auf die entgegengesetzte Seite zieht,
zum Nichttrinken, und wenn Hunger, zum Nichtessen, und in tau-
send andern Dingen sehen wir doch die Seele dem Leiblichen wider-
c streben. Oder nicht? — Allerdings. — Haben wir aber nicht im vori-
gen zugegeben, daß sie niemals, wenn sie Stimmung ist, entgegen-
gesetzt klingen kann, als jenes gespannt und nachgelassen und ge-
schwungen wird, oder was sonst dem widerfährt, woraus sie hervor-
geht; sondern daß sie jenem folgen muß und niemals anführen? —
Das haben wir zugegeben; wie sollten wir nicht? — Und wie? Scheint
sie uns nun nicht doch ganz das Gegenteil zu tun, alles jenes zu re-
gieren, woraus man doch sagt, daß sie bestehe, und dem fast überall
d das ganze Leben hindurch zu widerstreben und es zu beherrschen auf
alle Weise, bald härter im Zaum haltend und auf schmerzhafte Wei-
se, wie in Sachen der Gymnastik und Heilkunst, bald wieder gelin-
der? Und bald drohend, bald verweisend, mit den Begierden, dem

Zorn und der Furcht wie eine andere mit einem andern redend? Wie
auch Homeros in der Odyssee gedichtet hat, wo er vom Odysseus
sagt: «Aber er schlug an die Brust und strafte das Herz mit den
Worten: Dulde nun aus, mein Herz, noch Härteres hast du geduldet.» e
Meinst du wohl, er habe dies gedichtet in der Meinung, sie sei eine
Stimmung und eigne sich, geleitet zu werden von den Zuständen
des Leibes, und nicht vielmehr selbst sie zu leiten und zu beherrschen,
weil sie nämlich etwas weit Göttlicheres ist als einer Stimmung zu
vergleichen? — Beim Zeus, Sokrates, so kommt es mir nicht vor. —
Also, mein Bester, mag es wohl auf keine Weise recht sein von uns,
zu sagen, die Seele sei eine Stimmung. Denn wir würden, wie wir 95 a
sehen, weder mit dem Homeros, dem göttlichen Dichter, eins sein
noch mit uns selbst. — So verhalte es sich allerdings, sagte er.

[44. Wiederaufnahme des Einwandes des Kebes]

Gut denn, sagte Sokrates, mit der Thebanischen Harmonia sind
wir, wie es scheint, noch so leidlich fertiggeworden. Wie werden wir
uns nun aber, o Kebes, auch mit dem Kadmos einigen und auf welche Weise? — Das, denke ich, sprach Kebes, wirst du schon auffinden.
Diese Rede wenigstens gegen die Stimmung hast du ganz wunderbar
über meine Erwartung durchgeführt. Denn als Simmias sagte, was
für Zweifel er hätte, verwunderte es mich gar sehr, was wohl jemand mit seiner Rede würde anfangen können, und doch konnte sie b
hernach nicht einmal den ersten Anlauf der deinigen aushalten, wie
mir schien. So würde ich mich also auch nicht wundern, wenn dasselbe auch der Rede des Kadmos begegnete. — O Guter, sprach Sokrates, nur nicht großsprechen, damit uns nicht ein Zauber das, was gesagt werden soll, verrufe und verdrehe. Doch das soll bei Gott stehen, wir aber wollen nun gut homerisch näher tretend hieran versuchen, ob du wohl etwas sagst. Was du aber suchst, scheint mir der
Hauptsache nach zu sein: du verlangst, es soll gezeigt werden, daß
unsere Seele unvergänglich und unsterblich ist, wenn doch ein phi- c
losophischer Mann, der im Begriff zu sterben guten Mutes ist und
der Meinung, daß er nach seinem Tode sich dort vorzüglich wohl
befinden werde, mehr als wenn er einer andern Lebensweise folgend gestorben wäre, wenn ein solcher nicht ganz unverständig
und töricht sein soll bei seinem guten Mut. Zu zeigen aber, daß die
Seele etwas Starkes und Göttliches ist, und daß sie war, ehe wir geboren wurden, dies alles, behauptest du, könne gar füglich auch nicht
Unsterblichkeit andeuten, sondern daß die Seele zwar etwas lange
Beharrendes ist und wer weiß wie lange Zeit vorher irgendwo gewesen ist und vielerlei gewußt und getan hat, aber deshalb doch noch
nicht unsterblich wäre, sondern eben dieses, daß sie in menschlichen d
Leib gekommen, könne schon der Anfang ihres Unterganges gewesen sein, gleichsam als eine Krankheit, und so könne sie in Jammer
und Not dieses Leben leben und am Ende desselben in dem, was man
Tod nennt, untergehen. Und ob sie einmal in den Leib kommt oder
oft, dies, behauptest du, könne keinen Unterschied darin machen,
daß doch jeder von uns besorgt sein müsse. Denn es gehöre sich gar

wohl, daß jeder, wer nicht unverständig sein wolle, sich fürchte, der
nicht wisse und keine Rechenschaft davon geben könne, daß sie un-
e sterblich ist. Dies ist es ungefähr, glaube ich, o Kebes, was du meinst,
und absichtlich wiederhole ich es öfter, damit uns nichts davon ent-
geht und auch du, wenn du willst, etwas hinzusetzen und davontun
kannst. — Darauf sagte Kebes: Für jetzt habe ich wohl nichts davon-
zutun oder hinzuzusetzen; sondern dies ist es, was ich sagen will.

[45. Unbefriedigtheit des S. über die von den Naturphilosophen behaupteten Ursachen des Entstehens und Vergehens]

Darauf hielt Sokrates einige Zeit inne, als ob er etwas bei sich be-
dächte, und sagte dann: Es ist keine schlechte Sache, o Kebes, welche
du aufspürst. Denn wir müssen nun im allgemeinen vom Entstehen
96 a und Vergehen die Ursache behandeln. Ich also will dir, wenn du willst,
darlegen, wie es mir damit ergeht. Dünkt dich dann etwas von dem,
was ich sage, brauchbar zu sein zur Überzeugung von dem, wonach
du fragst: so brauche es. — Allerdings, sprach Kebes, das will ich. —
So höre denn, was ich sagen werde. In meiner Jugend nämlich, o Ke-
bes, hatte ich ein wundergroßes Bestreben nach jener Weisheit, wel-
che man die Naturkunde nennt; denn es dünkte mich etwas Herrli-
ches, die Ursachen von allem zu wissen, wodurch jegliches entsteht
und wodurch es vergeht und wodurch es besteht, und hundertmal
b wendete ich mich bald hier-, bald dorthin, indem ich bei mir selbst
zuerst dergleichen überlegte: ob, wenn das Warme und Kalte in
Fäulnis gerät, wie Einige gesagt haben, dann Tiere sich bilden? Und
ob es wohl das Blut ist, wodurch wir denken, oder die Luft oder das
Feuer? Oder keines von diesen, sondern das Gehirn bringt uns alle
Wahrnehmungen hervor, die des Sehens und Hörens und Riechens,
und aus diesen entsteht dann Gedächtnis und Vorstellung, und aus
Erinnerung und Vorstellung, wenn sie zur Ruhe kommen, entstehe
dann auf diese Weise Erkenntnis? Und wenn ich wiederum das Ver-
gehen von all diesem betrachtete und die Veränderungen am Him-
c mel und auf der Erde, so kam ich mir am Ende zu dieser ganzen
Untersuchung so untauglich vor, daß gar nichts darübergeht. Und
davon will ich dir hinreichenden Beweis geben. Nämlich was ich schon
vorher ganz genau wußte, wie es mir und den andern vorkam, dar-
über erblindete ich nun bei dieser Untersuchung so gewaltig, daß
ich auch das verlernte, was ich vorher zu wissen glaubte von vielen
andern Dingen und so auch davon, wodurch der Mensch wächst.
Denn dies, glaubte ich vorher, wisse jeder, daß es vom Essen und
d Trinken herkäme. Denn wenn aus den Speisen zum Fleische Fleisch
hinzukommt und zu den Knochen Knochen, und ebenso nach dem-
selben Verhältnis auch zu allem übrigen das Verwandte sich hinzu-
findet, dann würde natürlich die Masse, die vorher wenig gewesen
war, hernach viel und so der kleine Mensch groß. So glaubte ich da-
mals; dünkt dich das nicht ganz leidlich? — Ei wohl, sagte Kebes. —
Bedenke auch noch dies. Ich glaubte genug an der Vorstellung zu ha-
ben, wenn ein Mensch neben einem anderen kleinen stehend groß
schien, daß er gerade um den Kopf größer wäre, und so auch ein

Pferd neben dem andern, und was noch deutlicher ist als dieses, Zehn e
schien mir mehr als Acht zu sein, weil noch zwei dabei sind, und das
Zweifüßige größer als das Einfüßige, weil es um die Hälfte dieses
überragt. — Und jetzt, sprach Kebes, was dünkt dich hiervon? — Daß
ich, sagte er, beim Zeus, gar weit entfernt bin, auch nur zu glau-
ben, daß ich zu irgend etwas hiervon die Ursache wisse, da ich mir
ja das nicht einmal gelten lasse, daß, wenn jemand eins zu einem
hinzunimmt, dann entweder das eine, zu welchem hinzugenommen
worden, zwei geworden ist oder das Hinzugenommene und das, zu
welchem hinzugenommen worden, eben weil eins zu dem andern
hinzugekommen, zwei geworden sind. Denn ich wundere mich, wie 97 a
doch, als jedes für sich war, jedes von ihnen soll eines gewesen sein
und sie damals nicht zwei waren, nun sie aber einander nahe gekom-
men, dieses die Ursache gewesen ist, daß sie zwei geworden sind, die
Vereinigung, daß man sie nebeneinander gestellt hat. Und ebensowe-
nig, wenn jemand eines zerspaltet, kann ich mich noch überreden,
daß wiederum dieses, die Spaltung, Ursache wurde, daß zwei gewor-
den sind. Denn dies wäre ja eine ganz entgegengesetzte Ursache des
Zweiwerdens als damals. Damals nämlich, weil sie einander näher b
gebracht wurden und eines zum andern hinzugesetzt, nun aber,
weil eines vom andern hinweggeführt und getrennt wird. Auch nicht,
warum eines wird, getraue ich mich noch zu wissen, noch sonst ir-
gend etwas mit einem Wort, warum es wird oder vergeht oder ist,
nämlich nach dieser Art und Weise der Untersuchung, sondern ich
mische mir eine andere auf gut Glück zusammen, diese aber lasse ich
auf keine Weise gelten.

[46. Hoffnungen auf die ordnende Vernunft des Anaxagoras als eine Ursache, die das Beste jeden Dings zum Erklärungsgrund macht]

Aber als ich einmal einen hörte, aus einem Buche, wie er sagte, vom
Anaxagoras, lesen, daß die Vernunft das Anordnende ist und aller c
Dinge Ursache, an dieser Ursache erfreute ich mich, und es schien
mir auf gewisse Weise sehr richtig, daß die Vernunft von allem die
Ursache ist, und ich gedachte, wenn sich dies so verhält, so werde die
ordnende Vernunft auch alles ordnen und jegliches stellen, so wie es
sich am besten befindet. Wenn nun einer die Ursache von jeglichem
finden wollte, wie es entsteht oder vergeht oder besteht, so müsse er
nur dieses daran finden, wie es gerade diesem am besten sei zu be-
stehn oder irgend sonst etwas zu tun oder zu leiden. Und demzufol- d
ge dann gezieme es dem Menschen nicht, nach irgend etwas anderem
zu fragen, sowohl in bezug auf sich als auf alles andere, als nach dem
Trefflichsten und Besten; und derselbe werde dann notwendig auch
das Schlechtere wissen, denn die Erkenntnis von beiden sei dieselbe.
Dieses nun bedenkend freute ich mich, daß ich glauben konnte, über
die Ursache der Dinge einen Lehrer gefunden zu haben, der recht
nach meinem Sinne wäre, an dem Anaxagoras, der mir nun auch
sagen werde, zuerst ob die Erde flach ist oder rund und, wenn er es e
mir gesagt, mir dann auch die Notwendigkeit der Sache und ihre Ur-
sache dazu erklären werde, indem er auf das Bessere zurückginge

und mir zeigte, daß es ihr besser wäre, so zu sein. Und wenn er behauptete, sie stände in der Mitte, werde er mir dabei erklären, daß es ihr besser wäre, in der Mitte zu stehen; und wenn er mir dies deut-
98 a lich machte, war ich schon ganz entschlossen, daß ich nie mehr eine andere Art von Ursache begehren wollte. Ebenso war ich entschlossen, mich nach der Sonne gleichermaßen zu erkundigen und nach dem Monde und den übrigen Gestirnen wegen ihrer verhältnismäßigen Geschwindigkeit und ihrer Umwälzungen und was ihnen sonst begegnet, woher es doch jedem besser ist, das zu verrichten und zu erleiden, was jeder erleidet. Denn ich glaubte ja nicht, nachdem er einmal behauptet, alles sei von der Vernunft geordnet, daß er irgendeinen anderen Grund mit hineinziehen werde, als daß es das Beste
b sei, daß sie sich so verhalten, wie sie sich verhalten; und also glaubte ich, indem er für jedes einzelne und alles insgesamt den Grund nachwiese, werde er das Beste eines jeglichen darstellen und das für alles insgesamt Gute. Und für vieles hätte ich diese Hoffnung nicht weggegeben; sondern ganz emsig griff ich zu den Büchern und las sie durch, so schnell ich nur konnte, um nur aufs schnellste das Beste zu erkennen und das Schlechtere.

[47. Enttäuschung des S. über Anaxagoras. Unterschied zwischen Ursache und Mitursache] Und von dieser wunderbaren Hoffnung, o Freund, fiel ich ganz herunter, als ich fortschritt im Lesen und sah, wie der Mann mit der Vernunft gar nichts anfängt und auch sonst gar nicht Gründe anführt, die sich beziehen auf das Anordnen der
c Dinge, dagegen aber allerlei Luft und Äther und Wasser vorschiebt und sonst vieles Wunderliches. Und mich dünkte, es sei ihm so gegangen, als wenn jemand zuerst sagte, Sokrates tut alles, was er tut, mit Vernunft, dann aber, wenn er sich daranmachte, die Gründe anzuführen von jeglichem, was ich tue, dann sagen wollte, zuerst daß ich jetzt deswegen hier säße, weil mein Leib aus Knochen und Sehnen besteht, und die Knochen sind dicht und durch Gelenke voneinander geschieden, die Sehnen aber so eingerichtet, daß sie angezogen und
d nachgelassen werden können und die Knochen umgeben nebst dem Fleisch und der Haut, welche sie zusammenhält. Da nun die Knochen in ihren Gelenken schweben, so bewirkten die Sehnen, wenn ich sie nachlasse und anziehe, daß ich jetzt imstande sei, meine Glieder zu bewegen, und aus diesem Grunde säße ich jetzt hier mit gebogenen Knien. Ebenso, wenn er von unserm Gespräch andere solche Ursachen anführen wollte, die Töne nämlich und die Luft und das Gehör
e und tausenderlei dergleichen herbeibringen, ganz vernachlässigend, die wahren Ursachen anzuführen, daß nämlich, weil es den Athenern besser gefallen hat mich zu verdammen, deshalb es auch mir besser geschienen hat, hier sitzenzubleiben, und gerechter, die Strafe geduldig auszustehen, welche sie angeordnet haben. Denn, beim Hunde, schon lange, glaube ich wenigstens, wären diese Sehnen und Knochen
99 a in Megara oder bei den Böotiern, durch die Vorstellung des Besseren in Bewegung gesetzt, hätte ich es nicht für gerechter und schöner gehalten, eher als daß ich fliehen und davongehen sollte, dem Staate die

Strafe zu büßen, die er verordnet. Also dergleichen Ursachen zu nen-
nen ist gar zu wunderlich; wenn aber einer sagte, daß, ohne derglei-
chen zu haben, Sehnen und Knochen und was ich sonst habe, ich nicht
imstande sein würde, das auszuführen, was mir gefällt, der würde
richtig reden. Daß ich aber deshalb täte, was ich tue, und das, indem
ich es mit Vernunft tue, aber nicht wegen der Wahl des Besten, das b
wäre doch eine gar große und breite Untauglichkeit der Rede, wenn
sie nicht imstande wäre zu unterscheiden, daß bei einem jeden Ding
etwas anderes ist die Ursache und etwas anderes jenes, ohne welches
die Ursache nicht Ursache sein könnte; und eben dies scheinen mir,
wie im Dunkeln tappend, die meisten mit einem ungehörigen Na-
men, als wäre es selbst die Ursache, zu benennen. Darum legt dann
der eine einen Wirbel um die Erde und läßt sie dadurch unter dem
Himmel stehen bleiben, der andere stellt ihr, wie einem breiten Troge
einen Fußschemel, die Luft unter. Daß sie aber nun so liege, wie es c
am besten war, sie zu legen, die Bedeutung davon suchen sie gar nicht
auf und glauben auch gar nicht, daß darin eine besondere höhere
Kraft liege, sondern meinen, sie hätten wohl einen Atlas aufgefun-
den, der stärker wäre und unsterblicher als dieser und alles besser
zusammenhielte; das Gute und Richtige aber, glauben sie, könne
überall gar nichts verbinden und zusammenhalten. Ich nun wäre, um
zu wissen, wie es sich mit dieser Ursache verhält, gar zu gern je-
dermanns Schüler geworden; da es mir aber so gut nicht wurde
und ich dies weder selbst zu finden noch von einem andern zu ler-
nen vermochte, willst du, daß ich von der zweitbesten Fahrt, wie
ich sie durchgeführt habe zur Erforschung der Ursache, eine Be- d
schreibung gebe, o Kebes? — Ganz über die Maßen, sprach er, will
ich das. —

*[48. Zuflucht des S. von den Dingen zu den Gedanken, um in
ihnen die Wahrheit der Dinge zu betrachten]* Es bedünkte mich näm-
lich nach diesem, da ich aufgegeben, die Dinge zu betrachten, ich müs-
se mich hüten, daß mir nicht begegne, was denen, welche die Son-
nenfinsternis betrachten und anschauen, begegnet. Viele nämlich
verderben sich die Augen, wenn sie nicht im Wasser oder sonst wor-
in nur das Bild der Sonne anschauen. So etwas merkte ich auch und e
befürchtete, ich möchte ganz und gar an der Seele geblendet werden,
wenn ich mit den Augen nach den Gegenständen sähe und mit je-
dem Sinne versuchte, sie zu treffen. Sondern mich dünkte, ich müs-
se zu den Gedanken meine Zuflucht nehmen und in diesen das wahre
Wesen der Dinge anschauen. Doch vielleicht ähnelt das Bild auf ge-
wisse Weise nicht so, wie ich es aufgestellt habe. Denn das möchte 100 a
ich gar nicht zugeben, daß, wer das Seiende in Gedanken betrach-
tet, es mehr in Bildern betrachte, als wer in den Dingen. Also dahin
wendete ich mich, und indem ich jedesmal den Gedanken zugrunde
lege, den ich für den stärksten halte: so setze ich, was mir scheint
mit diesem übereinzustimmen, als wahr, es mag nun von Ursachen
die Rede sein oder von was nur sonst, was aber nicht, als nicht wahr.
Ich will dir aber noch deutlicher sagen, wie ich es meine; denn ich

glaube, daß du es jetzt nicht verstehst. — Nein, beim Zeus, sagte Kebes, nicht eben sonderlich. —

[49. Die sokratische Ursachenforschung: Begründung durch eine angesetzte Teilhabe an dem, was in Wahrheit ist] Ich meine es so,
b fuhr er fort, gar nichts Neues, sondern was ich schon sonst immer
und so auch in der eben durchgeführten Rede gar nicht aufgehört
habe zu sagen. Ich will also versuchen, dir den Begriff der Ursache
aufzuzeigen, womit ich mich beschäftigt habe, und komme wiederum
auf jenes Abgedroschene zurück und fange davon an, daß ich voraussetze, es gebe ein Schönes an und für sich, und ein Gutes und
Großes und so alles andere, woraus, wenn du mir zugibst und einräumst, daß es sei, ich dann hoffe, dir die Ursache zu zeigen und
nachzuweisen, daß die Seele unsterblich ist. — So säume nur ja nicht,
c sprach Kebes, es durchzuführen, als hätte ich dir dies längst zugegeben. — So betrachte denn, fuhr er fort, was daran hängt, ob dir
das ebenso vorkommt wie mir. Mir scheint nämlich, wenn irgend
etwas anderes schön ist außer jenem Schönen selbst, daß es wegen gar nichts anderem schön sei, als weil es teilhabe an jenem
Schönen, und ebenso sage ich von allem. Räumst du diese Ursache
ein? — Die räume ich ein, sprach er. — Und so verstehe ich denn gar
nicht mehr und begreife nicht jene anderen gelehrten Gründe; sondern wenn mir jemand sagt, weswegen irgend etwas schön ist, entd
d weder weil es eine blühende Farbe hat oder Gestalt oder sonst etwas
dieser Art, so lasse ich das andere — denn durch alles übrige werde
ich nur verwirrt gemacht — und halte mich ganz einfach und kunstlos und vielleicht einfältig bei mir selbst daran, daß nichts anderes
es schön macht als eben jenes Schöne, nenne es nun Anwesenheit
oder Gemeinschaft, wie nur und woher sie auch komme, denn darüber möchte ich nichts weiter behaupten, sondern nur, daß vermöge
des Schönen alle schönen Dinge schön werden. Denn dies dünkt
mich das allersicherste zu antworten, mir und jedem andern; und
wenn ich mich daran halte, glaube ich, daß ich gewiß niemals fal-
e len werde, sondern daß es mir und jedem andern sicher ist zu antworten, daß vermöge des Schönen die schönen Dinge schön sind.
Oder dünkt dich das nicht auch? — Das dünkt mich. — Also auch vermöge der Größe das Große groß und das Größere größer, und vermöge der Kleinheit das Kleinere kleiner? — Ja. Also du würdest
es auch nicht annehmen, wenn jemand von einem sagen wollte, er
sei größer als ein anderer vermöge des Kopfes, und der Kleinere
vermöge desselben auch kleiner, sondern würdest darauf beharren,
101 a daß du gar nichts anderes meinst, als daß alles Größere als ein anderes nur vermöge der Größe größer ist und wegen sonst nichts, und
eben um deswillen, um der Größe willen, und das Kleinere vermöge
sonst nichts kleiner als der Kleinheit, und eben um deswillen kleiner, um der Kleinheit willen. Und das aus Furcht, glaube ich, daß
dir nicht eine andere Rede entgegentrete, wenn du sagtest, einer
sei des Kopfes wegen größer und kleiner, zuerst nämlich, daß wegen des nämlichen das Größere größer sei und das Kleinere kleiner,

und dann, daß des Kopfes wegen, der doch selbst klein ist, das Grö-
ßere größer sei, und daß das doch ein Wunder sei, daß wegen etwas b
Kleinem einer groß sein soll. Oder würdest du das nicht fürchten?
— Da lachte Kebes und sagte: Freilich wohl. — Also, fuhr er fort,
daß zehn um zwei mehr ist als acht und um dieser Ursache willen
es übertreffe, der zwei wegen, und nicht der Vielheit wegen und
durch die Vielheit, das würdest du dich fürchten zu sagen. So auch,
daß das Zweifüßige größer wäre als das Einfüßige vermöge der
Hälfte, und nicht vermöge der Größe? Denn dabei ist doch dieselbe
Besorgnis. — Allerdings, antwortete er. — Und wie, wenn eines zu
einem hinzugesetzt worden, daß dann die Hinzufügung Ursache sei,
daß zwei geworden sind, und wenn eines gespalten worden, dann c
die Spaltung, würdest du dich nicht scheuen, das zu sagen, und viel-
mehr laut erklären, du wüßtest nicht, daß irgendwie anders jegli-
ches werde, als indem es teilnähme an dem eigentümlichen Wesen
eines jeglichen, woran es teilhat, und so fändest du gar keine andere
Ursache des Zweigewordenseins als eben die Teilnehmung an der
Zweiheit, an welcher alles teilnehmen müsse, was zwei sein solle,
so wie an der Einheit, was eins sein solle? Die Spaltungen aber und
Hinzufügungen und andere solche Herrlichkeiten, würdest du die
nicht liegenlassen und andern anheimstellen, damit zu antworten,
die gelehrter sind als du? Du selbst aber würdest aus Furcht, wie
man sagt, vor deinem eigenen Schatten und deiner Ungeschicktheit, d
an jener sicheren Voraussetzung dich haltend, immer so antworten.
Wenn sich aber einer an die Voraussetzung selbst hielte, würdest
du den nicht gehenlassen und nicht eher antworten, bis du, was von
ihr abgeleitet wird, betrachtet hättest, ob es miteinander stimmt
oder nicht stimmt? Und solltest du dann von jener selbst Rechen-
schaft geben, würdest du sie nicht auf die gleiche Weise geben, näm-
lich eine andere Voraussetzung wieder voraussetzend, welche dir
eben von den höherliegenden die beste dünkt, bis du auf etwas Be-
friedigendes kämest, nicht aber untereinander mischend wie die e
Streitkünstler, bald von dem ersten Grunde reden und bald von dem
daraus abgeleiteten, wenn du nämlich irgend etwas, wie es wirklich
ist, finden wolltest. Denn jene freilich haben hieran vielleicht gar
keinen Gedanken und keine Sorgen, sondern sind imstande, wenn sie
auch in ihrer Weisheit alles durcheinanderrühren, doch noch sich
selbst zu gefallen. Gehörst du aber zu den Philosophen: dann, den-
ke ich, wirst du es so machen, wie ich sage. — Ganz vollkommen 102 a
wahr redest du, sagten Simmias und Kebes zugleich.

Echekrates: Beim Zeus, o Phaidon, mit Recht. Denn gar wunder-
bar einleuchtend scheint mir der Mann dieses gesagt zu haben für
jeden, der auch nur ein wenig Vernunft hat.

Phaidon: Allerdings, o Echekrates, und so schien es auch allen An-
wesenden.

Echekrates: Und auch uns, den Abwesenden, die es jetzt hören.

[50. Möglichkeit einer gleichzeitigen Teilhabe der Dinge an entgegengesetzten Wesenheiten, aber Unmöglichkeit, daß die Wesenheit selbst oder die in uns ihr Gegenteil annimmt] Aber was war es nun, was hiernächst gesagt wurde?

PHAIDON: Wie ich glaube, nachdem ihm dieses eingeräumt und
b zugestanden war, daß jeglicher Begriff etwas sei an sich und durch
Teilnahme an ihnen die anderen Dinge den Beinamen von ihnen er-
halten, so fragte er hierauf: Wenn du nun dieses so annimmst,
mußt du dann nicht, wenn du behauptest, Simmias sei größer als
Sokrates, aber kleiner als Phaidon, sagen, daß in dem Simmias bei-
des sei, Größe und Kleinheit? — Freilich. — Und so gestehst du doch,
daß Simmias den Sokrates überragt, damit verhalte es sich nicht in
der Tat so, wie es buchstäblich ausgedrückt wird. Denn es ist nicht
c des Simmias Natur, schon dadurch, daß er Simmias ist, zu über-
ragen, sondern durch die Größe, die er zufällig hat; auch nicht den
Sokrates zu überragen deshalb, weil Sokrates Sokrates ist, sondern
nur, weil Sokrates Kleinheit hat in bezug auf die Größe jenes. —
Richtig. — Auch nicht vom Phaidon überragt zu werden deshalb,
weil Phaidon Phaidon ist, sondern weil er Größe hat im Vergleich
mit des Simmias Kleinheit. — So ist es. — So hat also Simmias den
Beinamen klein zu sein und groß, selbst in der Mitte stehend zwi-
d schen beiden, indem er der Größe des einen seine Kleinheit zum
Übertreffen hinhält, dem anderen aber seine Größe darreicht, wel-
che jenes Kleinheit übertrifft. Dabei lächelte er und sagte: Ich werde
wohl noch gar wie ein Gerichtsschreiber so genau reden; aber es ver-
hält sich denn doch, wie ich sage. — Jener stimmte bei. — Ich sage
dies aber, weil ich möchte, du wärest derselben Meinung wie ich.
Denn mir leuchtet ein, daß nicht nur die Größe selbst niemals zu-
gleich groß und klein sein will, sondern daß auch die Größe in uns
niemals das Kleine aufnimmt oder übertroffen werden will, sondern
eines von beiden, daß sie entweder flieht und aus dem Wege geht,
e wenn ihr Gegenteil, das Kleine, sich nähert oder, wenn es da ist, un-
tergeht, niemals aber bleibend und die Kleinheit aufnehmend etwas
anderes sein will, als sie war; so wie ich allerdings aushaltend und
die Kleinheit aufnehmend derselbe bin, der ich war, und nur eben
als dieser selbe klein bin. Jene aber hat nicht das Herz, indem sie
groß ist, auch klein zu sein. So auch das Kleine in uns will niemals
groß werden oder sein; noch auch sonst eins von zwei Entgegenge-
setzten will, dasselbe bleibend, was es war, zugleich auch sein Ge-
genteil werden oder sein, sondern entweder geht es davon, oder es
103 a geht unter, wenn ihm dies begegnet. — Auf alle Weise, sprach Ke-
bes, leuchtet mir das auch ein. —

[51. Unterschied dieser Aussage über die Wesenheiten von der in Kap. 15 vertretenen Entstehung der Dinge aus ihrem Gegenteil] Da sagte einer von den Anwesenden — wer es aber war, erinnere ich mich nicht mehr genau —: Bei den Göttern, war uns nicht in unsern vorigen Reden gerade das Gegenteil von dem, was jetzt gesagt wird, herausgekommen, daß nämlich aus dem Kleineren das Größere wer-

de und aus dem Größeren das Kleinere und daß gerade dies die Art sei, wie Entgegengesetztes wird aus Entgegengesetztem? Nun aber scheint mir gesagt zu werden, daß das gar nicht möglich ist. — Sokrates hatte sich hingeneigt und zugehört und sagte: Das hast du b
wacker erinnert, nur bemerkst du nicht den Unterschied zwischen dem jetzt Gesagten und dem damaligen. Damals nämlich wurde gesagt, aus dem entgegengesetzten Dinge werde das entgegengesetzte Ding: jetzt aber, daß das Entgegengesetzte selbst sein Entgegengesetztes niemals werden will, weder das in uns noch das in der Natur. Damals nämlich, o Freund, redeten wir von den Dingen, die das Entgegengesetzte an sich haben, und benannten sie mit den Namen von jenen, jetzt aber von jenen selbst, durch deren Einwohnung die so genannten Dinge ihre Benennung erhalten. Und von diesen selbst behaupten wir doch wohl nicht, daß sie einen Übergang in- c
einander zulassen. Zugleich sah er den Kebes an und fragte: Hat auch dich vielleicht, o Kebes, irregemacht, was dieser sagte? — Nein, sagte Kebes, so steht es nicht mit mir; wiewohl ich nicht sagen will, daß nicht vieles mich irremacht. — Darüber also sind wir eins geworden, fuhr Sokrates fort, ganz unbedingt, daß das Entgegengesetzte niemals sein Entgegengesetztes sein wird. — Auf alle Weise. —

[52. Nicht nur die Wesenheiten lassen ihr Gegenteil niemals zu, sondern auch anderes ist notwendig mit einer Entgegensetzung verbunden] So betrachte denn auch noch dieses, ob du auch darüber mit mir einig sein wirst. Du nennst doch etwas warm und kalt? — Das tue ich. — Etwa dasselbe, was auch Schnee und Feuer? — Nein, beim Zeus, ich nicht. — Sondern etwas anderes als das Feuer ist das War- d
me, und etwas anderes als der Schnee das Kalte? — Ja. — Aber das, denke ich, glaubst du doch, daß niemals der Schnee als Schnee das Warme aufnehmen und, wie wir im vorigen sagten, noch sein wird, was er war, Schnee und zugleich warm; sondern wenn das Warme sich nähert, wird er ihm entweder aus dem Wege gehen oder verschwinden. — Freilich. — Und so das Feuer wiederum, wenn ihm das Kalte naht, wird entweder darunter weggehen oder verschwinden, nie aber das Herz haben, die Kälte aufzunehmen und noch sein zu wollen, was es war, Feuer und kalt. — Wohl gesprochen, sagte er. — e
Diese Bewandtnis also, fuhr er fort, hat es mit einigen Dingen, daß nicht nur der Begriff selbst sich seinen Namen aneignen will für alle Zeit, sondern auch noch etwas anderes, welches zwar nicht er selbst ist, aber doch immer seine Gestalt an sich trägt, solange es ist. Vielleicht wird hieran noch deutlicher werden, was ich meine. Das Ungerade muß doch immer diesen Namen bekommen, den wir jetzt genannt haben; oder nicht? — Allerdings. — Aber dieses allein, denn danach frage ich, oder auch noch etwas anderes, welches zwar nicht das Ungerade selbst ist, aber was man doch immer auch mit 104 a
dem Namen desselben nennen muß, weil es so geartet ist, daß es das Ungerade nie kann fahrenlassen? Ich meine damit das, was auch der Dreiheit begegnet und noch vielem anderen. Denn überlege dir nur wegen der Drei, glaubst du nicht, daß sie immer sowohl

mit ihrem Namen genannt werden muß als auch mit dem des Ungeraden, ungeachtet dieses nicht dasselbe ist wie die Dreiheit; aber dennoch ist dies die natürliche Beschaffenheit der Drei und der Fünf und überhaupt der einen ganzen Hälfte der Zahl, daß, unge-
b achtet sie nicht dasselbe ist wie das Ungerade, doch jede von ihnen ungerade ist. Und wiederum die Zwei und die Vier und die andere Reihe der Zahlen ist nicht dasselbe wie das Gerade, aber doch ist jede von ihnen immer gerade. Gibst du das zu oder nicht? — Wie sollte ich nicht, sprach er. — So siehe nun zu, was ich eigentlich deutlich machen will. Es ist nämlich dieses, daß nicht nur jenes Entgegengesetzte selbst einander nicht annimmt; sondern auch alles das, was einander eigentlich nicht entgegengesetzt ist, doch aber das Entgegengesetzte immer in sich hat, auch dieses scheint jene Idee nicht annehmen zu wollen, die der in ihm wohnenden entgegengesetzt ist, sondern wenn sie kommt, entweder unterzugehen oder
c sich davonzumachen. Oder wollen wir nicht sagen, die Drei werde eher untergehen und sich alles andere gefallen lassen als aushalten, Drei zu sein und zugleich gerade zu werden? — Allerdings, sagte Kebes. — Nun ist doch die Zwei der Drei nicht entgegengesetzt. — Freilich nicht. — Also nicht nur die entgegengesetzten Begriffe lassen einander nicht zu, sondern auch noch einiges andere läßt das Entgegengesetzte nicht an sich kommen. — Vollkommen richtig, sprach er, redest du. —

[53. Genauere Bestimmung der Wesenheiten, die außer sich selbst immer zugleich noch ein bestimmtes Entgegengesetztes mit sich führen] Sollen wir nun, fuhr jener fort, wenn wir es können, bestimmen, welcherlei diese sind? — Wohl. — Werden es nun nicht
d diejenigen sein, o Kebes, welche dasjenige, wovon sie Besitz nehmen, nicht nur nötigen, ihre eigene Idee immer festzuhalten, sondern auch immer die eines gewissen Entgegengesetzten? — Wie meinst du das? — Wie wir eben sagten. Denn du weißt doch, alles, wovon die Idee der Dreiheit Besitz nimmt, ist notwendig nicht nur Drei, sondern auch ungerade? — Freilich. — Zu einem solchen nun, sagen wir, kann die Idee, welche der Form entgegengesetzt ist, die dies bewirkt, niemals kommen? — Freilich nicht. — Bewirkt hat dies aber die Form des Ungeraden. — Ja. — Und entgegengesetzt dieser ist die des Geraden? — Ja. — Also kann zu Dreiseienden niemals die Form
e des Geraden kommen. — Offenbar nicht. — Ohne allen Anteil an dem Geraden ist also das Dreiseiende? — Ohne Anteil. — Also ist die Drei ungerade? — Ja. — Was ich also bestimmen wollte, welche Dinge nämlich, ohne einem Gewissen entgegengesetzt zu sein, doch dessen Gegenteil nicht annehmen — wie jetzt die Drei dem Geraden nicht entgegengesetzt ist, es aber demungeachtet doch nicht aufnimmt; denn immer bringt sein Gegenteil mit sowohl die Zwei dem
105 a Ungeraden wie das Feuer dem Kalten, und vieles andere —, dieses nun siehe zu, ob du es wohl so bestimmst, daß nicht nur ein Entgegengesetztes das andere nicht aufnimmt, sondern auch, wenn etwas allem, woran es sich macht, den einen Gegensatz zubringt, so kann

eben dieses Zubringende den Gegensatz des Zugebrachten niemals
annehmen. Rufe es dir nur noch einmal zurück, denn es ist nicht
übel, es oft zu hören. Die Fünf wird nie die Form des Geraden an-
nehmen, noch die Zehn die des Ungeraden als das Zwiefache. Auch
dieses selbst ist einem andern entgegengesetzt, aber dennoch nimmt
es die Form des Ungeraden nicht an. Ebensowenig das Anderthalbe b
und alles dergleichen als Halbes die des Ganzen, oder das Dritteil
und alles dergleichen, wenn du folgst und einstimmst. — Gar sehr,
sprach er, stimme ich ein und folge auch. —

[54. Anwendung auf die Seele, die immer Leben mit sich bringt]
So sage es mir denn, sprach er, noch einmal von Anfang an. Und
antworte mir nicht gerade das, was ich frage, sondern mich nachah-
mend ein anderes. Ich sage das nämlich, weil ich außer jener vorher
gegebenen sicheren Antwort vermittels des jetzt Gesagten noch eine
andere Sicherheit absehe. Denn wenn du mich fragtest: Wem was
doch in dem Leibe einwohnt, wird warm sein?, so würde ich dir nicht
jene einfältige sichere Antwort geben, wem Wärme; sondern eine c
feinere vermöge des jetzt Gesagten, nämlich wem Feuer. Noch auch
wenn du fragtest, welchem Leibe was doch einwohnt, der wird krank
sein, werde ich sprechen, welchem Krankheit, sondern welchem Fie-
ber. Noch auch, wenn was doch einer Zahl einwohnt, wird sie unge-
rade sein, werde ich antworten, wenn Ungeradheit, sondern wenn
Einheit, und so überall. Siehe nun zu, ob du schon zur Genüge ver-
stehst, was ich will. — Vollkommen zur Genüge, sagte er. — Antwor-
te also, sprach er, wenn was doch dem Leibe einwohnt, wird er le-
bend sein? — Wenn Seele, antwortete er. — Und verhält sich dies d
auch immer so? — Wie sollte es nicht, sagte er. — Die Seele also, wes-
sen sie sich bemächtigt, zu dem kommt sie immer Leben mitbrin-
gend? — Das tut sie freilich. — Ist nun wohl etwas dem Leben entge-
gengesetzt oder nichts? — Es ist. — Und was? — Der Tod. — Also wird
wohl die Seele das Gegenteil dessen, was sie immer mitbringt, nie
annehmen, wie wir aus dem vorigen festgesetzt haben. — Und gar
sehr festgesetzt. —

[55. Schluß: Die Seele ist also unsterblich und unvergänglich] Wie
nun? Was die Idee des Geraden nie aufnimmt, wie nannten wir das
eben? — Ungerade. — Und was das Gerechte nie annimmt und das
Künstlerische nie annimmt? — Unkünstlerisch, sprach er, und jenes e
ungerecht. — Wohl. Und was den Tod nie annimmt, wie nennen wir
das? — Unsterblich, sagte er. — Und die Seele nimmt doch den Tod
nie an? — Nein. — Unsterblich also ist die Seele? — Unsterblich. —
Wohl, sprach er. Wollen wir also sagen, dies sei erwiesen, oder wie
dünkt dich? — Und zwar ganz vollständig, o Sokrates. — Wie nun,
sprach er, o Kebes; wenn das Ungerade notwendig unvergänglich
wäre, würde dann die Drei nicht auch unvergänglich sein? — Wie 106 a
sollte sie nicht? — Und nicht wahr, wenn auch das Unwarme not-
wendig unvergänglich wäre, so müßte, wenn jemand an den Schnee
Wärme brächte, der Schnee sich davonmachen, aber wohlbehalten

und ungeschmolzen? Denn vergehen könnte er ja nicht, aber auch
nicht bleiben und die Wärme aufnehmen. – Wohl gesprochen, sagte
er. – Und ebenso, denke ich, wenn das Unkalte unvergänglich wäre
und jemand an das Feuer Kaltes brächte, so würde es nicht verlö-
schen und auch nicht vergehen, sondern nur wohlbehalten sich ent-
b fernen. – Notwendig. – Muß man nun nicht ebenso auch von dem
Unsterblichen sagen, daß, wenn das Unsterbliche auch unvergänglich
ist, die Seele unmöglich, wenn der Tod an sie kommt, untergehen
kann. Denn den Tod, vermöge des Vorhergesagten, kann sie nicht
annehmen und gestorben sein, wie die Drei niemals gerade sein
kann, ebensowenig wie das Ungerade selbst, noch auch das Feuer
kalt, ebensowenig wie die Wärme in dem Feuer. Aber was hindert,
könnte jemand sagen, daß das Ungerade zwar niemals gerade wird,
wenn das Gerade ihm ankommt, wie auch eingestanden ist, aber
c wohl, daß es umkommt und statt seiner uns ein Gerades entsteht?
Wer nun das sagte, dem könnten wir nicht abstreiten, daß es um-
komme. Denn das Ungerade ist nicht unvergänglich. Wenn aber dies
erst eingestanden wäre, dann könnten wir leicht durchfechten, daß,
wenn das Gerade kommt, das Ungerade und die Drei nur davonge-
hen, und vom Feuer und dem Warmen und allem andern würden
wir es ebenso durchfechten. Oder nicht? – Gewiß. – Nicht so auch
jetzt von dem Unsterblichen, wenn uns nur erst eingestanden wäre,
daß es zugleich auch unvergänglich ist, dann wäre uns die Seele au-
ßer dem, daß sie unsterblich ist, auch unvergänglich; wo aber nicht,
d so müßte man es anders anfangen. – Dessen bedarf es nun wohl
nicht, sprach er, was dies betrifft. Denn gute Wege hätte es, daß ir-
gend etwas sich dem Untergang entziehen könnte, wenn auch das
Unsterbliche und immer Seiende den Untergang annähme. –

*[56. Völlige Überzeugung des Kebes und Unsicherheit des Sim-
mias]* Gott wenigstens, sprach Sokrates, und die Idee des Lebens
selbst wird wohl, wenn überhaupt etwas unsterblich ist, von jedem
eingestanden werden, daß es niemals untergehe. – Beim Zeus, sagte
er, von jedem Menschen ja schon, und noch mehr, denke ich, von
e den Göttern. – Wenn also das Unsterbliche auch unvergänglich ist,
wäre dann nicht die Seele, wenn sie doch unsterblich ist, zugleich
auch unvergänglich? – Ganz notwendig. – Tritt also der Tod den
Menschen an: so stirbt, wie es scheint, das Sterbliche an ihm, das
Unsterbliche aber und Unvergängliche zieht wohlbehalten ab, dem
Tode aus dem Wege. – Das leuchtet ein. – Ganz sicher also, o Kebes,
107 a ist die Seele unsterblich und unvergänglich, und in Wahrheit wer-
den unsere Seelen sein in der Unterwelt. – Ich wenigstens, o Sokra-
tes, sagte er, vermag weder etwas anderes hiergegen vorzubringen
noch deinen Reden den Glauben zu versagen; weiß aber unser Sim-
mias oder sonst ein anderer etwas, so wird es wohlgetan sein, es
nicht zu verschweigen. Denn ich wüßte nicht, auf welche andere Ge-
legenheit als die jetzt noch vorhandene es jemand verschieben könn-
te, der etwas über diese Gegenstände sagen oder hören will. – Al-
lerdings, sagte Simmias, weiß auch ich nicht, wie ich nicht beistim-

men soll, dem Gesagten zufolge; jedoch wegen der Größe der Ge-
genstände, worauf die Reden sich beziehen, und weil ich von der
menschlichen Schwachheit wenig halte, bin ich gedrungen, bei mir b
selbst noch einen Unglauben zu behalten über das Gesagte. — Nicht
nur das, o Simmias, sagte Sokrates, sondern wie du hierin ganz recht
gesprochen hast, müßt ihr auch unsere ersten Voraussetzungen,
wenn sie euch auch zuverlässig sind, doch noch genauer in Erwägung
ziehen; und wenn ihr sie euch befriedigend auseinandergesetzt habt,
dann, denke ich, werdet ihr auch der Rede folgen, soweit nur irgend-
ein Mensch sie verfolgen kann. Und wenn eben dieses gewiß gewor-
den ist, dann werdet ihr nichts weiter suchen. — Vollkommen rich-
tig. —

*[57. Der Weg in die Unterwelt für die sittsame und für die unreine
Seele]* Und so ist denn dieses, ihr Männer, wohl wert bemerkt zu c
werden, daß, wenn die Seele unsterblich ist, sie auch der Sorgfalt be-
darf nicht für diese Zeit allein, welche wir das Leben nennen, son-
dern für die ganze Zeit, und das Wagnis zeigt sich nun eben erst
recht furchtbar, wenn jemand sie vernachlässigen wollte. Denn wenn
der Tod eine Erledigung von allem wäre: so wäre es ein Fund für
die Schlechten, wenn sie sterben, ihren Leib loszuwerden, aber auch
ihre Schlechtigkeit mit der Seele zugleich. Nun aber diese sich als un-
sterblich zeigt, kann es ja für sie keine andere Sicherheit vor dem
Übel geben und kein Heil als nur, wenn sie so gut und vernünftig d
geworden ist als möglich. Denn nichts anderes kann sie doch mit sich
haben, wenn sie in die Unterwelt kommt, als nur ihre Bildung und
Nahrung, die ihr ja auch, wie man sagt, sowie sie gestorben ist, den
größten Nutzen oder Schaden bringt, gleich am Anfang der Wan-
derung dorthin. Denn man sagt ja, daß jeden Gestorbenen sein Dä-
mon, der ihn schon lebend zu besorgen hatte, dieser ihn auch dann
an einen Ort zu führen sucht, von wo aus mehrere zusammen, nach-
dem sie gerichtet sind, in die Unterwelt gehen mit jenem Führer, e
dem es aufgetragen ist, die von hier dorthin zu führen. Nachdem ih-
nen dann dort geworden ist, was ihnen gebührt, und sie die gehörige
Zeit dageblieben, bringt ein anderer Führer sie wieder von dort hier-
her zurück nach vielen und großen Zeitabschnitten. Und diese Reise
ist wohl nicht so, wie der Telephos des Aischylos sie beschreibt.
Denn jener sagt, es führe nur ein einfacher Fußsteig in die Unter- 108 a
welt; ich aber glaube, daß es weder einer ist noch ein einfacher. Sonst
würde es ja keines Führers bedürfen, denn nirgends hin kann man
ja fehlen, wo nur ein Weg geht. Nun aber mag er sich wohl oftmals
teilen und winden. Dies schließe ich aus dem, was bei uns als heilige
Feier eingeführt und gebräuchlich ist. Die sittsame und vernünftige
Seele nun folgt und verkennt nicht, was ihr widerfährt; die aber be-
gehrlich an dem Leibe sich hält, wie ich auch vorher sagte, drängt
sich lange Zeit immer um ihn herum und um den sichtbaren Ort, b
und nach vielem Sträuben und vielen Versuchen wird sie endlich mit
Mühe und gewaltsam von dem angeordneten Dämon abgeführt. Sie
nun, die dahin kommt, wo auch die andern sich befinden, die unreine

und die etwas dergleichen verübt hat, habe sie sich nun mit unge-
rechtem Morde befaßt oder anderes dergleichen begangen, was dem
verschwistert und verschwisterter Seelen Werk ist, diese meidet je-
der und weicht ihr aus und will weder ihr Reisegefährte noch ihr
c Führer werden; sie aber irrt in gänzlicher Unsicherheit befangen, bis
gewisse Zeiten um sind, nach deren Verlauf die Notwendigkeit sie
in die ihr angemessene Wohnung bringt. Die aber rein und mäßig
ihr Leben verbracht und Götter zu Reisegefährten und Führern be-
kommen hat, bewohnt jede den ihr gebührenden Ort.

[58. Lage und Größe der Erde; Beschaffenheit unserer Wohnsitze]
Es hat aber die Erde viele und wunderbare Orte und ist weder an
Größe noch Beschaffenheit so, wie von denen, die über die Erde zu
reden pflegen, geglaubt wird, nach dem, was mir einer glaublich ge-
d macht hat. – Darauf sagte Simmias: Wie meinst du das, o Sokrates?
Denn über die Erde habe auch ich schon vielerlei gehört, aber wohl
nicht das, was dich befriedigt; darum möchte ich es gern hören. –
Das ist ja wohl keine große Kunst, o Simmias, sagte er, zu erzählen,
was das ist; aber freilich, daß es so wahr ist, das möchte wieder
schwerer sein als schwer; und teils möchte ich es vielleicht nicht kön-
nen, teils auch, wenn ich es verstände, möchte doch mein Leben we-
nigstens, o Simmias, für die Größe der Sache nicht mehr hinreichen.
e Doch die Gestalt der Erde, wie ich belehrt bin daß sie sei, und ihre
verschiedenen Orte hindert mich nichts zu beschreiben. – Auch das,
sprach Simmias, soll uns genug sein. – Zuerst also bin ich belehrt
worden, daß, wenn sie als runde inmitten des Himmels steht, sie we-
109 a der Luft brauche, um nicht zu fallen, noch irgendeinen andern sol-
chen Grund, sondern, um sie zu halten, sei hinreichend die durch-
gängige Einerleiheit des Himmels und das Gleichgewicht der Erde
selbst. Denn ein im Gleichgewicht befindliches Ding in die Mitte ei-
nes anderen solchen gesetzt wird keinen Grund haben, sich irgend-
wohin mehr oder weniger zu neigen, und daher, auf gleiche Weise
zu allem sich verhaltend, wird es ohne Neigung bleiben. Dieses, sag-
te er, habe ich zuerst angenommen. – Und sehr mit Recht, sprach
Simmias. – Dann auch, daß sie sehr groß sei und daß wir, die vom
b Phasis bis an die Säulen des Herakles reichen, nur an einem sehr klei-
nen Teile, wie Ameisen oder Frösche um einen Sumpf, so wir um das
Meer herum wohnen, viele andere aber anderwärts an vielen sol-
chen Orten. Denn es gebe überall um die Erde her viele Höhlungen
und mannigfaltige von Gestalt und Größe, in welchen Wasser und
Nebel und Luft zusammengeflossen sind; die Erde selbst aber liege
rein in dem reinen Himmel, an welchem auch die Sterne sind und
c den die meisten, welche über dergleichem zu reden pflegen, Äther
nennen, dessen Bodensatz nun eben dieses ist und immer in den
Höhlungen der Erde zusammenfließt. Wir nun merkten es nicht, daß
wir nur in diesen Höhlungen der Erde wohnten, und glaubten, oben
auf der Erde zu wohnen, wie wenn ein mitten im Grunde der See
Wohnender glaubte, oben an dem Meere zu wohnen, und, weil er
durch das Wasser die Sonne und die andern Sterne sähe, das Meer

für den Himmel hielte, aus Trägheit aber und Schwachheit niemals d
bis an den Saum des Meeres gekommen wäre, noch über das Meer
aufgetaucht und hervorgekrochen, um diesen Ort zu schauen, wie-
viel reiner und schöner er ist als der bei ihm, noch auch von einem
andern, der ihn gesehen, dies gehört hätte; geradeso erginge es auch
uns. Denn wir wohnten in irgendeiner Höhlung der Erde und glaub-
ten, oben darauf zu wohnen, und nennten die Luft Himmel, als ob
diese der Himmel wäre, durch welchen die Sterne wandeln. Damit
aber sei es gerade so, daß wir aus Trägheit und Schwachheit nicht e
vermöchten hervorzukommen bis an den äußersten Saum der Luft.
Denn wenn jemand zur Grenze der Luft gelangte oder Flügel bekä-
me und hinaufflöge: so würde er dann hervortauchen und sehen,
wie hier die Fische, wenn sie einmal aus dem Meer heraufiauchen,
was hier ist, sehen, so würde dann ein solcher auch das Dortige se-
hen, und wenn seine Natur die Betrachtung auszuhalten vermöchte,
dann erkennen, daß jenes der wahre Himmel ist und das wahre Licht
und die wahre Erde. Denn die Erde hier bei uns und die Steine und 110 a
der ganze Ort hier ist zerfressen und verwittert, wie, was im Meere
liegt, vom Salz angefressen ist und nichts der Rede Wertes im Meere
wächst, noch es irgend etwas Vollkommenes darin gibt, sondern nur
Klüfte und Sand und unendlichen Kot und Schlamm, wo es noch
Erde gibt, und nichts, was irgend mit unsern Schönheiten könnte
verglichen werden; jenes aber würde wiederum noch weit vorzügli-
cher sich zeigen vor dem unsrigen. Und darf man wohl eine schöne
Erzählung vorbringen, Simmias, so lohnt es wohl zu hören, wie das b
auf der Erde unter dem Himmel beschaffen ist. – Gewiß, sprach Sim-
mias, werden wir diese Erzählung gern hören, o Sokrates. –

*[59. Aussehen der wahren Erde und Glückseligkeit ihrer Bewoh-
ner]* Man sagt also zuerst, o Freund, diese Erde sei so anzusehen,
wenn sie jemand von oben herab betrachtete, wie die zwölfteiligen
ledernen Bälle, in so bunte Farben geteilt, von denen unsere Farben
hier gleichsam Proben sind, alle die, deren sich die Maler bedienen.
Dort aber bestehe die ganze Erde aus solchen und noch weit glän- c
zenderen und reineren als diese. Denn ein Teil sei purpurrot und
wunderbar schön, ein anderer goldfarbig, ein anderer weiß, aber viel
weißer als Alabaster oder Schnee, und ebenso aus jeder anderen Far-
be bestehe einer, und aus noch mehreren und schöneren, als wir ge-
sehen haben. Denn selbst diese Höhlungen der Erde, welche mit
Wasser und Luft angefüllt sind, bilden eine eigne Art von Farbe,
welche in der Vermischung aller anderen Farben glänzt, so daß sie d
ganz und gar als ein ununterbrochenes Bunt erscheint. Auf dieser
nun, die so beschaffen ist, wachsen verhältnismäßig ebensolche Ge-
wächse, Bäume, Blumen und Früchte. Ebenso haben auch die Gebirge
und die Steine nach demselben Verhältnis ihre Vollendung und
Durchsichtigkeit und schönere Farben, von denen aber auch unsere
so sehr gesuchten Steinchen hier Teile sind, die Karneole und Jaspis-
se und Smaragden und alle dergleichen; dort aber sei nichts, was
nicht so wäre und noch schöner als diese. Die Ursache hiervon aber e

sei, daß jene Steine rein sind und nicht angefressen noch verwittert
wie die hiesigen von Fäulnis und Salzwasser, von dem, was hier zu-
sammenfließt und Steinen und Erden und allen Gewächsen und Tie-
ren Entstellungen und Krankheiten verursacht. Die Erde also sei mit
all diesem geschmückt, und außerdem noch mit Gold und Silber
111 a und dem übrigen der Art, welches glänzend dort zu finden sei und
in großer Menge wachse und überall auf der Erde, so daß sie zu
schauen ein beseligendes Schauspiel sei. Tiere aber gebe es auf ihr
vielerlei und auch Menschen, welche teils mitten im Lande wohnen,
teils so um die Luft herum, wie wir um das Meer, teils auch auf luft-
umflossenen Inseln um das feste Land her. Und mit einem Worte,
was uns Wasser und Meer ist für unsere Bedürfnisse, das sei jenen
b dort die Luft, und was uns die Luft, das jenen der Äther. Und die
Witterung habe eine solche Mischung bei ihnen, daß sie ohne Krank-
heit wären und weit längere Zeit lebten als die hiesigen, und ihr Ge-
sicht, ihr Gehör und ihre Einsicht, und was sonst dahin gehört, stän-
den von dem unsrigen in demselben Maße ab, wie die Luft vom Was-
ser absteht und der Äther von der Luft in Hinsicht auf Reinheit.
Auch hätten sie ferner Tempel und Heiligtümer für die Götter, in
denen aber die Götter wahrhaft wohnen, und Stimmen, Weissagun-
gen und Erscheinungen der Götter, und solcherart sei ihr Verkehr mit
c ihnen, von Angesicht zu Angesicht; und Sonne, Mond und Sterne
sähen sie, wie sie wirklich sind, und dem sei auch ihre übrige Glück-
seligkeit gemäß.

[60. Das System der unterirdischen Ströme] So demnach sei die
ganze Erde geartet und was sie umgibt; rund umher auf ihr aber
gebe es nach Maßgabe ihrer Höhlung viele Orte, einige tiefer und
d weiter geöffnet als der, in welchem wir wohnen, andere wiederum
tiefer, aber mit einer engeren Öffnung, als die unser Ort hat; und
welche sind wohl auch flacher und dabei doch breiter als der hiesige.
Alle diese nun ständen unter der Erde vielfältig miteinander in Ver-
bindung, enger und weiter, so daß sie Durchgänge haben unter sich,
durch welche dann vieles Wasser aus einem in den andern fließt, wie
in Becher, und daß es unversiegliche Ströme von unübersehbarer
Größe unter der Erde gebe von warmen Wassern und kalten, und
vieles Feuer und große Ströme von Feuer, viele auch von feuchtem
Schlamm, teils reinerem, teils schmutzigerem, wie in Sizilien die vor
e dem Feuerstrome sich ergießenden Ströme von Schlamm und der
Feuerstrom selbst. Von denen werden dann alle Örter erfüllt, je
nachdem jedesmal jeder seinen Umlauf nimmt. Und dieses alles be-
wege hinauf und hinunter gleichsam eine in der Erde befindliche
Schaukel; diese Schaukel aber bestehe durch folgende Einrichtung
ungefähr. Einer nämlich von diesen Erdspalten ist auch sonst der
112 a größte und quer durch die ganze Erde gebohrt. Dieser ist nun, wie
Homeros davon singt, «Ferne wo tief sich öffnet der Abgrund unter
der Erde», derselbe, den anderwärts er und auch sonst viele andere
Dichter den Tartaros genannt haben. In diesen Spalt nun strömen al-
le diese Flüsse zusammen und strömen auch wieder von ihm aus;

und alle werden so wie der Boden, durch welchen sie strömen. Die
Ursache aber, warum alle Ströme von hier ausfließen und auch wie- b
der hinein, ist, daß diese Flüssigkeit keinen Boden hat und keinen
Grund. Daher schwebt sie und wogt immer auf und ab, und die Luft
und der Hauch um sie her tut dasselbe. Denn dieser begleitet sie, so-
wohl wenn sie in die jenseitigen Gegenden der Erde strömt, als wenn
in die diesseitigen. Und so wie der Hauch der Atmenden in beständi-
ger Bewegung immer einströmt und ausströmt: so auch dort bildet
der mit der Flüssigkeit wogende Hauch heftige und gewaltige Winde
sowohl im Hineingehen als im Herausgehen. Wenn nun strömend
das Wasser nach der Gegend hin ausweicht, welche unten genannt c
wird: so fließt es in das Gebiet der dortigen Ströme und füllt es an wie
beim Pumpen. Wenn es aber von dort wiederum sich wegzieht und
hierher strömt, so erfüllt es dann die hiesigen. Diese, wenn sie er-
füllt sind, strömen durch die Kanäle und durch die Erde; und wenn
sie jeder in die Gegenden kommen, wohin sie jedesmal geleitet wer-
den, so bilden sie Meere und Seen und Flüsse und Quellen. Von da
tauchen sie nun wieder unter die Erde und, teils längere und mehrere d
Gegenden durchziehend, teils wenigere und kürzere, ergießen sie sich
alle wieder in den Tartaros, einige viel weiter unten, als wo sie aus-
gepumpt wurden, andere nicht soviel, aber unterhalb ihres Ausflus-
ses fließen sie alle ein; und einige strömen wieder ein gerade gegen-
über der Stelle, wo sie ausgeflossen sind, andere auf der nämlichen
Seite. Ja es gibt auch welche, die im Kreise herumziehen, ein oder
mehrere Male sich um die Erde winden wie Schlangen und dann,
möglichst tief gesenkt, sich wieder hineinergießen. Möglich ist aber
von beiden Seiten nur, sich bis zur Mitte herabzusenken, weiter e
nicht. Denn für beiderlei Ströme geht das jenseitige wiederum auf-
wärts.

*[61. Die vier Hauptströme: Okeanos, Acheron, Pyriphlegethon und
Kokytos]* So gibt es nun gar viele andere große und verschiedenar-
tige Ströme, unter diesen vielen aber gibt es vorzüglich vier, von de-
nen der größte und als äußerster rund herum fließende der soge-
nannte Okeanos ist; diesem gegenüber und in entgegengesetzter
Richtung fließend ist der Acheron, welcher durch viele andere wüste
Gegenden fließt, vorzüglich aber auch unter der Erde fortfließend in 113 a
den Acherusischen See kommt, wohin auch der meisten Verstorbe-
nen Seelen gelangen, und nachdem sie gewisse bestimmte Zeiten dort
geblieben, einige länger, andere kürzer, dann wieder ausgesendet
werden zu den Erzeugungen der Lebendigen. Der dritte Fluß strömt
aus zwischen diesen beiden und ergießt sich unweit seiner Quelle in
eine weite, mit einem gewaltigen Feuer brennende Gegend, wo er ei-
nen See bildet, größer als unser Meer und siedend von Wasser und
Schlamm. Von hier aus bewegt er sich dann im Kreise herum, trübe b
und schlammig, und indem er sich um die Erde herumwälzt, kommt
er nächst anderen Orten auch an die Grenzen des Acherusischen Sees,
jedoch ohne daß ihre Gewässer sich vermischten. Und nachdem er
sich oftmals unter der Erde umhergewälzt, ergießt er sich weiter un-

ten in den Tartaros. Dies ist der, den man Pyriphlegethon nennt,
von welchem auch die feuerspeienden Berge, wo sich deren auf der
Erde finden, kleine Teilchen heraufblasen. Diesem wiederum gegen-
über strömt der vierte aus, zuerst in eine furchtbare und wilde Ge-
gend, wie man sagt, die von Farbe ganz und gar dunkelblau ist, wel-
c che sie die stygische nennen, und den See, welchen der Fluß bildet,
den Styx. Nachdem sich dieser nun hier hineinbegeben und gewal-
tige Kräfte aufgenommen in sein Wasser, geht er unter die Erde,
wälzt sich herum, kommt dem Pyriphlegethon gegenüber wieder
hervor und trifft auf den Acherusischen See an der gegenüberliegen-
den Seite. Und auch dieser vermischt sein Wasser mit keinem andern,
sondern geht ebenfalls im Kreise herum und ergießt sich wieder in
den Tartaros gegenüber dem Pyriphlegethon. Sein Name aber heißt,
wie die Dichter sagen, Kokytos.

[62. Die Schicksale der verschiedenartigen Seelen nach ihrem Ver-
d *dienst]* Da nun dieses so ist, so werden, sobald die Verstorbenen an
dem Orte angelangt sind, wohin der Dämon jeden bringt, zuerst die-
jenigen gerichtet, welche schön und heilig gelebt haben und welche
nicht. Die nun dafür erkannt werden, einen mittelmäßigen Wandel
geführt zu haben, begeben sich zum Acheron, besteigen die Fahr-
zeuge, die es da für sie gibt,\ und gelangen auf diesen zu dem See.
Hier wohnen sie und reinigen sich, büßen ihre Vergehungen ab,
wenn einer sich irgendwie vergangen hat, und werden losgespro-
e chen, wie sie auch ebenso für ihre guten Taten den Lohn erlangen,
jeglicher nach Verdienst. Deren Zustand aber für unheilbar erkannt
wird wegen der Größe ihrer Vergehungen, weil sie häufigen und be-
deutenden Raub an den Heiligtümern begangen oder viele unge-
rechte und gesetzwidrige Mordtaten vollbracht oder anderes, was
dem verwandt ist, diese wirft ihr gebührendes Geschick in den Tar-
taros, aus dem sie nie wieder heraussteigen. Die hingegen heilbare
zwar, aber doch große Vergehungen begangen zu haben erfunden
114 a werden, wie die gegen Vater oder Mutter im Zorn etwas Gewalttä-
tiges ausgeübt oder die auf diese oder andere Weise Mörder gewor-
den sind, diese müssen zwar auch in den Tartaros stürzen, aber
wenn sie hineingestürzt und ein Jahr darin gewesen sind, wirft die
Welle sie wieder aus, die Mörder auf der Seite des Kokytos, die aber
gegen Vater und Mutter sich versündigt, auf der des Pyriphlegethon.
Wenn sie nun, auf diesen fortgetrieben, an den Acherusischen See
kommen: so schreien sie da und rufen die, welche von ihnen getötet
worden sind oder frevelhaft behandelt. Haben sie sie nun herbeige-
b rufen, so flehen sie und bitten, sie möchten sie in den See aussteigen
lassen und sie dort aufnehmen. Wenn sie sie nun überreden, so
steigen sie aus, und ihre Übel sind am Ende; wo nicht, so werden
sie wieder in den Tartaros getrieben und aus diesem wieder in die
Flüsse, und so hört es nicht auf ihnen zu ergehen, bis sie diejenigen
überreden, welchen sie unrecht getan haben; denn diese Strafe ist
ihnen von den Richtern angeordnet. Die aber ausgezeichnete Fort-
schritte in heiligem Leben gemacht zu haben erfunden werden, dies

endlich sind diejenigen, welche, von allen diesen Orten im Innern der Erde befreit und losgesprochen von allem Gefängnis, hinauf in c die reine Behausung gelangen und auf der Erde wohnhaft werden. Welche nun unter diesen durch Weisheitsliebe sich schon gehörig gereinigt haben, diese leben für alle künftigen Zeiten gänzlich ohne Leiber und kommen in noch schönere Wohnungen als diese, welche weder leicht wären zu beschreiben, noch würde die Zeit für diesmal zureichen. Aber schon um dessentwillen, was wir jetzt auseinandergesetzt haben, o Simmias, muß man ja wohl alles tun, um der Tugend und Vernunft im Leben teilhaftig zu werden. Denn schön ist der Preis und die Hoffnung groß.

[63. Das Vertrauen auf diesen Mythos als schönes Wagnis]

Daß sich nun dies alles gerade so verhalte, wie ich es auseinan- d dergesetzt, das ziemt wohl einem vernünftigen Mann nicht zu behaupten; daß es jedoch, sei es nun diese oder eine ähnliche Bewandtnis haben muß mit unseren Seelen und ihren Wohnungen, wenn doch die Seele offenbar etwas Unsterbliches ist, dies, dünkt mich, zieme sich gar wohl und lohne auch, es darauf zu wagen, daß man glaube, es verhalte sich so. Denn es ist ein schönes Wagnis, und man muß mit solcherlei gleichsam sich selbst besprechen. Darum spinne ich auch schon so lange an der Erzählung. Also um dessentwillen muß ein Mann guten Mutes sein seiner Seele wegen, der im Leben die andern Lüste, die es mit dem Leibe zu tun haben, und dessen e Schmuck und Pflege hat fahren lassen als etwas ihn selbst nicht Angehendes und wodurch er nur Übel ärger zu machen befürchtete, jener Lust hingegen an der Forschung nachgestrebt und seine Seele geschmückt hat nicht mit fremden, sondern mit dem ihr eigentümlichen Schmuck, Besonnenheit, Gerechtigkeit, Tapferkeit, Edelmut und 115 a Wahrheit, so seine Fahrt nach der Unterwelt erwartend, um sie anzutreten, sobald das Schicksal rufen wird. — Ihr nun, setzte er hinzu, o Simmias und Kebes und ihr übrigen, werdet ein andermal jeder zu seiner Zeit abgehen; mich aber ruft jetzt schon, würde ein tragischer Mann sagen, das Geschick, und es ist wohl beinahe Zeit, sich nach dem Bade umzusehen. Denn es dünkt mich doch besser zu baden, ehe ich den Trank nehme, und nicht hernach den Weibern Mühe zu machen mit dem Waschen des Leichnams.

[64. Letzter Auftrag des S. an Kriton und die Freunde. Seine Zuversicht über das Fortgehen der Seele]

Als er dieses gesagt, sprach Kriton: Wohl, o Sokrates! Was aber b trägst du diesen oder mir auf deiner Kinder wegen, oder was wir sonst irgend dir noch recht zu Dank machen könnten, wenn wir es täten? — Was ich immer sage, sprach er, o Kriton, nichts Besonderes weiter, daß nämlich, wenn ihr euer selbst recht wahrnehmt, ihr mir und den meinigen und euch selbst alles zu Dank machen werdet, was ihr nur tut, und wenn ihr es auch jetzt nicht versprecht; wenn ihr aber euch selbst vernachlässigt und nicht gleichsam den Spuren des jetzt und sonst schon Gesagten nachgehen wollt im Leben, daß ihr

c dann, wenn ihr auch jetzt noch so vieles und noch so heilig ver-
sprächet, doch nichts weiter damit ausrichten werdet. – Dieses also
wollen wir uns bestreben, so zu machen, sagte Kriton. Aber auf wel-
che Weise sollen wir dich begraben? – Wie ihr wollt, sprach er, wenn
ihr mich nur wirklich haben werdet und ich euch nicht entwischt bin.
Dabei lächelte er still und sagte, indem er uns ansah: Diesen Kriton,
ihr Männer, überzeuge ich nicht, daß ich dieser Sokrates bin, der jetzt
mit euch redet und euch das Gesagte einzeln vorlegt, sondern er
d glaubt, ich sei jener, den er nun bald tot sehen wird, und fragt mich
deshalb, wie er mich begraben soll. Daß ich aber schon so lange eine
große Rede darüber gehalten habe, daß, wenn ich den Trank genom-
men habe, ich dann nicht länger bei euch bleiben, sondern fortge-
hen werde zu irgendwelchen Herrlichkeiten der Seligen, das, meint
er wohl, sage ich alles nur so, um euch zu beruhigen und mich mit.
So legt ihr denn eine Bürgschaft für mich ein beim Kriton, und zwar
eine ganz entgegengesetzte, als er bei den Richtern eingelegt hat.
Denn er hat sich verbürgt, ich würde ganz gewiß bleiben, ihr aber
verbürgt euch dafür, daß ich ganz gewiß nicht bleiben werde, wenn
ich tot bin, sondern mich davonmachen und fort sein, damit Kriton
e es leichter trage, und, wenn er meinen Leib verbrennen oder begra-
ben sieht, sich nicht ereifere meinetwegen, als ob mir Arges begeg-
ne; und damit er nicht beim Begräbnis sage, er stelle den Sokrates
aus oder trage ihn heraus oder begrabe ihn. Denn wisse nur, sagte
er, o bester Kriton, sich unschön ausdrücken ist nicht nur eben inso-
fern fehlerhaft, sondern bildet auch etwas Böses ein in die Seele. Son-
dern du mußt mutig sein und sagen, daß du meinen Leib begräbst,
116 a und diesen begrabe nur, wie es dir eben recht ist und wie du es am
meisten für schicklich hältst.

*[65. Beisammensein mit den Verwandten und Ankündigung des
Sonnenuntergangs]* Dieses gesagt, stand er auf und ging in ein Ge-
mach, um zu baden, und Kriton begleitete ihn, uns aber hieß er da-
bleiben. Wir blieben also und redeten untereinander über das Ge-
sagte und überdachten es noch einmal; dann aber auch klagten wir
wieder über das Unglück, welches uns getroffen hätte, ganz darüber
einig, daß wir nun gleichsam des Vaters beraubt als Waisen das üb-
b rige Leben hinbringen würden. Nachdem er nun gebadet und man
seine Kinder zu ihm gebracht hatte – er hatte nämlich zwei kleine
Söhne und einen größern – und die ihm angehörigen Frauen ge-
kommen waren, sprach er mit ihnen in Kritons Beisein, und nach-
dem er ihnen aufgetragen, was er wollte, hieß er die Weiber und
Kinder wieder gehen, er aber kam zu uns. Und es war schon nahe am
Untergange der Sonne, denn er war lange drinnen geblieben. – Als
er nun gekommen war, setzte er sich nieder nach dem Bade und hatte
noch nicht viel seitdem gesprochen, so kam der Diener der Elfmän-
c ner, stellte sich zu ihm und sagte: O Sokrates, über dich werde ich
mich nicht zu beklagen haben, wie über andere, daß sie mir böse
werden und mir fluchen, wenn ich ihnen ansage, das Gift zu trin-
ken auf Befehl der Oberen. Dich aber habe ich auch schon sonst in die-

ser Zeit erkannt als den edelsten, sanftmütigsten und trefflichsten von
allen, die sich jemals hier befunden haben, und auch jetzt weiß ich
sicher, daß du nicht mir böse sein wirst, denn du weißt wohl, wer
schuld daran ist, sondern jenen. Nun also, denn du weißt wohl, was
ich dir zu sagen gekommen bin, lebe wohl, und suche so leicht als d
möglich zu tragen, was nicht zu ändern ist. Da weinte er, wendete sich
um und ging. — Sokrates aber sah ihm nach und sprach: Auch du
lebe wohl, und wir wollen so tun. Und zu uns sagte er: Wie fein der
Mensch ist. So ist er die ganze Zeit mit mir umgegangen, hat sich
bisweilen mit mir unterredet und war der beste Mensch; und nun,
wie aufrichtig beweint er mich! Aber wohlan denn, o Kriton, laßt
uns ihm gehorchen, und bringe einer den Trank, wenn er schon aus-
gepreßt ist, wo nicht, so soll ihn der Mensch bereiten. — Da sagte
Kriton: Aber mich dünkt, o Sokrates, die Sonne scheint noch an die e
Berge und ist noch nicht untergegangen. Und ich weiß, daß auch an-
dere erst ganz spät getrunken haben, nachdem es ihnen angesagt
worden ist, und haben noch gut gegessen und getrunken, ja einige
haben gar noch Schöne zu sich kommen lassen, nach denen sie Ver-
langen hatten. Also übereile dich nicht; denn es hat noch Zeit. — Da
sagte Sokrates: Gar recht, o Kriton, hatten jene, so zu tun, wie du
sagst — denn sie meinten etwas zu gewinnen, wenn sie so täten —,
und gar recht habe auch ich, nicht so zu tun. Denn ich meine nichts
zu gewinnen, wenn ich um ein weniges später trinke, als nur, daß 117 a
ich mir selbst lächerlich vorkommen würde, wenn ich am Leben
klebte und sparen wollte, wo nichts mehr ist. Also geh, sprach er,
folge mir und tue nicht anders. —

[66. Das Trinken des Gifts, letzte Worte und Tod des S.] Darauf
winkte denn Kriton dem Knaben, der ihm zunächst stand, und der
Knabe ging heraus, und nachdem er eine Weile weggeblieben, kam
er und führte den herein, der ihm den Trank reichen sollte, welchen
er schon zubereitet im Becher brachte. — Als nun Sokrates den Men-
schen sah, sprach er: Wohl, Bester, denn du verstehst es ja, wie muß
man es machen? — Nichts weiter, sagte er, als wenn du getrunken
hast, herumgehen, bis dir die Schenkel schwer werden, und dann b
dich niederlegen, so wird es schon wirken. Damit reichte er dem So-
krates den Becher, und dieser nahm ihn, und ganz getrost, o Eche-
krates, ohne im mindesten zu zittern oder Farbe oder Gesichtszüge
zu verändern, sondern, wie er pflegte, ganz gerade den Menschen
ansehend, fragte er ihn: Was meinst du von dem Trank wegen ei-
ner Spendung? Darf man eine machen oder nicht? — Wir bereiten
nur soviel, o Sokrates, antwortete er, als wir glauben, daß hinrei-
chend sein wird. — Ich verstehe, sagte Sokrates. Beten aber darf man c
doch zu den Göttern und muß es, daß die Wanderung von hier dort-
hin glücklich sein möge, worum denn auch ich hiermit bete, und so
möge es geschehen. Und wie er dies gesagt, setzte er an, und ganz
frisch und unverdrossen trank er aus. Und von uns waren die mei-
sten bis dahin ziemlich imstande gewesen sich zu halten, daß sie
nicht weinten; als wir aber sahen, daß er trank und getrunken hatte,

nicht mehr. Sondern auch mir selbst flossen Tränen mit Gewalt, und nicht tropfenweise, so daß ich mich verhüllen mußte und mich ausweinen, nicht über ihn jedoch, sondern über mein eigenes Schicksal,
d was für eines Freundes ich nun sollte beraubt werden. Kriton war noch eher als ich, weil er nicht vermochte die Tränen zurückzuhalten, aufgestanden. Apollodoros aber hatte schon früher nicht aufgehört zu weinen, und nun brach er völlig aus, weinend und unwillig sich gebärdend, und es war keiner, den er nicht durch sein Weinen erschüttert hätte, von allen Anwesenden als nur Sokrates selbst. Der aber sagte: Was macht ihr doch, ihr wunderbaren Leute! Ich habe vorzüglich deswegen die Weiber weggeschickt, daß sie der-
e gleichen nicht begehen möchten; denn ich habe immer gehört, man müsse stille sein, wenn einer stirbt. Also haltet euch ruhig und wakker. Als wir das hörten, schämten wir uns und hielten inne mit Weinen. Er aber ging umher, und als er merkte, daß ihm die Schenkel schwer wurden, legte er sich gerade hin auf den Rücken, denn so hatte es ihm der Mensch geheißen. Darauf berührte ihn eben dieser, der ihm das Gift gegeben hatte, von Zeit zu Zeit und untersuchte seine Füße und Schenkel. Dann drückte er ihm den Fuß stark und fragte,
118 a ob er es fühle; er sagte nein. Und darauf die Knie, und so ging er immer höher hinauf und zeigte uns, wie er erkaltete und erstarrte. Darauf berührte er ihn noch einmal und sagte, wenn ihm das bis ans Herz käme, dann würde er hin sein. Als ihm nun schon der Unterleib fast ganz kalt war, da enthüllte er sich, denn er lag verhüllt, und sagte, und das waren seine letzten Worte: O Kriton, wir sind dem Asklepios einen Hahn schuldig, entrichtet ihm den, und versäumt es ja nicht. – Das soll geschehen, sagte Kriton, sieh aber zu, ob du noch sonst etwas zu sagen hast. Als Kriton dies fragte, antwortete er aber nichts mehr, sondern bald darauf zuckte er, und der Mensch deckte ihn auf; da waren seine Augen gebrochen. Als Kriton das sah, schloß er ihm Mund und Augen.

[67. Schlußworte über Sokrates] Dies, o Echekrates, war das Ende unseres Freundes, des Mannes, der unserm Urteil nach von den damaligen, mit denen wir es versucht haben, der trefflichste war, und auch sonst der vernünftigste und gerechteste.

POLITEIA

GLIEDERUNG

Vorbemerkung: Bei einem so umfangreichen Werk wie dem ‹Staat› erschien es nicht als zweckmäßig, alle einzelnen Kapitel in einer einzigen Gliederung vorzuführen, weil dadurch nur Unübersichtlichkeit bewirkt worden wäre. Aus diesem Grunde sind hier nur die Hauptabschnitte gegeben.

Die Bucheinteilung stammt sicher nicht von Platon, und da sie eine ‹mechanische, gar nicht gliedermäßige Zerstückelung› (Schleiermacher) darstellt, läßt sich eine Sondergliederung für die einzelnen Bücher nicht durchführen.

Allein das 1. Buch bildet ein in sich abgeschlossenes Ganzes. Seine schon von Schleiermacher bemerkte Eigenart nach ‹Methode, Gang der Komposition und Stil und Sprache› ist durch moderne sprachstatistische Untersuchungen bestätigt worden. Man nimmt daher vielfach an, daß es sich bei ihm um einen früher verfaßten, ursprünglich selbständigen Dialog handelt, dem man den Namen ‹Thrasymachos› zu geben pflegt. Diesem Buch ist infolgedessen eine besondere Gliederung vorangestellt.

A. Einleitung: Das Problem der Gerechtigkeit und ihres Nutzens (I. Buch)

1. Im Haus des Polemarchos. Dialog des S. mit Kephalos über Alter, Reichtum und Gerechtigkeit (I, Kap. 1—5). 2. Von Polemarchos vertretene Ansicht des Simonides, daß die Gerechtigkeit den Freunden Gutes tut und Feinden Böses (I, Kap. 6—9). 3. Vorstoß des Sophisten Thrasymachos. a) Behauptung des Thr., daß die Gerechtigkeit das dem Stärkeren Zuträgliche ist und daß allein die Ungerechtigkeit Nutzen bringt (I, Kap. 10—19); b) Scheiternder Versuch, die Ungerechtigkeit als Tugend und Weisheit zu behaupten (I, Kap. 20—24).

B. Hauptteil:

I. Aufsuchung der Gerechtigkeit am Modell eines zu gründenden Staates (II.—IV. Buch). 1. Feststellung der Unbekanntheit dessen, was die Gerechtigkeit ihrem Wesen nach ist und was sie bewirkt. a) Darstellung der geläufigen Ansicht vom Vorzug der Ungerechtigkeit durch Glaukon (II, Kap. 1—5); b) Darstellung des Ungenügens der geläufigen Argumente für die Gerechtigkeit durch Adeimantos (II, Kap. 6—9). 2. Entwurf eines Staates als Modell zur Betrachtung der Gerechtigkeit. a) Gründung der Stadt und Notwendigkeit verschiedener Stände (II, Kap. 10 bis 16); b) Die für die Wächter notwendige Erziehung, α) Grundzüge der Götterlehre (II, Kap. 17—21), β) Regeln für die Dichter (III, Kap. 1—5), γ) Problem der Geeignetheit der nachahmenden Darstellung für die Erziehung (III, Kap. 6—9), δ) Art und Ziel der musischen und gymnastischen Erziehung (III, Kap. 10—18); c) Auswahl und Lebensweise der Herrscher (III, Kap. 19—22); d) Grundregeln für die Regierung der Stadt (IV, Kap. 1—5). 3. Anwendung des Modells zur Bestimmung der Gerechtigkeit. a) Erklärung der Tugenden in der Stadt (IV, Kap. 6—10); b) Die Lehre von den Seelenteilen und dadurch mögliche analoge Erklärung der Tugenden des Einzelmenschen (IV, Kap. 11—19).

II. Das Königtum der wahrhaften Philosophen als Bedingung für die Möglichkeit eines gerechten Staates. Wesen und Erziehung der Philosophen (V.—VII. Buch). 1. Nachtrag über die Weiber- und Kindergemeinschaft. a) Forderung einer gleichen Erziehung für Männer und Frauen (V, Kap. 1—6); b) Art und Sinn der Weiber- und Kindergemeinschaft (V, Kap.

7—13; c) Einschub über die Weise der Kriegführung (V, Kap. 14—16). 2. Möglichkeit der Entstehung des vollkommenen Staates und Existenz der Philosophen. a) Unterschied zwischen Philosophen und Nichtphilosophen und Eigenschaften der philosophischen Natur (V, Kap. 17 bis VI, Kap. 2); b) Erklärung der herrschenden Verachtung der Philosophie durch schlechte Philosophen und die Leichtverderblichkeit einer philosophischen Natur (VI, Kap. 3—10); c) Staat und Philosophen (VI, Kap. 11—14). 3. Art der größten Erkenntnis und das Wesen philosophischer Bildung. a) Erklärung des Wesens des Guten durch das Sonnengleichnis (VI, Kap. 15—19); b) Darlegung der Verhältnisse im Gebiet des Sichtbaren und des Denkbaren mit Hilfe des Linien-Gleichnisses (VI, Kap. 20—21); c) Erläuterung des Vorgangs der Bildung durch das Höhlengleichnis (VII, Kap. 1—5). 4. Die Erziehung der Philosophen. a) Aufsuchung der zur Erziehung geeigneten Wissenschaften (VII, Kap. 6—12); b) Die Dialektik als Krönung der Wissenschaften (VII, Kap. 13 bis 14); c) Auswahl und Ausbildungsgang der geeigneten Naturen (VII, Kap. 15—18).

III. Entstehung und Beschaffenheit der vier Hauptarten von schlechten Staats- und Seelenverfassungen (VIII.—IX. Buch). 1. Die Timokratie und der timokratische Mensch (VIII, Kap. 1—5). 2. Die Oligarchie und der oligarchische Mann (VIII, Kap. 6—9). 3. Die Demokratie und der demokratische Mensch (VIII, Kap. 10—13). 4. a) Entstehung und Art der Tyrannei (VIII, Kap. 14—19); b) Der tyrannische Mensch (IX, Kap. 1—3). 5. Entscheidung über die Unseligkeit der Ungerechtigkeit. a) Aufweis ihrer Unseligkeit in der tyrannischen Staatsform (IX, Kap. 4—6); b) Aufzeigung der Gehaltlosigkeit der vom Tyrannen erstrebten Lust (IX, Kap. 7—11); c) Verdeutlichung der eigentlichen Bedeutung des Unrechttuns und Gerechthandelns durch ein Bild der Seele (IX, Kap. 12—13).

C. Schluß: Der Lohn der Gerechtigkeit (X. Buch).

1. Rechtfertigung wegen Ausschließung der Dichter aus dem zu gründenden Staat (X, Kap. 1—8). 2. Lohn der Gerechtigkeit im Leben und nach dem Tod. a) Beweis der Unsterblichkeit der Seele (X, Kap. 9—11); b) Lohn der Gerechtigkeit im Leben (X, Kap. 12); c) Schlußmythos über die Schicksale der Seele nach dem Tod (X, Kap. 13—16).

ERSTES BUCH

GLIEDERUNG

A. Einleitung: Besuch des S. im Peiraieus; Aufhaltung seiner Rückkehr durch Polemarchos und andere (1. Kap., 327 a 1 — 328 b 3).

B. Hauptteil:

I. 1. Das Gespräch mit Kephalos. a) Frage des S. an Kephalos über das Alter (2. Kap., 328 b 4 — 328 e 7); b) Kephalos über das Unrecht derer, die ihr Alter beklagen (3. Kap., 329 a 1 — 329 d 6); c) Einstellung des Kephalos zu seinem Reichtum (4. Kap., 329 d 7 — 330 c 9); d) Nutzen des Reichtums zur Gerechtigkeit und Frage des S., was diese ist (5. Kap., 330 d 1 — 331 d 9). 2. Das Gespräch mit Polemarchos. a) Die These des Simonides: Gerechtigkeit ist die Erstattung dessen, was man schuldig ist (6. Kap., 331 e 1 — 332 b 8); b) Erläuterung der These: Gerechtigkeit ist Freunden Gutes tun und Feinden Böses (7. Kap., 332 b 9 — 333 d 12); c) Die Gerechtigkeit als eine Verschlagenheit zum Nutzen der Freunde. Wer ist Freund? (8. Kap., 333 e 1 — 335 b 1); d) Erweis des S., daß es auf keine Weise Sache des Gerechten ist, andern zu schaden (9. Kap., 335 b 2 — 336 a 10).

II. Das Gespräch mit Thrasymachos. 1. a) Fürchterlicher Vorstoß des Thrasymachos (10. Kap., 336 b 1 — 337 a 2); b) Ankündigung einer Antwort des Thr. über die Gerechtigkeit (11. Kap., 337 a 3 — 338 a 3); c) These des Thr.: das Gerechte ist das dem Stärkeren Zuträgliche (12. Kap., 338 a 4 — 339 b 6); d) Ist gerecht auch das dem Stärkeren Unzuträgliche, wenn er nämlich das ihm Zuträgliche nicht erkennt? (13. Kap., 339 b 7 — 340 c 2); e) Erklärung des Thr.: Der Herrschende verfehlt als solcher das ihm Zuträgliche nicht (14. Kap., 340 c 2 — 341 a 4); f) Beweis des S., daß keine wahrhafte Kunst das ihr selber Zuträgliche im Auge hat (15. Kap., 341 a 5 — 342 e 11). 2. a) Thr. über Nutzen und Vorteil der Ungerechtigkeit (16. Kap., 343 a 1 — 344 c 8); b) Überzeugung des S. vom größeren Nutzen der Gerechtigkeit. Die Regierungskunst erstrebt das Beste der Regierten (17. Kap., 344 d 1 — 345 e 4); c) Getrenntheit des jeder Kunst als solcher eigentümlichen Werks von dem Lohn, den sie etwa bringt (18. Kap., 345 e 5 — 347 a 6); d) Art der Notwendigkeit, die die Rechtschaffenen zum unvorteilhaften Regieren zwingt (19. Kap., 347 a 7 — 348 b 7). 3. a) Nach Thr. ist die Ungerechtigkeit Tugend und Weisheit. Zugeständnis, daß der Gerechte vor seinesgleichen nichts voraushaben will, wohl aber der Ungerechte (20. Kap., 348 b 8 — 349 c 10); b) Beweis des S., daß das Voraushabenwollen vor seinesgleichen nicht der Weisheit, sondern der Unweisheit eigen ist (21. Kap., 349 c 11 — 350 c 11); c) Prüfung der ‹Stärke› der Ungerechtigkeit: kommt sie ohne Gerechtigkeit aus? (22. Kap., 350 c 12 — 351 c 6); d) Aufzeigung der Unmöglichkeit, mit vollkommener Ungerechtigkeit etwas mit andern oder auch allein zu vollbringen (23. Kap., 351 c 7 — 353 a 8); e) Nur mit der Gerechtigkeit als der ihr eigentümlichen Tugend kann die Seele ihr Geschäft vollbringen und glückselig sein (24. Kap., 353 a 9 — 354 c 3).

Sokrates, Glaukon, Polemarchos, Thrasymachos, Adeimantos, Kephalos. — Sokrates erzählt

*[1. Besuch des S. im Peiraieus; Aufhaltung seiner Rückkehr durch
Polemarchos und andere]* Ich ging gestern mit Glaukon, dem Sohne 327 a
des Ariston, in den Peiraieus hinunter, teils um die Göttin anzube-
ten, dann aber wollte ich auch zugleich das Fest sehen, wie sie es fei-
ern wollten, da sie es jetzt zum erstenmal begehen. Schön nun dünk-
te mich auch unserer Einheimischen Aufzug zu sein, nicht minder
vortrefflich jedoch nahm sich auch der aus, den die Thrakier ge-
schickt hatten. Nachdem wir nun gebetet und die Feier mit ange- b
schaut hatten, gingen wir fort nach der Stadt. Wie nun Polemarchos,
der Sohn des Kephalos, uns von fern nach Hause zu steigen sah,
hieß er seinen Knaben laufen und uns heißen, ihn zu erwarten. Der
Knabe also faßte mich von hinten beim Mantel und sprach: Pole-
marchos heißt euch ihn erwarten. Ich wendete mich um und fragte,
wo denn er selbst wäre. Hier, sprach er, kommt er hinter euch, war-
tet nur. — Nun ja, wir wollen warten, sagte Glaukon. — Und bald
darauf kam denn Polemarchos und Adeimantos, der Bruder des c
Glaukon, und Nikeratos, der Sohn des Nikias, und einige andere,
auch wie von dem Feste her. Polemarchos nun sagte: O Sokrates, ihr
scheint mir nach der Stadt zuzuschreiten, als wolltet ihr fortgehen.
— Du vermutest nicht unrecht, sprach ich. — Siehst du nun uns wohl,
sprach er, wieviele wir sind? — Wie sollte ich nicht? — Entweder nun,
sprach er, überwältigt diese, oder bleibt hier. — Ist denn nicht, sagte
ich, noch eins übrig, wenn wir euch nämlich überzeugen, daß ihr uns
lassen müßt? — Könnt ihr auch wohl, entgegnete er, überzeugen, die
nicht hören? — Keineswegs, antwortete Glaukon. — So denkt nur si-
cher, sprach er, daß wir nicht hören werden. — Und Adeimantos fiel
ein: Ihr wißt wohl auch nicht einmal, daß gegen Abend noch ein e
Fackelzug sein wird zu Pferde, der Göttin zu Ehren? — Zu Pferde?
sprach ich, das ist ja neu. Sie werden also Fackeln halten und sie ein-
ander hinreichen im Wettstreit zu Pferde? Oder wie meinst du es?
— Gerade so, sprach Polemarchos; und überdies werden sie noch eine
Nachtfeier veranstalten, die sehr lohnen wird zu sehen. Wir wer-
den also nach der Mahlzeit uns aufmachen und mit vielen jungen
Leuten dort zusammensein und Gespräch pflegen. Bleibt also und
tut ja nicht anders. — Da sagte Glaukon: Es scheint, wir müssen b
bleiben. — Wenn du meinst, sprach ich, müssen wir wohl so tun.

[2. Im Haus des Polemarchos. Frage des S. an Kephalos über das Alter]

Wir gingen also mit zu dem Polemarchos und fanden dort den Ly-
sias und Euthydemos, die Brüder des Polemarchos, dann auch Thra-

symachos den Chalkedonier und Charmantides den Päanier und
Kleitophon, den Sohn des Aristonymos. Es war aber auch des Pole-
marchos Vater Kephalos darinnen, der mir sehr alt vorkam, wie ich
c ihn denn auch seit langem nicht gesehen hatte. Er saß aber bekränzt
in einem großen Sessel mit einem Kopfkissen, denn er hatte im Hofe
geopfert. Wir setzten uns also zu ihm, denn es standen dort mehrere
Sessel im Kreise herum. – Gleich nun, als mich Kephalos sah, be-
grüßte er mich und sagte: O Sokrates, du kommst auch gar nicht
fleißig zu uns herunter in den Peiraieus. Du solltest aber doch. Denn
wenn ich noch genug bei Kräften wäre, um leicht nach der Stadt zu
gehen: so hättest du nicht nötig, hierher zu kommen, sondern wir
d kämen zu dir. Nun aber solltest du häufiger hierher kommen. Denn
wisse nur, je mehr die andern Vergnügungen, die vom Leibe her-
rühren, für mich welk werden, um desto mehr wachsen mir Freude
und Lust an Reden. Also tue es nicht anders und halte nicht nur mit
diesen jungen Leuten hier zusammen, sondern besuche auch uns
fleißig als gute Freunde, die dir sehr zugetan sind. – Auch ich, sprach
e ich, o Kephalos, pflege sehr gern Gespräch mit Alten. Denn mich
dünkt, da sie ja einen Weg vorausgegangen sind, den auch wir viel-
leicht werden zu gehen haben, müssen wir von ihnen erforschen, wie
er doch beschaffen ist, ob rauh und beschwerlich oder leicht und be-
quem. Und so hörte ich auch von dir gern, wie dir wohl dieses er-
scheint, da du doch jetzt in den Jahren bist, von denen die Dichter
das «an der Schwelle des Alters» brauchen, ob es schwer zu leben
ist, oder was du darüber aussagst. –

[3. Kephalos über das Unrecht derer, die ihr Alter beklagen]

329 a Ich will dir, sprach er, beim Zeus wohl sagen, o Sokrates, wie es mir
vorkommt. Denn öfter kommen unserer einige von fast gleichem Al-
ter zusammen, um das alte Sprichwort bei Ehren zu erhalten. Die
meisten von uns nun jammern, wenn wir beisammen sind, indem
sie der Vergnügungen der Jugend sehnsüchtig gedenken, der Liebes-
lust und des Trunks und der Gastmähler und was damit noch sonst
zusammenhängt, und sind verdrießlich, als ob sie nun großer Dinge
beraubt wären und damals zwar herrlich gelebt hätten, nun aber kaum
b noch lebten. Einige beschweren sich auch über die üblen Behandlun-
gen des Alters von seiten der Angehörigen und stimmen aus diesem
Ton vorzüglich ihre Klagelieder an, wie vieler Übel Ursache es ihnen
ist. Mich aber dünkt, o Sokrates, daß diese nicht das Schuldige be-
schuldigen; denn wenn dieses schuld daran wäre, so würde mir ja
eben dasselbe begegnen meines Alters wegen, und ebenso den üb-
rigen insgesamt, so viele ihr Alter bis hierher gebracht haben. Nun
aber habe ich doch auch schon andere angetroffen, mit denen es nicht
so stand, und bei dem Dichter Sophokles war ich einmal, als er eben
c von einem gefragt wurde: Wie steht es doch, Sophokles, um die Lie-
beslust? Kannst du wohl noch einer Frau beiwohnen? Der sprach:
Stille doch, lieber Mensch! Wie gern bin ich davon losgekommen,
als käme ich von einem tollen und wilden Herrn los. Die Rede ge-
fiel mir schon damals sehr und auch jetzt noch nicht minder. Denn

auf alle Weise hat man vor dergleichen im Alter große Ruhe und
Freiheit. Und wenn die Begierden aufgehört haben zu treiben und
nun nachlassen: so ist das auf alle Weise, wie es Sophokles aus-
drückt: man wird gar vieler und toller Gebieter entledigt. Aber die d
Klagen hierüber sowohl als über die Angehörigen haben einerlei
Ursache; nicht das Alter, o Sokrates, sondern die Sinnesart der
Menschen. Denn wenn sie gefaßt sind und gefällig, so sind auch des
Alters Mühseligkeiten nur mäßig: wenn aber nicht, o Sokrates, ei-
nem solchen wird Alter sowohl als Jugend schwer durchzumachen.

[4. Einstellung des Kephalos zu seinem Reichtum]

Ich nun hatte meine Freude an ihm, wie er dieses sagte; und da ich
wollte, daß er weiterspräche, so regte ich ihn an und sprach: O e
Kephalos, ich glaube, die meisten, wenn du das sagst, werden es dir
nicht gelten lassen, sondern meinen, du tragest das Alter so leicht
nicht deiner Sinnesart wegen, sondern weil du ein großes Vermö-
gen besitzt; denn die Reichen, sagen sie, hätten immer viele Erleich-
terungen. – Du hast recht, sagte er, sie lassen es auch nicht gelten;
und sie sagen da zwar etwas, aber doch nicht soviel wie sie denken,
sondern das Wort des Themistokles ist sehr wahr, der dem Seri-
phier, der ihn schmähen wollte und sagte, er sei nicht durch sich
selbst, sondern durch seine Vaterstadt berühmt, antwortete, auch 330 a
er würde freilich als Seriphier nicht berühmt geworden sein, aber
nur jener auch nicht als Athener. Und diese Rede schickt sich auch
für die, welche nicht reich sind und das Alter schwer ertragen, weil
auch der Wohlgesinnte das Alter wohl nicht ganz leicht ertragen
kann in Armut, der nicht Wohlgesinnte aber auch, wenn er reich
ist, sich gewiß darin nicht gefallen wird. – Hast du wohl, o Kepha-
los, sprach ich, von deinem Vermögen das meiste ererbt oder dazu-
gewonnen? – Was ich dazugewonnen habe, o Sokrates? sprach er. b
Ich stehe als Gewerbsmann in der Mitte zwischen meinem Großva-
ter und meinem Vater. Nämlich mein Großvater, der auch einerlei
Namen mit mir führte, hatte etwa ein ebenso großes Vermögen, wie
das meinige jetzt ist, ererbt und es um viele Male vergrößert; mein
Vater Lysanias aber machte es noch kleiner, als es jetzt ist; ich aber
bin zufrieden, wenn ich es diesen nur nicht kleiner hinterlasse, son-
dern noch um etwas weniges größer, als ich es empfangen. – Eben
deshalb fragte ich, sprach ich, weil du mir nicht gar sehr das Geld zu c
lieben scheinst. So aber halten es meistens die, welche es nicht selbst
geschafft haben; die Erwerber aber lieben es wohl noch einmal so
sehr wie die anderen. Denn wie die Dichter ihre Werke und die Vä-
ter ihre Kinder lieben, auf dieselbe Weise hängen zuerst auch die
Erwerber an dem Erworbenen als ihrem Werk; dann aber auch des
Nutzens wegen, wie die anderen. Darum ist auch schwer mit ihnen
leben, weil sie nichts loben wollen als nur den Reichtum. – Du hast
recht, sprach er. –

*[5. Nutzen des Reichtums zur Gerechtigkeit und Frage des S., was
diese ist]* Freilich, sagte ich. Aber sage mir nur noch dieses. Was ist d

der größte Vorteil, den du davon gehabt zu haben glaubst, daß du
ein großes Vermögen besitzt? — Was mir wohl, sprach er, nicht vie-
le glauben werden, wenn ich es sage. Denn wisse nur, o Sokrates,
fuhr er fort, daß, wenn einem das nahetritt, daß er glaubt, er wird
sterben, ihn dann Furcht ankommt und Sorge, um was er zuvor kei-
ne hatte. Denn teils die Erzählungen von der Unterwelt, daß, wer
hier ungerecht gewesen ist, dort Strafe leiden muß, die er oft gehört,
e aber bis dahin verlacht hat, gehen ihm dann im Sinne herum, ob sie
nicht wahr sind, teils auch er selbst, sei es nun aus Schwäche des Al-
ters oder auch, weil er jenen Dingen schon näher ist, sieht sie deut-
licher. Er wird also voll Besorgnis und Beängstigung und rechnet
nach und sinnt zurück, ob er wo einem unrecht getan hat. Welcher
nun viele Verschuldungen in seinem Leben findet, der wird auch aus
dem Schlaf häufig aufgeschreckt wie die Kinder und ängstet sich und
331 a lebt in der übelsten Erwartung. Welcher sich aber nichts Ungerech-
tes bewußt ist, der hat immer angenehme und gute Erwartung ge-
genwärtig als «Alterspflegerin», wie auch Pindaros sagt. Denn sehr
hübsch, o Sokrates, sagt jener dieses, daß, wer nur gerecht und
fromm das Leben verbracht hat, den «die süße, das Herz schwel-
lende Alterspflegerin Hoffnung geleitet, die zumeist der Sterblichen
wandelreichen Sinn regiert.» Richtig sagt er das, ganz wunderbar.
Und hierzu, meine ich, ist der Besitz des Reichtums am meisten
b wert, nicht zwar jedem, aber dem Wohlgesinnten. Denn daß er nicht
leicht wider Willen jemanden übervorteilt oder hintergeht oder auch
einem Gott irgend Opfergaben oder einem Menschen Geld schuldig
bleiben und so in Furcht davongehen muß, dazu kann ihm der Be-
sitz des Reichtums gar vieles beitragen. Er hat freilich auch sonst vie-
lerlei Nutzen, doch aber eins gegen das andere gerechnet möchte
ich sagen, daß dieses gerade nicht das Geringste sei, wozu einem ver-
nünftigen Menschen, o Sokrates, der Reichtum sehr nützlich ist. —
c Vortrefflich, sprach ich, sagst du das, o Kephalos. Aber eben dieses,
die Gerechtigkeit, sollen wir sagen so ganz einfach, sie sei Wahrheit
und Wiedergeben, was einer von einem empfangen hat? Oder ist
auch eben dieses bisweilen zwar recht, bisweilen aber auch unrecht
zu tun? Ich meine nämlich so. Jeder wird wohl sagen, wenn einer von
einem Freunde, der ganz bei besonnenem Mute war, Waffen emp-
fangen hat und dieser sie im Wahnsinn wiederfordert, er ihm der-
gleichen weder verpflichtet ist wiederzugeben noch selbst recht täte,
wenn er sie ihm wiedergäbe oder in einem solchen Zustande ihm
d von allen Dingen die Wahrheit sagte. — Du hast recht, sagte er. —
Also ist das auch nicht die rechte Erklärung der Gerechtigkeit, Wahr-
heit reden und was man empfangen hat wiedergeben. — Allerdings
doch, o Sokrates, sagte Polemarchos, die Rede aufnehmend, wenn
man doch dem Simonides etwas glauben darf. — Ei wohl, sagte Ke-
phalos, jedoch übergebe ich euch nun die Rede, denn ich muß jetzt
für die heiligen Dinge Sorge tragen. — Ist nun nicht, sprach ich, Po-
lemarchos der Erbe des Deinigen? — Freilich, sagte er lächelnd und
ging zugleich hinaus nach dem Opfer.

[6. These des Simonides: Gerechtigkeit ist die Erstattung dessen, was man schuldig ist]

Sprich also, sagte ich, du Erbe der Rede, was sagt doch Simonides, e das nach deiner Behauptung richtig gesagt ist über die Gerechtigkeit? – Daß, antwortete er, einem jeden das Schuldige zu leisten gerecht ist; dieses sagend, scheint er mir Richtiges zu sagen. – Freilich, sagte ich, ist es wohl schwer, dem Simonides nicht zu glauben, denn weise und göttlich ist der Mann; was er aber hiermit eigentlich meint, siehst du, o Polemarchos, vielleicht ein, ich aber verstehe es nicht. Denn offenbar will er nicht das sagen, was wir eben sagten, wenn jemand etwas bei einem niedergelegt hat, dies irgendwem, der es auf unvernünftige Weise wiederfordert, zurückzugeben, wiewohl man 332 a hier freilich dasjenige schuldig ist, was einer niedergelegt hat. Nicht wahr? – Ja. – Wiedergegeben aber darf es auf keine Weise werden, wenn einer es unvernünftigerweise abforderte? – Richtig, sagte er. – Etwas anderes also als dergleichen, wie es scheint, meint Simonides, wenn er sagt, Schuldiges abgeben sei gerecht. – Etwas anderes beim Zeus, sprach er. Freunden nämlich, meint er, seien Freunde schuldig Gutes zu tun, Böses aber nichts. – Ich verstehe, sagte ich, daß nämlich nicht Schuldiges abgibt, wer einem niedergelegtes Geld abgibt, im Fall Abgabe und Empfang verderblich ist und der Empfangende b und Abgebende Freunde sind. Sagst du nicht, so meine es Simonides? – Allerdings. – Und wie? Feinden muß man das Schuldige, was es auch sei, abgeben? – Auf alle Weise freilich, sagte er, was man ihnen ja schuldig ist. Schuldig aber ist, denke ich, der Feind dem Feinde, wie es sich ja auch gebührt, etwas Übles. –

[7. Erläuterung der These: Gerechtigkeit ist Freunden Gutes tun und Feinden Böses. Zu welcher Handlung ist der Gerechte nützlich?] Also hat Simonides, sprach ich, wie es scheint, gar dichterisch versteckt angedeutet, was das Gerechte ist. Er dachte nämlich, wie sich zeigt, c das sei gerecht, jedem das Gebührende abzugeben, und dies nannte er das Schuldige. – Aber was denn meinst du? sagte er. – Beim Zeus, sprach ich, wenn ihn nun jemand fragte: Simonides, die wem doch was Schuldiges und Gebührendes abgebende Kunst heißt Heilkunst? Was, glaubst du, würde er uns antworten? – Offenbar, sagte er, die dem Leibe Arzenei und Speise und Trank. – Und die wem doch was Schuldiges und Gebührendes abgebende Kunst heißt Kochkunst? – Die den Speisen das Schmackhafte. – Wohl! Also die wem nun was d abgebende Kunst soll Gerechtigkeit heißen? – Wenn man, sprach er, dem Vorhergesagten folgen darf, die Freunden und Feinden Nutzen und Schaden abgebende. – Also Freunden Gutes tun und Feinden Böses, sagt er, sei Gerechtigkeit. – So dünkt mich. – Wer ist nun wohl am meisten imstande, kranken Freunden wohlzutun und Feinden übel in Absicht auf Gesundheit und Krankheit? – Der Arzt. – Und wer Schiffenden in Absicht auf die Gefahren zur See? – Der Steuer- e mann. – Wie aber der Gerechte? Durch welche Handlung und in Absicht auf welches Geschäft ist er vorzüglich imstande, Freunden zu nutzen und Feinden zu schaden? – Durch Kriegführung und Bundesge-

nossenschaft, dünkt mich. — Wohl! Nicht-Kranken aber, lieber Pole-
marchos, ist doch der Arzt unnütz? — Richtig. — Und Nicht-Schiffen-
den der Steuermann? — Ja. — Ist also etwa auch denen, die nicht
Krieg führen, der Gerechte unnütz? — Dieses dünkt mich wohl nicht
ganz. — Also auch im Frieden ist die Gerechtigkeit nützlich? —
333 a Nützlich. — Auch wohl der Ackerbau? Oder nicht? — Ja. — Zur Ge-
winnung der Früchte? — Ja. — Aber doch auch die Lederarbeit? — Ja.
— Zur Gewinnung der Schuhe, glaube ich, würdest du sagen? — Frei-
lich! — Wie nun aber die Gerechtigkeit, zu welches Dinges Gebrauch
oder Erwerb würdest du sagen, daß die im Frieden nützlich sei? —
Zu Verhandlungen, o Sokrates. — Unter Verhandlungen meinst du
doch Verkehr und Genossenschaften, oder etwas anderes? — Freilich
b Genossenschaften. — Ist nun etwa der Gerechte der gute und nützli-
che Genosse, um im Brettspiel zu ziehen, oder der Brettspieler? —
Der Brettspieler. — Aber um Ziegel und Werkstücke zu setzen ist der
Gerechte ein nützlicherer und besserer Genosse als der Bauverstän-
dige? — Keineswegs. — Aber in welcher Gemeinschaft ist dann der
Gerechte ein besserer Genosse als der Kitharenspieler, so wie dieser
ein besserer als der Gerechte ist zum Schlagen der Kithara? — In
Geldsachen, dünkt mich. — Ausgenommen doch wohl, o Polemar-
chos, das Geld anzuwenden, wenn man gemeinschaftlich für Geld
ein Pferd kaufen soll oder verkaufen! Denn dann, denke ich, doch
c der Bereiter. Nicht wahr? — Das scheint. — Und wenn ein Schiff,
dann der Schiffszimmerer oder der Steuermann? — Das versteht
sich. — Wenn man also wozu Geld oder Silber gemeinschaftlich an-
wenden soll, ist der Gerechte nützlicher als andere? — Wenn man es
niederlegen will und sicher sein, o Sokrates. — Also meinst du, wenn
man es gar nicht anwenden will, sondern hinlegen? — Freilich. —
Also wenn das Geld unnütz ist, dann ist die Gerechtigkeit nützlich
d dazu? — So scheint es beinahe. — Und wenn man die Hippe verwah-
ren soll, dann ist die Gerechtigkeit nützlich allgemein und jedem für
sich, wenn aber gebrauchen, dann die Winzerkunst? — So zeigt es
sich. — Und so wirst du auch sagen vom Schilde und von der Leier,
wenn man sie aufheben wolle und zu nichts nutzen, dann sei die Ge-
rechtigkeit nützlich, wenn aber nutzen, dann die Dichtkunst und die
Tonkunst? — Notwendig. — Und so auch in Absicht auf alle ande-
ren Dinge sei die Gerechtigkeit, wenn ein jedes genutzt wird, unnütz,
in der Unnützlichkeit aber nützlich. — So scheint es. —

[8. Die Gerechtigkeit als eine Verschlagenheit zum Nutzen der
e *Freunde. Wer ist Freund?]* Keineswegs also, Freund, wäre wohl die
Gerechtigkeit etwas sehr Wichtiges, wenn sie nur in bezug auf das
Unnütze nützlich ist. Das aber laß uns überlegen: Ist nicht der Ge-
schickteste, Schläge auszuteilen im Gefecht, im Ringen oder einem
andern, auch der Geschickteste, sie abzuwehren? — Freilich. — Auch
wohl, wer sich vor Krankheit versteht zu hüten und sie nicht zu be-
kommen, ist der Geschickteste, sie einem anzutun? — Das dünkt mich
334 a wenigstens. — Auch im Lager ist derselbe gut als Wächter, der auch
gut ist, die Ratschläge und anderen Handlungen der Feinde auszu-

kundschaften? — Freilich. — Was einer also gut hüten kann, das
kann er auch gut abstehlen? — So zeigt es sich. — Wenn also der Ge-
rechte sich darauf versteht, Geld zu hüten, versteht er sich auch dar-
auf, es zu unterschlagen. — Wie die Rede wenigstens andeutet, sagte
er. — Als ein Listiger also, wie sich zeigt, ist uns der Gerechte zum
Vorschein gekommen; und du magst das wohl von Homeros gelernt
haben, denn auch dieser lobt des Odysseus mütterlichen Großvater b
Autolykos und sagt von ihm, daß er hoch vor den Menschen «be-
rühmt war durch Verstellung und Schwur». So scheint also die Ge-
rechtigkeit nach dir sowohl als nach dem Homeros und dem Simoni-
des eine Überlistung zu sein, und zwar zum Nutzen der Freunde und
zum Schaden der Feinde. Sagtest du nicht so? — Nein, beim Zeus,
sprach er. Aber ich weiß selbst nicht mehr, was ich sagte. Nur das
dünkt mich noch immer, daß die Gerechtigkeit den Freunden nutzt,
den Feinden aber schadet. — Freunde aber nennst du die, welche je- c
dem gutartig zu sein scheinen, oder die es sind, wenn sie es auch
nicht scheinen, und Feinde ebenso? — Natürlich ist doch, sprach er,
daß einer, die er für gutartig hält, liebt, die aber für bösartig, haßt.
— Fehlen aber nicht die Menschen eben darin, daß viele ihnen schei-
nen gutartig zu sein, die es nicht sind, und so auch umgekehrt? —
Sie fehlen. — Diesen also sind die Guten verhaßt und die Schlechten
lieb? — Freilich. — Doch aber ist es für diese dann gerecht, den Bö-
sen zu nützen und den Guten zu schaden? — So scheint es. — Aber d
die Guten sind doch Gerechte und solche, die nicht unrecht tun?
— Richtig. — Nach deiner Rede also kann es gerecht sein, denen, die
kein Unrecht tun, Übles zu tun? — Keineswegs doch, sprach er, o So-
krates! Denn das wäre ja offenbar eine arge Rede. — Also den Un-
gerechten, sprach ich, zu schaden ist gerecht, den Gerechten aber zu
nutzen? — Diese Rede ist offenbar schöner als jene. — Vielen also, o
Polemarchos, die sich eben geirrt haben, wird es begegnen, daß für e
sie gerecht ist, ihren Freunden zu schaden, denn sie haben schlechte,
ihren Feinden aber zu nutzen, denn diese sind gut. Und so werden
wir gerade das Gegenteil von dem sagen, was wir behaupten, daß
Simonides sage. — Freilich, sprach er, kommt es so heraus. Laß uns
also ändern; denn wir mögen wohl den Freund und Feind nicht rich-
tig bestimmt haben. — Als wir wie doch bestimmten, o Polemarchos?
— Daß der gutartig Scheinende Freund sei. — Nun aber, sprach ich,
wie wollen wir ändern? — Daß, sprach er, wer gutartig scheint und es
auch ist, Freund ist; wer es aber scheint, ohne es zu sein, auch nur 335 a
Freund scheint, es aber nicht ist. Und über den Feind gelte dieselbe
Bestimmung. — Freund also, wie sich zeigt, wird nach dieser Rede
der Gute sein, Feind aber der Böse. — Ja. — Du heißt uns also zu dem
Gerechten noch eine andere Bestimmung hinzufügen als wie wir zu-
erst sagten, als wir sagten, gerecht sei, dem Freunde wohltun und
dem Feinde übel; nämlich nun noch außerdem sagen, daß gerecht
sei, dem Freunde, weil er gut ist, wohltun und dem Feinde, weil er
böse ist, schaden? — Allerdings, sprach er, scheint es mir so schön b
gesagt zu sein.

[9. Erweis des S., daß es auf keine Weise Sache des Gerechten ist, andern zu schaden] Ist es aber wohl, sprach ich, des Gerechten Sache, auch nur irgendeinem Menschen zu schaden? — Freilich doch, sprach er, Bösen und Feinden muß man schaden. — Und wenn man Pferden schadet, werden sie besser oder schlechter? — Schlechter. — Und das in bezug auf die Tüchtigkeit der Hunde oder der Pferde? — Auf die der Pferde. — Werden nun nicht auch Hunde, wenn man ihnen schadet, schlechter in bezug auf die Tüchtigkeit der Hunde und nicht auf die der Pferde? — Notwendig. — Und von Menschen, Freund, sollen
c wir nicht ebenso behaupten, daß sie durch zugefügten Schaden schlechter werden zur menschlichen Tüchtigkeit und Tugend? — Allerdings wohl. — Aber ist nicht die Gerechtigkeit menschliche Tugend? — Auch das notwendig. — Auch das also, o Freund, ist notwendig, daß Menschen, denen man Schaden zufügt, ungerechter werden? — So zeigt es sich. — Können nun wohl die Tonkünstler durch ihre Tonkunst andere untonkünstlerisch machen? — Unmöglich. — Oder die Reiter durch ihre Reitkunst andere zum Reiten ungeschickt? — Das geht nicht. — Aber die Gerechten durch ihre Gerechtigkeit an-
d dere ungerecht? Oder überhaupt die Guten durch ihre Tugend andere schlecht? — Das ist ja unmöglich. — Denn es ist auch nicht die Sache der Wärme abzukühlen, sondern ihres Gegenteils. — Ja. — Auch nicht der Trockenheit anzufeuchten, sondern ihres Gegenteils. — Freilich. — Also auch nicht des Guten zu schaden, sondern seines Gegenteils. — Das ist offenbar. — Und der Gerechte ist doch gut? — Freilich. — Also ist es nicht die Sache des Gerechten zu schaden, o Polemarchos, nicht nur seinem Freunde nicht, sondern auch sonst keinem, sondern seines Gegenteils, des Ungerechten. — Auf alle Weise dünkst
e du mich recht zu reden, o Sokrates, sagte er. — Wenn also jemand behauptet, das Schuldige jedem abzugeben sei gerecht, und denkt dabei dieses, den Feinden sei der Gerechte Schaden schuldig und den Freunden Nutzen: so war der nicht weise, der dieses sagte, denn er hat nicht Wahres gesagt. Denn es hat sich uns gezeigt, daß es auf keine Weise gerecht sein könne, irgend jemand Schaden zuzufügen. — Das gebe ich zu, sagte er. — Bestreiten also wollen wir es gemeinschaftlich, sprach ich, du und ich, wenn jemand behauptet, Simonides habe dieses gesagt oder Bias oder Pittakos oder irgendein anderer von den weisen und gepriesenen Männern. — Ich wenigstens, sagte er, bin bereit, mich dir beizugesellen zum Streit. — Aber weißt du
336 a wohl, sprach ich, wem mir jener Spruch anzugehören scheint, welcher behauptet, gerecht sei, den Freunden nutzen und den Feinden schaden? — Wem doch, sagte er. — Ich meine, er gehört dem Periandros oder Perdikkas oder Xerxes oder Ismenias dem Thebaner oder sonst einem reichen und sich viel vermögend dünkenden Mann. — Vollkommen recht, sprach er, hast du darin. — Wohl, sagte ich! Da sich nun aber gezeigt hat, daß auch dieses nicht die Gerechtigkeit ist noch das Gerechte, was soll denn einer sonst sagen, daß es sei?

[10. Fürchterlicher Vorstoß des Thrasymachos]

Thrasymachos nun war, auch schon während wir miteinander re- b
deten, oft im Begriff gewesen, in die Rede einzugreifen, war aber
von den Anwesenden verhindert worden, welche gern unsere Rede
zu Ende hören wollten. Nun wir aber innehielten, nachdem ich dies
gesagt hatte, konnte er nicht länger Ruhe halten, sondern raffte sich
auf und kam auf uns los recht wie ein wildes Tier, um uns zu zerrei-
ßen, so daß ich und Polemarchos ganz außer uns waren vor Schreck.
Er aber rief mitten hinein und sagte: In was für leerem Geschwätz
seid ihr doch schon lange befangen, o Sokrates? Und was für Al-
bernheiten treibt ihr miteinander, indem ihr euch immer nur c
schmiegt und biegt einer vor dem andern? Sondern wenn du in der
Tat wissen willst, was das Gerechte ist: so frage nicht nur und setze
etwas darein zu widerlegen, wenn einer etwas geantwortet hat, weil
du wohl weißt, daß fragen leichter ist als antworten: sondern ant-
worte auch selbst und sage, was du behauptest, daß das Gerechte sei.
Und daß du mir nur nicht sagst, es sei das Pflichtmäßige, noch das
Nützliche, noch das Zweckmäßige, noch das Vorteilhafte, noch das d
Zuträgliche; sondern deutlich und genau sage, was du davon sagst.
Denn ich werde es nicht gelten lassen, wenn du dergleichen Ge-
schwätz vorbringst. – Ich nun war ganz verzagt, als ich das hörte,
und sein Anblick machte mir Furcht, ja ich glaube, wenn ich ihn
nicht eher angesehen hätte als er mich, würde ich stumm geworden
sein. Nun aber hatte ich ihn, wie er eben anfing von der Rede wild
zu werden, gleich zuerst angesehen, so daß ich imstande war, ihm e
zu antworten, und ihm, wiewohl mit Zittern, sagte: O Thrasyma-
chos, sei uns nicht böse! Denn wenn wir gefehlt haben in der Unter-
suchung, ich und dieser: so wisse nur, daß wir ungern gefehlt haben.
Denn glaube nur nicht, daß wir zwar, wenn wir Geld gesucht hätten,
gewiß nicht gern so voreinander uns würden geschmiegt haben beim
Suchen und uns den Fund verderbt, nun wir aber Gerechtigkeit su-
chen, eine Sache, die so viel herrlicher ist als vieles Geld, wir so un-
verständig einander sollten geschont und uns nicht auf das eifrigste
bemüht haben, daß sich hätte zeigen müssen, was sie recht ist. Son-
dern ich glaube, wir können eben nicht. Und so wäre es denn weit
billiger von euch, den Trefflichen, uns zu bemitleiden, als uns zu 337 a
zürnen.

[11. Ankündigung einer Antwort des Thr. über die Gerechtigkeit]

Er nun, als er das hörte, lachte sehr spöttisch laut auf und sagte: O
Herakles, das ist ja jene bekannte Verstellung des Sokrates! Aber
das habe ich auch diesen schon vorhergesagt, daß du gewiß nicht
würdest antworten wollen, sondern wieder Rückhalt suchen in der
Verstellung und eher alles andere tun als antworten, wenn dich einer
fragte. – Du bist eben weise, sprach ich, o Thrasymachos, und dar-
um wußtest du recht gut, daß, wenn du einen fragtest, wieviel zwölf
ist, und ihm beim Fragen gleich vorher sagtest: Aber daß du mir b
nur nicht etwa sagst, Mensch, zwölf sei zweimal sechs, noch auch
dreimal vier, noch sechsmal zwei, noch viermal drei, denn ich werde

es dir nicht gelten lassen, wenn du dergleichen salbaderst: so war
dir, denke ich, sehr gewiß, daß niemand dem antworten würde, der
so fragte. Aber wenn er nun zu dir sagte: O Thrasymachos, wie
meinst du das? Ich soll dir nichts antworten von dem, was du ge-
nannt hast? Etwa auch nicht, du Wunderbarer, wenn es doch eines
davon ist, sondern etwas anderes soll ich sagen als das Wahre? Oder
c wie meinst du? Was würdest du ihm hierauf antworten? — Sehr gut!
sprach er. Als ob dies etwa jenem ähnlich wäre! — Das hindert ja
nichts, sprach ich. Und wenn es auch nicht ähnlich ist, aber es er-
scheint doch dem Gefragten so: meinst du, daß er deshalb weniger
antworten wird, wie es ihm erscheint, mögen wir es ihm nun verbie-
ten oder nicht? — Also, sprach er, nicht wahr, du willst es auch so
machen? Du willst von dem, was ich dir verboten habe, etwas ant-
worten? — Es sollte mich nicht wundern, sprach ich, wenn es mir bei
näherer Überlegung so schiene. — Wie nun, sagte er, wenn ich eine
d andere Antwort aufstelle über die Gerechtigkeit, weit von allen die-
sen insgesamt, und eine bessere als diese, was soll dir dann wider-
fahren? — Was sonst, sprach ich, als was sich gebührt, daß dem
Nichtwissenden widerfahre? Es gebührt ihm aber zu lernen von dem
Wissenden, und das möge mir auch widerfahren. — Du bist klug,
sagte er. Aber außer dem Lernen zahle auch Geld. — Ja, wenn ich
welches haben werde, sprach ich. — Das hast du schon, sagte Glau-
kon. Also des Geldes wegen, o Thrasymachos, rede nur. Denn wir
e alle wollen dem Sokrates zuschießen. — Das glaube ich wohl! sagte
er. Damit Sokrates es mache wie gewöhnlich, selbst nicht antworte,
und wenn ein anderer antwortet, die Rede nehme und widerlege! —
Wie aber, o Bester, sprach ich, soll einer denn antworten, der zuerst
nicht weiß und auch nicht behauptet zu wissen und dem dann noch,
wenn er auch eine Meinung hätte über diese Dinge, von einem gar
nicht schlechten Mann verboten ist, irgend etwas von dem zu sagen,
was er für wahr hält? Also ist ja weit billiger, daß du redest, denn
338 a du behauptest ja, daß du es weißt und daß du es vortragen kannst.
Tue also ja nicht anders, sondern sei auch mir gefällig durch deine
Antwort, und entziehe es auch dem Glaukon nicht, ihn zu belehren
und die übrigen.

[12. These des Thrasymachos: Das Gerechte ist das dem Stärkeren Zuträgliche]

Als ich nun dieses gesagt hatte, baten auch Glaukon und die an-
dern ihn, ja nicht anders zu tun. Und Thrasymachos, sah man ganz
deutlich, hatte große Lust zu reden, um sich Beifall zu erwerben,
weil er glaubte, eine gar schöne Antwort zu haben, zugleich aber
stellte er sich an, als ob er durchsetzen wolle, daß ich der Antwor-
tende sei. Endlich gab er denn auch nach und sagte dann: Dies ist
b eben die Weisheit des Sokrates: selbst will er nichts lehren, aber bei
andern geht er umher, um zu lernen, und weiß es ihnen dann nicht
einmal Dank. — Daß ich, sprach ich, von den andern lerne, das hast
du recht gesagt, o Thrasymachos; daß du aber behauptest, ich er-
statte ihnen keinen Dank, das falsch. Denn ich erstatte ihn, soviel

ich nur kann; ich kann aber nichts tun als nur sie loben; denn Geld
habe ich nicht. Wie bereitwillig ich aber das tue, wenn jemand mir
scheint gut zu reden, das wirst du gewiß sehr bald erfahren, wenn
du deine Antwort gegeben hast, denn ich glaube, du wirst gut re-
den. – Höre denn, sprach er. Ich nämlich behaupte, das Gerechte sei c
nichts anderes als das dem Stärkeren Zuträgliche. Aber warum lobst
du es nicht? Du wirst gewiß nicht wollen. – Wenn ich nur erst ver-
standen habe, was du meinst! Denn jetzt weiß ich es noch nicht. Das
dem Stärkeren Zuträgliche, behauptest du, sei gerecht. Und dieses,
o Thrasymachos, wie meinst du es? Denn du behauptest doch nicht
dergleichen, wie, wenn Polydamas der Hauptkämpfer stärker ist als
wir und ihm nun Rindfleisch zuträglich ist für seinen Leib, daß die-
se Speise deshalb auch uns, den Schwächeren, als das jenem Zuträg- d
liche, zugleich gerecht sei? – Du bist eben boshaft, o Sokrates, sagte
er, und faßt die Rede so auf, wie du sie am übelsten zurich-
ten kannst. – Keineswegs, o Bester, sagte ich, sondern sage nur deut-
licher, was du meinst. – Weißt du etwa nicht, sprach er, daß einige
Staaten tyrannisch regiert werden, andere demokratisch und noch
andere aristokratisch? – Wie sollte ich nicht? – Und dieses Regie-
rende hat doch die Gewalt in jedem Staat? – Freilich. – Und jegliche
Regierung gibt die Gesetze nach dem, was ihr zuträglich ist, die De- e
mokratie demokratische, die Tyrannei tyrannische und die andern
ebenso. Und indem sie sie so geben, zeigen sie also, daß dieses ihnen
Nützliche das Gerechte ist für die Regierten. Und den dieses Übertre-
tenden strafen sie als gesetzwidrig und ungerecht handelnd. Dies
nun, o Bester, ist das, wovon ich meine, daß es in allen Staaten das-
selbe Gerechte ist, das der bestehenden Regierung Zuträgliche. Diese 339 a
aber hat die Gewalt, so daß also, wenn einer alles richtig zusammen-
nimmt, herauskommt, daß überall dasselbe gerecht ist, nämlich das
dem Stärkeren Zuträgliche. – Nun, sprach ich, habe ich verstanden,
was du meinst; ob es aber wahr ist oder nicht, das will ich erst ver-
suchen zu erfahren. Das Zuträgliche freilich, o Thrasymachos, hast
auch du geantwortet, sei gerecht, obgleich du mir verbotest, ich solle
das nicht antworten; nur hier ist noch dabei «das dem Stärkeren». –
Das ist also wohl nur ein kleiner Zusatz! sprach er. – Noch ist auch b
nicht klar, ob es ein großer ist; aber daß wir dieses überlegen müs-
sen, ob du es auch wahr gesprochen hast, das ist klar. Denn da, daß
das Gerechte ein Zuträgliches ist, auch ich eingestehe, du aber hin-
zusetzend behauptest, es sei das dem Stärkeren, und ich dies nicht
weiß, so müssen wir es also überlegen. – Überlege es nur, sagte
er.

*[13. Ist gerecht auch das dem Stärkeren Unzuträgliche, wenn er
nämlich das ihm Zuträgliche nicht erkennt?]* Das soll geschehen,
sprach ich. Und sage mir nur, behauptest du nicht auch, den Regie-
renden zu gehorchen sei gerecht? – Ich freilich. – Sind nun aber die
Regierenden unfehlbar in jeglichem Staat oder solche, daß sie auch c
wohl etwas fehlen? – Auf alle Weise wohl, sagte er, solche, daß sie
auch in etwas fehlen. – Also wenn sie unternehmen, Gesetze zu ge-

ben: so geben sie einige zwar richtig, andere aber auch nicht richtig?
— Das meine ich freilich. — Und ist nun richtig, wenn sie das ihnen
selbst Zuträgliche festsetzen, nicht richtig aber, wenn das Unzuträg-
liche? Oder wie meinst du es? — So. — Was sie aber festsetzen, müs-
sen die Regierten tun, und das ist das Gerechte? — Wie sollte es
d nicht! — Also nicht allein das dem Stärkeren Zuträgliche zu tun ist
gerecht nach deiner Rede, sondern auch das Gegenteil, das nicht Zu-
trägliche. — Was sagst du? sprach er. — Was du sagst, denke ich we-
nigstens; laß uns aber noch besser zusehen. Ist es nicht eingestanden,
daß, indem die Regierenden den Regierten befehlen, einiges zu tun,
sie bisweilen das für sie Beste verfehlen; was aber auch die Regie-
renden befehlen mögen, das sei für die Regierten gerecht zu tun? Ist
das nicht eingestanden? — Das glaube ich freilich, sagte er. — Glaubst
e du nun also, sprach ich, eingestanden zu haben, auch das den Regie-
renden und Stärkeren Unzuträgliche zu tun sei gerecht, wenn die Re-
gierenden wider Wissen, was ihnen übel ist, anordnen, und du doch
sagst, diesen sei gerecht zu tun, was jene angeordnet haben? Kommt
es also nicht alsdann notwendig so heraus, o weisester Thrasyma-
chos, daß es gerecht ist, das Gegenteil von dem zu tun, was du sagst?
Denn das den Stärkeren Unzuträgliche wird dann den Schwächeren
340 a anbefohlen zu tun. — Ja beim Zeus, o Sokrates, sprach Polemarchos,
das ist ganz offenbar. — Wenn du es ihm freilich bezeugst, sagte
Kleitophon das Wort nehmend. — Was bedarf es denn, sprach je-
ner, eines Zeugen? Denn Thrasymachos selbst gesteht ja ein, daß
die Regierenden bisweilen, was für sie selbst übel ist, anordnen und
daß den Regierten gerecht sei, dieses zu tun. — Denn das von den
Regierenden Befohlene zu tun, o Polemarchos, hat Thrasymachos
festgesetzt, daß es gerecht sei. — Und auch das dem Stärkeren Zu-
b trägliche, Kleitophon, hat er gesagt, sei gerecht. Und nachdem er die-
ses beides gesagt, hat er wiederum zugestanden, daß die Stärkeren
bisweilen das ihnen selbst Unzuträgliche den Schwächeren und Re-
gierten befehlen zu tun. Und nach diesen Zugeständnissen nun wäre
das dem Stärkeren Zuträgliche um nichts mehr gerecht als das nicht
Zuträgliche. — Aber, sagte Kleitophon, unter dem dem Stärkeren Zu-
träglichen hat er doch gemeint, was der Stärkere für ihn selbst zu-
träglich hielte, dieses müsse der Schwächere tun, und dies hat er als
das Gerechte festgesetzt. — Aber so, sprach Polemarchos, wurde
c doch nicht gesagt. — Das macht nichts aus, o Polemarchos, sprach
ich; sondern wenn Thrasymachos jetzt so erklärt, so wollen wir es
so von ihm annehmen.

[14. Erklärung des Thr.: Der Herrschende verfehlt als solcher das ihm Zuträgliche nicht] Sage mir also, o Thrasymachos, war es dieses, als was du das Gerechte beschreiben wolltest, das dem Stärkeren als ihm zuträglicher Erscheinende, es mag ihm nun wirklich zutragen oder nicht? Sollen wir sagen, so meinst du es? — Ganz und gar nicht, sprach er. Meinst du denn, ich nenne den Stärkeren den, der sich irrt, eben wenn er sich irrt? — Das glaubte ich freilich, sagte ich, du meintest, als du eingestandest, die Regierenden seien nicht un-

fehlbar, sondern verfehlten auch manchmal etwas. – Du bist eben
ein Verdreher, o Sokrates, sprach er, in Reden. Denn gleich dieses, d
nennst du etwa den einen Arzt, der sich irrt in Absicht der Kranken,
eben in bezug auf das, worin er sich irrt? Oder einen Rechenmeister,
der im Rechnen fehlt, dann, wenn er fehlt in bezug auf eben diesen
Fehler? Aber ich meine, wir sagen wohl so in gewöhnlicher Rede,
der Arzt hat sich geirrt, der Rechenmeister hat sich geirrt und der
Sprachmeister; ich meine aber, ein jeder von diesen, sofern er das
wirklich ist, was wir ihn nennen, fehlt doch niemals. So daß nach e
der genauen Rede, weil doch auch du es so genau nimmst, kein Meister jemals fehlt. Denn nur, wenn die Wissenschaft ihn im Stich
läßt, fehlt der Fehlende, insofern als er kein Meister ist. So daß kein
Meister oder Weiser oder Herrscher irgend fehlt dann, wenn er Herrscher ist. Aber jeder wird doch sagen, der Arzt hat gefehlt und der
Regent hat gefehlt. Und dem Ähnliches denke also, daß auch ich dir
jetzt geantwortet habe. Das ganz Genaue aber ist jenes, daß der Regent, insofern er Regent ist, nirgend fehlt, und wenn er nicht fehlt, 341 a
das für ihn selbst Beste festsetzt. Und dieses hat der Regierte dann
zu tun. Also, wie ich auch von Anfang an sagte, gerecht nenne ich
das dem Stärkeren Zuträgliche tun. –

[15. Beweis des S., daß keine wahrhafte Kunst das ihr selber Zuträgliche im Auge hat] Wohl, sprach ich, o Thrasymachos. Denkst
du nun, ich verfälsche und verdrehe? – Allerdings, sagte er. – Du
denkst also, ich habe hinterhältigerweise, um dich in der Rede zu
überlisten, gefragt, was ich gefragt habe? – Das weiß ich sehr gut,
sagte er, und es soll dir nichts helfen. Denn weder wirst du mir entgehen, wenn du überlisten willst, noch, wenn du mir nicht entgan- b
gen bist, mich mit Gewalt überwinden können in der Rede. – Auch
möchte ich das gar nicht unternehmen, du Vortrefflicher, sprach
ich. Allein, damit uns nicht wieder so etwas begegnet: so bestimme
nun, ob du den Regenten und Stärkeren meinst, wie man gewöhnlich redet, oder den nach der genauen Rede, wie du jetzt sagtest, dessen als des Stärkeren Zuträgliches dem Schwächeren gerecht sein
soll zu tun. – Den, sprach er, der nach der allergenauesten Rede der
Regent ist. Und dagegen nun richte etwas an und verdrehe, wenn du
etwas kannst. Ich verbitte mir nichts von dir; aber es hat wohl keine Not, daß du es können solltest. – Du meinst also wohl, sprach
ich, ich könne so unsinnig sein, daß ich versuchte, einen Löwen zu c
scheren oder den Thrasymachos in Reden zu übervorteilen? – Jetzt
eben wenigstens, sagte er, hast du es versucht; aber freilich, es war
damit auch nichts. – Genug, sprach ich, von dergleichen. Aber sage
mir, der Arzt nach der genauen Rede, von dem du jetzt sprachst, ist
der ein Gelderwerber oder ein Versorger der Kranken? Und sprich
mir nur von dem wahrhaften Arzt. – Der Kranken Versorger, sagte
er, ist er. – Und wie der Steuermann? Ist der wahre Steuermann der
Schiffsleute Regent oder ein Schiffender? – Der Schiffsleute Regent.
– Denn dies, denke ich, darf man nicht in Anschlag bringen, daß er d
mit in dem Schiffe fährt, noch ihn deshalb einen Schiffenden nen-

nen. Denn nicht sofern er fährt, heißt er Steuermann, sondern we-
gen seiner Kunst und seinem Regiment über die Schiffenden. —
Richtig, sprach er. — Nun gibt es doch für jeden von diesen ein Zu-
trägliches? — Freilich. — Ist nicht auch die Kunst, sprach ich, eben
dazu da, um das jedem Zuträgliche zu suchen und darzureichen? —
Eben dazu, sagte er. — Gibt es nun etwa auch für jede Kunst noch
ein anderes Zuträgliches als dieses, daß sie selbst möglichst vollkom-
e men ist? — Wieso fragst du das? — So wie, sagte ich, wenn du mich
fragtest, ob der Leib wohl genug daran habe, Leib zu sein, oder ob
er noch sonst etwas bedürfe, ich sagen würde, allerdings bedarf er.
Eben dazu ist ja die Heilkunst jetzt gefunden worden, weil der Leib
elend ist und nicht zufrieden damit, ein solcher zu sein. Damit sie
nun diesem das Zuträgliche darreiche, dazu ist die Kunst eingerich-
tet. Scheine ich dir nun, sagte ich, richtig zu sprechen, indem ich so
342 a sage, oder nicht? — Richtig, sprach er. — Wie aber? Ist auch die Heil-
kunst selbst elend? Oder ist irgendeine Kunst noch sonst einer Voll-
kommenheit bedürftig, wie die Augen der des Gesichtes und die Oh-
ren der des Gehörs, so daß eben deshalb ihnen eine Kunst nottut,
die das Zuträgliche hierzu ihnen aussinnt und verschafft? Ist so
auch in der Kunst selbst eine Elendigkeit, daß jeder Kunst wieder
eine andere Kunst nottut, die ihr das Zuträgliche aussinnt, und der
aussinnenden wiederum eine andere solche, und geht das ins Unend-
liche fort? Oder wird jede schon selbst ihr Zuträgliches besorgen?
b Oder bedarf sie überhaupt weder ihrer selbst noch einer andern, um
das für ihre Schlechtigkeit Zuträgliche zu besorgen, weil nämlich
gar keine Schlechtigkeit oder Fehler in gar keiner Kunst zu finden
ist, noch auch einer Kunst zukommt, für irgend etwas anderes das
Zuträgliche zu suchen als für das, dessen Kunst sie ist, selbst aber
ist jede als richtig auch ohne Fehl und ohne Tadel, solange nämlich
jede genau ganz ist, was sie ist. Und untersuche nur nach jener ge-
nauen Rede, ob es sich so oder anders verhält. — So, sprach er, of-
fenbar. — Also, sagte ich, besorgt auch die Heilkunst nicht das der
c Heilkunst Zuträgliche, sondern das dem Leibe. — Ja, sagte er. —
Noch die Reitkunst das der Reitkunst, sondern das den Pferden, noch
auch irgendeine andere Kunst das ihr selbst Zuträgliche, denn sie
bedarf nichts weiter, sondern dem, dessen Kunst sie ist. — So, sagte
er, zeigt es sich. — Allein, o Thrasymachos, die Künste regieren doch
und haben Gewalt über jenes, dessen Künste sie sind? — Hier gab er
noch zu, aber sehr mit Mühe. — Also keine Wissenschaft besorgt
oder befiehlt das dem Herrschenden Zuträgliche, sondern das dem
d Schwächeren und von ihr selbst Beherrschten. — Auch das gab er
freilich am Ende zu, er suchte aber doch erst darum zu streiten. Nach-
dem er es nun eingestanden, sagte ich: Nicht wahr, also auch kein
Arzt als Arzt sieht auf das dem Arzt Zuträgliche noch befiehlt es,
sondern das dem Kranken? Denn von dem wahrhaften Arzt ist ein-
gestanden, er sei, der über die Leiber die Regierung führt, aber nicht
der Gelderwerber. Oder ist das nicht eingestanden? — Er bejahte es.
— Nicht auch von dem wahrhaften Steuermann, daß er der die
Schiffsleute Regierende ist und nicht der Schiffende? — Es ist einge-

standen. — Nicht also wird ein solcher Steuermann und Befehlsha- e
ber das dem Steuermann Zuträgliche bedenken und anordnen, sondern das dem Schiffenden und unter seinem Befehl Stehenden. — Das bejahte er mit Not. — Also, sprach ich, o Thrasymachos, bedenkt auch wohl kein anderer in irgendeinem Amt, sofern er ein Regierender ist, das ihm selbst Zuträgliche noch befiehlt es, sondern das dem Regierten und von ihm selbst Gemeisterten; und auf dieses sehend und das diesem Zuträgliche und Angemessene sagt er, was er sagt, und tut er alles insgesamt, was er tut.

[16. Thr. über Nutzen und Vorteil der Ungerechtigkeit]

Als wir nun hier waren in der Rede und allen schon offenbar war, 343 a
daß die Erklärung des Gerechten sich in das Gegenteil umgesetzt hatte, hub Thrasymachos, anstatt zu antworten, an: Sage mir doch, o Sokrates, hast du wohl eine Amme? — Was doch? sprach ich. Solltest du nicht lieber antworten als dergleichen fragen? — Weil sie doch, sagte er, übersieht, daß du den Schnupfen hast und dich nicht ausschneuzt, obwohl du es doch sehr nötig hast, wenn du ja nicht einmal weißt, was Hirten sind und Schafe. — Weshalb doch recht?
fragte ich. — Weil du glaubst, daß die Schäfer und Hirten das Gute b
für die Schafe und Rinder bedenken, und wenn sie sie fett machen und pflegen, auf etwas anderes sehen, als was gut ist für ihre Herren und für sie selbst, und so auch von den Herrschern in den Städten, die wahrhaft regieren, meinst, daß sie anders gegen die Beherrschten gesinnt seien, als einer auch gegen seine Schafe gesinnt ist, und etwas anderes bedenken bei Tag und bei Nacht, als wie sie
sich selbst den meisten Vorteil schaffen können. Und so weit bist du c
ab mit deinen Gedanken von der Gerechtigkeit und dem Gerechten und der Ungerechtigkeit und dem Ungerechten, daß du noch nicht weißt, daß die Gerechtigkeit und das Gerechte eigentlich ein fremdes Gut ist, nämlich des Stärkeren und Herrschenden Nutzen, des Gehorchenden und Dienenden aber eigner Schade; die Ungerechtigkeit aber ist das Gegenteil und herrscht über die in der Tat Einfältigen und Gerechten, die Beherrschten aber tun, was jenem, dem Stärkeren, zuträglich ist, und machen ihn glücklich, indem sie ihm
dienen, sich selbst aber auch nicht im mindesten. Du mußt dir aber, d
o einfältigster Sokrates, die Sache darauf ansehen, daß der Gerechte überall schlechter daran ist als der Ungerechte. Zuerst nämlich in allen Geschäften unter sich, worauf nur immer ein solcher mit einem solchen sich einlassen mag, wirst du niemals finden, wenn das Geschäft beendigt ist, daß der Gerechte mehr hat als der Ungerechte, sondern weniger; dann auch in denen mit der Stadt, wenn es irgend Beiträge gibt, so trägt von gleichem der Gerechte mehr bei, der an-
dere aber weniger; und wenn Einnahmen, so gewinnt jener nichts, e
dieser aber viel. So auch, wenn sie beide ein Amt verwalten, so hat davon der Gerechte, wenn auch keinen anderen Schaden, doch den, daß seine eigenen Angelegenheiten durch Vernachlässigung schlechter stehen und daß er vom Staate gar keinen Vorteil zieht, weil er gerecht ist, und überdies noch, daß er sich bei seinen Verwandten und

Bekannten verhaßt macht, wenn er ihnen in nichts gefällig sein will
gegen die Gerechtigkeit; dem Ungerechten aber widerfährt von alle-
344 a dem das Gegenteil. Ich meine nämlich den, welcher im Großen zu
übervorteilen versteht. Diesen also betrachte, wenn du beurteilen
willst, wieviel mehr es einem jeden für sich von Vorteil ist, wenn er
ungerecht ist als wenn gerecht. Am allerleichtesten aber wirst du es
erkennen, wenn du dich an die vollendetste Ungerechtigkeit hältst,
welche den, der Unrecht getan, zum glücklichsten macht, die aber
das Unrecht erlitten haben und nicht wieder Unrecht tun wollen,
zu den elendsten. Dies aber ist die sogenannte Tyrannei, welche
nicht im Kleinen sich fremdes Gut mit List und Gewalt zueignet, hei-
liges und unheiliges, Gemeingut und Eigentum, sondern gleich ins-
b gesamt alles; was, wenn es einer einzeln veruntreut und dabei ent-
deckt wird, ihm die härtesten Strafen und Beschimpfungen zuzieht.
Denn Tempelräuber und Seelenverkäufer und Räuber und Betrüger
und Diebe heißen, die einzeln eine von dergleichen Übeltaten be-
gehen. Wenn aber einer außer dem Vermögen seiner Mitbürger auch
noch sie selbst in seine Gewalt bringt und zu Knechten macht, der
wird anstatt dieser schlechten Namen glückselig und preiswürdig ge-
c nannt, nicht nur von seinen Mitbürgern, sondern auch von den an-
dern, sobald sie nur hören, daß er die ganze Ungerechtigkeit began-
gen hat. Denn nicht aus Furcht, Ungerechtes zu tun, sondern es zu
leiden, schmäht die Ungerechtigkeit, wer sie schmäht. Auf diese Art,
o Sokrates, ist die Ungerechtigkeit kräftiger und edler und vorneh-
mer als die Gerechtigkeit, wenn man sie im großen treibt; und wie
ich von Anfang an sagte, das dem Stärkeren Zuträgliche ist das Ge-
rechte, das Ungerechte aber ist das jedem selbst Vorteilhafte und Zu-
trägliche.

[17. Überzeugung des S. vom größeren Nutzen der Gerechtigkeit. Die Regierungskunst erstrebt das Beste der Regierten]

d Als Thrasymachos dieses gesagt, hatte er im Sinn fortzugehen,
nachdem er uns wie ein Bader viel und reichliche Rede über die Oh-
ren gegossen hatte. Allein die Anwesenden ließen ihn nicht, sondern
nötigten ihn zu bleiben und Rede zu stehen über das Gesagte. Und
auch ich meinerseits bat ihn gar sehr und sagte: O herrlicher Thrasy-
machos, was für eine Rede hast du uns hingeworfen und gedenkst
doch nun fortzugehen, bevor du hinreichend gezeigt hast oder er-
fahren, ob es sich so oder anders verhält! Oder meinst du, es ist ei-
e ne Kleinigkeit, die du unternommen hast zu bestimmen, und nicht
die Einrichtung des ganzen Betragens, wie es jeder von uns einrich-
ten muß, um das zweckmäßigste Leben zu leben? – Glaube ich denn
also, sprach Thrasymachos, daß es sich anders verhält? – Du
scheinst fast so, sprach ich, oder doch um uns dich gar nicht zu küm-
mern noch dir etwas daraus zu machen, ob wir besser leben oder
schlechter, da wir ja nicht wissen, was du zu wissen behauptest. Al-
so, o Guter, gib dir die Mühe, es auch uns zu zeigen. Es wird dir ja
345 a auch nicht schlecht angelegt sein, was du so vielen, wie wir sind, Gu-
tes erweist. Denn gleich ich meinesteils sage dir, daß ich dir nicht

glaube noch der Meinung bin, die Ungerechtigkeit sei vorteilhafter als die Gerechtigkeit, auch nicht, wenn einer sie ganz gewähren läßt und sie gar nicht hindert zu tun, was sie nur will. Sondern, Bester, es sei einer ungerecht und vermöge auch Unrecht zu tun, sei es nun versteckterweise oder indem er es durchsetzt, dennoch überredet er mich nicht, daß das mehr Gewinn bringe als die Gerechtigkeit. Ebenso nun ergeht es vielleicht noch manchem unter uns, nicht mir al- b
lein. Überzeuge uns also, du Vortrefflicher, hinreichend, daß wir uns nur schlecht beraten, indem wir die Gerechtigkeit höher halten als die Ungerechtigkeit. — Und wie, sagte er, soll ich dich überzeugen? Denn wenn du durch das eben Gesagte nicht überzeugt bist, was soll ich dir noch tun? Kann ich dir denn die Rede in die Seele hineintragen und sie da festmachen? — Nein beim Zeus, sprach ich, das ja nicht. Sondern zuerst, was du gesagt hast, dabei bleibe; oder, wenn du es umänderst, so ändere es offenbar um und hintergehe uns nicht. Nun aber siehst du wohl, o Thrasymachos, — denn laß uns noch einmal das Vorige betrachten — daß, wie du zuerst den wahr- c
haften Arzt bestimmtest, du den wahrhaften Hirten hernach nicht geglaubt hast genau ebenso festhalten zu müssen; sondern du glaubst, er hüte die Schafe, sofern er Hirt ist, nicht auf das Beste der Schafe sehend, sondern wie ein Gastgeber, der ein Mahl ausrichten will, auf den Schmaus, oder auch auf den Kaufpreis, wie ein Han- d
delsmann, nicht wie ein Hirt. Der Hirtenkunst liegt aber doch gar nichts anderes ob, als daß sie dem, worüber sie gesetzt ist, das Beste darreiche; denn ihr eigenes, daß sie ganz gut sei, ist ja schon hinreichend besorgt, solange ihr nämlich nichts daran fehlt, die Hirtenkunst zu sein. So, glaube ich meinesteils, müßten wir eben eingestehen von jeder Regierung, sofern sie Regierung ist, daß sie keines andern Bestes bedenke als eben jenes des Regierten und Gepflegten, sowohl von der bürgerlichen Regierung als von irgendeiner be- e
sonderen Oberaufsicht. Und glaubst du denn, daß die Regierenden in den Städten, die wahrhaften nämlich, gern regieren? — Nein beim Zeus, sagte er, sondern ich weiß es ganz bestimmt. —

[18. Getrenntheit des jeder Kunst als solcher eigentümlichen Werks von dem Lohn, den sie etwa bringt] Und wie, o Thrasymachos, sagte ich, siehst du denn nicht, daß jedes andere Regiment niemand gern führen will, sondern daß sie Lohn dafür fordern, weil nämlich nicht ihnen aus dem Herrschen ein Vorteil hervorgehen wird, sondern dem Beherrschten? Denn sage mir nur dieses, nennen wir nicht 346 a
jedesmal jede Kunst deshalb eine andere, weil ihr ein anderes Vermögen zukommt? Und, Bester, antworte ja nichts gegen deine Meinung, damit wir doch etwas zustande bringen. — Freilich deshalb, sagte er, eine andere. — Gewährt nun nicht auch jede von ihnen uns irgendeinen besonderen Nutzen, nicht aber alle einen gemeinschaftlichen; wie die Heilkunst Gesundheit und die Steuermannskunst Sicherheit bei der Schiffahrt, und die andern ebenso? — Freilich. — Nicht auch so die Lohndienerei Lohn? Denn dies ist ihr Vermögen. b
Oder nennst du Heilkunst und Steuermannskunst dieselbe? Oder,

wenn du nämlich genau bestimmen willst, wie du ja angenommen
hast, wirst du doch gewiß nicht, wenn ein Steuermann gesund ist,
weil das Seefahren ihm wohl bekommt, deshalb seine Kunst Heil-
kunst nennen? — Freilich nicht. — Und ebensowenig, denke ich, die
Lohndienerei, wenn jemand auch beim Lohndienst gesund ist? —
Freilich nicht. — Wie aber? Die Heilkunst Lohndienerei, wenn einer
c auch für das Heilen Lohn nimmt? — Nein, sagte er. — Und wir sind
doch übereingekommen, daß der Nutzen jeder Kunst ein besonderer
sei? — Das sei so, sagte er. — Welchen Nutzen also alle Künstler ge-
meinschaftlich erlangen, den müssen sie auch von etwas haben, was
sie alle einer wie der andere außerdem anwenden. — Das ist deut-
lich, sagte er. — Sollen wir also sagen, der Lohn, den die Künstler
als Nutzen davontragen, komme ihnen daher, daß sie die lohndiene-
rische Kunst noch dazu anwenden? — Er stimmte kaum bei. — Nicht
d also von eines jeden eigner Kunst kommt ihm dieser Nutzen, der
Empfang des Lohns; sondern wenn man es genau erwägen will, be-
wirkt die Heilkunst die Gesundheit und die lohndienerische Kunst
den Lohn, die Baukunst das Haus und die sie begleitende lohndie-
nerische Kunst den Lohn. Und die andern insgesamt bewirken eben-
so jede ihr eigenes Werk und bringen den Vorteil, worüber sie ge-
setzt sind. Und wenn nun kein Lohn damit verbunden ist, hat dann
wohl der Meister einen Vorteil von der Kunst? — Es zeigt sich nicht,
e sagte er. — Also bringt sie ihm auch wohl keinen Vorteil dann, wenn
er sie umsonst ausübt? — Ich glaube es auch. — Also, o Thrasyma-
chos, dies ist schon klar, daß keine Kunst oder Regierung ihren eig-
nen Nutzen besorgt, sondern, was wir schon lange sagten, den des
Regierten besorgt sie und ordnet alles an, auf das jenem Zuträg-
liche sehend, welcher ja der Schwächere ist, und nicht auf das dem
Stärkeren. Deshalb nun, o lieber Thrasymachos, sagte ich auch vor-
her, daß niemand gern daran gehe, etwas zu regieren, und es über
sich nehme, fremdes Übel wieder in Ordnung zu bringen, sondern
347 a Lohn dafür fordere, weil derjenige, welcher seine Kunst gut ausüben
will, niemals sein eignes Bestes besorgt, wo er nach seiner Kunst et-
was anordnet, sondern dessen, was er regiert; weshalb denn, wie
einleuchtet, ein Lohn da sein muß für die, welche sollen regieren
wollen, sei es nun Geld oder Ehre, oder eine Strafe, falls sie es nicht
tun. —

*[19. Art der Notwendigkeit, die die Rechtschaffenen zum unvorteil-
haften Regieren zwingt]* Wie meinst du das, o Sokrates? sagte
Glaukon. Denn jene beiden Arten des Lohnes kenne ich wohl, was
für eine Strafe du aber meinst, die du als Lohn anrechnest, das habe
ich nicht verstanden. — Also gerade den Lohn der Besten, sprach
b ich, verstehst du nicht, um dessentwillen die Rechtschaffensten re-
gieren? Oder weißt du nicht, daß ehrgeizig und geldgierig zu sein
für einen Schimpf gehalten wird und es auch ist? — Das wohl, sagte
er. — Deshalb nun, sprach ich, mögen die Guten weder des Geldes
wegen regieren noch der Ehre wegen. Denn sie wollen weder gerade
heraus für ihre Amtsführung sich Lohn bedingen und Mietlinge hei-

ßen, noch, wenn sie heimlich Gewinn davon machten, Betrüger; und
ebensowenig tun sie es der Ehre wegen, denn sie sind nicht ehrgei-
zig. Also muß ein Zwang für sie vorhanden sein und eine Strafe, c
wenn sie sollen regieren wollen; daher denn freiwillig an die Regie-
rung gehen und nicht eine Notwendigkeit abwarten beinahe für
schändlich gehalten wird. Die größte Strafe aber ist, von Schlechte-
ren regiert zu werden, wenn einer nicht selbst regieren will; und aus
Furcht vor dieser scheinen mir die Rechtschaffenen zu regieren, wenn
sie regieren. Und dann gehen sie an die Regierung, nicht als stände
ihnen etwas Gutes bevor oder als dächten sie sich dabei sehr wohl
zu befinden, sondern als an etwas Notwendiges, weil sie weder Bes- d
sere, als sie selbst sind, haben, um denen die Regierung zu überlas-
sen, noch auch ihnen Gleiche. Denn es scheint, wenn es eine Stadt
von rechtschaffenen Männern gäbe, würde man sich um das Nicht-
regieren ebenso streiten wie jetzt um das Regieren, und daraus wür-
de dann offenbar sein, daß der in der Tat wahrhafte Herrscher es
nicht in seiner Natur hat, das ihm selbst Zuträgliche zu bedenken,
sondern das dem Regierten. Daher auch jeder Verständige vorziehen
wird, sich von andern Nutzen bringen zu lassen, als sich viel zu
schaffen zu machen, um andern zu nutzen. Dieses nun also gebe ich
dem Thrasymachos keineswegs zu, daß das Gerechte das dem Stär- e
keren Zuträgliche sei. Doch dieses wollen wir hernach noch betrach-
ten. Noch weit wichtiger aber scheint mir das zu sein, was Thrasy-
machos jetzt sagt, indem er behauptet, des Ungerechten Leben sei
besser als das des Gerechten. Du also, sprach ich, o Glaukon, wel-
ches wählst du, und was scheint dir richtiger gesagt zu sein? — Ich
meinesteils, sagte er, daß des Gerechten Leben zweckmäßiger ist.
— Hast du auch wohl gehört, sprach ich, was für Gutes Thrasyma- 348 a
chos uns jetzt an dem des Ungerechten vorgerechnet hat? — Ich habe
es zwar gehört, sagte er, aber ich glaube es nicht. — Sollen wir ihn
also, wenn wir irgendeinen Weg dazu ausfinden können, überzeu-
gen, daß er nicht richtig redet? — Wie sollte ich das nicht wollen, ant-
wortete er. — Wenn wir nun zu seiner Rede eine entsprechende Ge-
genrede anlegen wollten, wieviel Gutes es wiederum hat gerecht zu
sein, und dann er wieder eine und wir eine andere: so würde man
die Güter zählen und messen müssen, die wir jeder dem andern vor- b
halten, und wir würden dann irgend Richter bedürfen, welche zwi-
schen uns entschieden. Wenn wir aber wie bisher in der Untersu-
chung einander zum Eingeständnis zu bringen suchen: so würden
wir selbst zugleich Richter und Redner sein. — Freilich. — Welches
von beiden, sprach ich, gefällt dir nun am besten? — Das letzte, sag-
te er. —

[20. Nach Thr. ist die Ungerechtigkeit Tugend und Weisheit. Zugeständnis, daß der Gerechte vor seinesgleichen nichts voraushaben will, wohl aber der Ungerechte]

So komm denn, sprach ich, o Thrasymachos, antworte uns von vorn an. Behauptest du, daß die vollkommene Ungerechtigkeit förderlicher sei als die vollkommene Gerechtigkeit? — Allerdings, sagte

c er, behaupte ich dies und habe auch erklärt, weshalb. — Wohlan! Wie
erklärst du dich denn, was dieses betrifft, über sie? Du nennst doch
die eine von ihnen Tugend und die andere Laster? — Wie sollte ich
nicht? — Also doch die Gerechtigkeit Tugend und die Ungerechtig-
keit Laster? — Läßt sich das wohl denken, sagte er, du Süßester,
nachdem ich ja erklärt habe, daß die Ungerechtigkeit förderlich sei,
die Gerechtigkeit aber nicht? — Also wie denn? — Gerade das Gegen-
teil, sagte er. — Also die Gerechtigkeit Laster? — Das nicht, aber
höchst gutartige Einfalt. — Also nennst du die Ungerechtigkeit Bös-
d artigkeit? — Nein, sondern Klugheit, sagte er. — Dünken dich denn,
o Thrasymachos, die Ungerechten auch vernünftig zu sein und gut?
— Die sich recht vollkommen auf das Unrechttun verstehen, sagte
er, ja, und die ganze Städte und Völker von Menschen wissen un-
ter sich zu bringen. Du aber denkst vielleicht, ich meine die Beutel-
schneider. Auch dergleichen ist freilich nützlich, sagte er, wenn es
verborgen bleibt; aber dies ist nicht der Rede wert, sondern nur je-
e nes, was ich eben sagte. — Dieses, sagte ich, ist mir nicht unverständ-
lich, wie du es meinst. Das aber wundert mich, wie du doch die Un-
gerechtigkeit auf die Seite der Weisheit und Tugend stellst, die Ge-
rechtigkeit aber auf die entgegengesetzte. — So stelle ich sie aller-
dings. — Dieses, sprach ich, ist nun schon derber, o Freund, und es
ist nicht leicht etwas zu haben, was einer darauf sagen kann. Denn
hättest du nur festgesetzt, die Ungerechtigkeit nutze, zugleich jedoch
eingestanden, sie sei Laster und schändlich, wie einige andere: so
hätten wir etwas zu sagen gewußt und hätten von Angenommenem
ausgehen können. Nun aber sieht man ja deutlich, du wirst auch sa-
gen, sie sei edel und kräftig, und ihr alles beilegen, was wir dem
349 a Gerechten beilegen, nachdem du schon gewagt hast, sie auch in die
Reihe der Tugend und Weisheit zu stellen. — Ganz richtig, sagte er,
weissagst du. — Dennoch aber, sprach ich, muß man es nicht aufge-
ben, der Rede untersuchend zuzusetzen, solange ich nur noch glau-
ben kann, daß du sagst, was du denkst. Denn du scheinst mir jetzt
ordentlich nicht Scherz zu treiben, o Thrasymachos, sondern, was du
von der Wahrheit der Sache selbst hältst, zu sagen. — Was, sprach
er, liegt dir daran, ob ich so davon denke oder nicht, und warum
hältst du dich nicht an die Rede? — Nichts freilich, sprach ich. Aber
b das versuche mir noch zu dem Bisherigen zu beantworten: Ein Ge-
rechter, dünkt dich der gern mehr haben zu wollen als ein anderer
Gerechter? — Keineswegs, sagte er. Sonst wäre er ja nicht so gutmü-
tig, wie er nun ist, und so einfältig. — Aber wie? Mehr als die ge-
rechte Handlung? — Auch nicht mehr als die. — Wollte er aber wohl
vor dem Ungerechten sich einen Vorteil machen und würde das für
gerecht halten, oder nicht? — Er würde es wohl dafür halten und es
wollen; aber er kann es nicht. — Aber danach, sprach ich, frage ich
c nicht; sondern nur, ob nicht der Gerechte zwar vor dem Gerechten
nichts würde voraushaben wollen, wohl aber vor dem Ungerechten?
— So verhält es sich freilich, sprach er. — Wie aber der Ungerechte?
Möchte der gern etwas voraushaben vor dem Gerechten und der ge-
rechten Handlung? — Wie sollte er nicht, sagte er, da er ja über alle

Vorteil zu haben wünscht! — Also auch vor ungerechten Menschen
und solchen Handlungen wird der Ungerechte voraushaben wollen
und wetteifern, um unter allen immer selbst am meisten zu haben?
— So ist es. —

*[21. Beweis des S., daß das Voraushabenwollen vor seinesgleichen
nicht der Weisheit, sondern der Unweisheit eigen ist]* Wir sagen
demnach so, sprach ich. Der Gerechte will vor dem Ähnlichen nichts
voraushaben, aber vor dem Unähnlichen; der Ungerechte hingegen
vor dem Ähnlichen und Unähnlichen. — Sehr gut ausgedrückt, sagte d
er. — Und, sprach ich, verständig und gut ist doch der Ungerechte,
der Gerechte aber keines von beiden? — Auch das, sagte er, ist rich-
tig. — Also, sprach ich, ist wohl auch der Ungerechte dem Verstän-
digen und Guten ähnlich, der Gerechte aber nicht ähnlich? — Wie
sollte denn nicht, sagte er, der selbst ein solcher ist, auch solchen
ähnlich sein, der aber nicht ein solcher, auch nicht? — Richtig. Ein
solcher also ist jeder von ihnen wie die, denen er gleicht? — Freilich,
wie sollte er nicht? sprach er. — Wohl, o Thrasymachos. Nennst du
nicht einen tonkünstlerisch und einen andern untonkünstlerisch? — e
Das tue ich. — Welchen von beiden nun verständig und welchen un-
verständig? — Den Tonkünstlerischen doch wohl verständig und den
Untonkünstlerischen unverständig. — Und soweit verständig, auch
gut, soweit unverständig, aber schlecht? — Ja. — Wie mit dem Heil-
kundigen? Nicht auch so? — Ebenso. — Glaubst du also wohl, Be-
ster, daß ein tonkünstlerischer Mann, der seine Leier stimmt, in der
Anspannung und Nachlassung der Saiten vor einem andern Ton-
künstlerischen werde voraushaben wollen und etwas darüber hin-
aus suchen? — Ich wohl nicht. — Aber über den Untonkünstleri-
schen? — Notwendig, sagte er. — Und wie ein Heilkundiger, würde
der in Essen und Trinken über einen heilkundigen Mann oder eine 350 a
solche Handlung hinauswollen? — Wohl nicht. — Aber über den
Nichtheilkundigen? — O ja. — Und nun siehe zu in jeder Wissen-
schaft und Unwissenschaftlichkeit, ob dir irgendein Wissender vor
dem andern Wissenden voraushaben zu wollen scheint in Tun oder
Reden und nicht vielmehr ganz dasselbe, was der ihm Ähnliche in
demselben Geschäft? — Es ist wohl notwendig, sprach er, daß dieses
sich so verhält. — Wie aber der Unkundige? Will der nicht gleicher-
weise vor dem Kundigen voraushaben und vor dem Unkundigen? b
— Vielleicht wohl. — Der Kundige aber ist doch der Weise? — Das
denke ich. — Und der Weise der Gute? — Das denke ich. — Der Gute
also und Weise wird vor dem Ähnlichen nichts voraushaben wollen,
sondern nur vor dem Unähnlichen und Entgegengesetzten. — So
zeigt es sich, sagte er. — Der Schlechte aber und Törichte vor dem
Ähnlichen und dem Entgegengesetzten. — Offenbar. — Und nicht
wahr, der Ungerechte, sprach ich, o Thrasymachos, will uns doch
vor dem Ähnlichen und Unähnlichen voraushaben? Oder sagtest du
nicht so? — Ich freilich, sagte er. — Der Gerechte aber wird vor dem c
Ähnlichen nicht voraushaben wollen, sondern nur vor dem Unähnli-
chen? — Ja. — So gleicht also, sprach ich, der Gerechte dem Weisen

und Guten, der Ungerechte aber dem Schlechten und Törichten. – So scheint es wohl. – Aber wir waren doch einig darüber, daß, welchem jeder von beiden ähnlich sei, ein solcher sei auch jeder selbst. – Darüber waren wir einig. – Der Gerechte also hat sich uns bewiesen als der Weise und Gute, und der Ungerechte als der Törichte und Schlechte.

[22. Prüfung der «Stärke» der Ungerechtigkeit: Kommt sie ohne Gerechtigkeit aus?]

Thrasymachos nun gestand dies zwar alles ein, aber nicht so
d leicht, wie ich es jetzt erzähle, sondern nur dazu gezogen und mit
Mühe und unter gewaltigem Schweiß, wie denn auch damals heißer
Sommer war, und da sah ich, vorher aber nie, den Thrasymachos
erröten. Nachdem wir nun dieses in Richtigkeit gebracht hatten, daß
die Gerechtigkeit Tugend und Weisheit sei, die Ungerechtigkeit aber
Schlechtigkeit und Torheit, so sprach ich: Wohl! dieses stehe nun
so fest. Wir haben aber auch gesagt, die Ungerechtigkeit sei stark.
Oder erinnerst du dich dessen nicht, o Thrasymachos? – Ich erinnere
mich wohl, sagte er; aber auch was du jetzt sagst, gefällt mir gar
nicht, und ich hätte wohl dagegen etwas zu sagen. Wenn ich es nun
e vortrüge: so weiß ich wohl, du würdest sagen, ich hielte eine Rede
wie vor dem Volk. Entweder also laß mich reden, so viel ich will,
oder, wenn du fragen willst, so frage, und ich werde dir wie die Kin-
der den Mütterchen, die ihnen Märchen erzählen, nur «Gut» ant-
worten und zunicken, oder Verneinung schütteln. – Nur ja nicht,
sprach ich, gegen deine Meinung. – Damit ich dir nur den Gefallen
tue, sagte er, weil du mich doch nicht reden läßt. Oder was willst du
sonst noch? – Nichts, beim Zeus! sprach ich. Sondern wenn du dies
nur tun willst, so tue es, und ich will fragen. – Frage also. – Ich fra-
ge also dieses, was auch vorher, damit wir doch die Sache in der
351 a Ordnung durchnehmen, wie sich wohl die Gerechtigkeit zur Unge-
rechtigkeit verhält? Denn gesagt ist, die Ungerechtigkeit sei sowohl
mächtiger als auch stärker als die Gerechtigkeit. Nun aber, sprach
ich, wenn doch die Gerechtigkeit Weisheit und Tugend ist, wird sich,
denke ich, sehr leicht zeigen, daß sie auch stärker ist als die Unge-
rechtigkeit, da ja diese Torheit ist. Das kann wohl niemand mehr
verkennen. Aber ich begehre es gar nicht so im allgemeinen, o Thra-
symachos, sondern auf diese Weise zu betrachten: Du sagst, eine
b Stadt sei ungerecht und strebe, andere Städte unrechtmäßig sich zu
unterwerfen, und habe sie sich auch unterworfen, viele auch halte
sie in ihrer Gewalt nach der Unterwerfung. – Wie sollte sie nicht?
sprach er. Und zwar wird die beste das am meisten tun, da sie ja
auch am vollkommensten ungerecht ist. – Ich verstehe wohl, sagte
ich, daß dies deine Rede war. Aber dies bedenke nur noch dabei, ob
die Stadt, die mächtiger als andere geworden ist, diese Gewalt ohne
Gerechtigkeit handhaben wird, oder notwendig mit Gerechtigkeit? –
c Wenn, sagte er, wie du eben sagtest, die Gerechtigkeit Weisheit ist,
dann mit Gerechtigkeit; wenn es aber ist, wie ich sagte, mit Unge-
rechtigkeit. – Das ist ja herrlich, sagte ich, o Thrasymachos, daß du

nicht nur zuwinkst und abschüttelst, sondern auch gar schön ant-
wortest. — Ich tue es eben dir zu Gefallen, sagte er. —

*[23. Aufzeigung der Unmöglichkeit, mit vollkommener Ungerech-
tigkeit etwas mit andern oder auch allein zu vollbringen]* Wohl tust
du daran! Aber tue mir auch dieses zuliebe und sage mir: Glaubst
du, daß, wenn eine Stadt oder ein Heer oder auch Räuber und Diebe
oder irgend anderes Volk gemeinschaftlich etwas ungerechterweise
angreift, solche irgend etwas werden ausrichten können, wenn sie
sich auch untereinander Unrecht tun? — Wohl gewiß nicht, sagte er. d
— Wie aber, wenn sie sich nicht Unrecht tun? Dann wohl eher? —
Freilich. — Denn die Ungerechtigkeit, o Thrasymachos, verursacht
ihnen Zwietracht und Haß und Streit untereinander; die Gerechtig-
keit aber Eintracht und Freundschaft. Nicht wahr? — So soll es sein,
sprach er, damit ich nicht von dir abgehe. — Daran tust du wohl, Be-
ster. Aber sage mir dieses: Wenn nun dies das Werk der Ungerech-
tigkeit ist, Haß hervorzubringen, wo sie ist: wird sie nicht auch,
wenn sie sich unter Freie und Knechte mischt, machen, daß diese ein-
ander hassen und sich entzweien und unvermögend sind, ge-
meinschaftlich miteinander etwas auszurichten? — Freilich. — Und e
wie, wenn sie sich unter zweien findet, werden nicht auch die uneins
sein und sich hassen und sowohl einander feind sein wie den Ge-
rechten? — Sie werden es, sprach er. — Wenn nun aber, du Wunder-
barer, die Ungerechtigkeit in einem wohnt, wird sie dann ihre Kraft
verlieren oder sie um nichts minder auch behalten? — Sie möge sie
um nichts minder behalten, sagte er. — Scheint sie nun aber nicht
eine solche Kraft zu haben, daß sie, wem sie einwohnt, sei es nun
einer Stadt oder einem Geschlecht, einem Heere oder wem nur
sonst, dieses zuerst unfähig macht, etwas auszurichten mit sich 352 a
selbst, wegen der Zwietracht und Streitigkeiten, dann aber auch
es mit sich selbst verfeindet und mit allem Entgegengesetzten
und dem Gerechten? Ist es nicht so? — Freilich. — Und auch, wenn
sie in einem ist, glaube ich, wird sie alles dasselbe tun, was sie
in der Art hat zu bewirken, zuerst wird sie ihn unfähig machen et-
was auszurichten, weil er im Zwiespalt ist und nicht einig mit sich
selbst, dann auch feind sich selbst und den Gerechten. Nicht wahr?
— Ja. — Und gerecht, Lieber, sind doch wohl auch die Götter? — Das
mögen sie sein, sprach er. — Auch den Göttern also wird der Unge- b
rechte feind sein, o Thrasymachos, der Gerechte aber freund. — Laß
dir die Rede nur wohl schmecken in guter Ruhe! sagte er. Denn ich
will dir gewiß nicht zuwider sein, damit ich mich diesen nicht ver-
haßt mache. — Wohl denn! sprach ich, füge auch noch das Letzte zu
meiner Bewirtung, indem du mir antwortest wie auch jetzt. Denn
daß die Gerechten sich als weiser und besser und auch mächtiger im
Handeln zeigen, die Ungerechten aber nichts miteinander auszurich-
ten vermögen; ja daß auch, wenn wir von welchen sagen, daß sie c
gemeinschaftlich miteinander irgend etwas kräftig vollbringen, wie-
wohl ungerecht, wir dieses nie vollkommen richtig sagen, indem sie
ja auch einander nicht in Ruhe lassen würden, wenn sie vollkommen

ungerecht wären, sondern noch etwas Gerechtigkeit in ihnen sein mußte, welche sie bewog, nicht auch einander, eben wie denen, gegen welche sie gingen, unrecht zu tun, und durch welche sie eben verrichteten, was sie verrichteten, nur daß sie auf ein ungerechtes Ziel losgingen aus Ungerechtigkeit als Halbschlechte, weil ja die ganz Bösen und vollkommen Ungerechten auch vollkommen unvermögend sind, etwas auszurichten, — daß dieses alles sich so verhält,
d und nicht, wie du es zuerst festgesetzt hast, verstehe ich schon: ob aber die Gerechten auch besser leben als die Ungerechten und glückseliger sind, welches wir uns zum andern zu erwägen vorgesetzt haben, das müssen wir erwägen. Sie zeigen sich freilich auch jetzt schon so, wie mir wenigstens scheint aus dem, was wir gesagt haben; dennoch aber wollen wir es noch genauer erwägen. Denn es ist nicht von etwas Beliebigem die Rede, sondern davon, auf welche Weise man leben soll. — So erwäge denn, sprach er. — Das tue ich, sprach ich. Und sage mir also, dünkt dich wohl etwas das Geschäft
e des Pferdes zu sein? — O ja. — Und würdest du nicht das als Geschäft des Pferdes und so auch jedes andern Dinges aufstellen, was einer entweder nur mit jenem allein oder doch mit ihm am besten verrichten kann? — Ich verstehe nicht, sagte er. — Aber so: Kannst du wohl mit etwas anderem sehen als mit den Augen? — Wohl nicht. — Und wie? Mit etwas anderem hören als mit den Ohren? — Keineswegs. — Mit Recht also würden wir dies für die Geschäfte dieser Teile erklä-
353 a ren? — Freilich. — Und wie? Könntest du nicht eine Weinrebe auch mit dem Schwerte abschneiden oder mit der Schere und vielen andern Dingen? — Wie sollte ich nicht? — Aber mit nichts, glaube ich, doch so gut wie mit der Hippe, die hierzu ausdrücklich gemacht ist. Sollen wir also nicht dies als das Geschäft von dieser feststellen? — Das wollen wir freilich. —

[24. Nur mit Gerechtigkeit als der ihr eigentümlichen Tugend kann die Seele ihr Geschäft vollbringen und glückselig sein] Und nun, glaube ich, kannst du besser verstehen, was ich eben fragte, als ich wissen wollte, ob nicht das eines jeden Geschäft wäre, was jedes entweder allein oder doch unter allen am besten verrichtet? — Jetzt,
b sagte er, freilich verstehe ich es, und mich dünkt dies eines jeden Dinges Geschäft zu sein. — Wohl, sprach ich. Und scheint dir nicht auch jegliches eine Tugend zu haben, dem ein Werk aufgetragen ist? Laß uns nur wieder auf dasselbe zurückgehen. Die Augen, sagen wir, haben ein Geschäft? — Das haben sie. — Gibt es nun nicht auch eine Tugend der Augen? — Auch eine Tugend. — Wie nun? Gab es ein Geschäft der Ohren? — Ja. — Also auch eine Tugend? — Auch eine Tugend. — Und wie nun mit allen andern? Nicht ebenso? — Ebenso. — Halt nun! Können wohl jemals die Augen ihr eigentümliches Ge-
c schäft gut verrichten, wenn sie ihre eigentümliche Tugend nicht haben, sondern statt der Tugend Schlechtigkeit? — Und wie doch? sagte er. Denn du meinst doch wohl Blindheit statt der Scharfsichtigkeit. — Welches auch, sprach ich, ihre Tugend sein möge, denn danach frage ich noch nicht; sondern ob durch seine eigentümliche Tu-

gend jedes auch sein eigentümliches Geschäft gut verrichtet, was ei-
nes zu verrichten hat, durch Schlechtigkeit aber schlecht? — Ganz
richtig sagst du dieses doch gewiß. — Also werden auch Ohren, ihrer
eigentümlichen Tugend beraubt, ihr Geschäft schlecht verrichten?
— Freilich. — Setzen wir nun auch alles andere nach derselben Regel? d
— Das dünkt mich. — Wohl denn, nächst diesem erwäge dies. Hat
auch die Seele ihr Geschäft, was du mit gar keinem andern Dinge
verrichten könntest, wie zum Beispiel dergleichen: besorgen, beherr-
schen, beraten und alles dieser Art, könnten wir dies mit Recht ir-
gend etwas anderem zuschreiben als der Seele und behaupten, daß
es jenem eigentümlich sei? — Keinem anderen. — Wie nun aber le-
ben? Wollen wir dies auch für ein Geschäft der Seele erklären? —
Ganz vorzüglich ja, sagte er. — Also auch sagen, daß es eine Tugend
der Seele gebe? — Das sagen wir. — Wird also wohl jemals, o Thra-
symachos, die Seele ihre Geschäfte gut verrichten können, wenn sie e
ihrer eigentümlichen Tugend beraubt ist? Oder ist das unmöglich?
— Unmöglich. — Eine schlechte Seele also wird notwendig auch
schlecht beherrschen und besorgen, die gute aber alles dieses gut ver-
richten? — Notwendig. — Nun aber sind wir doch übereingekom-
men, die Tugend der Seele sei Gerechtigkeit, ihre Schlechtigkeit aber
sei die Ungerechtigkeit? — Darin sind wir übereingekommen. — Die
gerechte Seele also und der gerechte Mann wird gut leben, schlecht
aber der Ungerechte. — Das geht wohl hervor, sprach er, aus deiner
Rede. — Und wer wohl lebt, ist der nicht preiswürdig und glückse- 354 a
lig, wer aber nicht, das Gegenteil? — Wie könnte es anders sein! —
Der Gerechte also ist glückselig und der Ungerechte elend. — Das
mögen sie sein, sagte er. — Elend sein aber fördert nicht, sondern
glückselig sein. — Das versteht sich. — Niemals also, o vortrefflicher
Thrasymachos, ist die Ungerechtigkeit förderlicher als die Gerech-
tigkeit. — Hiermit also, sprach er, o Sokrates, sollst du bewirtet sein
zu den Bendideen! — Von deinetwegen, sprach ich, o Thrasymachos,
da du mir milde geworden bist und aufgehört hast, mir böse zu sein.
Aber ich bin nicht besonders herrlich bewirtet worden, und zwar b
durch meine Schuld, nicht durch deine! Sondern wie die Lecker im-
mer zugreifen, um von dem eben Aufgetragenen zu kosten, ehe sie
noch das Vorige gehörig genossen haben: so komme ich mir auch vor,
als ob ich, ehe noch gefunden war, was wir zuerst suchten, nämlich,
was doch das Gerechte sei, von diesem abgelassen und mich zu jenem
gewendet habe, zu der Untersuchung, ob es wohl eine Schlechtigkeit
ist und eine Torheit oder eine Weisheit und Tugend; und als her-
nach wieder eine andere Rede dazwischenfiel, daß die Ungerechtig-
keit vorteilhafter sei als die Gerechtigkeit, konnte ich mich nicht ent-
halten, auch gleich wieder von jener zu dieser zu gehen. So daß ich
jetzt durch das ganze Gespräch doch nichts gelernt habe. Denn so-
lange ich nicht weiß, was das Gerechte ist, hat es gute Wege, daß ich c
wissen sollte, ob es eine Tugend ist oder nicht und ob der, welcher
es an sich hat, nicht glückselig ist oder glückselig.

ZWEITES BUCH

[1. Drei Arten des Guten. Einreihung der Gerechtigkeit in die schön-
357 a *ste Art]* Ich nun glaubte zwar, als ich dieses gesagt, weiterer Rede
überhoben zu sein; es war aber, wie sich zeigte, nur der Eingang ge-
wesen. Denn Glaukon ist immer sehr entschieden in allem, und so
ließ er es auch damals bei des Thrasymachos Rückzug nicht bewen-
den, sondern sagte: O Sokrates, willst du nur scheinen uns überzeugt
zu haben oder uns wirklich überzeugen, daß es auf alle Weise besser
b ist, gerecht zu sein als ungerecht? – Euch wirklich überzeugen, sprach
ich, möchte ich gern, wenn es bei mir stände. – So tust du denn nicht,
sagte er, was du willst. Denn sage mir, glaubst du, es gebe ein sol-
ches Gut, daß wir es haben möchten nicht aus Verlangen nach des-
sen Folgen, sondern weil wir es selbst um seiner selbst willen lie-
ben, wie Wohlbefinden und alle Vergnügungen, die unschädlich
sind und durch die für die folgende Zeit uns nichts weiter entsteht,
als daß wir vergnügt sind dabei? – Mich dünkt allerdings, sprach
ich, daß es ein solches gebe. – Wie aber? Auch eins, das wir teils sei-
c ner selbst wegen lieben, teils auch wegen des daraus Entstehenden,
wie wiederum das Vernünftigsein und das Sehen und das Gesund-
sein? Denn dergleichen ist uns doch aus beiden Gründen genehm. –
Ja, sagte ich. – Siehst du auch noch eine dritte Art des Guten, sagte
er, wohin die Leibesübungen gehören, und daß man mit Arzenei in
der Krankheit bedient wird, und so auch die Ausübung der Heil-
kunst und aller andere Gelderwerb? Denn dies, würden wir sagen, ist
beschwerlich, aber es nutzt uns; und um seiner selbst willen möch-
d ten wir es nicht haben, sondern wegen des Lohnes und dessen, was
uns sonst noch daraus entsteht. – Es gibt allerdings, sagte ich, auch
dieses dritte. Aber was weiter? – Zu welchem von diesen, sprach er,
rechnest du nun die Gerechtigkeit? – Ich denke, sprach ich, zu dem
358 a Schönsten, was sowohl um seiner selbst willen als auch wegen des-
sen, was daraus folgt, dem, der glückselig sein will, wünschenswert
ist. – So scheint es indessen, sagte er, den meisten nicht; sondern sie
rechnen sie zu der mühseligen Art, wonach man sich nur des Lohns
und des Ruhms wegen um des Ansehens willen bemühen muß, an
und für sich aber es fliehen, weil es beschwerlich ist. –

[2. Rede des Glaukon für die Ungerechtigkeit im Sinne der Vielen:
Wesen und Entstehung der Gerechtigkeit] Ich weiß wohl, sprach ich,
daß sie ihnen so scheint und auch schon immer von Thrasymachos
als ein solches getadelt, die Ungerechtigkeit aber gelobt wird. Aber
b ich bin eben, wie es scheint, von schwerem Verstande. – Wohl denn!
sprach er, höre auch mich an, wenn dir noch dasselbe recht ist. Thra-
symachos nämlich hat sich, wie es mir scheint, früher als billig von
dir einkirren lassen wie eine Schlange. Mir aber ist die Beweisführung
von beiden Seiten noch gar nicht nach meinem Sinne gewesen. Denn
ich begehre zu hören, was jedes ist und was für eine Kraft es als an
und für sich in der Seele seiend hat, den Lohn aber dafür und die

Folgen davon ganz beiseite zu lassen. So also will ich es machen,
wenn es dir auch recht ist: Ich werde des Thrasymachos Rede aufs
neue vortragen und zuerst erklären, was sie sagen, daß die Gerech- c
tigkeit sei und woher entstanden, zweitens aber, daß alle, die sich
ihrer befleißigen, sie nur ungern ausüben als etwas Notwendiges
und nicht als etwas Gutes, und drittens, daß sie daran recht tun,
denn weit vorzüglicher sei das Leben des Ungerechten als des Ge-
rechten, wie sie sagen; denn mir, o Sokrates, scheint es gar nicht so.
Ich weiß jedoch keinen Rat, weil ich die Ohren ganz voll habe von
dem, was Thrasymachos und tausend andere sagen, die Rede aber
für die Gerechtigkeit, daß sie besser sei als die Ungerechtigkeit, habe
ich noch von niemand so gehört, wie ich es wünsche. Ich wünsche d
sie nämlich an und für sich selbst gepriesen zu hören; und am ersten
denke ich noch dies von dir zu vernehmen. Darum werde ich mit
dem größten Eifer in meiner Rede das Leben des Ungerechten loben;
und dadurch werde ich dir denn zugleich gezeigt haben, wie ich wie-
derum wünsche, dich die Ungerechtigkeit tadeln und die Gerechtig-
keit loben zu hören. Also sieh zu, ob dir recht ist, was ich sage. —
Vor allem andern ja! sprach ich, denn wovon sollte wohl je ein ver-
nünftiger Mensch lieber reden und hören? — Sehr schön gesprochen,
sagte er. Was ich also zuerst abhandeln zu wollen sagte, darüber hö- e
re mich, was sie nämlich meinen, daß die Gerechtigkeit sei und wo-
her entstanden.

Von Natur nämlich, sagen sie, sei das Unrechttun gut, das Un-
rechtleiden aber übel; das Unrechtleiden aber zeichne sich aus durch
größeres Übel als durch Gutes das Unrechttun. So daß, wenn sie
Unrecht einander getan und voneinander gelitten und beides geko-
stet haben, es denen, die nicht vermögend sind, das eine zu vermei- 359 a
den und nur das andere zu wählen, vorteilhaft erscheint, sich gegen-
seitig darüber zu einigen, weder Unrecht zu tun noch zu leiden. Und
daher haben sie denn angefangen, Gesetze und Verträge unterein-
ander einzurichten und das von dem Gesetz Auferlegte das Gesetz-
liche und Gerechte zu nennen. Und dies also sei die Entstehung so-
wohl als auch das Wesen der Gerechtigkeit, welche in der Mitte lie-
ge zwischen dem Vortrefflichsten, wenn einer Unrecht tun kann,
ohne Strafe zu leiden, und dem Übelsten, wenn man Unrecht leiden
muß, ohne sich rächen zu können. Das Gerechte aber, mitteninne lie-
gend zwischen diesen beiden, werde nicht als gut geliebt, sondern b
durch das Unvermögen, Unrecht zu tun, sei es zu Ehren gekommen.
Denn wer es nur ausführen könnte und der wahrhafte Mann wäre,
würde auch nicht mit *einem* den Vertrag eingehen, weder Unrecht
zu tun noch sich tun zu lassen; er wäre ja wohl wahnsinnig.

Die Natur der Gerechtigkeit also, o Sokrates, ist diese und keine
andere, und dies ist es, woraus sie entstanden ist, wie die Rede
geht.

*[3. Ausübung der Gerechtigkeit geschieht nur aus Unvermögen zum
Unrechttun: der Ring des Gyges]* Daß aber auch, die sich ihrer be-
fleißigen, nur aus Unvermögen des Unrechttuns und ungern sie aus-

üben, das würden wir am besten merken, wenn wir so etwas tun in
c Gedanken: Wir geben jedem von beiden Macht zu tun, was er nur
will, dem Gerechten und dem Ungerechten, und dann gehen wir ihnen
nach, um zu sehen, wohin die Begierde jeden von beiden führen
wird. Dann würden wir gewiß den Gerechten auf frischer Tat er-
tappen, daß er ganz nach demselben strebt wie der Ungerechte we-
gen des Mehrhabenwollens, nach welchem jedes Wesen als nach ei-
nem Gute zu trachten pflegt und nur durch das Gesetz und mit Ge-
walt abgelenkt wird zur Hochhaltung des Gleichen. Die Macht aber,
die ich meine, kann am ehesten eine solche sein, wenn ihnen dieselbe
d Kraft zuteil würde, die einst Gyges, der Ahnherr der Lydier, ge-
habt haben soll. Dieser nämlich soll ein Hirt gewesen sein, der bei
dem damaligen Beherrscher von Lydien diente. Als nun einst großes
Ungewitter gewesen und Erdbeben, sei die Erde gespalten und eine
Kluft entstanden in der Gegend, wo er hütete. Wie er nun dies mit
Verwunderung gesehen und hineingestiegen sei, habe er dort vieles
andere Wunderbare, von dem sie erzählen, und auch ein hohles,
ehernes, mit Fenstern versehenes Pferd gefunden, durch die er hin-
eingeschaut und darin einen Leichnam gesehen, dem Anschein nach
größer als nach menschlicher Weise. Dieser nun habe nichts anderes
e an sich gehabt als an der Hand einen goldenen Ring, welchen jener
ihm dann abgezogen habe und wieder herausgestiegen sei. Als nun
die Hirten ihre gewöhnliche Zusammenkunft gehalten, worin sie
dem König monatlich berichteten, was bei den Herden vorgegangen,
sei auch jener erschienen, den Ring am Finger. Wie er nun unter den
andern gesessen, habe es sich getroffen, daß er den Kasten des Rin-
ges nach der innern Seite der Hand zu umgedreht, und als dieses ge-
360 a schehen, sei er den Dabeisitzenden unsichtbar geworden, so daß sie
von ihm geredet als von einem Abwesenden; darüber habe er sich
gewundert, den Ring wieder angefaßt und den Kasten nach außen
gedreht, und sobald er ihn umgekehrt, sei er sichtbar gewesen. Wie
er das nun gemerkt, habe er den Ring versucht, ob er wirklich diese
Kraft habe, und es sei ihm immer so geschehen, daß, sobald er den
Kasten nach innen gedreht, er unsichtbar geworden, nach außen aber
sichtbar. Als er dessen innegeworden, habe er sogleich bewirkt, un-
ter die Boten des Königs aufgenommen zu werden, und so sei er ge-
b kommen, habe dessen Weib zum Ehebruch verleitet, dann mit ihr
dem Könige nachgestellt, ihn getötet und die Herrschaft an sich ge-
rissen. Wenn es nun zwei solche Ringe gäbe und den einen der Ge-
rechte anlegte, den andern aber der Ungerechte: so würde doch wohl
keiner, wie man ja denken müsse, so stahlhart sein, daß er bei der
Gerechtigkeit bliebe und es über sich gewänne, sich fremden Gutes
zu enthalten und es nicht anzurühren, obwohl es ihm freistände,
teils vom Markt ohne alle Besorgnis zu nehmen, was er nur wollte,
c teils in die Häuser zu gehen und beizuwohnen, wem er wollte, und
zu töten oder aus Banden zu befreien, wen er wollte, und so auch al-
les andere zu tun, recht wie ein Gott unter den Menschen. Wenn er
nun so handelte, so täte er nichts von dem andern Verschiedenes, son-
dern beide gingen denselben Weg. Und dies, müsse doch jedermann

gestehen, sei ein starker Beweis dafür, daß niemand mit gutem
Willen gerecht ist, sondern nur aus Not, weil es eben für keinen an
sich gut ist. Denn wo jeder nur glaube, daß er werde Unrecht tun
können, da tue er es auch. Denn jedermann glaubt, daß ihm für
sich die Ungerechtigkeit weit mehr nützt als die Gerechtigkeit, und d
glaubt auch recht, wie der sagt, der sich dieser Rede annimmt. Denn
wenn einer, dem eine solche Macht zufiele, gar kein Unrecht be-
gehen wollte noch fremdes Gut berühren: so würde er denen, die
es merkten, als der Allerelendeste vorkommen und als der Aller-
unverständigste; wie wohl sie einander betrügen und ihn einer vor
dem andern loben würden aus Furcht vor dem Unrechtleiden. So ist
nun dieses.

*[4. Gegenüberstellung des vollkommenen Ungerechten und des voll-
kommenen Gerechten]*

Das Urteil aber über die Lebensweise der beiden, von denen wir e
reden, werden wir imstande sein richtig zu fällen, wenn wir den Ge-
rechtesten und den Ungerechtesten recht gegeneinanderstellen; wenn
aber nicht, dann nicht. Wie macht sich nun diese Gegeneinanderstel-
lung? So: wir wollen nicht das Geringste abnehmen, weder dem Un-
gerechten von der Ungerechtigkeit noch dem Gerechten von der Ge-
rechtigkeit, sondern jeden von beiden in seinem Bestreben vollendet
setzen. Zuerst also, der Ungerechte soll es machen wie die recht tüch-
tigen Meister. Wie der rechte Schiffsmeister und Arzt wohl zu unter-
scheiden weiß, was unmöglich ist für seine Kunst und was möglich,
dieses also unternimmt und jenes läßt, und wenn er sich auch ein- 361 a
mal täuscht, doch imstande ist, es wiedergutzumachen: so muß auch
der Ungerechte, weil er seine Taten verständig unternimmt, mit sei-
nen Ungerechtigkeiten verborgen bleiben, wenn er uns recht tüchtig
ungerecht sein soll; wer sich aber fangen läßt, den muß man nur für
einen schlechten halten. Denn die höchste Ungerechtigkeit ist, daß
man gerecht scheine, ohne es zu sein. Dem vollkommen Ungerech-
ten müssen wir also auch die vollkommenste Ungerechtigkeit zuge-
stehen und ihm nichts davon abziehen, sondern ihm zugeben, daß er
sich nach den ungerechtesten Taten den größten Ruf der Gerechtig-
keit erworben habe, und wenn er auch einmal etwas versehen hat, b
daß er imstande sei, es wiedergutzumachen, indem er geschickt ist,
überzeugend zu reden, wenn irgend von seinen Verbrechen etwas ver-
lauten will, und wozu es der Gewalt bedarf, das mit Gewalt durch-
zusetzen durch Stärke und Tapferkeit und weil er sich Freunde und
Vermögen zu verschaffen gewußt hat. Nachdem wir nun diesen so
gesetzt, so laßt uns den Gerechten neben ihn stellen in unserer Rede,
den schlichten und biedern Mann nach Aischylos, der nicht gut schei-
nen will, sondern sein. Das Scheinen muß man ihm also nehmen.
Denn wenn er dafür gilt, gerecht zu sein: so werden ihm Ehren und
Gaben zufallen, weil er als ein solcher erscheint. Also wird es unge- c
wiß sein, ob er des Gerechten wegen oder der Gaben und Ehren we-
gen ein solcher ist. Er werde also von allem entblößt außer der Ge-
rechtigkeit und in einen ganz entgegengesetzten Zustand versetzt

als der vorige. Ohne irgend Unrecht zu tun, habe er nämlich den
größten Schein der Ungerechtigkeit, damit er uns ganz bewährt sei
in der Gerechtigkeit, indem er auch durch die üble Nachrede und al-
les, was daraus entsteht, nicht bewegt wird, sondern unverändert
d bleibe er uns bis zum Tode, indem er sein Leben lang für ungerecht
gehalten wird und doch gerecht ist, damit beide, an das Äußerste der
eine der Gerechtigkeit, der andere der Ungerechtigkeit gelangt, be-
urteilt werden können, welcher von ihnen der Glückseligere ist. —

*[5. Schluß: den Ungerechten erwartet ein weit besseres Leben als den
Gerechten]* Weh! sprach ich, lieber Glaukon, wie gründlich säuberst
du uns wie Statuen zur Beurteilung jeden der beiden Männer. — So
sehr ich nur immer kann, sprach er. Da sie nun so beschaffen sind,
wird es, denke ich, nichts Schweres mehr sein nachzuweisen, was für
ein Leben jeden von ihnen erwartet. Das muß also geschehen; und
e wenn es zu derb herauskommt, o Sokrates, so bedenke nur, daß ich es
nicht sage, sondern die, welche die Ungerechtigkeit vor der Gerech-
tigkeit loben. Sie sagen aber dies, daß der so gesinnte Gerechte ge-
fesselt, gegeißelt, gefoltert, geblendet an beiden Augen werden wird,
362 a und zuletzt, nachdem er alles mögliche Übel erduldet, wird er noch
aufgeknüpft werden und dann einsehen, daß man nicht gerecht sein,
sondern scheinen wollen muß. Des Aischylos Wort aber wäre weit
richtiger von dem Ungerechten gesagt worden. Denn der Ungerech-
te, werden sie sagen, da er ja einer Sache nachstrebt, in der Wahr-
heit ist, und nicht auf den Schein hinlebt, will in der Tat ungerecht
nicht scheinen, sondern sein,

‹Die tiefe Furche nutzend im Gemüt, woraus
b Ihm edle Frucht, Entschluß und Rat emporgedeiht›,

zuerst nämlich, daß er in seiner Stadt Gewalt ausübt, weil er für ge-
recht gilt, dann heiratet, woher er will, und verheiratet, an wen er
will, sich verbinden und Gemeinschaft haben kann, mit wem er Lust
hat, und überdies noch in allen Dingen gefördert wird, indem er Ge-
winn davon zieht, daß er das Unrechttun nicht scheut. Geht er also
irgend zum Kampf, sei es für sich oder in Sache der Allgemeinheit,
so wird er seine Feinde besiegen und den Vorteil über sie davontra-
gen; und weil er überall den Vorteil hat, wird er reich sein und sei-
c nen Freunden wohltun, seinen Feinden aber schaden und den Göt-
tern hinreichende Opfer und Gaben prachtvoll darbringen und wei-
hen, ja weit herrlicher als der Gerechte den Göttern dienen und auch
den Menschen, welchen er will, so daß ihm auch zukommt, weit
gottgefälliger zu sein, wie sich erwarten läßt, als der Gerechte. So sa-
gen sie, daß sowohl von seiten der Götter als der Menschen dem Un-
gerechten ein weit besseres Leben bereitet sei als dem Gerechten. —

[6. Überprüfung des für die Gerechtigkeit Vorgebrachten durch Adeimantos: das gewöhnliche Lob der Gerechtigkeit geht nicht auf sie selbst, sondern auf ihre Folgen]

d Nachdem Glaukon dieses gesagt, hatte ich im Sinne, etwas dar-
auf zu erwidern; sein Bruder Adeimantos aber nahm das Wort und

sagte: Du glaubst doch nicht, o Sokrates, daß befriedigend geredet worden ist über den Satz? — Wie denn? fragte ich. — Gerade das, sprach er, ist nicht gesagt worden, was vor allen Dingen gesagt werden mußte. — Also, sprach ich, nach dem Sprichwort, dem Manne doch helfe sein Bruder. Auch du daher, wenn dieser irgend nachbleibt, hilf ihm aus. Wiewohl auch, was dieser gesagt, schon hinreicht, mich zu besiegen und mir unmöglich zu machen, daß ich der Gerechtigkeit helfe. — Darauf sagte er: Das ist nun gar nichts ge- e
sagt; aber höre auch noch dieses. Wir müssen nämlich auch die entgegengesetzten Reden noch durchgehen, welche die Gerechtigkeit loben und die Ungerechtigkeit tadeln, damit das noch deutlicher werde, was mir Glaukon zu wollen scheint. Denn Väter sprechen zu Söhnen und ermahnen sie, und so auch alle, die irgend für andere zu sorgen haben, daß man gerecht sein müsse, nicht indem sie die Ge- 363 a
rechtigkeit selbst loben, sondern den daraus entstehenden guten Ruf, damit dem, der gerecht zu sein scheint, aus diesem Scheine obrigkeitliche Macht zuwachse und häusliche Verbindungen, und was sonst Glaukon eben vorerzählt hat, daß es dem Gerechten durch seinen guten Ruf werde. Und noch weiter reden diese immer nur von dem, was mit der Meinung anderer zusammenhängt. Denn sie werfen uns den Beifall der Götter mit hinein und haben unzähliges Gute vorzutragen, was die Götter den Frommen geben sollen, wie der ehrliche Hesiodos und Homeros sagen, jener, daß die Götter den Gerechten die Eichen bereiten ‹oben von Eicheln erfüllt, in der Mitte b
von Bienen, und zu der Schur gehn Schafe›, sagte er, ‹mit wolligem Vliese belastet›, und viel anderes Gutes, was damit zusammenhängt; Ähnliches auch der andere. ‹Gleich wie eines Königs›, sagt er,

‹der gut und die Götter verehrend,
Auch die Gerechtigkeit schätzt. Ihm trägt die dunkele Erde
Weizen und Gerste in Menge, und voll sind die Bäume des Obstes. c
Häufig gebärt auch das Vieh und das Meer gibt reichliche Fische.›

Musaios aber und sein Sohn verheißen den Gerechten noch herrlichere Dinge von den Göttern. Sie führen sie nämlich in ihrer Rede in die Unterwelt, lassen sie dort niedersitzen und bereiten ein Gastmahl der Frommen, wie sie sie nun die ganze Zeit bekränzt und vollauf trinkend zubringen lassen, meinend, der schönste Lohn für die d
Tugend sei ewiger Trunk. Andere aber ziehen den Lohn von den Göttern noch mehr in die Länge, indem sie sagen, daß Kindeskinder und ein ganzes folgendes Geschlecht nachbleibe von dem Gerechten und Treuen. Deswegen nun und wegen anderer solcher Dinge preisen sie die Gerechtigkeit; die Gottlosen aber und Ungerechten verscharren sie irgendwo im Kot in der Unterwelt und zwingen sie, Wasser in Sieben zu tragen, ja auch noch lebend bringen sie sie in üblen Ruf und dieselben Qualen, welche Glaukon von den für un- e
gerecht gehaltenen Gerechten anführte, eben diese erzählen sie von den Ungerechten, anderes aber wissen sie nicht. Dies ist das Lob und der Tadel von beiden Seiten.

[7. Nach den Dichtern sind auch die Götter den Ungerechten geneigt und lassen sich durch äußere Mittel bestimmen] Außerdem aber, Sokrates, erwäge noch eine andere Art von Reden über die Gerechtigkeit und Ungerechtigkeit, welche von gewöhnlichen Menschen und auch von den Dichtern vorgebracht werden. Alle nämlich singen aus
364 a einem Munde, wie schön zwar Besonnenheit und Gerechtigkeit sei, jedoch schwer und mühselig, Ungebundenheit aber und Ungerechtigkeit süß zwar und leicht zu haben, aber, wiewohl freilich nur der Meinung und dem Gesetze nach, schändlich. Nützlicher als das Gerechte sei meistens das Ungerechte, sagen sie; und Böse, die reich oder sonst vielvermögend sind, glücklich zu preisen und zu ehren wird ihnen gar leicht, sowohl öffentlich als sonst, wie sie denn auch solche gern geringschätzen und übersehen, die etwa unangesehen
b und arm sind, wiewohl gestehend, daß sie besser sind als die andern. Am wunderbarsten aber sind von allen diesen die Reden von den Göttern und der Tugend, daß die Götter nämlich auch vielen Guten Unglück und ein schlechtes Leben zugeteilt haben, den Entgegengesetzten aber ein entgegengesetztes Los. Und Gaukler und Wahrsager kommen vor die Türen der Reichen und überreden sie, ihnen sei von den Göttern die Kraft verliehen, durch Opfer und Be-
c sprechungen, wenn sie selbst oder ihre Voreltern etwa eine Verschuldung auf sich hätten, sie zu heilen mitten unter Freuden und Festen; und wenn einer einem Feinde etwas antun wollte, könnten sie für geringe Kosten dem Gerechten so gut als dem Ungerechten Schaden zufügen durch zauberische Anlockungen und Bannflüche, indem sie die Götter überredeten, ihnen zu dienen. Und für alle diese Reden rufen sie die Dichter zu Zeugen, wie sie bald die Schlechtigkeit leicht machen,

‹Weil du das Böse vermagst auch scharweis dir zu gewinnen
d Ohne Bemühen, denn kurz ist der Weg und nahe dir wohnt es.
Doch vor Trefflichkeit setzten den Schweiß die unsterblichen Götter›

und einen langen und steilen Weg hinauf. Andere aber berufen sich darüber, daß die Götter sich von Menschen ablenken lassen, auf den Homeros, weil auch er gesagt hat,

‹denn lenksam sind selber die Götter.
Diese vermag durch Räuchern und demutsvolle Gelübde,
e Durch Weinguß und Gedüft der Sterbliche umzulenken,
Flehend, nachdem sich einer versündiget oder gefehlet.›

Und scharenweise haben sie vom Musaios und Orpheus, den Sprößlingen der Selene und der Musen, wie sie sagen, Bücher bei der Hand, nach denen sie ihre Gebräuche verrichten und nicht nur einzelne Menschen, sondern ganze Städte überreden, daß es Lösungen und Reinigungen von Verbrechen durch Opfer und ergötzliche Spie-
365 a le gebe, und zwar für Lebende nicht nur, sondern auch noch für Verstorbene, welche sie Sühnungen heißen und welche uns von den dortigen Übeln befreien; wer aber nicht opfere, den erwarte Schreckliches.

[8. Folgerungen für die Lebensführung] Alles dieses, lieber Sokra-
tes, sagte er, was in dieser Art so vielfältig gesagt wird von der Tu-
gend und dem Laster, wie Götter und Menschen beides belohnen,
was meinst du wohl, daß es in den Seelen der zuhörenden Jünglinge
bewirkt, die nämlich tüchtiger Art sind und fähig, über allem Gesag-
ten gleichsam hinschwebend, daraus zusammenzufolgern, wie wohl
einer sein und wie wandeln müsse, um sein Leben aufs beste zu b
durchwandeln? Nämlich nach aller Wahrscheinlichkeit wird er zu
sich jenes Pindarische sagen: ‹Ob ich durch das Recht die höhere Fe-
ste oder durch schlängelnden Betrug ersteigend› und so mich be-
schützend lebe? Denn was mir verheißen wird, wenn ich gerecht bin,
falls ich es zugleich nicht scheine, das, sagen sie, sei gar nichts nutz,
sondern offenbare Pein und Verlust, bin ich aber ungerecht und weiß
mir nur den Schein der Gerechtigkeit zu verschaffen, so wird mir ein
göttliches Leben verheißen. Wenn also ‹das Scheinen›, wie auch die c
Weisen bekunden, ‹die Wahrheit selbst bewältigt› und das ist, wovon
die Glückseligkeit abhängt: so muß ich mich denn ganz zu diesem
wenden. Als Vorhof also und Außenseite muß ich rings um mich her
einen Abriß der Tugend beschreiben, aber des allerweisesten Archi-
lochos gewinnkundigen und verschlagenen Fuchs muß ich hinter-
herziehen. Aber, wird einer sagen, es ist nicht leicht, immer verbor-
gen zu bleiben, wenn man böse ist. Aber auch nichts anderes ist
leicht, wollen wir antworten, was groß ist; also dem ungeachtet, wenn d
wir glückselig sein wollen, müssen wir dieses Weges gehen, wie die
Spuren der Reden uns führen. Denn um verborgen zu bleiben, wol-
len wir Verschwörungen und Parteien stiften; es gibt auch Lehrer
der Überredung, welche Geschick in den Volksversammlungen und
vor den Gerichten beibringen, und dadurch wollen wir teils in Güte,
teils mit Gewalt bewirken, wenn wir auch übervorteilen, keine Stra-
fe geben zu müssen. ‹Aber die Götter kann man doch weder hinter-
gehen noch bezwingen.› Also wenn es etwa keine gibt oder sie sich
um menschliche Dinge nicht kümmern: so brauchen auch wir uns
nicht darum zu bekümmern, wie wir ihnen verborgen bleiben. Gibt
es aber Götter und führen sie Aufsicht: so kennen wir sie doch nir- e
gend anders her, noch haben von ihnen gehört als durch die Sage und
durch die ihre Verwandtschaften beschreibenden Dichter. Diese sel-
bigen aber sagen auch, daß sie empfänglich sind, durch Räuchern
und demutsvolle Gelübde und Weihgeschenke überredet zu werden
und umgelenkt. Denen nun müssen wir entweder beides oder keines
von beiden glauben. Ist ihnen zu glauben: so laß uns Unrecht tun
und dann von der Frucht unserer Ungerechtigkeiten opfern. Denn
gerecht seiend werden wir immer nur ohne Strafe sein von den Göt- 366 a
tern, aber den Gewinn aus dem Unrecht stoßen wir von uns; unge-
recht aber ziehen wir den Gewinn und werden doch durch Flehen,
auch wenn wir übertreten und gesündigt haben, sie überreden und
ungestraft davonkommen. ‹Aber in der Unterwelt werden wir für
das hier begangene Unrecht entweder selbst Strafe leiden müssen
oder die Kinder unserer Kinder.› Allein, o Bester, wird einer sagen,
der seine Rechnung macht, die Sühnungen vermögen auch wieder

b viel und die lösenden Götter, wie ja die größten Städte behaupten,
und die Göttersöhne, welche Dichter und Propheten der Götter ge-
wesen, welche uns kundmachen, daß es sich so verhalte.

*[9. Schluß: Nach diesen Reden ist die Gerechtigkeit nicht vorzuzie-
hen. Aufforderung an S., die Gerechtigkeit selbst nach dem ihr ei-
gentümlichen Vermögen darzustellen]* Nach welcher Voraussetzung
also sollten wir wohl noch die Gerechtigkeit der größten Ungerech-
tigkeit vorziehen, durch welche wir ja, wenn wir sie nur mit einer
unechten Sittsamkeit zu verbinden wissen, bei Göttern und Men-
schen alles nach unserm Sinne ausrichten werden im Leben und im
Tode, wie ja der meisten und zuverlässigsten Rede lautet? Nach al-
c lem jetzt Vorgetragenen also, wie wäre es wohl möglich, o Sokrates,
daß einer die Gerechtigkeit sollte ehren wollen, der nur irgend etwas
vermag durch Geistesgaben oder Vermögen oder Leibesstärke oder
Abkunft, und nicht vielmehr lachen, wenn er sie rühmen hört! Da-
her gewiß, wenn einer nun nachweisen kann, daß, was wir gesagt
haben, falsch ist, und er vollkommen einsieht, die Gerechtigkeit sei
das Beste, der hat viel Nachsicht mit den Ungerechten und zürnt ih-
nen nicht, sondern weiß, daß, wenn nicht etwa einer, weil er vermö-
ge einer göttlichen Natur das Unrechttun verschmäht, oder auch weil
er zu vollkommener Wissenschaft gelangt ist, sich dessen enthält,
d sonst von den übrigen keiner mit seinem guten Willen gerecht ist,
sondern nur aus Unmännlichkeit oder Alters wegen oder aus irgend-
einer andern Schwäche das Unrechttun tadelt, weil er unvermögend
dazu ist. Wieso, das ist offenbar. Denn der erste von diesen, der zu
Kräften kommt, ist auch der erste, der Unrecht tut, soviel er nur ir-
gend vermag. Und an diesem allen ist nichts anderes schuld als eben
jenes, wovon diesem sowohl als mir die ganze Rede an dich ausge-
gangen ist, o Sokrates, daß von euch allen, du Wunderbarer, die ihr
e Lobredner der Gerechtigkeit zu sein vorgebt, von den uranfänglichen
Heroen an, von denen nur irgend noch die Rede geht, bis auf die
heutigen Menschen, noch nie einer die Ungerechtigkeit getadelt oder
die Gerechtigkeit anders gelobt hat, als immer nur um den Ruhm,
die Ehren, die Gaben, die ihnen daraus entspringen; jede von beiden
aber an sich nach der eigentümlichen Kraft, mit der sie der Seele ein-
wohnt, auch wenn sie Göttern und Menschen entgeht, hat noch nie
einer weder in Dichtung noch in ungebundener Rede hinreichend
dargestellt, die eine als das größte Übel, welches die Seele nur in sich
selbst haben kann, und die Gerechtigkeit als das größte Gut. Denn
367 a wenn ihr insgesamt von Anfang an so gesprochen und uns von Ju-
gend auf so überredet hättet: so müßten wir nicht einer den andern
hüten, kein Unrecht zu tun; sondern jeder würde sein eigener bester
Hüter sein, aus Furcht, wenn er unrecht handelte, mit dem ärgsten
Übel behaftet zu sein.

Dieses nun, o Sokrates, und auch wohl noch mehr als dieses, konn-
ten leicht Thrasymachos und auch wohl andere für die Gerechtigkeit
und Ungerechtigkeit sagen, wobei sie das Wesen beider auf eine ge-
meine Art verdrehen, wie mich wenigstens dünkt. Ich aber, denn ich

gedenke dir nichts zu verbergen, habe nur aus Verlangen, von dir b
das Gegenteil zu hören, mit allem Eifer, der mir nur möglich gewe-
sen, geredet. Zeige uns also in deiner Rede nicht nur, daß Gerechtig-
keit besser ist als Ungerechtigkeit; sondern als wozu machend den,
der sie hat, jede von beiden an und für sich selbst die eine ein Übel ist
und die andere ein Gut. Alles aber, was sich auf den Ruf bezieht, lasse
nur weg, worauf auch Glaukon schon gedrungen hat; denn wenn du
nicht von beiden Seiten den richtigen Schein hinwegnimmst und den
falschen an die Stelle setzt: so werden wir sagen, du lobst nicht die
Gerechtigkeit, sondern den Schein davon, und tadelst nicht das Unge-
rechtsein, sondern das Scheinen, und wollest nur ermahnen, unbe- c
merkt ungerecht zu sein, seiest also mit dem Thrasymachos einig,
daß das Gerechte ein fremdes Gut ist, nämlich das dem Stärkeren Zu-
trägliche, das Ungerechte aber diesem selbst zuträglich und vorteil-
haft ist und nur dem Schwächeren unzuträglich. Da du nun aber be-
hauptet hast, die Gerechtigkeit gehöre unter die größten Güter, wel-
che sowohl ihrer Folgen wegen wert sind, besessen zu werden, als
auch um ihrer selbst willen, wie das Sehen, Hören, Bewußtsein und d
Gesundsein, und was für andere Güter sonst noch durch ihre eigene
Natur wirksam sind und nicht durch die Meinung: so lobe uns also
eben dieses an der Gerechtigkeit, was sie an und für sich dem, der sie
hat, hilft und was die Ungerechtigkeit schadet; Lohn aber und Ruf
überlaß andern zu loben. Denn von andern könnte ich es noch eher
aushalten, wenn sie die Gerechtigkeit so loben und die Ungerechtig-
keit tadeln, daß sie immer nur den Ruf derselben und den Lohn ver-
herrlichen und verunglimpfen; von dir aber nicht, wenn du es nicht
ausdrücklich verlangst, weil du dein ganzes Leben lang an nichts an-
deres gedacht hast als eben hieran. Zeige uns also in deiner Rede nicht e
nur, daß Gerechtigkeit besser ist als Ungerechtigkeit, sondern wozu
den, der sie hat, machend jede an und für sich, mag sie nun Göttern
und Menschen verborgen bleiben oder nicht, die eine gut ist und die
andere schlecht.

[10. Vorschlag des S., die Gerechtigkeit zunächst am Staat als am größeren Objekt zu betrachten]

Nachdem ich nun dieses gehört, wie ich denn schon immer auf des
Glaukon und Adeimantos Natur sehr viel gehalten, war ich auch da-
mals besonders sehr erfreut und sagte: Nicht unrecht hat auf euch, 368 a
ihr Söhne jenes Mannes, der Liebhaber des Glaukon den Anfang sei-
ner Elegien gedichtet, nachdem ihr euch in dem Megarischen Gefecht
so ausgezeichnet, wenn er sagt: ‹Göttlich Geschlecht, ihr Söhne des
herrlichen Mannes Ariston.› Dies, ihr Lieben, scheint mir ganz rich-
tig, denn etwas gar Göttliches muß euch begegnet sein, wenn ihr
nicht überzeugt seid, daß die Ungerechtigkeit besser ist als die Ge-
rechtigkeit, da ihr doch so habt dafür reden können. Und ich glau-
be, daß ihr in Wahrheit nicht davon überzeugt seid; ich schließe es b
aber aus eurer ganzen übrigen Weise; denn freilich, nach den Reden
allein würde ich es euch nicht glauben. Je mehr ich es euch aber glau-
be, um desto mehr bin ich ratlos, was ich machen soll. Denn ich weiß

weder, wie ich helfen soll — ich scheine es mir nämlich nicht zu können, und der Beweis davon ist: was ich zum Thrasymachos sagte, wodurch ich glaubte zu beweisen, daß die Gerechtigkeit besser sei als die Ungerechtigkeit, dieses habt ihr mir nicht gelten lassen —; noch auch weiß ich wieder, wie ich nicht helfen soll. Denn ich fürchte, es möchte doch frevelhaft sein, zugegen sein, wo die Gerechtig-
c keit geschmäht wird, und sich von ihr lossagen, ohne ihr zu helfen, solange man noch Atem hat und einen Laut von sich geben kann. Das beste wird also sein, daß ich ihr, so gut ich eben kann, Beistand leiste. — Glaukon nun und die andern baten mich, auf alle Weise ihr zu helfen und die Rede nicht loszulassen, sondern auszuforschen, was jedes von beiden sei und wie es sich mit ihrem Nutzen nach der Wahrheit verhalte. Ich sagte also, ganz wie ich dachte, daß die Untersuchung, die wir unternehmen, nichts Geringes wäre, sondern ein
d sehr Scharfsichtiger dazu gehöre, wie mir schiene. Da wir nun dazu nicht tüchtig genug sind, dünkt es mich gut, sprach ich, die Untersuchung darüber so anzustellen, wie wenn uns jemand befohlen hätte, sehr kleine Buchstaben von weitem zu lesen, obwohl wir nicht eben sehr scharf sehen, und wenn dann einer gewahr würde, daß dieselben Buchstaben auch anderwärts größer und an Größerem zu schauen wären, das würde uns offenbar, denke ich, ein großer Fund sein, nachdem wir diese zuerst gelesen, dann erst die kleineren zu betrachten, ob sie wirklich dieselben sind. — Allerdings wohl, sagte Adeimantos. Aber was siehst du Ähnliches, o Sokrates, bei der Un-
e tersuchung über das Gerechte? — Das will ich dir sagen, sprach ich. Gerechtigkeit, sagen wir doch, findet sich an einem einzelnen Manne, findet sich aber auch an einer ganzen Stadt. — Freilich, sagte er. — Und größer ist doch die Stadt als der einzelne Mann? — Größer, sagte er. — Vielleicht also ist wohl mehr Gerechtigkeit in dem Größeren und leichter zu erkennen. Wenn ihr also wollt, so untersuchen wir
369 a zuerst an den Staaten, was sie wohl ist, und dann wollen wir sie so auch an den einzelnen betrachten, indem wir an der Gestalt des Kleineren die Ähnlichkeit mit dem Größeren aufsuchen. — Das dünkt mich sehr richtig gesagt, sprach er. — Und nicht wahr, sagte ich, wenn wir in Gedanken eine Stadt entstehen sehen, so würden wir dann auch ihre Gerechtigkeit und Ungerechtigkeit mit entstehen sehen? — Vielleicht wohl, sagte er. — Und wenn dies geschehen ist, dürfen wir wohl erwarten, das bequemer zu sehen, was wir suchen?
b — Bei weitem. — Dünkt euch nun, daß wir versuchen müssen, dies durchzuführen? Denn ich glaube freilich, es wird kein kleines Geschäft sein. Erwägt also. — Es ist schon erwogen, sprach Adeimantos. Tue nur ja nicht anders.

[11. Entstehung der Stadt aus dem Bedürfnis. Die notwendigsten Berufe zu seiner Befriedigung]

Es entsteht also, sprach ich, eine Stadt, wie ich glaube, weil jeder einzelne von uns sich selbst nicht genügt, sondern vieler bedarf. Oder glaubst du, daß von einem andern Anfang aus eine Stadt gegründet wird? — Von keinem andern, sagte er. — Auf diese Weise

also, wenn einer den andern, den zu diesem und den wieder zu je- c
nem Bedürfnis, hinzunimmt und sie so, vieler bedürftig, auch viele Genossen und Gehilfen an einem Wohnplatz versammeln, ein solches Zusammenwohnen nennen wir eine Stadt. Nicht wahr? — Allerdings. — Einer aber teilt dem andern mit, wenn er ihm etwas mitteilt, oder empfängt in der Meinung, daß dies für ihn selbst besser sei. — Freilich. — Wohlan, sprach ich, laß uns also in Gedanken eine Stadt von Anfang an gründen. Es gründet sie aber, wie sich zeigte, unser Bedürfnis. — Was wohl sonst! — Aber das erste und größte aller Be- d
dürfnisse ist die Herbeischaffung der Nahrung des Bestehens und Lebens wegen. — Auf alle Weise. — Das zweite aber die Wohnung; das dritte Bekleidung und dergleichen. — So ist es. — Wohlan denn, sprach ich, wie wird die Stadt uns genügen für alle diese Erfordernisse? Nicht wahr, der Ackersmann ist *einer*, einer der Baumeister, ein anderer der Weber? Oder wollen wir gleich auch den Schuhmacher hinzufügen oder sonst einen von denen, die für den Leib arbeiten? — Freilich wohl. — So bestände also die notdürftigste Stadt aus vier oder fünf Männern. — So scheint es. — Wie nun? Soll jeder e
von diesen sein eigenes Werk allen gemeinsam darbieten; wie zum Beispiel der Ackersmann als *einer* Nahrung für viere herbeischaffen und vierfache Zeit und Mühe wenden auf die Hervorbringung des Getreides und es dann den andern mitteilen oder, um diese sich nichts kümmernd, nur für sich allein den vierten Teil dieses Getreides ziehen in dem vierten Teil der Zeit, von den übrigen dreien aber einen 370 a
auf den Bau des Hauses verwenden, einen andern, um sich Kleidung, noch einen, um sich Schuhe zu machen, und nicht durch Verkehr mit andern sich Weitläufigkeit machen, sondern allein für sich selbst das Seinige alles verrichten? — Und Adeimantos sagte: Vielleicht, o Sokrates, ist wohl das erste leichter als das andere. — Das ist auch, sprach ich, beim Zeus, nichts Wunderbares; denn ich bemerke schon selbst, indem du es sagst, daß zuerst jeder einzelne dem andern nicht sehr ähnlich geartet ist, sondern von Natur verschieden und jeder zu b
einem andern Geschäft geeignet. Oder meinst du nicht? — Ich auch. — Und wie? Wird jemand wohl etwas besser verrichten, wenn er als einer vielerlei Künste ausübt, oder wenn einer nur eine? — Wenn einer nur eine, sagte er. — Aber ich denke, auch das ist deutlich, daß, wenn einer die rechte Zeit für eine Sache vorübergehen läßt, sie ihm zugrunde geht. — Deutlich freilich. — Denn ich denke, was zu verrichten ist, pflegt nicht auf die Muße dessen, der es tun soll, zu warten; vielmehr muß dieser dem, was getan werden soll, ordentlich nachgehen und nicht nur beiläufig. — Notwendig. — Hiernach also c
wird alles reichlicher zustande kommen und schöner und leichter, wenn einer *eines* seiner Natur gemäß und zur rechten Zeit, mit allem andern unbefaßt, verrichtet. — Auf alle Weise freilich. — Wir brauchen also, o Adeimantos, viel mehr Bürger als vier zu den Erfordernissen, die wir anführten. Denn der Ackersmann, wie es scheint, wird sich nicht selbst den Pflug machen können, wenn er recht gut sein soll, noch auch die Hacke und die andern zum Ackerbau gehörigen Werkzeuge. Ebensowenig der Baumeister, und auch d

dieser bedarf vielerlei. Desgleichen der Weber und der Schuhmacher.
Oder nicht? — Richtig. — Wenn nun also auch Holzarbeiter und
Schmiede und viele solche Handwerker Genossen unseres Städtchens
werden: so werden sie es schon bedeutend machen. — Allerdings. —
Aber es wird immer noch nicht sehr groß sein, wenn wir auch noch
Rinderhirten, Schäfer und die andern, die mit dem Vieh zu tun ha-
e ben, hinzufügen, damit doch die Ackersleute zum Pflügen Ochsen
haben und die Baumeister zum Anfahren sich mit den Ackersleuten
zusammen des Zugviehs bedienen können und die Weber und
Schuhmacher Häute und Wolle haben. — Auch klein, sprach er, ist
die Stadt nicht mehr, wenn sie dies alles hat. — Aber, sprach ich, die
Stadt an einem solchen Orte anzulegen, wo sie gar keiner Zufuhr
von auswärts bedürfte, möchte fast unmöglich sein. — Unmöglich
freilich. — Also wird sie auch noch anderer bedürfen, die ihr aus an-
deren Städten zuführen, wessen sie bedarf. — Das wird sie. — Je-
doch wenn der Diener leer hinkommt, nichts mitbringend, was jene
371 a bedürfen, von denen geholt werden soll, was sie selbst brauchen; so
wird er auch leer wieder abziehen. Nicht wahr? — Das dünkt mich. —
Also müssen sie zu Hause nicht nur für sich selbst genug schaffen,
sondern auch was und wieviel sie jenen bringen müssen, welche ih-
nen mitteilen sollen, wessen sie bedürfen. — Das müssen sie. —
Mehrere Ackersleute also und andere Handwerker brauchen wir in
unserer Stadt. — Mehrere freilich. — Und auch wohl die anderen Die-
ner, welche alles einführen und ausführen. Dies sind aber die Han-
delsleute. Nicht wahr? — Ja. — Also auch Handelsleute brauchen wir?
— Freilich. — Und wenn der Handel zur See geführt wird, werden wir
b noch gar mancher andern bedürfen, die dessen kundig sind, was
zum Seewesen gehört. — Gar mancher gewiß. —

*[12. Notwendigkeit der Krämer und Tagelöhner. Das Leben in die-
ser Stadt]* Wie aber nun in der Stadt selbst? Wie sollen sie einander
mitteilen, was jeder gefertigt hat, weshalb sie doch eigentlich die Ge-
meinschaft eingegangen sind und die Stadt gegründet haben? — Of-
fenbar, antwortete er, durch Kauf und Verkauf. — Hieraus wird uns
also ein Markt und die Münze als bestimmtes Zeichen zum Behuf des
c Tausches entstehen. — Allerdings. — Wenn nun der Landmann, der
etwas von seinen Erzeugnissen zu Markte bringt, oder auch ein an-
derer Arbeiter, nicht zur selben Zeit da ist wie die, welche seine Ware
einzutauschen begehren: so wird er, seine eigentliche Arbeit ver-
nachlässigend, auf dem Markte sitzen. — Ganz und gar nicht, sagte
er, sondern es finden sich schon welche, die dies sehend sich selbst
zu diesem Dienste bestimmen, welches in wohleingerichteten Städten
fast immer die körperlich Schwächsten sind, die nicht taugen, irgend-
ein anderes Geschäft zu verrichten. Diese müssen das auf dem Markt
d abwarten und das eine für Geld eintauschen von denen, die etwas
verkaufen wollen, den andern aber wieder gegen Geld vertauschen,
die etwas zu kaufen nötig haben. — Dieses Bedürfnis nun, sagte ich,
erzeugt uns die Krämer in der Stadt. Oder nennen wir die nicht Krä-
mer, die des Kaufs und Verkaufs wegen dienstleistend auf dem

Markt sich niederlassen, die aber in die Städte umherreisen, Handelsleute? — Allerdings. — Es gibt aber auch noch, wie ich glaube, e
andere Dienstleistende, die von seiten des Verstandes wohl nicht sehr in die Gemeinschaft gezogen zu werden verdienen, aber hinreichende körperliche Stärke haben zu allerlei schweren Arbeiten, welche denn den Gebrauch ihrer Kräfte verkaufen und den Preis derselben Lohn nennen, selbst aber, wie ich denke, Tagelöhner genannt werden. Nicht wahr? — Allerdings. — Ein ergänzender Teil der Stadt sind also, wie sich zeigt, auch die Tagelöhner. — Das scheint wohl. — Ist uns nun wohl, o Adeimantos, die Stadt schon so weit herangewachsen, daß sie vollständig ist? — Vielleicht. — Wo ist nun aber wohl in ihr die Gerechtigkeit und die Ungerechtigkeit? Und mit welchem von denen, die wir betrachtet haben, zugleich entstanden? —
Das sehe ich eben nicht, sagte er, o Sokrates, wenn nicht etwa irgend 372 a
in einem gegenseitigen Verkehr eben dieser untereinander. — Vielleicht, sprach ich, hast du daran ganz recht, wir müssen wenigstens zusehen und es nicht aufgeben. Zuerst nun laß uns erwägen, auf welche Weise wohl die so Ausgerüsteten leben werden. Nicht wahr, sie werden Getreide und Wein ziehen, Kleider und Schuhe machen und Häuser bauen, dabei im Sommer zwar oft unbeschuht und ziemlich entblößt arbeiten, im Winter aber hinlänglich bekleidet und be- b
schuht. Und nähren werden sie sich, indem sie aus der Gerste Graupen bereiten und aus dem Weizen Mehl und dies kneten und backen und so die schönsten Kuchen und Brot auf Rohr und reinen Baumblättern vorlegen und selbst mit ihren Kindern schmausen, auf Streu von Taxus und Myrten gelagert, Wein dazu trinkend und bekränzt den Göttern lobsingend, und werden sehr vergnüglich einander beiwohnen, ohne über ihr Vermögen hinaus Kinder zu erzeugen aus c
Furcht vor Armut oder Krieg. —

[13. Aufschwemmung der Stadt zu einer üppigen] Hierbei unterbrach mich Glaukon und sagte: Also ohne Zukost, scheint es, läßt du die Männer bewirten? — Richtig erinnert! sprach ich. Ich vergaß, daß sie auch Zukost haben werden, Salz ja gewiß und Oliven und Käse und Zwiebeln und Kohl, und was vom Felde eingekocht werden kann, werden sie sich einkochen. Auch Nachtisch wollen wir ihnen aufsetzen von Feigen, Erbsen und Bohnen, und Myrtenbeeren und Kastanien werden sie sich in der Asche rösten und mäßig dazu d
trinken. So werden sie ihr Leben friedlich und gesund hinbringen und aller Wahrscheinlichkeit nach wohlbetagt sterben, ihren Nachkommen ein ebensolches Leben hinterlassend. — Darauf sagte er: Und wenn du eine Stadt von Schweinen angelegt hättest, o Sokrates, könntest du sie wohl anders als so abfuttern? — Aber was soll ich denn, o Glaukon? sprach ich. — Was Gebrauch ist, antwortete er. Daß, denke ich, die nicht ganz jämmerlich leben sollen, doch auf Polstern liegen werden und von Tischen speisen und Zukost und Nach- e
tisch haben, wie man sie jetzt hat. — Wohl! sprach ich, ich verstehe. Es scheint, wir wollen nicht nur sehen, wie eine Stadt entsteht, sondern auch, wie eine üppige Stadt. Vielleicht ist das auch gar nicht un-

recht; denn auch, wenn wir eine solche betrachten, können wir wohl
Gerechtigkeit und Ungerechtigkeit erblicken, wie sie sich in den Staa-
ten bilden. Die rechte Stadt nun scheint mir die zu sein, die wir eben
beschrieben haben, gleichsam eine gesunde. Wenn ihr aber wollt,
daß wir auch eine aufgeschwemmte Stadt betrachten wollen: so ist
373 a nichts dagegen. Denn dieses wird wohl einigen, wie es scheint, nicht
Genüge leisten, auch nicht die Lebensart selbst; sondern es sollen
Polster da sein und Tische und anderes Hausgerät, und Zukost und
Salben und Räucherwerk und Freudenmädchen und Backwerk, dies
alles aufs mannigfaltigste. Ja auch, was wir vorher aufstellten, gilt
nun nicht mehr, nämlich das Notwendige einzurichten, Häuser, Klei-
der und Schuhe; sondern man muß die Malerei in Bewegung set-
zen und die bunte Weberei, und Gold und Elfenbein und alles der-
b gleichen muß angeschafft werden. Nicht wahr? — Ja, sagte er. — Also
müssen wir die Stadt wiederum größer machen? Denn jene gesunde
ist nicht mehr hinreichend, sondern sie muß sich nun anfüllen mit
einem Haufen Volks, das nicht mehr des Notwendigen wegen in der
Stadt ist, wie zum Beispiel alle Jäger und Schaukünstler, viele, die es
mit Gestalten und Farben zu tun haben, viele auch mit der Ton-
kunst, Dichter und deren Diener, Rhapsoden, Schauspieler, Tänzer,
Unternehmer und Handwerker zu allerlei Gerätschaften, unter an-
c derm auch für den weiblichen Putz. Ja, auch mehr Diener werden wir
bedürfen. Oder meinst du nicht, daß wir auch Kinderwärter nötig
haben werden und Wärterinnen, Kammermädchen und Putzmache-
rinnen, Bartscherer und dann wieder Bäcker und Köche? Auch
Schweinehirten werden wir noch brauchen. Denn dies Tier hatten
wir nicht in unserer ersten Stadt, denn es war uns zu nichts nutz; in
dieser aber werden wir auch das nötig haben, und vom andern zah-
men Vieh werden wir auch sehr viel brauchen, was einer nur essen
d kann. Nicht wahr? — Wie sollten wir nicht? — Und auch Ärzte wer-
den wir gewiß nun weit häufiger nötig haben bei dieser Lebensweise
als bei der vorigen? — Bei weitem. —

*[14. Ursprung des Krieges und Notwendigkeit eines besonderen Hee-
res]* Und auch der Grund und Boden, welcher damals hinreichte, die
Damaligen zu ernähren, wird nun zu klein sein und nicht mehr groß
genug. Oder wie sollen wir sagen? — So, sprach er. — Also werden
wir von den Nachbarn Land abschneiden müssen, wenn wir genug
haben wollen zur Viehweide und zum Ackerbau, und sie auch wieder
von unserm, wenn sie sich auch gehenlassen und die Grenzen des
Notwendigen überschreitend nach ungemessenem Besitz streben. —
e Ganz unumgänglich, o Sokrates, sagte er. — Von nun an werden wir
also Krieg zu führen haben, o Glaukon? Oder wie wird es gehen? —
Allerdings so, sagte er. — Und laß noch gar nicht die Rede davon
sein, sprach ich, ob der Krieg Übles oder Gutes bewirkt, sondern nur
soviel, daß wir den Ursprung des Krieges gefunden haben in dem-
jenigen, woraus vorzüglich den Staaten sowohl insgesamt als auch
den einzelnen darin viel Übles entsteht, wenn es vorhanden ist. —
Allerdings. — Noch größer also, mein Lieber, muß nun unsere Stadt

werden, und zwar nicht um eine Kleinigkeit, sondern um ein ganzes Heer, welches auszieht und für das gesamte Vermögen und alles, 374 a
was wir eben erwähnten, mit den Angreifenden sich schlägt. — Wie doch? sprach er, können sie denn das nicht selbst? — Nein, sprach ich, wenn nämlich du und wir alle insgesamt vorher richtig behauptet haben, als wir zuerst unsere Stadt anlegten. Wir behaupteten nämlich, wenn du dich erinnerst, es sei unmöglich, daß einer viele Künste zugleich gut ausüben könne. — Du hast recht, sagte er. — Wie also? sagte ich. Scheint dir der kriegerische Kampf kein kunstmäßiger zu b
sein? — Gar sehr, sagte er. — Sollte man also wohl für die Schuhmacherei mehr Sorge tragen als für das Kriegswesen? — Keineswegs. — Aber den Schuhmacher hielten wir doch zurück, daß er nicht versuchen sollte, zugleich Landmann zu sein oder Weber oder Baumeister, sondern nur Schuster, damit uns sein Werk gut geriete. Und so auch jedem von den andern wiesen wir nur eines zu, wozu jeder sich von Natur am meisten schickte und womit er nun, von allem andern Ruhe habend und ohne daß er günstige Zeiten vorbeizulassen c
brauchte, sich sein ganzes Leben beschäftigen sollte, um es recht schön auszuführen. Was aber zum Kriege gehört, ist daran nicht vorzüglich viel gelegen, daß es schön ausgeführt werde? Oder ist es so leicht, daß auch einer von den Ackersleuten zugleich ein Kriegsmann sein kann, oder von den Schustern oder mit irgendeiner andern Kunst Beschäftigten, obwohl doch auch im Brettspiel und Würfelspiel nicht leicht einer es zu etwas bringt, der sich nicht von Kindheit an damit beschäftigt, sondern es nur beiläufig getrieben hat? Und einen Schild oder irgendein anderes von den kriegerischen d
Werkzeugen und Waffen braucht einer wohl nur in die Hand zu nehmen, um dann schon selbigen Tages im Gefecht des schweren Fußvolkes oder sonst einem andern, was im Kriege vorkommt, ein tüchtiger Streiter zu sein, während doch unter den andern Werkzeugen keines einen, sobald er es nur ergreift, zum Kämpfer oder Meister macht, sondern dem nichts nütze ist, der sich nicht von allem Einzelnen hinreichende Erkenntnis erworben und hinreichende Mühe darauf gewendet hat? — Da wären ja auch, sprach er, die Werkzeuge gar viel wert! —

[15. Erforderliche Beschaffenheit eines guten Wehrmannes: Tapferkeit und Eifer und zugleich Sanftmut gegen Befreundete] Also, sprach ich, je wichtiger das Geschäft der Wehrmänner ist, um desto mehr erfordert es Muße von allem andern, und auch wiederum desto e
mehr Kunst und Sorgfalt. — Das glaube ich wohl, sagte er. — Nicht auch eine zu dem Geschäft besonders geeignete Natur? — Wie sollte es nicht. — Unsere Sache also würde sein, wenn wir nur dazu imstande sind, auszusuchen, welche und wie beschaffene Naturen geeignet sind zur Bewachung der Stadt. — Freilich wohl! — Beim Zeus! sprach ich, da haben wir also keine kleine Sache angeregt. Dennoch müssen wir nicht verzagen, solange wir nur irgend noch Kräfte spüren. — Freilich nicht. — Glaubst du nun wohl, sprach ich, daß die Na- 375 a
tur eines edlen Hundes weit unterschieden ist von der eines wohlge-

arteten Jünglings? — Worin meinst du? — Nun, scharf müssen sie doch wohl einer wie der andere sein im Wahrnehmen und schnell, um das Wahrgenommene zu ergreifen, und wiederum stark, um im Notfall das Ergriffene zu verfechten? — Das alles, sprach er, müssen sie sein. — Und doch auch tapfer, wenn er doch gut fechten soll. — Gewiß. — Wird aber wohl tapfer sein wollen, was nicht eifrig ist, mag es nun ein Pferd sein oder ein Hund oder was sonst für ein an-
b deres Tier? Oder hast du nicht bemerkt, wie ganz unbezwinglich und unüberwindlich der Eifer ist, mit welchem ausgerüstet jede Seele furchtlos ist bei allem und unbesiegbar? — Das habe ich wohl bemerkt. — Wie also dem Leibe nach der Wehrmann beschaffen sein muß, das ist offenbar. — Ja. — Und auch, wie der Seele nach, nämlich eifrig. — Auch das. — Aber, sprach ich, o Glaukon, wie werden sie nun nicht heftig sein untereinander und gegen andere Bürger, wenn sie so beschaffen sind von Natur? — Beim Zeus, sagte er, das ist nicht
c leicht. — Aber sie müssen doch wohl gegen alle Befreundeten sanft sein und nur den Feinden hart. Wo aber nicht, so werden sie nicht erst auf andere zu warten brauchen, die sie aufreiben, sondern sie werden es schon eher selbst tun. — Richtig, sagte er. — Was sollen wir also machen? sprach ich. Wo sollen wir eine zugleich sanfte und hocheifrige Gemütsart auffinden? Denn die sanftmütige Natur ist ja derjenigen entgegengesetzt, in welcher der Eifer vorherrscht. — Offenbar wohl. — Und doch kann, wem eines von diesen beiden fehlt, kein guter Wächter sein. Dies aber scheint unmöglich, und so wäre
d denn auch ein guter Wehrmann etwas Unmögliches. — Das scheint beinahe, sagte er. — Wie ich nun ratlos war und mir das Vorige alles zusammenhielt, sprach ich: Mit Recht sind wir in Verlegenheit, Lieber! Denn wir haben uns von dem Bilde, welches wir uns vorgehalten hatten, abgewendet. — Wie meinst du das? — Wir haben nicht gemerkt, daß es wirklich solche Naturen gibt, wie wir nicht glaubten, die dieses Entgegengesetzte vereinigen. — Wo doch? — Auch unter andern Tieren könnte man sie wohl finden, am leichtesten aber wohl
e bei dem, welches wir dem Wehrmann verglichen. Denn du weißt wohl, daß das edler Hunde Art ist, von Natur gegen Hausgenossen und Bekannte so sanft zu sein wie nur möglich, gegen Unbekannte aber ganz das Gegenteil. — Das weiß ich wohl. — Dies, sprach ich, ist möglich; und es ist nichts Widernatürliches, daß wir einen Wehrmann suchen, der so sei. — Es scheint wohl nicht. —

[16. Ferner muß die Natur eines Wächters philosophisch sein] Dünkt dich nun auch dies noch nötig für einen, der sich zum Wächter schikken soll, daß er nächst dem Eifrigen auch noch philosophisch sei von
376 a Natur? — Wie doch? sprach er; denn ich verstehe nicht. — Auch dieses, sprach ich, kannst du an den Hunden sehen, und es ist gewiß sehr wunderbar an dem Tiere. — Was doch? — Sowie es einen Unbekannten sieht, ist es ihm böse, ohne daß jener ihm zuvor irgend etwas zuleide getan; wenn aber einen Bekannten, ist es ihm freundlich, wenn er ihm auch niemals irgend etwas Gutes erwiesen. Oder ist dir das noch niemals aufgefallen? — Ich habe, sagte er, bis jetzt eben noch

nicht darauf gemerkt; aber daß sie es so machen, ist offenbar. — Aber dies ist doch gewiß eine herrliche Beschaffenheit seiner Natur und wahrhaft philosophisch. — Weshalb doch? — Weil er, sprach ich, an b
nichts anderm einen befreundeten Anblick und einen widerwärtigen unterscheidet als daran, daß er den einen kennt und der andere ihm unbekannt ist. Wie sollte aber wohl nicht lernbegierig sein, wer durch Verstehen oder Nichtverstehen das Verwandte und Fremdartige bestimmt? — Auf keine Weise, sagte er, kann es anders sein. — Und, sprach ich, lernbegierig und philosophisch ist doch dasselbe? — Freilich dasselbe. — Also wollen wir kühnlich auch für den Menschen festsetzen, wenn einer seiner Natur nach nur gegen Angehörige und Be- c
kannte sanftmütig sein soll, müsse er auch philosophisch und lernbegierig sein? — Das wollen wir festsetzen. — Also philosophisch und eifrig und rasch und stark muß uns von Natur sein, wer ein guter und tüchtiger Wächter der Stadt sein soll. — Auf alle Weise gewiß, sagte er. — So sei uns also dieser beschaffen. Auf welche Weise aber sollen uns solche auferzogen und gebildet werden? Und gehört uns wohl auch diese Untersuchung zur Sache, um das zu finden, weshalb wir alles andere betrachten, nämlich auf welche Weise Gerechtigkeit und d
Ungerechtigkeit im Staat entstehe? Damit wir weder das Gehörige auslassen noch auch vielerlei durcheinander abhandeln. — Da sagte des Glaukon Bruder: Auf alle Weise erwarte ich, daß diese Untersuchung sehr förderlich sein wird hierzu. — Beim Zeus, sprach ich, lieber Adeimantos, so dürfen wir also nicht davon abstehen, und wenn es auch gar weitläufig wäre. — Freilich, sagte er. — Komm also, und als wenn wir uns bei voller Muße etwas erzählten, laß uns die Erziehung dieser besprechen. — Das wollen wir. — e

[17. Die Erziehung der Wächter: Musische Bildung durch sorgsam ausgewählte Märchen. Ausschließung der von den Dichtern erzählten Göttergeschichten]

Welches ist also ihre Erziehung? Oder ist es wohl schwer, eine bessere zu finden als die durch die Länge der Zeit gefundene? Und da ist doch die für den Leib die Gymnastik und die für die Seele die Musik? — So ist es. — Sollen wir nun nicht mit der Musik früher die Erziehung anfangen als mit der Gymnastik? — Warum nicht? — Wenn du aber Musik sagst, meinst du darunter auch Reden, oder nicht? — Ich gewiß. — Und Reden gibt es doch zweierlei, wahre nämlich und falsche? — Ja. — Gebildet müssen sie nun werden durch beide, zuerst 377 a
aber durch die falschen. — Ich verstehe nicht, sprach er, wie du das meinst. — Du verstehst nicht, sagte ich, daß wir den Kindern zuerst Märchen erzählen? Und diese sind doch, um sie im ganzen zu bezeichnen, falsch, es ist aber auch Wahres darin. Und eher beschäftigen wir die Kinder mit Märchen als mit Leibesübungen. — So ist es. — Dies also meinte ich damit, daß man die Musik eher angreifen müsse als die Gymnastik. — Richtig, sagte er. — Nun weißt du doch wohl, daß der Anfang eines jeden Geschäftes das wichtigste ist, zumal bei irgendeinem jungen und zarten Wesen. Denn da wird vor- b
nehmlich das Gepräge gebildet und angelegt, welches man jedem ein-

zeichnen will. — Offenbar freilich. — Sollen wir es also so leicht hin-
gehen lassen, daß die Kinder ganz beliebige Märchen und von ganz
Beliebigen erfundene anhören und so in ihre Seelen Vorstellungen
aufnehmen, die meistenteils denen entgegengesetzt sind, welche sie,
wenn sie erwachsen sind, unserer Meinung nach werden haben sol-
len? — Das wollen wir keineswegs hingehen lassen. —

Zuerst also, wie es scheint, müssen wir Aufsicht führen über die,
welche Märchen und Sagen dichten, und welches Märchen sie gut
c gedichtet haben, dieses einführen, welches aber nicht, das ausschlie-
ßen. Die eingeführten aber wollen wir Wärterinnen und Mütter
überreden den Kindern zu erzählen, um so noch weit sorgfältiger
die Seele durch Erzählungen zu bilden, als mit ihren Händen den
Leib. Von denen aber, die sie jetzt erzählen, sind wohl die meisten
zu verwerfen. — Welche doch? fragte er. — An den größeren Mär-
chen, sprach ich, können wir auch die kleineren beurteilen. Denn grö-
d ßere und kleinere müssen dieselbe Art und Abzweckung haben. Oder
meinst du nicht? — Ich wohl auch, sagte er, aber ich verstehe noch
nicht einmal, welche großen du meinst. — Nun, sprach ich, welche
Hesiodos und Homeros und die andern Dichter uns erzählt haben.
Denn diese haben doch für die Menschen unwahre Erzählungen zu-
sammengesetzt und vorgetragen und tragen sie auch noch vor. —
Welche aber, fragte er, meinst du, und was tadelst du daran? — Was
man, sprach ich, zuerst und vorzüglich tadeln muß, zumal wenn die
Unwahrheit nicht sehr schön vorgetragen wird. — Welches nur? —
e Wenn einer unrichtig darstellt in seiner Rede von Göttern und He-
roen, wie sie geartet sind, wie wenn, was ein Maler malt, dem gar
nicht gleicht, dem er sein Gemälde doch ähnlich machen wollte. —
Gewiß, sagte er, ist es richtig, dergleichen zu tadeln. Aber wie ist das
nur gemeint, und wovon sprichst du? — Zuerst, sagte ich, die größte
Unwahrheit und über die größten Dinge hat der gewiß gar nicht
löblich gefälscht, welcher gesagt hat, Uranos sollte getan haben, was
Hesiodos von ihm erzählt, und auch Kronos so Rache an ihm ge-
378 a nommen. Aber des Kronos Taten und was ihm wieder von seinem
Sohne begegnet, sollte wohl, denke ich, auch wenn es wahr wäre,
unverständigen und jungen Leuten nicht so unbedacht erzählt wer-
den, sondern am liebsten verschwiegen bleiben; wenn aber eine Not-
wendigkeit wäre, es zu erzählen, müßten es nur so wenige als mög-
lich auf geheimnisvolle Weise erfahren, nachdem sie nicht etwa ein
Schwein geopfert, sondern irgendein gar großes und unerhörtes Op-
fer, damit nur recht wenige dazu kommen könnten, es zu erfahren.
b — Freilich, sagte er, sind diese Reden hart. — Und nicht zuzulassen,
sprach ich, o Adeimantos, in unserer Stadt. Noch auch ist einem
Jünglinge vorzureden, wenn er das äußerste Unrecht begehe, tue er
nichts besonderes, auch nicht, wenn er seinen Vater für begangenes
Unrecht auf jede Weise strafe, sondern er tue immer nur, was auch
die ersten und größten Götter. — Nein, beim Zeus, sprach er, auch
mir selbst scheint es nicht angemessen, dies zu sagen. — Auch wohl
überhaupt nicht, sagte ich, daß Götter Göttern nachstellen und mit
c ihnen Krieg führen und fechten, wie es ja auch nicht einmal wahr ist;

wenn doch die, welche unsere Stadt zu verteidigen haben, es ja für das
Schändlichste halten müssen, leicht untereinander in Feindschaft zu
geraten. Und weit gefehlt, daß man ihnen von Riesenkriegen vorer-
zählen sollte und diese abbilden, noch von den vielen und mancher-
lei andern Fehden der Götter und Heroen mit ihren Verwandten und
Angehörigen. Sondern wenn wir sie irgend überzeugen wollen, daß
nie ein Bürger dem andern feind zu sein pflegt und dies auch ruch-
los wäre: so muß auch dergleichen schon von Anfang an zu den Kin-
dern gesagt werden von den Altvätern und Mütterchen, und für die d
älter Gewordenen muß man auch die Dichter dazu nötigen, in dem-
selben Sinne ihre Reden einzurichten. Aber daß Hera von ihrem Soh-
ne gebunden und Hephaistos von seinem Vater heruntergeworfen
worden ist, weil er der geschlagenen Mutter beistehen wollte, und
alle Götter-Gefechte, welche Homeros gedichtet hat, diese sind nicht
zuzulassen in unserer Stadt, mag nun ein verborgener Sinn darun-
ter stecken oder auch keiner. Denn der Jüngling ist nicht imstande zu
unterscheiden, was dieser verborgene Sinn ist und was nicht; aber
was er in diesen Jahren in seine Vorstellung aufnimmt, das pflegt
schwer auszuwaschen und umzuändern zu sein. Weshalb eben dieses e
fast für alles zu rechnen ist, daß das, was sie zuerst hören, auf das
sorgfältigste mit Bezug auf die Tugend erzählt sei. —

*[18. Grundzüge der wahren Götterlehre: Gott ist gut und einzig Ur-
sache von Gutem]* Das hat allerdings Grund, sagte er. Aber wenn
uns nun jemand weiter fragte, was denn dieses wohl wäre, und wel-
che Erzählungen solche: was würden wir sagen? — Darauf erwider-
te ich: O Adeimantos, wir sind keine Dichter in diesem Augenblick,
du und ich, sondern Städtegründer; und solchen gebührt zwar die 379 a
Grundzüge zu kennen, nach denen die Dichter erzählen müssen, und
sie nicht zuzulassen, wenn sie von diesen abweichen, nicht aber
selbst Märchen zu dichten. — Richtig, sagte er. Aber nun eben diese
Grundzüge in bezug auf die Götterlehre, welches wären sie? — Diese
etwa, sagte ich: Wie Gott ist seinem Wesen nach, so muß er auch
immer dargestellt werden, mag einer im Epos von ihm dichten oder
in Liedern oder in der Tragödie. — So muß es sein. — Nun ist doch
Gott wesentlich gut und auch so darzustellen? — Wie sollte er nicht! b
— Nichts aber, was zum Guten gehört, ist doch schädlich. Nicht
wahr? — Nein, dünkt mich. — Kann nun wohl, was nicht schädlich
ist, schaden? — Mitnichten. — Und was nicht schadet, irgend Böses
tun? — Auch das nicht. — Was aber gar nichts Böses tut, das kann
auch wohl nicht irgend an etwas Bösem Ursache sein. — Wie sollte
es? — Wie aber? Förderlich ist doch das Gute? — Ja. — Also Ursache
des Wohlbefindens? — Ja. — Nicht also von allem ist das Gute Ur-
sache, sondern was sich gut verhält, davon ist es Ursache; an dem
Üblen aber ist es unschuldig. — Vollkommen freilich, sagte er. — c
Also auch Gott, weil er ja gut ist, kann nicht an allem Ursache sein,
wie man insgemein sagt, sondern nur von Wenigem ist er den Men-
schen Ursache, an dem meisten aber unschuldig. Denn es gibt weit
weniger Gutes als Böses bei uns; und das Gute zwar darf man auf

keine andere Ursache zurückführen, von dem Bösen aber muß man sonst andere Ursachen aufsuchen, nur nicht Gott. — Vollkommen richtig, sagte er, scheinst du mir zu reden. — Also ist es nicht anzu-
d nehmen, weder vom Homeros noch von irgendeinem andern Dichter, wenn einer so unvernünftig fehlt in bezug auf die Götter, daß er sagte,

‹es seien zwei Fässer gestellt an der Schwelle Kronions,
Voll das eine von Gaben des Wehs, das andre des Heiles›.

Und wem nun vermischt Zeus von beiden gibt,

‹Solchen trifft abwechselnd ein böses Los und ein Gutes›;

wem aber nicht, sondern unvermischt das eine,

‹Diesen verfolgt herznagende Not auf der heiligen Erde›;

e noch auch, daß Zeus uns ein Spender ist ‹des Guten so wie des Bösen›.

[19. Gott ist höchstens von heilsamen Strafen Urheber. Seine Unveränderlichkeit] Und die Zerreißung der Schwüre und Verträge, die Pandaros veranlaßte, wenn jemand sagen will, die sei durch Athene und Zeus geschehen, den wollen wir nicht loben. Noch auch der Götter Streit und Entscheidung durch Themis und Zeus; noch auch, was
380 a Aischylos sagt, muß man die Jünglinge hören lassen:

‹Verschuldung läßt Gott wachsen bald,
Wenn er zu Boden schmettern will ein Haus.›

Sondern wenn einer, worin ja diese Jamben sich finden, die Schicksale der Niobe oder der Pelopiden oder die troischen oder anderes dergleichen dichten will, so lasse man sie ihn entweder gar nicht als Gottes Taten erzählen oder, wenn als solche, dann muß er ungefähr die Rede dafür auffinden, die wir jetzt suchen, und sagen, daß Gott
b nur, was gerecht und gut war, getan hat, sie aber Nutzen gehabt haben von der Strafe; daß aber die Strafeleidenden unselig sind und doch, der sie ihnen angetan hat, Gott war, das muß man den Dichter nicht sagen lassen. Aber wenn sie sagen wollten, daß als unselige die Bösen der Strafe bedurft hätten und dadurch, daß sie Strafe litten, ihnen von Gott geholfen worden sei, dies kann man lassen. Zu behaupten aber, daß Gott irgend jemandem Ursache des Bösen geworden ist, da er doch gut ist, dies muß man auf alle Weise durchfechten, daß es nicht jemand sage in seinem Staat, wenn er gut regiert werden soll, noch auch jemand höre, weder jung noch alt, und
c weder in gebundener Rede noch in ungebundener vorgetragen, weil es weder fromm wäre, wenn es einer sagte, noch uns zuträglich, noch auch mit sich selbst übereinstimmend. — Ich stimme mit dir, sagte er, für dieses Gesetz, und es gefällt mir. — Dies also, sprach ich, wäre eines von den Gesetzen und Vorschriften in bezug auf die Götter, kraft dessen nur so geredet und gedichtet werden darf, daß Gott nicht an allem Ursache ist, sondern nur an dem Guten. — Dies reicht
d auch hin, sagte er. — Wie aber nun dieses Zweite? Meinst du, daß Gott ein Zauberer ist und wie aus dem Hinterhalt bald in dieser, bald in jener Gestalt erscheint, bald wirklich selbst viele Gestalten annehmend und seine eigne dagegen vertauschend, bald nur uns hintergehend und machend, daß wir dergleichen von ihm glauben müssen?

Oder meinst du, daß er ganz einfach ist und am allerwenigsten aus seiner eigenen Gestalt herausgeht? – Das weiß ich so jetzt gleich nicht zu sagen, sprach er. – Wie aber dieses? Ist es nicht notwendig, wenn etwas aus seiner eigenen Gestalt heraustritt, daß es entweder durch sich selbst oder durch ein anderes muß verwandelt werden? – e
Notwendig. – Wird aber nicht jedes Vortrefflichste am wenigsten von einem andern verändert und bewegt? Wie der Leib von Speise, Trank und Anstrengung, und jedes Gewächs von Hitze, Sturm und dergleichen Einwirkungen, wird nicht jedes Gesundeste und Stärkste davon am wenigsten verändert? – Allerdings wohl. – Und die Seele 381 a
selbst, wird nicht die tapferste und vernünftigste am wenigsten von irgendeiner äußeren Einwirkung erschüttert und verändert? – Ja. – Und so gewiß auch alles zusammengesetzte Gerät und Gebäude und Bekleidungen werden nach derselben Regel, je besser sie gearbeitet und geraten sind, um desto weniger von der Zeit und andern Einwirkungen verändert. – So ist es allerdings. – Also alles Vollkommene von Natur oder durch Kunst oder durch beides nimmt die we- b
nigste Veränderung durch anderes an. – So zeigt es sich. – Aber Gott, und was Gottes ist, muß doch in jeder Hinsicht vollkommen sein. – Unumgänglich. – Auf diese Weise also könnte wohl am wenigsten Gott vielerlei Gestalten bekommen. – Am wenigsten gewiß. –

[20. Gott als der Beste verwandelt sich nicht. Täuschen und lügen die Götter?] Aber vielleicht, daß er sich selbst verwandelt und verändert! – Offenbar, sagte er, wenn er nämlich verändert wird. – Verwandelt er sich nun wohl in Besseres und Schöneres oder in Schlechteres und Häßlicheres, als er selbst ist? – Notwendig, sagte er, in Häßliches, wenn er sich verändert. Denn wir können doch nicht sagen, c
daß Gott an irgendeiner Schönheit oder Tugend Mangel leide. – Vollkommen richtig gesprochen! sagte ich. Und da es sich so verhält, Adeimantos, glaubst du wohl, daß jemand sich freiwillig in irgendeiner Hinsicht schlechter machen wird, als er ist, sei es nun ein Gott oder ein Mensch? – Unmöglich, sagte er. – Also ist es auch einem Gott unmöglich, daß er sich selbst sollte verwandeln wollen; sondern jeder von ihnen bleibt, wie es scheint, da er so schön und trefflich ist als möglich, auch immer ganz einfach in seiner eignen Gestalt. – Das scheint mir wenigstens durchaus notwendig, sagte er. – Keiner also von den Dichtern, sprach ich, sage uns, o Bester, daß d

‹Götter in wandelnder Fremdlinge Bildung
Jede Gestalt nachahmend durchgehn die Gebiete der Menschen.›

Auch den Proteus und die Thetis verleumde niemand, noch führe uns jemand weder in Tragödien noch anderen Gedichten die Hera vor, wie sie, in eine Priesterin verwandelt, ‹für des Argeiischen Flusses Inachos lebenspendende Kinder› Gaben sammelt, und noch viel anderes dergleichen mögen sie uns nicht vorlügen, noch auch sollen, e
von ihnen überredet, die Mütter ihre Kinder zum Fürchten bringen, indem sie die Märchen schlecht erzählen, als ob nachts gewisse Götter allerlei wunderlichen Fremdlingen ähnlich sich sehen ließen, da-

mit sie nicht zugleich die Götter lästern und zugleich auch ihre Kin-
der feigherziger machen. — Freilich nicht, sagte er. — Aber, sprach
ich, vielleicht sind die Götter selbst wohl so, daß sie sich nicht ver-
wandeln, machen uns aber glauben, als ob sie in so vielerlei Ge-
stalten erscheinen, indem sie uns nämlich hintergehen und bezau-
382 a bern? — Vielleicht wohl, sagte er. — Und wie? sprach ich. Sollte denn
ein Gott lügen wollen, indem er in Wort oder Tat uns ein leeres
Schattenbild darstellt? — Ich weiß nicht, sagte er. — Du weißt nicht,
sprach ich, daß die wahre Lüge, wenn es anders möglich ist so zu re-
den, alle Götter und Menschen hassen? — Wie meinst du das? sagte
er. — So, sprach ich, daß durch das Vorzüglichste in sich selbst und
über das Vorzüglichste niemand mit Willen täuschen will, sondern
am allermeisten fürchtet, dort die Unwahrheit zu haben. — Auch so,
b sprach er, verstehe ich es noch nicht. — Du denkst eben, sagte ich, daß
ich etwas sehr Hohes sage; ich meine aber nur, daß mit der Seele
über das, was ist, sich zu täuschen und getäuscht zu haben und tö-
richt zu sein und dort die Unwahrheit zu haben und zu besitzen, alle
am wenigsten wünschen, sondern sie vielmehr dort vorzüglich has-
sen. — Bei weitem, sagte er. — Aber mit vollkommenem Recht kann
man doch das eben Beschriebene die wahre Unwahrheit nennen, ich
meine die Unwissenheit in der Seele des Getäuschten. Denn die in
den Reden ist nur eine Nachahmung jenes Ereignisses in der Seele
und ein später entstandenes Abbild, nicht mehr die unvermischte Un-
c wahrheit. Oder ist es nicht so? — Freilich. —

[21. Die völlige Truglosigkeit des Göttlichen] Die eigentliche Un-
wahrheit wird also nicht nur von Göttern, sondern auch von Men-
schen gehaßt. — Das dünkt mich. — Wie nun aber die Unwahrheit
in Reden, wann und wozu ist die doch nützlich, so daß sie den Haß
nicht verdient? Nicht gegen die Feinde? Und auch der sogenannten
Freunde wegen, wenn diese im Wahnsinn oder aus irgendeiner Un-
vernunft etwas Arges zu tun unternehmen, wird sie dann nicht als
ein ableitendes Mittel nützlich? Und auch in den eben erwähnten
d Dichtungen, da wir nicht wissen, wie sich die alten Begebenheiten
in Wahrheit verhalten, bilden wir der Wahrheit die Unwahrheit so
genau als möglich nach und machen sie dadurch gar sehr nützlich. —
Gewiß, sprach er, verhält es sich so. — In welcher von diesen Bezie-
hungen nun soll wohl Gott die Unwahrheit nützlich sein? Soll er
etwa, weil ihm das Altertümliche unbekannt ist, um doch etwas Ähn-
liches darzustellen, Unwahrheiten vorbringen? — Das wäre ja lächer-
lich, sagte er. — Also ein unwahrer Dichter ist in Gott nicht zu su-
chen? — Nein, dünkt mich. — Aber aus Furcht vor seinen Feinden
e könnte er wohl lügen? — Weit gefehlt. — Oder wegen Unverstan-
des und Wahnsinns derer, denen er zugetan ist? — Aber, sagte er,
kein Unvernünftiger und Wahnsinniger ist je von Gott geliebt. —
Es gibt also nichts, um deswillen Gott lügen könnte. — Es gibt nichts.
— In jeder Hinsicht also ist das Dämonische und Göttliche ohne Falsch.
— Auf alle Weise gewiß, sagte er. — Offenbar also ist Gott einfach
und wahr in Wort und Tat und verwandelt sich weder selbst, noch

hintergeht er andere, weder in Erscheinungen noch in Reden, noch indem er ihnen Zeichen sendet, weder im Wachen noch im Schlaf. — So, sprach er, leuchtet es auch mir selbst ein durch deine Reden. — 383 a
Du räumst also ein, daß dieses die zweite Vorschrift ist, nach der von den Göttern geredet und gedichtet werden muß, daß sie weder selbst als Zauberer sich verwandeln, noch auch uns durch Täuschungen verleiten in Wort und Tat? — Ich räume es ein. — Wenn wir also noch soviel anderes am Homeros loben, so wollen wir doch das nicht loben, wie Zeus dem Agamemnon den Traum sendet, noch vom Aischylos, wenn Thetis sagt, Apollon habe singend bei ihrer Hochzeitsfeier gepriesen

‹ihr schönes Mutterglück, b
Der Söhne krankheitsloses spätes Lebensziel.
Und dies gesagt, bekräftet sein Päan zuletzt
Mein gottbegünstigt Schicksal, mich ermutigend.
Da hofft ich, truglos werde Phoibos' Göttermund
Mir sein, der kunstreich Weissagungen sprudelnde.
Er aber selbst, der Sänger, der selbst dieses sprach,
Er selbst von damals Hochzeitsgast, ist selber nun
Des Sohnes Mörder›.

Wenn einer dergleichen sagt von den Göttern, wollen wir zürnen c
und ihm keinen Chor geben, noch leiden, daß ein Lehrer solches zum Unterricht der Jugend gebrauche, wenn unsere Wächter gottesfürchtig und gottähnlich werden sollen, soweit es dem Menschen nur irgend möglich ist. — Auf alle Weise, sagte er, nehme ich diese Vorschriften an und möchte sie als Gesetze gebrauchen.

DRITTES BUCH

[1. Verbot für die Dichter, die Schrecken der Unterwelt darzustellen]

386 a Über die Götter also, sprach ich, ist es dergleichen, wie es scheint,
was diejenigen von Kindheit an hören und was sie nicht hören
müssen, welche die Götter und ihre Eltern ehren und die Freundschaft
unter sich nicht für ein Geringes halten sollen. – Und ich denke,
sagte er, ganz richtig hat sich uns dieses so gezeigt. – Und wie?
Wenn sie tapfer werden sollen, muß man ihnen nicht dieses sa-
gen und was nur imstande ist, darauf zu wirken, daß sie mög-
lichst wenig den Tod fürchten? Oder glaubst du, es werde irgend
b jemand tapfer, der diese Furcht in sich hat? – Nein, beim Zeus, sprach
er, ich nicht. – Und wie? Wenn einer glaubt, daß es eine Unter-
welt gibt, und zugleich, daß sie furchtbar ist, meinst du, der werde
irgend ohne Furcht vor dem Tode sein und in Gefechten lieber den
Tod als Niederlage und Knechtschaft wählen? – Keineswegs. – Wir
müssen also, wie es scheint, auch über diejenigen Aufsicht führen,
die hierüber Erzählungen vortragen wollen, und sie ersuchen, nicht
so schlechthin die Unterwelt zu schmähen, sondern sie lieber zu lo-
ben, weil sonst, was sie sagten, weder richtig sein würde noch auch
c denen nützlich, welche wehrhaft sein sollen. – Das müssen wir,
sagte er. – Löschen wir also, sprach ich, von diesen Versen anfangend,
alles dergleichen aus, wie

‹Lieber ja wollt ich das Feld als Tagelöhner bestellen
Einem dürftigen Mann, ohn' Erb' und eigenen Wohlstand,
Als die sämtliche Schar der geschwundenen Toten beherrschen›;

und

d ‹Daß nicht Menschen erschien und Unsterblichen seine Behausung
Fürchterlich dumpf, voll Wustes, wovor selbst grauet den Göttern›;

und

‹Götter, so ist denn fürwahr auch noch in Aides Wohnung
Seel' und Schattengebild', doch ganz der Besinnung entbehrt sie›;

und

‹Daß er allein wahrnähme, denn andre sind flatternde Schatten›;

und

‹Aber die Seel' aus den Gliedern entfloh in die Tiefe des Ais,
Klagend ihr Jammergeschick, getrennt von Jugend und Mann-
kraft›;

387 a und

‹die Seele, wie dampfender Rauch in die Erde
Sank sie hinab hellschwirrend›;

und

‹So wie die Fledermäus' im Geklüft der schaudrichten Höhle
Schwirrend umher sich schwingen, wenn ein' aus der Reihe des
Schwarmes
Niedersank von dem Fels, und darauf aneinander sich klammern:
So mit zartem Geschwirr entschwebten sie.›

b Bei diesem und allem dergleichen wollen wir den Homeros und die andern Dichter bitten, uns nicht zu zürnen wenn wir es ausstreichen, nicht als ob es nicht dichterisch wäre und dem Volk angenehm zu hören, sondern weil es, je dichterischer, um desto weniger gehört werden darf von Knaben und Männern, welche frei gesinnt sein sollen und die Knechtschaft mehr scheuen als den Tod. – Auf alle Weise gewiß. –

[2. Abschaffung der Wehklagen von ausgezeichneten Männern] Also sind auch wohl ferner alle schrecklichen und furchtbaren Namen für diese Gegenstände zu verwerfen, wie der Kokytos und Styx und die Unteren und Verdorrten und was sonst für Namen, in diesem c
Sinne gebildet, alle Hörer schaudern machen. Und vielleicht sind sie gut zu etwas anderem, wir aber fürchten für unsere Wehrmänner, daß sie uns nicht durch eben diesen Schauder aufgelöster und weichlicher werden als billig. – Und mit Recht gewiß fürchten wir das. – Ist also dies fortzuschaffen? – Ja. – Und nach entgegengesetzter Weise muß geredet und gedichtet werden. – Offenbar. – Also auch wohl die Wehklagen und das Jammern ausgezeichneter Männer wer- d
den wir abschaffen? – Notwendig, sagte er, wenn auch das Vorige. – Bedenke nur, ob wir recht tun werden, sie abzuschaffen, oder nicht! Wir behaupten nämlich, ein rechtschaffener Mann werde für einen andern solchen, dessen Freund er auch ist, das Sterben nicht als etwas Furchtbares ansehen. – Das behaupten wir freilich. – Also kann er auch nicht über ihn, als dem etwas Schreckliches begegnet wäre, jammern. – Gewiß nicht. – Aber wir sagen auch noch dieses, daß ein solcher am meisten sich selbst genügt, um gut zu leben, und vorzüglich vor den übrigen eines andern nicht bedarf. – Richtig, e
sagte er. – Ihm ist es also auch am wenigsten schrecklich, Söhne und Brüder zu verlieren oder Besitztümer und dergleichen etwas. – Am wenigsten allerdings. – Am wenigsten also werde er auch jammern, sondern es auf das gleichmütigste ertragen, wenn ein solcher Unfall ihn trifft. – Bei weitem. – Mit Recht also schaffen wir die Klagen ansehnlicher Männer ab und überlassen das den Weibern, jedoch auch unter diesen nicht einmal den besseren, und solchen Männern, 388 a
die nichts taugen, damit diejenigen sich schämen, Ähnliches zu tun, die wir zum Schutz des Landes erziehen. – Richtig, sagte er. – Wiederum also bitten wir den Homeros und die andern Dichter, nicht zu dichten den Achilleus, der Göttin Sohn,

‹Bald auf die Seiten darniedergelegt und bald auf den Rücken,
Bald auf das Antlitz hin, dann plötzlich empor sich erhebend,
Schweifend am Ufer des Meeres des unermeßlichen›, b

noch auch

‹mit beiden Händen des schwärzlichen Staubes ergreifend,
Überstreuend das Haupt›,

noch auch sonst weinend und jammernd, wie jener ihn viel und mannigfaltig dargestellt hat, noch auch den Priamos, der doch den Göttern genaht war,

‹flehend umher auf schmutzigem Boden sich wälzend,
Nennend jeglichen Mann mit seinem Namen›.

Und noch weit mehr als dies werden wir sie bitten, uns die Götter
nicht jammernd zu dichten und sagend:
c ‹Wehe mir Armen, o mir unglücklichen Heldenmutter.›
Und wenn auch Götter, mögen sie doch wenigstens nicht wagen,
den größten der Götter so unähnlich sich selbst darzustellen, daß er
sagt:

‹Wehe doch, einen Geliebten umhergejagt um die Mauer
Seh ich dort mit den Augen und, ach, sein jammert mich herzlich›;

und:

‹Wehe mir, wenn das Geschick Sarpedon, meinen Geliebten,
d Unter Patroklos' Hand, des Menoitiaden, mir bändigt.›

*[3. Schädlichkeit der Lachlust und der Unwahrhaftigkeit. Pflege der
Besonnenheit]* Denn, lieber Adeimantos, wenn dergleichen unsere
Jünglinge ernsthaft anhören und nicht darüber lachen als über ganz
unwürdige Rede: so hätte es gute Wege, daß einer sich selbst, der
doch nur ein Mensch ist, solcher Dinge unwert halten und sich selbst
strafen sollte, wenn ihm etwa in den Sinn käme, dergleichen zu reden
oder zu tun; sondern ohne sich zu schämen oder sich zurückzuhalten,
würde jeder uns auch über geringe Ereignisse gar viel Jammer und
e Wehklagen vorsingen. – Vollkommen richtig, sprach er, bemerkst
du das. – So soll es aber nicht sein, wie unsere Rede uns eben andeu-
tete, der wir doch folgen müssen, bis uns jemand durch eine andere,
schönere überführt. – Das müssen wir freilich. – Aber auch sehr
lachlustig dürfen sie nicht sein. Denn, wenn sich jemand in heftigem
Lachen gehenläßt, so sucht dergleichen auch immer wieder eine hef-
tige Umwendung. – Das dünkt mich wohl, sagte er. – Weder also,
wenn uns jemand Menschen, die der Rede wert sind, vom Gelächter
389 a überwältigt darstellt, dürfen wir uns das gefallen lassen, noch viel
weniger aber, wenn Götter. – Bei weitem, sprach er. – Also wollen
wir dem Homeros auch das nicht durchgehen lassen von den Göt-
tern:

‹Doch unermeßliches Lachen erscholl den seligen Göttern,
Als sie sahn, wie Hephaistos in emsiger Eil umherging›;

das dürfen wir nicht gelten lassen nach deiner Rede. – Wenn du die-
se Rede, sprach er, als mein ansehen willst, dürfen wir es allerdings
b nicht gelten lassen. – Aber auch die Wahrheit müssen wir doch gar
sehr hoch ansetzen. Denn wenn das eben Gesagte richtig und in Wahr-
heit den Göttern Täuschung unnütz, den Menschen aber heilsam ist,
nach Art der Arznei: so ist doch offenbar, daß wir dergleichen den
Ärzten überlassen müssen, andere, Unkundige aber sich nicht damit
befassen dürfen. – Das ist offenbar, sagte er. – Also denen, die in
der Stadt regieren, wenn überhaupt irgend jemandem, kann es zu-
kommen, Unwahrheit zu reden, der Feinde oder auch der Bürger we-
gen, zum Nutzen der Stadt; alle andern aber dürfen sich hiermit gar
nicht befassen. Sondern wenn etwa gar irgendein einzelner diese Re-
c gierenden täuschen wollte, werden wir sagen, dies sei dasselbe und
ein noch größeres Vergehen, als wenn der Kranke dem Arzt, oder
wer Leibesübungen treibt, seinem Meister über den Zustand seines

Leibes nicht die Wahrheit sagt, oder wenn einer dem Schiffsmeister über das Schiff und die Schiffsleute nicht recht berichtet, was entweder er selbst oder ein anderer Schiffender tut. – Vollkommen richtig, sagte er. – Wenn du also irgendeinen andern ertappst in der Stadt, d
daß er lügt, einen von denen, die gemeinsame Künste verstehen wie den ‹Seher, den heilenden Arzt und den Meister des Baues›: so wirst du ihn strafen, weil er eine Handlungsweise einführt, die für eine Stadt ebensosehr wie für ein Schiff zerstörend und verderblich ist. – Wenn nämlich, sprach er, mit der Rede auch die Tat stimmen soll. – Und wie? Werden etwa unsere Jünglinge nicht auch Besonnenheit nötig haben? – Wie sollten sie nicht? – Und besteht nicht die Besonnenheit für den großen Haufen in dergleichen vornehmlich, daß sie den Herrschenden unterwürfig sind, selbst aber auch herrschen über e
ihre Lust an Speise und Trank und an den Liebessachen? – Das dünkt mich wenigstens. – Dergleichen also, denke ich, werden wir sagen, sei schön gesagt, wie beim Homeros Diomedes sagt:

‹Trauter, o halte dich still und gehorche du meiner Ermahnung›,

und was damit zusammenhängt,

‹Jene wandelten still, die mutbeseelten Achaier,
Ehrfurchtsvoll verstummend den Königen›,

und was sonst von dieser Art ist. – Schön allerdings. – Wie aber dergleichen:

‹Trunkenbold mit dem Blicke des Hunds und dem Mute des Hirsches›,

und was weiter folgt, oder was sonstwo einer in Rede oder Dichtung 390 a
als Untergebener Übermütiges gesagt hat gegen Vorgesetzte? – Nicht schön. – Zur Besonnenheit wenigstens denke ich nicht, daß es Jünglingen dienlich ist zu hören; wenn es ihnen aber sonst anderes Vergnügen macht, das ist gar nicht zu verwundern. Oder wie kommt es dir vor? – Ebenso, sagte er. –

[4. Von großen Männern berichtete Unbeherrschtheit, Geldgier und Übermut ist den Dichtern nicht zu glauben] Und wie? Wenn man im Gedicht den weisesten Mann sagen läßt, das dünke ihm die seligste Wonne von allem, wenn

‹voll vor jedem die Tische
Stehn mit Brot und Fleisch, und geschöpfetem Wein aus dem Kruge b
Fleißig der Schenk umträgt und umher eingießt in die Becher›,

meinst du, das sei einem jungen Manne zur Selbstbeherrschung förderlich zu hören.

Oder das:

‹Doch ist Hungerssterben das jammervollste Verhängnis›?

Oder daß Zeus, was er, während die andern Götter und die Menschen schliefen, allein wachend beschlossen hatte, das insgesamt leichtfertig vergißt, lediglich aus Verlangen nach der Liebeslust, und c
dergestalt außer sich gesetzt wird beim Anblick der Hera, daß er nicht einmal ins Gemach gehen will, sondern gleich dort auf der Erde sich zu ihr zu gesellen begehrt und selbst sagt, er sei so von dem Verlangen überwältigt, wie nicht einmal damals, als sie zuerst einander genaht, ‹geheim vor den liebenden Eltern›? Noch auch, wie

Ares und Aphrodite vom Hephaistos gefangen wurden eben solcher Dinge wegen? – Beim Zeus, sprach er, allerdings scheint mir das hier-
d zu nicht förderlich. — Sondern, sprach ich, wenn irgendwo von berühmten Männern, in Reden und Taten, Beweise vorkommen von Festigkeit gegen alles, das mögen sie sehen und hören; wie etwa dieses:

‹Aber er schlug an die Brust und strafte das Herz mit den Worten:
Dulde nun aus, mein Herz, noch Härteres hast du geduldet›.

—Auf alle Weise freilich, sagte er. – Auch wohl bestechlich muß man die Männer nicht werden lassen noch auch geldgierig. — Keineswegs.
e — Also auch ihnen nicht singen:

‹Götter gewinnet Geschenk, Geschenk auch mächtige Herrscher›;

noch soll man des Achilleus' Erzieher Phoinix loben, als rede er Verständiges, indem er ihm den Rat gibt, falls er Geschenke bekäme, den Achaiern zu helfen, ohne Geschenk aber nicht von seinem Zorne zu lassen. Und auch vom Achilleus selbst wollen wir nicht annehmen noch eingestehen, er sei so geldgierig, daß er von Agamemnon Geschenke genommen und wiederum für einen Preis auch den Leich-
391 a nam losgegeben, anders aber es nicht gewollt habe. — Freilich ist es nicht billig, sagte er, dergleichen zu loben. — Ich trage auch nur Bedenken, sprach ich, des Homeros wegen zu sagen, es sei auch nicht fromm, dergleichen über den Achilleus auszusagen oder, wenn andere es sagen, es zu glauben. Ebensowenig, daß er zum Apollon gesagt habe:

‹O des Betrugs! Ferntreffer, du grausamster unter den Göttern.
Traun, ich rächte mich gern, wenn genug der Stärke mir wäre!›

b Und wie er dem Flusse, der doch ein Gott ist, in gar nichts folgen wollte, sondern nur auf Kampf gestellt war, und ein andermal von seinen dem andern Fluß, dem Spercheios, geweihten Haaren sagte:

‹Laß mich dem Held Patroklos das Haar mitgeben zu tragen›,

der doch tot war; auch daß er das wirklich getan, muß man nicht glauben. Und wiederum die Schleifungen des Hektor um das Grabmal des Patroklos und die Schlachtungen der Gefangenen auf seinem Scheiterhaufen, alles das wollen wir leugnen, daß es der Wahrheit
c gemäß erzählt sei, und wollen die Unsrigen nicht glauben lassen, daß Achilleus, der Sohn einer Göttin und des höchst verständigen Peleus, des dritten vom Zeus her, und der Zögling des weisen Cheiron, so ganz verworren gewesen, daß er zwei einander entgegengesetzte Krankheiten in sich nährte, nämlich Niedertracht mit Habsucht und zugleich Übermut gegen Götter und Menschen. — Du hast recht, sagte er. —

[5. Ruchlosigkeiten der Göttersöhne und Heroen sind nicht anzunehmen. Art der Reden über die Menschen] Wir wollen also, fuhr ich fort, auch ja nicht das glauben oder erzählen lassen, daß Theseus, des Poseidon, und Peirithoos, des Zeus Sohn, dergestalt auf
d frevelhaften Raub ausgegangen sind, noch daß irgendein anderer Göttersohn und Heros es über sich gebracht habe, Ruchloses und Frevelhaftes auszuüben, dergleichen man ihnen jetzt anlügt; sondern

wir wollen die Dichter noch nötigen zu erklären, entweder daß solches nicht dieser Männer Taten oder daß sie selbst nicht Söhne der Götter sind, beides zusammen aber nicht zu sagen noch darauf auszugehen, unsere Jugend zu überreden, daß die Götter Unheil erzeugen und daß Heroen um nichts besser sind als Menschen. Denn wie wir auch vorher schon sagten, dergleichen ist weder fromm noch e wahr. Denn wir haben ja gezeigt, daß von den Göttern Böses unmöglich entstehen könne. — Wie wäre es wohl anders möglich! — Und den Hörenden ist dergleichen verderblich. Denn jeder wird es nun sich selbst leicht nachsehen, schlecht zu sein, wenn er glaubt, daß eben dergleichen auch tun und getan haben,

‹die echten Götterstammes sind,
So nah dem Zeus, daß ihnen auf des Ida Höhn
Sein väterlicher Altar steht im Ätherduft›

und

‹Noch in ihnen kenntlich rinnt das Götterblut›.

Weshalb man dergleichen Erzählungen ruhen lassen muß, damit sie unserer Jugend nicht gar große Leichtigkeit zum Schlechten einflö- 392 a ßen. — Ganz offenbar! sagte er.

Was für eine Gattung von Reden, sprach ich, ist uns also nun noch übrig, wovon wir bestimmen müßten, wie sie vorzutragen sind und wie nicht? Denn wie über die Götter geredet werden soll, das ist festgesetzt, und auch über die anderen höheren Wesen und die Heroen und die in der Unterwelt. — Allerdings. — Wäre nun nicht die über die Menschen noch übrig? — Offenbar ja. — Also ist uns unmöglich, o Freund, dieses gegenwärtig ganz in Ordnung zu bringen. — Wieso? — Weil ich denke, wir werden sagen, daß eben Dichter sowohl als Redner auch über die Menschen gar verkehrt reden in den wich- b tigsten Dingen, daß nämlich viele Ungerechte doch glückselig wären und Gerechte elend, und daß Unrechttun Vorteil bringe, wenn es verborgen bleibt, die Gerechtigkeit hingegen fremdes Gut sei, aber eigner Schade; und, denke ich, dergleichen werden wir zu sagen verbieten, das Gegenteil aber ihnen auftragen zu singen und zu dichten. Oder meinst du nicht? — Ich weiß es sehr gewiß, sagte er. — Nicht wahr aber, wenn du mir zugestehst, daß ich recht habe, so werde ich dann behaupten, du habest mir auch das zugestanden, was wir schon so lange suchen. — Das hast du ganz richtig eingewendet, sagte er. — Also daß von Menschen auf diese Art müsse geredet werden, wol- c len wir dann festsetzen, wenn wir gefunden haben werden, wie es mit der Gerechtigkeit beschaffen und wie wesentlich sie dem nützlich ist, der sie hat, mag er nun in dem Ruf stehen, ein solcher zu sein oder auch nicht. — Vollkommen richtig, sagte er. —

[6. Die zweifache Art des Vortrags: Erzählung und Darstellung]

Von den Reden habe es also hiermit ein Ende. Über die Redeweise aber, meine ich, müssen wir nächstdem reden, und dann werden wir, was gesagt werden darf und wie es gesagt werden muß, vollständig erwogen haben. — Da sagte Adeimantos: Dieses verstehe ich nicht, wie du es meinst. — Aber, sprach ich, du mußt es doch. Viel- d

leicht nun wirst du es so besser einsehen: Ist nicht alles, was von Fa-
bellehrern und Dichtern gesagt wird, eine Erzählung entweder ge-
schehener Dinge oder jetziger oder künftiger? — Was wohl anderes?
sagte er. — Und führen sie es nicht entweder in einfacher Erzählung
aus oder in einer in Darstellung eingekleideten oder in beiden zusam-
men? — Auch dieses, sprach er, muß ich erst noch genauer verstehen.
— So scheine ich ja, sprach ich, ein lächerlicher und unverständlicher
Lehrer zu sein! Ich will also wie die, welche sich auf Reden nicht ver-
e stehen, nicht im allgemeinen, sondern ein einzelnes Stück heraus-
nehmend versuchen, dir an diesem zu zeigen, wo ich hinauswill. Sa-
ge mir also, kennst du den Anfang der Ilias, wo der Dichter sagt,
Chryses habe den Agamemnon gebeten, seine Tochter loszugeben,
dieser aber sei zornig geworden, und jener, da er nichts ausgerichtet,
393 a habe die Achaier vor dem Gotte verwünscht? — Sehr gut. — Du weißt
also auch, daß bis zu diesen Versen,

‹und er flehete allen Achaiern,
Aber zumeist den Atreiden, den zween Heerfürsten der Völker›,

der Dichter selbst redet und auch gar nicht darauf ausgeht, unser Ge-
müt anderwärts hin zu wenden, als ob ein anderer der Redende wäre
als er selbst, daß er aber das Folgende redet, als ob er selbst der Chry-
ses wäre, und sich alle ersinnliche Mühe gibt, uns dahin zu bewegen,
b daß uns nicht Homeros scheine der Redende zu sein, sondern der
alte Priester. Und fast die ganze übrige Erzählung hat er auf diese
Art eingerichtet, von den Begebenheiten in Ilion sowohl als in Itha-
ka und der ganzen Odyssee. — Allerdings, sagte er. — Erzählung
nun ist doch beides, wenn er Reden vorträgt und wenn das zwi-
schen den Reden. — Wie sollte es nicht! — Aber wenn er irgendeine
c Rede vorträgt, als wäre er ein anderer: müssen wir nicht sagen, daß
er dann seinen Vortrag jedesmal so sehr als möglich dem nachbildet,
von dem er vorher ankündigt, daß er reden werde? — Das müssen wir
sagen. Denn wie könnten wir anders! — Aber sich selbst einem an-
dern nachbilden in Stimme oder Gebärde, das heißt doch den darstel-
len, dem man sich nachbildet? — Was sonst? — In einem solchen Fal-
le also, scheint es, vollbringen dieser und andere Dichter ihre Erzäh-
lung durch Darstellung. — Allerdings. — Wenn nun nirgends der
Dichter sich selbst verbergen wollte: so würde er dann seine ganze
d Erzählung ohne Darstellung verrichtet haben. Damit du aber nicht
sagst, daß du wieder nicht verstehst, wie das geschehen könne, will
ich es dir vortragen. Wenn nämlich Homeros, nachdem er gesagt,
daß Chryses gekommen sei, Lösung für seine Tochter darzubringen
und die Achaier zu bitten, vornehmlich aber die Könige, nachher
nicht, als wäre er Chryses, weiterredete, sondern noch immer als Ho-
meros: so wisse, daß es dann keine Darstellung wäre, sondern ein-
fache Erzählung. Sie würde aber so ungefähr lauten: ich muß sie je-
doch ohne Silbenmaß vortragen, denn ich bin nicht dichterisch: Nach-
e dem der Priester gekommen, wünschte er jenen, daß die Götter ihnen
geben möchten, nach der Einnahme von Troja wohlbehalten zu blei-
ben, sich selbst aber, daß sie die Tochter losgäben für dargebotene
Entschädigung und aus Scheu vor dem Gotte. Als er nun dieses ge-

sagt, begrüßten ihn ehrerbietig die andern und pflichteten ihm bei; Agamemnon aber befahl ihm ergrimmt, jetzt fortzugehen und auch nie wiederzukehren, damit ihm dann nicht auch der Stab und der Lorbeer des Gottes unnütz wären. Ehe aber seine Tochter loskäme, sagte er, solle sie bei ihm in Argos alt werden. Und gehen hieß er ihn und ihn nicht reizen, damit er wohlbehalten heimkehren möge. Der Alte, als er dies vernommen, fürchtete sich und ging schweigend 394 a
fort. Als er aber das Lager hinter sich hatte, betete er vieles zum Apollon, bei allen Namen ihn anrufend und ihm in Erinnerung bringend und anrechnend, was er ihm jemals bei Erbauungen von Tempeln und Darbringung von Opfern Wohlgefälliges geleistet: dafür, flehte er nun, möchte seine Tränen den Achaiern Apollon vergelten mit seinem Geschoß. Auf diese Art, sprach ich, Freund, macht sich ohne Darstellung eine einfache Erzählung. — Ich verstehe, sagte er. — b

[7. Geeignetheit des Geschäfts der Darstellung für die Wächter?]
Verstehe aber auch noch, sprach ich, wie hiervon wiederum das Gegenteil erfolgt, wenn jemand, das dem Dichter Angehörige zwischen den Reden herauswerfend, nur die Wechselreden übrig läßt. — Auch dieses, sagte er, verstehe ich, daß es mit den Tragödien eine solche Bewandtnis hat. — Und jetzt denke ich dir schon deutlich zu machen, was ich vorher nicht vermochte, daß von der gesamten Dichtung und Fabel einiges ganz in Darstellung besteht, wie du sagst die Tragödie c
und Komödie, anderes aber in dem Bericht des Dichters selbst, welches du vorzüglich in den Dithyramben finden kannst, noch anderes aus beiden verbunden, wie in der epischen Dichtkunst und auch vielfältig anderwärts, wenn du mich verstehst. — Ich begreife jetzt sehr gut, sagte er, was du damals sagen wolltest. — Auch des noch Früheren erinnere dich also, als wir sagten, was geredet werden soll, sei schon bestimmt, wie aber, das sei noch zu erwägen. — Dessen erinnere ich mich freilich. — Dieses nun war es eben, was ich meinte, daß d
es nötig wäre, uns darüber zu verständigen, ob wir die Dichter darstellend ihre Erzählungen vortragen lassen sollen, oder ob einiges zwar darstellend, anderes aber nicht, und was doch auf jede von beiden Arten, oder ob sie gar nicht darstellen sollen. — Ich ahne, sagte er, du willst überlegen, ob wir die Tragödie und Komödie in unseren Staat aufnehmen sollen, oder ob auch nicht. — Vielleicht, sprach ich, auch noch mehr als dies, denn ich weiß es weiter noch nicht; sondern wohin uns die Rede, unser Wind gleichsam, bringen wird, dahin müssen wir gehen. — Gar recht, sagte er, sprichst du. — Dieses also, o Adeimantos, betrachte, ob unsere Wehrmänner darstellend sein sol- e
len oder nicht. Oder gehört auch dies unter das Vorige, daß jeder einzelne *eine* Verrichtung zwar vollkommen verrichten kann, viele aber nicht, sondern wenn er dies unternähme, indem er sich mit vielerlei befaßte, alles so weit verfehlen würde, daß er sich nirgendwo auszeichnete? — Das kann er wohl nicht anders. — Also gilt auch wohl von der Darstellung das nämliche, daß derselbe vielerlei so gut wie eines darzustellen nicht imstande ist. — Freilich nicht. — Das hat also gute Wege, daß jemand sich zugleich irgendeines würdigen Ge- 395 a

schäftes befleißigen und dabei noch vielerlei darstellen und im Dar-
stellen ein Künstler sein sollte; da ja nicht einmal zweierlei Darstel-
lungen, die einander doch nahe genug zu stehen scheinen, dieselben
Personen gut darstellen können, wie Komödien- und Tragödiendich-
ter. Oder nanntest du diese nicht eben Darstellungen? — Das tat ich,
und du sagst ganz recht, daß dieselben Männer sich nicht auf beider-
lei verstehen. — Auch nicht Rhapsode und Schauspieler ist ja jemand
zugleich. — Richtig. — Ja auch nicht einmal dieselben Schauspieler
haben sie in der Komödie und in der Tragödie. Das alles aber sind
b doch Darstellungen; oder nicht? — Darstellungen. — Und in noch
kleinere Teile als diese, o Adeimantos, scheint mir die menschliche
Natur so zerstückelt zu sein, daß einer unfähig ist, vielerlei schön
darzustellen oder jenes selbst zu verrichten, wovon eben die Darstel-
lungen Abbilder sein sollen. — Vollkommen richtig, sprach er. —

*[8. Allein die Darstellung des Männlichen, Besonnenen und Guten
ist den Wächtern erlaubt]* Wenn wir also unsere erste Rede aufrecht-
halten wollen, daß die Wehrmänner uns von allen Geschäften ent-
c bunden nichts anderes schaffen sollen, als nur die Freiheit des Staates
recht vollkommen, und nichts betreiben, was nicht hierzu beiträgt: so
dürfen sie eben gar nichts anderes verrichten oder nachahmend dar-
stellen; wenn aber darstellen, dann mögen sie nur, was dahin ge-
hört, gleich von Kindheit an nachahmen, tapfere Männer, besonne-
ne, fromme, edelmütige und anderes der Art, Unedles aber weder ver-
richten noch auch es nachzuahmen geschickt sein, noch sonst etwas
Schändliches, damit sie nicht von der Nachahmung das Sein davon-
d tragen. Oder hast du nicht bemerkt, daß die Nachahmungen, wenn
man es von Jugend an stark damit treibt, in Gewöhnungen und in
Natur übergehen, es betreffe nun den Leib oder die Töne oder das
Gemüt? — Allerdings, sprach er. — Wir werden also nicht erlauben,
daß die, von denen wir sagen, daß wir uns ihrer annehmen und daß
sie tüchtige Männer werden sollen, ein Weib darstellen, da sie doch
Männer sind, mag es nun eine Junge sein oder Alte, die auf ihren
Mann schimpft oder die mit den Göttern eifert und gegen sie groß-
e tut, weil sie sich einbildet, glückselig zu sein, oder die sich in Un-
glück und Trauer und Jammer befindet; eine Kranke aber gar oder
Verliebte oder Gebärende noch viel weniger. — Ganz gewiß, sagte er.
— Also auch nicht Mägde und Knechte, welche tun, was Knechte pfle-
gen. — Auch das nicht. — Also auch wohl nicht schlechte Männer,
wie ja folgt, feigherzige und die das Gegenteil ausüben von dem vor-
her Beschriebenen, einander beleidigend und verspottend und be-
schimpfend im Rausch oder auch nüchtern, und was sonst solche in
396 a Worten und Taten untereinander und gegen andere begehen. Ich
denke aber, auch Wahnsinnigen muß man sie nicht gewöhnen sich
ähnlich zu machen in Reden oder Taten. Denn kennen muß man frei-
lich wahnsinnige ebenso wie böse Männer und Frauen, dichten aber
oder darstellen nichts von ihnen. — Vollkommen richtig! sagte er.
— Wie aber Schmiedende oder die sonst in einer Handarbeit begrif-
b fen sind, oder Rudernde im Kriegsfahrzeug oder ihre Befehlshaber

oder sonst etwas von solchen Dingen, sollen sie das durch Nachah-
mung darstellen? – Und wie doch, sagte er, da ihnen ja nicht einmal
erlaubt sein soll, auf irgend etwas der Art auch nur zu achten! – Wie
aber wiehernde Pferde und brüllende Stiere und rauschende Flüsse
und brausende Meere und Donner und alles dergleichen wiederum,
werden sie das wohl darstellen? – Es ist ihnen ja untersagt, sprach
er, sowohl toll zu sein als Tollen sich nachzubilden. – Wenn ich also,
sprach ich, recht verstehe, was du sagst; so gibt es eine Art des Vor-
trags und der Erzählung, deren sich der wahrhaft Gute und Treff-
liche bedienen wird, sooft er etwas zu sagen hat, und wiederum eine c
andere dieser unähnliche Art, an die sich immer der halten und dar-
in vortragen wird, der entgegengesetzt geartet und gebildet ist. –
Und was für welche, fragte er, sind diese? – Mich dünkt nämlich,
sprach ich, der verständige Mann, wenn er in der Erzählung auf eine
Rede oder Handlung eines wackeren Mannes kommt, wird er sie
wohl als selbst jener seiend vortragen wollen und sich einer solchen
Nachahmung nicht schämen, und zwar vorzüglich den wackeren
Mann nachahmend, wenn er sicher und besonnen handelt, minder d
aber schon und weniger, wenn er durch Krankheit oder Liebe unsi-
cher gemacht ist oder durch einen Rausch oder sonst ein Mißgeschick;
kommt er aber an einen seiner Unwürdigen, so wird er nicht ernst-
hafterweise sich dem Schlechteren nachbilden wollen, es müßte denn
sein in wenigem, wenn auch ein solcher einmal etwas Gutes ausrich-
tet; sondern er wird sich schämen, sowohl weil er ungeübt ist, solche
nachzuahmen, als auch weil er unwillig ist, in die Formen Schlech-
terer sich einzuzwängen und abzudrücken, und es sich zur Schmach e
rechnet in seiner Seele, es müßte denn ganz zum Scherz geschehen.
– Das leuchtet ein, sagte er. –

*[9. Zulassung nur jener Vortragsweise im Staat, die dem Tugendhaf-
ten zukommt]* Also wird er sich einer solchen Erzählung bedienen,
wie wir sie kurz vorher gezeigt haben an den homerischen Gedich-
ten, und sein Vortrag wird allerdings teilhaben an beiden, der Dar-
stellung und der eigentlichen Erzählung, jedoch so, daß in einem gro-
ßen Umfang von Rede nur ein kleiner Teil Darstellung vorkommen
wird. Oder ist das nichts gesagt? – Vollkommen so, sprach er, wie
eines solchen Redners Art und Weise notwendig sein wird. – Also
auch, sprach ich, wer nicht ein solcher ist, wird wiederum, je schlech- 397 a
ter er ist, um desto mehr alles darstellen und nichts seiner für unwert
halten; so daß er unweigerlich alles im Ernst und vor vielen nachah-
men wird, sowohl wovon wir eben sprachen als auch Donner und
Geräusch von Sturm und Hagel und von Achsen und Rädern, und
Töne von Trompeten und Flöten und Pfeifen und allen Instrumen-
ten, und dazu die Stimme von Hunden und Schafen und Vögeln:
kurz, der ganze Vortrag von solchen wird nachahmend sein an Stim- b
me und Gebärden oder nur wenig reine Erzählung haben. – Not-
wendig, sagte er, ist auch dieses so. – Dieses nun, sprach ich, sind die
beiden Arten des Vortrages, die ich meinte. – Das sind sie. – Nun
hat doch wohl die eine von ihnen nur geringe Veränderungen, und

wenn jemand dem Vortrag angemessene Gesangsweise und Takt unterlegen will, so wird der richtig Redende fast immer nach derselben Weise zu reden haben und nach einer Tonart, denn die Veränderungen sind nur gering, und ebenso ungefähr wird es auch mit dem
c Takte sein. – Offenbar, sagte er, verhält es sich so. – Wie aber die Gattung des anderen? Bedarf die nicht im Gegenteil aller Tonarten und aller Bewegungen, wenn sie gehörig vorgetragen werden soll, weil sie so vielfältige Arten von Veränderungen enthält? – Gar sehr verhält es sich so. – Müssen nun nicht alle Dichter und alle, die etwas vortragen, entweder mit dem einen oder dem andern dieser Urbilder des Vortrages zusammentreffen, oder aus beiden eins mischen? – Notwendig, sagte er. – Wie wollen wir es also halten? sprach ich.
d Wollen wir alle diese in unsere Stadt aufnehmen oder nur den einen von den Ungemischten oder den Gemischten? – Wenn meine Meinung durchgeht, sagte er, nur den Nachahmer des Tugendhaften, den Ungemischten. – Aber doch, o Adeimantos, ist auch der Gemischte sehr anmutig, bei weitem am angenehmsten aber ist den Knaben und ihren Führern der Entgegengesetzte von dem, den du wählst, und so auch dem größten Haufen des Volks. – Am angenehmsten freilich. – Vielleicht aber, sprach ich, meinst du, er schicke sich nicht
e in unsere Verfassung, weil es keinen zweigestaltigen oder gar vielgestaltigen Mann bei uns gibt, da jeder nur eins verrichtet. – Freilich schickt er sich nicht. – Deshalb nun werden wir allein in einer solchen Stadt den Schuster nur als Schuster finden und nicht auch als Steuermann neben der Schusterei, und den Landmann nur als Landmann, nicht auch als Richter neben dem Ackerbau, und den Krieger nur als Krieger, nicht auch als Gewerbsmann neben der Kriegskunst, und so alle. – Richtig, sagte er. – Einem Mann also, wie es scheint,
398 a der sich künstlicherweise vielgestaltig zeigen kann und alle Dinge nachahmen, wenn uns der selbst in die Stadt käme und auch seine Dichtungen uns darstellen wollte, dem würden wir Verehrung bezeigen als einem heiligen und wunderbaren und anmutigen Mann, würden ihm aber sagen, daß ein solcher bei uns in der Stadt nicht sei und auch nicht hineinkommen dürfe, und würden ihn, das Haupt mit vieler Salbe begossen und mit Wolle bekränzt, in eine andere
b Stadt geleiten, selbst aber uns mit dem strengeren und minder anmutigen Dichter und Fabellehrer der Nützlichkeit wegen begnügen, der uns den Vortrag des würdigen Mannes nachahmend darstellt und, was er sagt, nach jenen Vorschriften redet, die wir schon anfänglich zu Gesetzen gemacht haben, als wir es unternahmen, die Krieger zu erziehen. – Gewiß, sagte er, so würden wir es machen, wenn es von uns abhinge. – Nun aber, sprach ich, Lieber, scheint uns der Teil der Musik, der es mit den Reden und Fabeln zu tun hat, ganz abgehandelt zu sein; denn was gesprochen werden soll und wie, haben wir bestimmt. – Das scheint mir selbst so, sagte er. –

[10. Auswahl zuzulassender Tonarten und Musikinstrumente]

c Nun wäre also noch der Teil von der Art und Weise der Gesänge und ihrer Begleitung übrig? – Offenbar. – Könnten aber nun nicht

alle und jeder schon selbst finden, was wir darüber zu sagen haben
und wie beides beschaffen sein muß, wenn wir mit dem vorher Ge-
sagten auch hier übereinstimmen wollen? — Da lachte Glaukon und
sagte: Ich also, o Sokrates, scheine keiner von diesen allen und je-
den zu sein; wenigstens wüßte ich nicht gleich im Augenblick gründ-
lich meine Meinung darüber abzugeben, was wir wohl sagen müs-
sen, ich ahne es jedoch. — Auf alle Weise, sprach ich, wirst du doch
dieses gründlich zu sagen wissen, daß der Gesang aus dreierlei be-
steht: den Worten, der Tonsetzung und dem Zeitmaß. — Ja, sagte d
er, das wohl. — Was nun daran Rede ist, kann doch nicht unter-
schieden sein von der nicht gesungenen Rede in bezug darauf, daß
es nach demselben Vorbild gesprochen werden muß, welches wir vor-
her beschrieben haben, und auf gleiche Weise? — Richtig, sagte er.
— Und Tonart und Takt müssen doch der Rede folgen? — Wie soll-
ten sie nicht? — Aber Klagen und Jammer, sagten wir doch, brauch-
ten wir in Reden gar nicht. — Freilich nicht. — Welches sind nun die
klagenden Tonarten? Sage du es mir, denn du bist ja ein Tonkünst- e
ler. — Die vermischtlydische und die hochlydische und einige ähn-
liche. — Diese also sind auszuschließen; denn sie sind schon Weibern
nichts nütze, die tüchtig werden sollen, geschweige Männern. —
Freilich. — Aber Trunkenheit ist doch für Wehrmänner das Un-
ziemlichste, und Weichlichkeit und Faulheit. — Gewiß. — Welche
Tonarten sind also weichlich und bei Gastmahlen üblich? — Ioni-
sche, sprach er, und lydische werden schlaff genannt. — Wirst du
also diese, Lieber, für kriegerische Männer wohl irgend brauchen 399 a
können? — Keineswegs, sagte er, und also scheint dir nur dorisch
und phrygisch übrigzubleiben. — Ich kenne, sagte ich, die Tonarten
nicht; aber lasse mir jene Tonart übrig, welche dessen Töne und Sil-
benmaße angemessen darstellt, der sich in kriegerischen Verrichtun-
gen und in allen gewalttätigen Zuständen tapfer beweist, und der
auch, wenn es mißlingt oder wenn er in Wunden und Tod geht oder
sonst von einem Unglück befallen wird, in dem allen wohlgerüstet b
und ausharrend sein Schicksal besteht. Und noch eine andere für den,
der sich in friedlicher und nicht gewaltsamer, sondern gemächlicher
Tätigkeit befindet, sei es, daß er einen andern wozu überredet und
erbittet, durch Flehen Gott oder durch Belehrung und Ermahnung
Menschen, sei es im Gegenteil, daß er selbst einem andern Bitten-
den oder Belehrenden und Umstimmenden stillhält und demgemäß
vernünftig handelt und nicht hochfahrend sich beweist, sondern be-
sonnen und gemäßigt in alledem sich beträgt und mit dem Ausgang
zufrieden ist. Diese beiden Tonarten, eine gewaltige und eine ge- c
mächliche, welche der Unglücklichen und Glücklichen, der Besonne-
nen und Tapferen Töne am schönsten nachahmen werden, diese las-
se mir. — Wohl! sprach er, du willst keine andern behalten, als die
ich schon eben nannte. — Also, sprach ich, werden wir keiner viel-
saitigen Instrumente und keines auf allerlei Tonarten eingerichte-
ten bedürfen zu unsern Gesängen und Liedern. — Nein, sagte er, es
scheint nicht. — Leute also, die Harfen und Zimbeln machen und
alle Instrumente, die aus vielen Saiten bestehen und für viele Ton- d

arten gerecht sind, werden wir nicht hegen. — Offenbar nicht. —
Und wie? Wirst du Flötenmacher oder Flötenspieler in die Stadt
aufnehmen? Oder ist nicht dies das vielsaitigste Instrument, und
sind nicht die auf alle Tonarten eingerichteten nur Nachahmungen
der Flöte? — Offenbar, sprach er. — Also bleiben dir die Lyra übrig
und die Kithara, und diese sind in der Stadt zu brauchen; und auf
dem Lande dagegen würden die Hirten irgendeine Art von Pfeife ha-
ben. — So zeigt uns wenigstens die Rede, sagte er. — Und wir werden
e ja auch wohl nichts Arges tun, sprach ich, wenn wir denn Apollon und
dessen Instrumente dem Marsyas und den seinigen vorziehen. —
Nein beim Zeus, sprach er, gewiß nicht. — Und beim Hunde, fuhr
ich fort, ohne es gemerkt zu haben, reinigen wir wieder die Stadt,
von der wir vorher sagten, sie schwelge. — Daran tun wir ja sehr
weise, sprach er. —

*[11. Erwägungen über den Rhythmus. Wohlanständigkeit der Seele
als leitendes Prinzip]* Wohlan denn, sprach ich, reinigen wir auch
noch das Übrige! Denn auf die Tonarten folgt nun billig das, was
die Zeitmaße angeht, daß wir darin auch nicht das Mannigfaltige
suchen noch Bewegungen von aller möglichen Art, sondern nur se-
hen, welches die Zeitmaße eines sittsamen und tapferen Lebens sind;
und wenn wir diese gefunden haben, daß wir dann solchem Ver-
400 a hältnis auch den Fuß zu folgen nötigen und das Lied, nicht aber die
Rede dem Fuße oder dem Liede. Welches aber diese Taktarten sind,
das ist, wie auch bei den Tonarten, deine Sache, anzugeben. — Aber
beim Zeus, sprach er, ich weiß es nicht zu sagen. Denn daß es etwa
drei Arten gibt, aus denen alle Bewegungen zusammengesetzt wer-
den, so wie bei den Tönen vier, aus denen alle Tonarten, dies habe
ich angeschaut und könnte es sagen; was für eine Lebensweise aber
jede darstellt, das wüßte ich nicht zu sagen. — So wollen wir denn
b dies, sagte ich, erst mit dem Damon beraten, was für Bewegungen
wohl der Gemeinheit, dem Mutwillen, der Wildheit und andern
Schlechtigkeiten angemessen sind und was für Zeitmaße wir für die
entgegengesetzten aufbewahren müssen. Ich erinnere mich freilich
wohl, nur nicht deutlich genug, von ihm gehört zu haben, daß er
einen ‹zusammengesetzten enoplischen› nannte und einen ‹dakty-
lischen› Fuß, und daß er den ‹heroischen› Rhythmus, ich weiß
nicht wie, einrichtete und oben und unten gleichsetzte, so daß er
in Länge und Kürze endet, und einen andern, glaube ich, nannte
er ‹Jambos›, einen andern ‹Trochaios›, und wies ihnen Längen
c und Kürzen an. Und an einigen von diesen tadelte und lobte er,
glaube ich, die Setzung der Füße nicht minder als die Takte selbst
— oder war es etwas aus beiden Zusammengesetztes; denn ich
weiß es nicht recht zu sagen. Aber wie gesagt, dies soll für den Da-
mon aufgehoben werden. Denn es auseinanderzusetzen ist keine
kleine Sache. Oder meinst du? — Nein, ich beim Zeus nicht. — Das
aber kannst du doch wohl unterscheiden, daß das Wohlanständige
und Unanständige dem Wohlgemessenen und Ungemessenen folgt?
d — Wie sollte ich nicht! — Aber das Wohlgemessene und Ungemes-

sene, davon wird jenes dem schönen Vortrage sich anbildend folgen,
dieses dem entgegengesetzten, und das Wohlklingende und Miß-
klingende gleichermaßen, wenn doch überhaupt Zeitmaß und Ge-
sangsweise der Rede, und nicht die Rede ihnen? — Allerdings, sprach
er, müssen diese der Rede folgen. — Wie aber, sprach ich, die Art
und Weise des Vortrages und die Rede? Folgt diese nicht der Gesin-
nung der Seele? — Wie sollte sie nicht! — Und dem Vortrage das üb-
rige? — Ja. — Also Wohlredenheit und Wohlklang und Wohlan-
ständigkeit und Wohlgemessenheit, alles folgt der Wohlgesinntheit
und Güte der Seele, nicht etwa, wie wir beschönigend auch den Dum- e
men eine gute Seele nennen, sondern dem wahrhaft gut und schön
der Gesinnung nach geordneten Gemüt. — Auf alle Weise, sagte er.
— Müssen nun nicht nach all diesem auf alle Weise die Jünglinge
trachten, wenn sie das Ihrige tun sollen? — Freilich müssen sie. —
Denn voll ist ja davon die Malerei und alle Arbeiten dieser Art, voll 401 a
auch die Weberei, die einfache sowohl als die künstliche, und die
Baukunst und die Verfertigung aller übrigen Gerätschaften, ferner
auch des Leibes Natur und aller andern Gewächse; denn alledem
wohnt ein eine Wohlanständigkeit oder Unanständigkeit; und die
Unanständigkeit und Ungemessenheit und Mißtönigkeit sind dem
schlechten Geschwätz und der Übelgesinntheit verschwistert, das Ge-
genteil aber ist mit dem Gegenteil, dem besonnenen und guten Ge-
müt, verschwistert und dessen Darstellung. — Vollkommen richtig,
sagte er. —

[12. Sinn und Ziel der musikalischen Erziehung] Müssen wir also b
die Dichter allein in Aufsicht halten und sie nötigen, dieser guten
Gesinnung Bild ihren Dichtungen einzubilden oder überhaupt bei
uns nicht zu dichten? Oder müssen auch alle andern Werkleute unter
Aufsicht stehen und abgehalten werden, dies Bösartige und Unbän-
dige und Unedle und Unanständige in Abbildung des Lebenden oder
in Gebäuden oder an irgendeinem andern Werk anzubringen; oder
wer das nicht könnte, dem wäre nicht zu verstatten, bei uns zu ar-
beiten, damit nicht unsere Wehrmänner, wenn sie bei Bildern des
Schlechten aufgezogen werden wie bei schlechtem Futter und täglich c
in kleiner Menge vieles von vielerlei abpflücken und genießen, am
Ende unvermerkt sich ein großes Übel in ihrer Seele angerichtet ha-
ben. Sondern solche Künstler müssen wir suchen, welche eine glück-
liche Gabe besitzen, der Natur des Schönen und Anständigen über-
all nachzuspüren, damit unsere Jünglinge, wie in einer gesunden Ge-
gend wohnend, von allen Seiten gefördert werden, woher ihnen auch
immer gleichsam eine milde, aus heilsamer Gegend Gesundheit her-
wehende Luft irgend etwas von schönen Werken für das Gesicht oder d
Gehör zuführen möge und so unvermerkt gleich von Kindheit an
sie zur Ähnlichkeit, Freundschaft und Übereinstimmung mit der
schönen Rede geleitet. — Bei weitem, sagte er, würden sie auf diese
Art am schönsten erzogen werden. — Beruht nun nicht eben deshalb,
o Glaukon, sagte ich, das Wichtigste in der Erziehung auf der Mu-
sik, weil Zeitmaß und Wohlklang am meisten in das Innere der See-

le eindringen und sich ihr auf das kräftigste einprägen, indem sie
Wohlanständigkeit mit sich führen und also auch wohlanständig
e machen, wenn einer richtig erzogen wird, wenn aber nicht, dann das
Gegenteil? Und weil auch wiederum, was verfehlt und nicht schön
durch Kunst gearbeitet oder von Natur geartet ist, der hierin wie es
sich gebührt Erzogene am schärfsten bemerken und daher mit ge-
rechtem Unwillen darüber das Schöne loben wird und freudig in die
Seele es aufnehmend sich daran nähren und selbst gut und edel wer-
402 a den, das Unschöne aber mit Recht tadeln und hassen wird auch schon
in der Jugend und ehe er noch imstande ist, vernünftige Rede anzu-
nehmen; ist ihm aber diese erst nahegetreten, dann auch der so Er-
zogene sie am meisten lieben wird, da er sie an der Verwandtschaft
erkennt? — Mir wenigstens, sagte er, scheint solcher Ursache we-
gen die Erziehung auf der Musik zu beruhen. — Wie es ja auch,
fuhr ich fort, was das Leben betrifft, erst dann gut um uns stand,
als von den Buchstaben uns nicht mehr entging, daß ihrer nur we-
nige sind, die aber in allem immer wieder vorkommen, und wir sie
b weder in Kleinem noch in Großem geringachten wollten, als brauche
man nicht auf sie merken, sondern überall so bestrebt waren, sie zu
erkennen, als könnten wir nicht eher Sprachkundige werden, bis es
so mit uns stehe. — Richtig. — Und gewiß auch die Bilder der Buch-
staben, wenn sie uns irgend im Wasser oder in Spiegeln erschienen,
würden wir nicht eher erkennen, bis wir jene selbst kennen, sondern
beides gehört zu derselben Kunst und Geschicklichkeit? — Auf alle
Fälle freilich. — Werden wir nun nicht, bei den Göttern, was ich eben
c sagen will, auch nicht eher musikalisch sein, weder wir selbst noch
Wächter, die von uns erzogen werden sollen, bis wir die Gestalten
der Besonnenheit und der Tapferkeit und des Edelsinns und der
Großmut und was dem verschwistert ist, so wie auch wiederum die
des Gegenteils, wie sie überall vorkommen, erkennen und merken,
daß sie da sind, wo sie sind, sie selbst und ihre Bilder, und sie in
Kleinem so wenig als in Großem geringachten, sondern denken, daß
dies alles derselben Kunst und Geschicklichkeit angehöre? — Ganz
d notwendig, sagte er. — Und nicht wahr, sprach ich, bei wem zusam-
mentreffen schöne Gesinnungen, die der Seele einwohnen, und in
der Gestalt ihnen Gleichmäßiges und Übereinstimmendes, weil der-
selben Grundzüge teilhaftig, der wäre das schönste Schauspiel für
den, der schauen kann? — Bei weitem. — Und das Schönste ist doch
das Liebenswürdigste? — Wie sollte es nicht! — Menschen also, wel-
che soviel als möglich so beschaffen sind, würde der Musikalische
lieben; in wem aber solche Übereinstimmung nicht wäre, den würde
er nicht lieben. — Gewiß nicht, sagte er, wenn es ihm nämlich der
Seele nach irgend daran fehlte; wenn aber nur dem Leibe nach, das
e könnte er wohl ertragen, so daß er sich doch mit ihm begnügen
wollte. — Ich merke wohl, sprach ich, daß du einen solchen Liebling
hast oder gehabt hast, und ich räume es dir ein. Dieses aber sage
mir, hat Besonnenheit wohl mit überschwenglicher Lust irgend Ge-
meinschaft? — Wie könnte sie wohl mit dieser, sprach er, die ja nicht
minder besinnungslos macht als die Unlust? — Aber die übrige Tu-

gend? — Auf keine Weise. — Wie aber Schamlosigkeit und Unge- 403 a
bundenheit? — Diese wohl vorzüglich. — Und kennst du wohl eine
größere und heftigere Lust als die am Geschlechtstriebe? — Ich kei-
ne, sprach er, und ebensowenig eine tollere. — Die Art der wahren
Liebe aber ist es, einen Sittsamen und Schönen auch besonnen und
gleichsam musikalisch zu lieben? — Allerdings, sagte er. — Nichts
Tolles also noch der Ungebundenheit Verwandtes darf man zur wah-
ren Liebe hinzubringen? — Nicht hinzubringen. — Also darf man
auch jene Lust nicht hinzubringen, noch dürfen Liebhaber und Lieb- b
ling teil an ihr haben, die wahrhaft lieben und geliebt werden? —
Nein beim Zeus, o Sokrates, sagte er, man darf sie nicht hinzubringen.
— Dergestalt also, wie sich zeigt, wirst du die Sitte festsetzen in der
von uns gegründeten Stadt, daß der Liebhaber den Liebling lieben,
mit ihm umgehen und ihm des Schönen wegen anhängen darf wie
einem Sohne, wenn es mit seinem guten Willen geschieht; übrigens
aber müsse jeder, um wen er sich auch bemühe, mit diesem so um-
gehen, daß es auch nie den Schein gewinne, als erstrecke sich ihr
Verhältnis noch weiter; wo nicht, so verfalle er in den Vorwurf des c
Unmusikalischen und Gemeinen. — So sei es, sagte er. — Scheint nun
nicht auch dir, sprach ich, daß die Rede über die Musik uns am Ende
ist? Wenigstens wo sie enden soll, hat sie geendet. Das Musikali-
sche soll nämlich wohl enden in die Liebe zum Schönen. — Ich stim-
me bei, sagte er. —

[13. Die gymnastische Erziehung. Vorschriften für die Speisen und die übrige Lebensweise]

Nächst der Musik aber müssen wir unsere Jünglinge durch Gym-
nastik erziehen. — Notwendig. — Aber auch von dieser Seite müs-
sen sie sorgsam erzogen werden von Kindheit an ihr Leben lang. Es
verhält sich aber damit, wie ich glaube, etwa so. Betrachte du es nur d
auch! Mir nämlich schwebt nicht vor, daß, was ein brauchbarer Leib
ist, durch seine Tugend die Seele gut macht; sondern umgekehrt, daß
die vollkommene Seele durch ihre Tugend den Leib aufs bestmög-
liche ausbildet. Wie aber scheint es dir? — Auch mir, sagte er, eben-
so. — Wenn wir es also der Seele, die wir gehörig gebildet haben,
überließen, von allem, was den Leib betrifft, das Genauere festzu-
stellen, selbst aber nur die Grundzüge zeichneten, um nämlich nicht
weitläufig zu werden: so würden wir es wohl recht machen? — Ganz e
gewiß. — Der Trunkenheit nun haben wir schon gesagt, daß sie sich
enthalten müssen. Denn allen könnte das wohl eher zustehen als
dem Wächter, in der Trunkenheit nicht zu wissen, wo in der Welt er
ist. — Lächerlich, sprach er, wäre es freilich, wenn der Hüter selbst
eines Hüters bedürfte. — Wie aber mit der Speise? Kämpfer sind die
Männer doch in dem wichtigsten Kampf. Oder nicht? — Ja. — Würde
also etwa die Beschaffenheit derer, die ihren Leib zu Kämpfen üben, 404 a
auch ihnen wohl bekommen? — Vielleicht wohl. — Aber diese ist
doch ziemlich verschlafen und, was die Gesundheit betrifft, unzuver-
lässig. Oder siehst du nicht, daß diese Kämpfer vom Handwerk ihr
Leben verschlafen, und sobald sie nur im mindesten von der festge-

setzten Lebensordnung abweichen, auch gleich schwer und heftig er-
kranken? — Das sehe ich. — Also einer auserleseneren Übung, sprach
ich, werden unsere kriegerischen Kämpfer bedürfen, da sie ja wie
Hunde notwendig wachsam sein müssen und möglichst scharf sehen
und hören und weil sie sich im Felde vielerlei Abwechslungen des
b Getränkes und der Speisen und so auch der Hitze und Kälte müssen
gefallen lassen, nicht zärtlich sein dürfen von Gesundheit. — Das
leuchtet ein. — Also wäre wohl die beste Gymnastik verschwistert
mit jener einfachen Musik, die wir vor kurzem durchgenommen ha-
ben. — Wie meinst du das? — Einfach und schlicht, meine ich, ist bil-
lig die Behandlung des Leibes, vorzüglich für die, welche es mit dem
Kriege zu tun haben. — In welcher Art? — Dergleichen, sprach ich,
kann einer ja auch schon vom Homeros lernen. Denn du weißt ja,
daß er im Felde bei den Gastmahlen seiner Helden sie weder mit Fi-
c schen bewirtet, und das, obwohl sie doch an der See am Hellespont
sind, noch mit gekochtem Fleisch, sondern nur mit geröstetem, was
ja den Kriegsmännern am leichtesten bei der Hand ist. Denn es ist
ja überall, um es kurz zu sagen, leichter, das Feuer selbst zu brau-
chen, als erst Gefäße mit sich zu führen. — Freilich wohl. — Und von
Gewürzen oder Süßigkeiten, glaube ich, kommt bei Homeros über-
haupt nichts vor. Oder wissen das auch schon unsere anderen Kampf-
männer, daß, wer seine Leibesstärke befestigen will, sich von allem
derartigen enthalten muß? — Sehr gut, sagte er, wissen sie es und
d enthalten sich dessen. — Syrakusische Tische, Lieber, und sizilische
Mannigfaltigkeit von Speisen, scheint es also, wirst du nicht loben,
wenn du jenes für richtig hältst. — Nein, dünkt mich. — Du tadelst
also auch wohl, wenn Männer, die starken Leibes sein sollen, korin-
thische Mädchen liebhaben? — Auf alle Weise gewiß. — Also auch
den gerühmten Wohlgeschmack des attischen Backwerkes? — Notwen-
dig. — Nämlich diese ganze Art zu speisen und die übrige Lebens-
weise, glaube ich, könnten wir sehr richtig jenem Gesang und jener
e Tonsetzung vergleichen, die durch alle Tonarten und Zeitmaße sich
bewegen. — Das könnten wir. — Dort nun erzeugte uns die Künstelei
Ungebundenheit und hier Krankheit, die Einfachheit aber der Musik
Besonnenheit in der Seele und die der Gymnastik Gesundheit im Lei-
405 a be. — Vollkommen richtig, sagte er. — Wenn uns aber Ungebunden-
heit und Krankheit in der Stadt überhandnehmen, werden sich dann
nicht Krankenhäuser und Gerichtshäuser in Menge eröffnen und
Rechtsgelehrtheit und Heilkunst sich breitmachen, wenn ja auch Frei-
bürtige in Menge eifrig damit beschäftigt sind? — Wie sollten sie
nicht? —

*[14. Ausgebreitete Rechtsgelehrsamkeit und entwickelte Heilkunst
als Anzeichen schlechter Sitten]* Und kannst du wohl ein sichereres
Kennzeichen schlechter und verwerflicher Sitten in einer Stadt fin-
den, als wenn darin kunstgeübte Ärzte und Richter nicht nur von den
schlechten Leuten und Handarbeitern gebraucht werden, sondern
auch von denen, die das Ansehen haben wollen, auf edlere Weise ge-
b bildet zu sein? Oder dünkt es dich nicht schmählich und ein großes

Zeichen von Unbildung, wenn man ein von andern gleichsam als
Gebietern und Richtern hergeholtes Recht zu brauchen genötigt ist
aus Mangel an eigenem? – Schmählicher als alles. – Oder dünkt
dich, sprach ich, noch schmählicher als jenes dieses zu sein, wenn ei-
ner nicht nur einen großen Teil seines Lebens, bald verklagend, bald
verklagt, vor den Gerichtshöfen zubringt, sondern auch aus Unbil-
dung sich einreden läßt, er könne eben damit großtun als ein Mei-
ster im Unrechttun und als geschickt genug, sich durch alle Krüm- c
mungen zu winden und auszurechnen, wie er alle Schlupfwinkel
durchkriechen müsse, um nur so durchzukommen, daß er nicht Stra-
fe zu geben braucht, und das um geringfügige und nichtswerte Din-
ge, ohne zu wissen, wieviel schöner und vortrefflicher es ist, sich sein
Leben so einzurichten, daß man keines gähnenden Richters bedarf?
– Ja dieses, sagte er, wäre noch schändlicher als jenes. – Und der
Heilkunst zu bedürfen, fuhr ich fort, nicht etwa weil man verwun-
det ist oder von solchen Krankheiten befallen, wie die Jahreszeiten
sie bringen, sondern aus Faulheit oder wegen einer Lebensweise wie d
die beschriebene, mit Feuchtigkeit und bösen Dünsten angefüllt wie
ein Sumpf, die trefflichen Asklepiaden zu nötigen, daß sie Dünste
und Flüsse zu Namen von Krankheiten machen müssen, dünkt dich
das nicht schmählich? – Und in der Tat, sagte er, sind das auch neue
und unerhörte Namen von Krankheiten. – Dergleichen man, sprach
ich, wie ich glaube, zu den Zeiten des Asklepios nicht hatte. Ich
schließe das daraus, weil seine Söhne vor Troja die, welche dem ver- e
wundeten Eurypylos auf den pramnischen Wein viel Graupen auf-
gestreut und Käse darüber gerieben, was doch für blähend gehalten 406 a
wird, zu trinken gab, nicht tadelten, noch den Patroklos, der es ihm
verordnet hatte, schalten. – Doch, sagte er, ist es ein wunderliches
Getränk unter solchen Umständen. – Nicht eben, sprach ich, wenn
du nur bedenkst, daß dieser jetzigen die Krankheiten pflegenden und
erziehenden Heilart die Asklepiaden sich vordem nicht bedienten,
wie man sagt, ehe Herodikos sie aufbrachte. Herodikos nämlich, wel-
cher Meister in Leibesübungen war, hat, als er kränklich wurde, sei-
ne Gymnastik in die Heilkunde hineingemischt und dadurch zuerst
und am meisten sich selbst abgequält, hernach aber auch viele an- b
dere. – Wie das? fragte er. – Indem er sich, sprach ich, den Tod
recht lang gemacht hat. Denn seiner Krankheit, welche tödlich war,
immer nachgehend, konnte er, glaube ich, sich selbst nicht heilen, und
lebte so, ohne sich mit etwas anderem zu tun zu machen, immer an
sich kurierend fort, elend, sobald er nur im mindesten von der ge-
wohnten Lebensordnung abwich; und so brachte ihn seine Kunst in
einem schweren Sterben bis zu einem hohen Alter. – Einen schönen
Lohn, sagte er, hat er also von seiner Kunst davongetragen! – Wie
es sich gehörte, sprach ich, für einen, der nicht bedachte, daß Askle- c
pios keineswegs aus Unwissenheit oder Unerfahrenheit in dieser
Gattung der Heilkunst sie seinen Nachkommen nicht gezeigt hat;
sondern weil er wußte, daß überall, wo man auf gute Ordnung hält,
jedem ein Geschäft aufgetragen ist im Staate, das er notwendig ver-
richten muß, mithin keiner Zeit hat, sein Leben lang krank zu sein

und an sich heilen zu lassen, was wir lächerlich genug bei gemeinen
Arbeitern zwar merken, bei den Reichen aber, und die für glücklich
gepriesen werden, nicht merken. — Wieso? fragte er. —

*[15. Ablehnung einer Arzeneikunst, die übermäßige Sorgfalt für
d den kranken Körper anbefiehlt]* Wenn ein Zimmermann krank ist,
sprach ich, so läßt er es sich wohl gefallen, ein Mittel vom Arzt her-
unterzuschlucken, um die Krankheit wegzuspeien, oder sich von un-
ten reinigen zu lassen, oder auch Brennen und Schneiden, um sie los-
zuwerden. Wenn ihm aber einer eine kleinliche Lebensordnung vor-
schreiben wollte, ihm Umschläge um den Kopf legen und was der-
gleichen mehr ist, so sagt er gewiß bald genug, er habe keine Zeit,
krank zu sein, und es helfe ihm auch nicht zu leben, wenn er immer
auf die Krankheit achthaben und sein vorliegendes Geschäft ver-
e nachlässigen solle; und somit sagt er einem solchen Arzte Lebewohl,
begibt sich in seine gewohnte Lebensordnung zurück, und wenn er
gesund wird, lebt er in seinem Geschäft weiter fort, wenn aber der
Körper es nicht ertragen kann, so stirbt er eben und ist aller Händel
ledig. — Einem solchen freilich, sagte er, scheint es zu ziemen, daß
er sich der Heilkunde auf diese Art bediene. — Etwa, sprach ich, weil
407 a er ein Geschäft hatte, und dies nicht mehr vermögend zu verrichten,
nutzte ihm auch nicht zu leben? — Offenbar, sagte er. — Der Reiche
aber, wie wir sagen, hat kein solches Geschäft ihm obliegen, daß,
wenn er genötigt wäre, sich dessen zu enthalten, er auch nicht mehr
leben möchte? — Man sagt es ja wenigstens nicht. — Also auf den
Phokylides, sprach ich, hörst du nicht, wie er sagt, es müsse, wer
schon seinen Lebensunterhalt habe, die Tugend üben? — Ich jeden-
falls denke, sprach er, auch eher schon. — Darüber, sprach ich, wol-
len wir nicht mit ihm streiten, sondern nur uns selbst fragen, ob der
Reiche dieses treiben solle, die Tugend üben, und wenn nicht, dann
b auch ihm nicht lohne zu leben, oder ob die Krankheitsfütterung bei
der Holzarbeit zwar und den andern Künsten hinderlich ist, so daß
man diese dabei nicht achtsam betreiben kann, dem Gebot des Pho-
kylides aber gar nichts in den Weg legt. — Ja, beim Zeus, sprach er,
und zwar fast mehr als irgend etwas hindert diese über die gewöhn-
lichen Übungen hinausgehende übermäßige Sorgfalt für den Kör-
per. Denn auch für die Hauswirtschaft und den Krieg und die ruhige
obrigkeitliche Amtsführung in der Stadt ist sie beschwerlich. — Das
schlimmste aber ist, daß sie auch für jede Art des Lernens, des Beob-
c achtens und des Überdenkens bei sich selbst höchst widerwärtig ist,
wenn einer sich doch immer vor Spannungen im Kopf und vor
Schwindeln fürchtet und behauptet, daß ihm dergleichen aus dem
Nachdenken entstehe; so daß, wo diese ist, sie auf alle Weise hindert,
in irgendeiner Vollkommenheit sich zu üben und zu bewähren. Denn
sie macht, daß man immer glaubt, krank zu sein und nie aufhört,
Not zu haben mit dem Leibe. — Das ist ja natürlich, sagte er. — Wol-
len wir also nicht behaupten, dieses habe auch Asklepios eingesehen
und deshalb die von Natur und infolge ihrer Lebensweise dem Leibe
d nach Gesunden, die nur irgendeine bestimmte Krankheit an sich ha-

ben, für solche Menschen und solche Zustände habe er die Heilkunst
aufgestellt und solchen, wenn er durch innere Mittel und äußere Be-
handlung ihre Krankheiten vertrieb, ihre gewöhnliche Lebensord-
nung anbefohlen, um nicht ihre Verhältnisse im Staate zu verletzen;
die innerlich durch und durch krankhaften Körper aber habe er nicht
versucht durch Lebensordnungen jetzt ein wenig zu erschöpfen und
dann wieder ebenso zu begießen, um den Menschen selbst ein lan-
ges und schlechtes Leben zu bereiten und noch Nachkömmlinge, die,
wie man vermuten muß, nicht besser sein werden, von ihnen zu er-
zielen. Sondern den, der nicht in seinem angewiesenen Kreise zu le- e
ben vermag, den glaubte er auch nicht pflegen zu müssen, weil er
weder sich selbst noch dem Staate nützt. – Recht als einen Staats-
mann, sagte er, stellst du ja den Asklepios dar. – Offenbar, sprach
ich, und auch seine Söhne können ja beweisen, daß er ein solcher war.
Siehst du nicht, daß sie sich vor Troja sehr wacker im Kriege gezeigt 408 a
und daß sie sich auch der Arzneikunst so, wie ich sage, bedient ha-
ben? Oder besinnst du dich nicht, daß sie auch dem Menelaos aus
der Wunde, die ihm Pandaros beibrachte, ‹sogen das quellende Blut
und ihm lindernde Salb' auflegten›, darüber aber, was er hernach
essen oder trinken sollte, ihm ebensowenig als dem Eurypylos etwas
verordneten, als ob nämlich die Mittel schon hinreichen müßten, um
Männer zu heilen, die vor der Wunde gesund waren und mäßig in
ihrer Lebensweise, sollten sie auch eben in dem Augenblick einen b
Mischtrank zu sich genommen haben; wer aber von Natur krank-
haft ist und unmäßig, dem, glaubten sie, helfe es weder selbst noch
andern, daß er lebe, noch müßten sie ihre Kunst auf solche wenden
und sie pflegen, und wenn sie auch reicher wären als Midas. – Recht
herrlich, sagte er, beschreibst du ja die Söhne des Asklepios. –

[16. Beschaffenheit eines guten Arztes und eines guten Richters] Das
gebührt sich auch, sprach ich. Wiewohl, uns nicht zustimmend, die
Tragödiendichter und Pindaros einerseits zwar sagen, Asklepios sei
des Apollon Sohn, dabei aber, er habe sich für Geld gewinnen las-
sen, einen reichen Mann, der schon im Sterben gelegen, zu heilen,
wofür er auch vom Blitz erschlagen worden sei. Wir aber, nach dem c
zuvor schon Gesagten, wollen ihnen das beides nicht glauben; son-
dern wenn er des Gottes Sohn war, werden wir sagen, ging er ge-
wiß nicht auf schnöden Gewinn aus; tat er aber dieses, so war er
nicht des Gottes Sohn. – Ganz richtig, sprach er, ist dies doch gewiß.
Aber was meinst du hierüber, o Sokrates? Müssen wir denn nicht
gute Ärzte im Staat haben? Und werden nicht diejenigen vorzüglich
solche sein, welche möglichst viele Gesunde und Kranke unter den d
Händen gehabt haben, und ebenso auch Richter, welche mit Naturen
von allerlei Art zu tun gehabt haben? – Allerdings, sagte ich, mei-
ne ich gute; aber weißt du wohl, welche ich für solche halte? – Wenn
du es sagst, antwortete er. – Ich will wohl versuchen, sprach ich; du
jedoch hast in derselben Rede nach ganz verschiedenen Sachen ge-
fragt. – Wie das? fragte er. – Ärzte wohl, sagte ich, könnten am
vortrefflichsten werden, wenn sie von Jugend an, außer dem, daß sie

die Kunst erlangen, auch mit möglichst vielen Körpern von der
schlechtesten Beschaffenheit Bekanntschaft gemacht, ja selbst an al-
e len Krankheiten gelitten hätten und gar nicht von besonders gesun-
dem Körperbau wären. Denn nicht mit dem Leibe, denke ich, besor-
gen sie den Leib, sonst dürfte freilich der ihrige auch niemals schlecht
sein oder gewesen sein, sondern mit der Seele den Leib, welche nicht
vermögend ist, wenn sie selbst schlecht ist oder gewesen ist, irgend
409 a etwas gut zu besorgen. – Richtig, sagte er. – Der Richter aber, sagte
ich, o Lieber, gebietet mit der Seele über die Seele, und die seinige
darf also nicht von Jugend an mit schlechten Seelen erzogen worden
und umgegangen sein, noch auch selbst alle Verbrechen begangen
und durchgemacht haben, so daß sie von sich selbst her recht genau
um alle Vergehungen anderer wissen und sie beurteilen könnte, wie
vom eigenen Leibe her die Krankheiten. Vielmehr muß sie ganz un-
bekannt und unvermischt mit schlechten Sitten in ihrer Jugend ge-
halten worden sein, wenn sie als eine gute und edle über das Recht
gesund und richtig entscheiden soll. Daher erscheinen auch in ihrer
Jugend die Rechtschaffenen einfältig und leicht zu hintergehen von
b den Ungerechten, weil sie in sich selbst gar kein Ebenbild finden von
dem, was in den Schlechten vorgeht. – Freilich, sagte er, gar sehr er-
geht es ihnen so. – Darum nun, fuhr ich fort, soll auch ein guter
Richter nicht jung sein, sondern alt, und erst spät gelernt haben, was
die Ungerechtigkeit eigentlich ist, nicht indem er sie etwa in seiner
eigenen Seele einwohnend bemerkt, sondern an fremden Seelen als
ein Fremdes aus langer Betrachtung kennengelernt hat, welch ein
c großes Übel sie ist, durch Einsicht, nicht durch eigene Erfahrung. –
Der stattlichste Richter, sagte er, scheint ein solcher allerdings zu
sein. – Und auch der gute wohl, sprach ich, wonach du ja fragtest.
Denn wer eine gute Seele hat, ist gut. Jener ausgelernte und argwöh-
nische aber, der selbst viel Unrecht begangen hat und darum sich
für verschlagen und klug hält, mag wohl meisterhaft erscheinen,
wenn er es mit ähnlichen zu tun hat, weil er sich vor ihnen zu hüten
weiß, indem er auf die ähnlichen Züge in ihm selbst sieht; wenn er
aber an rechtschaffene Männer und die schon älter sind gerät, zeigt
d er sich dagegen ganz ungeschickt, ungläubig zur unrechten Zeit und
unbekannt mit natürlich guter Gesinnung, weil er von dergleichen
gar kein Ebenbild in sich selbst trägt. Weil er aber freilich öfter mit
Bösartigen als Vernünftigen zusammentrifft, so dünkt er sich selbst
und andern eher weise zu sein als töricht. – Ganz gewiß, sagte er,
ist das ganz richtig. –

*[17. Sinn der gymnastischen Erziehung und ihr Verhältnis zur mu-
sikalischen]* Also, sprach ich, nicht einen solchen Richter muß man
suchen als den guten und weisen, sondern den ersteren. Denn
Schlechtigkeit kann nie die Tugend zugleich und sich selbst erken-
nen, aber die Tugend wird mit der Zeit, wenn die Naturanlage er-
zogen wird, sowohl von sich als der Schlechtigkeit Erkenntnis erlan-
e gen. Weise also, wie mich dünkt, wird dieser und nicht der böse. –
Auch mir, sagte er, scheint es so. – Also nächst solcher Rechtskunde

wirst du auch wohl eine Heilkunde, wie wir sie beschrieben haben, in der Stadt einführen, damit beide diejenigen unter den Bürgern, die gutgeartet sind an Leib und Seele, pflegen mögen, die es aber 410 a
nicht sind, wenn sie nur dem Leibe nach solche sind, sterben lassen, die aber der Seele nach bösartig und unheilbar sind, selbst umbringen. — Das beste wenigstens für die selbst, denen es begegnet, und auch für die Stadt muß dies offenbar sein. — Die Jünglinge nun, fuhr ich fort, werden sich offenbar scheuen, die Hilfe der Rechtskunde zu suchen, wenn sie sich an jene einfache Musik halten, von der wir sagten, daß sie Besonnenheit einflöße. — Allerdings, sagte er. — Wird nun nicht ganz auf derselben Spur der Musikalische auch der Gym- b
nastik nachgehen und sie, wenn er nur will, auch so ergreifen, daß er der Heilkunst nicht anders bedürfen wird, als etwa für einen Notfall? — Mich dünkt es wohl. — Aber die Leibesübungen und Anstrengungen selbst wird er wohl mehr mit Hinsicht auf den natürlichen Mut, um diesen zu erwecken, unternehmen, als daß er eine ausgezeichnete Leibesstärke bezwecken sollte, und nicht wieder, wie die andern Kunstfechter, bloß um mehr Kräfte zu bekommen, sich Speise und Übungen auferlegen. — Ganz richtig. — Also, sprach ich, o Glaukon, die, welche die Erziehung durch Musik und Gymnastik anordnen, meinen es damit nicht so, wie einige glauben, um näm- c
lich durch die eine den Körper zu bilden und mit Hilfe der andern die Seele. — Aber warum denn sonst? fragte er. — Sie mögen wohl, sprach ich, beide hauptsächlich der Seele wegen anordnen. — Wie das? — Bemerkst du nicht, sprach ich, wie sich der Seele selbst nach diejenigen verhalten, die ihr Leben lang mit der Gymnastik wohl sich zu schaffen machen, mit der Musik aber sich gar nicht befassen, und so auch die, welche es umgekehrt halten? — In welcher Beziehung, sprach er, meinst du es? — In Beziehung auf Rauhigkeit und Härte, und wiederum auf Weichlichkeit und Milde. — Da weiß ich d
wohl, sagte er, daß die sich einseitig der Gymnastik Ergebenden rauher werden als billig, und wiederum die der Musik weichlicher, als es schön für sie wäre. — Und doch, sprach ich, bringt eben dieses Rauhe den natürlichen Mut hervor, und es würde, richtig gebildet, tapfer sein, mehr aber als billig angespannt, wird es dann natürlich härter und beschwerlich. — Das scheint mir, sagte er. — Und wie? Hat das Milde nicht die philosophische Natur an sich, und wird es e
nicht dadurch erst, daß man ihm zuviel nachläßt, weichlicher als billig, recht gebildet aber wirklich milde und sittig? — So ist es. — Und wir sagen doch, daß unsere Wehrmänner diese Naturgaben beide an sich haben müssen? — Das müssen sie freilich. — Also müssen sie richtig gegeneinander abgestimmt werden. — Allerdings. — Und des so Gestimmten Seele ist dann besonnen sowohl als tapfer. — Rich- 411 a
tig. — Des Ungestimmten aber wird feige oder auch roh. — Gewiß. —

[18. Das Mutige und das Wißbegierige in uns als wahres Objekt der Gymnastik und der Musik] Also, wenn einer sich der Musik dazu hingibt, sich die Seele durch die Ohren wie durch einen Trichter anfüllen und vollgießen zu lassen von den eben beschriebenen süß-

lichen und weichlichen und kläglichen Melodien, und dann win-
selnd und jubelnd unter solchem Gesang sein ganzes Leben hinbringt,
der wird zuerst zwar, was er Mutiges an sich hatte, wie Eisen ge-
b schmeidig und brauchbar machen, da es zuvor unbrauchbar und
spröde war; wenn er aber anhaltend nicht nachläßt, sondern immer
mehr sänftigt, dann schmilzt er es wirklich und bringt es in Fluß, bis
er sich den Mut ausgeschmolzen und wie die Sehnen der Seele aus-
geschnitten hat und sich ‹weichlich gemacht in der Schlacht›. — Al-
lerdings, sagte er. — Und wenn dies einen schon von Natur Mutlo-
sen trifft, so ist es desto geschwinder geschehen; wenn aber einen
Mutigen, so wird der Mut geschwächt und macht ihn empfindlich,
so daß er schnell von Kleinigkeiten aufgereizt und auch wieder ab-
c gekühlt wird, und so sind sie denn aus Mutigen auffahrend und jäh-
zornig geworden und machen überall Not. — Ganz offenbar. — Wie
aber wiederum, wenn einer sich nach der Gymnastik tüchtig abar-
beitet und sehr kräftig nährt, Musik aber und Philosophie ganz un-
berührt läßt? Wird er dann nicht zuerst sich vortrefflich befinden,
voll Mut und Aufstrebens sein und tapferer werden als vorher? —
Ganz gewiß. — Wie aber, wenn er nun gar nichts anderes tut noch
mit irgendeiner anderen Muse irgend Gemeinschaft hat? Muß nicht,
d wenn auch etwas Lernbegieriges in seiner Seele war, dieses, da es kei-
ne Kenntnis noch Untersuchung zu kosten bekommt, an keiner Rede
noch anderer Musik teilhat, notwendig schwach und taub und blind
werden, da es weder aufgeregt noch genährt wird, noch seine Wahr-
nehmungen gereinigt? — So verhält es sich. — Ein Redefeind, meine
ich, wird also ein solcher, und ein ganz Musenloser; und mit Über-
redung durch Worte weiß er nichts mehr anzugreifen, sondern nur
e mit Gewalt und Wildheit wie ein Tier will er alles ausrichten, und
in Unverstand und linkischem Wesen, taktlos und ohne Anmut lebt
er. — Ganz gewiß, sprach er, verhält es sich so. — Für dieses beides
also scheint Gott, werde ich sagen, den Menschen zwei Künste ge-
geben zu haben, die Musik und Gymnastik, für das Mutige in uns
und das Wißbegierige, nicht für Seele und Leib, es müßte denn ne-
benbei sein, sondern für jene beiden, damit sie zusammenstimmen,
412 a angespannt und nachgelassen, soweit es sich gebührt. — So scheint
es freilich, sagte er. — Wer also Musik und Gymnastik am schön-
sten mischt und im reichlichsten Maß der Seele beibringt, den wür-
den wir wohl am richtigsten für den vollkommen Musikalischen und
Wohlgestimmten erklären, weit mehr als den, welcher die Saiten gut
gegeneinander zu stimmen weiß. — Ganz natürlich, o Sokrates, sagte
er. — Auch in unserer Stadt also, o Glaukon, werden wir wohl im-
mer eines solchen Aufsehers bedürfen, wenn die Verfassung soll auf-
b rechterhalten werden? — Den werden wir wohl ganz vorzüglich nö-
tig haben, sagte er. —

[19. Eigenschaften der Wächter, die Herrscher sein sollen]

Die Grundzüge der Bildung und Erziehung also wären diese. Denn was soll einer noch erst die Tänze bei solchen noch besonders beschreiben und ihre Hetzen und Jagden und Wettkämpfe zu Fuß und

zu Pferde? Denn es ist ja wohl offenbar, daß sie. hiermit übereinstimmend sein müssen, und sie sind nicht mehr schwer zu finden. — Vielleicht, sprach er, jetzt nicht mehr. — Wohl! fuhr ich fort, nächst diesem, was hätten wir zu bestimmen? Nicht, welche nun unter eben diesen selbst zu gebieten haben sollen und welche zu gehorchen? —
Warum nicht? — Nicht wahr nun, daß die Gebietenden älter sein c
müssen, jünger aber die Gehorchenden, das ist offenbar? — Offenbar. — Und auch, daß die besten unter ihnen? — Auch das. — Die besten unter den Landwirten nun, werden das nicht die landwirtschaftlichsten? — Ja. — Nun sie aber die besten unter den Hütern sein sollen, gebührt ihnen nicht, die achtsamsten zu sein in der Stadt? — Ja. — Darin also müssen sie verständig sein und tüchtig und auch
noch vorsorglich für die Stadt? — So ist es. — Vorsorglich aber ist d
einer wohl am meisten für das, was er liebt? — Notwendig. — Und das dürfte einer wohl am meisten lieben, wovon er glaubt, es werde gefördert durch dasselbe wie er selbst, und wovon er denkt, wenn jenes sich vorzüglich wohl befinde, werde auch folgen, daß er selbst sich wohl befindet, wo aber nicht, das Gegenteil. — So ist es, sagte er. — Also müssen wir aus den übrigen Wächtern solche Männer auswählen, von denen sich uns bei näherer Beobachtung am meisten zeigt, daß sie in ihrem ganzen Leben, was sie der Stadt förderlich
zu sein erachten, mit allem Eifer tun, was aber nicht, das auch auf e
keine Weise tun wollen. — Das sind freilich die rechten, sagte er. — Also, dünkt mich, müssen wir sie beobachten in jedem Alter, ob sie auch gute Obhut halten über diesen Beschluß und weder bezaubert noch gezwungen die Vorstellung vergeßlicherweise fahrenlassen, daß ihnen zu tun gebührt, was der Stadt das Zuträglichste ist. — Was meinst du aber für ein Fahrenlassen? — Das, sagte ich, will ich dir erklären. Mir scheint nämlich eine Meinung aus der Seele zu verschwinden entweder freiwillig oder wider Willen; mit seinem Wil-
len nämlich die falsche dessen, der sich eines Besseren überzeugt; wi- 413 a
der seinen Willen aber jede wahre. — Das «mit seinem Willen», sagte er, verstehe ich, das «wider seinen Willen» aber muß ich erst erfahren. — Wie denn! Glaubst du nicht auch, sagte ich, daß die Menschen des Guten nur wider ihren Willen beraubt werden, des Schlechten aber gern? Oder dünkt dich nicht auch die Wahrheit verfehlen schlecht, in der Wahrheit sein aber gut? Oder meinst du nicht, vorstellen was ist, heiße in der Wahrheit sein? — Freilich, sprach er, hast du recht, und mir scheinen sie nur wider Willen einer richtigen Mei-
nung beraubt zu werden. — Und nicht wahr, nur bestohlen oder be- b
zaubert oder überwältigt begegnet ihnen dieses? — Davon, sagte er, verstehe ich nun wieder nichts. — Ich mag mich eben wohl, sprach ich, tragisch ausdrücken. Bestohlen nämlich nenne ich die, welche überredet worden sind oder auch vergessen haben; weil nämlich den einen die Zeit, den andern eine Rede sie unvermerkt wegnimmt. Denn nun verstehst du es doch wohl? — Ja. — Überwältigt aber nenne ich die, welche irgendein Schmerz oder Weh ihre Meinung ändern macht. — Auch das, sprach er, habe ich verstanden, und du hast recht. — Be-
zaubert aber würdest auch du, wie ich glaube, sagen, daß diejenigen c

waren, welche ihre Meinung ändern, entweder von einer Lust gekirrt oder von einer Furcht geängstet. — Freilich, sprach er, scheint alles zu bezaubern, was täuscht. —

[20. Maßnahmen zur Auswahl der Herrscher] Was ich also eben sagte: wir müssen suchen, welche diesen ihren Beschluß am besten zu behüten wissen, nämlich dasjenige zu tun, was sie der Stadt glauben das Zuträglichste zu sein. Das muß also beobachtet werden, indem man ihnen gleich von Kindheit an Geschäfte aufgibt, bei denen einer dieses am leichtesten vergessen und darum betrogen werden könnte; und wer es nun dennoch festhält und schwer zu
d betrügen ist, der werde aufgenommen, wer aber nicht, der ausgeschlossen. Nicht wahr? — Ja. — Auch Anstrengungen und Schmerzen und Wettübungen muß man ihnen veranstalten, bei denen ebendasselbe zu beachten ist. — Richtig, sagte er. — Muß nicht auch, sprach ich, ebenfalls für die dritte Art, die der Zauberei, ein Wettstreit eröffnet und zugeschaut werden — wie bei den Füllen, die man unter Lärm und Getümmel führt, um zu sehen, ob sie scheu sind, so bei den Jünglingen, indem man sie irgendwie in Angst bringt und
e dann wieder in Lust versetzt, um sie weit mehr als das Gold im Feuer zu prüfen —, ob sich einer als schwer zu bezaubern und in guter Fassung überall zeigt und als ein guter Hüter über sich selbst und seine erlernte Musik, dadurch nämlich, daß er sich wohlgemessen und wohlgestimmt in allen diesen Fällen darstellt, wie beschaffen er ja sich selbst und der Stadt am meisten nütze sein kann. Und wer nun immer unter den Knaben, Jünglingen und Männern so geprüft wor-
414 a den wäre und untadelig hervorgegangen, der wäre zum Herrscher und Hüter der Stadt zu bestellen, und Ehre wäre ihm zuzuerkennen im Leben und im Tode, indem ihm da Bestattungen und andere Denkmale auf das reichlichste geweiht würden; wer sich aber nicht als einen solchen zeigt, der wäre zu verwerfen. Dieses scheint mir, o Glaukon, sprach ich, die Auswahl und Bestellung der Befehlshaber und Hüter zu sein, um sie nur im Umriß, nicht genau, zu beschreiben. — Auch mir, sprach er, scheint es so sein zu müssen. — Wäre es nun
b nicht in der Tat das richtigste, diese die allgemeinen Wächter oder Hüter zu nennen, sowohl der Feinde von außen als auch der Freunde von innen, auf daß die einen nicht wollen und die andern nicht können Schaden zufügen; die Jünglinge aber, die wir vorher Wehrmänner nannten, nur Helfer und Gehilfen für die Satzungen der Befehlshaber? — Mir wenigstens gefällt es, sagte er. —

[21. Mythologische Erzählung über Herkunft und Art der drei Stände] Wie aber, fuhr ich fort, können wir nun wohl Rat schaffen für die untadeligen und heilsamen Täuschungen, von denen wir vorher
c sagten, es sei löblich, durch sie zu überreden vornehmlich die Befehlshaber selbst, wo aber nicht, doch die übrige Stadt? — Was doch recht? fragte er. — Nichts Neues, sprach ich, sondern etwas Phoinikisches, was ehedem häufig geschah, wie die Dichter sagen und man ihnen glaubt, zu unserer Zeit aber nicht geschehen ist und viel-

leicht auch nicht geschehen kann, glaublich zu machen aber gar
mancherlei Überredungskünste erfordert. — Wie du dich doch sicht-
lich windest, sagte er, und Bedenken trägst, es herauszusagen! —
Und es wird dir einleuchten, sprach ich, daß ich mit gutem Recht
bedenklich gewesen bin, wenn ich es gesagt haben werde. — Trage
es nur vor, sagte er, und fürchte dich nicht. — So will ich es denn. d
Wiewohl ich nicht weiß, woher ich die Dreistigkeit nehmen noch
mit was für Worten ich es sagen und versuchen soll, zuerst die
Befehlshaber selbst und die Krieger zu überreden, dann aber auch
die übrige Stadt, daß, was wir an ihnen erzogen haben und gebil-
det, dieses ihnen nur wie im Traume vorgekommen sei, als begegne
es ihnen und geschähe an ihnen, sie wären aber damals eigentlich
unter der Erde gewesen und dort drinnen sie selbst gebildet und auf-
gezogen worden, und auch ihre Waffen und andere Gerätschaften e
gearbeitet. Nachdem sie aber vollkommen ausgearbeitet gewesen wä-
ren und die Erde sie als ihre Mutter heraufgeschickt habe, müßten
nun auch sie für das Land, in welchem sie sich befinden, als für ihre
Mutter und Ernährerin mit Rat und Tat sorgen, wenn jemand das-
selbe bedrohe, und so auch gegen ihre Mitbürger als Brüder und
gleichfalls Erderzeugte gesinnt sein. — Es war nicht ohne, sagte er,
daß du dich so lange geschämt hast, diese Täuschung vorzutragen.
— Sehr natürlich, sprach ich, war das; aber höre doch auch noch das 415 a
übrige der Sage. Ihr seid nun also freilich, werden wir weitererzäh-
lend zu ihnen sagen, alle, die ihr in der Stadt seid, Brüder; der
bildende Gott aber hat denen von euch, welche geschickt sind zu herr-
schen, Gold bei ihrer Geburt beigemischt, weshalb sie denn die köst-
lichsten sind, den Gehilfen aber Silber, Eisen hingegen und Erz
den Ackerbauern und übrigen Arbeitern. Weil ihr nun so alle ver-
wandt seid, dürftet ihr meistenteils zwar wohl auch selbst Ähnliche
erzeugen; bisweilen aber könnte doch auch wohl aus Gold ein sil-
berner und aus Silber ein goldener Sprößling erzeugt werden, und b
so auch alle andern aus einander. Den Befehlshabern also zuerst und
vornehmlich gebiete der Gott, über nichts anderes so gute Obhut zu
halten, noch auf irgend etwas so genau achtzuhaben als auf die
Nachkommen, was wohl hiervon ihren Seelen beigemischt sei; und
wenn irgend von ihren eignen Nachkommen einer ehern wäre oder
eisenhaltig, sollen sie auf keine Weise Mitleid mit ihm haben, son-
dern nur die seiner Natur gebührende Stelle ihm anweisend sollen c
sie ihn zu den Arbeitern oder Ackerbauern hinaustreiben; und so
auch, wenn unter diesen einer aufwüchse, in dem sich Gold oder
Silber zeigte, einen solchen sollten sie in Ehren halten und ihn
nun unter die Herrscher erheben oder unter die Gehilfen, indem
ein Göttersprudi vorhanden sei, daß die Stadt dann untergehen
werde, wenn Eisen oder Erz die Aufsicht über sie führe. Diese Er-
zählung also ihnen glaublich zu machen, weißt du dazu irgend-
wie Rat? — Nirgendwie, daß sie selbst es glauben sollten, jedoch d
ihre Söhne wohl und deren Nachkommen und die übrigen spä-
teren Menschen. — Aber auch dies, sprach ich, wäre schon sehr schön
dazu, daß sie sich desto mehr der Stadt und einer des andern an-

nehmen würden; denn ich verstehe ungefähr schon, wie du es meinst.

*[22. Vorschriften über Wohnung und Lebensweise der Wehrmän-
ner]* Und dieses nun gehe, wie die Überlieferung es leiten wird. Wir
aber wollen diese Erdensöhne ausrüsten und dann unter Anführung
der Befehlshaber aufstellen. Sind sie nun zusammen: so sollen sie
zusehen, wo es am vorteilhaftesten ist, in der Stadt das Lager aufzu-
e schlagen, um von da aus sowohl die drinnen am besten im Zaum zu
halten, wenn etwa einer den Gesetzen nicht gehorchen wollte, als
auch die von außen abzuwehren, wenn etwa ein Feind wie ein Wolf
die Herde anfallen wollte. Nachdem sie nun den Lagerwall aufge-
führt und geopfert haben, wem es sich gebührt, sollen sie sich ihre
Schlafstellen bereiten. Oder wie? — Ganz recht so, sagte er. — Und
nicht wahr, wohl solche, welche sie im Winter und im Sommer gleich
gut schützen können? — Wie sollten sie nicht! Denn du meinst doch,
sagte er, wie ich glaube, Wohnungen. — Ja, sprach ich, kriegerische
jedoch, nicht wie für Gewerbsleute. — Wie, fragte er, meinst du nun
416 a wieder, daß dies von jenem verschieden sei? — Das, sprach ich, will
ich versuchen dir zu erklären. Nämlich das Ärgste und Schmählichste
von allem ist es wohl für Hirten, solche Hunde und auf solche Weise
als Gehilfen bei der Herde aufzuziehen, daß aus Unbändigkeit oder
Hunger oder sonst schlechter Gewöhnung die Hunde selbst sich un-
terfangen, den Schafen Übles zuzufügen, und statt Hunden Wölfen
ähnlich werden. — Arg ist das freilich, sprach er. Wie sollte es nicht?
b — Also müssen wir auf alle Weise verhüten, daß die Gehilfen uns et-
was dergleichen gegen die Bürger tun, da sie stärker sind als sie, und
statt wohlwollender Bundesgenossen sich vielmehr wilden Gebietern
ähnlich zeigen. — Das müssen wir verhüten, sagte er. — Und die
kräftigste Vorsicht wird wohl dann angewandt sein, wenn sie in
Wahrheit gut und trefflich erzogen sind. — Aber das sind sie ja
schon, sagte er. — Da sprach ich: Dieses wäre nicht schicklich zu be-
haupten, lieber Glaukon, sondern nur, was wir eben sagten, ist
c schicklich, daß sie richtige Erziehung genießen müssen, worin diese
nun auch bestehe, wenn sie das Wichtigste haben sollen, um immer
milde zu bleiben unter sich und gegen die, welche von ihnen be-
schützt werden. — Richtig allerdings, sprach er. — Außer dieser Er-
ziehung nun, möchte wohl ein Vernünftiger sagen, müßten auch ihre
Wohnungen und ihre ganze übrige Habe so eingerichtet sein, daß
dadurch weder die Wehrmänner davon abgebracht werden können,
so trefflich als möglich zu sein, noch weniger aber gereizt, gegen die
d andern Bürger zu freveln. — Und ganz mit Recht, sagte er. — Sieh
also zu, sprach ich, ob sie etwa auf folgende Weise leben und woh-
nen müssen, wenn sie solche werden sollen. Zuerst nämlich so, daß
keiner irgend eigenes Vermögen besitze, wenn es irgend zu vermei-
den ist; ferner daß keiner irgend solche Wohnung oder Vorratskam-
mer habe, wohinein nicht jeder gehen könnte, der nur Lust hat, daß
sie aber das Notwendige, dessen besonnene und tapfere Männer, die
e im Kriege kämpfen sollen, bedürfen, in bestimmter Ordnung von

den andern Bürgern als Lohn für ihren Schutz in solchem Maß empfangen, daß ihnen weder etwas übrig bleibe auf das nächste Jahr noch sie auch Mangel haben, indem sie nämlich, gemeinsame Speisungen besuchend, wie im Felde Stehende zusammenleben. Gold und Silber aber, muß man ihnen sagen, haben sie von den Göttern göttliches immer in der Seele und bedürfen gar nicht auch noch des menschlichen. Es sei ihnen auch nicht verstattet, jenes Besitz durch Vermischung mit des sterblichen Goldes Besitz zu verunreinigen, da gar vieles Unheilige mit dieser gemeinen Münze vorgegangen, die
ihrige aber ganz unverfälscht sei; sondern ihnen allein von allen in 417 a
der Stadt sei es verboten, mit Gold und Silber zu schaffen zu haben und es zu berühren und auch unter demselben Dach damit zu sein oder es an der Kleidung zu haben oder daraus zu trinken. So würden sie selbst wohlbehalten bleiben und auch die Stadt im Wohlstande erhalten. Besäßen sie aber selbst eigenes Land und Wohnungen mit Gold, so würden sie dann Hauswirte und Landwirte sein anstatt
Wächter, und rauhe Gebieter anstatt Bundesgenossen der anderen b
Bürger werden und würden so, hassend und gehaßt, belauernd und selbst belauert, ihr ganzes Leben hinbringen, weit mehr die Feinde drinnen fürchtend als die draußen, und ganz nahe an ihrem Verderben hinlaufend, sie selbst und die ganze Stadt. Wollen wir nun, sprach ich, aus allen diesen Gründen sagen, daß die Wehrmänner auf diese Weise eingerichtet sein müssen mit ihrer Wohnung und mit dem übrigen, und wollen wir dies zum Gesetz machen oder nicht? — Wir wollen es allerdings, sagte Glaukon.

VIERTES BUCH

*[1. Ablehnung der Hinsicht auf eine besondere Glückseligkeit des
419 a *Wächterstandes]* Darauf nahm Adeimantos das Wort und sprach:
Wie aber, o Sokrates, wirst du dich verteidigen, wenn jemand sagte,
du machtest diese Männer eben nicht sehr glücklich, und das durch
ihre eigene Schuld, denen zwar in Wahrheit die Stadt gehört, sie ha-
ben aber nicht das mindeste von dem Guten der Stadt zu genießen
wie doch die andern, welche Ländereien besitzen und große und
schöne Häuser bauen und eine diesen geziemende Einrichtung an-
schaffen und den Göttern ihre eigenen Opfer darbringen und Fremde
bei sich aufnehmen und ja auch, was du eben sagtest, Gold und Sil-
ber besitzen und alles, was denen zukommt, die glücklich sein sollen;
sondern ganz offenbar, möchte einer sagen, tun sie wie gemietete
420 a Hilfstruppen nichts in der Stadt als Wache stehen. — Ja, sprach ich,
und noch dazu sind sie nur Kostgänger und bekommen nicht außer
der Kost auch noch Lohn, wie die andern; so daß auch nicht einmal,
wenn sie für sich zu verreisen Lust hätten, ihnen dieses freistehen
wird, noch Mädchen zu beschenken oder sonst irgend anderswozu
aufzuwenden, wie die, welche für glücklich gehalten werden, doch
aufwenden. Dieses und mancherlei anderes der Art übergehst du
noch in der Beschuldigung. — Gut, sprach er, so sei auch dieses noch
b mit einbegriffen. — Und wie wir uns verteidigen wollen, meinst
du? — Ja. — Wenn wir nun, sprach ich, auf demselben Stege fortge-
hen, werden wir, wie ich meine, wohl finden, was zu sagen ist. Wir
wollen nämlich sagen, es würde zwar gar nichts Wunderbares sein,
wenn auch so diese die allerglücklichsten wären; wir sähen jedoch
bei der Einrichtung unserer Stadt gar nicht darauf, daß irgendein
Stamm ausgezeichnet glücklich sei, sondern daß die ganze Stadt es
sei, so sehr als möglich. Denn wir gedächten, in der so eingerichteten
am meisten die Gerechtigkeit zu finden und wiederum in der am
schlechtesten eingerichteten die Ungerechtigkeit, und wenn wir diese
c betrachtet, über das zu entscheiden, was wir schon so lange unter-
suchen. Jetzt also, wie wir glauben, bilden wir uns die glückselige
Stadt, nicht als wollten wir abschneidend nur einige wenige solche
in ihr setzen, sondern sie selbst ganz. Hernach aber wollen wir die
entgegengesetzte betrachten. Wie nun, wenn jemand, indem wir Sta-
tuen bemalten, herzuträte und uns tadelte, daß wir den schönsten
Teilen des Körpers nicht auch die schönsten Farben auflegten, weil
die Augen, als das schönste, doch nicht mit Purpur bestrichen sein
würden, sondern mit Schwärze, — wie wir glauben würden, uns ganz
d angemessen gegen diesen zu verteidigen, wenn wir sagten: Du
Wunderlicher, verlange nur nicht, daß wir so schöne Augen malen
sollen, daß sie gar nicht mehr als Augen erscheinen, und so auch
die andern Glieder; sondern sieh nur darauf, ob wir bei jedem das
Gehörige anbringen und so das Ganze schön machen. So also auch
jetzt nötige uns nicht, unsern Wächtern eine solche Glückseligkeit
e beizulegen, die eher alles andere aus ihnen machen wird als Wäch-

ter. Denn das verständen wir wohl auch recht gut, die Ackersleute mit Prachtkleidern zu behängen und mit Gold und ihnen zu heißen, die Erde zu ihrem Vergnügen anzubauen, und die Töpfer, recht artig ums Feuer herumzulagern, schmausend und zechend die Scheibe bei der Hand habend, um zu drehen, soviel sie eben Lust haben, und so auch die andern alle auf ähnliche Weise beglückt zu machen, damit uns die ganze Stadt in Freuden lebe. Allein sinne uns das nicht an, weil, wenn wir dir folgen, weder der Landmann mehr Landmann
sein wird, noch der Töpfer Töpfer, noch irgendein anderer irgend et- 421 a
was von dem darstellen wird, woraus doch die Stadt besteht. Auf die übrigen nun kommt es freilich weniger an. Denn wenn uns auch die Riemenschneider schlecht geworden und verdorben sind und sich nur den Anschein geben zu sein, was sie nicht sind, hat es noch keine Not mit der Stadt. Aber die Hüter der Gesetze und der Stadt, wenn die es nicht sind, sondern nur scheinen: so siehst du wohl, wie sie uns die ganze Stadt von Grund aus verderben und dann gute Muße haben, sich für sich allein gut einzurichten und sich wohl zu befinden. Wenn wir nun zwar wahrhafte Verteidiger stellen, die nichts weniger als
der Stadt gefährlich sind, wer aber jenes sagt, eigentlich Landbesit- b
zer und gleichsam auf einem allgemeinen Volksfeste, nicht aber in einer Stadt überglückliche Gastgeber: so muß dieser wohl von etwas anderem reden als einer Stadt. Also müssen wir doch erwägen, ob wir darauf sehen sollen bei Anstellung der Wächter, daß ihnen selbst so viel Glückseligkeit als möglich werde, oder ob wir dieses vielmehr für die ganze Stadt uns zum Augenmerk machen sollen und zusehen, wie ihr dies werde, die Gehilfen aber und Wächter vielmehr nötigen
sollen, jenes zu tun, und sie bewegen, daß sie nur so trefflich als c
möglich ihr eigenes Werk verrichten, und mit den übrigen insgesamt ebenso; und ob wir nicht, wenn nur der ganze Staat gedeiht und gut eingerichtet ist, es schon gehen lassen sollen, wie für jede einzelne Abteilung die Natur es mit sich bringt, an der allgemeinen Glückseligkeit teilzunehmen. – Allerdings, sprach er, scheinst du mir recht zu haben. –

[2. Verderblichkeit von Armut und Reichtum für wirkende Menschen und für den Staat] Wird dir also auch, sprach ich, das hiermit Verschwisterte verständig gesagt vorkommen? – Was doch recht? –
Die andern Arbeiter betrachte nun wieder, ob dieses sie verdirbt, d
daß sie ganz schlecht werden. – Was nur? – Reichtum, sprach ich, und Armut. – Wie doch? – So. Wenn ein Töpfer reich geworden ist, glaubst du, daß er sich dann noch um seine Kunst wird bekümmern wollen? – Mitnichten, sagte er. – Sondern er wird immer fauler und nachlässiger werden? – Gar sehr. – Also wird er ein schlechterer Töpfer werden? – Auch das, sagte er, immer mehr. – Aber auch, wenn er sich seine Werkzeuge nicht anschaffen kann aus Armut, oder sonst etwas zur Kunst Gehöriges, wird er sowohl seine Arbeit
schlechter machen, als auch seine Söhne, oder wen er sonst in der e
Lehre hat, zu schlechteren Arbeitern aufziehen? – Wie sollte er nicht! – Durch beides also, Armut und Reichtum, werden sowohl die Werke

der Arbeiter schlechter als auch sie selbst. — Das leuchtet ein. — Noch etwas anderes also, wie es scheint, haben wir für die Wächter aufgefunden, was sie auf alle Weise hüten müssen, daß es nicht ihnen un-
422 a bemerkt sich in die Stadt einschleiche. — Was doch? — Reichtum, sprach ich, und Armut, indem jener Aufwand und Faulheit und Neuerung mit sich bringt, diese aber Niederträchtigkeit und Untauglichkeit außer der Neuerung. — Freilich wohl! sagte er. Aber dieses, o Sokrates, überlege doch, wie uns die Stadt wohl imstande sein wird, Krieg zu führen, wenn sie keine Reichtümer besitzt, zumal wenn sie gegen eine große und reiche genötigt würde Krieg zu führen. — Offenbar, sprach ich, gegen eine wohl schwerer, gegen zwei
b solche aber leichter. — Wie meinst du das? sprach er. — Zuerst doch, antwortete ich, wenn sie fechten müssen, werden sie etwa nicht als im Kriege geübte Kämpfer fechten mit reichen Männern? — Ja, das wohl, sagte er. — Wie nun, sprach ich, o Adeimantos? Ein Fechter, aufs vollkommenste hierauf eingerichtet, meinst du nicht, daß der mit zweien, die nicht Fechter sind, aber reich und fett, sehr leicht fechten werde? — Vielleicht doch wohl nicht auf einmal, sagte er. — Auch nicht, sprach ich, wenn es ihm frei stände, zu entschlüpfen und dann
c gegen den, der ihm jedesmal zuerst nahe kommt, sich zu wenden und auszuschlagen, und wenn er dies mehrmals tun könnte in der Hitze und in der Kälte? Könnte dann nicht ein solcher auch mehrere solche überwinden? — Offenbar, sprach er, wäre das gar kein Wunder. — Aber glaubst du nicht, daß die Reichen noch mehr Kenntnis haben und Übung in der Fechtkunst als in der Kriegskunst? — Gewiß. — Leicht also werden aller Wahrscheinlichkeit nach unsere Kämpfer auch mit der doppelten und dreifachen Anzahl das Gefecht bestehen. — Das will ich dir einräumen, sagte er, denn du scheinst
d mir recht zu haben. — Und wie, wenn sie eine Gesandtschaft in die andere Stadt schickten und dieser ganz die Wahrheit sagen ließen, nämlich: Wir bedienen uns nicht Goldes oder Silbers, es ist uns auch nicht erlaubt; euch aber. Fechtet also mit uns und nehmt das der andern: glaubst du wohl, daß irgendwelche, wenn sie dieses vernommen haben, lieber gegen starke und magere Hunde werden Krieg führen wollen als mit diesen Hunden gegen feiste und weichliche Schafe? — Das dünkt mich wohl, sagte er; aber wenn nun aller
e Reichtum der andern in *eine* Stadt zusammenfließt, so siehe nur zu, daß nicht dieses der nicht reichen Gefahr bringe. — Du bist sehr unschuldig, antwortete ich, daß du meinst, es verdiene irgendeine andere, daß man sie eine Stadt nenne, außer nur eine solche, wie wir eingerichtet haben. — Aber warum denn nicht? sagte er. — Die andern, sprach ich, muß man vornehmer benennen. Denn eine jede von ihnen ist gar viele Städte, aber nicht *eine* Stadt, wie es im Spiel heißt. Denn zwei sind nun schon auf jeden Fall darin als einander feind,
423 a eine der Armen und eine der Reichen, und in jeder von diesen wiederum gar viele, so daß, wenn du sie als *eine* behandeln wolltest, du gewiß ganz fehlgreifen würdest, wenn aber als viele und du den einen der andern Macht und Reichtum gäbest oder auch ihre Mitglieder selbst, du immer viel Bundesgenossen haben wirst und

wenig Feinde. Und solange die Stadt sich mäßig hält, so wie sie
eben eingerichtet worden ist, wird sie immer die größte sein, ich
meine nicht dem Ansehen nach, in welchem sie steht, sondern buch-
stäblich und in der Tat die größte, und wenn sie auch nur tausend
waffenführende Männer stellte. Denn auf diese Weise groß wirst du
wohl nicht leicht *eine* Stadt weder unter Hellenen noch Barbaren an-
treffen, gar viele aber freilich, die sogar vielmals größer scheinen
als diese. Oder bist du anderer Meinung? — Nein beim Zeus, sagte b
er. —

[3. Hauptregeln, die die Herrscher vor allem beachten müssen] So
wird auch wohl, sprach ich, dieses die sicherste Grenzbestimmung
sein für unsere Befehlshaber, wie weit sie die Stadt ausdehnen und
wieviel Land sie ihr nach ihrer Größe beilegen sollen und dann um
mehr sich nicht bekümmern. — Was für eine Grenze? fragte er. —
Ich denke wenigstens, sprach ich, diese: Solange sie wachsend noch
eine bleiben will, sie zu vergrößern, weiter aber nicht. — Ganz rich-
tig wohl, sagte er. — Und wollen wir nicht auch noch diese andere c
Aufgabe unsern Hütern aufgeben, dies auf alle Weise zu verhüten,
daß die Stadt entweder klein oder groß scheine, sondern als eine ge-
nugsame und als *eine*? — Das ist ja wohl etwas Geringes, sagte er,
was wir ihnen da aufgeben. — Und etwas noch Geringeres als dieses,
sprach ich, wird jenes sein, dessen wir auch vorher schon gedacht
haben, als wir sagten, man müsse, wenn von den Wehrmännern ir-
gendein schlechter Sprößling sich zeigte, ihn zu den andern entlas- d
sen, und wenn aus den andern ein edler, diesen zu den Wehrmän-
nern herüberholen. Dieses sollte aber andeuten, daß man auch die
andern Bürger jeden zu dem *einen* Geschäft, wozu er geeignet ist,
hinbringen müsse, damit jeglicher des einen ihm eigentümlichen sich
befleißend nicht viele, sondern einer werde, und so auch die gesam-
te Stadt uns zu *einer* erwachse und nicht zu vielen. — Freilich, sprach
er, ist dies noch kleiner als jenes. — Auch, sprach ich, mein guter
Adeimantos, schreiben wir ihnen gar nicht, wie einer wohl glauben
könnte, dieses als vielerlei Großes vor, sondern es ist alles gering,
wenn sie nur das *eine* Große, wie man zu sagen pflegt, oder vielmehr e
Genügende statt Große, recht beobachten. — Welches doch? fragte er.
— Den Unterricht, sprach ich, und die Erziehung. Denn wenn sie
durch gute Erziehung Männer geworden sind, die das rechte Maß
halten: so werden sie dies alles leicht selbst einsehen und noch vieles
andere, was wir jetzt übergehen, das Heiraten und die Ehe und Kin-
dererzeugung, daß sich dies alles nach dem Sprichwort möglichst ge- 424 a
meinsam unter Freunden machen muß. — Am richtigsten wäre das
wohl, sprach er. — Denn, fuhr ich fort, eine Staatsverfassung, wenn
sie einmal den rechten Ansatz genommen hat, geht immer wachsend
fort wie ein Kreis. Denn tüchtige Erziehung und Unterricht aufrecht-
erhalten bildet gute Naturen, und wiederum tüchtige Naturen, von
solcher Erziehung unterstützt, gedeihen noch trefflicher als die frü-
heren, sowohl in anderer Hinsicht als auch für die Erzeugung, wie
wir das auch an andern lebenden Wesen sehen. — Natürlich wenig- b

stens, sagte er. – Um es also in kurzem zu sagen, hierauf müssen die
Vorsteher der Stadt halten, daß es ihnen nicht unvermerkt in Verfall
gerate, sondern sie dieses ja vor allen Dingen verhüten, daß irgend
etwas geneuert werde in der Gymnastik und Musik gegen die Einrichtung,
vielmehr sie diese aufs möglichste aufrecht halten; und
wenn einer sagt, es ehre

‹*den* Gesang das lauteste Lob der Menschen,
Welcher den Hörenden rings als neuester immer ertönet›,

c sich wohl vorsehen, daß nicht etwa einer glaube, der Dichter meine
nicht bloß neue Gesänge, sondern neue Gattungen des Gesanges und
lobe dieses. Dergleichen darf man aber nicht loben und es auch so
nicht verstehen. Denn Gattungen der Musik neu einzuführen, muß
man scheuen, als wage man dabei alles; weil nirgends die Gesetze
der Musik geändert werden, als nur zugleich mit den wichtigsten
bürgerlichen Ordnungen, wie Damon sagt und ich auch gern glaube.
– Auch mich, sagte Adeimantos, setze unter die, welche davon überzeugt
sind. –

*[4. Folgen einer Neuerung in der Musik. Unwichtigkeit der genauen
Aufstellung mannigfaltiger Einzelvorschriften]* Hier also, sprach ich,
d müssen sich, wie es scheint, unsre Wächter ihre Hauptwacht erbauen,
in der Musik. – Wenigstens, sagte er, schleicht diese Gesetzwidrigkeit
sich gar leicht ein und unbemerkt. – Ja, sagte ich, als wenn es
nur Scherz wäre und gar nichts Böses daraus entstände. – Es entsteht
auch, sagte er, nichts anderes daraus, als daß sie nach und nach sich
festsetzend allmählich in die Sitten und Gewöhnungen einfließt, aus
diesen dann versteigt sie sich schon größer in die Geschäfte der Bürger
miteinander, und von diesen Geschäften, o Sokrates, kommt sie
dann an die Gesetze und die Verfassung mit großem Übermut und
e Üppigkeit, bis sie endlich alles, das gemeinsame Leben und das besondere,
umgekehrt hat. – Wohl! sprach ich, verhält sich nun dieses
so? – Das dünkt mich, sagte er. – Also, wie wir anfänglich sagten,
schon die Spiele müssen gesetzlicher sein, an denen unsere Kinder
teilhaben, weil, wenn diese gesetzlos sind und also auch die Knaben
solche, es unmöglich ist, daß gesetzliche und ernste Männer aus ihnen
425 a erwachsen. – Wie könnte es anders sein, sagte er. – Wenn aber
die Knaben schon beim Spiel auf die gehörige Art angefangen haben
und gute Ordnung durch die Musik in sich aufgenommen, so
wird auch, ganz im Gegensatz mit jenen, diese sie überall begleiten
und mit ihnen wachsend auch das berichtigen, was etwa vorher im
Staat in Unordnung geraten war. – Richtig gewiß, sagte er. – Und
das für geringer gehaltene Gesetzliche, fuhr ich fort, erfinden diese
sich selbst, was die vorherigen ganz in Verfall gebracht hatten. –
b Was doch recht? – Dergleichen, daß die Jüngeren vor den Älteren
schweigen, wie es sich ziemt, und sich verneigen und aufstehen, und
die Achtungsbezeigungen gegen die Eltern, und Haartracht und Kleidung
und Schuhwerk und das ganze äußerliche Ansehen, und was
noch sonst dergleichen ist. Oder meinst du nicht? – Ich auch. – Gesetze
darüber zu geben, halte ich aber für einfältig. Denn es ge-

schieht doch nicht und würde sich auch nicht erhalten, wenn wörtlich
und buchstäblich vorgeschrieben. – Wie sollte es! – Es scheint we-
nigstens, sprach ich, o Adeimantos, wie einer von seiner Erziehung
her anfängt, ebenso auch das andere zu folgen. Oder ruft nicht im- c
mer Ähnliches das Ähnliche herbei? – Wie sollte es nicht! – Und so
gestaltet es sich, werden wir, denke ich, sagen, am Ende in ein Voll-
ständiges und Ausgebildetes, es sei nun Gutes oder das Gegenteil. –
Wie auch anders? sprach er. – Ich also wenigstens, fuhr ich fort,
würde deswegen gar nicht erst versuchen, über dergleichen Gesetze
zu geben. – Natürlich, sagte er. – Und wie, um der Götter willen,
sagte ich, diese Marktsachen bezüglich des Verkehrs, den sie auf dem
Markt miteinander treiben, und so auch, wenn du willst, über der
Handarbeiter Verkehr und Beschimpfungen und Beleidigungen, und d
die Anstellung der Klagen und die Einsetzung der Richter, oder
wenn wo Zölle notwendig sind, einzutreiben und aufzulegen auf
dem Markt oder im Hafen, oder insgesamt, was irgend Marktrecht
ist oder Stadtrecht oder Hafenrecht oder sonst dergleichen, wollen
wir uns damit abgeben, darüber Gesetze zu geben? – Es lohnt ja
nicht, sagte er, rechtlichen und tüchtigen Männern dergleichen erst
vorzuschreiben. Denn wie sie dergleichen einzurichten haben, wer- e
den sie leicht selbst finden. – Ja, Lieber, sagte ich, wenn Gott ihnen
Erhaltung derjenigen Gesetze verleiht, die wir vorher durchgenom-
men haben. – Und wo nicht, sagte er, so werden sie gar viel derglei-
chen festzusetzen und wieder zu berichtigen haben ihr Leben lang in
der Meinung, so das Beste zu ergreifen. – Du meinst, sagte ich, diese
werden leben wie solche Kranke, die aus Unmäßigkeit nicht Lust ha-
ben, von ihrer schädlichen Lebensweise abzulassen. – Allerdings. –
Und diese leben freilich sehr anmutig. Denn durch alles Heilenlas- 426 a
sen richten sie nichts aus, als daß sie ihre Krankheit immer bunter
und größer machen und immer hoffen, sooft ihnen einer ein neues
Mittel anrät, durch dieses gesund zu werden. – Gerade so, sagte er,
geht es solchen Kranken. – Und wie, sprach ich, ist das nicht anmutig,
daß sie den für ihren ärgsten Feind halten, der ihnen die Wahrheit
sagt, daß, ehe sie nicht aufhören, im Übermaß zu trinken und zu es-
sen und der Liebe zu pflegen und faul zu sein, weder Arzenei noch
Brennen noch Schneiden noch auch Besprechungen und Amulette b
oder irgend etwas dergleichen das mindeste helfen können? – Nicht
sehr anmutig, sagte er. Denn auf den Wohlmeinenden unwillig sein,
darin ist keine Anmut. – Du bist also, sprach ich, wie es scheint, kein
Lobredner solcher Leute. – Nein beim Zeus. –

*[5. Unnützes Tun der sogenannten Staatsmänner. Übertragung der
religiösen Gesetzgebung an den Apoll von Delphi]* Also auch, wenn
die gesamte Stadt, wie wir eben sagten, so verfährt, wirst du sie nicht
loben. Oder scheinen dir nicht offenbar ebenso wie solche Menschen
alle Staaten zu Werke zu gehen, welche schlecht eingerichtet sind und
ihren Bürgern ansagen, an der gesamten Verfassung der Stadt ja c
nicht zu rühren, denn wer dieses tue, werde sterben müssen? Wer sie
aber in dieser ihrer Verfassung am angenehmsten pflegt und sich

durch Dienstfertigkeit einschmeichelt, ihre Wünsche im voraus ab-
merkt und es durchsetzen kann, sie zu befriedigen, dieser wird der
tüchtige Mann sein und weise in großen Dingen und wird von ihnen
geehrt werden. – Dasselbe, sagte er, scheinen sie mir allerdings zu
d tun, und ich lobe sie auch nicht im mindesten. – Wie aber die, welche
solchen Staaten dienen wollen und sich recht um sie beeifern, bewun-
derst du die nicht wegen ihrer Tapferkeit und Gefälligkeit? – Aller-
dings, sagte er; außer die von ihnen hintergangen sind und sich ein-
bilden, in Wahrheit Staatsmänner zu sein, weil sie von der Menge
gelobt werden. – Wie meinst du? sprach ich. Das siehst du den Män-
nern nicht nach? Oder hältst du es für möglich, wenn einer nicht
e messen kann und viele andere ebensolche ihm sagen, er sei sechs Fuß
hoch, daß er das nicht von sich selbst glauben wird? – Nein, sagte er,
das nicht. – Nun, so zürne auch nicht. Denn es sind ja die besten
Männer von der Welt, welche immerfort Gesetze geben, wie wir
eben durchgegangen sind, und immer daran bessern in der Meinung,
ein Ende zu machen mit den Betrügereien im Handel und allem, was
ich vorher anführte, ohne zu wissen, daß sie in der Tat nur an der
427 a Hydra schneiden. – Gewiß, sagte er, anders tun sie nichts. – Ich also
meinesteils, sprach ich, war der Meinung, daß mit dieser Art von
Gesetzen und Einrichtungen weder in einem gut noch in einem
schlecht eingerichteten Staat der wahre Gesetzgeber sich sonderlich
abgeben müsse; in dem einen, weil sie unnütz sind und nichts dabei
herauskommt, in dem andern, weil einiges daran wohl jeder finden
kann, anderes aus den vorher bestehenden Einrichtungen von selbst
b folgt. – Was also, sagte er, wäre uns noch übrig von der Gesetzge-
bung? – Und ich antwortete: Uns wohl nichts; dem Delphischen
Apollon aber noch die größten, schönsten und ersten aller Anord-
nungen. – Was für welche doch? sprach er. – Die Einrichtungen der
Tempel und Opfer und anderen Verehrungen der Götter, Dämonen
und Heroen; und die Beisetzung der Verstorbenen, und was man de-
nen dort leisten muß, um sie günstig zu haben. Denn dergleichen
verstehen wir ja selbst nicht und werden auch, indem wir die Stadt
c gründen, keinem andern darin folgen, wenn wir Vernunft haben,
noch uns eines andern Ratgebers bedienen als des angestammten.
Denn dieser Gott ist in dergleichen Dingen allen Menschen der ange-
stammte Ratgeber, weil er inmitten der Erde, auf ihrem Nabel sit-
zend, seine Sprüche erteilt. – Sehr wohl gesprochen, sagte er, und so
wollen wir es machen. –

[6. Wesen und Ort der Weisheit in der vollkommenen Stadt]

Gegründet also, sprach ich, wäre dir nun schon, o Sohn des Ari-
d ston, die Stadt. Nächstdem aber schaue nun in ihr umher, mit hin-
länglichem Lichte versehen, du selbst, und rufe auch deinen Bruder
und den Polemarchos und die andern herbei, ob wir etwa sehen kön-
nen, wo nun wohl die Gerechtigkeit ist und wo die Ungerechtigkeit
und wie sie voneinander verschieden sind und welche von beiden nun
der besitzen muß, der glückselig sein soll, mag er nun auch allen Göt-
tern und Menschen verborgen bleiben oder nicht. – Nichts gesagt!

erwiderte Glaukon, denn du hast versprochen, selbst suchen zu wol-
len, weil es von dir frevelhaft wäre, der Gerechtigkeit nicht nach Ver- e
mögen zu helfen auf alle Weise. — Ganz recht, sagte ich, erinnerst du
mich, und so soll es sein; aber auch ihr müßt mit Hand anlegen. —
Wohl denn! sagte er, das wollen wir tun. — Ich hoffe, also, sprach ich,
es auf diese Weise zu finden. Ich denke, unsere Stadt, wenn sie anders
richtig angelegt ist, wird ja auch wohl vollkommen gut sein. — Not-
wendig, sagte er. — Offenbar also ist sie weise und tapfer und beson-
nen und gerecht. — Offenbar. — Also welches von diesen wir auch in
ihr mögen gefunden haben, das übrige wird allemal das nicht Ge-
fundene sein. — Freilich. — Wie nun, wenn wir von anderen vier 428 a
Dingen *eines* in irgend etwas suchten, wir, wenn wir eben dieses
zuerst erkennten, gleich zufriedengestellt sein würden; wenn wir
aber die drei andern zuerst erkennten, eben dadurch doch auch das
Gesuchte erkannt wäre — denn es kann offenbar nichts anderes sein
als das Übriggebliebene? — Richtig gesprochen, sagte er. — Also
müssen wir wohl auch bei diesen, da sie ja gleichfalls vier sind, auf
dieselbe Weise suchen? — Offenbar. —

Zuerst nun scheint mir in ihr die Weisheit offenbar zu werden.
Und es zeigt sich etwas Wunderbares dabei. — Was doch? sprach er. b
— Weise nämlich dünkt mich doch die Stadt zu sein, die wir beschrie-
ben haben; denn sie ist wohlberaten. Nicht wahr? — Ja. — Und eben
dieses ist doch offenbar eine Erkenntnis. Denn nicht durch Unwis-
senheit, sondern durch Erkenntnis ist man wohlberaten. — Offen-
bar. — Es sind aber gar viele und vielerlei Erkenntnisse in der Stadt.
— Wie sollten sie nicht? — Ist nun etwa wegen der Erkenntnis der
Baumeister die Stadt weise und wohlberaten zu nennen? — Keines-
wegs wohl wegen dieser, sagte er, sondern bauverständig. — Also c
nicht vermöge der Erkenntnis von hölzernen Gefäßen, indem sie
Rat pflegt, wie diese am besten sein können, ist die Stadt weise
zu nennen? — Gewiß nicht. — Wie aber? Etwa vermöge der von
ehernen oder irgendeiner anderen ähnlichen? — Auch nicht wegen
einer solchen, sagte er. — Wohl auch nicht durch die von Erzielung
der Früchte aus der Erde, sondern nur landwirtschaftlich? — So dünkt
mich. — Wie aber, sprach ich, gibt es etwa eine Erkenntnis in der
eben von uns eingerichteten Stadt bei einigen Bürgern, welche nicht
über irgend etwas von dem in der Stadt Rat gibt, sondern über sie d
selbst ganz, auf welche Weise sie mit sich selbst und mit andern
Städten am besten umgehen soll? — Die gibt es freilich. — Welche,
sprach ich, und bei wem? — Eben diese, sagte er, die Obhut tragende,
und bei eben diesen unsern Befehlshabern, die wir eben die vollkom-
menen Hüter genannt haben. — Wegen dieser Erkenntnis also, wie
nennst du die Stadt? — Wohlberaten, sagte er, und in Wahrheit
weise. — Was meinst du nun wohl, sprach ich, werden sich in unserer
Stadt mehr Schmiede finden oder mehr von diesen wahrhaften Hü- e
tern? — Bei weitem mehr Schmiede. — Auch wohl, sprach ich, unter
allen übrigen, welche, weil sie eine gewisse Erkenntnis haben, auf
gewisse Weise benannt werden, werden diese immer die wenigsten
sein. — Bei weitem. — Also vermöge der kleinsten Zunft und Abtei-

lung derselben und der dieser einwohnenden Erkenntnis, der Abteilung nämlich, welche vorsteht und befiehlt, wäre die ganze naturgemäß eingerichtete Stadt weise. Und dieses, wie sich zeigt, ist von
429 a Natur der kleinste Teil, dem es zukommt, an dieser Erkenntnis teilzuhaben, welche allein unter allen Erkenntnissen Weisheit genannt zu werden verdient. — Vollkommen wahr gesprochen, sagte er. — Dieses eine also unter den vieren haben wir, ich weiß selbst nicht wie, gefunden, was es ist und wo in der Stadt es seinen Sitz hat. — Mir wenigstens, sagte er, scheint es ganz befriedigend erklärt zu sein.

[7. Erklärung der Tapferkeit]

Aber die Tapferkeit sowohl selbst als auch, wo in der Stadt sie sich befindet, weswegen dann die ganze Stadt so zu nennen wäre, ist wohl gar nicht schwierig zu sehen. — Wieso? — Wer möchte wohl,
b sprach ich, auf irgend etwas anderes sehend, die Stadt feige oder tapfer nennen, als auf den Teil derselben, der sie verficht und für sie zu Felde zieht? — Niemand gewiß, sagte er, auf etwas anderes. — Denn ich glaube nicht, fuhr ich fort, daß durch die andern in ihr, mögen sie nun feige oder tapfer sein, sich entscheidet, ob auch sie selbst das eine ist oder das andere. — Freilich nicht. — Also auch tapfer ist die Stadt durch einen Teil ihrer selbst. Deshalb nämlich, weil sie in diesem eine solche Kraft hat, welche beständig in Beziehung auf das
c Furchtbare die Meinung aufrechterhalten wird, es sei das und dergleichen, was und welcherlei der Gesetzgeber in der Erziehung dafür erklärt hat. Oder nennst du das nicht Tapferkeit? — Ich habe nicht völlig verstanden, sagte er, was du meintest, also erkläre es noch einmal. — Ich meine also, antwortete ich, die Tapferkeit sei eine Bewahrung und Aufrechterhaltung. — Was für eine Aufrechterhaltung denn? — Die der von dem Gesetz durch die Erziehung eingeflößten Meinung über das Furchtbare, was und welcherlei es ist. Und ich nannte sie eine beständige Aufrechterhaltung, weil sowohl, wer in
d Schmerzen ist, sie durchführen soll, als wer in Lust, und in Begierde sowohl als in Furcht, und sie nicht fahrenlassen. Ich will sie dir aber vergleichen, womit sie mir Ähnlichkeit zu haben scheint, wenn du willst. — Freilich will ich. — Du weißt doch, sprach ich, daß die Färber, wenn sie Wolle zu feinem Purpur färben wollen, zuerst aus so vielen Farben der Wolle nur die eine Art aussuchen, die weiße, und dann durch gar vielfältige Zubereitungen sie so bearbeiten, wie sie bestmöglichst die Farbe annehmen kann, und so färben sie dann.
e Und was auf diese Weise gefärbt ist, das wird dann echt, und alles Waschen ohne oder mit Lauge kann die Farbe daraus nicht ausziehen; was aber nicht so, das weißt du wohl, wie es wird, es mag einer nun auf anderen Grund den Purpur aufsetzen oder auch auf diesen, aber ohne vorherige Bearbeitung. — Ich weiß, sagte er, daß das nur Waschfarben sind und ganz schlechte. — Dergleichen nun nimm an, daß wir auch nach Vermögen getan haben, als wir die Kriegsmänner
430 a aussuchten und durch Musik und Gymnastik erzogen, und glaube nicht, daß wir irgend etwas anderes damit beabsichtigt haben als nur, daß sie so bearbeitet die Gesetze wie dort die Farbe recht gründ-

lich einsaugen und annehmen möchten, damit ihre Vorstellung echt
werde, die von dem Furchtbaren sowohl als alle übrigen, weil sie
nämlich sowohl die rechte Natur haben als auch die rechte Erziehung
genossen haben und auch solche Laugen nicht imstande sein mögen,
ihnen die Farbe auszuwaschen, die sonst wohl tüchtig ausspülen, wie
Wollust, die stärker hierin ist als alle Pottasche und Kalkerde, und
Schmerz und Furcht und Begierde, die es mehr sind als jede andere b
Lauge. Diese solche Kraft und durchgängige Aufrechterhaltung der
richtigen und gesetzlichen Vorstellung von dem, was furchtbar ist
und was nicht, nenne und erkläre ich für Tapferkeit, wenn du nicht
etwas anderes darunter verstehst. — Nichts anderes, sagte er. Du
scheinst mir nämlich die richtige Vorstellung hierüber, die ohne Bil-
dung entstanden ist, sowie auch die tierische und die knechtische
nicht für recht dauerhaft zu halten und auch anders als Tapferkeit
nennen zu wollen. — Ganz richtig, sprach ich, verstehst du mich. — c
Ich nehme also an, daß dieses Tapferkeit ist. — Nimm nur an, sprach
ich, daß es die bürgerliche wenigstens ist, und du wirst ganz recht
annehmen. Ein andermal aber wollen wir, wenn du willst, dies noch
genauer durchgehen; denn jetzt suchen wir nicht sie, sondern die Ge-
rechtigkeit, und um diese zu suchen, reicht, wie ich glaube, das Bis-
herige zu. — Sehr wohl gesprochen, sagte er. —

[8. Die Besonnenheit. Bedeutung des ‹Stärkerseins als man selbst›]

Zweierlei also, sprach ich, ist uns noch übrig, was wir im Staate
auffinden müssen, die Besonnenheit und die Gerechtigkeit, um de- d
rentwillen wir alles andere mit suchen. — Allerdings. — Wie kön-
nen wir also wohl die Gerechtigkeit finden, damit wir nicht erst noch
Weitläufigkeiten haben mit der Besonnenheit? — Ich meinesteils,
sagte er, weiß es nicht und möchte auch gar nicht, daß sie sich eher
zeigte, wenn wir uns hernach um die Besonnenheit nicht mehr küm-
mern würden; sondern, wenn du mir gefällig sein willst, so laß uns
diese eher als jene betrachten. — Das will ich ja wohl gern, sprach ich,
wenn ich nicht unrecht tue. — Untersuche sie also, sagte er. — Das e
soll geschehen, antwortete ich. Und von hier aus angesehen, scheint
sie mehr als das Vorige einem gewissen Einklang und einem Zusam-
menstimmen zu gleichen. — Wie das? — Ein gewisser Anstand ist
doch, sprach ich, die Besonnenheit und eine Mäßigung gewisser Lüste
und Begierden, wie sie sagen; und stärker als er selbst pflegen sie
ihn, ich weiß nicht recht auf welche Weise, zu nennen, und noch ei-
nige andere ähnliche Spuren gleichsam werden von ihr angegeben.
Nicht wahr? — Ganz richtig, sagte er. — Nun ist doch das ‹stärker
als er selbst› lächerlich. Denn wer stärker als er selbst wäre, wäre
doch offenbar auch schwächer als er selbst, und der Schwächere stär-
ker; denn es ist doch immer derselbe, der in allen diesen Redensarten 431 a
auf beiden Seiten aufgeführt wird. — Freilich wohl. — Allein mir
scheint diese Erklärung sagen zu wollen, daß es in dem Menschen
selbst an der Seele irgendein Besseres gibt und ein Schlechteres; und
wenn nun das von Natur Bessere über das Schlechtere Gewalt hat, dies
nennt sie stärker sein als er selbst, denn dies lobt sie ja; wenn aber

durch schlechte Erziehung oder Behandlung von der Menge des
Schlechteren das kleinere Bessere überwältigt wird, dieses scheint sie
b als einen Schimpf zu tadeln, und dies schwächer sein als er selbst zu nen-
nen und den so Gestimmten einen zügellosen. — So zeigt es sich frei-
lich, sagte er. — Sieh also her, sprach ich, auf unsere neue Stadt, und
du wirst das eine von diesen beiden in ihr finden. Denn daß sie Herr
ihrer selbst sei, wirst du sagen müssen, könne man ihr mit vollem
Recht beilegen, wenn doch das Ganze, dessen Besseres das Schlechtere
beherrscht, besonnen zu nennen ist und Herr seiner selbst. — Ich sehe
her, sagte er, und du hast recht. — Und die vielen und vielerlei Be-
c gierden und Lüste und Unlüste findet einer doch wohl bei Kindern
am meisten und bei Weibern und Gesinde, unter den sogenannten
freien Leuten aber nur bei dem großen und gemeinen Haufen. —
Allerdings. — Einfach und Mäßige aber, die von Vernunft und rich-
tiger Vorstellung verständig geleitet werden, wirst du nur bei weni-
gen antreffen, und zwar bei den Bestgearteten und Besterzogenen. —
Wahr, sagte er. — Nun siehst du doch, daß du dieses alles auch in der
Stadt hast, hier aber die Begierden in den Vielen und Schlechten be-
d herrscht von den Begierden und der Vernunft in den Wenigeren und
Edleren. — Das sehe ich, sagte er. —

[9. Die Besonnenheit in einer Stadt. — Vorrede zur Gerechtigkeit]
Wenn man also einen Staat Herrn der Lüste und Begierden und also
auch seiner selbst nennen darf, so ist es dieser. — Auf alle Weise ge-
wiß, sagte er. — Also auch wohl, wenn in einer anderen Stadt diesel-
be Vorstellung einwohnt den Regierenden und den Regierten dar-
e über, wer regieren soll, würde sich dasselbe auch in dieser finden.
Oder meinst du nicht? — Freilich, sagte er, gar sehr. — In welcher
von beiden Abteilungen der Bürger, wirst du nun sagen, sei die Be-
sonnenheit, wenn sie sich so verhalten? In den herrschenden oder in
den beherrschten? — In beiden doch wohl, sagte er. — Siehst du also,
sprach ich, daß wir vorhin ganz richtig geahnt haben, die Besonnen-
heit sei einer Zusammenstimmung zu vergleichen? — Wie das? —
Weil nicht, wie die Tapferkeit und die Weisheit, jede nur in einem
432 a Teile einwohnend, die ganze Stadt die eine weise, die andere tapfer
machten, ebenso auch diese die ganze Stadt besonnen macht, viel-
mehr ist sie ganz durch sie verbreitet, und nach dem vollkommensten
harmonischen Gesetz macht sie die in derselben Beziehung Schwäch-
sten zusammenstimmen mit den Stärksten und Mittleren, seien sie
es nun an Einsicht oder an Stärke oder auch an Zahl oder Reichtum
oder was dergleichen du sonst willst. So daß wir also vollkommen
richtig sagen können, diese Einmütigkeit sei Besonnenheit, nämlich
des von Natur Besseren und Schlechteren Zusammenstimmung dar-
über, welches von beiden herrschen soll, in der Stadt sowohl als in
b jedem einzelnen. — Das dünkt mich völlig ebenso.

Wohl! sprach ich, von diesen drei also können wir ja wohl anneh-
men, daß wir ihrer ansichtig geworden sind in der Stadt. Aber die
noch übrige Art, durch welche die Stadt an der Tugend teilnehmen
kann, was wäre wohl die? Denn offenbar ist diese doch die Gerech-

tigkeit. — Offenbar. — Nun also, Glaukon, müssen wir wie Jäger den
Busch rings umstellen, daß uns die Gerechtigkeit nicht etwa ent-
schlüpfe und dann, wenn sie einmal verschwunden ist, nicht wieder
zum Vorschein komme. Denn offenbar ist sie hier irgendwo. Sieh c
also zu und beeifere dich recht, ob du sie etwa eher als ich erblicken
und mir anzeigen kannst. — Wenn ich doch könnte! sagte er. Viel-
mehr aber, wenn du mich als einen behandelst, der da folgen und
das Gezeigte auch wahrnehmen kann, wirst du mich ganz angemes-
sen behandeln. — So folge mir denn, sprach ich, nach gemeinsam ver-
richtetem Gebet. — Das will ich tun, sprach er, führe du nur an. —
Freilich, fuhr ich fort, scheint mir der Ort gar unzugänglich und
überwachsen, wenigstens ist er dunkel und schwer zu durchstreifen;
aber wir müssen dennoch gehen. — Das müssen wir! sagte er. — d
Nachdem ich nun etwas erblickt, rief ich aus: Ju Ju, Glaukon! es
scheint, daß wir eine Spur haben, und ich glaube, sie soll uns nun ge-
wiß nicht entkommen. — Das ist ja eine gute Nachricht, sprach er. —
Wahrhaftig, sagte ich, etwas albern ist es uns doch ergangen. — Wie-
so? — Schon lange, du Bester, liegt sie uns von Anfang an vor den
Füßen, und wir haben sie nur nicht gesehen, sondern waren ganz
lächerlich, wie bisweilen Leute, die etwas in der Hand haben, dassel-
be suchen, was sie haben, so haben auch wir nicht auf den Fleck ge- e
sehen, sondern irgendwohin ins Weite, daher sie uns denn natürlich
entgehen mußte. — Wie, fragte er, meinst du das? — So, antwortete
ich, daß mich dünkt, wir haben schon lange davon gesprochen und ge-
hört und nur uns selbst nicht verstanden, daß wir eben davon handel-
ten. — Lange Vorrede, sagte er, für einen, der begierig ist zu hören! —

[10. Bestimmung der Gerechtigkeit als das Tun des Seinigen] Also,
sprach ich, höre, ob etwas daran ist. Nämlich was wir von Anfang an 433 a
festgesetzt haben, was jeder durchgängig tun müßte, als wir die
Stadt gründeten, eben dieses, oder doch eine Art davon, ist, wie mich
dünkt, die Gerechtigkeit. Denn wir haben ja festgesetzt und oftmals
gesagt, wenn du dich dessen erinnerst, daß jeder nur eines betreiben
müsse von dem, was zum Staate gehört, wozu nämlich seine Natur
sich am geschicktesten eignet. — Das haben wir freilich gesagt. —
Und gewiß, daß das Seinige tun und sich nicht in vielerlei mischen
Gerechtigkeit ist, auch das haben wir von vielen andern gehört und b
gewiß auch öfter selbst gesagt. — Gewiß haben wir es gesagt. — Die-
ses also, o Lieber, sprach ich, wenn es auf gewisse Weise geschieht,
scheint die Gerechtigkeit zu sein, daß jeder das Seinige verrichtet.
Weißt du, woher ich das schließe? — Nein, sondern sage es! antwor-
tete er. — Mich dünkt nämlich, sprach ich, das noch Übrige in der
Stadt, außer dem, was wir schon betrachtet haben, der Besonnenheit,
Tapferkeit und Vernünftigkeit, müsse dasjenige sein, was jenen al-
len die Kraft gibt dazusein, und müsse auch jenes, nachdem es nun
da ist, erhalten, solange es selbst vorhanden ist. Nun aber sagten
wir doch, die Gerechtigkeit müsse dasjenige sein, was noch fehle, c
wenn wir die drei andern würden gefunden haben. — Und das ist
auch notwendig so, sagte er. — Aber doch, sprach ich, wenn man nun

entscheiden sollte, welche von diesen wohl vorzüglich unsere Stadt
gut mache durch ihre Anwesenheit: so möchte schwer zu entscheiden
sein, ob die Übereinstimmung der Herrschenden und Beherrschten,
oder die Aufrechterhaltung der gesetzmäßigen Vorstellung von dem,
was furchtbar ist oder nicht, unter den Kriegsmännern, oder die den
d Herrschenden einwohnende Einsicht und Obhut, oder ob das sie vor-
züglich gut macht, wenn sich bei Kindern und Weibern, Knechten
und Freien, gemeinen Arbeitern und Herrschenden und Beherrsch-
ten dieses findet, daß jeder, wie er einer ist, auch nur das Seinige tut
und sich nicht in vielerlei mischt! — Schwer zu entscheiden, sagte er,
allerdings. — Es wetteifert also in bezug auf die Tugend der Stadt
mit der Weisheit und Besonnenheit und Tapferkeit diese Eigenschaft,
daß jeder in ihr das Seinige tut. — Gar sehr, sagte er. — Und du wür-
dest doch wohl nur der Gerechtigkeit einen Wettstreit mit jenen in
e bezug auf die Tugend der Stadt zugestehen? — Allerdings. — Erwäge
aber auch von dieser Seite, ob es dir so scheint. Wirst du wohl den
Herrschenden in der Stadt auftragen, die Rechtssachen zu schlichten?
— Wem anders? — Werden sie nun wohl nach irgend etwas anderem
mehr streben bei ihren Entscheidungen als danach, daß einem jeden
weder Fremdes zugeteilt noch ihm das Seinige genommen werde?
— Nein, sondern danach. — Als nach dem Gerechten? — Ja. — Auch
so demnach würde, daß jeder das Seinige und Gehörige hat und tut,
434 a als Gerechtigkeit anerkannt werden. — So ist es. — Sieh nun zu, ob
du noch weiter meiner Meinung bist. Wenn der Zimmermann sich
einfallen läßt, des Schuhmachers Werke zu verrichten, oder der
Schuhmacher die des Zimmermanns, mögen sie nun ihre Werkzeuge
und ihren Lohn wechseln, oder mag auch einer und derselbe beides
zu verrichten unternehmen, alles andere hiernach umgestellt, meinst
du, daß das in der Stadt großen Schaden anrichten wird? — Nicht
eben, antwortete er. — Allein, wenn ein Handwerker oder einer, der
sonst ein Gewerbsmann ist seiner Natur nach, hernach, aufgebläht
b durch Reichtum oder Verbindungen oder Stärke oder etwas derglei-
chen, in die Klasse der Krieger überzugehen sucht, oder einer von
den Kriegern in die der Berater und Hüter, ohne daß er es wert ist,
und diese dann ihre Werkzeuge und ihre Ehrenstellen gegeneinander
vertauschen, oder einer und derselbe dies alles zu verrichten unter-
nimmt: dann, denke ich, wirst auch du der Meinung sein, daß sol-
cher Tausch und Vieltuerei hierin der Stadt zum Verderben gereicht.
— Auf alle Weise freilich. — Also dieser drei Klassen Einmischerei
c in ihr Geschäft und gegenseitiger Tausch ist der größte Schaden für
die Stadt und kann mit vollem Recht Frevel genannt werden? — Of-
fenbar. — Und den größten Frevel gegen die eigene Stadt, wirst du
den nicht Ungerechtigkeit nennen? — Wie sollte ich nicht! — Dies ist
also die Ungerechtigkeit.

[11. Übergang zur Anwendung dieser Erkenntnis auf den einzelnen Menschen]

Und so laß uns wiederum so erklären: der erwerbenden, beschüt-
zenden und beratenden Klasse Geschäftstreue, daß nämlich jede von

diesen das Ihrige verrichtet in der Stadt, würde das Gegenteil von jenem, also Gerechtigkeit sein und die Stadt gerecht machen. — Nicht anders scheint es auch mir, sprach er, sich zu verhalten als so. — Laß d
es uns nur, sagte ich, noch nicht allzu fest behaupten; sondern wenn auch auf jeden einzelnen Menschen angewendet dieser selbe Begriff auch dort dafür anerkannt wird, Gerechtigkeit zu sein, dann wollen wir es einräumen — denn was wollten wir auch weiter sagen? —, wenn aber nicht, dann wollen wir etwas anderes ersinnen. Jetzt aber laß uns die Untersuchung vollenden, die wir in der Meinung angefangen haben, daß, wenn wir zuvor in irgendeinem Größeren, welches auch Gerechtigkeit an sich hat, diese anzuschauen versuchten, wir dann auch leichter an dem einzelnen Menschen sehen würden, was sie ist. Und ein solches schien uns der Staat zu sein, und so haben wir denn einen so trefflich als möglich eingerichtet, wohl wis- e
send, daß in einem guten wenigstens sie sich finden müsse. Was sich uns also dort gezeigt hat, das laß uns auf den einzelnen übertragen; und wenn es übereinstimmt, soll es gut sein, wenn sie sich aber in dem einzelnen als etwas anderes zeigt, so wollen wir wieder auf die Stadt zurückgehen, um die Sache noch einmal zu prüfen. Und vielleicht, wenn wir so beides gegeneinander betrachten und reiben, wer- 435 a
den wir doch wie aus Feuersteinen die Gerechtigkeit herausblitzen machen und, wenn sie uns klar geworden ist, sie recht bei uns selbst befestigen. — Das ist ganz in der Ordnung, entgegnete er, wie du es sagst, und so müssen wir es machen.

Ist nun wohl, sprach ich, was einer als dasselbe nur größer oder kleiner nennt, insofern unähnlich, inwiefern es dasselbe heißt, oder ähnlich? — Ähnlich, sagte er. — Also auch ein gerechter Mann wird b
von einem gerechten Staat in Beziehung auf eben diesen Begriff der Gerechtigkeit nicht verschieden, sondern ihm ähnlich sein? — Ähnlich, sagte er. — Aber der Staat schien uns doch gerecht zu sein, sofern drei ihm einwohnende Arten von Naturen jede das Ihrige verrichteten; besonnen aber und tapfer und weise durch eben jener drei Arten anderweitige Zustände und Eigenschaften. — Richtig, sagte er. — Auch von dem Einzelnen also, Lieber, werden wir geradeso dafür halten, daß eben diese drei Arten in seiner Seele sich finden c
und er derselben Zustände wegen wie dort auch dieselben Namen erhalte wie der Staat. — Ganz notwendig, sagte er. — Da sind wir ja wiederum, o Wunderbarer, sprach ich, auf eine schlimme Untersuchung gestoßen in Absicht der Seele, ob sie eben diese drei Arten in sich hat oder nicht. — Gar nicht scheint mir, sagte er, daß es eine schlimme ist. Vielleicht ist aber, o Sokrates, das Sprichwort wahr, daß das Schöne schwer ist. — Das zeigt sich, sagte ich. Und wisse nur, o Glaukon, daß nach meiner Meinung wir dergleichen durch ein solches Verfahren, wie wir jetzt in unsern Reden beobachten, d
niemals genau erhalten werden, sondern der Weg, der dazu führt, ist weiter und größer, vielleicht aber doch erhalten wir es so, wie es sich zu dem vorher Erklärten und Erwogenen schickt. — Sollen wir damit nicht zufrieden sein? sagte er; mir wenigstens würde es für jetzt so hinreichend sein. — Aber mir, sprach ich, ganz gewiß voll-

kommen. — Werde also nicht müde, sagte er, sondern untersuche
e weiter. — Ist es uns nun nicht ganz notwendig, sprach ich, zu geste-
hen, daß in einem jeden von uns diese nämlichen drei Arten und
Handlungsweisen sich finden wie auch im Staate? Denn nirgends
anders her können sie ja dorthin gekommen sein. Denn es wäre ja
lächerlich, wenn jemand glauben wollte, das Mutige sei nicht aus den
Einzelnen in die Staaten hineingekommen, die vorzüglich diese Kraft
in sich haben, wie die in Thrakien und Skythien und fast überall in
den oberen Gegenden, oder das Wißbegierige, was man vorzüglich
436 a unsern Gegenden zuschreiben kann, oder das Erwerbslustige, wo-
von man sagen könnte, daß man es nicht am schlechtesten bei den
Phoinikiern und Ägyptern antrifft. — Allerdings, sagte er. — Dies
also verhält sich so, sprach ich, und ist nicht schwer einzusehen. —
Freilich nicht. —

*[12. Prinzip zur Untersuchung der Seelenteile: Dasselbe kann nicht
zur selben Zeit Entgegengesetztes tun oder leiden]* Das ist aber wohl
schwer, ob wir mit demselben alles verrichten, oder von dreien mit
jeglichem ein anderes: mit einem von dem, was in uns ist, lernen,
mit einem andern uns mutig erweisen, und mit einem dritten wieder-
um die mit der Ernährung und Erzeugung verbundene Lust begeh-
ren, und was dem verwandt ist, oder ob wir mit der ganzen Seele
b jegliches von diesen verrichten, wenn wir auf eines gestellt sind?
Dieses wird das sein, was schwierig ist auf eine genügende Weise
zu bestimmen. — Das dünkt mich auch, sagte er. — Auf diese Art
also laß uns versuchen zu bestimmen, ob es unter sich dasselbe ist
oder ob verschiedenes. — Auf welche? — Offenbar ist doch, daß das-
selbe nie zu gleicher Zeit Entgegengesetztes tun und leiden wird, we-
nigstens nicht in demselben Sinne genommen und in Beziehung auf
ein und dasselbe. So daß, wenn wir etwa finden sollten, daß in die-
sen dies vorkommt, wir wissen werden, daß sie nicht dasselbe waren,
c sondern mehreres. — Das sei so. — Erwäge also, was ich sage. —
Sprich nur, sagte er. — Ist es wohl möglich, fuhr ich fort, daß dassel-
be zugleich in demselben Sinne stillsteht und sich bewegt? — Keines-
wegs. — Verständigen wir uns noch genauer darüber, damit wir nicht
etwa im weiteren Verlauf uns uneins finden. Denn wenn jemand von
einem Menschen, welcher steht, aber seinen Kopf und seine Hände
bewegt, sagen wollte, daß derselbe zugleich steht und sich bewegt:
so werden wir, denke ich, nicht annehmen, daß man so sagen dürfe,
d sondern daß einiges von ihm stillsteht und anderes sich bewegt.
Nicht so? — So. — Nicht auch wenn, wer dies behauptet, noch artiger
scherzen wollte und uns vortragen, daß doch die Kreisel ganz zu-
gleich stehen und sich bewegen, wenn sie mit der Spitze an einem und
demselben Orte haftend sich herumdrehen, oder was sonst im Kreise
sich bewegend dies an derselben Stelle bleibend tut: so würden wir
es nicht annehmen, weil dergleichen Dinge alsdann nicht in bezug
e auf dasselbe in ihnen stillstehen und sich bewegen; sondern wir wür-
den sagen, sie hätten Gerades und Kreisförmiges in sich und in be-
zug auf das Gerade ständen sie still, denn sie neigten sich nach

keiner Seite hin, in bezug auf das Kreisförmige aber bewegten sie
sich. Wenn aber zugleich mit dieser Bewegung auch die gerade Rich-
tung zur rechten oder linken oder nach vorn oder hinten abweicht,
dann ist keinerlei Art von Stillstand mehr zu denken. — Ganz rich-
tig, sagte er. — Nichts dergleichen also wird uns verwirren, wenn es
vorgebracht wird, noch uns irgend mehr überreden, als ob jemals
etwas dasselbe bleibend zugleich in demselben Sinne und in bezug
auf dasselbe könne Entgegengesetztes erleiden oder sein oder auch 437 a
tun. — Mich gewiß nicht, sagte er. — Dennoch aber, sprach ich, damit
wir nicht nötig haben, alle dergleichen Einwendungen durchzugehen
und weitläufig zu beweisen, daß sie unrichtig sind, so laß uns in der
Voraussetzung, daß sich dieses so verhält, weitergehen und uns an-
heischig machen, wenn uns dies jemals anders erschiene als so, so
solle alles, was uns hieraus folgt, für nichtig erklärt sein. — So, sagte
er, müssen wir es freilich machen. —

*[13. Erklärung des Unterschieds zwischen dem Begehren selbst und
einem bestimmten Begehren]* Nun aber, sprach ich, wirst du doch b
das Gewähren dem Abschlagen, und das Trachten, etwas zu bekom-
men, dem Ablehnen, und das Ansichziehen dem Vonsichstoßen, alles
dergleichen für einander Entgegengesetztes, es sei nun Tun oder Lei-
den, erklären? Denn von dieser Seite wollen wir keinen Unterschied
machen. — Allerdings für entgegengesetzt, sagte er. — Wie also, fuhr
ich fort, Hungern und Dursten und überhaupt die Begierden und so
auch das Wollen und Wünschen, setzt du nicht alles dieses unter je- c
ne eben angeführten Begriffe? Wirst du z. B. nicht immer sagen, daß
die Seele des Begehrenden nach dem trachtet, was sie begehrt, oder
daß sie das an sich zieht, wovon sie wünscht, daß es ihr werde? Oder
wiederum, sofern sie will, daß ihr etwas gereicht werde, daß sie dies
bejahend zu sich herwinke, gleichsam als ob jemand sie sähe da-
nach streben, daß es ihr werde? — Ich gewiß. — Und wie? Das Ver-
werfen und nicht Wollen noch Begehren, wollen wir nicht sagen,
daß dies zu dem Abstoßen und Vonsichwegtreiben und zu allem, was
jenem entgegengesetzt ist, gehöre? — Wie sollten wir nicht? — Inso- d
fern nun dieses sich so verhält, sagen wir doch, es gebe etwas, das
wir Begierden nennen, und die stärksten unter diesen seien, die wir
Durst und Hunger nennen? — Das sagen wir, sprach er. — Und die
eine ist des Getränks Begierde, die andere der Speise? — Ja. — Ist
nun wohl, sofern Durst ist, noch nach etwas mehrerem, als wir sag-
ten, Begierde in der Seele? Ich meine, ist Durst wohl Durst nach war-
mem Getränk oder kaltem, oder nach vielem oder wenigem, oder auch
mit einem Worte nach einem bestimmten Getränk? Oder wird nur,
wenn Wärme außer dem Durst da ist, diese die Begierde nach dem e
Kalten dazu hervorbringen, und wenn Kälte, die nach Warmem?
Wenn aber wegen Zugesellung der Vielheit der Durst viel ist, wird
diese die Begierde nach Vielem veranlassen, wenn er aber gering ist,
dann die nach Wenigem; das Dursten selbst aber wird niemals die
Begierde nach irgend etwas anderem werden, als worauf es seiner
Natur nach geht, auf das Getränk selbst, und ebenso auch das Hun-

gern auf die Speisen? — So, antwortete er, jede Begierde selbst auf
dasjenige allein, worauf sie ihrer Natur nach geht; auf das So-oder-
438 a so desselben aber nur das Hinzukommende. — Daß uns aber nur nicht
einer, sprach ich, unversehens damit beunruhige, daß niemand Trank
schlechthin begehrt, sondern genießbaren Trank, und nicht Speise,
sondern genießbare Speise, weil ja alle das Gute begehren. Wenn also
der Durst eine Begierde ist, müsse er auf Gutes gehen, sei es nun Ge-
tränk oder worauf sonst die Begierde geht, und die andern ebenso.
— Der könnte wohl scheinen, antwortete er, etwas zu sagen, der dies
sagte. — Aber doch, sprach ich, was von der Art ist, daß es sich auf
etwas bezieht, das bezieht sich als so und so beschaffen auch auf ein
b so und so Beschaffenes, wie mich dünkt, als es selbst aber jedes nur
auf das Seinige selbst. — Das habe ich nicht verstanden, sagte er. —
Hast du nicht verstanden, sagte ich, daß das Größere von der Art ist,
daß es größer ist als etwas? — Freilich wohl. — Und zwar als das Klei-
nere? — Ja. — Und das weit Größere doch als das weit Kleinere? Nicht
wahr? — Ja. — Nicht auch das ehedem Größere auch als ein ehedem
Kleineres, und das künftig Größere als ein künftig Kleineres? —
Als was sonst? sagte er. — Auch wohl das Mehrere zu dem We-
c nigeren und das Doppelte zu dem Halben und alles dergleichen,
und ebenso das Schwerere zu dem Leichteren und das Schnellere zu
dem Langsameren, und ferner das Warme zu dem Kalten und alles
dem Ähnliche verhält sich ebenso? — Allerdings. — Und wie mit der
Erkenntnis? Ist es nicht dieselbe Weise? Die Erkenntnis selbst ist Er-
kenntnis des Erkennbaren selbst, oder wie man das nennen will, wor-
auf die Erkenntnis sich bezieht; eine gewisse und irgendwie beschaf-
d fene Erkenntnis aber nur eines gewissen und irgendwie beschaffe-
nen Erkennbaren. Ich meine nämlich dergleichen: Ist nicht die Er-
kenntnis, wenn sie die von dem Bau eines Hauses ist, so von den
übrigen Erkenntnissen unterschieden, daß sie Baukunst heißt? —
Ohne Zweifel. — Nicht, weil sie nun eine so bestimmte ist, wie keine
von den übrigen? — Ja. — Und weil eines irgendwie Bestimmten, ist
sie selbst eine irgendwie bestimmte? Und ebenso auch die andern Kün-
ste und Wissenschaften? — So ist es. —

[14. Aufweis zweier verschiedener Seelenteile: des Vernünftigen und des Begehrlichen. Verschiedenheit des Beeifernden vom Begehrlichen]

Dieses also, sprach ich, glaube, daß ich damals habe sagen wollen,
wenn du es denn jetzt verstanden hast, daß, was immer so ist, daß es
zu einem andern ist, daß dieses selbst für sich auch nur zu jenem
selbst für sich ist, zu dem irgendwie Bestimmten aber auch nur als
e selbst irgendwie bestimmt. Und ich sage nicht, daß es selbst so wie
jenes, worauf es sich bezieht, bestimmt ist, so daß die Erkenntnis des
Gesunden und Kranken selbst gesund und krank wäre, und die des
Guten und Bösen selbst gut und böse; sondern nur, daß, weil sie
nicht mehr dessen selbst, wessen Erkenntnis sie ist, Erkenntnis war,
sondern eines irgendwie bestimmten solchen, und das war eben das
Gesunde und Krankhafte, sie auch selbst eine irgendwie bestimmte
geworden ist, und dies nun gemacht hat, daß sie nicht mehr Erkennt-

nis schlechthin heißt, sondern, da ein Bestimmtes hinzugekommen ist, Heilkenntnis. — Ich verstehe, sagte er, und es scheint mir sich so zu verhalten. — Und den Durst, sprach ich, wirst du den nicht unter 439 a
diejenigen Dinge setzen, die, was sie sind, auf etwas gehend sind? Er ist aber doch Durst...? — Ja, sprach er, nämlich nach Getränk. — Also auch nach einem gewissen Getränk nur ein gewisser Durst, Durst aber selbst weder nach Vielem oder Wenigem, noch nach Gutem oder Schlechtem, noch mit einem Wort nach irgendwie bestimmtem Getränk, sondern Durst selbst und für sich seiner Natur nach nur nach Getränk selbst und für sich. — Auf alle Weise freilich. — Des Durstenden Seele also, inwiefern er durstet, will nichts anderes als trinken; dieses begehrt sie und danach strebt sie. — Offenbar ja. — Und b
nicht wahr, wenn jemals irgend etwas sie zurückzieht, wenn sie durstet, so wäre dies etwas anderes in ihr als das Durstende und sie wie ein Tier zum Trinken Antreibende selbst? Denn es kann ja nicht, sagen wir, dasselbe durch sein Selbes in bezug auf dasselbe zugleich Entgegengesetztes tun. — Freilich nicht. — Wie es, glaube ich, von einem Schützen nicht richtig gesagt ist, daß seine Hände zugleich den Bogen losschnellen und anspannen, sondern daß die eine Hand die losschnellende ist und die andere die anspannende. — Allerdings freilich, sagte er. — Ob wir nun wohl sagen sollen, daß bisweilen einige, c
welche dursten, doch nicht trinken wollen? — Wohl, sagte er, gar viele und oftmals. — Was also, sagte ich, soll einer hiervon wohl sagen? Nicht, daß in ihrer Seele zwar das zu trinken Befehlende sei, in ihrer Seele aber auch das Verhindernde, und zwar als ein anderes und welches über jenes Befehlende Gewalt hat? — Das dünkt mich wenigstens, sagte er. — Und kommt nun nicht das dergleichen Verbietende, wenn es kommt, durch Überlegung, das Treibende und Ziehende aber ist d
da vermöge eines leidenden und krankhaften Zustandes? — Das ist deutlich. — Nicht mit Unrecht also, sprach ich, wollen wir dafür halten, daß diese ein Zwiefaches und voneinander Verschiedenes sind, und das, womit die Seele überlegt und ratschlagt, das Denkende und Vernünftige der Seele nennen, das aber, womit sie verliebt ist und hungert und durstet und von den übrigen Begierden umhergetrieben wird, das Gedankenlose und Begehrliche, gewissen Anfüllungen und Lüsten Befreundete. — Gewiß nicht mit Unrecht, sondern e
mit großer Wahrscheinlichkeit, sagte er, werden wir dieses annehmen. — Diese zwei Arten also, sprach ich, seien uns bestimmt als in der Seele einwohnend. Aber der Mut und das, womit wir uns ereifern, ist dieses eine dritte? Oder welcher von jenen beiden wäre es gleichartig? — Vielleicht doch, sagte er, dem einen, dem Begehrlichen. — Aber, sprach ich, ich habe einmal etwas gehört und glaube dem: wie nämlich Leontios, der Sohn des Aglaion, einmal aus dem Peiraieus an der nördlichen Mauer draußen heraufkam und merkte, daß beim Scharfrichter Leichname lägen, er zugleich Lust bekam, sie zu sehen, zugleich aber auch Abscheu fühlte und sich wegwendete und so eine Zeitlang kämpfte und sich verhüllte, dann aber von der Be- 440 a
gierde überwunden mit weitgeöffneten Augen zu den Leichnamen hinlief und sagte: da habt ihr es nun, ihr unseligen, sättigt euch an

dem schönen Anblick! – Das habe ich auch gehört, sagte er. – Diese Erzählung nun, sprach ich, deutet darauf, daß der Eifer bisweilen gegen die Begierde streitet als ein anderes gegen ein anderes. – Darauf deutet sie freilich, sagte er. –

[15. Ansetzung des Beeifernden als dritten Seelenteil, wegen seiner Verschiedenheit auch vom Vernünftigen] Merken wir nun nicht auch
anderwärts oftmals, sagte ich, wenn jemanden Begierden gegen seine
b Überlegung zwingen, daß er selbst schimpft und sich ereifert über
das Zwingende in ihm? Und daß also in dem Aufstande beider gegeneinander der Eifer eines solchen ein Verbündeter der Vernunft
wird? Daß er sich aber zu den Begierden gesellen sollte, wenn die
Vernunft ausspricht, daß man etwas nicht tun soll, dieses, glaube ich,
wirst du nicht sagen können, daß du jemals bei dir selbst bemerkt
hättest, daß es geschehen sei, noch bei einem andern. – Nein beim
c Zeus, sagte er. – Und wie? fuhr ich fort, wenn einer glaubt, Unrecht
getan zu haben, ist er nicht, je edler, um desto weniger imstande zu
zürnen, wenn er auch Hunger und Durst oder sonst etwas dieser Art
von dem leiden muß, von dem er glaubt, daß er ihm dieses mit Recht
antue? Und ist es nicht so, wie ich sage, daß sein Eifer sich gegen
diesen nicht erheben will? – Richtig, sagte er. – Wie aber, wenn jemand Unrecht zu leiden glaubt? Gärt er nicht in diesem und wird
wild und verbündet sich mit dem, was ihm gerecht dünkt, mag er
auch Hunger und Durst und Kälte und alles dergleichen erleiden
müssen, und siegt durch Beharrlichkeit und macht seiner edlen Be-
d strebungen kein Ende, bis er es entweder durchgeführt hat oder draufgeht, oder, wie der Hund von dem Hirten, so von der bei ihm wohnenden Vernunft zurückgerufen und besänftigt wird? – Ganz so, sagte
er, ist es, wie du sagst, wie ja auch wir in unserer Stadt die Helfer
gleichsam als Hunde den Herrschern als den Hirten der Stadt unterwürfig gemacht haben. – Sehr schön, sprach ich, merkst du, was ich
sagen will. Aber gewahrst du außerdem wohl auch noch dieses? –
e Welches doch? – Daß es uns ganz entgegengesetzt erscheint mit dem
Mutartigen als noch eben. Denn damals meinten wir, es sei auch ein
Begehrliches; jetzt aber sagen wir, weit gefehlt, sondern vielmehr
ergreife es in dem Zwiespalt der Seele die Waffen für das Vernünftige. – Allerdings. – Etwa auch als ein von diesem Verschiedenes,
oder als eine Art des Vernünftigen, so daß nicht dreierlei, sondern
nur zweierlei in der Seele wäre, das Vernünftige und das Begehrliche? Oder, wie in der Stadt drei verschiedene Arten sie zusammen-
441 a hielten, die erwerbende, die helfende und die beratende, ist so auch in
der Seele dieses ein drittes, das Eifrige, von Natur dem Vernünftigen beistehend, wenn es nicht etwa durch schlechte Erziehung verdorben ist? – Notwendig, sagte er, ein drittes. – Ja, sprach ich, wenn
es sich auch von dem Vernünftigen verschieden zeigt, wie es sich von
dem Begehrlichen unterschieden gezeigt hat. – Das ist wohl nicht
schwer zu zeigen, sagte er. Denn das kann ja einer schon an den Kindern sehen, daß sie, nur eben geboren, schon voll Eifers sind, von
Nachdenken aber scheinen mir wenigstens einige gar niemals etwas

zu bekommen, und die meisten nur sehr spät. — Ja beim Zeus, sprach b
ich, das hast du schön gesagt. Und auch noch an den Tieren kann man sehen, was du meinst, daß es sich so verhält. Und außerdem wird auch das Homerische, was wir oben schon irgendwo angeführt haben, Zeugnis davon geben, das: ‹Aber er schlug an die Brust und strafte das Herz mit den Worten›; denn hier hat Homeros ganz deutlich, als eines von dem andern verschieden, das über das Bessere und Schlechtere Nachdenkende dem gedankenlos sich Ereifernden zure- c
dend gedichtet. — Offenbar, sagte er, hast du ganz recht. —

[16. Anwendung der Entsprechung zwischen den Seelenteilen und den Ständen im Staat zur Erklärung der Tugenden des Einzelmenschen] Dieses also, sprach ich, haben wir mit Mühe durchgemacht; und es steht uns nun zur Genüge fest, daß dieselben Verschiedenheiten wie in der Stadt auch in eines jeden einzelnen Seele sich zeigen, und gleich an Zahl. — So ist es. — Nun ist also wohl auch jenes schon notwendig, daß, wie die Stadt weise war und wodurch, so auch und eben dadurch der Einzelne weise ist. — Notwendig. — Und wodurch der Einzelne tapfer und wie, dadurch auch die Stadt tapfer sei und d
ebenso, und daß auch in allem übrigen, was die Tugend betrifft, beide sich auf gleiche Weise verhalten. — Notwendig. — Auch gerecht also, o Glaukon, denke ich, werden wir sagen müssen, sei ein Mann auf dieselbe Weise, wie auch der Staat gerecht war. — Auch das ist ganz notwendig. — Aber wir haben doch wohl das noch nicht vergessen, daß jene dadurch gerecht war, daß jede von jenen drei Gattungen in ihr das Ihrige tat? — Wir scheinen es, sagte er, ja wohl nicht vergessen zu haben. — Also müssen wir bedenken, daß auch ein jeder von uns, in welchem sie jede das Ihrige tun, gerecht sein e
wird und das Seinige verrichtend. — Allerdings, sagte er, müssen wir das bedenken. — Nun gebührt doch dem Vernünftigen zu herrschen, weil es weise ist und für die gesamte Seele Vorsorge hat, dem Eifrigen aber, diesem folgsam zu sein und verbündet? — Freilich. — Und wird nun nicht, wie wir sagten, die rechte Mischung der Musik und Gymnastik sie zusammenstimmend machen, indem sie das eine anspornt und nährt durch schöne Reden und Kenntnisse, das andere 442 a
aber zuredend und besänftigend durch Wohlklang und Zeitmaß mildert? — Offenbar ja, sprach er. — Und diese beiden nun, so auferzogen und in Wahrheit in dem Ihrigen unterwiesen und gebildet, werden dann dem Begehrlichen vorstehen, welches wohl das meiste ist in der Seele eines jeden und seiner Natur nach das Unersättlichste; welches sie dann beobachten werden, damit es nicht etwa, durch Anfüllung der sogenannten Lust des Leibes groß und stark geworden, unternehme, anstatt das Seinige zu verrichten, vielmehr die andern b
zu unterjochen und zu beherrschen, was ihm nicht gebührt, und so das ganze Leben aller verwirre. — Allerdings, sagte er. — Werden nun nicht, sprach ich, auch den äußeren Feind diese beiden am besten abhalten für das Gesamte, Seele und Leib, indem jenes berät, dieses wehrt, dem Herrschenden aber folgt und durch Tapferkeit das Beschlossene vollzieht? — So ist es. — Auch tapfer also, meine ich, nen-

c nen wir jeden einzelnen vermöge dieses Teils, wenn sein Mutartiges
durch Lust und Unlust hindurch immer treu bewahrt, was von der
Vernunft als furchtbar angekündigt worden ist, und was als nicht. –
Richtig, sagte er. – Und weise durch jenen kleineren Teil, welcher in
ihm herrscht und dieses verkündigt, indem auch in dem einzelnen
dieser Teil in sich hat die Erkenntnis dessen, was einem jeden und
dem Ganzen, aus allen dreien gemeinsamen zuträglich ist. – Aller-
dings. – Und wie? Besonnen nicht durch die Freundschaft und Zu-
sammenstimmung eben dieser, wenn das Herrschende mit dem Be-
herrschten einmütig ist darüber, daß das Vernünftige herrschen soll,
d und sie nicht miteinander im Streit sind? – Nichts anderes, sprach
er, ist ja wohl Besonnenheit des Staates und des Einzelnen. – Also
auch gerecht, wie wir nun schon oft gesagt haben, wird er durch das-
selbe und auf dieselbe Weise sein? – Ganz notwendig. – Wie aber?
fuhr ich fort; schwebt uns nicht dunkel irgend etwas vor, als ob doch
die Gerechtigkeit etwas anderes sein müsse, als wofür wir sie im
Staat erkannten? – Mir meinesteils, sagte er, scheint es nicht. – Auf
die Art wenigstens, sprach ich, können wir der Sache vollkommen
e gewiß werden, falls etwa in unserer Seele noch irgend etwas zweifel-
haft ist, wenn wir nämlich jenes Gewöhnliche daran versuchen. –
Welches doch? – Wie wenn wir uns erklären sollten über jenen Staat
und den ihm ähnlich gearteten und gebildeten einzelnen Mann, ob
wohl von ihm zu glauben ist, daß ein solcher, wenn Gold und Silber
bei ihm niedergelegt wäre, es unterschlagen werde. Wer, glaubst du
wohl, werde der Meinung sein, daß dieser dies eher tun werde als die,
443 a welche nicht so sind? – Niemand, antwortete er. – Also auch vom
Tempelraub und Diebstahl und Verräterei, einzeln gegen Freunde
sowohl als mit der Stadt gegen Städte, wird ein solcher fern sein? –
Fern. – Und auch wohl nicht im mindesten untreu in Eidschwüren
und andern Verträgen? – Wie sollte er wohl! – Und Ehebruch oder
Gleichgültigkeit gegen die Eltern oder Vernachlässigung der Götter
kommt ja wohl jedem anderen eher zu als diesem? – Gewiß jedem,
b sagte er. – Und von dem allen ist doch die Ursache, daß von dem,
was in ihm ist, jegliches das Seinige verrichtet in Hinsicht auf Herr-
schen und Beherrschtwerden? – Dieses freilich und nichts anderes. –
Wie also? Begehrst du, daß die Gerechtigkeit noch etwas anderes
sei als dieses Vermögen, welches einzelne Menschen sowohl als Staa-
ten zu solchen macht? – Nein, beim Zeus, sprach er, ich nicht. –

[17. Abschließende Feststellung über die gefundene Gerechtigkeit] So
ist uns also der Traum vollständig erfüllt, von dem wir sagten, daß
er uns vorschwebe, sofern wir gleich im Anfang der Begründung
c unseres Staates durch Gunst irgendeines Gottes auch in den Anfang
und die Grundzüge der Gerechtigkeit scheinen eingeschritten zu sein.
– Auf alle Weise freilich. – Und jenes also, o Glaukon, war, wes-
halb es sich ja auch als nützlich zeigte, eine Art von Schattenbild der
Gerechtigkeit, daß nämlich der von Natur Schusterhafte auch recht
tue, nur Schuhe zu machen und nicht anderes zu verrichten, und der
Zimmermännische nur zu zimmern und die andern ebenso. – Das

leuchtet ein. — In Wahrheit aber war die Gerechtigkeit, wie sich zeigte, zwar etwas dieser Art, aber nicht an den äußeren Handlungen in bezug auf das, was dem Menschen gehört, sondern an der wahrhaft
inneren Tätigkeit in Absicht auf sich selbst und das Seinige, indem d
einer nämlich jegliches in ihm nicht Fremdes verrichten läßt, noch die verschiedenen Kräfte seiner Seele sich gegenseitig in ihre Geschäfte einmischen, sondern jeglichem sein wahrhaft Angehöriges beilegt und sich selbst beherrscht und ordnet und Freund seiner selbst ist und die drei in Zusammenstimmung bringt, ordentlich wie die drei Hauptglieder jedes Wohlklangs, den Grundton und den höchsten und den mittleren, und wenn noch etwas zwischen diesen liegt, auch dies alles
verbindet und auf alle Weise *einer* wird aus vielen, besonnen und e
wohl gestimmt, und so erst verrichtet, wenn er etwas verrichtet, es betreffe nun Erwerb des Vermögens oder Pflege des Leibes oder auch bürgerliche Geschäfte und besondere Verhandlungen, daß er in dem allen diejenigen für gerechte und schöne Handlungen hält und erklärt, welche diese Beschaffenheit unterhalten und mit hervorbringen, und für Weisheit die diesen Handlungen vorstehende Einsicht, sowie für ungerecht die Handlungen, welche diese Beschaffenheit auf-
heben, und für Torheit die solchen vorstehende Meinung. — Auf alle 444 a
Weise, sprach er, o Sokrates, hast du recht. — Wohl denn! sprach ich, wenn wir nun behaupteten, den gerechten Mann und Staat, und was die Gerechtigkeit in ihnen ist, gefunden zu haben, würden wir uns, denke ich, wohl nicht sehr zu täuschen scheinen. — Beim Zeus, wohl nicht, sagte er. — Wir wollen es also behaupten? — Das wollen wir. —

[18. Erklärung der Ungerechtigkeit in der Seele]

So sei es denn! sprach ich. Nächst diesem aber, denke ich, müssen wir die Ungerechtigkeit in Betrachtung ziehen. — Offenbar. — Muß sie
nun nicht ihrerseits ein Zwiespalt eben dieser drei sein und eine Viel- b
tuerei und Fremdtuerei und ein Aufstand irgendeines Teiles gegen das Ganze der Seele, um in ihr zu herrschen, obwohl es ihm nicht zukommt, sondern er ein solcher ist von Natur, daß es ihm gebührt, dem, welches von dem herrschaftlichen Geschlecht ist, zu dienen? Dergleichen, denke ich, werden wir sagen, und eben dieser Kräfte Verwirrung und Verirrung sei nun die Ungerechtigkeit und Ungebundenheit und Feigheit und Unvernunft und insgesamt alle Schlechtigkeit. — Eben dieses gewiß, sagte er. — Also ist nun auch, sprach ich,
das Ungerechthandeln und Unrechttun und ebenso das Rechttun, al- c
les dieses wohl schon ganz deutlich bestimmt, wenn ja auch Gerechtigkeit und Ungerechtigkeit es sind. — Woher das? — Weil sie, sprach ich, gar nicht unterschieden von dem Gesunden und Ungesunden, was dieses für den Leib ist, für die Seele sind. — Wieso? fragte er. — Das Gesunde bewirkt doch Gesundheit und das Ungesunde Krankheit? — Ja. — Bewirkt nicht auch das Rechttun Gerechtigkeit und das
Unrechttun Ungerechtigkeit? — Notwendig. — Gesundheit bewirken d
heißt aber das Leibliche in ein naturgemäßes Verhältnis des Beherrschens und Von-einander-Beherrschtwerdens bringen, und Krankheit, in ein naturwidriges Herrschen und Beherrschtwerden eines vom an-

dern. — Das heißt es. — Nicht auch wiederum, sprach ich, Gerechtig-
keit bewirken, die Regungen in der Seele in ein naturgemäßes Verhält-
nis bringen des Herrschens und Von-einander-Beherrschtwerdens?
Ungerechtigkeit aber in ein naturwidriges Herrschen und Beherrscht-
werden einer von der andern? — Offenbar, sagte er. — So wäre denn
e die Tugend, wie es scheint, eine Gesundheit und Schönheit und ein
Wohlbefinden der Seele, die Schlechtigkeit aber Krankheit und Häß-
lichkeit und Schwäche. — So ist es. — Führen nun nicht auch schöne
Beschäftigungen zum Besitz der Tugend, häßliche aber zur Schlech-
tigkeit? — Notwendig. —

[19. Gerechtigkeit ist zweckmäßiger als Unrechttun. Die eine Gestalt der Tugend und die vier Hauptgestalten der Schlechtigkeit]

So wäre uns denn nun noch übrig zu untersuchen, welches von
445 a beiden wohl zweckmäßig ist, ob Rechttun und um Schönes sich be-
mühen und gerecht sein, mag es nun verborgen bleiben oder nicht,
daß man ein solcher ist, oder ob Unrechttun und ungerecht sein,
wenn man nämlich keine Strafe leidet und nicht zur Besserung ge-
züchtigt wird. — Aber, o Sokrates, sagte er, ganz lächerlich scheint
mir wenigstens nun schon diese Untersuchung zu werden, wenn man
doch, sobald die Natur des Leibes verderbt ist, glaubt nicht leben zu
können, auch nicht mit allen Speisen und Getränken und allem Reich-
tum und aller Gewalt; wenn aber die Natur dessen, wodurch wir
doch eigentlich leben, in Unordnung und verderbt ist, ob man dann
b leben soll, wenn einer nur alles andere tun kann, was er will, außer
das nicht, wodurch er eben die Schlechtigkeit und Ungerechtigkeit
loswerden und zur Gerechtigkeit und Tugend gelangen könnte, da
doch beide uns so erschienen sind, wie wir sie jetzt beschrieben haben.
— Lächerlich freilich, sprach ich. Aber dennoch, da wir einmal bis
hierher gekommen sind, so deutlich, als nur möglich ist, einzusehen,
daß sich dies wirklich so verhält, so dürfen wir ja nicht ablassen. —
Alles, Lieber, beim Zeus, sprach er, nur nicht ablassen. — So komm
c denn her, sprach ich, damit du siehst, wieviele Arten meines Bedün-
kens die Schlechtigkeit hat, die nämlich des Ansehens wert sind. —
Ich folge, sagte er, sprich nur. — Nämlich wie von einer Warte herab,
sprach ich, zeigt sich mir nun, nachdem wir bis hierher in unserer Re-
de gestiegen sind, daß es nur *eine* Gestalt der Tugend gibt, unzählige
aber der Schlechtigkeit, unter welchen sich jedoch gewiß vier aus-
zeichnen als bemerkenswert. — Wie meinst du das? fragte er. — So-
viel, sprach ich, als es Arten der Staatsverfassung gibt, soviel mö-
gen auch wohl Gestalten der Seele sein. — Wieviel also? — Fünf,
d sprach ich, der Staatsverfassungen und fünf der Seele. — Erkläre, sag-
te er, was für welche. — Ich erkläre also, fuhr ich fort, die eine ist die-
se von uns beschriebene Art und Weise der Staatsverfassung; sie
kann aber zwiefach benannt werden. Denn wenn unter den Herr-
schenden ein einzelner sich ausgezeichnet findet, heißt sie das König-
tum, wenn aber mehrere, dann die Aristokratie. — Richtig, sagte er.
— Dieses also, sprach ich, ist mir die eine Gestalt. Denn weder die
e mehreren noch der eine würden an den wesentlichen Ordnungen des

Staates rühren, wenn der Erziehung und Unterweisung teilhaftig geworden, die wir beschrieben haben. – Wahrscheinlich wohl nicht, sagte er.

FÜNFTES BUCH

[1. Frage des Adeimantos nach der Weiber- und Kindergemeinschaft]
449 a Gut also nenne ich eine solche Stadt und Verfassung und richtig, und
so auch einen solchen Mann; schlecht aber und verfehlt die übrigen,
wenn diese richtig ist, sowohl was Anordnung der Staaten als auch
was Ausbildung der Gemütsart der einzelnen anlangt, und zwar in
vier verschiedenen Gestalten der Schlechtigkeit zu finden. — In was
doch für welchen? sagte er. — Da war ich im Begriff, sie der Reihe
nach herzuzählen, wie mir deutlich war, daß sie eine aus der andern
b entständen; Polemarchos aber, denn er saß um ein weniges weiter
ab von Adeimantos, streckte seine Hand aus, ergriff dessen Oberkleid
oben an der Schulter und, indem er so jenen zu sich zog und
zugleich sich selbst vorstreckte, sagte er ihm einiges ins Ohr, wovon
wir nichts weiter hörten, als nur: Sollen wir es nun gut sein lassen,
sagte er, oder was sollen wir tun? — Nichts weniger, sprach Adeimantos,
schon laut redend. Da fragte ich: Was denn eigentlich wollt ihr
c nicht lassen? — Dich! sprach er. — Weil ich was denn gesagt hatte? —
Du scheinst dirs bequem zu machen, fuhr er fort, und einen ganzen,
gar nicht kleinen Teil der Rede zu unterschlagen, den du nicht durchgehen
willst, und meinst, es soll uns entgehen, daß du so obenhin
gesagt hast, wie von Weibern und Kindern schon jedem deutlich sei,
daß Freunden alles gemein sein werde. — Habe ich das also nicht
richtig gesagt, o Adeimantos? — Ja! sprach er. Allein dieses ‹Richtig›
sowie das übrige bedarf der Erklärung, welches die Art und Weise
der Gemeinschaft sein soll; denn es kann deren gar viele geben. Über-
d gehe also nicht, welche du eigentlich meinst. Denn wir haben schon
lange darauf gewartet, in der Meinung, du werdest irgendwo die
Kindererzeugung erwähnen, wie sie betrieben und wie die Erzeugten
aufgezogen werden sollen, und diese gesamte Gemeinschaft, die du
erwähntest, der Weiber und Kinder. Denn wir denken, daß dies gar
vieles, ja wohl alles ausmache für den Staat, je nachdem es richtig
oder nicht richtig geschieht. Nun du aber schon zu einer andern Verfassung
übergehen willst, ehe du dieses hinreichend auseinandergesetzt,
haben wir dieses beschlossen, was du gehört hast, dich nicht
450 a loszulassen, bis du auch dieses alles wie das übrige durchgegangen
bist. — Auch von mir, sagte Glaukon, nehmt nur an, daß ich meine
Stimme eben dahin abgebe. — Laß nur, sprach Thrasymachos, und
denke immer, daß wir alle dieser Meinung sind, o Sokrates. —

[2. Bedenken des S. gegen dieses Thema] Was habt ihr da angerichtet,
sprach ich, daß ihr mich so festhaltet! Was für eine Rede regt ihr
da wieder auf, wie ganz von vorne über die Staatsverfassung, über
die ich mich als nun schon abgetan freute, sehr zufrieden, wenn einer
dieses, wie es damals gesagt worden ist, annehmen und gut sein
lassen wollte. Was ihr aber jetzt von mir fordert, tut ihr, ohne zu
b wissen, welchen Schwarm von Reden ihr aufstört, den ich eben, voraussehend
dieses, damals übergehen wollte, damit er uns nicht zuviel

Unruhe mache. — Wie doch, sprach Thrasymachos, glaubst du denn,
daß diese hierher gekommen sind, um Gold zu finden, und nicht um
Reden zu hören? — Ja, antwortete ich, aber doch die das Maß halten.
— Das Maß, o Sokrates, sprach Glaukon, um solche Reden zu hören,
ist ja wohl das ganze Leben für Vernünftige. Also, was uns betrifft,
das laß nur! Du aber laß es dir ja nicht zu viel werden, das, wonach c
wir dich fragen, auf jede Weise, wie es dir beliebt, zu erläutern, wel-
ches denn für unsere Hüter die Gemeinschaft der Weiber und Kinder
sein soll und der Pflege in ihrer ersten Kindheit, während der Zeit
zwischen der Geburt und der eigentlichen Erziehung, welche ja die
mühevollste zu sein scheint. Übernimm es also, uns zu sagen, wie sie
eigentlich beschaffen sein soll. — Das ist nicht leicht, sprach ich, aus-
zuführen, denn es ist gar viel Unglaubliches dabei, noch mehr als
bei dem vorher Ausgeführten. Denn schon, daß möglich ist, was vor-
getragen wird, dürfte bezweifelt werden; aber wenn es auch sein
könnte, so wird doch, daß es so am besten ist, nicht geglaubt werden.
Daher ist denn bedenklich es anzufassen, damit nicht die Rede nur d
wie ein frommer Wunsch erscheine, lieber Freund. — Nur kein Be-
denken! sprach er. Denn weder verstockt noch zweifelsüchtig noch
übelwollend sind die Zuhörer. — Da fragte ich: O Bester, sagst du
das etwa, um mir Mut zu machen? — Freilich, antwortete er. — Du
bewirkst aber ganz das Gegenteil, sprach ich. Denn wenn ich mir zu-
traute, das zu wissen, wovon ich rede, so wäre mir diese Zusprache
ganz willkommen. Denn unter vernünftigen und lieben Menschen
über die wichtigsten und liebsten Dinge das Wahre, was man weiß,
vortragen, das ist ganz sicher und ohne Gefahr; aber selbst noch un- e
gewiß und suchend zugleich etwas vortragen, wie ich tun soll, das ist
bedenklich und unsicher. Nicht etwa, daß man sich nicht lächerlich
mache; denn das ist ja nur kindisch! Sondern daß ich nicht, die Wahr- 451 a
heit verfehlend, dann nicht nur selbst liege, sondern auch die Freunde
mit mir herunterziehe, und das bei solchen Dingen, wo man am we-
nigsten sollte fehlgetreten haben. Ich will aber die Adrasteia anfle-
hen, o Glaukon, wegen dessen, was ich sagen will. Denn ich achte es
für ein geringeres Vergehen, unvorsätzlich jemanden getötet zu ha-
ben, als einen verführt in bezug auf das, was schön und gut ist und
gerecht und gesetzlich. Eine solche Gefahr also ist besser unter Fein-
den zu bestehen als Freunden. Also sprichst du mir nicht gut zu. — b
Da lachte Glaukon und sagte: Aber, o Sokrates, wenn uns etwas Un-
rechtes widerfahren sollte von der Rede: so wollen wir dich lossprе-
chen wie vom Morde, und du sollst rein sein und nicht unser Betrü-
ger. Also sprich nur guten Mutes! — Wohl denn, sagte ich, rein ist
ja auch dort der Losgesprochene, wie das Gesetz sagt, wahrscheinlich
also wohl wie dort, so auch hier. — Rede also, sprach er, was dieses
wenigstens betrifft. — So muß ich denn, sagte ich, jetzt von vorne
vortragen, was ich vielleicht früher in der Reihe sollte vorgetragen
haben. Denn es wäre wohl ganz richtig gewesen, nachdem das männ- c
liche Schauspiel vollständig aufgeführt worden, ebenso auch das weib-
liche aufzuführen, schon sonst, zumal aber du so dazu aufforderst.

[3. Forderung einer gleichen Erziehung in Gymnastik und Musik für die Frauen]

Denn für Menschen, welche so geboren und erzogen sind, wie wir es beschrieben haben, gibt es meiner Meinung nach keine andere richtige Art, zu Weibern und Kindern zu gelangen und mit ihnen umzugehen, als indem sie in der Bahn fortschreiten, welche wir zuerst betreten haben. Wir haben aber doch versucht, die Männer als Hüter der Herde in unserer Rede darzustellen? — Ja. — Laß uns also weiter-
d gehen, indem wir auch bei ihnen die gleiche Erzeugung und Erziehung anwenden und zusehen, ob es so ziemt oder nicht. — Wie doch? fragte er. — So. Die weiblichen Schäferhunde betreffend, sollen wir der Meinung sein, sie müßten ebendasselbe mit hüten, was die männlichen hüten, und auch mit jagen und alles andere gemeinsam verrichten? Oder lassen wir sie nur drinnen das Haus hüten, als untüchtig wegen des Gebärens und Ernährens der Jungen, und jene allein sich mühen und die Sorge für die Herde allein haben? — Gemeinsam,
e antwortete er, alles; nur daß wir sie als die Schwächeren gebrauchen und jene als die Stärkeren. — Ist es nun wohl möglich, ein Lebendiges zu demselben zu gebrauchen, wenn du ihm nicht auch dieselbe Erziehung und Unterweisung angedeihen läßt? — Nicht möglich. — Wenn wir also die Weiber zu demselben gebrauchen wollen wie die
452 a Männer: so müssen wir sie auch dasselbe lehren? — Ja. — Und jenen haben wir doch Musik und Gymnastik angewiesen? — Ja. — Auch den Weibern müssen wir also diese beiden Künste und die Kriegsübungen zuteilen und ebenso mit ihnen verfahren? — Natürlich, dem zufolge, was du sagst, antwortete er. — Es wird aber wohl, sprach ich, gar vieles Ungewohnte lächerlich erscheinen in dem jetzt Behandelten, wenn es ausgeführt worden sein wird, wie es vorgetragen wird. — Gar sehr, antwortete er. — Und welches siehst du wohl als das Lächerlichste darunter? Oder offenbar wohl die nackten Weiber, die sich auf den Übungsplätzen unter den Männern üben, und zwar nicht
b nur die jungen, sondern gar erst die älteren, wie ja auch ältere Männer, wenn sie schon runzlig sind und gar nicht mehr erfreulichen Anblicks, doch noch die Übungen lieben? — Beim Zeus! sagte er, lächerlich würde das freilich erscheinen unter den jetzigen Verhältnissen. — Nicht wahr aber, sprach ich, da wir einmal angefangen haben zu reden, dürfen wir auch den Spott der witzigen Leute nicht fürchten, was sie alles sagen könnten auf eine solche Veränderung, wenn sie zustande käme in bezug auf die Gymnasien und die Musik, und nicht
c am schlechtesten auch auf das Anlegen der Waffen und das Besteigen der Pferde? — Richtig gesprochen! antwortete er. — Also weil wir angefangen haben zu reden, müssen wir auch nach der Rauhigkeit des Gesetzes gehen, wenn wir jene erst gebeten haben, daß sie einmal nicht das Ihrige tun möchten, sondern ernsthaft sein, und ihnen in Erinnerung gebracht, daß es noch nicht lange her ist, als auch den Hellenen schimpflich und lächerlich schien, wie auch jetzt noch den meisten unter den Barbaren, daß sich Männer nackt sehen lassen. Und als zuerst bei den Kretern die Leibesübungen aufkamen und her-
d nach bei den Lakedaimoniern, konnten die damaligen Witzlinge eben

dieses alles auch verspotten. Oder meinst du nicht? — Ich freilich. —
Seitdem es sich aber, denke ich, durch die Erfahrung als besser be-
währt hat, sich zu entkleiden als alles dieses zu verhüllen: so ist auch
das für den Anblick Lächerliche verschwunden vor dem durch Grün-
de angezeigten Besseren; und dieses hat gezeigt, daß derjenige albern
ist, der etwas anderes für lächerlich hält als das Schlechte, und wer
Lachen erregen will, indem er nach irgendeiner anderen Gestalt des
Lächerlichen wegen hinsieht als nach der des Unverständigen und
Schlechten, der bemüht sich auch ernsthaft um ein anderes Ziel des e
Schönen, indem er es vor sich hinstellt, als das Gute. — Auf alle Wei-
se freilich, sagte er. —

*[4. Verschiedenheit der männlichen und weiblichen Natur begründe-
ter Einwand?]* Müssen wir uns also nicht bei dieser Sache zuerst dar-
über verständigen, ob sie möglich ist oder nicht, und den Streit gestat-
ten, mag nun ein Scherzlustiger oder ein Ernsthafter streiten wollen,
ob die weibliche menschliche Natur imstande ist, sich der des männ-
lichen Geschlechtes zuzugesellen in allen Geschäften, oder in gar kei- 453 a
nem, oder in einigen wohl, in anderen aber nicht, und zu welchen von
beiden dann das Kriegswesen gehört? Würde nicht einer so am besten
anfangen und dann auch wahrscheinlich am besten zu Ende kom-
men? — Bei weitem, sagte er. — Sollen wir nun, sprach ich, gegen uns
selbst für die andern streiten, damit die entgegengesetzte Meinung
nicht belagert werde, ohne daß eine Besatzung darin ist? — Nichts,
sagte er, hindert ja. — So laß uns denn für sie so sprechen: O Sokrates b
und Glaukon, es ist gar nicht nötig, daß andere gegen euch streiten.
Denn ihr selbst habt am Anfang der Gründung eurer Stadt einge-
standen, daß nach seiner Natur jeder einzelne auch nur *ein* Geschäft,
das ihm eigentümliche, verrichten müsse. — Das haben wir einge-
standen, denke ich. Denn wie sollten wir nicht? — Unterscheidet sich
nun nicht etwa gar sehr das Weib von dem Manne ihrer Natur nach?
— Wie sollte sie sich nicht unterscheiden! — Ziemt sich also nicht, auch
jedem von beiden ein anderes Geschäft aufzuerlegen, das seiner Na- c
tur gemäße? — Wie anders? — Wie solltet ihr also jetzt nicht fehlen
und euch selbst Widersprechendes sagen, wenn ihr wiederum behaup-
tet, Männer und Weiber müßten dasselbe verrichten, da sie doch eine
so sehr voneinander verschiedene Natur haben? Wirst du dich hierauf
zu verteidigen wissen, du Vortrefflicher? — So den Augenblick, sagte
er, wohl nicht leicht, aber ich werde dich bitten und bitte dich, nun
auch, was sich für uns sagen läßt, was es auch immer sei, uns mitzu-
teilen. — Das ist es eben, sprach ich, o Glaukon, und vieles derglei-
chen, was ich lange voraussah und deshalb Bedenken trug und mich d
fürchtete, mich mit diesem Gesetz zu befassen über die Art, Weiber
und Kinder zu bekommen und aufzuziehen. — Freilich, sagte er,
beim Zeus, leicht scheint es auch nicht zu sein. — Gewiß nicht, fuhr
ich fort, aber so steht es: Es mag einer in die kleinste Pfütze fallen
oder mitten in das größte Meer, so muß er doch um nichts weniger
schwimmen. — Ganz gewiß. — Also müssen auch wir schwimmen und
versuchen, uns aus dieser Geschichte zu retten, sei es in der Hoffnung,

daß irgendein Delphin uns auffangen wird, oder auf irgendeine an-
e dere wunderbare Rettung. — So scheint es, sagte er. — So laß uns
denn sehen, sprach ich, ob wir irgendwie einen Ausweg finden. Wir
haben nämlich doch eingestanden, jede andere Natur müsse auch ein
anderes Geschäft treiben, und eine andere sei die Natur des Mannes
und des Weibes, und diese verschiedenen Naturen, sagen wir jetzt
wieder, sollen einerlei Geschäft treiben. Dies werft ihr uns vor? —
454 a Offenbar. — Es ist doch eine herrliche Sache, sprach ich, o Glaukon,
um die Kunst des Widerspruchs. — Wieso? — Weil mir, antwortete
ich, viele auch unwillkürlich in sie zu verfallen scheinen, so daß sie
keineswegs glauben, Wortgefecht zu führen, sondern philosophisches
Gespräch, weil sie nicht imstande sind, nach Begriffen abteilend et-
was Gesagtes zu betrachten, sondern, nur an dem Wort hängen blei-
bend, den Gegensatz gegen das Gesagte verfolgen und so miteinan-
der wirklich nur in Gezänk und Wortstreit begriffen sind und nicht
in ordentlicher Unterredung. — So, sagte er, begegnet es allerdings
vielen, aber zielt das etwa auch auf uns in dem gegenwärtigen Fall?
b — Allerdings, sprach ich. Denn wir scheinen unwillkürlich in einem
Wortstreit befangen. — Wieso? — Daß, was nicht dieselbe Natur hat,
auch nicht dieselben Geschäfte betreiben soll, das suchen wir gar
tapfer und streitfertig dem Worte nach zu verfolgen; wir haben aber
auch nicht im mindesten untersucht, welche Art von Verschiedenheit
und Einerleiheit der Natur und in Beziehung worauf wir damals be-
stimmt haben, als wir der verschiedenen Natur verschiedene Geschäf-
te, der gleichen aber die gleichen zuteilten. — Das haben wir freilich
c nicht untersucht, sagte er. — Also, fuhr ich fort, steht es uns wohl
frei, wie es scheint, uns selbst zu fragen, ob einerlei Natur ist die der
Kahlen und der Behaarten, und nicht eine entgegengesetzte, und wenn
wir gestehen, eine entgegengesetzte, dann dürfen wir wohl, wenn
die Kahlen das Schuhmachen treiben, es die Behaarten nicht treiben
lassen, und wenn die Behaarten, dann nicht die anderen. — Das wäre
ja lächerlich, sagte er. — Etwa in anderer Hinsicht lächerlich, sagte
ich weiter, als weil wir damals nicht im allgemeinen die selbige und
die verschiedene Natur bestimmt haben, sondern uns nur an jene Art
der Verschiedenheit und Ähnlichkeit hielten, welche auf die Beschäf-
d tigungen selbst ihren Bezug hat? Wie zum Beispiel ein Arzt und ei-
ner, der eine ärztliche Seele hat, diese, sagten wir, haben einerlei Na-
tur. Oder meinst du nicht? — Ich gewiß. — Aber ein Arzt und ein Zim-
mermann eine verschiedene? — Auf alle Weise wohl. —

[5. Prinzipielle Gleichheit der männlichen und weiblichen Anlagen]
Nicht auch, sprach ich, wenn sich das Geschlecht der Männer und der
Frauen in bezug auf eine Kunst oder ein anderes Geschäft eines vom
andern verschieden zeigt, werden wir sagen, daß man dies nur einem
von beiden zuteilen müsse; wenn sich aber zeigt, daß sie dadurch al-
e lein verschieden sind, daß der Mann erzeugt und das Weib gebärt:
so werden wir sagen, es sei dadurch um nichts mehr bewiesen, daß in
bezug auf das, wovon wir reden, das Weib von dem Mann verschie-
den sei, sondern wir werden noch ferner glauben, daß unsere Hüter

und ihre Frauen dasselbe betreiben müssen. — Und mit Recht, sagte
er. — Und nicht wahr, nach diesem werden wir dem, der das Gegen-
teil behauptet, aufgeben, uns eben dieses zu lehren, in bezug auf wel-
che Kunst oder welches Geschäft von denen, die zur Erhaltung des 455 a
Staates gehörten, die Natur des Weibes und des Mannes nicht dieselbe
sei, sondern eine verschiedene? — Das ist ganz billig. — Nun könnte
aber, was du vor kurzem sagtest, auch wohl ein anderer sagen, daß
dies auf der Stelle hinreichend zu bestimmen nicht leicht sei, nach
gehöriger Überlegung aber nicht schwer. — Das könnte einer freilich.
— Sollen wir also den, der uns dergleichen entgegenstellt, bitten, uns
zu folgen, ob wir vielleicht ihm zeigen können, daß es gar kein be- b
sonderes Geschäft für das Weib gibt in dem, was den Staat betrifft?
— Das will ich wohl. — So komm denn, wollen wir zu ihm sprechen,
und antworte. Meintest du es etwa so, daß einer von Natur geschickt
zu etwas ist und der andere ungeschickt, inwiefern der eine leicht
etwas lernt und der andere schwer? Und der eine nach kurzem Un-
terricht schon sehr erfinderisch wird in dem, was er gelernt hat, der
andere aber auch, wenn viel Unterweisung und Mühe an ihn gewen-
det ist, nicht einmal, was er gelernt hat, behalten kann? Und sofern
dem einen die körperliche Beschaffenheit zustatten kommt für seine
Absicht, dem andern aber entgegen ist? Gibt es wohl irgend etwas c
anderes als dieses, wodurch du in jeder Sache den, der von Natur dazu
geschickt ist, und den, der nicht, unterscheiden kannst? — Keiner,
sprach er, wird wohl etwas anderes anführen können. — Weißt du
nun irgend etwas von Menschen Betriebenes, worin nicht dieses alles
das Geschlecht der Männer in höherem Grade hat als das der Wei-
ber? Oder sollen wir erst weitläufig sein und die Weberei anführen
und die Bereitung des Gebäcks und Geköches, worin ja das weibliche
Geschlecht sich auszuzeichnen scheint, so daß es fast lächerlich her-
auskommt, daß es auch hierin übertroffen wird? — Ganz richtig, ant- d
wortete er, sagst du, daß, um es kurz zu sagen, in alledem gar sehr
das eine Geschlecht von dem andern übertroffen wird. Viele Frauen
mögen zwar in vielem besser sein als viele Männer, im ganzen aber
verhält es sich, wie du sagst. — Also, o Freund, gibt es gar kein Ge-
schäft von allen, durch die der Staat besteht, welches dem Weib oder
dem Manne als Mann angehörte, sondern die natürlichen Anlagen
sind auf ähnliche Weise in beiden verteilt, und an allen Geschäften
kann das Weib teilnehmen ihrer Natur nach, wie der Mann an allen; e
in allen aber ist das Weib schwächer als der Mann. — Freilich. — Wol-
len wir also den Männern alles auftragen und dem Weibe nichts? —
Woher doch? — Sondern wirklich ist, denke ich, wie wir behaupten
werden, die eine Frau von Natur ärztlich und die andere nicht, und
die eine tonkünstlerisch, die andere unkünstlerisch von Natur. —
Wie anders? — Und auch wohl gymnastisch die eine und kriegerisch, 456 a
die andere aber unkriegerisch und ohne Liebe zur Gymnastik? — So
denke ich gewiß. — Und wie? Nicht auch Weisheit liebend und ver-
achtend? Und mutartig die eine, wie die andere mutlos? — Auch das
findet statt. — Also ist auch eine Frau zur Staatshut geschickt und die
andere nicht? Oder haben wir nicht ebenso auch eine besondere Na-

tur der zur Staatshut tauglichen Männer angenommen? — Aller-
dings eine solche. — So haben also Mann und Weib dieselbe Natur,
vermöge deren sie geschickt sind zur Staatshut, außer inwiefern die
eine schwächer ist, die andere stärker? — So zeigt es sich. —

[6. Die gleiche Erziehung ist nicht nur möglich, sondern auch das
b *Beste]* Also müssen solchen Männern auch solche Weiber ausgewählt
werden, um mit ihnen zu leben und mit ihnen die Hut zu versehen,
wenn sie doch dazu tauglich und ihnen verwandt sind ihrer Natur
nach. — Freilich. — Und müssen nicht gleichen Naturen auch gleiche
Übungen zugeteilt werden? — Gleiche. — So kommen wir also wie-
derum auf das Frühere zurück und bekennen, es sei nicht gegen die
Natur, den Weibern der Hüter Musik und Gymnastik zuzuteilen.
— Allerdings. — Wir haben also nicht Unmögliches oder leeren Wün-
schen Ähnliches als Gesetz aufgestellt, da wir ja der Natur gemäß
c das Gesetz gefaßt haben; sondern was jetzt dem entgegen geschieht,
scheint mehr gegen die Natur zu sein. — So scheint es. — Und unsere
Untersuchung war doch, ob wir Mögliches vorschlügen und Bestes.
— Das war sie. — Daß es nun Mögliches war, ist eingestanden. — Ja.
— Daß aber auch Bestes, darüber müssen wir uns nächstdem verstän-
digen. — Offenbar. — Nicht wahr nun, daß eine Frau zur Staatshut
geschickt werde, dazu wird uns nicht eine andere Erziehung dienen,
und wieder eine andere die Männer dazu machen, zumal sie ja die
d gleiche Natur an beiden übernimmt? — Keine andere. — Wie denkst
du aber hierüber? — Worüber? — Ob du bei dir selbst annimmst, daß
ein Mann besser ist und der andere schlechter; oder gelten sie dir alle
gleich? — Keineswegs. — In der Stadt also, die wir gegründet haben,
glaubst du, daß uns die Hüter zu besseren Männern ausgebildet wor-
den sind, da ihnen ja die beschriebene Erziehung angediehen ist,
oder die Schuster, die schusterhaft erzogen sind? — Das ist ja eine
lächerliche Frage, antwortete er. — Ich verstehe, sagte ich. Aber wie?
e Sind diese nicht unter allen Bürgern die besten? — Bei weitem. —
Und wie? Werden nun nicht diese Frauen auch unter den Frauen die
besten sein? — Auch das, sagte er, bei weitem. — Und gibt es etwas
Vorzüglicheres für den Staat, als daß er so treffliche Männer und
Frauen als möglich besitze? — Das gibt es nicht. — Dieses also wer-
457 a den Musik und Gymnastik, angewendet, wie wir es beschrieben ha-
ben, bewirken. — Wie sollten sie nicht! — Nicht nur Mögliches also,
sondern auch Bestes haben wir in unserer Stadt als gesetzlich ange-
ordnet. — So ist es. — Mögen sich also immer die Frauen unserer Hü-
ter entkleiden, da sie ja Tugend statt des Gewandes überwerfen wer-
den, und mögen teilnehmen am Kriege und an der übrigen Obhut
über die Stadt und mögen anderes nicht verrichten. Hiervon aber
wollen wir das Leichtere den Weibern zuteilen vor den Männern, we-
b gen des Geschlechtes Schwäche. Ein Mann aber, welcher lacht über
entkleidete Frauen, die sich des Besten wegen auf diese Art üben,
und der sich des Lächerlichen unreife Frucht von seiner Weisheit
pflückt, weiß, wie man wohl sieht, nicht, worüber er lacht, noch was
er tut. Denn aufs trefflichste ist dieses gesagt und wird auch immer

so gesagt bleiben, daß das Nützliche schön ist und das Schädliche häßlich. — Auf alle Weise gewiß. —

[7. Die Weiber- und Kindergemeinschaft]

Das wäre also gleichsam eine Welle, über die wir uns rühmen können glücklich hinweggekommen zu sein in unserer Verteidigung des Gesetzes über die Weiber, so daß wir doch nicht ganz verschlungen worden sind, indem wir festsetzten, Hüter und Hüterinnen sollten uns gemeinsam dasselbe betreiben, sondern daß die Rede gewis- c
sermaßen für sich selbst Zeugnis abgelegt hat, daß sie Mögliches und Nützliches vorträgt. — Und gewiß, sagte er, über keine kleine Welle bist du da hinweggekommen. — Du wirst wohl gestehen, sagte ich, daß sie nicht groß ist, wenn du auf das Folgende siehst. — Rede nur, damit ich es sehe, sagte er. — Hiermit nun, sprach ich, und mit dem übrigen Vorhergegangenen hängt meiner Meinung nach zusammen folgende Einrichtung. — Welche? — Daß diese Weiber alle allen diesen Männern gemeinsam seien, keine aber irgendeinem eigentümlich beiwohne, und so auch die Kinder gemeinsam, so daß d
weder ein Vater sein Kind kenne, noch auch ein Kind seinen Vater. — Allerdings, sagte er, übertrifft diese bei weitem noch jene an Unglaublichkeit, sowohl was das Mögliche betrifft als was das Nützliche. — Ich denke nicht, sprach ich, daß man über die Nützlichkeit streiten werde, daß es nicht ganz vorzüglich gut sein müßte, wenn die Frauen gemeinsam wären und die Kinder gemeinsam, wenn es nur möglich wäre; aber darüber, denke ich, ob es möglich ist oder nicht, wird der meiste Streit entstehen. — Über beides, sprach er, ließe sich wohl tüchtig streiten. — Das ist ja eine Rotte von Reden, die du e
mir ankündigst! sprach ich. Ich aber dachte, ich wollte der einen wenigstens entwischen, wenn die Sache auch dir schiene nützlich zu sein, und es werde mir nur die andere übrigbleiben über die Möglichkeit. — Aber ich merkte wohl, sprach er, daß du entwischen wolltest; also gib nur Rede über beides. — Ich muß ja wohl, sprach ich, meine Strafe ausstehen. Nur das eine tue mir zu Gefallen, laß mich einmal mir gütlich tun, wie die Faulen von Gemüt sich selbst zu be- 458 a
wirten pflegen, wenn sie für sich allein gehen. Denn dergleichen Leute pflegen, ehe sie noch ausgefunden haben, auf welche Weise wohl etwas, wonach sie streben, zustandekommen soll, dies übergehend, damit sie sich nicht plagen müssen mit Überlegungen über die Möglichkeit oder Unmöglichkeit, anzunehmen, das sei schon da, was sie wünschen, und so ordnen sie dann das Übrige an und ergötzen sich an Vorstellungen davon, was sie alles tun werden, wenn es da sein wird, wodurch sie denn ihre schon sonst träge Seele noch träger machen. Nun bin auch ich jetzt schon etwas weichlich und b
möchte gern jenes aufschieben und erst später überlegen, ob es möglich ist; jetzt aber, die Möglichkeit angenommen, betrachten, wenn du es mir gestatten willst, wie wohl die Oberen es anordnen werden, und daß es dann dem Staat und seinen Hütern, wenn es so ausgeführt wird, überaus zuträglich sein muß. Dieses möchte ich zuerst mit dir versuchen durchzudenken, jenes aber hernach, wenn

du es zufrieden bist. — Freilich bin ich es zufrieden, sagte er, tue es
nur. —
Ich denke also, sprach ich, wenn doch die Oberen dieses Namens
c wert sein sollen und ihre Gehilfen gleichfalls, so werden ja wohl die
einen bereit sein, das Befohlene zu tun, die andern aber werden be-
fehlen, so daß sie den Gesetzen teils selbst gehorchen, teils in allem,
was wir ihnen selbst freigestellt haben, sie nachbilden. — Wahr-
scheinlich, sagte er. — Also du, sprach ich, als Gesetzgeber wirst, wie
du die Männer ausgewählt hast, so auch die Frauen auswählen und
sie, so viel als möglich gleicher Natur, ihnen übergeben. Sie aber,
wie sie denn gemeinsame Wohnungen und Speisungen haben und
keiner etwas der Art für sich allein besitzt, werden also zusammen
d sein. Und wenn sie sich so zusammenfinden auf den Übungsplätzen
und im übrigen Leben, werden sie, denke ich, durch die eingebo-
rene Notwendigkeit getrieben werden, sich miteinander zu vermi-
schen. Oder scheine ich dir nicht ganz Notwendiges zu sagen? —
Nicht zwar, antwortete er, nach geometrischer Notwendigkeit, aber
doch nach der des Geschlechtstriebes, welche noch weit strenger als
jene scheint den großen Haufen zu überreden und zu bewegen. —

[8. Einrichtung der Hochzeiten] Gewiß, antwortete ich. Weiter aber,
o Glaukon, ohne Ordnung sich zu vermischen oder irgend sonst et-
was auf diese Art zu tun, kann wohl weder für fromm geachtet sein
e in einer Stadt von Seligen, noch werden es die Oberen zulassen. —
Das wäre freilich unrecht, sagte er. — Offenbar also haben wir nächst-
dem Hochzeiten auszurichten, und zwar so heilige als möglich: hei-
lig aber würden wohl die heilsamsten sein. — Auf alle Weise freilich.
459 a — Wie also werden sie am heilsamsten sein? Das sage mir, o Glau-
kon. Denn ich sehe ja in deinem Hause sowohl Jagdhunde als auch
von dem edlen Geflügel gar mancherlei. Hast du also wohl auf etwas
achtgegeben bei ihren Hochzeiten und Kindererzeugungen? — Wo-
rauf doch? fragte er. — Zuerst, wiewohl sie alle edel sind, sind nicht
auch unter ihnen und werden immer einige die Besten? — Gewiß. —
Erzielst du nun aus allen ohne Unterschied Nachkommenschaft, oder
strebst du nicht wenigstens danach, daß es soviel als möglich nur aus
den Besten geschehe? — Aus den Besten. — Und aus den Jüngsten
b oder Ältesten oder denen, die am meisten in der Blüte der Jahre sind?
— Aus den Blühendsten. — Und wenn es nicht so geschieht, so glaubst
du, daß sich dir der Schlag der Hunde sowohl als der Vögel gar sehr
verschlechtern werde? — Ich gewiß, sagte er. — Und was meinst du,
sprach ich, von den Pferden und den übrigen Tieren? Etwa, daß es
sich anders mit ihnen verhalte? — Das wäre ja unerhört, sprach er.
— O weh, sprach ich, lieber Freund, wie ausnehmend vollkommen
werden dann unsere Oberen sein müssen, wenn es sich mit dem
menschlichen Geschlecht ebenso verhält. — Das tut es freilich gewiß,
c sagte er. Aber was weiter? — Weil sie notwendig, sprach ich, viele
Mittel werden anwenden müssen. Und das glauben wir doch, daß
für Körper, die keiner Arzneien bedürfen, sondern nur einer guten
Lebensordnung willig zu folgen, alsdann auch wohl ein schlechterer

Arzt hinreichen könne, wenn aber Arzeneien angewendet werden
müssen, dann, wissen wir, bedarf es eines tüchtigen Arztes. – Rich-
tig. Aber weshalb sagst du das? – Deshalb, sprach ich: Es scheint,
daß unsere Herrscher allerlei Täuschungen und Betrug werden anwen-
den müssen zum Nutzen der Beherrschten. Und wir sagten ja, alles
dergleichen sei nur nach Art der Arzenei nützlich. – Und ganz rich- d
tig wohl, sagte er. – Bei den Hochzeiten nun und der Kindererzeugung
scheint dies Richtige gar nicht in geringem Maß vorzukommen. –
Wieso? – Nach dem Eingestandenen sollte jeder Trefflichste der
Trefflichsten am meisten beiwohnen, die Schlechtesten aber den eben-
solchen umgekehrt; und die Sprößlinge jener sollten aufgezogen
werden, dieser aber nicht, wenn uns die Herde recht edel bleiben soll; e
und dies alles muß völlig unbekannt bleiben, außer den Oberen
selbst, wenn die Gesamtheit der Hüter soviel möglich durch keine
Zwietracht gestört werden soll. – Das ist ganz richtig, sagte er. –
Also werden gewisse Feste gesetzlich eingeführt werden, an welchen
wir die neuen Ehegenossen beiderlei Geschlechts zusammenführen
werden, und Opfer und Gesänge sollen unsere Dichter dichten, wie 460 a
sie sich für die zu feiernden Hochzeiten schicken. Die Menge aber
der Hochzeiten wollen wir den Oberen freistellen, damit diese, indem
sie Kriege und Krankheiten und alles dergleichen mit in Anschlag
bringen, uns möglichst dieselbe Anzahl von Männern erhalten, und
so der Staat nach Möglichkeit weder größer werde noch kleiner. –
Richtig, sagte er. – Und dann, denke ich, müssen wir stattliche Lose
machen, damit bei jeder Verbindung jener Schlechtere dem Glück die
Schuld beimesse und nicht den Oberen. – Ei freilich, sagte er. –

*[9. Aufzucht der Kinder und Bestimmungen über erlaubte Kinderer-
zeugung]* Und den Jünglingen, die sich wacker im Kriege oder sonst- b
wo gezeigt haben, sind auch andere Gaben zwar und Preise zuzu-
teilen, aber auch eine reichlichere Erlaubnis zur Beiwohnung der
Frauen, damit zugleich auch unter gerechtem Vorwand die meisten
Kinder von solchen erzeugt werden. – Richtig. – Weiter nun, die
jedesmal geborenen Kinder nehmen die dazu bestellten Obrigkeiten
an sich, bestehen sie nun aus Männern oder Frauen oder beiden,
denn die Ämter sind ja auch Frauen und Männern gemeinsam. –
Ja. – Die der guten nun, denke ich, tragen sie in das Säugehaus zu c
Wärterinnen, die in einem besonderen Teil der Stadt wohnen, die
der schlechteren aber, und wenn eines von den anderen verstümmelt
geboren ist, werden sie, wie es sich ziemt, in einem unzugänglichen
und unbekannten Orte verbergen. – Wenn doch, sagte er, das Ge-
schlecht unserer Hüter ganz rein sein soll. – Diese werden also auch
für die Nahrung sorgen, indem sie die Mütter, wenn sie von Milch
strotzen, in das Säugehaus führen, so jedoch, daß sie auf alle ersinn-
liche Weise verhüten, daß irgendeine das Ihrige erkenne, und indem d
sie, wenn jene nicht hinreichen, noch andere Säugende herbeischaf-
fen. Und auch dafür werden sie sorgen, daß die Mütter nur ange-
messene Zeit lang stillen, die Nachtwachen aber und die übrige be-
schwerliche Pflege werden sie Wärterinnen und Kinderfrauen auf-

tragen. — Gar große Bequemlichkeit des Gebärens, sagte er, bereitest
du ja den Frauen der Hüter. — Das gebührt sich auch, sprach ich.
Laß uns nun aber auch das Weitere durchgehen, was wir wollten.
Denn wir sagten doch, von Blühenden und Vollkräftigen müßten
die Kinder erzeugt werden? — Richtig. — Dünkt dir das nun auch die
e rechte Zeit der vollen Kraft, zwanzig Jahre für die Frau und dreißig
Jahre für den Mann? — Aber welche? — Daß die Frau mit dem zwan-
zigsten Jahre anfangend bis zum vierzigsten dem Staat gebäre, der
Mann aber die Zeit der größten Stärke im Laufen hinter sich hat
und von da an dem Staat erzeuge bis zum fünfundfünfzigsten Jah-
461 a re. — Für beide ist wohl dies, sagte er, die kräftigste Zeit des Körpers
und auch des Verstandes. — Also wenn, gleichviel ob ein älterer oder
ein jüngerer als so, sich mit der Erzeugung für das Gemeinwesen be-
faßt, wollen wir sagen, es sei eine unheilige und widerrechtliche Ver-
gehung, dem Staate ein Kind zeugen, welches, wenn es unbemerkt
ans Licht kommt, nicht wird unter Opfern und Gebeten erzeugt sein,
wie bei jeder Verheiratung Priester und Priesterinnen und der ganze
Staat zu beten pflegen, daß aus guten bessere und aus brauchba-
b ren immer brauchbarere Nachkommen entstehen mögen, sondern
welches im Dunkeln aus sträflicher Unmäßigkeit wird erzeugt
sein. — Richtig, sagte er. — Und dasselbe wird doch auch gelten, fuhr
ich fort, wenn einer von den noch Erzeugenden die Frauen, die noch
in den fruchtbaren Jahren sind, berührt, ohne daß der Obere sie mit
ihm verbunden hat. Denn auch von einem solchen Kinde werden wir
festsetzen, es gelte dem Staat für unecht und unheilig und ohne Ver-
löbnis erzeugt. — Ganz richtig, sagte er. — Wenn aber, denke ich,
Frauen und Männer erst das Alter der Fruchtbarkeit überschritten
haben, dann wollen wir letzteren frei lassen, sich zu vermischen, mit
c welcher sie wollen, nur mit keiner Tochter oder Mutter oder einem
Tochterkind oder einer über die Mutter hinaus, und den Frauen
ebenfalls, nur mit keinem Sohn oder Vater und die mit diesen in
auf- und jenen in absteigender Linie zusammenhängen. Und nach-
dem wir ihnen dies alles anbefohlen, mögen sie dann dafür sorgen,
am liebsten nichts Empfangenes, wenn sich dergleichen findet, ans
Licht zu bringen, sollte es aber nicht zu verhindern sein, dann es
auszusetzen, weil einem solchen keine Auferziehung gestattet wird.
— Auch das, sagte er, ist der Sache angemessen verordnet. Aber ihre
d Väter und Töchter und was du sonst eben anführtest, wie sollen sie
denn die erkennen? — Gar nicht, sprach ich, sondern soviel Kinder
geboren werden zwischen dem siebenten und zehnten Monat von
jenem Tage an, da einer Ehemann geworden ist, alle diese soll er die
männlichen Söhne und die weiblichen Töchter nennen, und sie ihn
Vater, und so auch die Kinder von diesen Enkel und sie ihn Großva-
ter und so auch Großmutter, und die in der Zeit geborenen, in der ih-
e re Väter und Mütter noch fruchtbar waren, Brüder und Schwestern;
so daß die bisher angeführten einander nicht berühren dürfen, Brü-
dern aber und Schwestern wird das Gesetz gestatten einander bei-
zuwohnen, wenn das Los so fällt und die Pythia es bestätigt. —
Vollkommen richtig, sagte er. —

[10. Die vollkommene Einheit als größtes Gut eines Staates]

Dieses also und von dieser Art, o Glaukon, ist die Gemeinschaft
der Weiber und Kinder unter den Hütern deines Staats. Wie sie aber
mit der übrigen Verfassung zusammenhängt und bei weitem die beste
ist, dies müssen wir nun demnächst bestätigen lassen durch die Rede.
Oder wie wollen wir es machen? — So, beim Zeus, sprach er. — Wird 462 a
nun nicht dies der Anfang der Verständigung sein, daß wir uns
selbst fragen, was wir wohl als das größte Gut anzuführen haben
für das Bestehen eines Staates, auf welches zielend der Gesetzgeber
alle Gesetze geben muß, und was als das größte Übel; und dann un-
tersuchen, ob, was wir eben durchgegangen sind, uns in die Spur
des Guten gleichsam paßt, von der des Bösen aber abweicht? —
Durchaus, antwortete er. — Gibt es nun wohl ein größeres Übel für
den Staat als das, welches ihn zerreißt und zu vielen macht, anstatt b
eines? Oder ein größeres Gut als das, was ihn zusammenbindet und
zu einem macht? — Keines. — Nun bindet doch die Gemeinschaft der
Lust und Unlust zusammen, wenn, soviel möglich, alle Bürger, sooft
etwas entsteht und vergeht, sich auf gleiche Weise freuen und be-
trüben? — Allerdings freilich, sagte er. — Dagegen die Sonderung
in dergleichen löst auf, wenn einige tief betrübt und andere hoch er-
freut werden über dieselben Ereignisse des Staats oder derer im c
Staat. — Wie könnte es anders sein. — Entsteht nun dergleichen nicht
daraus, wenn die im Staat nicht zusammen aussprechen solche Wor-
te wie «mein» und «nicht mein»? Und mit dem Fremden ist es wohl
ebenso? — Offenbar freilich. — In welchem Staat also die meisten in
bezug auf die nämlichen Dinge eben dieses auf dieselbe Weise an-
bringen, das «Mein» und «Nicht mein», dieser ist am besten einge-
richtet? — Bei weitem. — Und derjenige also, welcher dem einzel-
nen Menschen am allernächsten kommt? So wie, wenn einem unter
uns der Finger verwundet ist, die gesamte, sich über den Leib hin zur
Seele als zur *einen* Zusammenordnung des in ihr Herrschenden sich
erstreckende Gemeinschaft es zu fühlen pflegt und insgesamt zu- d
gleich mit zu leiden mit einem einzelnen schmerzenden Teile, sie,
die ganze, und wir sodann sagen, daß der Mensch Schmerzen hat am
Finger. Und ebenso verhält es sich mit jeglichem andern am Men-
schen, sowohl bei Unlust, wenn ein Teil leidet, als bei Lust, wenn ei-
ner sich wohlbefindet. — Ganz ebenso freilich, sagte er, und, wonach
du fragst, einem solchen zu allernächst steht der am besten einge-
richtete Staat. — Wenn nun, denke ich, einen unter den Bürgern ir-
gend etwas betrifft, sei es nun Gutes oder Schlimmes, wird ein sol-
cher Staat vorzüglich sagen, das Betroffene gehöre ihm zu, und wird e
sich also ganz mit freuen oder mit betrüben. — Notwendig, sagte er,
ein wohlgeordneter. —

*[11. Bestmögliche tatsächliche Verwirklichung dieser Einheit im ent-
worfenen Staat]* Nun also wäre es Zeit, sprach ich, auf unsern Staat
zurückzukommen und uns nach dem jetzt in der Rede Zugestande-
nen umzusehen in ihm, ob er sich am meisten so verhält oder irgend-
ein anderer mehr. — Das müssen wir, sagte er. — Wie also? Es gibt

463 a doch auch in andern Staaten Obrigkeit und Volk, und auch in unse-
rem? — Wohl! — Und diese nennen sich doch alle untereinander Mit-
bürger. — Wie sollten sie nicht! — Aber außerdem, wie nennt doch
in andern Staaten das Volk die Oberen? — In den meisten Herren,
in den demokratischen aber werden sie eben mit diesem Namen be-
nannt, Obrigkeiten. — Wie aber das Volk in unserem Staat? Was
sagt es, daß außer Mitbürgern die Obrigkeiten noch sind? — Erhal-
b ter und Gehilfen, sagte er. — Und was diese das Volk? — Lohngeber
und Ernährer. — Wie aber nennen in den übrigen die Obrigkeiten
das Volk? — Knechte, sagte er. — Und sich untereinander? — Mitherr-
scher, sagte er. — Die unsrigen aber sich? — Mithüter. — Weißt du
mir nun wohl von den Obrigkeiten in anderen Staaten anzuführen,
ob einer den einen von seinen Mitherrschern als einen Verwandten,
den andern aber als einen Fremden ansehen wird? — Gar viele. —
Und den Verwandten betrachtet er doch als den Seinigen und nennt
c ihn auch so, den Fremden aber nicht als den Seinigen. — So ist es. —
Wie aber die Hüter bei dir? Kann wohl irgendeiner unter ihnen ei-
nen von seinen Mithütern als einen Fremden ansehen? — Keines-
wegs! sagte er. Denn an jedem, den er nur antrifft, wird er entweder
einen Bruder oder eine Schwester oder einen Vater oder eine Mutter
oder deren Nachkommen oder Voreltern anzutreffen glauben. —
Vortrefflich geantwortet! sprach ich. Aber sage mir auch noch die-
ses, willst du nur Namen der Verwandtschaft durch das Gesetz be-
d stimmen, oder auch, daß das ganze Betragen den Namen gemäß sein
soll, gegen die Väter, wie das Gesetz vorschreibt gegen Väter, was
Scheu betrifft und Dienstbeflissenheit und Gehormsam gegen Eltern,
wo nicht, so würden sie weder bei Göttern noch Menschen wohl an-
geschrieben sein, weil weder fromm noch recht handeln würde, wer
anders handelte als so? Werden solche oder andere Stimmen aus aller
Bürger Munde schon gleich der Kinder Ohren umtönen in bezug auf
ihre Väter, die man ihnen als solche anweist, und auf ihre andern
e Verwandten? — Solche, antwortete er; denn es wäre ja lächerlich,
wenn sie, ohne sich irgend im Handeln daran zu kehren, Namen von
Verwandtschaft nur so mit dem Munde aussprächen. — Am meisten
also unter allen Staaten werden sie hier, wenn irgendeinem einzel-
nen etwas Gutes oder Schlimmes begegnet, jenes Wort, welches wir
vorher anführten, einstimmig aussprechen: um das Meinige steht
es gut, oder um das Meinige schlecht. — Vollkommen richtig, sprach
464 a er. — Und dieser Vorstellung und Rede, sagten wir, folge denn auch
Lust und Unlust gemeinsam? — Und ganz richtig sagten wir das. —
Also am meisten wird unsern Bürgern dasselbe gemeinsam sein, was
sie dann das Meinige nennen; und ist ihnen dieses gemein, so wer-
den sie dann auch am meisten in Gemeinschaft der Lust und Unlust
stehen. — Bei weitem. — Und ist daran außer der übrigen Einrich-
tung nicht auch die Gemeinschaft der Weiber und Kinder unter den
Wächtern Ursache? — Bei weitem am meisten, antwortete er. —

[12. Weiber- und Kindergemeinschaft als Ursache der Einigkeit]

b Aber dies erkannten wir doch an als das größte Gut für den Staat,

indem wir einen wohlgeordneten Staat einem Leibe verglichen, wie
sich dieser gegen einen Teil von sich in bezug auf Lust und Unlust
verhält. — Und richtig war wohl, sagte er, die Anerkennung. — Als
Ursache also an dem größten Gute hat sich uns gezeigt die Gemein-
schaft der Weiber und Kinder unter den Helfern. — Gar sehr, sagte
er. — Und auch mit dem vorigen sind wir in Einstimmung. Denn
wir hatten gesagt, diese dürften weder Häuser zu eigen haben noch
Land noch sonst ein Besitztum, sondern müßten den von den Übri- c
gen als Lohn für ihre Hut gereichten Lebensunterhalt gemeinsam
verzehren, wenn sie wahrhaft Hüter sein sollten. — Richtig, sagte
er. — Macht nun nicht, wie ich sage, sowohl das vorher Bestimmte
als das jetzt Gesagte sie noch mehr zu wahren Hütern und verursacht,
daß sie den Staat nicht zerreißen dadurch, daß sie nicht alle dasselbe
«mein» nennen, sondern jeder etwas anderes, indem der eine in sein
Haus zieht, was er nur kann, um es ausschließend vor den andern
zu besitzen, und ein anderer ebenso in das seinige, welches ein an- d
deres ist, und indem sie verschiedene Frauen und Kinder haben,
so daß nun jedem seine eigenen für sich auch eigene Lust und Un-
lust verursachen; sondern vielmehr, daß sie vermöge einer und der-
selben Festsetzung über das Angehörige auch nach Vermögen alle
auf dasselbe hinstreben und möglichst auf gleiche Weise bewegt wer-
den durch Lust und Unlust? — Offenbar freilich, sagte er. — Und wie?
Wird nicht Rechtsstreit und Klage ganz verschwunden sein unter
ihnen, um es kurz zusammenzufassen, weil keiner etwas Eigenes hat
außer seinem Leibe, alles andere aber gemeinsam ist? Woraus denn
folgt, daß keine Zwietracht unter diesen stattfindet, soweit aus Ver- e
anlassung des Vermögens oder der Kinder und Verwandten den
Menschen Zwietracht entsteht? — Ganz notwendig, sagte er, werden
sie dessen ledig sein. — Und so wird es wohl auch keine Klagen über
Gewalttätigkeiten und Beschimpfungen weiter mit Recht unter ih-
nen geben können. Denn daß es recht und schön sei, daß Altersge-
nossen sich untereinander wahrhaften Beistand leisten, das werden
wir ihnen schon sagen, indem wir ihnen die Übung und Besorgung
des Leibes zur Pflicht machen. — Richtig, sagte er. — Und auch dies 465 a
Richtige, sprach ich, hat noch dieses Gesetz, daß, wenn einer einem
zürnt und unter diesen Umständen seinen Mut kühlen will, er nicht
leicht zu größeren Unruhen fortschreiten wird. — Allerdings. — Denn
jedem Älteren wird aufgetragen sein, allen Jüngeren vorzustehen
und sie im Zaum zu halten. — Offenbar. — Auch wohl, daß ein Jün-
gerer niemals einem Älteren, wenn es nicht die Oberen befohlen, ver-
suchen wird, weder sonst Gewalt zu tun noch auch ihn zu schlagen,
und auch anderswie, denke ich, wird er ihn nicht verunehren. Denn
zwei tüchtige Wächter hindern ihn daran, Furcht und Scham; Scham,
weil sie ihn zurückhält, sich an den Erzeugern zu vergreifen, und b
Furcht, weil dem Leidenden die andern helfen würden, einige als
Söhne, andere als Brüder, andere als Väter. — So folgt es freilich, sag-
te er. — Von allen Seiten also werden, vermöge der Gesetze, die Män-
ner Frieden untereinander haben. — Gar großen. — Und wenn die-
se untereinander nicht im Streit sind, so ist wohl nicht zu besorgen,

daß je der übrige Staat unter sich oder gegen sie sollte in Zwiespalt
geraten. — Wohl nicht. — Die geringfügigeren Übel aber trage ich
der Unziemlichkeit wegen Bedenken auch nur zu erwähnen, deren
c sie so entledigt sein würden, als Arme alles Schmeichelns gegen die
Reichen und aller Not und Plage, die ihnen für ihre Kinderzucht
und ihren Erwerbszweig aus dem Bedürfnis, Hausleute zu unterhal-
ten, erwächst, indem sie bald borgen und wieder ableugnen und bald
auf jede Weise zusammenzubringen suchen, was sie den Hausfrau-
en und dem Gesinde zur Verwaltung überliefern müssen, und was
alles sonst noch hierin Elendes und Unedles und der Erwähnung
d Unwürdiges begegnet. — Das sieht ja, sagte er, auch ein Blinder! —

[13. Glückseligkeit dieses Lebens] Dessen allen also werden sie ledig
sein in einem Leben, glückseliger als selbst jenes glückseligste, wel-
ches die Olympischen Sieger führen. — Wieso? — Weil diese schon
wegen eines kleinen Teiles von dem glücklich gepriesen werden, was
den Unsrigen wird. Denn der letzteren Sieg ist schöner, und auch
ihr Unterhalt aus dem Gemeinbesitz ist reichlicher. Der Sieg näm-
lich, den sie erringen, ist das Heil des gesamten Staats, und mit Un-
terhalt und allem, was das Leben bedarf, werden sie und ihre Kin-
der gekrönt und haben dies zum Geschenk von ihrem Staat, solange
e sie leben, und nach ihrem Tode erhalten sie eine würdige Bestattung.
— Sehr herrlich ist das, sagte er. — Erinnerst du dich nun wohl, sprach
ich, daß uns in dem Vorigen ich weiß nicht wessen Rede vorwarf, daß
466 a wir unsere Staatshüter nicht eben glückselig machten, da sie zwar
alles haben könnten, was den andern Bürgern gehört, in der Tat
aber nichts hätten? Wir aber sagten, daß wir dies in der Folge ein-
mal, wenn es sich so träfe, erwägen wollten, jetzt aber nur unsere
Hüter zu Hütern machen und unsern Staat zum möglichst glückse-
ligen, jedoch nicht bloß auf *eine* Abteilung in ihm Rücksicht nehmend
wollten wir diese Glückseligkeit einrichten. — Dessen erinnere ich
mich, sagte er. — Wie steht es also, da sich jetzt die Lebensweise un-
serer Helfer ja weit schöner und vortrefflicher zeigt als die der olym-
pischen Sieger, kann man sie wohl auch nur vergleichen mit dem
b Leben der Schuster oder der übrigen Handwerker oder der Landwir-
te? — Nein, dünkt mich, sagte er. — Sondern, was ich schon dort
sagte, ist auch hier recht zu wiederholen, daß, wenn ein Hüter uns
versuchen sollte, auf solche Art glückselig zu werden, daß ihm we-
der genügte, Hüter zu sein, noch auch eine solche angemessene, si-
chere und, wofür wir sie erklärten, vortrefflichste Lebensweise, son-
dern eine unvernünftige und kindische Vorstellung von der Glückse-
ligkeit, die er aufgefangen, ihn antriebe, nach Vermögen alles im
c Staate sich selbst zuzueignen: so würde er bald einsehen, daß Hesidos
in Wahrheit weise war, als er sagte, die Hälfte sei mehr als das Gan-
ze. — Wenn er meinem Rate folgen will, sagte er, so wird er in die-
ser Lebensweise beharren. — Du räumst also ein, sprach ich, daß die
Frauen auf die beschriebene Art der Männer Genossen sein sollen
beim Unterricht und in der Kindererzeugung und Obhut über die
übrigen Bürger, so daß sie in der Stadt bleibend und ins Feld zie-

hend mit hüten und mit zur Jagd ziehen, wie es bei den Hunden ist, d
und sich den Männern in allen Dingen auf alle Weise nach Vermö-
gen zugesellen, und daß sie so handelnd aufs beste handeln werden
und nicht gegen die Natur des weiblichen Geschlechts in bezug auf
das männliche, wie beide geartet sind, Gemeinschaft miteinander zu
haben? — Das räume ich ein, sagte er. —

[14. Mitnahme der Wächterkinder in den Krieg. Ehrungen für Tapfere]

So wäre denn, sprach ich, wohl noch jenes übrig auseinanderzu-
setzen, ob es auch bei den Menschen möglich ist wie bei den andern
Tieren, daß eine solche Gemeinschaft stattfinde, und wie es möglich
ist. — Du bist mir mit dem zuvorgekommen, sagte er, was ich eben
anknüpfen wollte. — Was nun den Krieg betrifft, fuhr ich fort, so
versteht es sich schon, denke ich, wie sie ihn führen werden. — Wie? e
— Daß sie gemeinschaftlich ins Feld ziehen und auch die schon her-
angewachsenen Kinder mit sich in den Krieg nehmen werden, damit
diese, wie die der anderen Arbeiter, dasjenige zu sehen bekommen, was
sie, wenn sie erwachsen sind, selbst werden arbeiten müssen, und
außer dieser Anschauung auch noch in allem, was zum Kriege ge-
hört, hilfreich zur Hand gehen und ihren Vätern und Müttern auf- 467 a
warten. Oder hast du nicht bemerkt, wie dies bei andern Künsten
gehalten wird, wie lange zum Beispiel die Söhne der Töpfer zusehen
und Handreichung tun, ehe sie das Geschäft selbst angreifen? — Ja
freilich. — Sollen nun wohl jene sorgfältiger als unsere Wächter die
Ihrigen heranbilden durch Erfahrung und Anschauung von dem, was
ihnen obliegt? — Das wäre ja ganz lächerlich, sagte er. — Und es
kämpft ja auch jegliches Tier am ausgezeichnetsten, wenn die zuge-
gen sind, die es geboren hat! — So ist es; aber die Gefahr, o Sokra- b
tes, ist nicht gering, wenn sie einmal einen Unfall erleiden, wie das
im Kriege zu geschehen pflegt, und dann mit sich auch ihre Kinder
ins Verderben gezogen haben, daß es dadurch dem ganzen Staat un-
möglich gemacht werde, sich wieder zu erholen. — Du hast recht,
sprach ich. Aber glaubst denn du, man müsse dafür zuerst sorgen,
daß sie nie in Gefahr geraten? — Keineswegs. — Und wenn nun Ge-
fahr muß bestanden werden, nicht am liebsten da, wo sie durch rich-
tiges Verhalten besser werden müssen? — Offenbar freilich. — Und
glaubst du, es sei eine Sache von geringem Belang und nicht der Ge- c
fahr wert, ob die Kinder, welche einst kriegerische Männer werden
sollen, sehen oder nicht sehen, wie es im Kriege hergeht? — Nein,
sondern es ist von großer Bedeutung für diesen Zweck. — So also
muß es sein. Man muß die Kinder zu Zuschauern des Krieges ma-
chen, zugleich aber auch Sicherheit für sie aussinnen, und dann wird
es gut sein. Nicht wahr? — Ja. — Nun werden doch, sprach ich, zuerst
schon ihre Väter, so weit es Menschen möglich ist, nicht unverstän-
dig sein, sondern zu beurteilen wissen, welche Feldzüge gefährlich
sind und welche nicht. — Wahrscheinlich, sagte er. — In diese also d
werden sie sie mit sich führen, in jene aber sich scheuen. — Richtig.
— Und auch nicht die schlechtesten Vorgesetzten, denke ich, werden

sie ihnen bestellen, sondern solche, die sich durch Erfahrung und Al-
ter wohl dazu schicken, Führer und Aufseher der Jugend zu sein. —
So gehört es sich allerdings. — Aber freilich, werden wir sagen, ist
auch schon vielen vieles wider alle Erwartung begegnet. — Gar sehr.
— Gegen dergleichen nun, o Lieber, muß man sie schon gleich in den
Kinderjahren beflügeln, damit sie, wenn ein Notfall eintritt, davon-
e fliegen und sich retten können. — Wie meinst du das? fragte er. —
Zu Pferde, sprach ich, muß man sie sitzen lassen schon so jung als
möglich, und die schon reiten gelernt, muß man dann nicht etwa auf
mutigen und der Schlacht gewohnten Rossen zur Kriegsschau füh-
ren, sondern auf den schnellsten und zugleich folgsamsten. So wer-
den sie dann am besten ihr künftiges Geschäft in Augenschein neh-
men und am sichersten, wenn es ja nötig wäre, ihren älteren Füh-
rern folgend sich retten können. — Richtig, sagte er, scheinst du mir
zu reden. —

468 a Wie nun aber weiter, fuhr ich fort, wegen des Krieges? Wie wird
es mit den Kriegern zu halten sein, sowohl unter sich als gegen den
Feind? Ob es wohl so recht ist, wie es mir vorkommt, oder nicht? —
Sage nur, sprach er, wie. — Wer von ihnen, fuhr ich fort, aus dem
Gliede weicht oder die Waffen wegwirft oder dergleichen etwas tut
aus Feigheit, werden wir den nicht zu irgendeinem Handwerker ma-
chen müssen oder zum Ackersmann? — Freilich wohl. — Und wer
lebendig von den Feinden gefangen ist, muß man nicht den zum Ge-
schenk machen denen, die ihn gefangen haben, um mit dem Fang
b zu machen, was sie Lust haben? — Offenbar wohl. — Wer sich aber
auszeichnet und hervortut, soll der nicht zuerst im Lager selbst von
allen mit im Felde befindlichen Jünglingen und Knaben der Reihe
nach einzeln bekränzt werden? Oder nicht? — Mich dünkt. — Und
auch mit der Rechten gegrüßt? — Auch das. — Aber das folgende,
sprach ich, wird dir, glaube ich, nicht mehr gefallen. — Welches doch?
— Daß er auch soll küssen und geküßt werden von jedem. — Ganz
vorzüglich! sagte er. Und ich will noch dieses hinzufügen zu dem
c Gesetz, daß, solange noch derselbe Feldzug dauert, es keinem erlaubt
sein soll, ihm zu weigern, wen er auch immer küssen will, damit,
wenn etwa einer verliebt ist in einen Knaben oder ein Mädchen, er
desto eifriger sei den Preis zu verdienen. — Schön, sprach ich. Denn
daß dem Tapfern mehr eheliche Verbindungen offenstehen wer-
den als andern, und öfter vor andern die Wahl auf solche fallen wird,
damit recht viele von solchen erzeugt werden, das ist schon festge-
setzt. — Wir sagten es ja. —

*[15. Ehrung der Tapferen durch Speise und durch das Begräbnis. Ver-
halten gegen gefangene und tote Feinde]* Aber auch nach dem Ho-
meros ist es ja recht, durch solcherlei die Tapferen unter den Jünglin-
d gen zu ehren; denn auch Homeros sagt, Ajas, der sich im Kriege aus-
gezeichnet, sei ‹mit lang ausreichendem Rücken› geehrt worden, als
sei dies die angemessene Ehrenbezeugung für den Jugendlichen und
Tapferen, wodurch er außer der Ehre auch noch seine Stärke
vermehrt. — Ganz richtig, sagte er. — Wir wollen also, sprach ich,

darin dem Homeros folgen. Und auch wir wollen bei Opfern und
allem Ähnlichen die Tapfern, je nachdem sie sich als solche gezeigt,
nicht nur durch Gesänge und auf die eben beschriebene Weise ehren,
sondern auch außerdem noch ‹durch Vorsitz und Fleisch und durch
vollere Becher›; damit wir außer der Ehre die Tapferen auch noch stär- e
ken, Männer sowohl als Frauen. — Sehr wohl gesprochen, sagte er. —
Wohl! Die nun aber im Felde gestorben sind, nachdem sie sich wohl
gehalten, werden wir nicht zuerst erklären, daß diese zu dem golde-
nen Geschlecht gehören? — Vor allen Dingen. — Und wollen wir nicht
dem Hesiodos glauben, daß, wenn von diesem Geschlecht irgendwel-
che gestorben sind,

‹Werden sie fromme Dämonen der oberen Erde genennet, 469 a
Gute, des Wehs Abwehrer, der sterblichen Menschen Behüter›? —
Das wollen wir ihm glauben. — Wir werden also von dem Gott er-
forschen, wie man dämonische und göttliche Menschen beisetzen
müsse und mit welchem Vorzuge, und werden sie dann auf die Art
beisetzen, wie er es erklärt. — Was sollten wir nicht! — Und werden
hernach ihren Gräbern als heiligen Gräbern Verehrung und Anbe-
tung erweisen. Und eben das wollen wir auch festsetzen, wenn vor b
Alter oder auf eine andere Weise einer von denen stirbt, welche für
ausgezeichnet trefflich in ihrem Leben bekannt gewesen sind. — Das
ist freilich billig, sagte er. —

Wie aber werden es unsere Krieger mit den Feinden halten? — In-
wiefern? — Zuerst was die Gefangennehmung betrifft, dünkt es dich
recht, daß hellenische Städte Hellenen zu Knechten machen, oder viel-
mehr, daß sie auch andern dieses nach Vermögen verwehren und es
zu Sitte machen, des Hellenischen Geschlechtes zu schonen, aus
Furcht, in die Knechtschaft der Barbaren zu geraten? — Auf alle Wei- c
se ist gewiß die Schonung vorzuziehen. — Also auch selbst keinen
Hellenen zum Knecht zu haben, noch auch den andern Hellenen die-
ses anzuraten. — Allerdings, sagte er. Um so mehr würden sie sich
auch wohl gegen die Barbaren wenden und sich untereinander des
Krieges enthalten. — Und wie, sprach ich, die Toten weiter berauben
als ihrer Waffen, nachdem man sie besiegt hat, ist das wohl schön?
Oder gibt es nicht den Feigen einen Vorwand, nicht gegen den kämp-
fenden Feind zu gehen, als ob sie auch etwas Pflichtmäßiges täten, d
wenn sie bei den Leichnamen herumhocken, und sind nicht schon vie-
le Heere um dieses Raubes willen zugrunde gegangen? — Jawohl. —
Und scheint es nicht unedel und habsüchtig, einen Toten zu berau-
ben, und zeugt von weibischer und kleinlicher Denkungsart, den
Leib des Toten für das Feindselige zu halten, da doch der Feind
schon herausgeflogen und nur das übriggeblieben ist, wodurch er
Krieg führte? Oder meinst du, daß, die dieses tun, etwas anderes tun
als die Hunde, welche auch die Steine anknurren, mit denen sie ge- e
worfen werden, den Werfenden aber nicht anrühren? — Auch nicht
im mindesten anders, sagte er. — Lassen wir also ab von dem Plün-
dern der Toten und dem Verhindern der Begräbnisse. — Das müssen
wir, sagte er, beim Zeus. —

*[16. Vorschriften für die Kriegführung mit hellenischen und mit
barbarischen Staaten]* Also werden wir wohl auch nicht die Waffen
in die Tempel bringen, um sie da als Weihgeschenk aufzustellen, be-
sonders nicht die von Hellenen, wenn uns irgend gelegen ist an dem
470 a guten Vernehmen mit den andern Hellenen. Vielmehr werden wir
uns fürchten, ob es nicht Entweihung sei, dergleichen von unsern
Angehörigen in das Heiligtum zu bringen, es müßte denn der Gott
etwa das Gegenteil gebieten. – Ganz richtig, sagte er. – Wie aber
wegen Verwüstung hellenischen Landes und Anzündung der Woh-
nungen, wie werden da deine Krieger gegen die Feinde verfahren? –
Dich, sagte er, möchte ich gern deine Meinung darüber darlegen hö-
ren. – Meine Meinung also, sprach ich, ist, daß keines von beiden
b geschehe, sondern nur die Ernte des Jahres genommen werde. Und
soll ich dir auch sagen, weshalb? – Allerdings. – Mir scheinen
nämlich, wie sie ja auch als zwei Wörter gesprochen werden, Krieg
und Zwist, so auch zweierlei zu sein und sich auf zwei verschiedene
Dinge zu beziehen; nämlich von diesen zweien ist das eine Befreun-
detes und Verwandtes, das andere Fremdes und Ausländisches. Für
Feindschaft nun mit dem Befreundeten brauchen wir das Wort
Zwist, mit dem Fremden aber Krieg. – Das ist auch gar nicht aus der
c Weise, sagte er, was du sagst. – So sieh denn, ob auch dies nach der
Weise ist. Ich behaupte nämlich, das hellenische Geschlecht sei sich
selbst befreundet und verwandt, zu dem barbarischen aber verhalte
es sich wie Ausländisches und Fremdes. – Sehr schön, sagte er. –
Daß also Hellenen mit Barbaren und Barbaren mit Hellenen, wenn
sie gegeneinander fechten, Krieg führen, wollen wir wohl sagen,
und daß sie von Natur einander verfeindet sind und man diese
Feindschaft Krieg nennen müsse; wenn aber Hellenen gegen Helle-
nen etwas dergleichen tun, daß sie von Natur einander freund sind,
und daß in diesem Zustande Hellas nur krank ist und unter sich
d zwieträchtig, und man diese Feindschaft einen Zwist nennen müsse.
– Ich meinesteils, sagte er, räume ein, daß man es so ansehe. – So
betrachte es denn, fuhr ich fort, an dem, was wir jetzt Zwist nennen,
wo ein solcher entstanden und eine Stadt in sich entzweit ist, wenn
sie da einer des andern Äcker verwüsten und Häuser anzünden, wie
grundverderblich dann der Zwist erscheint und keine von beiden
Parteien es mit der Stadt gut meinen kann, weil sie ja sonst nicht tol-
ler Weise die Ernährerin und Mutter verstümmeln würden, sondern
e es genug wäre für die Sieger, den Besiegten ihre Früchte zu rauben,
sonst aber gesinnt zu sein, als ob sie sich wieder vertragen und nicht
immer im Kriege bleiben würden. – Bei weitem milder sind gewiß
die so Gesinnten als jene. – Und wie nun? sprach ich, die Stadt, die
du gründest, soll die nicht eine hellenische sein? – Das soll sie ge-
wiß, sagte er. – Und sollen sie nicht gut und mild sein? – Gar sehr.
– Aber etwa nicht Hellenisches lieben? Und nicht Hellas für befreun-
det halten? Und nicht Genossen derselben Heiligtümer sein mit den
471 a übrigen? – Gar sehr gewiß. – Werden sie also nicht einen Streit mit
Hellenen als Verwandten nur für einen Zwist halten und auch nicht
einmal Krieg nennen? – Das werden sie wohl nicht. – Und uneins

sein als solche, die sich wieder vertragen wollen? — Allerdings. — Sänftiglich werden sie sie also zur Besinnung zu bringen suchen, nicht mit Knechtschaft strafend noch mit Verwüstung, da sie ja nur Züchtiger sein wollen, nicht Feinde. — Richtig, sagte er. — Also werden sie auch als Hellenen nicht hellenisches Land verwüsten noch Wohnungen verbrennen, noch auch jedesmal alle in der Stadt für feindselig halten, Männer, Weiber und Kinder, sondern immer nur wenige für ihre Feinde, die eigentlichen Urheber des Zwistes. Und aus allen diesen Ursachen nun werden sie weder ihr Land verwüsten b
wollen, da sie ja viele Freunde darunter haben, noch auch ihre Wohnungen zerstören; sondern nur so weit den Zwist treiben, bis die Schuldigen von den mitleidenden Unschuldigen genötigt werden Genugtuung zu leisten. — Ich, sagte er, gestehe zu, daß unsere Bürger so ihren Widersachern begegnen müssen, den Barbaren aber so, wie jetzt die Hellenen sich untereinander. — So wollen wir denn auch dieses Gesetz unsern Hütern vorschreiben, weder das Land zu verwüsten noch die Ortschaften zu verbrennen. — Das wollen wir, sagte c
er, und dieses sowohl als das Vorige für gut erklären.

[17. Die Frage nach der Möglichkeit eines solchen Staates]

Aber es will mich bedünken, o Sokrates, wenn man dir gestattet, dergleichen noch mehr vorzutragen, so wirst du niemals an das gedenken, was du vorher weggeschoben hast, um erst alles dieses vorzutragen, nämlich, daß eine solche Verfassung auch möglich sei und auf welche Weise sie möglich sei. Denn daß, wenn sie erst bestände, alles vortrefflich stehen werde in dem Staate, der sie hätte, das erkläre ich hiermit, und auch, was du übergehst, nämlich, daß sie auch gegen die Feinde am besten fechten würden, weil ja einander am wenigsten im Stich lassen könnten, die sich untereinander kennen und d
anrufen als Brüder, Väter und Söhne. Und wenn auch das weibliche Geschlecht mit zu Felde zöge, sei es nun in dasselbe Glied gestellt oder auch hinten, um den Feinden Furcht zu machen, und wenn irgendwo eine schleunige Hilfe nötig wäre, so weiß ich, daß sie durch dies alles unüberwindlich sein würden. Und auch zu Hause sehe ich, wieviel Gutes, was noch übergangen worden ist, sich unter ihnen finden würde. Also als ob ich dies alles und noch tausend anderes, daß e
es so sein würde, wenn eine solche Verfassung bestände, schon eingestanden hätte, mache nur darüber keine Worte weiter; sondern hiervon laß uns nun endlich versuchen uns selbst zu überzeugen, daß sie möglich ist, und wie möglich, alles andere aber gehen lassen. —
Ganz plötzlich, sprach ich, hast du da gleichsam einen Anlauf ge- 472 a
macht gegen meine Rede, und hast keine Nachsicht mit meinem Zaudern. Denn du weißt vielleicht nicht, daß, nachdem ich nur kaum den zwei Wellen entkommen bin, du nun die größte und gefährlichste der ganzen Brandung gegen mich heranwälzt, wegen welcher, wenn du sie erst siehst und hörst, du mir gar leicht verzeihen wirst, weil es ganz natürlich war, daß ich zögerte und Bedenken trug, eine so ungewohnte Rede vorzubringen und ihre nähere Prüfung zu unternehmen. — Je mehr du dergleichen redest, antwortete er, um desto we-

niger wirst du von uns losgelassen werden, daß du uns nicht zu er-
b klären brauchtest, wie wohl eine solche Verfassung zustande kom-
men kann. Also erkläre es nur und verweile dich nicht. —
Also zuerst, sprach ich, müssen wir uns dessen wohl erinnern, daß
wir die Gerechtigkeit und die Ungerechtigkeit suchend, was sie recht
sein mögen, hierher gekommen sind. — Das müssen wir. Aber wozu
das? fragte er. — Zu nichts. Sondern nur, wenn wir etwa gefunden
haben, was Gerechtigkeit ist, werden wir dann wohl fordern, daß
auch der gerechte Mann gar nicht von jenem verschieden sein dürfe,
sondern ganz und gar eben ein solcher sein müsse, wie die Gerech-
c tigkeit ist? Oder werden wir zufrieden sein, wenn er ihr nur so nahe
als möglich kommt und am meisten von allen an ihr Anteil hat? —
So, sagte er; wir wollen zufrieden sein. — Des Beispiels wegen also,
sprach ich, suchten wir die Gerechtigkeit an sich, was sie wohl ist,
und den vollkommen gerechten Mann, wenn es einen geben könne,
und wie er sein würde, wenn es einen gäbe, und wiederum die Unge-
rechtigkeit und den ungerechtesten, damit wir, auf jene sehend, wie
sie uns erschienen in Hinsicht auf Glückseligkeit und ihr Gegenteil,
genötigt würden, auch von uns selbst einzugestehen, daß, wer ihnen
d am ähnlichsten ist, auch das ihnen ähnlichste Los haben werde, nicht
aber deshalb, um aufzuzeigen, es sei möglich, daß dies wirklich so
vorkomme. — Hierin, sagte er, hast du wohl recht. — Meinst du also,
einer sei ein minder guter Maler, wenn er, nachdem er ein Urbild
gemalt hätte, wie ein vollkommen schöner Mann aussehen würde,
und in seinem Bilde alles gehörig beobachtet, hernach nicht aufzei-
gen könnte, daß es einen solchen Mann auch geben könne? — Beim
Zeus, ich nicht! sagte er. — Wie nun? Haben nicht auch wir in un-
e serer Rede ein Musterbild aufgestellt eines guten Staates? — Freilich.
— Meinst du also, daß wir um deswillen minder gut geredet haben,
wenn wir nicht aufzeigen können, es sei möglich, eine Stadt so ein-
zurichten, wie es beschrieben wurde? — Freilich wohl nicht, sagte er.
— Eigentlich also, sprach ich, verhält es sich so. Wenn wir aber auch
dieses versuchen wollen dir zu gefallen, wie etwa und in welcher Be-
ziehung sie am ehesten möglich wäre: so gestehe mir noch einmal
zum Zweck dieser Nachweisung dasselbe zu. — Welches doch? — Ist
473 a es möglich, daß etwas gerade so ausgeführt werden kann, wie es be-
schrieben wird? Oder liegt es in der Natur der Tat, daß sie weniger
das wahre Wesen trifft als die Rede, wenn es einem auch nicht so
scheint? Also du gestehst es so ein oder nicht? — Ich gestehe es ein,
sagte er. — Dazu also zwinge mich nicht, gerade wie wir es in der
Rede durchgegangen zeigen zu müssen, daß es ebenso in allen Stük-
ken auch in der Tat werde; sondern wenn wir nur imstande sind zu
finden, daß ein Staat der Beschreibung so nahe als möglich einge-
richtet wäre, wollen wir uns schon rühmen gefunden zu haben, was
b du forderst, daß dies wirklich werden könne. Oder willst du nicht
zufrieden sein, wenn du soviel erlangst? Ich wenigstens wäre zu-
frieden. — Und auch ich, sprach er. —

[18. Das Königtum der wahren Philosophen als Bedingung für die Verwirklichung dieses Staates] Zunächst also, wie es scheint, müssen wir versuchen zu finden und aufzuzeigen, was etwa jetzt in unseren Staaten schlecht behandelt wird, weswegen sie nicht so verwaltet werden, und wie ein Staat zu dieser Art der Verfassung gelangen könne mit der mindest möglichen Veränderung, wenn es sein kann, nur in *einem* Stück, wenn nicht, in zweien, wenn nicht, doch in so wenigen und so geringfügigen als möglich. — Allerdings freilich, sagte c
er. — Durch eine einzige Veränderung nun, sprach ich, glaube ich zeigen zu können, daß er sich dazu umwandeln werde, freilich durch keine kleine, auch nicht leichte, aber doch mögliche. — Durch welche? sagte er. — Nun gehe ich gerade darauf los, sprach ich, was wir der größten Welle im voraus verglichen. Es soll also gesagt werden, und sollte es mich auch mit Schmach und Gelächter ordentlich wie eine aufsprudelnde Welle überschütten. Sieh aber zu, was ich sagen will. — Rede nur, sagte er. — Wenn nicht, sprach ich, entweder die Philosophen Könige werden in den Staaten oder die jetzt so genannten Könige und Gewalthaber wahrhaft und gründlich philosophieren d
und also dieses beides zusammenfällt, die Staatsgewalt und die Philosophie, die vielerlei Naturen aber, die jetzt zu jedem von beiden einzeln hinzunahen, durch eine Notwendigkeit ausgeschlossen werden, eher gibt es keine Erholung von dem Übel für die Staaten, lieber Glaukon, und ich denke auch nicht für das menschliche Geschlecht, noch kann jemals zuvor diese Staatsverfassung nach Möglichkeit e
gedeihen und das Licht der Sonne sehen, die wir jetzt beschrieben haben. Aber dies ist es eben, was mir schon lange Bedenken macht zu reden, weil ich sehe, wie es gegen aller Menschen Meinung angeht. Denn es geht schwer einzusehen, daß in einem andern keine Glückseligkeit sein kann, weder für den Einzelnen, noch für das Ganze. — Da sagte er: O Sokrates, du hast eine solche Rede ausgestoßen, daß du nur glauben kannst, es werden nun gar viele und gar nicht schlechte ordentlich die Kleider abwerfend und nackt, was jedem für 474 a
eine Waffe in den Weg kommt ergreifend, aus allen Kräften gegen dich anlaufen, um Wunderbares auszurichten, so daß, wenn du sie nicht abwehrst in der Rede und ihnen entkommst, du zur Strafe in der Tat wirst zerrissen werden. — Und daran, sprach ich, bist du mir doch schuld. — Woran ich, sagte er, gar wohl getan habe. Aber ich will dich auch nicht verlassen, sondern dir helfen, womit ich nur kann; ich kann aber freilich nur mit gutem Willen und Zureden, und vielleicht, wenn ich dir sorgfältiger als irgendein anderer antworte. Also einen solchen Gehilfen zur Hand habend, versuche nun den b
Ungläubigen zu zeigen, daß es sich so verhält, wie du sagst. — Ich muß es versuchen, sprach ich, zumal auch du einen so kräftigen Beistand anbietest. Es dünkt mich nun notwendig, wenn wir irgend denen entkommen wollen, die du meinst, gegen sie zu erklären, wofür die Philosophen haltend wir zu behaupten wagen, sie müßten regieren, damit, wenn sie richtig erkannt worden sind, dann einer sich wehren kann, indem er zeigt, daß es einigen von Natur zukomme, c
sowohl mit der Philosophie sich zu befassen als auch im Staat An-

führer zu sein, den übrigen aber, sowohl jene unberührt zu lassen als auch dem Anführenden zu folgen. – Das wäre allerdings Zeit, sagte er, zu bestimmen. – So komm denn, folge mir hierher, ob wir es etwa irgend hinreichend erklären können. – Führe nur, sagte er. – Werde ich dich also, sprach ich, erinnern müssen oder besinnst du dich darauf, daß, wenn wir von jemand sagen, er liebe etwas, und dies mit Recht soll gesagt sein, sich dann zeigen muß, daß er nicht nur einiges davon liebt und anderes nicht, sondern daß er ihm ganz zugetan ist? –

[19. Der Weisheitsliebende ist Liebhaber jeder Erkenntnis] Du wirst
d mich, sagte er, erinnern müssen, wie es scheint, denn ich verstehe es nicht recht. – Das hätte sich wohl für einen andern zu sagen geziemt, o Glaukon, antwortete ich, was du da sagst, einem so in der Liebe bewanderten Manne aber ziemt es nicht, dessen uneingedenk zu sein, daß alle blühenden Knaben den Knabenfreund und Verliebten reizen und quälen, weil sie alle seiner Bemühung und Zuneigung wert scheinen. Oder macht ihr es nicht so mit den Schönen? Der eine, der eine aufgeworfene Nase hat, wird niedlich genannt und als solcher von euch gelobt, des andern Habichtsnase sagt ihr sei kö-
e niglich, und der in der Mitte zwischen beiden habe die schönsten Verhältnisse. Die Braunen, heißt es, sehen männlich aus, die Blonden aber sind Göttersöhne; und daß einer ein Wachsgesicht hat, meinst du wohl, daß diesen Ausdruck ein anderer erfunden habe als ein beschönigender Liebhaber, der das Bleiche leicht an einem ertrug, wenn er nur jugendlich war? Und mit einem Worte, jeder Vorwand ist euch recht, und ihr habt für alles einen Ausdruck, damit ihr nur
475 a keinen von denen verwerfen müßt, die in der Blüte der Jugend sind. – Wenn du es an mir sagen willst von den Verliebten, daß sie es so machen: so gestehe ich es ein unserer Sache zuliebe. – Und wie, sprach ich, die Weinliebhaber, siehst du nicht, daß die es ebenso machen? Daß ihnen jeder Wein unter irgendeinem Vorwande behagt? – Jawohl. – Und von den Ehrliebenden, denke ich, siehst du es doch auch, daß sie, wenn sie nicht das Heer anführen können, mit einem
b Treffen vorliebnehmen; und werden sie nicht von Größeren und Höheren geehrt, so begnügen sie sich, es auch von Geringeren und Unbedeutenderen zu werden, weil sie nämlich nur überhaupt der Ehre nachstreben. – Offenbar ja. – Dieses also bejahe mir oder verneine, wenn wir einen begierig nach etwas nennen, werden wir dann sagen, daß er alles, was unter diesen Begriff gehört, begehrt, oder nur einiges, anderes aber nicht? – Alles, antwortete er. – Also auch der Philosoph, werden wir sagen, trachte nach Weisheit, nicht nach einiger zwar, nach anderer aber nicht, sondern nach aller. – Richtig. – Wer
c also in Kenntnissen wählig ist, zumal in der Jugend, wenn er noch keine Einsicht davon hat, was brauchbar ist und was nicht, von dem wollen wir nicht sagen, daß er lernbegierig oder weisheitliebend sei, so wie wir von dem, der in Speisen wählig ist, nicht sagen, daß er hungere oder Speise begehre oder eßlustig sei, sondern vielmehr ein schlimmer Gast. – Und mit Recht sagen wir das. – Wer aber ohne

Umstände alle Kenntnisse zu kosten pflegt und gern zum Lernen
geht und unersättlich darin ist, den werden wir wohl mit Recht weis-
heitliebend nennen. Nicht wahr? — Darauf sagte Glaukon: Dann
wirst du gar viele und wunderliche solche bekommen. Denn zuerst d
die Schaulustigen scheinen mir insgesamt solche zu sein, weil es ih-
nen Freude macht, etwas zu erfahren, und dann unter den Hörbegie-
rigen sind nun einige gar zu wunderlich, wenigstens um sie unter
die Philosophen zu setzen, da sie ja zu Reden und solchen Beschäfti-
gungen schon gar nicht Lust haben zu kommen, sondern als ob sie
ihre Ohren dazu vermietet hätten, um alle Chöre zu hören, laufen
sie auf den Dionysien herum und fehlen weder bei den städtischen
noch bei den ländlichen. Alle diese nun und andere, die nach Ähn-
lichem wißbegierig sind, und die auf allerlei kleine Kunststücke Ver- e
sessenen, sollen wir die weisheitliebend nennen? — Gar nicht, sagte
ich, sondern den Weisheitliebenden nur ähnlich. —

[20. Schauen des Wahren selbst als unterscheidendes Merkmal der Philosophen. Erkenntnis, Unkenntnis und Vorstellung (Meinung) und ihre Gegenstände] Aber welche, sagte er, verstehst du nun unter
den eigentlichen? — Die, sprach ich, schaulustig sind nach der Wahr-
heit. — Auch das, sagte er, ist sehr richtig; aber wie erklärst du es? —
Gar nicht leicht, sprach ich, einem andern; du aber, denke ich, wirst
mir dieses zugestehen. — Was doch? — Daß, da Schönes dem Häßli-
chen entgegengesetzt ist, dieses zwei sind. — Natürlich. — Also wenn 476 a
zwei, ist auch jedes von ihnen eins. — Auch dieses. — Und mit dem
Gerechten und Ungerechten und Guten und Bösen und allen andern
Begriffen ebenso, daß jeder für sich eins ist; aber da jeder vermöge
seiner Gemeinschaft mit den Handlungen und körperlichen Dingen
und den übrigen Begriffen überall zum Vorschein kommt, daß auch
jeder als vieles erscheint. — Du hast recht, sagte er. — Hiernach nun,
sprach ich, trenne ich: abgesondert diejenigen, welche du eben als
schaulustig und kunstliebend und handelnd anführtest, und abge-
sondert wiederum diejenigen, von denen die Rede ist und die allein b
einer mit Recht Philosophen nennen kann. — Wie, fragte er, meinst
du das? — Die Hörbegierigen und Schaulustigen, sprach ich, lieben
doch die schönen Töne und Farben und Gestalten und alles, was aus
dergleichen gearbeitet ist, die Natur des Schönen selbst aber ist ihre
Seele unfähig zu sehen und zu lieben. — So freilich, sagte er, verhält
es sich. — Die nun aber dem Schönen selbst zu nahen vermögen und
es an sich betrachten, sind die wohl nicht selten? — Gar sehr. — Wer
nun schöne Sachen zwar anerkennt, die Schönheit selbst aber weder c
anerkennt noch auch, wenn ihn jemand zur Erkenntnis derselben
führen will, ihm zu folgen vermag, dünkt dich der wachend oder
träumend zu leben? Bedenke nur: Das Träumen, besteht das nicht
darin, wenn jemand, es sei nun im Schlaf oder auch wachend, etwas
einem Ähnliches nicht für ähnlich, sondern für jenes selbst hält,
dem es gleicht? — Ich wenigstens, sprach er, würde sagen, daß ein
solcher träume. — Wie aber? Wer ganz im Gegenteil die Schönheit
selbst für etwas hält und auch sie selbst sowohl als das an ihr Teil- d

habende wahrnehmen kann und weder das Teilhabende für sie selbst
noch sie selbst für das Teilhabende hält, wie dünkt dich wiederum
dieser, wachend zu leben oder auch er schlafend? — Gar sehr, sagte
er, wachend. — Dessen Gedanken also, weil er erkennt, würden wir
wohl mit Recht sagen, seien Einsicht, des andern aber Meinung, weil
er nur etwas meint oder sich vorstellt. — Allerdings. — Wie nun,
wenn uns derjenige böse würde, von dem wir sagen, er meine nur,
erkenne aber nicht, und wenn er uns bestreiten wollte, daß wir recht
redeten: würden wir ihm wohl zuzureden wissen und ihn leise zu
e überreden, ohne ihn merken zu lassen, daß er verwirrt ist? — Das
müßten wir wenigstens, sagte er. — Komm denn und sieh zu, was
wir ihm sagen werden. Oder willst du lieber, daß wir es so von ihm
zu erforschen suchen, daß wir ihm sagen, wenn er etwas wisse, trü-
gen wir deshalb keinen Neid, sondern wir würden gar gern einen se-
hen, der etwas wisse. Also sage uns nur dieses: Der Erkennende, er-
kennt er etwas oder nichts? Du nämlich antworte mir nun an seiner
Stelle. — Ich werde antworten, sagte er, daß er etwas erkennt. — Was
477 a ist, oder was nicht ist? — Was ist; denn wie könnte etwas, was ja
nicht ist, erkannt werden? — Dies also wissen wir zur Genüge, und
wenn wir es von noch soviel Seiten betrachteten, daß das vollkom-
men Seiende auch vollkommen erkennbar ist, das auf keine Weise
Seiende aber auch ganz und gar unerkennbar. — Vollkommen zur
Genüge. — Wohl. Wenn sich aber etwas so verhält, daß es ist und
auch nicht ist, würde es dann nicht in der Mitte liegen zwischen dem
ganz rein Seienden und dem ganz und gar nicht Seienden? — In der
Mitte. — Nun bezog sich doch Erkenntnis auf das Seiende, Un-
kenntnis aber notwendig auf das Nichtseiende. Für das zwischen bei-
den also ist etwas zu suchen zwischen der Unkenntnis und der Er-
b kenntnis, wenn es etwas solches gibt. — Allerdings. — Sagen wir
nun, daß etwas auch die Vorstellung ist? — Wie sollten wir nicht. —
Als ein von dem Wissen verschiedenes Vermögen oder als dasselbe?
— Als ein verschiedenes. — Für etwas anderes also ist die Vorstellung
geordnet, und für etwas anderes das Wissen, jedes von beiden nach
seinem ihm eigentümlichen Vermögen. — So ist es. — Nun gehört
doch die Erkenntnis ihrer Natur nach zu dem Seienden, um zu er-
kennen, daß das Seiende ist? Oder vielmehr, so dünkt mich zuvor
notwendig uns zu erklären. — Wie? —

[21. Der Begriff des Vermögens. Bestimmung des Gegenstands der
c *Vorstellung]* Wir wollen doch sagen, das Vermögen sei eine gewisse
Art des Seienden, wodurch sowohl wir vermögen, was wir vermö-
gen, als auch jegliches andere, was etwas vermag; wie ich zum Bei-
spiel meine, daß Gesicht und Gehör zu den Vermögen gehören,
wenn du anders verstehst, was ich mit diesem Begriff sagen will. —
Wohl verstehe ich, sagte er. — So höre denn, was mir davon einleuch-
tet. Nämlich an einem Vermögen sehe ich weder Farbe noch Gestalt
noch etwas dergleichen, wie an vielem anderen, worauf sehend ich
bei mir selbst einiges unterscheide, daß das eine dieses ist, das ande-
d re jenes. Bei einem Vermögen aber sehe ich lediglich danach, worauf

es sich bezieht und was es bewirkt, und danach pflege ich ein jedes
Vermögen als ein einzelnes zu benennen, und was für dasselbe be-
stimmt ist und dasselbe bewirkt, nenne ich auch dasselbe, was aber
für etwas anderes und etwas anderes bewirkt, nenne ich auch ein
anderes. Du aber, wie machst du es? — Ebenso, sagte er. — Noch ein-
mal denn her, sprach ich, o Bester! Sagst du nun, Erkenntnis sei ein
Vermögen, oder unter welche Gattung stellst du sie? — Unter diese,
sagte er, als das stärkste aller Vermögen. — Und wie die Vorstellung,
wollen wir die auch unter das Vermögen oder unter irgendeine an- e
dere Art bringen? — Keineswegs, sagte er; denn das, wodurch wir
vorzustellen vermögen, ist ja nichts anderes als die Vorstellung. —
Allein vor kurzem noch gestandest du ja, Erkenntnis und Vorstellung
sei nicht dasselbe. — Wie könnte wohl auch ein vernünftiger Mensch,
sagte er, das Unfehlbare mit dem nicht Unfehlbaren je für dasselbe
halten? — Schön, sprach ich, und ganz bestimmt ist also unter uns
eingestanden, daß die Vorstellung von der Erkenntnis verschieden 478 a
ist. — Verschieden. — Also bezieht sich auch jede von ihnen, ihrer
Natur nach etwas andres vermögend, auf etwas andres? — Notwen-
dig. — Und die Erkenntnis doch wohl auf das Seiende, um einzuse-
hen, wie sich das Seiende verhalte. — Ja. — Die Vorstellung aber, sa-
gen wir, stellt vor. — Ja. — Etwa dasselbe, was auch die Erkenntnis
erkennt? So daß das Erkennbare und das Vorstellbare einerlei ist?
Oder ist das unmöglich? — Unmöglich, sagte er, nach dem Einge-
standenen, da ja seiner Natur nach jedes andere Vermögen auf ande-
res geht, und beides Vermögen sind, die Erkenntnis und die Vor-
stellung, jede aber ein anderes, wie wir sagten. Hiernach also findet b
nicht statt, daß das Erkennbare und Vorstellbare einerlei sein kann.
— Also wenn das Seiende erkennbar ist, muß etwas anderes als das
Seiende vorstellbar sein. — Etwas anderes. — Stellt sie also das Nicht-
seiende vor? Oder ist das Nichtseiende ja auch vorzustellen unmög-
lich? Bedenke nur; bezieht nicht der Vorstellende seine Vorstellung
auf etwas? Oder ist es möglich, vorzustellen zwar, aber nichts vor-
zustellen? — Unmöglich. — Sondern ein Irgendwelches stellt immer
vor, wer vorstellt? — Ja. — Aber das Nichtseiende kann man ja doch
nicht ein Irgendetwas, sondern am richtigsten würde man es Nichts
nennen. — Freilich. — Mit Notwendigkeit also haben wir dem Nicht- c
seienden die Unkenntnis zugewiesen und dem Seienden die Erkennt-
nis. — Richtig, sagte er. — Also weder Seiendes noch Nichtseiendes
stellt sie vor? — Freilich nicht. — So wäre dann die Vorstellung weder
Erkenntnis noch Unkenntnis. — Das scheint nicht. — Ist sie nun etwa
außerhalb beider, entweder die Erkenntnis übertreffend an Sicher-
heit oder die Unkenntnis an Unsicherheit? — Keines von beiden. —
Sondern es ist dir wohl klar, sprach ich, daß die Vorstellung dunkler
zwar ist als die Einsicht, aber heller als die Unkenntnis. — Bei wei-
tem, sagte er. — Und innerhalb beider liegt sie? — Ja. — Ein Mittleres d
also wäre die Vorstellung zwischen diesen beiden. — Offenbar ja. —
Nun sagten wir doch in dem Vorigen, wenn sich etwas zeige als zu-
gleich seiend und nicht seiend, so liege ein solches mitteninne zwi-
schen dem rein Seienden und dem auf alle Weise Nichtseienden, und

weder Erkenntnis noch Unkenntnis werde für dieses sein, sondern
das, was sich zwischen der Erkenntnis und Unkenntnis zeigte? —
Richtig. — Nun aber hat sich uns ja gezeigt zwischen diesen das, was
wir Vorstellung nennen? — So hat es sich gezeigt. —

[22. Aufweis der vielen Dinge als Objekt der Vorstellung] Jenes also
e wäre uns noch übrig zu finden, wie es scheint, was an beiden teilhat,
an Sein und an Nichtsein, und deshalb keines von beiden unver-
mischt mit Recht genannt werden darf, damit, wenn es sich uns ge-
zeigt hat, wir dann von diesem mit Recht aussagen können, es sei
vorstellbar, indem wir so den beiden äußersten jedem ein Äußerstes
und den mittleren auch das Mittlere zuweisen. Oder nicht so? —
Allerdings so. — Dieses nun vorausgesetzt, sage denn und antworte
479 a mir, werde ich sprechen, der Gute, der ein Schönes selbst und eine
sich immer gleich verhaltende Gestalt der Schönheit nicht annimmt.
An vielerlei Schönes aber glaubt jener Schaulustige und es niemals
Vertragende, wenn jemand sagt, es gebe *ein* Schönes und *ein* Ge-
rechtes, und so alles übrige. Unter diesem vielen Schönen also, o Be-
ster, wollen wir zu ihm sagen, gibt es wohl eines, was nicht auch
häßlich erscheinen kann? Und unter dem Gerechten, was nicht auch
ungerecht? Und unter dem Heiligen, was nicht auch unheilig? —
b Keines, sondern notwendig, sagte er, wird es irgendwie schön und
auch häßlich erscheinen, und so auch das andere, wonach du fragst.
— Und wie das viele Doppelte? Erscheint das irgend weniger halb als
doppelt? — Gar nicht. — Und das Große und Kleine und Leichte und
Schwere, wird das mit größerem Recht so, wie wir eben sagen, ge-
nannt als entgegengesetzt? — Nein, sondern immer, sagte er, wird
jedes an beidem haften. — Jegliches also von diesen vielen, ist es
wohl mehr als es nicht ist das, was einer davon aussagt? — Es gleicht,
sagte er, dem, was man Doppelsinniges auf Gastmählern vorbringt,
c und dem kindischen Rätsel von des Verschnittenen Wurf nach der
Fledermaus, wo sie rätselhaft damit spielen, womit und worauf er
sie geworfen habe. Denn auch diese Dinge sind doppelsinnig, und es
ist unmöglich, von irgendeinem darunter genau und bestimmt zu
denken, weder daß es ist oder nicht ist, noch daß ihm beides oder
keines von beiden zukommt. — Weißt du also, sprach ich, was du
damit machen sollst, oder an was für einen besseren Platz du sie stel-
len willst, als zwischen dem Sein und Nichtsein? Denn sie können
sich ja weder dunkler als das Nichtseiende zeigen, so daß sie etwa
d mehr nicht wären, noch auch heller und mehr seiend als das Seiende.
— Vollkommen richtig, sagte er. — Also haben wir gefunden, wie
es scheint, daß, was die Vielen Vieles annehmen vom Schönen und
dem übrigen der Art, sich irgendwo zwischen dem Nichtseienden
und dem wahrhaft Seienden herumdreht. — Das haben wir gefun-
den. — Und im voraus waren wir einig geworden, wenn sich etwas
dergleichen zeige, müsse davon gesagt werden, daß es vorstellbar sei
und nicht erkennbar, indem das dazwischen Herumschweifende auch
mit dem dazwischen liegenden Vermögen aufgefaßt wird. — Darüber
e waren wir einig. — Die also viel Schönes beschauen, das Schöne

selbst aber nicht sehen noch einem andern, der sie dazu führen will, zu folgen vermögen, und die vielerlei Gerechtes, das Gerechte selbst aber nicht, und so alles, diese, wollen wir sagen, stellen alles vor, erkennen aber von dem, was sie vorstellen, nichts. — Notwendig, sagte er. — Wie aber wiederum, die jegliches selbst, wie es sich immer gleichermaßen verhält, beschauen? Nicht daß die erkennen und nicht vorstellen? — Notwendig auch das. — Also werden wir auch sagen von diesen, daß sie dasjenige lieben und sich dazu neigen, wovon es 480 a
Erkenntnis gibt, jene aber das, wovon Meinung und Vorstellung? Oder erinnern wir uns nicht mehr, daß wir schon sagten, diese liebten schöne Töne und Farben und dergleichen und beschauten sie, das Schöne selbst aber ließen sie nicht einmal gelten als seiend? — Dessen erinnern wir uns. — Werden wir uns also vergehen, wenn wir sie mehr Meinungsliebende nennen als Weisheitliebende? Und werden sie uns wohl sehr zürnen, wenn wir so sagen? — Nicht, wenn sie mir folgen, sagte er; denn dem Wahren zu zürnen ist nicht recht. — Dagegen die jegliches Seiende selbst Liebenden muß man weisheitliebend und Philosophen nennen, nicht aber meinungsliebend. — Allerdings ja.

SECHSTES BUCH

[1. Forderung, daß die Philosophen als sehende Hüter Führer des
484 a *Staates sein müssen]* Die Philosophen also, sprach ich, o Glaukon,
und die es nicht sind, wollten uns erst, nachdem wir eine lange Rede
durchgeführt, zum Vorschein kommen, wer sie beide sind. – Viel-
leicht, sagte er, geht es auch in einer kurzen nicht leicht. – Wie es
scheint! antwortete ich. Aber mich dünkt, sie würden sich uns noch
besser gezeigt haben, wenn wir nur hierüber allein nötig gehabt hät-
ten zu reden, und nicht noch so vielerlei anderes durchzugehen, da
wir ja zusehen sollten, wie das gerechte Leben von dem ungerechten
b verschieden ist. – Was also, sagte er, kommt uns nach diesem? –
Was sonst, sprach ich, als das nächste? Da nun die Philosophen die
sind, welche das sich immer gleich und auf dieselbe Weise Verhal-
tende fassen können, die aber dies nicht können, sondern immer un-
ter dem Vielen und mannigfach sich Verhaltenden umherirren, nicht
Philosophen, welche von beiden müssen demzufolge Führer des
Staates sein? – Was müßten wir also wohl hierüber sagen, fragte er,
um das Angemessene zu sagen? – Diejenigen von beiden, sprach ich,
welche sich imstande zeigen, der Staaten Gesetze und Bestrebungen
c aufrechtzuerhalten, diese soll man zu Hütern bestellen. – Richtig,
sagte er. – Aber das ist doch wohl klar, sprach ich, ob man einem
Blinden oder einem scharf sehenden Hüter irgend etwas soll zu be-
wahren geben? – Und wie, sagte er, sollte das nicht klar sein! –
Dünken dich nun wohl die besser als Blinde zu sein, die, in der Tat
der Erkenntnis von jedem, was ist, beraubt und kein anschauliches
Urbild von irgend etwas in der Seele habend, auch nicht vermögen,
wie Maler, indem sie auf das Wahrhafteste sehen und von dorther
d alles, auf das genaueste achtgebend, übertrügen, so auch das hier Ge-
setzliche und Schöne in bezug auf Recht und Unrecht sowohl aufzu-
zeichnen, wenn es aufgezeichnet werden muß, als auch das Bestehen-
de hütend zu erhalten? – Nein beim Zeus, sprach er, viel besser eben
nicht! – Sollen wir also lieber diese zu Hütern setzen oder die, wel-
che jegliches, was ist, erkennen, dabei aber an Erfahrung und Übung
hinter jenen nicht zurückbleiben noch ihnen an irgendeinem andern
Teile der Tugend nachstehen? – Ungereimt wäre es freilich, sagte er,
irgend andere zu wählen, wenn diese in dem übrigen nicht zurück-
stehen; denn in bezug auf dieses selbst hätten sie ja wohl den größ-
485 a ten Vorzug. – Also wollen wir dieses erklären, auf welche Weise
dieselben imstande sein können, jenes und auch dieses zu haben? –
Das müssen wir. – Was wir also gleich im Anfang dieser Rede sag-
ten, wir müssen zuerst ihre Natur verstehen; und haben wir uns
über diese gehörig geeinigt, so werden wir, denke ich, auch darüber
einig sein, daß recht füglich dieselben imstande sind beides zu ha-
ben und daß keine anderen Führer der Staaten sein dürfen als sol-
che. – Wie das? –

[2. Die notwendigen Eigenschaften einer philosophischen Natur]

Dieses, denke ich, soll uns feststehen von den philosophischen Na-
turen, daß sie Kenntnisse immer lieben, welche ihnen etwas offen- b
baren von jenem Sein, welches immer ist und nicht durch Entstehen
und Vergehen unstet gemacht wird. — Das soll uns feststehen. — Ja
auch, sprach ich, daß sie dieses ganz begehren und weder einen klei-
neren noch größeren, weder einen vorzüglich hochgeachteten noch
einen minder geachteten Teil desselben wider ihren Willen sich ent-
gehen lassen, eben wie wir es vorher an den Ehrliebenden und Ver-
liebten gezeigt haben. — Richtig, sagte er. — Nächstdem betrachte
nun dieses, ob es wohl neben jenem die notwendig in ihrer Seele ha-
ben müssen, welche so werden sollen, wie wir sie beschrieben. — c
Was doch? — Daß sie ohne Falsch sind und mit Willen auf keine
Weise das Falsche annehmen, sondern es hassen, die Wahrheit aber
lieben. — Wahrscheinlich wohl, sagte er. — Nicht nur wahrscheinlich,
Freund, sondern ganz notwendig wird, wer in irgend etwas von Na-
tur verliebt ist, alles seinem Lieblingsgegenstande Verwandte und
Angehörige auch lieben. — Richtig, sagte er. — Könntest du nun
wohl etwas der Weisheit Verwandteres finden als die Wahrheit? —
Wie sollte ich, sprach er. — Kann also wohl dieselbe Natur weisheits-
liebend sein und trugliebend? — Keineswegs wohl. — Der in der Tat d
Wißbegierige also muß nach aller Wahrheit gleich von Jugend an
möglichst streben. — Allerdings ja. — Aber wem sich die Begierden
sehr nach einem einzigen Gegenstande hinneigen, dem, wissen wir,
sind sie nach andern Seiten hin desto schwächer, weil der Strom
gleichsam dorthin abgeleitet ist. — Wie sollten sie nicht! — Wem sie
also nach Kenntnissen und allem dergleichen hinströmen, dem ge-
hen sie, denke ich, auf die Lust, welche der Seele für sich allein zu-
kommt, und halten sich dagegen von der durch den Leib vermittelten
zurück, wenn einer nicht zum Schein, sondern wahrhaft philoso- e
phisch ist. — Ganz notwendig. — Mäßig ist also ein solcher und kei-
neswegs habsüchtig. Denn weshalb mit solchem Aufwande nach Geld
gestrebt wird, danach zu streben ziemt eher jedem andern als ihm.
— So ist es. — Aber auch dieses mußt du ja erwägen, wenn du unter- 486 a
scheiden willst eine philosophische Natur und eine, die es nicht ist.
— Was doch? — Daß nicht etwa eine, ohne daß du es merkst, auch an
Unedlem Anteil habe. Denn Kleinlichkeit ist wohl ganz vorzüglich
einer Seele zuwider, welche überall das Ganze und Vollständige an-
streben soll, Göttliches und Menschliches. — Vollkommen richtig!
sagte er. — Wer nun eine Größe der Denkungsart besitzt und Über-
sicht der ganzen Zeit und alles Seins, hältst du es für möglich, daß
den das menschliche Leben etwas Großes dünke? — Unmöglich,
sprach er. — Also auch den Tod wird ein solcher wohl nicht für et- b
was Arges halten? — Am wenigsten wohl. — Eine feige und unedle
Natur also kann an wahrhafter Philosophie, wie es scheint, keinen
Teil haben. — Nein, dünkt mich. — Wie aber? Der Sittsame und nicht
Habsüchtige noch Unedle noch Großtuerische noch Feige, könnte der
wohl unverträglich sein oder ungerecht? — Nicht möglich. — Willst
du also untersuchen, welches eine philosophische Seele ist und wel-

ches nicht, so wirst du gleich, wenn einer noch jung ist, darauf sehen,
ob sie gerecht ist und mild oder unverträglich und roh. — Allerdings.
c — Aber auch das, denke ich, wirst du nicht vorbeilassen. — Was? —
Ob gelehrig oder ungelehrig. Oder erwartest du, daß jemand etwas
gehörig lieben werde, was ihm, wenn er es verrichtet, Pein macht
und worin er kaum ein Weniges vollbringt? — Das könnte wohl
nicht sein. — Und wer nichts Gelerntes sich zu erhalten weiß, weil er
voll Vergeßlichkeit ist, kann der wohl anders als leer an Erkenntnis
sein? — Wie sollte er? — Wenn er sich also immer vergeblich an-
strengt, meinst du nicht, daß er am Ende dahin kommen muß, sich
selbst und ein solches Geschäft zu hassen? — Wie sollte er nicht! —
d Eine vergeßliche Seele wollen wir also unter die gründlich philoso-
phischen nie einzeichnen, sondern darauf sehen, daß eine solche ein
gutes Gedächtnis haben müsse. — Auf alle Weise gewiß. — Und wir
werden doch nicht sagen, daß eine unmusikalische und mißgestalte
Seele anderswohin sich neige als zur Ungemessenheit? — Gewiß
nicht. — Und die Wahrheit, meinst du, daß sie der Ungemessenheit
verwandt ist oder dem Ebenmaß? — Dem Ebenmaß. — Also von Na-
tur ebenmäßig und anmutig wird wohl noch außerdem das Gemüt
sein müssen, welches eine natürliche Anlage haben soll, sich leicht
hinführen zu lassen zu der Idee eines jeglichen, was wirklich ist. —
e Allerdings. — Wie nun? Glaubst du etwa nicht, daß alles, was wir
durchgegangen sind, miteinander zusammenhänge und auch jedes
einzeln notwendig sei für die Seele, welche gehörig und vollständig
487 a das Wahre ergreifen soll? — Ganz notwendig freilich, sagte er. —
Kannst du also wohl irgendwie ein solches Geschäft tadeln, dem sich
niemals jemand gründlich widmen kann, wenn er nicht von Natur
von gutem Gedächtnis ist, gelehrig, edelmütig, anmutig, der Wahr-
heit Freund und verwandt, so wie der Gerechtigkeit, der Tapferkeit
und der Besonnenheit? — Auch Momos selbst, sagte er, könnte ja so
etwas nicht tadeln. — Und, sprach ich, solchen, wenn sie nun durch
Erziehung und Alter vollendet sind, wolltest du nicht allein den
Staat überlassen?

[3. Einwand des Adeimantos: Tatsächlich erweisen sich doch die Philosophen als abgeschmackt und unbrauchbar für den Staat]

b Darauf sagte Adeimantos: O Sokrates, hiergegen wäre freilich
kein Mensch imstande dir etwas einzuwenden. Allein dieses begeg-
net jedesmal denen, welche hören, was du jetzt sagst; sie glauben,
aus Unerfahrenheit im Fragen und Antworten von der Rede bei je-
der Frage um ein weniges abwärts geführt worden zu sein, so daß,
wenn alles dieses Wenige zusammengekommen, am Ende des Ge-
spräches ein großer Irrtum zum Vorschein kommt und etwas dem
ersten ganz Entgegengesetztes. Und wie die im Brettspiel Ungeübten
von den darin Starken am Ende eingeschlossen werden und nicht
c wissen, wie sie ziehen sollen: so glauben auch sie am Ende einge-
schlossen zu sein und nicht zu wissen, was sie sagen sollen in die-
sem anderen Spiel, nicht mit Steinen, sondern mit Reden, aber in der
Wahrheit verhalte es sich deswegen doch nicht weniger so. Ich sage

dies aber mit Bezug auf das Gegenwärtige. Denn jetzt könnte dir
einer sagen, in der Rede wisse er dir freilich auf das Gefragte ein-
zeln nichts einzuwenden, in der Tat aber sehe er, daß von denen,
welche sich der Philosophie befleißigt und nicht, nachdem sie sie als
Jünglinge zur Bildung getrieben, hernach wieder davon abgelassen,
sondern sich länger dabei verweilt haben, die meisten gar ab- d
geschmackt geraten, damit wir nicht sagen: ganz schlecht; und daß
die, welche für die Trefflichsten zu halten sind, von dieser Beschäfti-
gung, welche du lobst, doch soviel davontragen, daß sie für den
Staat unbrauchbar sind. – Als ich dieses gehört, erwiderte ich:
Meinst du nun, daß diejenigen irren, welche dieses sagen? – Ich
weiß nicht, sprach er, aber was dich davon dünkt, möchte ich gern
hören. – Dann würdest du hören, daß sie mir ganz recht zu haben
scheinen. – Wie kann es denn also, sagte er, richtig sein zu sagen, e
daß die Staaten nicht eher des Unheils würden entledigt werden, bis
sie von den Philosophen regiert werden, welche wir doch einstim-
mig als unbrauchbar für sie ansehen? – Du wirfst, sprach ich, eine
Frage auf, welche einer Antwort durch ein Bild bedarf. – Du aber,
sagte er, denke ich, pflegst ja nicht durch Bilder zu reden. –

*[4. Erklärung der scheinbaren Unnützlichkeit der ausgezeichneten
Philosophen]* Sei's drum! antwortete ich. Du spottest also noch,
nachdem du mich in einen so schwer auszuführenden Gegenstand
hineingeworfen? Höre denn mein Bild, damit du besser siehst, wie 488 a
mühsam ich es bilde. Denn so schwierig ist das, was gerade den Vor-
trefflichsten mit dem Staate begegnet, daß es auch nirgends etwas
ganz Ähnliches gibt, sondern von vielerlei her muß man zusammen-
bringen, womit man sie vergleichen und was man zur Verteidigung
für sie sagen will, wie die Maler Bockhirsche und andere dergleichen
Mischlinge zeichnen. Denke dir also, sei es nun über viele Schiffe
oder über eines, einen solchen Schiffsherrn gesetzt, der zwar an Grö-
ße und Stärke alle andern im Schiffe übertrifft, übrigens aber ist er b
harthörig, sieht auch wenig und versteht von der Schiffahrt unge-
fähr ebensoviel, und die Schiffsleute in Fehde unter sich und wegen
des Befehls, indem jeder glaubt, er müsse steuern, der jedoch nie die
Kunst erlernt hat und weder seinen Lehrer aufzeigen kann noch die
Zeit, in der er sie gelernt hätte, ja daß sie überdies noch alle behaup-
ten, man könne sie auch nicht lernen, und jeden, der behauptet, sie sei
lehrbar, gleich herunterhauen wollen; denke dir nun, daß diese im-
mer den Schiffsherrn umlagern, bittend und alles versuchend, damit er c
ihnen das Steuerruder übergebe, zuweilen aber, wenn einige ihn nicht
überreden können, sondern es scheint, andere eher, dann jene diese
andern töten oder aus dem Schiff herauswerfen, den edlen Schiffs-
herrn aber durch Zauberbeeren oder Rausch oder anderswie fesseln
und so das Fahrzeug regieren und das verbrauchen, was sich eben
darin findet, und so zechend und schmausend schiffen, wie es von
solchen zu erwarten ist; überdies aber, daß sie jeden loben und als
Meister in der Schiffahrt und wohl kundig alles dessen, was zum d
Fahrzeuge gehört, auspreisen, der ihnen dazu behilflich zu sein ver-

steht, daß sie ans Ruder kommen, werde es nun durch Überredung
oder durch Gewalt von dem Schiffsherrn erlangt, und jeden, der das
nicht tun will, tadeln als unbrauchbar, von dem wahren Steuermann
hingegen nicht einmal soviel wissen, daß er notwendig auf die Jah-
reszeit und die Tageszeit und den Himmel und die Sterne und die
Winde, und was sonst zur Kunst gehört, achthaben muß, wenn er
in Wahrheit ein Schiffslenker werden will, sondern nur meinen, daß
man die Kunst und Geschicklichkeit, die dazu gehört, ans Ruder zu
e kommen, mögen nun einige es wollen oder nicht, daß man diese un-
möglich haben könne und dabei die Steuermannskunst zugleich.
Wenn nun dergleichen in den Schiffen vorgeht, meinst du nicht, daß
der wahre Schiffahrtskundige gewiß nur werde ein Wetterprophet
489 a und Buchstabenkrämer und unnützer Mensch genannt werden von
denen, die in so eingerichteten Schiffen segeln? – Ganz gewiß, sagte
Adeimantos. – Ich glaube auch nicht, sprach ich, daß du das Bild
erst wirst vorerklärt sehen wollen, wie es wirklich dem Verhalten
der Staaten gegen die wahren Philosophen gleicht, sondern daß du
schon verstehst, was ich meine. – Sehr wohl, sagte er. – Zuerst also
zeige dem, welcher sich wundert, daß die Philosophen in den Staa-
ten nicht geachtet werden, dieses Bild und versuche ihn zu überzeu-
b gen, daß es viel wunderbarer wäre, wenn sie geachtet würden. –
Das will ich schon zeigen, sagte er. – Und daß er also recht habe, zu
sagen, daß die ausgezeichnetsten in der Philosophie den Leuten un-
nütz sind; nur heiße ihn diese Unnützlichkeit denen Schuld geben,
die keinen Gebrauch von jenen Trefflichen machen, nicht aber diesen
selbst. Denn es liegt nicht in der Natur, daß der Steuermann die
Schiffsleute bitten solle, sich von ihm regieren zu lassen, noch daß
die Weisen vor die Türen der Reichen gehen; sondern wer dies so
zierlich herausgebracht hat, hat weit gefehlt; vielmehr ist das Wah-
re von der Sache, daß, mag nun ein Reicher krank sein oder ein Ar-
c mer, er vor des Arztes Türe gehen muß, und so jeder, der beherrscht
zu werden nötig hat, zu dem, der zu herrschen versteht, nicht aber,
daß dieser die zu Beherrschenden bitte, sich beherrschen zu lassen,
wenn er nämlich in Wahrheit etwas taugt. Sondern wenn man die
jetzigen bürgerlichen Gewalthaber den Schiffsleuten, von denen wir
vorher redeten, vergleicht, wird man wohl nicht fehlen, und ebenso
die von ihnen für unnütze Wetterpropheten Ausgeschrienen den
wahren Schiffsmeistern. – Ganz richtig, sagte er. – Aus diesen Grün-
den also ist es in solchen Sachen nicht leicht, daß das edelste Streben
in gutem Ruf stehe bei denen, die ganz das Entgegengesetzte betrei-
d ben. Bei weitem aber die größte und gewaltigste Verleumdung hat
die Philosophie zu leiden durch die, welche vorgeben, dergleichen zu
betreiben und von denen du auch erwähntest, daß der die Philoso-
phie Anklagende behaupte, die meisten, die sich mit ihr abgeben,
würden ganz schlecht, und nur die ausgezeichnetsten bloß unnütz,
und ich gab dir zu, auch das sei richtig. Nicht wahr? – Ja. –

[5. Erneute Bestimmung der wahrhaften Philosophen, um die schlechten zu finden] Also von der Unnützlichkeit der Ausgezeich-

neten haben wir die Ursache schon ausgeführt? — Jawohl. — Sollen
wir nun auch die Notwendigkeit von der Schlechtigkeit der Mehr-
zahl nachweisen; und, wenn wir können, zu zeigen versuchen, daß
auch daran die Philosophie unschuldig ist? — Allerdings. — So laß e
uns denn hören und die Rede anfangen mit der Erinnerung an das,
wovon wir ausgegangen sind, wie nämlich der von Natur müsse ge-
artet sein, der gut und trefflich werden soll. Da war denn das erste
an ihm, wenn du es noch im Sinne hast, die Wahrheit, der er überall 490 a
und auf alle Weise nachtrachten sollte, oder wenn er prahlerisch
sein wollte, nie an wahrer Philosophie Anteil haben. — So wurde
allerdings gesagt. — Ist nun nicht schon dieses eine gar sehr dem ent-
gegen, was jetzt von ihm gedacht wird? — Gar sehr, sagte er. —
Werden wir uns aber nicht ganz angemessen damit verteidigen, daß
der wahrhaft Lernbegierige so geartet ist, sich um das Seiende zu be-
eifern, und also nicht bleiben kann bei dem vielen als seiend vorge- b
stellten Einzelnen, sondern weitergehen wird, ohne sich verblenden
zu lassen, und nicht eher Befriedigung finden für seine Liebe, bis er
die Natur von jedem selbst, was ist, aufgefaßt hat mit demjenigen
in der Seele, womit es geziemt dergleichen zu fassen — es ziemt aber
mit dem Verwandten; womit also dem wahrhaft Seienden sich nä-
hernd und sich damit vermischend, und so Vernunft und Wahrheit
erzeugend, er erkennen wird und wahrhaft leben und sich nähren
und so seiner Schmerzen Ende finden, eher aber nicht. — Auf das
allerbündigste gewiß. — Wie nun? Wird ein solcher wohl die Lüge
lieben können oder ganz im Gegenteil sie hassen? — Hassen, sagte c
er. — Geht nun die Wahrheit voran, so werden wir wohl, denke ich,
nimmer sagen, daß ihr ein Chor von Übeln folge? — Wie sollten
wir! — Sondern eine gesunde und mäßige Gemütsart, mit der dann
auch Besonnenheit verbunden ist. — Richtig, sagte er. — Und nun
also den übrigen Chor der philosophischen Natur, warum sollen
wir ihn noch einmal von vorn aufstellen? Denn du erinnerst dich
doch, daß sich diesen zugehörig zeigte auch Tapferkeit und Edelsinn
und Gelehrigkeit und Gedächtnis; und als du einwendetest, ein jeder
würde genötigt sein, dem beizustimmen, was wir sagen, wenn er aber d
die Reden gut sein ließe und auf diejenigen selbst sähe, von denen
die Rede ist, würde er sagen, er sähe, daß einige von ihnen unnütz
wären, die meisten aber schlecht nach aller Schlechtigkeit, sind wir
nun in der Untersuchung über den Grund der Beschuldigung dahin
gekommen, wieso doch die meisten schlecht sind, und haben uns des-
halb die Natur der wahrhaft Philosophischen noch einmal wieder-
holt und sie, wie es notwendig ist, bestimmt. — So ist es, sagte er. — e

*[6. Besondere Gefährdung der philosophischen Natur durch unheil-
same Einflüsse]* Dazu nun, sprach ich, müssen wir dieser Natur Ver-
derbnisse betrachten, wie sie in Vielen untergeht und nur ein weniges
davon entkommt in denen, die sie dann auch nicht schlecht, sondern
nur unnütz nennen. Nächstdem wiederum diejenigen, welche jene
nachahmen und sich zu ihrem Geschäft begeben, weil solcherlei See- 491 a
len, zu einem für sie zu großen Geschäft und einem, dessen sie nicht

würdig sind, gelangt, auf allerlei Weise fehlen und deshalb auch
überall und bei allen der Philosophie den Ruf zuziehen, dessen du
erwähnst. — Was für Verderbnisse, sagte er, meinst du denn? — Ich
will versuchen, antwortete ich, wenn ich nur kann, sie dir zu be-
schreiben. Dies aber, denke ich, wird uns jeder zugestehen, daß sol-
che Naturen, welche alles besitzen, was wir eben gefordert haben,
b wenn einer vollkommen philosophisch werden soll, nur selten unter
den Menschen vorkommen und immer nur wenige. Oder meinst du
nicht? — Jawohl. — Und für diese wenigen betrachte nur, wie viele
und große Gefahren es gibt. — Was für welche nun? — Was am wun-
derbarsten ist zu hören, daß jedes einzelne, was wir an solcher Natur
gerühmt haben, die Seele, die es hat, verderben und von der Philo-
sophie abziehen kann; ich meine die Tapferkeit und die Mäßigung
und was wir sonst angeführt. — Unglaublich, sagte er, zu hören! —
c Nächstdem nun, sprach ich, können auch alle sogenannten Güter sie
verderben und abziehen, Schönheit, Reichtum, Leibesstärke, angese-
hene Verwandtschaften im Staat, und was damit zusammenhängt.
Denn du hast nun schon den Umriß von dem, was ich meine. — Den
habe ich, sagte er, und gern möchte ich noch genauer verstehen, was
du sagst. — Fasse es also nur, sprach ich, im ganzen richtig auf: so
wird es dir sehr klar werden, und was ich davon vorher gesagt, wird
dir nicht unglaublich vorkommen. — Wie also, sagte er, gebietest du
d mir? — Von jedem Samen oder Gewächs, sprach ich, der Pflanzen
oder Tiere wissen wir, daß, was die ihm zukommende Nahrung oder
Witterung oder den Boden nicht erlangt, je kräftiger es ist, um desto
weiter hinter dem Gebührenden zurückbleibt. Denn dem Guten ist
ja das Schlechte mehr entgegengesetzt als dem nicht Guten. — Wie
sollte es nicht! — Es läßt sich also hören, denke ich, daß die edelste
Natur bei einer gar zu fremdartigen Nahrung schlechter wegkom-
men muß als die gemeinere. — Das läßt sich hören. — Also, o Adei-
e mantos, sprach ich, wollen wir auch von den Seelen ebenso sagen,
daß die von Natur edelsten, wenn sie eine schlechte Erziehung be-
kommen, auch ausgezeichnet schlecht geraten. Oder meinst du, die
großen Verbrechen und die reine Schlechtigkeit komme aus einer ge-
meinen und nicht vielmehr aus einer reich ausgestatteten, aber durch
Erziehung verderbten Natur, indem ja eine schwache Natur nie Gro-
ßes weder im Guten noch im Bösen hervorbringen kann? — Nein,
492 a sagte er, sondern so. — Die Natur also, die wir dem Philosophen
beigelegt haben, wird, denke ich, wenn sie gehörigen Unterricht ge-
nießt, notwendig zu aller Tugend allmählich heranwachsen; wenn
sie aber, nachdem sie gesäet und gepflanzt worden, bei ungehöri-
gem aufgezogen wird, dann wiederum zu allem Gegenteil, wenn ihr
nicht ein Gott zu Hilfe kommt. Oder glaubst auch du wie die Leute,
daß gewisse junge Menschen von Sophisten verdorben worden sind
und daß ihre Verderber einzelne Sophisten sind, unbedeutende Leute
in allem, was nur der Rede wert ist; und nicht vielmehr, daß diejeni-
b gen selbst, die dieses sagen, die größten Sophisten sind und auf das
vollkommenste Jung und Alt, Männer und Frauen bilden und aus ih-
nen machen, was sie nur wollen? — Wann doch? — Dann, antwortete

ich, wenn sie zu großen Haufen beisammensitzen in den Volksver-
sammlungen oder in den Gerichtshöfen oder Schauspielen oder Lä-
gern oder in was sonst für gemeinsamen Zusammenkünften der Men-
ge und mit großem Geräusch einiges tadeln von dem, was geredet
oder getan wird, und anderes loben, beides übermäßig ausschreiend
und beklatschend, und dann noch außer ihnen die Steine und der Ort, c
wo sie sich befinden, auch ertönen und das Geräusch des Lobes und
Tadels doppelt wiedergeben. Bei dergleichen, wie meinst du wohl,
daß einem Jünglinge, wie man zu sagen pflegt, das Herz schlage?
Oder was für eine Erziehung, die der einzelne empfangen haben
kann, würde wohl hier gegenhalten, daß sie nicht weggeschwemmt
von solchem Lob und Tadel mit fortgerissen würde in den Strom,
wohin dieser eben treibt; so daß der Zögling hernach doch nur das-
selbe wie jene für schön und für häßlich erklärt und sich um dasselbe
bemühen muß wie jene und ein ebensolcher werden? — Freilich, sprach
er, o Sokrates, ist das ganz notwendig. — d

*[7. Unmöglichkeit eines menschlichen Widerstands gegen Verder-
bung durch die Menge. Die Sophisten als Vertreter der Meinung der
Masse]* Und doch, sprach ich, haben wir die stärkste Nötigung noch
nicht ausgesprochen. — Welche doch? sagte er. — Die solche Erzieher
und Sophisten durch die Tat hinzufügen, wenn sie mit Worten nicht
überreden können. Oder weißt du nicht, daß sie den, der ihnen nicht
folgt, mit dem Verlust bürgerlicher Ehren, mit Geldbußen und mit
dem Tode bestrafen? — Freilich, sagte er. — Was für ein anderer So-
phist, meinst du wohl, oder was für dem entgegenwirkende Reden
eines einzelnen können da wohl obsiegen? — Keine, glaube ich wohl, e
sprach er. — Freilich nicht, sprach ich, und schon es unternehmen ist
große Torheit; denn weder entsteht noch entstand noch wird in Zu-
kunft entstehen eine andere Richtung zur Tugend in einem Gemüt,
das im Gegensatz zur Ausbildung dieser erzogen wurde — in einem
menschlichen nämlich; denn Göttliches freilich, nach dem Sprichwort,
nehme ich aus. Denn das wisse nur, was sich noch irgend rettet und
wird, wie es soll, bei einer solchen Verfassung der Staaten, davon 493 a
kannst du, ohne sehr zu fehlen, immer sagen, ein göttliches Geschick
habe es gerettet. — Auch mir, sagte er, scheint es nicht anders. — So
möge dir denn, sprach ich, außer diesem auch noch dies gefallen. —
Was denn? — Daß jeglicher von diesen Mietlingen, welche jene für
Sophisten ausgeben und für ihre Gegenkünstler halten, nichts ande-
res lehrt als eben diese Lehre der Menge, welche ihr beliebt, wenn
sie versammelt ist, und daß er das Weisheit nennt; wie wenn einer
eines großen und starken Ungetüms, was er sich aufzieht, Zorn und
Begierden verstehen gelernt hätte, von welcher Seite man sich ihm b
nahen muß und von welcher es berühren, und wann es am wildesten
ist oder wieder am zahmsten und wodurch es beides wird, und die
Töne, die es bei jeder Gelegenheit von sich gibt, und wiederum durch
was für Töne eines anderen es besänftigt oder aufgebracht wird,
und nachdem er dies alles gelernt durch lange Erfahrung und Um-
gang, es dann Weisheit nennen und als eine Kunst zusammenstel-

len wollte, um sich zum Lehrer darin aufzuwerfen, und ohne im Grunde der Wahrheit irgend etwas von diesen Vorstellungen und Begierden zu wissen, was davon schön ist oder häßlich, gut oder
c schlecht, gerecht oder ungerecht, doch alle diese Benennungen brauchte für die Vorstellungen des großen Tieres, das gut nennend, woran es Vergnügen findet, und worüber es sich ärgert, das schlecht, eine andere Erklärung hierüber aber nicht zu geben wüßte als nur, daß er das Notwendige gerecht nennte und schön, wie weit aber die Natur des Notwendigen und des Guten voneinander verschieden sind, das weder je gesehen hätte noch einem andern zu zeigen vermöchte. Ein solcher nun, beim Zeus, dünkt dich der nicht ein ungereimter Erzieher zu sein? — Mich gewiß, sagte er. — Und dünkt dich etwa von diesem verschieden zu sein, der es für Weisheit hält, der bunten, von
d allerwärts her zusammenströmenden Menge Lust und Unlust gefaßt zu haben, sei es nun an der Malerei oder Tonkunst oder an den bürgerlichen Verhältnissen? Denn wenn einer mit solchen verkehrt, ihnen Dichtungen oder andere Kunstwerke ausstellend oder Dienstleistungen für den Staat, wodurch er sich die Menge zu Herren setzt mehr als notwendig, daß diesem die sogenannte Diomedische Notwendigkeit entsteht, alles zu tun, was jene loben, ist klar; daß aber dieses in Wahrheit gut und schön sei, hast du schon jemals einen von ihnen hierüber eine Rechenschaft geben hören, die nicht ganz
e lächerlich gewesen wäre? — Ich denke wohl, sprach er, ich werde es auch niemals hören. —

[8. Art und Weise des Verderbs einer philosophischen Natur] Wenn du dies nun alles wohl bedacht hast, so denke auch noch daran, ob wohl das Schöne selbst, nicht die vielerlei schönen Dinge, oder auch
494 a jegliches andere selbst und nicht die vielen solchen Dinge, jemals der große Haufe irgendwie annehmen wird oder daran glauben? — Wohl gar nicht, sagte er. — Philosophisch also, sprach ich, kann eine Menge unmöglich sein. — Unmöglich. — Also werden auch notwendig die Philosophierenden von ihr getadelt werden? — Notwendig. — Auch von eben diesen Mietlingen, welche, wenn sie mit dem Volke verkehren, gar zu sehr wünschen ihm zu gefallen? — Offenbar. — Hiernach also, was für eine Rettung siehst du für die philosophische Natur, so daß sie bei ihrem Geschäft verharren und ans Ziel kom-
b men kann? Bedenke es aber auch aus dem Vorigen. Denn wir waren einverstanden, daß Gelehrigkeit, Gedächtnis, Tapferkeit und Edelsinn dieser Natur angehöre. — Ja. — Nun wird doch ein solcher gleich unter den Knaben in allen Dingen der erste sein, zumal wenn sich auch sein Leib der Seele angemessen ausgebildet hat? — Wie sollte er nicht! — Also, denke ich, werden sich Angehörige und Mitbürger seiner, sowie er nur älter wird, bedienen wollen zu ihren Angelegenheiten.
c — Gewiß. — Also werden sie sich mit Bitten und Ehrenbezeugungen vor ihm beugen, um schon im voraus seine künftige Macht in Beschlag zu nehmen und zu beschmeicheln. — So pflegt es wohl, sagte er, zu geschehen. — Was glaubst du nun, sprach ich, daß ein solcher unter solchen tun werde, zumal wenn er sich in einer angesehenen

Stadt findet und in dieser reich und edel ist und dazu groß und wohlgebaut? Wird er nicht mit unbegrenzten Hoffnungen sich anfüllen und sich für tüchtig halten, der Hellenen und der Barbaren Angelegenheiten zu leiten, und sich deshalb übermäßig erheben, von leerer d
Einbildung und Ansehen ohne Einsehen aufgeblasen? – Gar sehr, sagte er. – Wenn nun einem so Gestimmten einer ganz bescheiden sich naht und ihm die Wahrheit sagt, daß Einsehen und Vernunft nicht in ihm ist, deren er doch bedarf, und daß diese nicht zu erwerben ist, wenn man nicht dienen will um den Besitz: glaubst du, er werde, von so großen Übeln umgeben, gar bereitwillig sein, dergleichen anzuhören? – Weit gefehlt wohl! sprach er. – Und wenn nun auch einer, sprach ich, vermöge seiner guten Natur und seiner Verwandtschaft mit diesen Reden irgend darauf merkt und umgewendet e
und zur Philosophie hingezogen wird, was, sollen wir glauben, werden jene beginnen, die nun glauben müssen, seine Dienste und Genossenschaft zu verlieren? Werden sie nicht alles mögliche reden und tun, sowohl gegen ihn, damit er ja nicht folge, als auch dem, der ihn überredet, damit es ihm ja nicht gelinge, sowohl für sich nachstellen als ihm vor dem Volke Kampf ansagen? – Ganz notwendig, sagte er. 495 a
– Ist es nun wohl möglich, daß ein solcher ein Philosoph werde? – Freilich nicht. –

[9. Schicksal der echten Philosophennaturen und Schicksal der Philosophie: Ihre Mißbrauchung durch Unwürdige] Du siehst also, sprach ich, daß wir nicht ungerecht gesagt haben, daß auch selbst die einzelnen Teile der philosophischen Natur, wenn sie in ungünstige Nahrung kommen, auf gewisse Weise schuld daran sein können, daß einer dieses Bestreben fahrenläßt, und ebenso die sogenannten Güter, Reichtum und alles solche Zubehör? – Gewiß nicht, sagte er, sondern ganz richtig. – Auf diese Art also, fuhr ich fort, mein Bester, verkommt und verdirbt die edelste Natur für das trefflichste b
Bestreben, die ohnedies selten genug ist, wie wir sagen. Und aus diesen Männern also kommen sowohl die, welche den Staaten und einzelnen die größten Übel zufügen, als auch die, welche das Gute, wenn etwa welche hierbei glücklich durchgekommen sind; eine kleinliche Natur aber kann niemals irgend Großes irgend jemandem, weder einem Staat noch einem einzelnen, antun. – Vollkommen wahr, sprach er. – Diese nun, wenn sie so von der Philosophie, die ihnen am meisten ziemte, abkommen und sie unbebaut und unvoll- c
endet lassen, leben dann selbst ein ihnen gar nicht angemessenes und auch nicht wahrhaftes Leben; ihr aber, von ihren Angehörigen gleichsam verwaist, nahen dann andere, Unwürdige, und häufen Schimpf und Schande über sie, wie du ja sagst, daß die Ankläger der Philosophie klagen, daß die mit ihr umgehen, zum Teil nichts wert sind, die meisten aber alles Schlimme verdienen. – Das ist freilich, antwortete er, was gesagt wird. – Und gar nicht unrecht, sprach ich, wird es gesagt. Denn wenn andere Leutchen nun diese Stelle leer sehen, und daß doch viel Schönes von ihr gesagt und vorausgesetzt d
wird: so brechen, wie die aus der Haft in die Tempel fliehen, auch

diese gar zu gern aus ihren Künsten heraus in die Philosophie, soviel
ihrer die ausgezeichnetsten sind in ihren Kunststückchen. Denn, wenn
schon es um die Philosophie so steht, immer bleibt ihr doch im Ver-
gleich mit den andern Künsten noch ein viel edleres Ansehen übrig,
welches nun viele anlockt von unzulänglicher Natur, und die, wie
schon ihr Leib verkrüppelt ist durch ihre Künste und Gewerbe, so
e auch durch das Unedle darin der Seele nach ganz verweichlicht und
gedrückt sind. Oder muß es nicht so sein? — Notwendig. — Sind die-
se nun wohl, sprach ich, viel anders anzusehen als ein zu Gelde ge-
kommener Arbeiter aus der Schmiede etwa, der, ein kleiner kahl-
köpfiger Kerl, neuerlich erst aus dem Gefängnis gelöst, nun aber
wohlgebadet und neu gekleidet und wie ein Bräutigam herausge-
putzt, weil sein Herr verarmt und heruntergekommen ist, dessen
496 a Tochter heiraten soll? — Nicht viel anders, sagte er. — Was werden
die also wohl erzeugen? Nicht Unechtes und Schlechtes? — Ganz
notwendig. — Und wie, wenn nun die der Bildung unwürdig sind
sich ihr nahen und unwürdig mit ihr umgehen, was für Gedanken
und Meinungen sollen wir sagen, daß diese erzeugen? Nicht solche,
die in der Tat verdienen als Sophismen verrufen zu werden, und
nichts Echtes noch wahrhafte Vernunft in sich Enthaltendes? — Ganz
vollkommen freilich, sagte er. —

*[10. Die unter den bestehenden Verhältnissen übrigbleibenden Mög-
lichkeiten eines Philosophen]* So bleibt denn, fuhr ich fort, o Adei-
b mantos, nur gar wenig Raum für solche, die würdig mit der Philo-
sophie verkehren, etwa wenn ein edles und wohlgezogenes Gemüt
durch eine Verbannung eingeschränkt wird und nun, weil niemand
da ist, der es verderben will, seiner Natur gemäß bei ihr bleiben kann,
oder wenn eine große Seele in einem gar zu kleinen Staat geboren
ist und dessen Angelegenheiten geringschätzig übersieht; vielleicht
auch wohl kann einmal von andern Künsten her eine edle Natur, der
jene mit Recht zu geringfügig sind, zur ihr gelangen. Auch wohl der
unserm Freunde Theages angelegte Zügel vermag etwa, einen bei ihr
c festzuhalten. Denn auch bei ihm war alles übrige darauf angelegt,
ihn der Philosophie abwendig zu machen; aber seine Kränklichkeit,
indem sie ihn von dem öffentlichen Leben ausschließt, hält ihn fest.
Von dem Meinigen lohnt es nicht zu reden, dem göttlichen Zeichen,
mag es nun sonst schon einem andern oder auch noch keinem zuvor
geworden sein. Die nun unter diese wenigen gelangt sind und ge-
kostet haben, was für eine süße und herrliche Sache sie ist, und auf
der andern Seite die Torheit der Menge deutlich genug einsehn, und
daß, um es geradeheraus zu sagen, an keinem etwas Gesundes ist
von denen, die den Staat bewirtschaften, und kein Verbündeter zu
d finden, mit dem einer der gerechten Sache beispringen und doch
durchkommen könnte, sondern daß, wie einer, der unter die wilden
Tiere gefallen ist, wer weder mit Unrecht tun will noch ja imstande
ist, als *einer* allen Wilden Widerstand zu leisten, ehe er für den Staat
oder seine Freunde etwas ausrichten könnte, ohne Nutzen für sich
und die andern zugrunde gehen würde — dies alles wohl zu Herzen

nehmend, wird ein solcher sich ruhig verhalten und, sich nur um das Seinige bekümmernd, wie einer im Winter, wenn der Wind Staub und Schlagregen herumtreibt, hinter einer Mauer untertritt, froh sein, wenn er die andern voll Frevel sieht, wenigstens selbst rein von Ungerechtigkeit und unheiligen Werken dieses Leben hinzubringen und e
beim Abschiede daraus in guter Hoffnung ruhig und zuversichtlich zu scheiden. — Und gewiß, sprach er, ist es nichts Geringes, was er 497 a
ausgerichtet hat, wenn er so scheidet. — Aber auch, antwortete ich, nicht das Größte, weil er eben keinen tauglichen Staat gefunden hat. Denn in einem solchen würde er selbst noch mehr zunehmen und mit dem Seinigen auch das allgemeine Wesen retten.

[11. Welcher Staat ist den Philosophen angemessen, und wie muß er sich mit der Philosophie befassen?]

Die Sache der Philosophie also, weshalb sie so in Verruf geraten ist, und das mit Unrecht, dünkt mich nun hinreichend erklärt zu sein, wenn du nicht noch anderer Meinung bist. — Hierüber, sprach er, sage ich nichts mehr. Aber welche unter den jetzigen Staatsverfassungen, meinst du nun, sei die ihr angemessene? — Nicht irgendeine, ant- b
wortete ich; sondern das ist eben meine weitere Klage, daß keine unter den jetzigen Verfassungen einer philosophischen Natur zusagt: darum wandelt sie sich auch und verändert sich, wie ein ausländischer Same, in ein anderes Land gestreut, sich nicht zu halten, sondern überwältigt in das Einheimische auszuarten pflegt, so kann auch dieses Geschlecht jetzt zwar seine eigentümliche Kraft nicht bewahren, sondern pflegt in eine andere Art abzufallen: wird es aber je den besten Staat finden, wie es selbst das beste ist, dann wird es zeigen, daß dies das wahrhaft Göttliche ist, alles andre aber nur c
sehr menschlich war, die Naturen sowohl als ihre Bestrebungen. Offenbar also wirst du nun nächstdem fragen, welches dieser Staat ist. — Du hast es nicht getroffen, sagte er; denn nicht das wollte ich, sondern ob es dieser Staat ist, den wir bei Gründung der Stadt beschrieben haben, oder ein anderer? — Meistenteils wohl, sprach ich, dieser. Und auch das ist damals schon gesagt worden, daß immer etwas im Staate sein muß, welches denselben Begriff von der Verfassung festhält, den du, der Gesetzgeber, bei Feststellung der Gesetze hattest. — d
Das wurde freilich gesagt, sprach er. — Aber nicht hinreichend erklärt, fuhr ich fort, aus Furcht vor dem, was ihr durch eure Einwendungen doch ins Licht gesetzt habt, daß es lang und schwierig sein würde auszuführen. Und auch das übrige ist nicht gerade besonders leicht. — Was doch? — Auf welche Weise ein Staat sich mit der Philosophie befassen muß, um nicht unterzugehen. Denn alles Große ist auch bedenklich und, wie man sagt, das Schöne in der Tat schwer. — Dennoch, sagte er, werde unsere Darstellung vollendet, nachdem e
auch dies noch klar geworden. — Das Nicht-Wollen, sprach ich, soll uns nicht hindern, sondern, wenn ja, das Nicht-Können; meinen guten Willen wenigstens sollst du mit eigenen Augen sehen. Sieh auch jetzt gleich, wie entschlossen und waghalsig ich im Begriff bin zu sagen, daß ein Staat auf ganz entgegengesetzte Art als jetzt diese

Sache angreifen muß. – Wie das? – Jetzt, sprach ich, sind die, welche
sie angreifen, fast noch Knaben, und zwischendurch zwischen dem
498 a Hauswesen und dem Gewerbe machen sie sich an das Schwerste der
Sache und treten dann wieder ab, sie, die ganz vollkommene Philo-
sophen geworden sind. Unter dem Schwersten aber verstehe ich, was
die Reden angeht. Späterhin aber, wenn auch andere dieses tun und
sie mit herzugerufen werden und Zuhörer sein wollen, denken sie
wunder was das großes ist und glauben doch, es nur ganz nebenbei
tun zu müssen, gegen das Alter aber erlöschen sie bis auf wenige
b um so viel mehr noch als die Herakliteische Sonne, da sie sich nicht
wieder entzünden. – Wie soll es denn aber sein? fragte er. – Ganz
entgegengesetzt. Knaben und Kinder müssen sich auch mit kindi-
scher Bildung und Weisheit zu tun machen und für ihren Leib, so-
lange er noch wächst und zur Reife gelangt, vorzüglich Sorge tra-
gen, um der Philosophie eine dienstbare Hilfe zu erwerben; kommt
hingegen die Lebensstufe heran, in welcher die Seele anfängt sich zu
vollenden, dann ihre Übungen steigern. Ist aber die Zeit der männ-
lichen Kraft vorüber und sind sie der Staats- und Kriegsdienste ent-
c ledigt, dann endlich müssen sie ganz ungebunden dort weiden und
außer im Vorbeigehen nichts anderes tun, wenn sie glückselig leben
und ein so verbrachtes Leben nach dem Tode durch ein angemessenes
Los dort krönen wollen. –

[12. Der Unglaube der Menge und seine Erklärlichkeit]

In der Tat, sagte er, entschlossen, o Sokrates, heißt das gesprochen;
nur glaube ich, die meisten Hörer werden dir noch entschlossener
entgegenstreben und davon auch nicht das mindeste glauben, vom
Thrasymachos an. – Bringe uns nicht auseinander, sprach ich, mich
d und den Thrasymachos, die wir eben Freunde geworden sind und
auch vorher nicht Feinde waren. Aber wir wollen nichts unversucht
lassen, bis wir entweder diesen und die andern überredet oder we-
nigstens bei ihnen etwas im voraus geschafft haben für jenes Leben,
wenn sie etwa wieder herkommen und auf solche Reden treffen. –
Das ist ja nur eine kleine Zeit, sagte er, für welche du vorsorgst. –
Gar keine, sprach ich, im Vergleich mit der ganzen. Daß nun die
Menge dem Gesagten nicht glaubt, ist kein Wunder. Denn sie haben
nie gesehen, daß dieses geschehen wäre, sondern nur etwa derglei-
e chen Redensarten absichtlich einander ähnlich zusammengestellt,
nicht aber wie jetzt von selbst zusammenkommend; einen Mann
aber, nach Vermögen vollkommen der Tugend gleich und ähnlich
gebildet, in einem ebensolchen Staat durch Wort und Tat Macht ha-
499 a bend, haben sie niemals gesehen, weder einen noch mehrere. Oder
meinst du? – Keineswegs wohl. – Und auch schöne und edle Reden,
du Herrlicher, haben sie nie ordentlich gehört, welche das Wahre
angestrengt auf alle Weise suchen um des Erkennens willen, jene
Zierlichkeiten aber und Spitzfindigkeiten, welche auf nichts anderes
abzwecken als auf Rechthaberei und Streit sowohl vor Gericht als
im geselligen Zusammensein, nur gar von weitem begrüßen. – Auch
die freilich nicht, sagte er. – Deshalb also, sprach ich, und wiewohl

wir schon damals dies voraussahen und befürchteten, haben wir doch von der Wahrheit genötigt ausgesprochen, daß weder ein Staat noch b
eine Verfassung noch auch ein einzelner Mann ebenso jemals vollkommen werden könne, bis diesen wenigen Philosophen, die nicht für böse, sondern für unnütz jetzt ausgeschrieen sind, eine Notwendigkeit sich ergibt, sie mögen nun wollen oder nicht, sich des Staates anzunehmen, und dem Staat eine, ihnen zu gehorchen, oder bis den Söhnen derer, die jetzt die Obergewalt und das Königtum innehaben oder ihnen selbst durch eine göttliche Eingebung wahre Liebe zu wah- c
rer Philosophie eingeflößt wird. Daß nun eines von diesen beiden oder beides unmöglich sei, dafür gestehe ich keinen Grund zu haben. Denn sonst würden wir mit Recht ausgelacht, daß wir umsonst fromme Wünsche redeten. Oder ist es nicht so? — Allerdings. — Wenn jedoch den in der Philosophie Vollendeten jemals eine Notwendigkeit, sich des Staates anzunehmen, entweder irgend entstanden ist in der unendlichen vergangenen Zeit oder auch jetzt für sie besteht in irgendeiner barbarischen, weit außerhalb unseres Gesichtskreises gelegenen Gegend oder irgendwann in der Folge entstehen wird: für d
diesen Fall sind wir bereit, mit Gründen durchzufechten, daß diese beschriebene Verfassung bestanden hat oder besteht oder bestehen wird, wenn diese Muse sich eines Staates bemächtigt. Denn unmöglich ist sie nicht, noch bringen wir Unmögliches vor, Schweres aber, das geben wir selbst zu. — Auch mir, sagte er, scheint es so. — Den Leuten aber, sprach ich, wirst du wieder sagen, scheint es nicht so? — Vielleicht, sagte er. — Du Herrlicher, sprach ich, klage auch nur die Leute nicht so sehr an. Sie werden schon eine andere Meinung bekommen, wenn du nicht rechthaberisch, sondern mit freundlicher Zu- e
sprache und indem du die Wißbegierde von jenen Verleumdungen entledigst, ihnen zeigst, was für welche du Philosophen nennst, und ihnen wie jetzt eben ihre Natur und ihre Bestrebungen beschreibst, 500 a
damit sie nicht glauben, du meinest dieselben, die sie meinen. Und wenn sie es so ansehen, wirst du wohl selbst sagen, daß sie eine andere Meinung fassen und anders antworten werden. Oder glaubst du, gegen den nicht Heftigen werde einer zürnen und den nicht Mißgünstigen einer beneiden, der doch selbst sanft und neidlos ist? Ich wenigstens will, dir zuvorkommend, sagen, daß ich glaube, nur in wenigen, nicht in der Menge, wohne eine so herbe Natur. — Das glaube auch ich gewiß mit dir, sagte er. — Glaubst du also auch dieses mit, daß an der widrigen Gesinnung der Menge gegen die Philo- b
sophie jene Schuld haben, die ungebührlicherweise von außen hineingeschwärmt sind und nun einander schmähen und sich feindselig beweisen und immer von Personen reden, was der Philosophie gar nicht geziemt? — Gar sehr gewiß. —

[13. Die Philosophen als Bildner der menschlichen Einrichtungen im Hinblick auf das Seiende selbst] Denn wer in der Tat seine Gedanken auf das Seiende richtet, o Adeimantos, hat ja wohl nicht Zeit, hinunterzublicken auf das Treiben der Menschen und im Streit gegen c
sie sich mit Eifersucht und Widerwillen anzufüllen; dagegen, auf

Wohlgeordnetes und sich immer gleich Bleibendes schauend, was un-
ter sich kein Unrecht tut oder leidet, sondern nach Ordnung und Re-
gel sich verhält, werden solche dieses auch nachahmen und sich dem
nach Vermögen ähnlich bilden. Oder meinst du, es gebe eine Mög-
lichkeit, daß einer das, womit er gern umgeht, nicht nachahme? —
Unmöglich, sagte er. — Der Philosoph also, der mit dem Göttlichen
und Geregelten umgeht, wird auch geregelt und göttlich, soweit es
d nur den Menschen möglich ist. Verleumdung aber gibt es überall
viel. — Allerdings freilich. — Wenn ihm nun, fuhr ich fort, eine Not-
wendigkeit entsteht zu versuchen, wie er das, was er dort sieht, auch
in der Menschen Sitten einbilden könne, im Einzelnen sowohl als im
öffentlichen Leben, um nicht nur sich allein zu bilden; glaubst du,
er werde ein schlechter Bildner zur Besonnenheit und Gerechtigkeit
sein und zu jeder volksmäßigen Tugend? — Keineswegs, sprach er.
— Also wenn die Leute nur gewahr werden, daß wir die Wahrheit
e von jenem sagen, werden sie dann doch den Philosophen böse sein
und uns den Glauben verweigern, wenn wir sagen, daß ein Staat
nicht glückselig sein könne, wenn ihn nicht diese des göttlichen Ur-
bildes sich bedienenden Zeichner entworfen haben? — Sie werden
wohl nicht böse sein, sprach er, wenn sie es gewahr geworden sind.
501 a Aber welches, sagst du nun, sei die Art des Entwurfs? — Wenn sie
nun, sprach ich, wie eine Tafel den Staat und die Gemüter der
Menschen zur Hand nehmen, werden sie sie wohl zuvörderst
rein machen müssen, was gar nicht eben leicht ist. Denn das weißt
du wohl, daß sie sich gleich dadurch von den andern unterscheiden
werden, daß sie weder mit einzelnen noch mit dem Staat sich eher
würden befassen noch Gesetze geben wollen, bis sie ihn rein über-
nommen oder selbst gereinigt haben. — Und wohl mit Recht, sagte
er. — Nächstdem nun, glaubst du wohl, werden sie den Grundriß
der Staatsverfassung vorzeichnen? — Was anders! — Hiernach, den-
b ke ich, wenn sie bei der Arbeit sind, werden sie wohl häufig auf bei-
des hinsehen, auf das von Natur Gerechte, Schöne, Besonnene und
alles dergleichen und dann auch wieder auf jenes, was sie bei den
Menschen hineinbilden, mischend und zusammensetzend aus den
Bestrebungen die Farbe des Mannhaften nach Maßgabe jenes, was
auch Homeros schon, wo es sich unter den Menschen findet, das
Göttliche und Gottgleiche genannt hat. — Richtig, sagte er. — Und
so werden sie wohl, denke ich, einiges auslöschen, einiges wieder
c einzeichnen, bis sie möglichst menschliche Sitten, soviel es sein kann,
gottgefällig gemacht haben. — Die schönste Zeichnung, sagte er, wä-
re dies wenigstens. — Überzeugen wir nun wohl, sprach ich, jene,
von denen du sagtest, sie würden in geschlossenen Reihen gegen uns
angehen, daß ein solcher Zeichner des Staats derjenige ist, den wir
damals gegen sie lobten und um deswillen sie uns böse wurden, daß
wir ihm die Staaten übergeben wollten? Und werden sie eher, wenn
sie es jetzt hören, etwas sanfter sein? — Bei weitem wohl, sprach er,
d wenn sie bei Sinnen sind. — Wie sollten sie es auch eigentlich an-
zweifeln? Etwa so, daß die Philosophen nicht das Seiende und die
Wahrheit liebten? — Das wäre ja ungereimt! sagte er. — Aber etwa,

daß die Natur von diesen, wie wir sie beschrieben haben, nicht dem
Edelsten verwandt wäre? — Auch das nicht. — Wie? Oder daß eine
solche, wenn sie zu den ihr gebührenden Beschäftigungen gelangt,
nicht vollkommen trefflich und philosophisch werden müsse, wenn
irgendeine? Oder werden sie dies lieber von jenen sagen, die wir
ausgeschlossen haben? — Wohl nicht! — Wird es sie also noch erbit- e
tern, wenn wir sagen, daß, ehe sich das philosophische Geschlecht
eines Staates bemächtigt, weder für den Staat noch die Bürger des
Unheils ein Ende sein wird, noch die Verfassung, die wir in unserer
Rede nur dichten, in wirkliche Erfüllung gehen kann? — Weniger
wohl vielleicht, sagte er. — Sagen wir nicht lieber, sprach ich, sie
würden es nicht nur weniger sein, sondern ganz und gar besänftigt, 502 a
und überzeugt worden zu sein würden sie nun, wenn auch nur aus
Scham, eingestehen? — Allerdings, sagte er. —

[14. Feststellung, daß die Verwirklichung eines solchen Staates wenigstens nicht unmöglich ist] Diese also, sprach ich, sollen uns nun
überzeugt sein. Sollte aber das wohl jemand bezweifeln, daß Söhne
von Königen oder Gewalthabern könnten geboren werden mit phi-
losophischer Natur? — Wohl niemand, sagte er. — Daß es aber, wenn
sie so geboren sind, ganz natürlich sei, daß sie werden verdorben
werden, könnte wohl einer sagen. Denn daß es für sie schwer ist, b
sich zu retten, geben auch wir zu; daß aber in aller Zeit auch nicht
einer sollte gerettet werden können, könnte das wohl jemand behaup-
ten? — Und wie? — Aber, sprach ich, *ein* solcher, der einen folgsamen
Staat findet, ist ja genug, um alles ins Werk zu richten, was jetzt so
unglaublich gefunden wird. — Freilich genug, sagte er. — Denn wenn
ein Regierender, sprach ich, die Gesetze und Einrichtungen einführt,
die wir durchgegangen sind: so ist es doch wohl gar nicht unmöglich,
daß die Bürger sie werden befolgen wollen. — Nicht im mindesten!
Denn daß, was uns gefällt, auch andern gefalle, ist denn das etwas
so Wunderbares und Unmögliches? — Das denke ich wenigstens nicht, c
sprach er. — Daß es aber, wenn nur möglich, das beste wäre, dies,
denke ich, haben wir in dem Vorigen zur Genüge gezeigt. — Zur Ge-
nüge. — Nun also, scheint es, kommt heraus, was die Gesetzgebung
betrifft, daß es das beste wäre, wenn das geschähe, was wir sagen,
daß es aber schwerlich geschehen kann, indessen doch auch nicht un-
möglich ist. — Das folgt freilich, sagte er. —

[15. Notwendigkeit, daß die vollkommenen Hüter Philosophen sein müssen. Seltenheit des Zusammenkommens der philosophischen Anlagen]

Also, nachdem wir dieses mit Mühe zu Ende gebracht, ist auch das
übrige noch vorzutragen, auf welche Weise und durch welche Kennt-
nisse und Fertigkeiten die Retter der Verfassung sich bilden werden, d
und in welchem Alter jeder jedes ergreifen. — Das ist noch vorzu-
tragen, sagte er. — Also war auch das wohl nichts Kluges, sprach ich,
daß ich anfänglich die Schwierigkeiten in der Art, zu den Frauen zu
gelangen, und die Kindererzeugung und die Einsetzung der Obrig-

keiten ausgelassen, weil ich wußte, wie vielen Widerspruch erregend
und wie schwierig zu bewerkstelligen die vollkommen richtige sei;
denn nun ist es nichts weniger doch gekommen, daß ich sie habe be-
e schreiben müssen. Was nun die Frauen und Kinder betrifft, das ist
schon beendigt, das aber von den Obrigkeiten müssen wir noch ein-
mal wie von vorn vornehmen. Wir sagten aber, wenn du dich erin-
503 a nerst, sie müßten sich als Vaterlandsliebende zeigen, geprüft durch
Lust und Unlust, daß sie diese Gesinnung weder in Beschwerde noch
Furcht noch bei irgend anderen Veranlassungen fahren ließen, oder
wer das nicht könne, sei zu verwerfen; wer aber überall ohne Scha-
den hervorgehe wie im Feuer geprüftes Gold, der sei zum Regenten
zu bestellen und ihm Preis und Ehre zu verleihen im Leben und im
Tode. Das war es, was gesagt wurde, indem die Rede sich verdeckt
an der Seite vorbeischlich, aus Furcht, das aufzuregen, was uns
b jetzt bevorsteht. — Vollkommen richtig, sagte er, denn ich erinne-
re mich wohl. — Ich trug nämlich Bedenken, o Lieber, sagte ich,
auszusprechen, was nun doch gewagt ist, und jetzt sei denn dieses
gewagt zu sagen, daß man zu den vollkommensten Hütern die Phi-
losophen bestellen muß. — Das sei erklärt, sagte er. — Bedenke nun,
wie natürlich es ist, daß du deren gar wenige haben wirst. Denn der
Natur, welche wir beschrieben haben, einzelne Teile wollen sich
schon selten zusammenfinden, sondern erzeugen sich gewöhnlich nur
c zerstreut. — Wie meinst du das? sagte er. — Die Gelehrigen und Ge-
dächtnisreichen und Geistesgegenwärtigen und Scharfsinnigen und
was damit zusammenhängt, weißt du wohl, pflegen eben nicht, so-
wie auch die von kühner und großartiger Gesinnung, zugleich auch
so geartet zu sein, daß sie sittsam in Ruhe und Gleichmäßigkeit le-
ben wollen; sondern die solchen werden von ihrem raschen Geiste
getrieben, wohin es sich trifft, und alles Beharrlichen sind sie bar.
— Richtig, sagte er. — Und wiederum die beharrlichen und nicht leicht
d veränderlichen Gemüter, auf die man sich am meisten als zuverläs-
sig verlassen könnte und die im Kriege schwerbeweglich sind von
der Furcht, verhalten sich zum Lernen auch ebenso: sie sind schwer
beweglich und schwer fassend, wie betäubt und gleich voll Schlaf und
Gähnen, wenn sie dergleichen etwas durcharbeiten sollen. — So ist es,
sagte er. — Wir aber sagten, sie müßten in beiden gut und schön ver-
sehen sein, oder es dürfte einer auch weder an der höchsten Bildung
Teil bekommen noch an der höchsten Ehre und Gewalt. — Richtig,
sagte er. — Glaubst du nun nicht, daß das selten werde der Fall sein?
e — Wie sollte es nicht! — Man muß sie also prüfen in dem, was wir
damals schon sagten, Anstrengung und Furcht und Lust, jetzt aber
sagen wir auch noch, was wir damals ausließen, daß man sie in vie-
lerlei Kenntnissen üben müsse, um zu sehen, ob sie auch imstande
sind, in den schwersten Forschungen auszuhalten, oder ob sie hier die
504 a Flucht ergreifen, wie andere sich anderwärts davonmachen. — So
ziemt es sich allerdings, sagte er, sie zu prüfen. Aber welches hältst
du für die schwierigsten Forschungen? —

[16. Die größte Erkenntnis: Die Idee des Guten] Du erinnerst dich
doch, sprach ich, daß wir dreierlei in der Seele unterschieden und
daraus ermittelt hatten in Beziehung auf Gerechtigkeit, Besonnen-
heit, Tapferkeit und Weisheit, was jedes von diesen wäre. Oder
nicht? — Wenn ich mich dessen nicht erinnerte, sagte er, verdiente
ich ja gar nicht, das übrige zu hören. — Auch was vor diesem gesagt
war? —Welches doch? — Wir sagten ja, um dieses auf das allervoll- b
kommenste einzusehen, gebe es einen anderen, weiteren Gang, den
man machen müsse, wenn es so deutlich werden solle; Beweise aber,
die mit dem vorher Gesagten zusammenhingen, könnten wir so auch
anknüpfen, und ihr sagtet, das reiche hin. So wurde demnach dies
damals erklärt mit nach meiner Meinung mangelhafter Genauigkeit,
wenn aber für euch befriedigend, so mögt ihr das sagen. — Mir we-
nigstens, sagte er, schien es angemessen, und so auch den andern. —
Aber Freund, sprach ich, wenn in dergleichen das Maß auch nur im c
mindesten hinter dem Rechten zurückbleibt, ist es gar nicht mehr
angemessen; denn Unvollständiges ist nicht das Maß von irgend
etwas. Allein, manche glauben bisweilen, es sei schon hinreichend
so und bedürfe nicht noch weiter untersucht zu werden. — Freilich,
sagte er, begegnet das sehr vielen aus Trägheit. — Aber mit dieser,
sprach ich, soll doch der Hüter des Staates und der Gesetze am we-
nigsten zu schaffen haben. — Natürlich, sprach er. — Ein solcher also,
Freund, sagte ich, muß den weiteren Weg gehen und sich nicht min- d
der im Forschen anstrengen als in Leibesübungen, oder, wie wir eben
sagten, er wird die größte Einsicht und die ihm am eigentümlichsten
zukommt nie zustande bringen. — Ist denn dieses, sagte er, nicht die
größte, sondern gibt es noch Größeres als die Gerechtigkeit und was
wir damals durchgingen? — Auch Größeres noch, sprach ich; aber
auch schon von diesem muß er nicht wie wir jetzt nur einen Umriß
schauen, sondern die allervollständigste Ausarbeitung nicht unter-
lassen. Oder ist es nicht lächerlich, in andern unbedeutenden Din-
gen alles zu tun und sich anzustrengen, um sie auf das genaueste e
und reinste zu haben, in dem Größten aber nicht auch die größte
Genauigkeit zu fordern? — Freilich, sagte er. Aber was du nun meinst
unter der größten Einsicht und worauf sie sich bezieht, meinst du,
jemand werde ablassen, dich danach zu fragen? — Nicht eben, sprach
ich. Also frage nur auch du. Auf jeden Fall hast du es schon nicht
selten gehört, und entweder denkst du nur eben nicht daran, oder
du hast wieder im Sinne, mich zu fassen und mir Schwierigkeiten
zu machen. Ich glaube aber eher das letztere. Denn daß die Idee 505 a
des Guten die größte Einsicht ist, hast du schon vielfältig gehört,
als durch welche erst das Gerechte und alles, was sonst Gebrauch
von ihr macht, nützlich und heilsam wird. Und auch jetzt weißt
du wohl gewiß, daß ich dies sagen will, und noch überdies, daß
wir sie nicht hinreichend kennen; wenn wir sie aber nicht kennen,
weißt du wohl, daß, wenn wir auch ohne sie alles andere noch so gut
wüßten, es uns doch nicht hilft, wie auch nicht, wenn wir etwas hätten
ohne das Gute. Oder meinst du es helfe uns etwas, alle Habe zu ha- b
ben, nur die gute nicht? Oder alles zu verstehen ohne das Gute, Schö-

nes und Gutes aber nicht zu verstehen? — Beim Zeus, ich nicht, sagte er. —

[17. Meinungen über das Gute und Bedeutung der wahren Erkenntnis des Guten] Aber das weißt du ja doch wohl auch, daß der Menge die Lust das Gute zu sein scheint, denen aber, die sich mehr wissen, die Einsicht. — Wie sollte ich nicht! — Und, Lieber, daß die dieses Meinenden nicht zu zeigen wissen, welche Einsicht, sondern am Ende genötigt werden zu sagen, die des Guten. — Und das gar lächerlich,
c sagte er. — Wie sollte es nicht, sprach ich, wenn sie uns erst vorwerfen, daß wir das Gute nicht kennen, und dann doch wieder mit uns reden, als kennten wir es; denn sie sagen, es sei die Einsicht des Guten, als verständen wir nun wieder, was sie meinen, wenn sie das Wort ‹gut› aussprechen. — Ganz richtig, sagte er. — Und wie? Die das Gute als die Lust erklären, sind die etwa weniger irrig als die andern, oder werden sie nicht auch genötigt zu gestehen, es gebe schlechte Lust? — Gar sehr. — Also kommt heraus, denke ich, daß sie
d gestehen, Gutes und Schlechtes sei dasselbe. Oder nicht? — Wie anders! — Also daß es vielen und großen Streit darüber gibt, ist offenbar. — Wie sollte es nicht! — Und ist nicht auch das klar, daß von Gerechtem und Schönem viele nur, was so scheint, wenn es das auch nicht ist, tun und haben wollen und dafür angesehen sein. Gutes aber genügt niemandem nur scheinbares zu haben, sondern jeder sucht, was gut *ist*, und den Schein verachtet hierbei schon jeder. — Freilich, sagte er. — Was also jede Seele anstrebt und um deswillen alles tut,
e ahnend, es gebe so etwas, aber doch nur schwankend und nicht recht treffen könnend, was es wohl ist, noch zu einer festen Überzeugung gelangend wie auch bei andern Dingen, daher sie aber auch anderes mit verfehlt, was irgend nütze wäre: sollen über diese so wichtige Sa-
506 a che auch jene Besten im Staat so im dunkeln sein, in deren Hände wir alles geben wollen? — Wohl am wenigsten, sagte er. — Ich wenigstens glaube, fuhr ich fort, daß Gerechtes und Schönes, wenn nicht gewußt wird, inwiefern beides auch gut ist, eben keinen sonderlichen Hüter haben werden an dem, der dies nicht weiß; mir ahnt aber, daß auch jenes beides selbst niemand vorher genau erkennen werde. — Und gar recht ahnt dir, sagte er. — Also unsere Verfassung wird
b vollständig geordnet sein, wenn ein Hüter, der dieser Dinge kundig ist, die Aufsicht über sie führt? —

[18. Versprechen des S., einen durch Ähnlichkeit ausgezeichneten Sprößling des Guten darzustellen. Unterscheidung der Ideen und der wahrnehmbaren Dinge und Vorrang des Gesichtssinns] Notwendig, sagte er. Aber du, o Sokrates, sagst denn du, Erkenntnis sei das Gute oder Lust, oder ein anderes als beides? — Du trefflicher Mann, sprach ich, dir sah ich es schon lange an, daß du nicht genug haben würdest an dem, was andere hierüber meinen. — Es scheint mir auch nicht recht, sagte er, o Sokrates, daß man nur anderer Lehren hierüber soll vorzutragen wissen, seine eigene aber nicht, zu-
c mal wenn man so lange Zeit sich hiermit beschäftigt hat. — Wie?

sprach ich, dünkt dich denn das recht, was einer nicht weiß, darüber doch zu reden, als wisse er es? — Keineswegs wohl, sagte er, als wisse er es; wohl aber soll er als Meinung vortragen wollen, was er darüber meint. — Wie? fuhr ich fort, hast du es denn den Meinungen ohne Erkenntnis nicht abgemerkt, etwas wie Schmähliches sie alle sind, da ja die besten von ihnen blind sind? Oder dünken dich, die ohne Vernunft doch etwas richtig vorstellen, besser zu sein als Blinde, die auch ihren Weg richtig treffen? — Gar nicht, sagte er. — Willst du also Schmähliches sehen, Blindes und Krummes, obwohl du von andern Klares und Schönes hören kannst? — Daß du d
uns, beim Zeus, o Sokrates, sprach Glaukon, nur nicht noch am Ende im Stich läßt. Denn wir wollen zufrieden sein, wenn du nur ebenso, wie du über die Gerechtigkeit und Besonnenheit und das übrige geredet hast, auch über das Gute reden willst. — Auch ich, sprach ich, lieber Freund, wollte gar sehr zufrieden sein! Aber daß ich nur nicht dazu unvermögend bin, und wenn ich es dann doch versuche, mich ungeschickt gebärde und euch zu lachen mache! Allein, ihr Herrlichen, was das Gute selbst ist, wollen wir für jetzt doch lassen; e
denn es scheint mir für unsern jetzigen Anlauf viel zu weit, auch nur bis zu dem zu kommen, was ich jetzt darüber denke. Was mir aber als ein Sprößling, und zwar als ein sehr ähnlicher, des Guten erscheint, will ich euch sagen, wenn es auch euch so recht ist; wo nicht, so wollen wir es lassen. — Nein, sprach er, sage es nur; und des Vaters Beschreibung magst du uns ein andermal entrichten. — Ich wollte, sagte ich, daß ich euch die ganze Schuld zahlen und ihr 507 a
sie einstreichen könntet, und nicht wie jetzt nur die Zinsen. Diesen Zins also und Sprößling des Guten selbst nehmt für jetzt auf Abschlag. Hütet euch jedoch, daß ich euch nicht wider Willen mit einer verfälschten Rechnung über diese Zinsen hintergehe. — Wir wollen uns schon, sagte er, nach Möglichkeit hüten; sage nur an! — Nachdem ich euch, sagte ich, werde zur Anerkenntnis und in Erinnerung gebracht haben das im vorigen Gesagte und auch sonst schon oft Erklärte. — Welches denn? fragte er. — Vieles Schöne, sprach ich, b
und vieles Gute und alles dieses sonst nehmen wir doch an und bestimmen es uns durch Erklärung. — Das nehmen wir an. — Dann aber auch wieder das Schöne selbst und das Gute selbst und so auch alles, was wir vorher als vieles setzten, setzen wir als *eine* Idee eines jeden und nennen jedes ‹was ist›. — So ist es. — Und von jenem vielen sagen wir, daß es gesehen werde, aber nicht gedacht; von den Ideen hingegen, daß sie gedacht werden, aber nicht gesehen. — Auf alle Weise freilich. — Womit nun an uns sehen wir das Gesehene? c
— Mit dem Gesicht, sagte er. — Nicht auch ebenso, sprach ich, mit dem Gehör das Gehörte, und so mit den übrigen Sinnen alles Wahrnehmbare? — Freilich. — Hast du nun auch wohl den Bildner der Sinne beachtet, wie er das Vermögen des Sehens und Gesehenwerdens bei weitem am köstlichsten gebildet hat? — Nicht eben, sagte er. — Also betrachte es so. Bedürfen wohl das Gehör und die Stimme noch eines anderen Wesens, damit jenes höre und diese gehört werde, so daß, wenn dieses dritte nicht da ist, jenes nicht hören kann d

und diese nicht gehört werden? — Keines, sagte er. — Und ich glau-
be, sprach ich, daß auch die meisten andern, um nicht zu sagen alle,
dergleichen nichts bedürfen. Oder weißt du einen anzuführen? —
Ich keinen, sagte er. — Aber das Gesicht und das Sichtbare, merkst
du nicht, daß die eines solchen bedürfen? — Wieso? — Wenn auch
in den Augen Gesicht ist und, wer sie hat, versucht es zu gebrau-
chen, und wenn auch Farbe für sie da ist: so weißt du wohl, wenn
e nicht ein drittes Wesen hinzukommt, welches eigens hierzu da ist
seiner Natur nach, daß dann das Gesicht doch nichts sehen wird,
und die Farben werden unsichtbar bleiben. — Welches ist denn die-
ses, was du meinst? fragte er. — Was du, sprach ich, das Licht
nennst. — Du hast recht, sagte er. — Also sind durch eine nicht ge-
ringe Sache der Sinn des Gesichts und das Vermögen des Gesehen-
508 a werdens mit einem köstlicheren Bande als die anderen solchen Ver-
knüpfungen aneinander gebunden, wenn doch das Licht nichts Un-
edles ist. — Weit gefehlt wohl, daß es das sein sollte. —

*[19. Die Sonne als Sprößling des Guten und Erklärung des analo-
gen Wesens des Guten selbst]* Und von welchem unter den Göttern
des Himmels sagst du wohl, daß dieses abhänge, dessen Licht ma-
che, daß unser Gesicht auf das schönste sieht und daß das Sichtbare
gesehen wird? — Denselben, sagte er, den auch du und jedermann;
denn offenbar fragst du doch nach der Sonne. — Verhält sich nun
das Gesicht so zu diesem Gott? — Wie? — Das Gesicht ist nicht die
Sonne, weder es selbst noch auch das, worin es sich befindet, und
b was wir Auge nennen. — Freilich nicht. — Aber das sonnenähnlich-
ste, denke ich, ist es doch unter allen Werkzeugen der Wahrnehmung.
— Bei weitem. — Und auch das Vermögen, welches es hat, besitzt
es doch als einen von jenem Gott ihm mitgeteilten Ausfluß. — Al-
lerdings. — Ist nun so auch die Sonne zwar nicht das Gesicht, wird
aber als die Ursache davon von eben demselben gesehen? — So ist
es, sprach er. — Und eben diese nun, sprach ich, sage nur, daß ich
verstehe unter jenem Sprößling des Guten, welchen das Gute nach
der Ähnlichkeit mit sich gezeugt hat, so daß, wie jenes selbst in dem
c Gebiet des Denkbaren zu dem Denken und dem Gedachten sich ver-
hält, so diese in dem des Sichtbaren zu dem Gesicht und dem Ge-
sehenen. — Wie? sagte er; zeige mir das noch genauer. — Die Au-
gen, sprach ich, weißt du wohl, wenn sie einer nicht auf solche Din-
ge richtet, auf deren Oberfläche das Tageslicht fällt, sondern worauf
die nächtlichen Schimmer: so sind sie blödsichtig und scheinen bei-
nahe blind, als ob keine reine Sehkraft in ihnen wäre? — Ganz
d recht, sagte er. — Wenn aber, denke ich, auf das, was die Sonne be-
scheint: dann sehen sie deutlich, und es zeigt sich, daß in eben die-
sen Augen die Sehkraft wohnt. — Freilich. — Ebenso nun betrachte
dasselbe auch an der Seele. Wenn sie sich auf das heftet, woran
Wahrheit und das Seiende glänzt: so bemerkt und erkennt sie es,
und es zeigt sich, daß sie Vernunft hat. Wenn aber auf das mit Fin-
sternis Gemischte, das Entstehende und Vergehende: so meint sie nur,
und ihr Gesicht verdunkelt sich so, daß sie ihre Vorstellungen bald

so und bald so herumwirft und wiederum aussieht, als ob sie keine
Vernunft hätte. — Das tut sie freilich. — Dieses also, was dem Er-
kennbaren die Wahrheit mitteilt und dem Erkennenden das Vermö- e
gen hergibt, sage, sei die Idee des Guten; aber sofern sie der Er-
kenntnis und der Wahrheit, und zwar letzterer als erkanntseiender
verstanden, Ursache allerdings ist: so wirst du doch, so schön auch
diese beiden sind, Erkenntnis und Wahrheit, nur wenn du dir jenes
als ein anderes und noch Schöneres als beide denkst, richtig denken.
Erkenntnis aber und Wahrheit, so wie dort Licht und Gesicht für 509 a
sonnenartig zu halten zwar recht war, für die Sonne selbst aber
nicht recht, so ist auch hier diese beiden für gutartig zu halten zwar
recht, für das Gute selbst aber gleichviel welches von beiden anzu-
sehen nicht recht, sondern noch höher ist die Beschaffenheit des Gu-
ten zu schätzen. — Eine überschwengliche Schönheit, sagte er, ver-
kündigst du, wenn es Erkenntnis und Wahrheit hervorbringt, selbst
aber noch über diesen steht an Schönheit. Für Lust nämlich hältst du
es doch gewiß nicht. — Frevle nicht! sprach ich, sondern betrachte
sein Ebenbild noch weiter so. — Wie? — Die Sonne, denke ich, wirst b
du sagen, verleihe dem Sichtbaren nicht nur das Vermögen, gesehen
zu werden, sondern auch das Werden und Wachstum und Nahrung,
unerachtet sie selbst nicht Werden ist. — Wie sollte sie das sein! —
Ebenso nun sage auch, daß dem Erkennbaren nicht nur das Erkannt-
werden von dem Guten komme, sondern auch das Sein und Wesen
habe es von ihm, obwohl das Gute selbst nicht das Sein ist, sondern
noch über das Sein an Würde und Kraft hinausragt. —

*[20. Darlegung der Verhältnisse im Gebiet des Sichtbaren und des
Denkbaren mit Hilfe des Linien-Gleichnisses]* Da sagte Glaukon c
sehr komisch: Apoll, das ist ein wunderbares Übertreffen! — Du
bist eben, sprach ich, selbst schuld daran, indem du mich gezwun-
gen hast zu sagen, was mir davon dünkt. — Und daß du nur ja
nicht aufhörst, sagte er, wenigstens nicht, bis du die Ähnlichkeit mit
der Sonne noch weiter durchgenommen hast, wenn noch etwas zu-
rück ist. — Gewiß, sagte ich, ist noch mancherlei zurück. — So lasse
nur ja, sagte er, auch nicht das Kleinste aus. — Ich werde wohl, den-
ke ich, gar vieles auslassen müssen; indes, soviel für jetzt möglich
ist, davon will ich mit Willen nichts übergehen. — Ja nicht, sagte er.
— Merke also, sprach ich, wie wir sagen, daß diese zwei sind und d
daß sie herrschen, das eine über das denkbare Geschlecht und Ge-
biet, das andere über das sichtbare, damit du nicht, wenn ich sage
‹über den Himmel›, meinst, ich wolle in Worten spielen. Also diese
beiden Arten hast du nun, das Denkbare und das Sichtbare. — Die
habe ich. — Wie nun von einer zweigeteilten Linie die ungleichen
Teile, so teile wiederum jeden Teil nach demselben Verhältnis, das
Geschlecht des Sichtbaren und das des Denkbaren: so gibt dir ver-
möge des Verhältnisses von Deutlichkeit und Unbestimmtheit in dem
Sichtbaren der eine Abschnitt Bilder. Ich nenne aber Bilder zuerst e
die Schatten, dann die Erscheinungen im Wasser und die sich auf 510 a
allen dichten, glatten und glänzenden Flächen finden, und alles der-

gleichen, wenn du es verstehst. — Ich verstehe es. — Und als den an-
dern Abschnitt setze das, dem diese gleichen, nämlich die Tiere bei
uns und das gesamte Gewächsreich und alle Arten des künstlich Ge-
arbeiteten. — Das setze ich, sagte er. — Wirst du auch von ihm be-
haupten wollen, sprach ich, daß es in bezug auf Wahrheit und Un-
wahrheit geteilt wurde, so daß wie das Vorstellbare zu dem Erkenn-
baren, so sich das Nachgebildete zu dem verhält, welchem es nach-
b gebildet ist? — Das möchte ich gar sehr, sagte er. — So betrachte nun
auch die Teilung des Denkbaren, wie dies zu teilen ist. — Wonach
also? — Sofern den einen Teil die Seele genötigt ist, indem sie die
nachgeahmten Erscheinungen des vorigen Abschnitts als Bilder ge-
braucht, zu suchen von Voraussetzungen aus, nicht zum Anfange
zurückschreitend, sondern nach dem Ende hin, den andern hinge-
gen zwar auch von Voraussetzungen her, aber zu dem keiner Vor-
aussetzung weiter bedürfenden Anfang hingehend, und indem sie
ohne die bei jenem angewendeten Bilder mit den Begriffen selbst ver-
fährt. — Dieses, sagte er, was du da erklärst, habe ich nicht gehörig
c verstanden. — Hernach aber, sprach ich; denn wenn folgendes noch
vorangeschickt ist, wirst du es leichter verstehen. Denn ich denke, du
weißt, daß die, welche sich mit der Meßkunst und den Rechnungen
und dergleichen abgeben, das Gerade und Ungerade und die Gestal-
ten und die drei Arten der Winkel und was dem sonst verwandt ist
in jeder Verfahrensart voraussetzend, nachdem sie dies als wissend
zugrunde gelegt, keine Rechenschaft weiter darüber weder sich noch
d andern geben zu müssen glauben, als sei dies schon allen deutlich,
sondern hiervon beginnend gleich das Weitere ausführen und dann
folgerechterweise bei dem anlangen, auf dessen Untersuchung sie
ausgegangen waren. — Allerdings, sagte er, dies ja weiß ich. — Auch
daß sie sich der sichtbaren Gestalten bedienen und immer auf diese
ihre Reden beziehen, unerachtet sie nicht von diesen handeln, son-
dern von jenem, dem diese gleichen, und um des Vierecks selbst wil-
len und seiner Diagonale ihre Beweise führen, nicht um dessen wil-
e len, welches sie zeichnen, und so auch sonst überall: dasjenige selbst,
was sie nachbilden und abzeichnen, wovon es auch Schatten und
Bilder im Wasser gibt, dessen bedienen sie sich zwar als Bilder, sie
suchen aber immer jenes selbst zu erkennen, was man nicht anders
511 a sehen kann als mit dem Verständnis. — Du hast recht, sagte er. —

*[21. Verfahren und Gegenstand der dialektischen Wissenschaft im
Gegensatz zu den mathematischen Wissenschaften]* Diese Gattung
also, sagte ich, sei allerdings auch Erkennbares, die Seele aber sei ge-
nötigt, bei der Untersuchung derselben sich der Voraussetzungen zu
bedienen, indem sie nicht zum Anfang zurückgeht, weil sie näm-
lich über die Voraussetzungen hinauf nicht steigen kann, sondern
sich gerade dessen als Bilder bedient, was von den unteren Dingen
dargestellt wird, und außerdem jener Dinge, die im Vergleich mit
jenen ihren Abbildungen als hell und klar verherrlicht und in Ehren
b gehalten werden. — Ich verstehe, sagte er, daß du meinst, was zur
Geometrie und den ihr verwandten Künsten gehört. — So verstehe

denn auch, daß ich unter dem andern Teil des Denkbaren dasjenige
meine, was die Vernunft selbst ergreift mittels des dialektischen
Vermögens, indem sie die Voraussetzungen nicht zu Anfängen, son-
dern wahrhaft zu Voraussetzungen macht, gleichsam als Zugang
und Anlauf, damit sie, bis zum Nichtvoraussetzungshaften an den
Anfang von allem gelangend, diesen ergreife, und so wiederum, sich
an alles haltend, was mit jenem zusammenhängt, zum Ende hinab-
steige, ohne sich überhaupt irgendeines sinnlich Wahrnehmbaren c
zu bedienen, sondern nur der Ideen selbst an und für sich, und so
bei Ideen endigt. — Ich verstehe, sagte er, zwar noch nicht genau,
denn du scheinst mir gar Beträchtliches zu sagen, doch aber, daß du
bestimmen willst, was vermittels der dialektischen Wissenschaft von
dem Seienden und Denkbaren geschaut werde, sei deutlicher als was
von den gewöhnlich so genannten Wissenschaften, denen die Vor-
aussetzungen Anfänge sind. Und mit dem Verstande zwar und nicht
mit den Sinnen müssen die Betrachtenden ihre Gegenstände betrach-
ten, weil sie aber ihre Betrachtung nicht so anstellen, daß sie bis zu d
den Anfängen zurückgehen, sondern nur von den Annahmen aus:
so scheinen sie dir keine Vernunfterkenntnis davon zu haben, ob-
gleich, ginge man vom Anfange aus, sie ebenfalls erkennbar wären.
Verstand aber scheinst du mir die Fertigkeit der Meßkünstler und
was dem ähnlich ist zu nennen, als etwas zwischen der bloßen Vor-
stellung und der Vernunfterkenntnis zwischeninne Liegendes. —
Vollkommen richtig, sprach ich, hast du es aufgefaßt! Und nun
nimm mir auch die diesen vier Teilen zugehörigen Zustände der
Seele dazu, die Vernunfteinsicht dem obersten, die Verstandesgewiß-
heit dem zweiten, dem dritten aber weise den Glauben an und dem e
vierten die Wahrscheinlichkeit; und ordne sie dir nach dem Verhält-
nis, daß, soviel das, worauf sie sich beziehen, an der Wahrheit teil-
hat, soviel auch jedem von ihnen Deutlichkeit zukomme. — Ich ver-
stehe, sagte er, und räume es ein und ordne sie, wie du sagst.

SIEBENTES BUCH

514 a *[1. Das Höhlengleichnis. Beschreibung der Lage der Gefangenen]*
Nächstdem, sprach ich, vergleiche dir unsere Natur in bezug auf
Bildung und Unbildung folgendem Zustande. Sieh nämlich Men-
schen wie in einer unterirdischen, höhlenartigen Wohnung, die ei-
nen gegen das Licht geöffneten Zugang längs der ganzen Höhle hat.
In dieser seien sie von Kindheit an gefesselt an Hals und Schenkeln,
so daß sie auf demselben Fleck bleiben und auch nur nach vorne hin
b sehen, den Kopf aber herumzudrehen der Fessel wegen nicht vermö-
gend sind. Licht aber haben sie von einem Feuer, welches von oben
und von ferne her hinter ihnen brennt. Zwischen dem Feuer und
den Gefangenen geht obenher ein Weg, längs diesem sieh eine Mau-
er aufgeführt wie die Schranken, welche die Gaukler vor den Zu-
schauern sich erbauen, über welche herüber sie ihre Kunststücke
zeigen. – Ich sehe, sagte er. – Sieh nun längs dieser Mauer Men-
c schen allerlei Geräte tragen, die über die Mauer herüberragen, und
Bildsäulen und andere steinerne und hölzerne Bilder und von aller-
515 a lei Arbeit; einige, wie natürlich, reden dabei, andere schweigen. –
Ein gar wunderliches Bild, sprach er, stellst du dar und wunderliche
Gefangene. – Uns ganz ähnliche, entgegnete ich. Denn zuerst, meinst
du wohl, daß dergleichen Menschen von sich selbst und voneinan-
der je etwas anderes gesehen haben als die Schatten, welche das Feu-
er auf die ihnen gegenüberstehende Wand der Höhle wirft? – Wie
sollten sie, sprach er, wenn sie gezwungen sind, zeitlebens den Kopf
b unbeweglich zu halten! – Und von dem Vorübergetragenen nicht
eben dieses? – Was sonst? – Wenn sie nun miteinander reden könn-
ten, glaubst du nicht, daß sie auch pflegen würden, dieses Vorhandene zu
benennen, was sie sähen? – Notwendig. – Und wie, wenn ihr Kerker
auch einen Widerhall hätte von drüben her, meinst du, wenn einer von
den Vorübergehenden spräche, sie würden denken, etwas anderes rede
als der eben vorübergehende Schatten? – Nein, beim Zeus, sagte er. –
c Auf keine Weise also können diese irgend etwas anderes für das Wahre
halten als die Schatten jener Kunstwerke? – Ganz unmöglich. – Nun
betrachte auch, sprach ich, die Lösung und Heilung von ihren Banden
und ihrem Unverstande, wie es damit natürlich stehen würde, wenn
ihnen folgendes begegnete. Wenn einer entfesselt wäre und gezwungen
würde, sogleich aufzustehen, den Hals herumzudrehen, zu gehen und
gegen das Licht zu sehn, und, indem er das täte, immer Schmerzen
hätte und wegen des flimmernden Glanzes nicht recht vermöchte, jene
Dinge zu erkennen, wovon er vorher die Schatten sah: was, meinst
d du wohl, würde er sagen, wenn ihm einer versicherte, damals habe er
lauter Nichtiges gesehen, jetzt aber, dem Seienden näher und zu dem
mehr Seienden gewendet, sähe er richtiger, und, ihm jedes Vorüber-
gehende zeigend, ihn fragte und zu antworten zwänge, was es sei?
Meinst du nicht, er werde ganz verwirrt sein und glauben, was er da-
mals gesehen, sei doch wirklicher als was ihm jetzt gezeigt werde? –
Bei weitem, antwortete er. –

[2. Der Vorgang des Hinaufsteigens zum Licht und das Wiederherabkommen in die Höhle] Und wenn man ihn gar in das Licht selbst
zu sehen nötigte, würden ihm wohl die Augen schmerzen, und er e
würde fliehen und zu jenem zurückkehren, was er anzusehen imstande ist, fest überzeugt, dies sei in der Tat deutlicher als das zuletzt Gezeigte? — Allerdings. — Und, sprach ich, wenn ihn einer mit Gewalt von dort durch den unwegsamen und steilen Aufgang schleppte und nicht losließe, bis er ihn an das Licht der Sonne gebracht hätte, wird er nicht viel Schmerzen haben und sich gar ungern schleppen lassen? Und wenn er nun an das Licht kommt und die Augen voll Strah- 516 a
len hat, wird er nicht das Geringste sehen können von dem, was ihm nun für das Wahre gegeben wird. — Freilich nicht, sagte er, wenigstens nicht sogleich. — Gewöhnung also, meine ich, wird er nötig haben, um das Obere zu sehen. Und zuerst würde er Schatten am leichtesten erkennen, hernach die Bilder der Menschen und der andern Dinge im Wasser, und dann erst sie selbst. Und hierauf würde er was am Himmel ist und den Himmel selbst leichter bei Nacht betrachten
und in das Mond- und Sternenlicht sehen als bei Tage in die Sonne b
und in ihr Licht. — Wie sollte er nicht! — Zuletzt aber, denke ich, wird er auch die Sonne selbst, nicht Bilder von ihr im Wasser oder anderwärts, sondern sie als sie selbst an ihrer eigenen Stelle anzusehen und zu betrachten imstande sein. — Notwendig, sagte er. — Und dann wird er schon herausbringen von ihr, daß sie es ist, die alle Zeiten und Jahre schafft und alles ordnet in dem sichtbaren Raume und auch
von dem, was sie dort sahen, gewissermaßen die Ursache ist. — Offen- c
bar, sagte er, würde er nach jenem auch hierzu kommen. — Und wie, wenn er nun seiner ersten Wohnung gedenkt und der dortigen Weisheit und der damaligen Mitgefangenen, meinst du nicht, er werde sich selbst glücklich preisen über die Veränderung, jene aber beklagen? — Ganz gewiß. — Und wenn sie dort unter sich Ehre, Lob und Belohnungen für den bestimmt hatten, der das Vorüberziehende am schärfsten sah und am besten behielt, was zuerst zu kommen pflegte und was
zuletzt und was zugleich, und daher also am besten vorhersagen d
konnte, was nun erscheinen werde: glaubst du, es werde ihn danach noch groß verlangen und er werde die bei jenen Geehrten und Machthabenden beneiden? Oder wird ihm das Homerische begegnen und er viel lieber wollen ‹das Feld als Tagelöhner bestellen einem dürftigen Mann› und lieber alles über sich ergehen lassen, als wieder solche Vorstellungen zu haben wie dort und so zu leben? — So, sagte
er, denke ich, wird er sich alles eher gefallen lassen, als so zu leben. e
— Auch das bedenke noch, sprach ich. Wenn ein solcher nun wieder hinunterstiege und sich auf denselben Schemel setzte: würden ihm die Augen nicht ganz voll Dunkelheit sein, da er so plötzlich von der Sonne herkommt? — Ganz gewiß. — Und wenn er wieder in der Begutachtung jener Schatten wetteifern sollte mit denen, die immer dort gefangen gewesen, während es ihm noch vor den Augen flim-
mert, ehe er sie wieder dazu einrichtet, und das möchte keine kleine 517 a
Zeit seines Aufenthalts dauern, würde man ihn nicht auslachen und von ihm sagen, er sei mit verdorbenen Augen von oben zurückge-

kommen und es lohne nicht, daß man auch nur versuche hinaufzukommen; sondern man müsse jeden, der sie lösen und hinaufbringen wollte, wenn man seiner nur habhaft werden und ihn umbringen könnte, auch wirklich umbringen? — So sprächen sie ganz gewiß, sagte er. —

[3. Erklärung und Anwendung des Bildes] Dieses ganze Bild nun,
b sagte ich, lieber Glaukon, mußt du mit dem früher Gesagten verbinden, die durch das Gesicht uns erscheinende Region der Wohnung im Gefängnisse gleichsetzen und den Schein von dem Feuer darin der Kraft der Sonne; und wenn du nun das Hinaufsteigen und die Beschauung der oberen Dinge setzt als den Aufschwung der Seele in die Region der Erkenntnis, so wird dir nicht entgehen, was mein Glaube ist, da du doch dieses zu wissen begehrst. Gott mag wissen, ob er richtig ist; was ich wenigstens sehe, das sehe ich so, daß zuletzt unter allem Erkennbaren und nur mit Mühe die Idee des Guten er-
c blickt wird, wenn man sie aber erblickt hat, sie auch gleich dafür anerkannt wird, daß sie für alle die Ursache alles Richtigen und Schönen ist, im Sichtbaren das Licht und die Sonne, von der dieses abhängt, erzeugend, im Erkennbaren aber sie allein als Herrscherin Wahrheit und Vernunft hervorbringend, und daß also diese sehen muß, wer vernünftig handeln will, es sei nun in eigenen oder in öffentlichen Angelegenheiten. — Auch ich, sprach er, teile die Meinung, so gut ich eben kann. — Komm denn, sprach ich, teile auch diese mit mir und wundere dich nicht, wenn diejenigen, die bis hierher gekommen sind, nicht Lust haben, menschliche Dinge zu betreiben, sondern ihre Seelen immer nach dem Aufenthalt oben trachten;
d denn so ist es ja natürlich, wenn sich dies nach dem vorher aufgestellten Bilde verhält. — Natürlich freilich, sagte er. — Und wie? Kommt dir das wunderbar vor, fuhr ich fort, daß, von göttlichen Anschauungen unter das menschliche Elend versetzt, einer sich übel gebärdet und gar lächerlich erscheint, wenn er, solange er noch trübe sieht und ehe er sich an die dortige Finsternis hinreichend gewöhnt hat, schon genötigt wird, vor Gericht oder anderwärts zu streiten über die Schatten des Gerechten oder die Bilder, zu denen sie gehö-
e ren, und dieses auszufechten, wie es sich die etwa vorstellen, welche die Gerechtigkeit selbst niemals gesehen haben? — Nicht im mindesten zu verwundern! sagte er. — Sondern, wenn einer Vernunft
518 a hätte, fuhr ich fort, so würde er bedenken, daß durch zweierlei und auf zwiefache Weise das Gesicht gestört sein kann, wenn man aus dem Licht in die Dunkelheit versetzt wird, und wenn aus der Dunkelheit in das Licht. Und ebenso, würde er denken, gehe es auch mit der Seele, und würde, wenn er eine verwirrt findet und unfähig zu sehen, nicht unüberlegt lachen, sondern erst zusehen, ob sie wohl von einem lichtvolleren Leben herkommend aus Ungewohnheit verfinstert ist oder ob sie, aus größerem Unverstande ins Hellere gekom-
b men, durch die Fülle des Glanzes geblendet wird; und so würde er dann die eine wegen ihres Zustandes und ihrer Lebensweise glücklich preisen, die andere aber bedauern; oder, wenn er über diese la-

chen wollte, wäre sein Lachen nicht so lächerlich als das über die, welche von oben her aus dem Lichte kommt. – Sehr richtig gesprochen, sagte er. –

[4. Folgerung, daß die Erziehung nur als Umlenkung der ganzen Seele möglich ist] Wir müssen daher, sprach ich, so hierüber den-
ken, wenn das Bisherige richtig ist, daß die Unterweisung nicht das c
sei, wofür einige sich vermessen sie auszugeben. Nämlich sie behaup-
ten, wenn keine Erkenntnis in der Seele sei, könnten sie sie ihr ein-
setzen, wie wenn sie blinden Augen ein Gesicht einsetzten. – Das
behaupten sie freilich, sagte er. – Die jetzige Rede aber, sprach ich,
deutet an, daß dieses der Seele eines jeden einwohnende Vermögen
und das Organ, womit jeder begreift, wie wenn ein Auge nicht an-
ders als mit dem gesamten Leibe zugleich sich aus dem Finstern ans
Helle wenden könnte, so auch dieses nur mit der gesamten Seele zu-
gleich von dem Werdenden abgeführt werden muß, bis es das An-
schauen des Seienden und des glänzendsten unter dem Seienden aus-
halten lernt. Dieses aber, sagten wir, sei das Gute; nicht wahr? –
Ja. – Hiervon nun eben, sprach ich, mag sie wohl die Kunst sein, d
die Kunst der Umlenkung, auf welche Weise wohl am leichtesten
und wirksamsten dieses Vermögen kann umgewendet werden, nicht
die Kunst, ihm das Sehen erst einzubilden, sondern als ob es dies
schon habe und nur nicht recht gestellt sei und nicht sehe, wohin es
solle, ihm dieses zu erleichtern. – Das leuchtet ein, sagte er. – Die
andern Tugenden der Seele nun, wie man sie zu nennen pflegt, mö-
gen wohl sehr nahe liegen denen des Leibes; denn als in Wahrheit
früher nicht vorhanden scheinen sie erst hernach angebildet zu wer- e
den durch Gewöhnungen und Übung; die des Erkennens aber mag
wohl vielmehr einem Göttlicheren angehören, wie es scheint, wel-
ches seine Kraft wohl niemals verliert, aber durch Umlenkung nütz-
lich und heilbringend oder auch unnütz und verderblich wird. Oder 519 a
hast du noch nicht auf die geachtet, die man böse, aber klug nennt,
wie scharf ihr Seelchen sieht und wie genau es dasjenige erkennt,
worauf es sich richtet, daß es also kein schlechtes Gesicht hat, aber
dem Bösen dienen muß und daher, je schärfer es sieht, um desto mehr
Böses tut. – Allerdings, sagte er. – Ebendieses indes an einer sol-
chen Natur, wenn sie von Kindheit an gehörig beschnitten und das
dem Werden und der Zeitlichkeit Verwandte ihr ausgeschnitten wor-
den wäre, was sich wie Bleikugeln an die Gaumenlust und andere b
Lüste und Weichlichkeiten anhängt und das Gesicht der Seele nach
unten wendet, würde dann, hiervon befreit, sich zu dem Wahren hin-
wenden und dann bei denselben Menschen auch dieses auf das
schärfste sehen, eben wie das, dem es jetzt zugewendet ist. – Na-
türlich, sagte er. – Und wie, sprach ich, ist nicht auch dies natürlich
und nach dem bisher Gesagten notwendig, daß weder die Ungebilde-
ten und der Wahrheit Unkundigen dem Staat gehörig vorstehen c
werden noch auch die, welche man sich immerwährend mit den Wis-
senschaften beschäftigen läßt? Die einen, weil sie nicht *einen* Zweck
im Leben haben, auf welchen zielend sie alles täten, was sie tun für

sich und öffentlich, die andern, weil sie gutwillig gar nicht Geschäfte werden betreiben wollen, in der Meinung, daß sie auf die Insel der Seligen noch lebend versetzt worden sind. — Richtig, sagte er. — Uns also, als den Gründern der Stadt, sprach ich, liegt ob, die trefflichsten Naturen unter unsern Bewohnern zu nötigen, daß sie zu jener Kenntnis zu gelangen suchen, welche wir im vorigen als die größte aufstellten, nämlich das Gute zu sehen und die Reise aufwärts
d dahin anzutreten; aber wenn sie dort oben zur Genüge geschaut haben, darf man ihnen nicht erlauben, was ihnen jetzt erlaubt wird. — Welches meinst du? — Dort zu bleiben, sprach ich, und nicht wieder zurückkehren zu wollen zu jenen Gefangenen, noch Anteil zu nehmen an ihren Mühseligkeiten und Ehrenbezeugungen, mögen diese nun geringfügig sein oder bedeutend. — Also, sagte er, wollen wir ihnen Unrecht zufügen und schuld daran sein, daß sie schlechter leben, obwohl sie es besser könnten? —

[5. Notwendigkeit, gerade die vollkommen erzogenen Philosophen
e *gegen ihre Neigung zur Regierung zu nötigen]* Du hast wieder vergessen, Freund, sprach ich, daß das Gesetz sich nicht dieses angelegen sein läßt, daß *ein* Geschlecht im Staat sich ausgezeichnet wohl befinde, sondern daß es im ganzen Staate Wohlsein muß hervorzubringen suchen, indem es die Bürger ineinanderfügt und sie teils
520 a überredet, teils nötigt, einander mitzuteilen von dem Nutzen, den jeder dem allgemeinen Wesen leisten kann, und indem es Männer dieser Art dem Staate selbst zuzieht, nicht um sie hernach gehen zu lassen, wohin jeder will, sondern um sich selbst ihrer für den Verein des Staates zu bedienen. — Richtig, sagte er; das hatte ich freilich vergessen. — Betrachte nun, o Glaukon, fuhr ich fort, daß wir den bei uns sich bildenden Philosophen auch kein Unrecht tun werden, sondern ganz Gerechtes gegen sie aussprechen, wenn wir ihnen zumuten, für die andern Sorge zu tragen und sie in Obhut zu hal-
b ten. Wir werden ihnen nämlich sagen, daß, die in andern Staaten Philosophen werden, natürlicherweise an den Arbeiten in denselben keinen Teil nehmen; denn sie bilden sich zu solchen aus freien Stükken wider Willen der jedesmaligen Verfassung, und das sei ganz billig, daß, was von selbst gewachsen ist, da es niemandem für seine Kost verpflichtet ist, auch nicht Lust hat, jemandem Kostgeld zu bezahlen. Euch aber haben wir zu eurem und des übrigen Staates Besten wie in den Bienenstöcken die Weisel und Könige erzogen und besser und vollständiger als die übrigen ausgebildet, so daß ihr tüch-
c tiger seid, an beidem teilzunehmen. Ihr müßt also nun wieder herabsteigen, jeder in seiner Ordnung, zu der Wohnung der übrigen und euch mit ihnen gewöhnen, das Dunkle zu schauen. Denn gewöhnt ihr euch hinein: so werdet ihr tausendmal besser als die dortigen sehen und jedes Schattenbild erkennen, was es ist und wovon, weil ihr das Schöne, Gute und Gerechte selbst in der Wahrheit gesehen habt. Und so wird uns und euch der Staat wachend verwaltet werden und nicht träumend, wie jetzt die meisten von solchen verwaltet werden, welche Schattengefechte miteinander treiben und sich ent-

zweien um die Obergewalt, als ob sie ein gar großes Gut wäre. Das d
Wahre daran ist aber dieses: der Staat, in welchem die zur Regie-
rung Berufenen am wenigsten Lust haben zu regieren, wird notwen-
dig am besten und ruhigsten verwaltet werden, der aber entgegen-
gesetzte Regenten bekommen hat, auch entgegengesetzt. – Ganz ge-
wiß, sagte er. – Meinst du nun, daß unsere Zöglinge uns ungehor-
sam sein werden, wenn sie dies hören, und sich nicht jeder an sei-
nem Teil im Staate werden mitplagen wollen, die übrige viele Zeit
aber miteinander im Reinen wohnen? – Unmöglich! antwortete er; e
denn nur Gerechtes fordern wir ja von Gerechten. Auf alle Weise je-
doch werden sie nur recht wie zu etwas Notwendigem jeder zu seiner
Amtsführung gehen, ganz das Gegenteil von denen, die jetzt in den
Staaten regieren. – Denn so verhält es sich, Freund, sprach ich.
Wenn du denen, welche regieren sollen, eine Lebensweise ausfin-
dest, welche besser ist als das Regieren, dann kannst du es dahin 521 a
bringen, daß der Staat wohl verwaltet werde; denn in einem solchen
allein werden die wahrhaft Reichen regieren, die es nicht an Golde
sind, sondern woran der Glückselige reich sein soll, an tüchtigem
und vernunftmäßigem Leben. Wenn aber Hungerleider und Arme
an eigenem Gut an die öffentlichen Angelegenheiten gehen, in der
Meinung, von dort her Gutes an sich reißen zu müssen: so geht es
nicht. Denn wird die Verwaltung etwas, worum man sich reißt und
schlägt: so muß ein solcher einheimischer und innerer Krieg die
Kriegführenden selbst und den übrigen Staat verderben. – Vollkom-
men richtig, sagte er. – Kennst du nun, sprach ich, eine andere Le- b
bensweise, welche aus der bürgerlichen Gewalt wenig macht, als die
der echten Philosophie? – Keine beim Zeus, sprach er. – Nun aber
sollen ja nicht Liebhaber des Regierens dazu gelangen, weil sie sonst
als Mitbewerber darum streiten werden. – Freilich. – Welche an-
deren also willst du nötigen, mit der Fürsorge für den Staat sich zu
befassen, als welche sowohl dessen am kundigsten sind, wodurch
ein Staat gut verwaltet wird, als auch welche zugleich andere Be-
lohnungen kennen und eine andere Lebensweise als die staatsmän-
nische? – Keine anderen, sagte er. –

[6. Aufsuchung einer Kenntnis, die die Seele vom Werdenden zum Seienden führt]

Willst du also, daß wir nun schon dieses überlegen, auf welche c
Weise wir zu solchen gelangen und wie man sie ans Licht herauf-
bringt nach Art einiger, von denen erzählt wird, sie seien aus der
Unterwelt zu den Göttern hinaufgestiegen? – Wie sollte ich nicht
wollen! sagte er. – Das ist nun freilich, scheint es, nicht wie sich ei-
ne Scherbe umwendet, sondern es ist eine Umlenkung der Seele, wel-
che aus einem gleichsam nächtlichen Tage zu dem wahren Tage des
Seienden jene Auffahrt antritt, welche wir eben die wahre Philoso-
phie nennen wollen. – Allerdings. – Also müssen wir sehen, welche
unter allen Kenntnissen eine solche Kraft habe? – Wie sollten wir d
nicht! – Welche Wissenschaft also, o Glaukon, könnte wohl ein sol-
cher Zug sein für die Seele von dem Werdenden zu dem Seienden?

Dieses aber fällt mir eben noch ein, indem ich rede: sagten wir nicht,
unsere Herrscher müßten notwendig in ihrer Jugend wackere Kriegs-
kämpfer sein? — Das sagten wir. — Also muß ja wohl die Wissen-
schaft, die wir suchen, auch dieses noch dazu haben außer jenem. —
Was denn? — Kriegerischen Männern nicht unbrauchbar zu sein. —
Das muß sie, wenn es angeht. — In der Gymnastik und Musik aber
e sind sie uns ja zuvor schon unterwiesen worden. — So war es, sagte er.
— Und die Gymnastik hat es doch ganz mit einem Werdenden und
Vergänglichen zu tun, denn sie führt Aufsicht über Wachstum und
Verfall des Leibes. — Offenbar. — Diese also wäre nicht die gesuchte
522 a Wissenschaft. — Freilich nicht. — Aber etwa die Musik, wie wir sie
früher beschrieben haben? — Aber die war ja, sagte er, ein Gegen-
stück zur Gymnastik, wenn du dich erinnerst. Sie erzog durch Ge-
wöhnungen unsere Wächter, mittels des Wohlklanges eine gewisse
Wohlgestimmtheit, nicht Wissenschaft, ihnen einflößend, und mittels
des Zeitmaßes die Wohlgemessenheit, woneben sie in Reden noch
anderes diesem Ähnliches hatte, mochten es nun die fabelhafteren
sein oder die der Wahrheit verwandteren; eine Wissenschaft aber,
b die zu demjenigen gut ist, was du jetzt suchst, war wohl gar nicht in
ihr. — Auf das genaueste, sprach ich, bringst du es mir in Erinne-
rung. Denn dergleichen hatte sie in der Tat nicht. Aber, bester Glau-
kon, wo wäre nun eine solche? Die Künste dünkten uns doch insge-
samt unedel zu sein? — Freilich. Und was also für eine andere Kennt-
nis bleibt uns noch übrig, wenn Musik, Gymnastik und Gewerbs-
künste ausgeschlossen sind? — Wohl, sagte ich, wenn wir außer die-
sen nichts mehr finden können: so laß uns etwas von dem nehmen,
was sich auf sie alle bezieht. — Was doch? — Wie jenes Gemeinsame,
c dessen alle Künste und Verständnisse und Wissenschaften noch da-
zu bedürfen, was auch jeder mit zuerst lernen muß. — Was denn?
sagte er. — Jenes Schlichte, sprach ich, die eins und zwei und drei zu
verstehen; ich nenne es aber, um es kurz zusammenzufassen, Zahl
und Rechnung. Oder ist es damit nicht so, daß jegliche Kunst und
Wissenschaft daran teilnehmen muß? — Gar sehr, sagte er. — Nicht
auch, sprach ich, die Kriegskunst? — Diese nun ganz notwendig, sag-
d te er. — Wenigstens, sagte ich, den Agamemnon stellt doch in den
Tragödien Palamedes immer als einen ganz lächerlichen Feldherrn
dar. Oder besinnst du dich nicht, daß er sagt, nachdem er die Zahl
ausgemittelt, habe er die Ordnungen dem Heer eingerichtet vor
Ilion und die Schiffe und alles andere gezählt, als ob sie vorher unge-
zählt gewesen wären und Agamemnon, wie es scheint, nicht einmal
gewußt habe, wieviel Füße er hatte, wenn er ja nicht zählen konnte.
Und was für ein Feldherr muß er also wohl gewesen sein? — Ein gar
abgeschmackter, sagte er, wenn das wahr ist. —

[7. Art der Geeignetheit bestimmter Wahrnehmungen zur Vernunft-
e *aufregung]* Wollen wir also nicht festsetzen, daß für einen Kriegs-
mann Zählen und Rechnenkönnen eine notwendige Kenntnis sei? —
Diese wohl vorzüglich, sagte er, wenn er nur etwas von den Aufstel-
lungen verstehen, ja wenn er nur ein Mensch sein soll. — Denkst du

nun, sprach ich, über diese Kenntnis eben das was ich? — Was denn?
— Sie mag wohl zu dem auf die Vernunfteinsicht Führenden, was 523 a
wir suchen, ihrer Natur nach gehören, niemand aber sich ihrer recht
als eines auf alle Weise zum Sein Hinziehenden bedienen. — Wie,
sagte er, meinst du das? — Ich will versuchen, sprach ich, deutlich zu
machen, wie es mir vorkommt. Wie ich aber bei mir selbst unter-
scheide, was ein Leitmittel zu dem ist, wovon wir reden, und was
nicht, das betrachte zuerst mit mir und stimme dann bei oder stim-
me ab, damit wir auch dieses deutlicher sehen, ob es so ist, wie mir
ahnt. — Zeige es nur, sagte er. — Ich zeige dir also, sprach ich, wenn
du es siehst, in den Wahrnehmungen einiges, was gar nicht die Ver-
nunft zur Betrachtung auffordert, als werde es schon hinreichend b
durch die Wahrnehmung bestimmt, anderes hingegen, was auf alle
Weise jene herbeiruft zur Betrachtung, als ob dabei die Wahrneh-
mung nichts Gesundes ausrichte. — Offenbar, sagte er, meinst du,
was sich nur von ferne zeigt und was nach Licht und Schatten ge-
zeichnet ist. — Diesmal, sprach ich, hast du nicht so recht getroffen,
was ich meine. — Was also, sagte er, meinst du denn? — Nicht auf-
fordernd, sprach ich, ist das, was nicht in eine entgegengesetzte
Wahrnehmung zugleich ausschlägt; was aber dazu ausschlägt, setze c
ich als auffordernd, weil die Wahrnehmung nun dieses um nichts
mehr als sein Gegenteil kundgibt, sie mag nun von nahem darauf
zukommen oder von weitem. So wirst du aber wohl deutlicher sehen,
was ich meine. Dies, sagen wir also, wären drei Finger, der kleinste
und hier der andere und der mittlere. — Ja, sagte er. — Und denke,
daß ich von ihnen als in der Nähe Gesehenen rede. Betrachte mir
aber nun dieses an ihnen. — Was doch? — Ein Finger ist offenbar je-
der von ihnen auf gleiche Weise, und insofern ist es ganz einerlei, d
ob man ihn in der Mitte sieht oder am Ende und ob er weiß ist oder
schwarz, stark oder dünn, und was noch mehr dergleichen, denn
durch alles dieses wird die Seele der meisten nicht aufgefordert, die
Vernunft weiter zu fragen, was wohl ein Finger ist; denn nirgends
hat ihnen derselbe Anblick gezeigt, daß ein Finger auch das Gegen-
teil von einem Finger ist. — Freilich nicht, sagte er. — Dies wäre also
offenbar nicht die Vernunft auffordernd oder aufregend. — Offenbar e
nicht. — Wie aber ihre Größe und Kleinheit? Sieht auch die das Ge-
sicht hinreichend und so, daß es ihm keinen Unterschied macht, ob
einer in der Mitte liegt oder am Ende? Und erkennt ebenso Dicke
und Dünnheit, Weichheit und Härte das Gefühl? Und zeigen nicht
ebenfalls die andern Sinne dergleichen alles nur mangelhaft an?
Oder geht es nicht jedem Sinne so, daß zuerst der über das Harte 524 a
gesetzte Sinn auch über das Weiche muß gesetzt sein und der Seele
wahrnehmend Hartes und Weiches als dasselbe meldet? — So ist es,
sagte er. — Muß nun nicht hierbei die Seele zweifelhaft werden, als
was ihr diese Wahrnehmung das Harte andeutet, wenn sie doch das-
selbe weich nennt, und so auch die des Leichten und Schweren, als
was doch leicht und schwer, wenn sie doch das Schwere als leicht und
das Leichte als schwer kundgibt. — Freilich, sagte er, müssen diese
Aussagen der Seele gar wunderlich erscheinen und näherer Betrach- b

tung bedürftig. — Natürlich also versucht die Seele bei dergleichen zuerst, Überlegung und Vernunft herbeirufend, zu erwägen, ob jedes solche Angemeldete eins ist oder zwei. — Natürlich. — Und erscheint es als zwei, so ist doch jedes von beiden ein anderes und eines. — Ja. — Und wenn jedes von beiden eins ist und beide zwei, so erkennt sie doch zwei gesonderte, denn ungesondert würde sie nicht
c zwei erkennen, sondern eins. — Richtig. — Großes freilich und Kleines, sagten wir, sah auch das Gesicht, aber nicht gesondert, sondern als ein Vermischtes. Nicht wahr? — Ja. — Um aber dieses deutlich zu machen, ward die Vernunft genötigt, ebenfalls Großes und Kleines zu sehen, nicht vermischt, sondern getrennt, also auf entgegengesetzte Weise wie jenes. — Richtig. — Und nicht wahr, von daher fiel es uns zuerst ein, danach zu fragen, was wohl recht das Große und Kleine ist? — Allerdings. — Und so nannten wir dann das eine das
d Erkennbare, das andere das Sichtbare. — Ganz richtig, sagte er. —

[8. Nutzen der Rechenkunst zur Bildung der philosophischen Seele]
Dieses nun wollte ich auch jetzt sagen, daß einiges auffordernd für die Vernunft ist, anderes nicht; was nämlich in die Sinne fällt zugleich mit seinem Gegenteil, als auffordernd ansetzend, was aber nicht, als nicht erregend für die Vernunft. — Jetzt verstehe ich es schon, sagte er, und es dünkt mich auch so. — Wie nun? Die Zahl und die Einheit, zu welchem von beiden scheinen sie dir zu gehören? — Ich weiß nicht, sagte er. — Berechne es nur, sprach ich, nach dem Vorhergesagten. Denn wenn die Einheit deutlich genug an und für sich gesehen oder von sonst einem Sinne ergriffen wird: so könnte
e sie dann keine Hinleitung sein zum Wesen, eben wie wir von dem Finger sagten. Wenn aber mit ihr zugleich immer irgendein Widerspiel von ihr gesehen wird, so daß kein Ding mehr eins zu sein scheint als auch das Gegenteil davon; dann wäre schon eine weitere Beurteilung nötig, und die Seele würde darüber bedenklich werden müssen und, den Gedanken in sich aufregend, untersuchen und weiter fragen, was doch die Einheit selbst ist. Und so gehörte dann die Be-
525 a schäftigung mit der Einheit unter jene Leitenden und zur Beschauung des Seienden Hinlenkenden. — Eben dieses aber, sagte er, hat die Wahrnehmung, die es mit dem Eins zu tun hat, ganz besonders an sich. Denn wir sehen dasselbe Ding zugleich als eines und als unendlich vieles. — Wenn nun die Eins, sprach ich, so wird wohl die gesamte Zahl eben dieses an sich haben. — Allerdings. — Das Zählen aber und Rechnen hat es ganz und gar mit der Zahl zu tun. — Frei-
b lich. — Dies also zeigt sich als leitend zur Wahrheit. — Auf ganz vorzügliche Weise. — Und gehört also unter die Kenntnisse, die wir suchten. Denn dem Krieger ist es seiner Aufstellungen wegen notwendig, dieses zu verstehen; dem Philosophen aber, weil er sich dabei über das Sichtbare und das Werden erheben und das Wesen ergreifen muß, oder er ist doch nie der eigentliche Rechner. — So ist es, sagte er. — Unser Staatswächter aber ist ein Krieger und ein Philosoph. — Wie sollte er nicht! — So wäre denn die Kenntnis ganz geeignet, o Glaukon, sie gesetzlich einzuführen, und die, welche an

dem Größten im Staate teilhaben sollen zu überreden, daß sie sich
an die Rechenkunst geben und sich mit ihr beschäftigen, nicht auf c
gemeine Weise, sondern bis sie zur Anschauung der Natur der Zah-
len gekommen sind durch die Vernunft selbst, nicht Kaufs und Ver-
kaufs wegen wie Handelsleute und Krämer darüber nachsinnend,
sondern zum Behuf des Krieges und wegen der Seele selbst und der
Leichtigkeit ihrer Umkehr von dem Werden zum Sein und zur
Wahrheit. — Sehr wohl gesprochen, sagte er. — Und nun, sprach ich,
begreife ich auch, nachdem die Kenntnis des Rechnens so beschrie-
ben ist, wie herrlich sie ist und uns vielfältig nützlich zu dem, was d
wir wollen, wenn einer sie des Wissens wegen betreibt und nicht et-
wa des Handelns wegen. — Wieso? sagte er. — Dadurch ja, was wir
eben sagten, wie sehr sie die Seele in die Höhe führt und sie nötigt,
mit den Zahlen selbst sich zu beschäftigen, nimmer zufrieden, wenn
einer ihr Zahlen, welche sichtbare und greifliche Körper haben, vor-
hält und darüber redet. Denn du weißt doch, die sich hierauf ver-
stehen, wenn einer die Einheit selbst im Gedanken zerschneiden will,
wie sie ihn auslachen und es nicht gelten lassen; sondern wenn du e
sie zerschneidest, vervielfältigen jene wieder, aus Furcht, daß die
Einheit etwa nicht als Eins, sondern als viele Teile angesehen wer-
de. — Ganz richtig, sagte er. — Was meinst du nun, Glaukon, wenn 526 a
jemand sie fragte: Ihr Wunderlichen, von was für Zahlen redet ihr
denn, in welchem die Einheit so ist, wie ihr sie wollt, jede ganz je-
der gleich und nicht im mindesten verschieden, und keinen Teil in
sich habend? Was, denkst du, würden sie antworten? — Ich denke
dieses, daß sie von denen reden, welche man nur denken kann, un-
möglich aber auf irgendeine andere Art handhaben. — Siehst du
also, sprach ich, Lieber, wie notwendig diese Kenntnis uns in der Tat b
sein muß, da sie die Seele so offenbar nötigt, sich der Vernunft selbst
zu bedienen zum Behuf der Wahrheit selbst? — Gar sehr freilich,
sagte er, bewirke sie dieses. — Und wie? Hast du wohl dies schon
bemerkt, wie die, welche von Natur Zahlenkünstler sind, auch in al-
len andern Kenntnissen sich schnell fassend zeigen, die von Natur
Langsamen aber, wenn sie im Rechnen unterrichtet und geübt sind,
sollten sie auch keinen andern Nutzen daraus ziehen, wenigstens dar-
in alle gewinnen, daß sie in schneller Fassungskraft sich selbst über-
treffen. — So ist es, sagte er. — Und gewiß auch, wie ich denke, wirst c
du nicht leicht vieles finden, was dem Lernenden und Übenden so viel
Mühe machte als eben dieses. — Gewiß nicht. — Aus allen diesen
Gründen also dürfen wir die Kenntnis nicht loslassen, sondern die
edelsten Naturen müssen darin unterwiesen werden. — Ich stimme
ein, sagte er. —

[9. Förderlichkeit der Geometrie]

Dies eine also, sprach ich, stehe uns fest. Das andere aber, was da-
mit zusammenhängt, wollen wir auch sehen, ob uns das etwas nützt?
— Welches? fragte er; oder meinst du die Meßkunst? — Eben diese,
sprach ich. — Was nun an ihr auf das Kriegswesen Bezug hat, sagte d
er, so ist wohl offenbar, daß dieses nützt. Denn um Lager abzustek-

ken, feste Plätze einzunehmen, das Heer zusammenzuziehen oder
auszudehnen, und für alles, was die Richtung des Heeres in den Ge-
fechten selbst und auf den Märschen betrifft, wird es einen großen
Unterschied machen, ob einer ein Meßkünstler ist oder nicht. — Zu
dem allen, sagte ich, ist freilich ein sehr kleiner Teil der Rechenkunst
und der Meßkunst hinreichend; der größere und weiter vorschreiten-
de Teil derselben aber, laß uns zusehen, ob der einen Bezug hat auf
e jenes, nämlich zu machen, daß die Idee des Guten leichter gesehen
werde. Es trägt aber, sagten wir, alles dasjenige hierzu bei, was die
Seele nötigt, sich nach jener Gegend hinzuwenden, wo das Seligste
von allem Seienden sich befindet, welches eben sie auf jede Weise
sehen soll. — Richtig gesprochen, sagte er. — Also wenn die Meß-
kunst uns nötigt, das Sein anzuschauen, so nützt sie; wenn das Wer-
den, so nützt sie nicht. — Das behaupten wir freilich. — Und dieses,
527 a sprach ich, wird uns wohl niemand, wer nur ein weniges von Meß-
kunst versteht, bestreiten, daß diese Wissenschaft ganz anders ist, als
die, welche sie bearbeiten, darüber reden. — Wieso? — Sie reden näm-
lich gar lächerlich und notdürftig; denn es kommt heraus, als ob sie
bei einer Handlung wären und als ob sie eines Geschäftes wegen ih-
ren ganzen Vortrag machten, wenn sie quadrieren, eine Figur anfü-
gen, hinzusetzen und was sie sonst für Ausdrücke haben; die ganze
b Sache aber wird bloß der Erkenntnis wegen betrieben. — Allerdings,
sagte er. — Und ist nicht auch noch dies einzuräumen? — Was doch?
— Daß wegen der Erkenntnis des immer Seienden, nicht des bald
Entstehenden, bald Vergehenden? — Leicht einzuräumen, sagte er.
Denn offenbar ist die Meßkunst die Kenntnis des immer Seienden. —
Also, Bester, wäre sie auch eine Leitung der Seele zur Wahrheit hin
und ein Bildungsmittel philosophischer Gesinnung, daß man näm-
lich nach oben richte, was wir jetzt gar nicht geziemend nach unten
halten. — So sehr als möglich tut sie das. — So sehr als möglich müs-
c sen wir also, sprach ich, darauf halten, daß dir die Leute in deinem
Schönstaate der Geometrie nicht unkundig seien. Und auch der Ne-
bengewinn davon ist nicht unbedeutend. — Welcher? — Dessen du er-
wähntest in bezug auf den Krieg; ja auch bei allen andern Kennt-
nissen, um sie vollkommener aufzufassen, wird ein gewaltiger Un-
terschied sein zwischen denen, die sich mit Geometrie abgegeben ha-
ben und die nicht. — Ein gänzlicher, beim Zeus, sagte er. — Also die-
se zweite Kenntnis wollen wir unserer Jugend aufgeben. — Das wol-
len wir. —

*[10. Heranziehung der Astronomie, aber noch vorher der unzurei-
chend ausgebildeten Stereometrie]*

d Und wie? Die Sternkunde etwa als die dritte? Oder meinst du
nicht? — Ich gewiß, sagte er. Denn die Zeiten immer genauer zu be-
merken, der Monate sowohl als der Jahre, ist nicht nur dem Acker-
bau heilsam und der Schiffahrt, sondern auch der Kriegskunst nicht
minder. — Wie anmutig du bist, sprach ich, daß du scheinst die Leu-
te zu fürchten, sie möchten meinen, du wollest unnütze Kenntnisse
aufbringen. Das aber ist die Sache, nichts Geringes, jedoch schwer zu

glauben, daß durch jede dieser Kenntnisse ein Sinn der Seele gerei-
nigt wird und aufgeregt, der unter anderen Beschäftigungen verlo- e
rengeht und erblindet, obwohl an dessen Erhaltung mehr gelegen ist
als an tausend Augen; denn durch ihn allein wird die Wahrheit ge-
sehen. Die nun dieser Meinung auch sind, werden deine Rede, es ist
nicht zu sagen wie, vortrefflich finden; die aber hiervon noch nichts
irgend gemerkt haben, werden ganz natürlich glauben, daß du nichts
sagst. Denn einen andern Nutzen, der der Rede wert wäre, sehen sie
nicht dabei. So sieh nun lieber gleich, zu welchen von beiden du re- 528 a
dest, oder ob du für keinen von beiden Teilen, sondern deiner selbst
wegen vorzüglich die Sache untersuchst, nur aber auch niemandem
mißgönnen willst, wer etwa noch einen Nutzen davon haben kann.
— So, sprach er, will ich am liebsten, vorzüglich meiner selbst wegen,
reden sowohl als auch fragen und antworten. — So lenke denn,
sprach ich, wieder zurück. Denn nicht richtig haben wir jetzt eben
das Nächste an der Meßkunde angegeben. — Wieso, fragte er. — In-
dem wir, sprach ich, nach der Fläche gleich den Körper in Bewegung
nahmen, ohne ihn zuvor an und für sich betrachtet zu haben. Und es b
wäre doch recht, nach der zweiten Ausdehnung die dritte zu nehmen.
Diese hat es aber zu tun mit der Ausdehnung des Würfels und mit
allem, was Tiefe hat. — Richtig, sagte er. Aber dies, o Sokrates,
scheint noch nicht gefunden zu sein. — Und zwar, sprach ich, aus
doppelter Ursache; sowohl weil kein Staat den rechten Wert darauf
legt, wird hierin nur wenig erforscht bei der Schwierigkeit der Sache,
als auch bedürfen die Forschenden eines Anführers, ohne den sie
nicht leicht etwas finden werden, und der wird sich zuerst schwerlich
finden, und wenn er sich auch fände, würden ihm, wie die Sache jetzt
steht, die, welche in diesen Dingen forschen, weil sie sich selbst zu- c
viel dünken, nicht gehorchen. Wenn aber ein ganzer Staat sich an
die Spitze stellte, der die Sache gehörig zu schätzen wüßte: so wür-
den sowohl diese gehorchen, als auch die Sache würde, wenn anhal-
tend und angestrengt untersucht, wohl ans Licht kommen müssen,
wie sie sich verhält, da sie schon jetzt, wiewohl von den meisten gar
nicht geachtet, sondern eher gehemmt, auch von den Forschenden
selbst, welche die rechte Einsicht nicht haben, wieweit sie nützlich
ist, dennoch dem allen zum Trotz vermöge ihres innern Reizes ge-
deiht und man sich gar nicht wundern muß, daß sie ans Licht ge-
kommen ist. — Anziehend, sagte er, ist sie freilich ganz besonders. d
Aber erkläre mir noch deutlicher, was du eben meintest. Die ganze
Lehre von den Ebenen nanntest du doch Geometrie. — Ja, sprach ich.
— Und dann zunächst ihr erst die Astronomie, darauf aber lenktest
du um. — Eilfertig, sprach ich, alles recht schnell durchzunehmen,
verspätete ich mich vielmehr. Denn obschon die Methode, die Tiefe
oder das Körperliche zu finden, das nächste war, übersprang ich
diese, weil es mit der Untersuchung noch lächerlich steht, und nann-
te nächst der Meßkunde die Sternkunde, die es mit der Bewegung des e
Körperlichen zu tun hat. — Richtig gesprochen. — So wollen wir
denn, sprach ich, die Sternkunde als die vierte setzen, als würde die
jetzt ausgelassene sich schon einstellen, wenn nur ein Staat sich dar-

um bekümmerte. — Natürlich! sagte er. Und was du mir eben tadeltest, o Sokrates, wegen der Sternkunde, daß ich sie auf gemeine Art gelobt, so will ich sie jetzt, so wie du sie auch treibst, loben. Denn
529 a das dünkt mich jedem deutlich, daß diese die Seele nötigt, nach oben zu sehen, und von dem Hiesigen dorthin führt. — Vielleicht, sprach ich, ist es jedem deutlich außer mir; denn mir scheint es nicht so. — Sondern wie? — Daß sie, wie sich jetzt die, welche zur Philosophie hinaufführen wollen, mit ihr beschäftigen, gerade unterwärts sehen macht. — Wie meinst du das? fragte er. — Gar vornehm, sprach ich, scheinst du mir die Kenntnis von dem, was droben ist, bei dir selbst zu bestimmen, was sie ist. Denn du wirst wohl auch, wenn einer Ge-
b mälde an der Decke betrachtet und hinaufgereckt etwas unterscheidet, glauben, daß der mit der Vernunft betrachtet und nicht mit den Augen. Vielleicht nun ist deine Ansicht die rechte, meine aber einfältig. Denn ich kann wieder nicht glauben, daß irgendeine andere Kenntnis die Seele nach oben schauen mache als die des Seienden und Unsichtbaren, und wenn einer nach oben gereckt oder nach unten blinzelnd nur irgend Wahrnehmbares zu lernen trachtet: so leugne
c ich sogar, daß er je etwas lerne, weil es von nichts dergleichen eine Wissenschaft gibt, und behaupte, daß seine Seele nicht aufwärts schaue, sondern nur unterwärts, und wenn er auch ganz auf dem Rücken liegend lernte zu Lande oder zu Wasser. —

[11. Entwurf einer wahrhaft nützlichen Astronomie] Da ist mir recht geschehen, sagte er, und wohlverdient hast du mich gescholten. Aber wie, meinst du, müsse man die Sternkunde anders lernen, als jetzt geschieht, wenn sie mit Nutzen für das, was wir meinen, erlernt werden soll? — So, sprach ich, daß man diese Gebilde am Himmel, da sie doch im Sichtbaren gebildet sind, zwar für das beste und
d vollkommenste in dieser Art halte, aber doch weit hinter dem Wahrhaften zurückbleibend, nämlich den Bewegungen, in welchen die Geschwindigkeit, welche ist, und die Langsamkeit, welche ist, sich nach der wahrhaften Zahl und allen wahrhaften Figuren gegeneinander bewegen und was darin ist forttreiben, welches alles nur mit der Vernunft zu fassen ist, mit dem Gesicht aber nicht. Oder meinst du etwa? — Keineswegs wohl. — Also, sprach ich, jene bunte Arbeit am Himmel muß man nur als Beispiele gebrauchen, um jenes zu er-
e lernen, wie wenn einer auf des Daidalos oder eines andern Künstlers oder Malers vortrefflich gezeichnete und fleißig ausgearbeitete Vorzeichnungen trifft. Denn wenn einer, der sich auf Meßkunde versteht, diese sieht, so wird er wohl finden, daß sie vortrefflich gearbeitet sind, aber es doch lächerlich sei, diese im Ernst darauf anzusehen, als ob man darin das Wesen des Gleichen oder Doppelten
530 a oder irgendeines anderen Verhältnisses fassen könnte. — Wie sollte das nicht lächerlich sein! sagte er. — Meinst du nun nicht, sprach ich, es werde dem wahrhaft Sternkundigen ebenso ergehen, wenn er die Bewegungen der Gestirne betrachtet? Er werde zwar glauben, so vortrefflich nur immer dergleichen Werke zusammengesetzt sein können, sei gewiß von dem Bildner des Himmels dieser und was in ihm

ist auch zusammengesetzt; aber das Verhältnis der Nacht zum Tage
und dieser zum Monat und des Monates zum Jahr und der andern
Gestirne zu diesen und unter sich, meinst du nicht, er werde den für b
ungereimt halten, welcher behauptet, diese erfolgen immer auf die
gleiche Weise, ohne je um das mindeste abzuweichen, die doch Kör-
per haben und sichtbar sind, und man müsse auf jede Weise versu-
chen, an ihnen das Wesen zu erfassen? — Das dünkt mich nun auch,
sprach er, da ich dich höre. — Also, sprach ich, um uns der Aufgabe
zu bedienen, welche sie darbietet, wollen wir wie die Meßkunde so
auch die Sternkunde herbeiholen, was aber am Himmel ist, lassen,
wenn es uns anders darum zu tun ist, wahrhaft der Sternkunde uns
befleißigend das von Natur Vernünftige in unserer Seele aus Un-
brauchbarem brauchbar zu machen. — Da gibst du vielmal mehr zu c
tun, als jetzt bei der Sternkunde geschieht. — Und ich denke wohl,
sagte ich, wir werden es mit allem andern ebenso einrichten müssen,
wenn wir als Gesetzgeber etwas nütze sein wollen.

[12. Brauchbarkeit der Wissenschaft der Harmonie]

Aber was hast du nun noch in Erinnerung zu bringen von hier-
her gehörigen Kenntnissen? — Nichts jetzt sogleich, sagte er. — Aber
die Bewegung selbst, sprach ich, stellt uns nicht eine, sondern mehre-
re Arten dar; sie nun insgesamt mag ein Sachkundiger auszuführen d
wissen, die aber auch uns gleich auffallen, deren sind zwei. — Was für
welche? — Es scheinen ja, sprach ich, wie für die Sternkunde die Au-
gen gemacht sind, so für die harmonische Bewegung die Ohren ge-
macht, und dieses zwei verschwisterte Wissenschaften zu sein, wie die
Pythagoräer behaupten und wir zugeben, oder wie sonst tun? — Zu-
geben. — Also, sprach ich, weil das eine weitläufige Sache ist, wollen e
wir nur von jenen vernehmen, was sie darüber sagen, und ob noch et-
was anderes zu diesem; wir aber wollen außer dem allen das unsrige
wohl in acht nehmen. — Was doch? — Daß nicht unseren Zöglingen
einfalle, etwas hiervon unvollständig zu lernen, so daß es nicht je-
desmal dahin ausgeht, worauf alles führen soll, wie wir eben von
der Sternkunde sagten. Oder weißt du nicht, daß sie es mit der Har-
monie ebenso machen? Wenn sie nämlich die wirklich gehörten Ak- 531 a
korde und Töne gegeneinander messen, mühen sie sich eben wie die
Sternkundigen mit etwas ab, womit sie nicht zustande kommen. —
Bei den Göttern, sagte er, und gar lächerlich halten sie bei ihren so-
genannten Heranstimmungen das Ohr hin, als ob sie in der Nach-
barschaft eine Stimme erlauschen wollten, wobei denn einige behaup-
ten, sie hörten noch einen Unterschied des Tones, und dies sei das
kleinste Intervall, nach welchem man messen müsse, andere aber
leugnen es und sagen, sie klängen nun schon ganz gleich, beide aber
halten das Ohr höher als die Vernunft. — Du, sprach ich, meinst jene b
Guten, welche die Saiten ängstigen und quälen und auf den Wirbeln
spannen. Damit aber die Erzählung nicht zu lang werde, will ich dir
die Schläge mit dem Hammer und das Ansprechen und Versagen
und die Sprödigkeit der Saiten, diese ganze Geschichte will ich dir
schenken und leugne, daß diese Leute etwas von der Sache sagen,

sondern vielmehr jene, von denen wir eben sagten, wir wollten sie
der Harmonie wegen befragen. Denn diese hier machen es ebenso
c wie jene Astronomen, nämlich sie suchen in diesen wirklich gehör-
ten Akkorden die Zahlen, aber sie steigen nicht zu Aufgaben, um zu
suchen, welches harmonische Zahlen sind und welches nicht, und
weshalb beides. — Das ist auch, sagte er, eine gar wunderliche Sache.
— Sehr nützlich allerdings, sprach ich, für die Auffindung des Guten
und Schönen, wenn man sie aber auf andere Weise betreibt, ganz
unnütz. — Wahrscheinlich wohl, sagte er. —

[13. Alle andern Wissenschaften sind Vorübungen für die Dialektik als Wissenschaft von dem, was ist] Ich meinesteils denke, fuhr
ich fort, wenn die Bearbeitung der Gegenstände, die wir bis jetzt
d durchgegangen sind, auf deren Gemeinschaft unter sich und Ver-
wandtschaft gerichtet ist und sie zusammengebracht werden, wie sie
zusammengehören, so kann diese Beschäftigung schon etwas beitra-
gen zu dem, was wir wollen, und ist dann keine unnütze Mühe;
wenn aber nicht, so ist sie unnütz. — So ahnt auch mir, sagte er, aber
das ist gar ein großes Werk, o Sokrates. — Schon das Vorspiel,
sprach ich, oder was meinst du? Oder wissen wir nicht, daß alles dies
nur das Vorspiel ist zu der Melodie, welche eigentlich erlernt werden
soll? Denn du meinst doch nicht, daß die in diesen Dingen stark
e sind, schon die Dialektiker sind? — Nein beim Zeus, außer nur gar
wenige von denen, die mir bekannt geworden. — Aber auch das doch
nicht, daß solche, die nicht einmal vermögen, irgend Rede zu stehen
oder zu fordern, irgend etwas wissen werden von dem, was man,
wie wir sagen, wissen muß? — Auch das gewiß nicht, sagte er. —
532 a Also dieses, o Glaukon, ist nun wohl die Melodie oder der Satz
selbst, was die Dialektik ausführt? Von dem auch, wie er nur mit
dem Gedanken gefaßt wird, jenes Vermögen des Gesichts ein Abbild
ist, von welchem wir sagten, daß es bestrebt sei, auf die Tiere selbst
zu schauen und auf die Gestirne selbst, ja zuletzt auch auf die Sonne
selbst. So auch wenn einer unternimmt, durch Dialektik ohne alle
Wahrnehmung nur mittels des Wortes und Gedankens zu dem selbst
vorzudringen, was jedes ist, und nicht eher abläßt, bis er, was das
b Gute selbst ist, mit der Erkenntnis gefaßt hat, dann ist er an dem
Ziel alles Erkennbaren, wie jener dort am Ziel alles Sichtbaren. —
Auf alle Weise. — Und diesen Weg, nennst du den nicht den dialek-
tischen? — Wie sonst? — Die Lösung aber von den Banden und die
Umwendung von den Schatten zu den Bildern und zum Licht, und
das Hinaufsteigen aus dem unterirdischen Aufenthalt an den Tag,
und dort das zwar auf die Tiere und Pflanzen selbst und auf das
Licht der Sonne noch bestehende Unvermögen hinzuschauen, wohl
c aber auf deren göttliche Abbilder im Wasser und Schatten des Sei-
enden, nicht mehr der Bilder Schatten, welche durch ein anderes, in
Vergleich mit der Sonne ebensolches Licht abgeschattet wären: das
ist die Kraft, welche die gesamte Beschäftigung mit den Künsten be-
sitzt, welche wir durchgenommen haben; und solche Anleitung ge-
währen sie dem Besten in der Seele zum Anschauen des Trefflichsten

unter dem Seienden, wie dort dem Klarsten am Leibe zu der des Glän-
zendsten in dem körperlichen und sichtbaren Gebiet. — Ich, sprach d
er, nehme es so an; wiewohl es mir gar schwer scheint, es anzuneh-
men, dann aber auch wieder schwer, es nicht anzunehmen. Doch —
denn man muß das ja nicht diesmal nur hören, sondern noch gar oft
darauf zurückkommen — laß uns setzen, dies verhielte sich, wie eben
gesagt wird, und laß uns nun zu dem Satz selbst gehen und ihn
ebenso durchnehmen, wie wir das Vorspiel durchgenommen haben.
Sprich daher, welches ist das eigentümliche Wesen der Dialektik, in
was für Arten zerfällt sie, und welches sind die Wege zu ihr; denn e
diese wären es nun endlich, dünkt mich, die dahin führen, wo für
den Angekommenen Ruhe ist vom Wege und Ende der Wander-
schaft. — Du wirst nur, sprach ich, lieber Glaukon, nicht mehr im- 533 a
stande sein zu folgen! Denn an meiner Bereitwilligkeit soll es nicht
liegen, und du sollst nicht mehr nur ein Bild dessen, wovon wir re-
den, sehen, sondern die Sache selbst, so gut sie sich mir wenigstens
zeigt; ob nun richtig oder nicht, das darf ich nicht behaupten, aber
daß es etwas solches gibt, muß behauptet werden. Nicht wahr? —
Notwendig. — Nicht auch, daß allein die Kraft der Dialektik es dem
zeigen kann, welcher der erwähnten Dinge kundig ist, sonst aber es
nicht möglich ist? — Auch dies, sagte er, darf man behaupten. —
Und dies wenigstens, sprach ich, wird uns wohl niemand bestreiten, b
wenn wir sagen, daß, was jegliches selbst sei, dies keine andere Wis-
senschaft planmäßig von allem zu finden sucht, sondern alle anderen
Künste sich entweder auf der Menschen Vorstellungen und Begier-
den beziehen oder auch mit Hervorbringen und Zusammensetzen
oder mit Pflege des Hervorgebrachten und Zusammengesetzten zu
tun haben; die übrigen aber, denen wir zugaben, daß sie sich etwas
mit dem Seienden befassen, die Meßkunde und was mit ihr zusam-
menhängt, sehen wir wohl, wie sie zwar träumen von dem Seien-
den, ordentlich wachend aber es wirklich zu erkennen nicht vermö- c
gen, solange sie, Annahmen voraussetzend, diese unbeweglich las-
sen, indem sie keine Rechenschaft davon geben können. Denn wovon
der Anfang ist, was man nicht weiß, Mitte und Ende also aus diesem,
was man nicht weiß, zusammengeflochten sind, wie soll wohl, was
auf solche Weise angenommen wird, jemals eine Wissenschaft sein
können? — Keine gewiß! sagte er. —

[14. Zusammenfassung über Stellung und Aufgabe der Dialektik]
Nun aber, sprach ich, geht allein die dialektische Methode, auf diese
Art alle Voraussetzungen aufhebend, gerade zum Anfange selbst,
damit dieser fest werde, und das in Wahrheit in barbarischem
Schlamm vergrabene Auge der Seele zieht sie gelinde hervor und d
führt es aufwärts, wobei sie als Mitdienerinnen und Mitleiterinnen
die angeführten Künste gebraucht, welche wir zwar mehrmals Wis-
senschaften genannt haben, der Gewohnheit gemäß, die aber eines
andern Namens bedürfen, der mehr besagt als Meinung, aber dunk-
ler ist als Wissenschaft — wir haben sie aber schon früher irgendwo
Verständnis genannt; indes, denke ich, müssen die nicht über die

e Wörter streiten, denen eine so große Untersuchung wie uns vorliegt.
— Freilich nicht! sagte er, sondern wenn eines nur das bestimmt be-
zeichnet für den Vortrag, was man bei sich denkt, genügt es. — Es
genügt uns also, sprach ich, wie zuvor die erste Abteilung Wissen-
schaft zu nennen, die zweite Verständnis, die dritte Glaube, die vier-
534 a te Wahrscheinlichkeit; und diese beiden zusammengenommen Mei-
nung, jene beiden aber Erkenntnis. Und Meinung hat es mit dem
Werden zu tun, Erkenntnis mit dem Sein; und wie sich Sein und
Werden verhält, so Erkenntnis zur Meinung, und wie Erkenntnis
zur Meinung, so Wissenschaft zum Glauben und Verständnis zur
Wahrscheinlichkeit. Das Verhältnis dessen aber, worauf sich diese
beziehen, das Vorstellbare und Erkennbare, und die zwiefache Tei-
lung jedes von beiden, wollen wir lassen, o Glaukon, um nicht in
noch vielmal größere Untersuchungen zu geraten als die vorigen. —
b Mir meinesteils, sagte er, gefällt das übrige alles, soweit ich folgen
kann, gleichfalls. — Nennst du nun auch den Dialektiker, der die Er-
klärung des Seins und Wesens eines jeden faßt? Und wer die nicht
hat, wirst du nicht von dem, inwiefern er nicht imstande ist, sich
und andern Rede zu stehen, insofern auch leugnen, er habe hiervon
Erkenntnis? — Wie könnte ich es wohl behaupten? — Also auch eben-
so mit dem Guten, wer nicht imstande ist, die Idee des Guten von al-
c lem andern absondernd durch Erklärung zu bestimmen, und wer
nicht, wie im Gefecht durch alle Angriffe sich durchschlagend, sie
nicht nach dem Schein, sondern nach dem Sein zu verfechten su-
chend, durch dies alles mit einer unüberwindlichen Erklärung durch-
kommt, von dem wirst du auch weder, daß er das Gute selbst erken-
ne, behaupten wollen, wenn es sich so mit ihm verhält, noch auch
irgendein anderes Gutes; sondern wenn er irgendein Bild davon
trifft, daß er es durch Meinung, nicht durch Wissenschaft treffe, und
daß er, in diesem Leben träumend und schlummernd, ehe er hier er-
d wacht ist, in die Unterwelt kommt und vollkommen in den tief-
sten Schlaf versinkt. — Beim Zeus, sagte er, gar sehr werde ich das
alles sagen. — Und deine eignen Kinder, die du jetzt in unsrer Rede
erziehst und bildest, wenn du die je in der Wirklichkeit erzögest,
würdest du sie doch gewiß nicht, wenn sie unvernünftig wären wie
irrationale Linien, den Staat regieren lassen und das Wichtigste von
ihnen abhängig machen? — Freilich nicht. — Sondern du wirst es ih-
nen zum Gesetz machen, derjenigen Bildung vorzüglich nachzustre-
ben, durch welche sie instandgesetzt werden, so wissenschaftlich
wie möglich zu fragen und zu antworten. — Dies Gesetz werde ich
e allerdings geben mit dir. — Scheint dir nun nicht, sprach ich, die Dia-
lektik recht wie der Sims über allen anderen Kenntnissen zu liegen
und über diese keine andere Kenntnis mehr mit Recht aufgesetzt
535 a werden zu können, sondern es mit den Kenntnissen hier ein Ende zu
haben? — Mir wohl! sagte er.

[15. Auswahl der für diese Kenntnisse geeigneten Naturen]

Nun ist dir also noch die Verteilung übrig, sprach ich, wem wir diese Kenntnisse mitteilen wollen und auf welche Weise. — Offen-

bar, sagte er. — Erinnerst du dich nun noch unserer ersten Auswahl
der Herrscher, was für welche wir ausgewählt haben? — Wie sollte
ich nicht! sagte er. — Im übrigen nun, sprach ich, nimm an, daß es je-
ne Naturen sein müssen, die auszuwählen sind; denn man muß die
festesten und tapfersten vorziehen und nach Vermögen die wohlge-
staltetsten. Außerdem aber müssen wir nun noch suchen nicht nur b
edle und mutige von Gesinnung, sondern auch die für diesen Unter-
richt günstigen Anlagen müssen sie haben. — Und welche bezeich-
nest du als solche? — Scharfblick, o Bester, sprach ich, müssen sie
mitbringen und nicht schwer lernen. Denn viel eher noch wird die
Seele mutlos bei schwierigen Kenntnissen als bei Leibesübungen.
Denn die Anstrengung ist ihr eigentümlicher, weil sie ausschließend
ist und sie sie nicht mit dem Körper teilt. — Richtig, sagte er. — Und
einen von gutem Gedächtnis müssen wir suchen, der auch unermüd- c
lich ist und außerordentlich arbeitslustig. Oder wie meinst du sonst
werde einer jenes Körperliche alles durcharbeiten können und noch
dazu so große Aufgaben des Lernens und Nachdenkens vollenden?
— Keiner gewiß, sagte er, der nicht in jedem Sinne gutgeartet ist. —
Der jetzige Fehler wenigstens, sprach ich, und die Geringschätzung
ist der Philosophie daraus entstanden, wie wir auch vorher sagten,
daß man sich nicht gehörig mit ihr abgibt; denn nicht Unechte soll-
ten es tun, sondern Echte. — Wie meinst du das? — Zuerst, sagte ich,
muß einer an der Arbeitsamkeit nicht hinken, der sich mit ihr abge- d
ben will, daß er halb arbeitslustig ist und halb träge. Und so ist es
doch, wenn einer zwar die Leibesübungen liebt und die Jagd und,
wo es auf den Leib ankommt, sich gern anstrengt, aber weder lern-
lustig ist noch hörlustig noch forschlustig, sondern in dem allen sich
ungern anstrengt. Ebenso hinkt nun auch, wer seine Arbeitslust nur
auf die entgegengesetzte Seite geworfen hat. — Vollkommen richtig.
— Und werden wir nicht auch in bezug auf die Wahrheit eine Seele
für verstümmelt halten müssen, welche das freiwillige Falsche zwar e
haßt, es nicht leidend an sich selbst, und wenn andere lügen, in hef-
tigen Unwillen gerät, das unfreiwillige aber sich leicht gefallen läßt
und, wenn man sie auf der Unwissenheit ertappt, nicht unwillig
wird, sondern gar lustig nach Schweineart in der Dummheit herum-
sudelt? — Allerdings, sagte er. — Auch was Besonnenheit anlangt und 536 a
Tapferkeit und Großmut und alle Teile der Tugend, muß man nicht
weniger darauf achten, wer unecht ist und wer echt. Denn wer der-
gleichen nicht zu unterscheiden weiß, es sei ein einzelner oder ein
Staat, der hat dann, ohne es zu wissen, Hinkende und Unechte, wo-
rin er nun eben auf solche treffe, jener zu Freunden, dieser zu An-
führern. — Gar sehr, sagte er, verhält es sich so. — Wir aber müssen
uns vor allem der Art gewaltig hüten, so daß, wenn wir nur Gerad-
gliedrige und Geradsinnige zu so großen Unterweisungen und Übun- b
gen zulassen und ausbilden, die Gerechtigkeit selbst uns nicht wird
tadeln können und wir den Staat und die Verfassung retten werden;
bringen wir aber Ungeschickte dazu, so werden wir ganz das Ge-
genteil bewirken und der Philosophie noch mehr Gelächter zuzie-
hen. — Das wäre ja schmählich, sagte er. — Freilich, sprach ich. Aber

Lächerliches scheint auch mir gegenwärtig begegnet zu sein. — Was
c doch? — Ich vergaß, daß wir scherzten, und habe die Rede zu scharf
gespannt. Denn indem ich sprach, blickte ich zugleich auf die Philosophie, und da ich sie so unwürdig geschmäht sah, scheint mir, daß
ich unwillig und ereifert über die Schuldigen zu ernst gesprochen habe, was ich sprach. — Nein beim Zeus, sagte er, für mich wenigstens
als Zuhörer nicht. — Wohl aber für mich, sprach ich, als Redner. Das
aber laß uns nicht vergessen, daß bei unserer ersten Wahl wir Alte
gewählt haben, bei der jetzigen dies aber nicht angehen wird. Denn
d es ist dem Solon nicht zu glauben, daß alternd einer noch viel zu
lernen vermag, sondern noch weniger als zu laufen; vielmehr gehören alle großen und anhaltenden Anstrengungen der Jugend. — Notwendig, sagte er. —

[16. Ausbildungsgang der Auserwählten] Was nun zum Rechnen
und zur Meßkunde und zu allen den Vorübungen gehört, die vor
der Dialektik hergehen sollen, das müssen wir ihnen als Knaben vorlegen, indem wir jedoch die Form der Belehrung nicht als einen
e Zwang zum Lernen einrichten. — Warum nicht? — Weil, sprach ich,
kein Freier irgendeine Kenntnis auf knechtische Art lernen muß.
Denn die körperlichen Anstrengungen, wenn sie auch mit Gewalt
geübt werden, machen den Leib um nichts schlechter, in der Seele
aber ist keine erzwungene Kenntnis bleibend. — Richtig, sagte er.
— Nicht also mit Gewalt, o Bester, sprach ich, sondern spielend be-
537 a schäftige die Knaben mit diesen Kenntnissen, damit du auch desto
besser sehen könnest, wohin ein jeder von Natur sich neigt. — Das
hat wohl Grund, sagte er. — Erinnerst du dich nun nicht, sprach ich,
daß wir sagten, man müsse die Knaben auch in den Krieg zu Pferde
als Zuschauer führen und, wenn es einmal sicher ist, sie auch ganz
nahe hinzubringen und sie Blut kosten lassen, wie man es mit den
jungen Hunden macht? — Daran erinnere ich mich. — In allem diesem nun, in den Anstrengungen, dem Unterricht und den Gefahren,
muß man, die jedesmal am tüchtigsten hineingehen, in eine gewisse
b Liste eintragen. — In welchem Alter? fragte er. — Wenn sie, sprach
ich, von den notwendigen Leibesübungen losgesprochen werden.
Denn diese Zeit, währe sie nun zwei oder drei Jahre, kann unmöglich
noch etwas anderes ausrichten; denn Müdigkeit und Schlaf sind dem
Lernen feind, auch ist dies selbst nicht eine von den kleinsten Prüfungen, wie sich jeder in den Leibesübungen zeigt. — Wie sollte es nicht.
— Nach dieser Zeit aber, sprach ich, von zwanzig Jahren an, sollen
die vorzüglichen größere Ehre vor den andern genießen, und die den
c Knaben zerstreut vorgetragenen Kenntnisse müssen für sie zusammengestellt werden zu einer Übersicht der gegenseitigen Verwandtschaft der Wissenschaften und der Natur des Seienden. — Wenigstens, sprach er, wird nur das so Erlernte fest sein, wem man es auch
beigebracht hat. — Und, sagte ich, die stärkste Probe, wo eine dialektische Natur ist und wo nicht. Denn wer zur Zusammenschau fähig
ist, ist dialektisch; wer nicht, ist es nicht. — Ich stimme dir bei, sagte
er. — Hierauf also, sprach ich, wirst du achten müssen, und welche

unter ihnen dieses am meisten sind und beharrlich im Lernen, beharr- d
lich auch im Kriege und in allem Vorgeschriebenen, diese wiederum,
wenn sie dreißig Jahre zurückgelegt haben, aus den Auserwählten
auswählen und zu noch größeren Ehren erheben, um, indem du sie
durch die Dialektik prüfst, zu sehen, wer von ihnen Augen und die
andern Sinne fahrenlassend auf das Seiende selbst und die Wahrheit
loszugehen vermag. Und hier ist nun viele Behutsamkeit nötig, o Be-
ster. — Weshalb eigentlich? fragte er. — Merkst du denn nicht, sprach e
ich, das jetzige Übel mit der Dialektik, wie groß es ist? — Welches
denn? — Daß sie ganz mit Gesetzwidrigkeit angefüllt ist? — Das frei-
lich, sagte er. — Glaubst du also, sprach ich, daß denen etwas ganz
Wunderbares begegnet, und verzeihst ihnen nicht? — Wieso eigent-
lich? — Wie wenn, sprach ich, ein untergeschobenes Kind bei großem
Vermögen in einem vornehmen und ausgebreiteten Geschlecht und 538 a
unter vielen Schmeichlern erzogen wäre und, wenn es ein Mann ge-
worden, erführe, es sei nicht von diesen Eltern, die dafür ausgegeben
worden, die wahren aber nicht auffinden könnte, kannst du wohl
ahnen, wie dieser gegen die Schmeichler und gegen die, welche ihn
untergeschoben haben, gesinnt sein wird zuerst in der Zeit, wo er
noch nichts von dem Unterschieben wußte, und dann wieder in der,
wo er es weiß? Oder willst du meine Ahnung davon hören? — Das
letztere will ich. —

*[17. Grund der bei Mitteilung der Dialektik anzuwendenden Vor-
sicht]* Ich ahne also, sprach ich, daß er Vater und Mutter und die an-
dern geglaubten Verwandten mehr ehren wird als die Schmeichler b
und weniger übersehen, wenn sie etwas bedürfen, weniger auch et-
was Gesetzwidriges gegen sie tun oder reden, auch weniger ihnen
in großen Dingen ungehorsam sein als den Schmeichlern, in der Zeit
nämlich, wo er die Wahrheit noch nicht weiß. — Natürlich. — Hat er
aber das Wahre gemerkt: so ahne ich im Gegenteil, er werde an Ehr-
furcht und Bemühung um jene nachlassen, den Schmeichlern aber
davon zulegen und ihnen bei weitem mehr als zuvor folgen, ja in-
dem er sich schon unverhohlen zu ihnen hält, ganz nach ihrem Wil- c
len leben, um jenen Vater aber und die übrigen angeblichen Ver-
wandten, wenn er nicht sehr rechtschaffen ist von Natur, sich gar
nichts kümmern. — Du beschreibst alles, wie es geschehen wird. Aber
wie bezieht sich nun dieses Bild auf diejenigen, welche sich in jenes
Gebiet des Denkens begeben? — So. Es gibt doch bei uns Lehren vom
Gerechten und Schönen, unter denen wir von Kindheit an erzogen
worden sind wie von Eltern, ihnen gehorchend und sie ehrend. —
So ist es. — Gibt es nun nicht auch andere, diesen entgegengesetzte d
Bestrebungen, die Lust bei sich führen und unsern Seelen zwar
schmeicheln und sie anlocken, aber doch diejenigen, die auch nur ei-
nigermaßen tauglich sind, nicht überreden; sondern solche ehren jene
väterlichen Lehren und gehorchen denen? — Die gibt es. — Wie nun,
sprach ich, wenn einem, mit dem es so steht, eine Frage kommt und
ihn fragt, was das Schöne ist, und wenn er das antwortet, was er
vom Gesetzgeber gehört hat, die Rede ihm dann bestreitet und durch

öftere und vielfältige Widerlegungen ihn auf den Gedanken bringt,
e als sei dieses um nichts mehr schön als häßlich, und ebenso mit dem
Gerechten und Guten und was er am meisten in Ehren gehalten hat:
wie, meinst du, wird er sich nach diesem gegen jene verhalten, was
Ehrfurcht und Folgsamkeit betrifft? — Notwendig, sagte er, wird er
sie weder mehr ebenso ehren noch ihnen ebenso gehorchen. — Wenn
er nun, sprach ich, diese nicht mehr so für ehrenwert und verwandt
hält wie zuvor, aber auch das Wahre nicht findet, kann er sich zu
einer andern Lebensweise als jener schmeichlerischen hinneigen? —
539 a Unmöglich, sagte er. — Ein Unrechtlicher also wird er geworden zu
sein scheinen aus einem Rechtlichen. — Notwendig. — Muß dies nun
nicht ganz natürlich denen begegnen, die so an jene Untersuchungen
geraten? Und verdienen sie nicht, wie ich eben sagte, alle Nachsicht?
— Und Mitleiden dazu, sagte er. — Also damit du dieses Mitleid
nicht nötig habest bei den Dreißigjährigen, so muß zu diesen Un-
tersuchungen auf die umsichtigste Weise geschritten werden. — Gar
b sehr, sagte er. — Ist nun nicht schon dies, sprach ich, eine sehr große
Vorsicht, wenn sie sie nicht zu jung kosten dürfen? Denn ich glaube,
es wird dir nicht entgangen sein, daß die Knäblein, wenn sie zuerst
solche Reden kosten, damit umgehen, als wenn es ein Scherz wäre,
indem sie sie immer zum Widerspruch lenken, und den nachahmend,
der sie widerlegt, wieder andere widerlegen und ihre Freude daran
haben, wie Hündlein alle, die ihnen nahekommen, durch die Rede zu
zerren und zu rupfen. — Ganz über die Maßen, sagte er. — Wenn sie
nun viele widerlegt haben und von vielen auch widerlegt worden sind,
c so geraten sie gar leicht dahinein, nichts mehr von dem zu glauben,
was sie früher glaubten, und dadurch kommen denn sie und alles, was
die Philosophie betrifft, bei den übrigen in schlechten Ruf. — Sehr
wahr, sagte er. — Wer aber schon älter ist, sprach ich, wird an solcher
Torheit keinen Teil nehmen wollen, sondern lieber den, der untersu-
chen und die Wahrheit ans Licht bringen will, nachahmen als den, der
Scherz treibt und zum Scherz widerspricht, und so wird er selbst acht-
barer sein und auch die Sache zu Ehren bringen statt in Unehre. —
d Richtig. — Und das vor diesem Gesagte ist auch alles aus Vorsicht ge-
sagt, daß man nur sittsame und ernste Naturen soll an Untersuchun-
gen teilnehmen lassen und nicht so wie jetzt der erste beste, der gar
nicht taugt, dazu gelangen kann. — Allerdings, sagte er. —

*[18. Weiterer Ausbildungsgang der Herrscher. Schlußworte über die
Möglichkeit dieses Staates]* Wird es nun hinreichen, daß sie bei die-
sen Untersuchungen angestrengt und unablässig bleiben, ohne ir-
gend etwas anderes zu tun, sondern indem sie sich auf entsprechende
Art wie früher mit dem Leibe doppelt soviel Jahre üben als damals?
e — Meinst du also sechs oder vier? fragte er. — Einerlei! sprach ich,
nimm fünf. Aber nach diesem werden sie wieder in jene Höhle zu-
rückgebracht und genötigt werden müssen, Ämter zu übernehmen
im Kriegswesen und wo es sich sonst für die Jugend schickt, damit
sie auch an Erfahrung nicht hinter den andern zurückbleiben, und
auch hierbei muß man sie noch prüfen, ob sie auch aushalten wer-

den, wenn sie so nach allen Seiten gezogen werden, oder ob sie ab- 540 a
gleiten werden. — Wieviel Zeit aber, fragte er, setzt du hierzu aus?
— Fünfzehn Jahre, sprach ich. Haben sie aber fünfzehn erreicht, dann
muß man, die sich gut gehalten und überall vorzüglich gezeigt hat-
ten in Geschäften und Wissenschaften, endlich zum Ziel führen und
sie nötigen, das Auge der Seele aufwärts richtend in das allen Licht
Bringende hineinzuschauen, und wenn sie das Gute selbst gesehen
haben, dieses als Urbild gebrauchend, den Staat, ihre Mitbürger und
sich selbst ihr übriges Leben hindurch in Ordnung zu halten, jeder b
in seiner Reihe, so daß sie die meiste Zeit der Philosophie widmen,
jeder aber, wenn die Reihe ihn trifft, sich mit den öffentlichen Ange-
legenheiten abmühe und dem Staat zuliebe die Regierung überneh-
me, nicht als verrichteten sie dadurch etwas Schönes, sondern etwas
Notwendiges. Und so mögen sie denn, nachdem sie andere immer
wieder ebenso erzogen und dem Staat andere solche Hüter an ihrer
Stelle zurückgelassen, die Inseln der Seligen bewohnen gehn. Denk-
mäler aber und Opfer wird ihnen der Staat, wenn auch die Pythia c
damit einverstanden ist, öffentlich darbringen als guten Dämonen,
wo nicht, doch als seligen und göttlichen Menschen. — Vortrefflich,
o Sokrates, sagte er, hast du uns die Herrscher wie ein Bildner dar-
gestellt. — Und auch die Herrscherinnen, sprach ich, o Glaukon. Denn
glaube ja nicht, daß, was ich gesagt, ich von Männern mehr gemeint
habe als von Frauen, so viele sich von tüchtiger Natur darunter fin-
den. — Richtig, sagte er, wenn sie ja gleichen Teil an allem haben
sollen mit den Männern, wie wir ausgeführt haben. — Wie nun? sag-
te ich. Gebt ihr zu, daß, was wir von diesem Staat und seiner Ver- d
fassung gesagt haben, nicht bloß fromme Wünsche sind, sondern
Schweres zwar, aber doch irgendwie möglich, nur auf keine andere
Weise als gesagt wurde, wenn wahrhafte Philosophen, die — einer
oder mehrere — zur Obergewalt im Staat gelangt sind, mit Verach-
tung der jetzigen Vorzüge, weil sie diese für unedel und nichts wert
halten, das Richtige und die von diesem ausgehenden Vorzüge al- e
lein hochachten, für das allergrößte und notwendigste aber das Ge-
rechte, und diesem dienend und es befördernd zur Einrichtung ihres
Staates schreiten? — Wie aber? fragte er. — So, daß sie alle, welche
über zehn Jahre alt sind, hinausschicken auf das Land, und nur die 541 a
jüngeren Kinder zu sich nehmen, um sie, entnommen den jetzt gel-
tenden Sitten, die auch die Eltern haben, nach ihren eigenen Gebräu-
chen und Gesetzen zu erziehen, welche so sind, wie wir damals aus-
geführt haben. Und so wird am schnellsten und leichtesten der Staat
und die Verfassung, die wir beschrieben, eingerichtet, selbst glück-
lich sein und dem Volk, unter dem er besteht, die trefflichsten Dienste
leisten. — Gewiß, sagte er. Und wie es gehen könnte, wenn es jemals
gehen soll, dieses, o Sokrates, scheinst du mir vortrefflich ausge-
führt zu haben. — Ist also nun nicht, sprach ich, unsere Rede voll- b
ständig von diesem Staat und dem ihm ähnlichen und angemesse-
nen Manne? Denn auch dieser steht nun ganz deutlich vor uns, wie
wir sagen werden, daß er sein müsse. — Ganz deutlich, sagte er; und,
was du fragst, es scheint mir beendigt zu sein.

ACHTES BUCH

[1. Wiederaufnahme der Frage nach den vier Arten von Verfassun-
543 a *gen]* Wohl! Dieses also ist eingestanden, o Glaukon, daß in dem
vollkommen eingerichteten Staate die Weiber gemeinsam sein müs-
sen, gemeinsam auch die Kinder und deren gesamte Erziehung, wie
auch alle Geschäfte des Krieges und Friedens; und daß Könige darin
diejenigen sein müssen, die sich in der Philosophie und im Kriege
als die besten gezeigt haben. — Das ist eingestanden, sagte er. —
b Und auch das haben wir zugegeben, daß, wenn die Herrscher einge-
setzt sind, sie die Kriegsmänner anführen und sie in solchen Woh-
nungen ansiedeln werden, wie wir vorher beschrieben haben, in de-
nen nichts Eigenes für irgendeinen ist, sondern die allen gemein sind,
und auch über ihre Habe, wenn du dich erinnerst, sind wir einig ge-
worden, worin sie bestehen soll. — Wohl erinnere ich mich, sagte er,
daß wir meinten, keiner dürfe irgend etwas dergleichen zu eigen be-
sitzen wie jetzt die anderen; sondern als Kämpfer im Kriege und
c Hüter hätten sie zum Lohn ihrer Obhut von anderen ihre jährlichen
Lebensbedürfnisse zu empfangen und dafür sich selbst und die Stadt
zu besorgen. — Richtig, sprach ich. Aber weil wir nun dieses vollen-
det, so laß uns erinnern, von wo wir hierher abgeschweift sind, da-
mit wir auf unserm Wege wieder weitergehen können. — Das ist
nicht schwer, sagte er. Denn ungefähr so wie jetzt sprachst du auch,
als habest du alles, was den Staat betrifft, durchgesprochen, und sag-
test, einen solchen Staat, wie du ihn damals beschrieben hattest, er-
d kenntest du für einen guten, und so auch den ihm ähnlichen einzel-
nen, jedoch, wie es schien, als ob du einen noch trefflicheren Staat
544 a und Mann darstellen könntest. Die andern also, behauptest du, wä-
ren verfehlte, wenn dieser richtig, sagtest aber, wenn ich mich recht
erinnere, es gebe der andern Verfassungen vier Arten, über welche
es wohl der Mühe wert wäre Erläuterungen zu haben, um ihre Feh-
ler und die ihnen ähnlichen einzelnen zu erkennen, damit, wenn wir
sie insgesamt betrachtet hätten und einig geworden wären, welches
der trefflichste und welches der schlechteste Mann sei, wir dann un-
tersuchen könnten, ob der trefflichste auch der glücklichste und der
schlechteste auch der elendste sei, oder ob es sich anders verhalte.
b Und als ich fragte, welche vier Verfassungen du meintest, unterbra-
chen uns hierbei Polemarchos und Adeimantos, und so nahmst du
die Rede wieder auf und bist bis hierher gekommen. — Vollkommen
richtig hast du es uns zurückgerufen. — So gib dir nun, sagte er, wie
ein Fechter dieselbe Stellung wieder, und nun ich wieder dasselbe
frage, versuche mir auch zu antworten, was du damals antworten
wolltest. — Wenn ich kann, sprach ich. — Und wahrlich, sagte er, bin
ich sehr neugierig zu hören, was für vier Verfassungen du meintest.
c — Das sollst du, sprach ich, ohne Schwierigkeit. Denn die ich meine
sind die, für welche man auch Namen hat, zuerst diese von so vielen
gepriesene kretische und zugleich auch lakonische, die zweite die
auch zum zweiten gerühmte sogenannte Oligarchie, eine Verfassung

voll mancherlei Übel, ferner die von dieser ganz verschiedene und
ihr zunächst entstehende Demokratie, und endlich die edle Tyrannei,
von allen diesen verschieden, des Staates vierte und letzte Krankheit.
Oder kennst du noch eine andere Gestalt von Verfassung, welche
eine bestimmte Art bildet? Denn Gewalten von Häuptlingen und d
käufliche Königswürden und dergleichen Zustände mehr liegen frei-
lich zwischen diesen, und man findet sie nicht weniger bei den Bar-
baren als bei den Hellenen. — Solche werden freilich gar vielerlei und
sehr wunderliche angeführt. —

*[2. Die den vier Verfassungen entsprechenden Menschenarten. Plan
der weiteren Untersuchung]* Und du weißt doch, daß es auch von
Menschen ebensoviele Arten der Ausprägungen geben muß wie von
Verfassungen. Oder meinst du, daß die Verfassungen von der Eiche
oder vom Felsen entstehen und nicht aus den Gesinnungen derer, die e
in den Staaten sind, nach welcher Seite hin eben diese den Ausschlag
geben und das übrige mit sich ziehen? — Nirgend anders her gewiß
als aus diesen. — Also wenn es fünf Arten des Staates gibt, müssen
auch die Seelen der einzelnen auf fünferlei Art eingerichtet sein. —
Wie sollten sie nicht? — Den nun der Aristokratie ähnlichen haben
wir schon beschrieben, den wir als gut und gerecht in Wahrheit rüh-
men können. — Den haben wir. — Also zunächst müssen wir nun die 545 a
schlechteren durchnehmen, den streitsüchtigen zuerst und ehrgeizi-
gen, der auf der Seite der lakonischen Verfassung steht, und dann
den oligarchischen, den demokratischen und den tyrannischen, da-
mit, wenn wir den ungerechtesten herausgefunden, wir ihn dem Ge-
rechtesten gegenüberstellen und so die Untersuchung sich uns voll-
ende, wie sich die reine Gerechtigkeit zu der reinen Ungerechtigkeit
verhält in Hinsicht auf Glückseligkeit oder Elend dessen, der sie hat,
damit wir entweder dem Thrasymachos folgend der Ungerechtigkeit b
nachtrachten oder der jetzt schon in Beleuchtung stehenden Rede ge-
mäß der Gerechtigkeit. — Auf alle Weise, sagte er, müssen wir es so
machen. — Wie wir nun angefangen haben, der größeren Deutlich-
keit wegen die Gesinnung eher in der Verfassung zu betrachten als
in den einzelnen, wollen wir nicht ebenso auch jetzt die ehrgeizige
Verfassung — denn ich weiß keinen gangbaren Namen, man müßte
sie denn Timokratie oder Timarchie nennen — betrachten und nach
ihr dann den ebensolchen Mann zeichnen, hernach die Oligarchie c
und den oligarchischen Mann, dann, nachdem wir auf die Demokra-
tie hingeschaut, uns auch den demokratischen Mann besehen, und
zuletzt, wenn wir in einen tyrannisch beherrschten Staat gegangen
sind und diesen betrachtet haben, auch die tyrannische Seele beschau-
end versuchen, unverwerfliche Richter zu sein über die aufgestellte
Frage? — Sehr nach der Ordnung, sagte er, würden wir auf diese Art
bei unserer Betrachtung und unserm Urteil zu Werke gehen.

[3. Grund der Umwandlung der Aristokratie in die Timokratie]
Wohlan, sprach ich, laß uns also versuchen zu zeigen, auf welche
Art wohl eine Timokratie aus der Aristokratie entstehen kann. Oder

d ist dieses ganz einfach, daß jede Änderung der Verfassung von dem
herrschenden Teile selbst ausgeht, wenn nämlich in diesem Zwie-
tracht entstanden ist; bleibt dieser aber einig, wie klein er auch sei,
so kann unmöglich eine Bewegung entstehen? — So ist es freilich. —
Wie soll also, o Glaukon, unser Staat in Bewegung geraten, und wo-
her die Helfer und Herrscher gegeneinander und unter sich in
Streit kommen? Oder sollen wir, wie Homeros, die Musen anrufen,
uns zu sagen, ‹wie zuerst die Zwietracht sich entsponnen›, und sol-
e len berichten, sie hätten im tragischen Stil, mit uns wie Kindern
scherzend und plaudernd, aber ganz ernsthaft und mit hohen Wor-
546 a ten redend gesprochen? — Wie denn? — So etwa. Schwer zwar ist es,
daß ein so eingerichteter Staat in Unruhe gerate; aber weil allem
Entstandenen doch Untergang bevorsteht, so wird auch eine solche
Einrichtung nicht die gesamte Zeit bestehen, sondern sich auflösen.
Die Auflösung aber ist diese. Nicht nur den aus der Erde wachsenden
Pflanzen, sondern auch den auf der Erde lebenden Tieren entsteht
Fruchtbarkeit und Unfruchtbarkeit der Seele und des Leibes, wenn
Umwendungen jeglichem der Kreise Umschwung heranführen, kurz-
lebigen auch von kleinem Umfang, entgegengesetzten entgegenge-
b setzte. Die nun, welche ihr zu Lehrern der Stadt erzogen habt, wer-
den die Zeiten glücklicher Erzeugung und Mißwachses für euer Ge-
schlecht, wiewohl weise, durch Berechnung mit Wahrnehmung ver-
bunden doch nicht immer treffen, sondern diese werden an ihnen
vorbeigehen, und so werden sie auch einmal Kinder zeugen, wenn
sie nicht sollten. Es hat aber das göttliche Erzeugte einen Umlauf,
welchen eine vollkommene Zahl umfaßt, das menschliche aber eine
Zahl, in welcher, als der ersten, Vermehrungen — hervorgebrachte
und hervorbringende — nachdem sie drei Zwischenräume und vier
Glieder von teils ähnlich und unähnlich, teils überschüssig und ab-
gängig machenden Zahlen empfangen haben, alles gegeneinander
c meßbar und ausdrückbar darstellen; wovon dann die vierdrittige
Wurzel, mit der fünf zusammengespannt und dreimal vermehrt,
zwei Harmonien darstellt, die eine eine gleichvielmal gleiche, hundert
ebensovielmal, die andere, gleichlängig zwar der länglichen, aber
von hundert Zahlen von den aussprechbaren Durchmessern der fünf
jeder um eins verkürzt, unaussprechbaren aber zwei und von hun-
dert Würfeln der drei. Diese gesamte geometrische Zahl entscheidet
hierüber, über bessere und schlechtere Zeugungen; und wenn aus
d Unkenntnis dieser eure Wächter den Jünglingen Bräute zugesellen
zur Unzeit, so wird das Kinder geben, die weder wohlgeartet sind
noch wohlbeglückt. Von diesen werden zwar die früheren nur die
besten an die Spitze stellen; doch aber, da sie unwürdig sind, werden
sie, wenn sie in die Würden ihrer Väter eintreten, als Staatswächter
anfangen uns zu vernachlässigen, indem sie weit geringer, als sich
gebührt, das Tonkünstlerische schätzen, demnächst auch das Gymna-
stische, daher uns unmusischer die Jugend geraten wird. Aus diesen
werden dann Herrscher hervorgehen, die gar nicht mehr recht der
e Wächter Eigenschaften haben, um die Hesiodischen Geschlechter und
547 a die bei euch, das goldne und silberne, das eherne und eiserne prüfend

zu erkennen. Wird aber dort Eisen mit Silber zusammengemischt
und Erz mit Gold, so wird Unähnlichkeit daraus entstehen und stim-
mungslose Unebenheit, welche immer, wo sie sich auch einstellen,
Krieg und Feindschaft gebären. Denn von dieser Abkunft, muß man
sagen, sei Zwietracht, wo sie auch immer entstehe. — Und ganz rich-
tig, sprach er, wollen wir sagen, daß sie geantwortet haben. — Wie
es auch, sprach ich, ganz natürlich ist, da sie ja Musen sind. — Was
aber, fragte er, sagen die Musen nun weiter? — Ist nun, sagte ich, b
Zwietracht entstanden: so ziehen beide Geschlechter, das eiserne und
eherne, zu Erwerb und Besitz an Land und Häusern, Gold und Sil-
ber; das goldene und silberne aber, wie sie nicht arm sind, sondern
von Natur reich, leiten die Seelen zur Tugend und zur alten Sitte
hin. Wie sie nun Gewalt brauchen und einander entgegenstreben:
so kommen sie am Ende überein, Land und Häuser in Eigentum zu
verwandeln und zu verteilen; die aber, welche vorher von ihnen be- c
wacht wurden, aber als Freie und Freunde und Ernährer, diese nun
unterjocht als Dienstleute auf ihren Ländereien und in ihren Häusern
zu halten, selbst aber sich des Krieges und der Regierung über jene
anzunehmen. — Diese Verwandlung, sagte er, scheint mir wohl von
daher zu entstehen. — Wäre nun nicht, sprach ich, diese Verfassung
eine mittlere zwischen Aristokratie und Oligarchie? — Gewiß.

[4. Beschaffenheit der Timokratie]

So verwandelt sie sich demnach. Nach der Verwandlung aber, wie
wird sie eingerichtet sein? Oder wird sie nicht offenbar in einigem d
die vorige Verfassung nachahmen, in anderem die Oligarchie, als in
der Mitte zwischen beiden, einiges aber auch wieder Eigenes für sich
haben? — Gewiß so, sagte er. — In der Ehrerbietung nun gegen die
Regierenden und darin, daß ihr Wehrstand sich des Ackerbaus und
aller Hantierung und anderen Gewerbes enthalten wird, sowie in
der Einrichtung gemeinsamer Speisungen und in dem Fleiß und der
Sorgfalt für alles, was zu den Leibesübungen und kriegerischen Spie-
len gehört, in dergleichen eben wird sie ja wohl die frühere nachah-
men? — Ja. — Die Furcht aber, die Weisen ans Regiment zu bringen, e
weil einfache und strenge Männer dieser Art nicht mehr vorhanden
sind, sondern nur vermischte, und die Hinneigung zu den Zornarti-
gen und Einfacheren, welche mehr für den Krieg geeignet sind als
für den Frieden, und daß Listen und künstliche Vorrichtungen für 548 a
den Krieg am meisten in Ehren gehalten werden, und das beständige
Kriegführen, dieses und dergleichen vieles, wird sie hingegen eigen
für sich haben? — Ja. — Geldgierig aber, sprach ich, werden diese sein
wie die in den Oligarchien, und werden im Dunkeln Gold und Silber
heftig verehren, da sie ja nun eigene Schatzkammern haben, wohin
sie es verbergen können, und Umzäunungen um ihre Häuser, recht
wie eigne Nester, in denen sie an Weiber und an wen sie sonst wol- b
len gar vieles verwenden können. — Sehr wahr, sagte er. — Daher
werden sie auch wohl karg sein mit dem Gelde, da sie viel darauf
halten und es doch nicht offenkundig besitzen, fremdes aber werden
sie gern aus Lüsternheit verwenden und sich heimliche Freuden

pflücken und dann vor dem Gesetz davonlaufen wie Kinder vor dem
Vater, wie sie auch nicht durch Zusprache gezogen sind, sondern mit
Gewalt, weil sie die wahre Muse, die es mit Reden und Philosophie
c zu tun hat, vernachlässigt und die Gymnastik höher gestellt haben
als die Musik. — Dies ist ja, sagte er, wie du sie beschreibst, eine gar
sehr gemischte Verfassung aus Schlechtem und Gutem. — Gemischt
freilich ist sie, sprach ich; und recht klar ist nur eines in ihr wegen
der Herrschaft des Zornartigen, nämlich Wetteifer und Ehrsucht. —
Gar sehr, sagte er. — So nun, sprach ich, wäre diese Verfassung ent-
standen, und eine solche wäre sie, wenn doch einer die Gestalt einer
d Verfassung in der Rede nur andeuten, nicht aber sie genau abzeich-
nen will, weil ja doch auch der Entwurf schon hinreicht, um den Ge-
rechtesten und Ungerechtesten zu erkennen, und es ein Geschäft von
unabsehbarer Länge wäre, alle Verfassungen und alle Sitten so
durchzunehmen, daß man nichts übergehe. — Ganz recht, sagte er. —

[5. Art und Entstehung des timokratischen Charakters]

Wer ist nun der dieser Verfassung gemäße Mann? Wie käme er
uns zustande, und was für einer würde er sein? — Ich meine, sagte
Adeimantos, er würde diesem unserm Glaukon nahekommen, was
e Wetteifer betrifft. — Vielleicht, sprach ich, was dies betrifft, aber hier-
in dünkt er mich ihm nicht ähnlich zu sein. — Worin? — Eingenom-
mener von sich selbst, sprach ich, wird er sein müssen und etwas we-
niger geübt in den Werken der Musen, wiewohl ein Liebhaber der-
selben; und ebenso wird er zwar gern hören, rednerisch aber keines-
549 a wegs sein. Und gibt es irgend Knechte, denen wird ein solcher scharf
sein, weil er Knechte nicht so geringschätzt wie ein völlig gebildeter,
Freien aber mild, und den Obrigkeiten höchst unterwürfig, dabei
aber ist er ehrgeizig und begierig nach obrigkeitlichen Ämtern, je-
doch wird er nicht wegen des Redens oder etwas der Art herrschen
wollen, sondern nur wegen kriegerischer Taten und was dem ver-
wandt ist, wie er denn die Leibesübungen sehr liebt und so auch die
Jagd. — Das ist freilich, sprach er, die Sitte jener Verfassung. — Wird
nicht auch ein solcher, sprach ich, das Geld in seiner Jugend zwar
b verachten, je älter er aber wird, um desto mehr es lieben, da er ja an
der Natur des Geldliebenden teilhat und nicht mehr rein auf die Tu-
gend gerichtet ist, weil er von dem vollkommensten Wächter im
Stich gelassen worden ist? — Von wem doch? sprach Adeimantos. —
Von der mit Musik vereinigten Rede, sprach ich, welche allein, wem
sie eingepflanzt ist, die Tugend lebenslang bewahren kann. — Wohl
gesprochen, sagte er. — Ein solcher nun wäre, sprach ich, der timokra-
tische, einem solchen Staat ähnliche Jüngling. — Allerdings. — Es ent-
c steht aber, sprach ich, ein solcher so ungefähr. Er ist etwa der junge
Sohn eines trefflichen, nur in einem nicht gut verwalteten Staat le-
benden und daher Ehrenstellen, Ämtern, Rechtssachen und aller sol-
chen Geschäftigkeit so aus dem Wege gehenden Vaters, daß er lieber
zu kurz kommen will, um nur keine Händel zu haben. — Wie, fragte
er, wird der so? — Wenn er, sprach ich, zuerst von seiner Mutter hört,
wie sie darüber klagt, daß ihr Mann nicht zu den Regierenden ge-

hört, und wie sie deshalb bei den anderen Weibern den kürzeren zö-
ge, und weiter, wie sie wohl sähe, daß er sich um das Vermögen kei- d
ne sonderliche Mühe gäbe noch darum stritte, und wenn er auch des-
halb verhöhnt würde im Gespräch sowohl als vor Gericht öffentlich,
sondern aus dergleichen allem mache er sich wenig; und wie sie wohl
merke, daß er auf sich selbst immer Bedacht nehme, sie aber halte er
weder sehr in Ehren, noch vernachlässige er sie auch; über dies alles
nun erbittert, sagt sie ihm, sein Vater sei doch gar zu unmännlich
und schlaff, und was sonst alles die Weiber bei solchen Gelegenhei-
ten herzuleiern pflegen. — Gar vielerlei dergleichen, sprach Adeiman- e
tos, ist ganz in ihrer Weise. — Du weißt nun wohl, sprach ich, daß
dann auch die Dienstleute von solchen bisweilen heimlich derglei-
chen zu den Söhnen sagen, wenn sie es recht gut zu meinen glauben;
und wenn sie sehen, daß einer dem Vater Geld schuldig ist und der
ihm nicht recht zusetzt, oder daß sonst einer ihm etwas antut, so re-
den sie dem Sohne zu, wenn er ein Mann werde, solle er es allen sol-
chen gedenken und mehr ein Mann sein als sein Vater. Geht er nun 550 a
aus, so hört und sieht er noch mehr dergleichen, wie diejenigen, die
das Ihrige tun in der Stadt, für einfältig gelten und wenig aus ihnen
gemacht wird, die aber nicht das Ihrige, geehrt und gelobt werden.
Hört und sieht nun dergleichen alles der junge Mann, hört aber auch
wieder des Vaters Reden und sieht sein Treiben nahebei neben dem
der andern: so wird er von beiden angezogen, indem der Vater das
Vernünftige in seiner Seele hegt und pflegt, die andern aber das Be- b
gehrliche und Zornartige. Und weil er die Natur zwar eines schlechten
Mannes nicht an sich hat, der schlechten Gesellschaft der andern aber
doch nicht entgehen kann: so kommt er von beiden auf diese Art an-
gezogen in die Mitte und übergibt die Herrschaft in sich selbst dem
Mittleren, dem Streitsüchtigen und Zornartigen, und wird so ein
hochmütiger und ehrsüchtiger Mann. — Sehr klar, sprach er, scheinst
du mir dessen Entstehung beschrieben zu haben. — So hätten wir
denn, sprach ich, den zweiten Staat und den zweiten Mann. — Den c
haben wir, sagte er. —

[6. Entstehung der Oligarchie]

Wollen wir nun, nach dem Vers des Aischylos, ‹den andern an den
andern Staat gestellt› beschreiben, oder vielmehr unserm Vorsatz
nach zuerst den Staat selbst? — Allerdings, sagte er. — Die nächste
aber wäre, wie ich denke, die Oligarchie nach jenem Staat. — Was für
eine Verfassung aber, sprach er, nennst du eigentlich Oligarchie? —
Die nach der Schatzung geordnete Verfassung, sprach ich, in welcher
die Reichen herrschen, die Armen aber an der Herrschaft keinen Teil d
haben. — Ich verstehe, sagte er. — Muß nun nicht zuerst erklärt wer-
den, wie der Übergang geschieht aus der Timarchie in die Oligar-
chie? — Ja. — Und das, sprach ich, ist ja wohl auch dem Blinden klar,
wie sie übergeht. — Wie? — Jene Kammer, sprach ich, die jeder sich
mit Geld anfüllt, verdirbt eine solche Verfassung. Denn zuerst ersin-
nen sie sich Aufwand und lenken dahin die Gesetze um, ungehorsam
sie selbst und ihre Weiber. — Sehr wahrscheinlich, sprach er. — Und

e indem einer auf den andern sieht und ihm nacheifert, werden sie
bald alle so geworden sein. — Wahrscheinlich. — Dann treiben sie es,
sprach ich, immer weiter mit dem Gelderwerben, und je mehr sie auf
dieses Wert legen, um desto weniger auf die Tugend. Oder verhal-
ten sich nicht Tugend und Reichtum so, daß immer, als läge auf je-
der Schale der Waage eines, sie sich gegenseitig einander in die Höhe
schnellen? — Gar sehr, sagte er. — Wird also der Reichtum in einem
551 a Staat geehrt und die Reichen, so wird die Tugend minder geachtet
und die Guten. — Offenbar. — Was aber jedesmal in Achtung steht,
das wird auch geübt, und das nicht Geachtete bleibt liegen. — So ist
es. — Aus hochstrebenden und ehrsüchtigen Männern werden sie
also zuletzt erwerbslustige und geldliebende, und den Reichen loben
und bewundern sie und ziehen ihn zu Ehren, den Armen aber achten
sie gering. — Allerdings. — Dann also geben sie ein solches Grundge-
b setz oligarchischer Verfassung, indem sie einen Umfang des Eigen-
tums feststellen, je oligarchischer desto größer, je weniger desto ge-
ringer, und im voraus bestimmen, keiner solle am Regiment teilha-
ben, dessen Vermögen nicht die bestimmte Höhe erreiche. Dies set-
zen sie entweder mit Gewalt der Waffen durch, oder auch ehe es da-
zu kommt, bringen sie durch Schrecken diese Verfassung zustande.
Oder nicht so? — Allerdings so. — Die Einsetzung also ist diese. —
Ja, antwortete er. Welches aber ist nun die Weise dieses Staates? Und
c welches sind die Fehler, die wir sagten, daß er an sich habe?

[7. Die Fehler des oligarchischen Staates]

Zuerst schon, sprach ich, eben diese seine Grundlage. Denn sieh
nur! Wenn jemand auf diese Weise für die Schiffe Steuermänner er-
nennen wollte, nach der Schatzung, Armen aber, wenn sie auch die
Steuermannskunst viel besser verständen, wäre sie nicht verstattet.
— Die werden, sagte er, eine schlimme Fahrt schiffen. — Ist es nun
nicht ebenso mit jeglicher Regierung irgendeiner andern Sache? —
Das denke ich wenigstens. — Ausgenommen den Staat? sprach ich,
oder auch beim Staat? — Wohl um so viel mehr, sagte er, als dessen
Regierung die größte und schwierigste ist. — Also diesen einen gro-
d ßen Fehler hätte schon die Oligarchie. — So scheint es. — Und wie, ist
dieser wohl geringer als der vorige? — Welcher? — Daß ein solcher
Staat notwendig nicht einer ist, sondern zwei; den einen bilden die
Armen, den andern die Reichen, welche beide, sich immer gegensei-
tig auflauernd, zusammenwohnen. — Beim Zeus, sagte er, der ist
wohl nicht geringer. — Aber das ist wohl schön, daß sie am Ende au-
ßerstande sind, einen Krieg zu führen, weil sie sich entweder der
e Menge bedienen müssen, vor welcher sie sich dann, wenn sie bewaff-
net ist, mehr fürchten als vor den Feinden, oder, wenn sie sich ihrer
nicht bedienen, so erscheinen sie dann im Gefecht gar sehr als eine
Macht von Wenigen, wozu noch kommt, daß sie auch keine Abgaben
entrichten mögen, weil sie selbst das Geld lieben. — Keineswegs schön.
— Und wie? Was wir schon längst tadelten, die Vielgeschäftigkeit,
552 a daß in einem solchen Staate dieselben Ackerbau treiben und Gewerbe
und Krieg, dünkt dich denn das richtig zu sein? — Wohl keineswegs.

— Nun sieh noch, ob nicht zu allen aufgezählten Übeln dies noch als
das größte in diesem Staate zuerst vorkommt? — Was doch für eins?
— Daß einer das Seinige alles vertun kann und ein anderer es erwer-
ben, und der es vertan hat, in der Stadt wohnen, ohne irgendeinem
von ihren Teilen anzugehören, denn er ist weder Gewerbsmann noch
Handwerker, weder Reiter noch Fußknecht, sondern heißt schlecht-
hin der Arme und der Unbemittelte. — Dies zuerst hier, sagte er. — b
Gewiß wird ja doch dies nicht verhindert in den oligarchisch einge-
richteten Staaten. Denn sonst wären nicht einige überreich und an-
dere ganz und gar arm. — Richtig. — Betrachte auch dieses! Als nun
ein solcher Reicher das Seinige vertat, war er da irgend dem Staate
noch nütze zu etwas von dem eben Angeführten? Oder schien er
zwar zu den Herrschenden zu gehören, war aber in der Tat weder
Herr noch Diener im Staat, sondern nur ein Verschwender des Vor-
handenen? — So ist es, sprach er. Jenes schien er, war aber nichts wei- c
ter als Verschwender. — Sollen wir nun nicht sagen, wie sich in der
Zelle die Drohne erzeugt nur als eine Krankheit des Stocks: so er-
zeuge sich auch ein solcher im Hause recht wie eine Drohne, als eine
Krankheit des Staates? — Ganz gewiß, sagte er, o Sokrates. — Aber
nicht wahr, Adeimantos, die geflügelten Drohnen hat Gott alle ohne
Stacheln geschaffen, von diesen zweibeinigen aber sind wohl einige
zwar auch stachellos, andere aber haben gar schlimme Stacheln? Und
aus den Stachellosen werden Bettler auf ihr Alter, aus den Bestachel-
ten aber alle, die man schlechtes Gesindel nennt? — Vollkommen d
richtig, sagte er. — Offenbar also, sprach ich, in einem Staat, wo du
Bettler antriffst, da sind an eben diesem Ort auch Diebe verborgen
und Beutelschneider und Tempelräuber und die allerlei solche Ver-
brechen begehen. — Offenbar, sagte er. — Wie nun, siehst du nicht,
daß es Bettler gibt in den oligarchischen Staaten? — Fast wohl alle,
sagte er, die nicht zu den Regierenden gehören. — Sollen wir nun
nicht glauben, sprach ich, daß es in diesen auch viel bestacheltes Ge- e
sindel gibt, welches nur die Obrigkeiten sehr sorgfältig mit Gewalt
zurückhalten? — Das müssen wir freilich glauben, sprach er. — Und
sollen wir nicht sagen, es habe seinen Grund in der Bildungslosig-
keit und in der schlechten Erziehung und Einrichtung des Staates,
daß sich solche da finden? — Das müssen wir sagen. — Ein solcher
also wäre der oligarchische Staat, und mit so vielen Übeln behaftet,
ja vielleicht noch mit mehreren. — Ungefähr so, sprach er. — So sei 553 a
uns denn auch dieser Staat abgefertigt, den man Oligarchie nennt
und der seine Herrscher nach der Schatzung bekommt. Laß uns nun
aber auch den Mann, der diesem Staat ähnlich ist, betrachten, wie
einer so wird, und wenn er geworden, wie er beschaffen ist. — So sei
es, sprach er. —

[8. Entstehung der oligarchischen Sinnesart]

Geschieht nun nicht die Umwandlung aus jenem timokratischen
in den oligarchischen vorzüglich so? — Wie denn? — Wenn etwa ein
Sohn eines solchen zuerst seinem Vater nachstrebt und ganz in seine
Fußstapfen tritt, hernach aber ihn auf einmal am Staat wie an einer

b Klippe scheitern und alles das Seinige, ja ihn selbst in solchem Schiff-
bruch untergehen sieht, wenn er etwa das Heer angeführt hat oder
ein anderes großes Staatsamt bekleidet und dann vor Gericht gezo-
gen wird und von Verleumdern so mitgenommen, daß ihm das Le-
ben abgesprochen oder er vertrieben wird oder seine bürgerliche Ehre
verliert und sein ganzes Vermögen einbüßt. — So kommt es wohl,
sprach er. — Hat nun der Sohn dieses erlebt und miterduldet und ist
um alles gekommen: so wirft er, aus Furcht denke ich, jenes Ehrlie-
c bende und Zornartige Hals über Kopf von dem Thron in seiner See-
le. Wenn er sich nun, durch die Armut gedemütigt, zum Erwerb ge-
wendet hat: so wird er sich kärglich und bei wenigem sparend durch
Emsigkeit wieder etwas sammeln. Glaubst du nun nicht, daß ein sol-
cher dann das Begehrliche und Besitzliebende auf jenen Thron set-
zen und es mit der Tiara, der Halskette und dem Prachtsäbel ge-
d schmückt zum Großkönig in sich selbst erklären wird? — Das denke
ich, sprach er. — Das Vernünftige und Zornartige aber, denke ich,
sind jenes Knechte geworden und sitzen zu beiden Seiten vor demsel-
ben unten an der Erde, und es gestattet dem einen nichts anderes zu
folgern und zu betrachten, als wie und woher aus wenigem Gelde
vieles wird, dem anderen aber nichts anderes zu bewundern und zu
verehren als den Reichtum und die Reichen, und um nichts anderes
sich zu beeifern als um Geldbesitz und was etwa damit zusammen-
hängt. — Es gibt wohl, sprach er, keine andere so schnelle und ge-
waltsame Umwandlung eines ehrliebenden Jünglings in einen geld-
e liebenden. — Und dieser, sagte ich, ist doch der oligarchische. — We-
nigstens ist er die Umwandlung eines Mannes, der dem Staate ähn-
lich ist, aus welchem die Oligarchie sich umgestaltete. — So laß uns
554 a denn sehen, ob er ihr auch ähnlich ist. — Das wollen wir. —

*[9. Ähnlichkeit des oligarchischen Mannes mit dem oligarchischen
Staat]* Und nicht wahr, darin, daß er das Geld am höchsten schätzt,
ist er ihr schon ähnlich. — Wie sollte er nicht? — Und auch in solcher
Sparsamkeit und Arbeitsamkeit, daß er sich selbst nur die Erfüllung
der notwendigen Begierden zugute tut, zu anderem Aufwand aber
nichts hergibt, sondern die übrigen Begierden als eitle unter Druck
hält. — Allerdings. — Etwas schmutzig also, indem er von allem et-
was übrigbehält, sammelt der Mann Schätze; und solche lobt ja auch
b das Volk. Ist nun dieser nicht dem oligarchischen Staat ähnlich? —
Mir scheint es ja; Geld wenigstens wird am höchsten geschätzt in je-
nem Staat und auch bei diesem. — Und ich denke, sprach ich, wohl
unterrichtet zu sein, darum müht sich ein solcher auch nicht? — Ich
glaube wenigstens nicht, sagte er; sonst hätte er wohl nicht einen
Blinden zum Chorführer gesetzt und ihn am meisten geehrt. — Gut,
sprach ich. Betrachte dir nun dieses. Sollen wir nicht sagen, daß eben
aus Unbildung auch drohnenhafte Begierden in ihm entstehen wer-
c den, teils bettelhafte, teils bösartige, die aber mit Gewalt durch die
übrigen sorgfältigen Einrichtungen zurückgehalten werden? — Frei-
lich wohl, sagte er. — Und weißt du auch, sprach ich, wohin du sehen
mußt, um ihre schlechten Streiche doch zu entdecken? — Wohin?

sprach er. — Auf die Vormundschaften über die Waisen, und wo ih-
nen sonst etwas dergleichen vorkommt, was eine große Freiheit ge-
währt, unrecht zu tun. — Richtig. — Ist nun aber hieraus nicht offen-
bar, daß ein solcher auch in andern Geschäftsverhältnissen, worin er
sich einen guten Ruf bewahrt, weil man ihn für gerecht hält, doch
nur durch eine zweckmäßige Gewalt über sich selbst andere ihm ein-
wohnende schlechte Begierden zurückhält, nicht etwa indem er sich d
selbst überzeugt, daß es so nicht besser wäre, auch nicht indem er sie
durch Vernunft zähmt, sondern aus Not und Furcht, weil er für sein
übriges Eigentum zittert? — Allerdings! sagte er. — Und beim Zeus,
Freund, sprach ich, bei den meisten von ihnen wirst du, wenn es
darauf ankommt, Fremdes aufzuwenden, auch die den Drohnen ver-
wandten Begierden gewiß antreffen. — Und das gar sehr, sprach er.
— Ein solcher also kann auch gewiß in sich selbst nicht frei von Zwie-
spalt sein; und er ist auch nicht einmal einer, sondern ein zwiefa-
cher, nur daß doch größtenteils die besseren Begierden in ihm herr-
schen über die schlechteren. — So ist es. — Deshalb nun, denke ich, ist e
ein solcher immer noch anständiger als viele; aber die wahrhafte
Tugend einer mit sich selbst einigen und wohlgestimmten Seele ist
weit von ihm entfernt. — Das dünkt mich. — Und gewiß ist in der ei-
genen Stadt der Sparsame ein schlechter Mitbewerber um irgendei-
nen schönen Sieg oder Ehrenpreis, und da er doch des Ruhmes und 555 a
solcher Kämpfe wegen kein Geld aufwenden will, indem er sich im-
mer fürchtet, die verschwenderischen Begierden aufzuregen und zum
Bündnis und Wetteifer herbeizurufen, so führt er recht oligarchisch
den Krieg immer nur mit wenigem von dem Seinigen, wird also ge-
wöhnlich überwunden, bleibt aber reich. — Sehr recht, sagte er. —
Können wir also noch irgendein Bedenken dagegen haben, sprach ich,
daß dieser Karge und Geldschaffende mit Recht in die Ähnlichkeit
mit dem oligarchisch verwalteten Staate gestellt sei? — Gewiß nicht, b
sagte er.

[10. Entstehung der Demokratie]

Nächstdem haben wir wohl, wie es scheint, die Demokratie zu be-
trachten, auf welche Weise sie entsteht und nach welcher, wenn ent-
standen, sie sich hält, damit wir auch die Weise eines ebensolchen
Mannes kennenlernen, um ihn dann vor Gericht zu ziehen. — So we-
nigstens bleiben wir uns gleich in unserm Fortschreiten. — Der Staat
aber wandelt sich wohl so ungefähr von der Oligarchie in die De-
mokratie, aus Unersättlichkeit in dem vorgesteckten Guten, nämlich
dem größtmöglichen Reichtum. — Wieso? — Weil ja die Herrschen- c
den in diesem Staat wegen ihres großen Besitzes herrschen: so mö-
gen sie nicht gern solche Jünglinge, die etwa ausschweifend werden,
durch das Gesetz in Schranken halten, so daß es ihnen etwa nicht
freistände, das Ihrige zu verschwenden und durchzubringen, damit
sie dann das Eigentum von solchen an sich kaufen oder als Unter-
pfand für Darlehen nehmen können, um dadurch noch reicher und
geehrter zu werden. — Das wäre ihnen eben recht. — Nun ist das
doch wohl klar, daß in einem Staat unmöglich der Reichtum geehrt

und zugleich Besonnenheit und Mäßigung genug in den Bürgern
d hervorgebracht werden kann, sondern notwendig wird entweder das eine vernachlässigt oder das andere. — Das ist hinreichend klar, sagte er. — Indem sie also in Oligarchien Zügellosigkeit übersehen und freigeben: so werden oft Menschen, die gar nicht unedel sind, in die Armut hineingedrängt. — Freilich wohl. — Diese nun, denke ich, sitzen in der Stadt wohlbestachelt und völlig gerüstet, einige verschuldet, andere ihrer bürgerlichen Stellung beraubt, noch andere beides, alle aber denen zürnend und auflauernd, welche das Ihrige besitzen,
e und auch den übrigen, und nach Neuerung begierig. — So ist es. — Jene Sammler aber, immer auf die Sache erpicht und als ob sie diese Menschen gar nicht sähen, verwunden immer wieder jeden, der nur um ein weniges ausweicht, indem sie ihm ihr Gold beibringen, und während sie nun an Zinsen das wer weiß wievielfache ihres
556 a ursprünglichen Vermögens aufhäufen, vermehren sie in dem Staate die Zahl der Drohnen und Armen. — Wie sollten freilich, sprach er, deren nicht viele werden! — Und weder auf jene Weise wollen sie dieses schon auflodernde große Unheil löschen, daß sie Schranken setzen, damit nicht jeder ganz nach Gutdünken mit dem Seinigen schalte, noch auch auf diese, wie wiederum vermöge eines anderen Gesetzes dergleichen aufgehoben wird. — Welches anderen denn? — Es ist nächst jenem das zweite und nötigt die Bürger, sich der Tugend zu befleißigen. Denn wenn man anordnet, daß jeder die meisten sol-
b cher freiwilligen Handelsverträge auf seine eigene Gefahr abschließen muß: so werden sie in der Stadt schon minder schamlos Wucher treiben, mithin wird auch in ihr weniger von solchem Übel aufkommen, als wir eben beschrieben haben. — Bei weitem gewiß, sprach er. — Nun aber, sagte ich, bringen doch durch alles dieses zusammen die Regierenden ihre Regierten in diese Stimmung. Was aber sie selbst und die Ihrigen betrifft, machen sie nicht ihre Jünglinge schwelgerisch, zu leiblichen und geistigen Anstrengungen untüchtig, weich-
c lich aber und träge, wenn es darauf ankommt, sich gegen Lust und Unlust zu wahren? — Wie anders? — Sie selbst aber, unbesorgt um alles, ausgenommen den Gelderwerb, bemühen sich um nichts mehr um die Tugend als die Armen auch? — Freilich nicht. — Wenn nun beide in solcher Verfassung, Regierende und Regierte, zusammentreffen, sei es nun auf Reisen oder bei anderen Veranlassungen, bei öffentlichen Festzügen oder im Kriege, als Gefährten zur See oder im Felde, oder auch wenn sie im Augenblick der Gefahr selbst ein-
d ander im Auge haben und hier dann keineswegs die Armen von den Reichen verachtet werden können, vielmehr gar oft ein hagerer, von der Sonne verbrannter Armer, wenn er in der Schlacht neben einem im Schatten verweichlichten Reichen zu stehen kommt, sieht, wie dieser wegen des vielen fremden Fleisches an Engbrüstigkeit und Beschwerden aller Art leidet: meinst du nicht, daß er bei sich denken werde, solche Leute wären nur durch seine und der Seinigen Feigheit reich, und daß, wenn sie hernach unter sich zusammenkommen, einer dem andern verkündigen wird: In unserer Hand sind die Män-
e ner, sie taugen nämlich nichts? — Sehr wohl weiß ich, sprach er, daß

sie es so machen. — Wie nun ein kränklicher Körper nur einen klei-
nen Anstoß von außen zu bekommen braucht, um ganz darnieder-
geworfen zu werden, ja bisweilen auch ohne irgend etwas Äußeres
sich in sich selbst entzweit: so wird auch ein Staat, der sich in glei-
cher Verfassung befindet, schon aus einer geringen Veranlassung,
wenn von außen her den einen von einem oligarchischen oder den
andern von einem demokratischen Staat Hilfe zugeführt wird, er-
kranken und der innere Streit ausbrechen, bisweilen wird er auch
ohne etwas Äußeres in Aufruhr geraten. — Gewiß, sagte er. — So 557 a
entsteht daher, denke ich, die Demokratie, wenn die Armen den Sieg
davontragen, dann von dem andern Teil einige hinrichten, andere
vertreiben, den übrigen aber gleichen Anteil geben am Bürgerrecht
und an der Verwaltung, so daß die Obrigkeiten im Staat großenteils
durchs Los bestimmt werden. — Dieses, sagte er, ist wohl der Zustand
der Demokratie, mag sie nun durch die Waffen zustande kommen
oder nachdem der andere Teil aus Furcht sich zurückgezogen hat.

[11. Beschreibung der Verfassung des demokratischen Staates]

Auf welche Weise, sprach ich, leben nun diese? Und wie ist wie-
derum diese Staatsverfassung beschaffen? Denn offenbar wird uns b
auch ein solcher demokratischer Mann zum Vorschein kommen. —
Offenbar, sagte er. — Und nicht wahr, zuerst sind sie frei, und die
ganze Stadt voll Freiheit und Zuversichtlichkeit, und Erlaubnis hat
jeder darin zu tun, was er will? — So sagt man ja wenigstens, sprach
er. — Wo aber solche Erlaubnis ist, da richtet offenbar jeder sich sei-
ne Lebensweise für sich ein, welche eben jedem gefällt. — Offenbar.
— So finden sich denn in solcher Verfassung vorzüglich gar vielerlei c
Menschen zusammen. — Wie sollten sie nicht! — Am Ende, sprach
ich, mag dies die schönste unter allen Verfassungen sein; wie ein
buntes Kleid, dem recht vielerlei Blumen eingewirkt sind, so könnte
auch diese, in welche allerlei Sitten verwebt sind, als die schönste
erscheinen. Und vielleicht, sprach ich, werden auch wohl viele, die
wie Kinder und Weiber auf das Bunte sehen, diese für die schönste
erklären. — Gewiß! sagte er. — Und es ist auch gar bequem, sprach
ich, in ihr eine Verfassung zu suchen. — Wie das? — Weil sie ver- d
möge jener Erlaubnis alle Arten von Verfassungen in sich schließt;
und wenn einer, wie wir es ja eben taten, einen Staat einrichten will,
so, scheint es, braucht er nur in eine demokratisch geordnete Stadt
zu gehen und sich dort, welcher Schnitt ihm am besten gefällt, den
aussuchen, als wenn er sich in einer Trödelbude von Staatsver-
fassungen umsähe, und nun, sowie er ausgewählt, seinen Staat ein-
richten. — Nicht leicht freilich, sagte er, möchte es ihm an Mustern e
fehlen. — Und, fuhr ich fort, daß man so gar nicht gezwungen ist,
am Regiment teilzunehmen in einem solchen Staat, und wenn du
auch noch so geschickt dazu bist, noch auch zu gehorchen, wenn du
nicht Lust hast, und ebensowenig, wenn die andern Krieg führen,
auch mitzukämpfen, oder Frieden zu halten, wenn die andern ihn
halten, dir aber stände es etwa nicht an; und auf der andern Seite,
wenn auch ein Gesetz dir verbietet, ein Amt zu bekleiden oder zu

558 a Gericht zu sitzen, daß du doch nichtsdestoweniger regieren kannst
und Recht sprechen, wenn es nur dir selbst in den Sinn kommt: ist
solches nicht vorweg eine gar wundervolle und anmutige Lebens-
weise? — Vielleicht, sagte er, so vorweg wohl. — Und wie? Die Wohl-
gestimmtheit der Verurteilten, ist die nicht manchmal prächtig? Oder
hast du noch nicht gesehen, daß in einem solchen Staate Menschen,
wenn sie zum Tode verurteilt oder des Landes verwiesen sind, nichts-
destoweniger bleiben und mitten unter den andern umhergehen?
Und als ob niemand sich darum kümmmerte oder keiner es sähe, stol-
ziert ein solcher umher wie ein Heros. — Gar viele schon, sagte er. —
b Und die Nachsicht dieses Staates, der so gar nichts weiß von irgend-
einer Kleinigkeitskrämerei, sondern daraus gar nichts macht, was
wir mit so gewichtigem Ernst vorbrachten, als wir unsere Stadt ein-
richteten, daß, wenn nicht einer eine ganz überschwengliche Natur
habe, keiner ein tüchtiger Mann wird, wenn nicht schon seine Spiele
als Knabe eine edle Abzweckung haben und er hernach auch nur al-
les solches ernstlich treibt, wie großmütig über alles dieses hinweg-
schreitend ein solcher Staat nichts danach fragt, von was für Bestre-
bungen und Geschäften einer herkomme, der an die Staatsgeschäfte
geht, sondern ihn schon in Ehren hält, wenn er nur versichert, er
c meine es gut mit dem Volk. — Gar edel, sagte er, ist freilich diese
Nachsicht. — Dieses also, sagte ich, und anderes dem Verwandtes
hätte die Demokratie und wäre, wie es scheint, eine anmutige und
regierungslose und buntscheckige Verfassung, welche gleichmäßig
Gleichen wie Ungleichen eine gewisse Gleichheit austeilt. — Sehr
kenntlich, sagte er, beschreibst du sie.

[12. Unterscheidung der notwendigen von den nicht notwendigen Begierden]

Sieh nun zu, sprach ich, wer ein solcher einzelner ist. Oder sollen
wir, wie wir es auch bei der Verfassung getan haben, zuerst fragen,
auf welche Weise er entsteht? — Ja, sagte er. — Sollte es also nicht
so etwa geschehen? Jener sparsame oligarchische Mann habe einen
d Sohn, der von seinem Vater in dessen Sitten erzogen wird. — Den
habe er. — Mit Gewalt also herrscht auch dieser über die ihm
einwohnenden Lüste, sofern sie verschwenderisch sind, über die
gewinnbringenden aber nicht, welche ja auch nicht notwendige
heißen. — Offenbar, sagte er. — Sollen wir aber auch, sprach ich, da-
mit unsere Rede nicht im Dunkeln tappe, zuvörderst die notwendi-
gen und nicht notwendigen Begierden bestimmen? — Das wollen
wir. — Also diejenigen sowohl heißen mit Recht notwendige, welche
e wir nicht imstande sind abzuweisen, als auch diejenigen, deren Be-
friedigung uns nützlich ist; denn zu diesen beiden treibt uns unsere
Natur notwendig hin. Oder nicht? — Allerdings. — Mit Recht also
559 a sagen wir dieses von ihnen aus, das Notwendige. — Mit Recht. —
Wie aber? Die einer loswerden kann, wenn er von Jugend auf daran
denkt, und die, wo sie gehegt werden, zu nichts Gutem mitwirken,
teils wohl gar zum Gegenteil, wenn wir von diesen insgesamt be-
haupten, daß sie nicht notwendig sind, wird das nicht richtig ge-

sagt sein? — Richtig allerdings. — Wollen wir nicht lieber auch ein
Beispiel von beiden aufstellen, was für welche es sind, damit wir ei-
nen Abriß von ihnen haben? — Das ist wohl nötig. — Also die Be-
gierde des Essenwollens, soviel als Gesundheit und Leibesstärke er-
fordern, und zwar Brot und Fleisch, wäre eine notwendige? — So b
denke ich. — Und zwar die nach Brot in beider Hinsicht notwendig,
sofern sie förderlich ist und sofern man nicht leben könnte, wenn
man sie nicht befriedigt. — Ja. — Die nach Fleisch aber nur, sofern es
etwas zur Leibesstärke beiträgt. — Allerdings. — Wie aber die hier-
über hinaus und auf ausländische Leckereien und dergleichen ge-
hende Begierde, die aber durch gute Zucht von Jugend an und durch
Unterricht den meisten vertrieben werden kann und die dem Leibe
schädlich, ebenso aber auch der Seele zur Weisheit und Besonnenheit
hinderlich ist, diese würden wir ja wohl mit Recht eine nicht not-
wendige nennen? — Vollkommen richtig. — Können wir aber nicht c
auch sagen, daß diese verschwenderische sind, jene aber gewinnbrin-
gende, weil sie ja nützlich sind zur Führung der Geschäfte? — War-
um nicht? — Auf dieselbe Weise demnach wollen wir uns auch über
die den Geschlechtstrieb betreffenden und die übrigen erklären. —
Ebenso. — Die wir nun vorher Drohnen nannten, sollten doch solche
sein, die, voll dieser Lüste und Begierden, von den nicht notwendi-
gen beherrscht werden, die aber von den notwendigen, nannten wir d
die Sparsamen und Oligarchischen? — Wie wäre es anders? —

*[13. Zustandekommen und Lebensweise eines demokratischen Man-
nes]* Und nun also kommen wir darauf zurück, wie aus einem olig-
archischen ein demokratischer Mann wird. Es scheint mir aber größ-
tenteils so zu geschehen. — Wie? — Wenn ein, wie wir vorher schon
sagten, ungebildet und kärglich erzogener Jüngling von dem Honig
der Drohnen kostet und mit feurigen und gewitzigten Unholden
zusammenkommt, welche mannigfaltige und die größten Abwechs-
lungen darbietende Vergnügungen aller Art zu verschaffen wissen:
so glaube mir, von da nimmt es seinen Anfang, daß das Oligarchi- e
sche in ihm sich in Demokratisches verwandelt. — Ganz notwendig,
sagte er. — Und wie der Staat sich verwandelte, wenn dem einen Teil
ein Bündnis von außen, Ähnliches dem Ähnlichen, zu Hilfe kam:
so verwandelt sich auch der Jüngling, wenn der einen Gattung Be-
gierden bei ihm die verwandten und ähnlichen von außen zu Hilfe
kommen. — Auf alle Weise. — Und wenn nun, denke ich, auf der an-
dern Seite auch dem Oligarchischen in ihm eine andere Hilfsmacht
Beistand leistet, sei es nun vom Vater her oder von den Verwandten,
die ihn zurechtsetzen und schelten: so entstehen dann in ihm Partei- 560 a
en und Gegenparteien und Streit mit sich selbst. — Wie sonst? —
Und das eine Mal muß wohl, meine ich, das Demokratische dem Olig-
archischen weichen, und von den Begierden gehen einige zugrunde,
andere werden auch vertrieben, wenn irgend Scham in des Jünglings
Seele Raum gewonnen hat; und so wird er wieder zur guten Ord-
nung zurückgebracht. — Das geschieht wohl bisweilen, sagte er. —
Dann aber, denke ich, werden wieder andere, mit den vertriebenen

b verwandte und mit aufgewachsene Begierden vermöge des Mangels
an Einsicht in der väterlichen Erziehung mächtig und zahlreich. —
Das pflegt wohl so zu gehen, sagte er. — Diese ziehen ihn dann wie-
der in denselben Umgang hinein und vermehren sich durch diesen
heimlichen Verkehr. — Wie sollten sie nicht! — Und am Ende, denke
ich, nehmen sie die Burg in der Seele des Jünglings in Besitz, nach-
dem sie gemerkt haben, daß es darin fehlt an schönen Kenntnissen
und Bestrebungen und an richtigen Grundsätzen, welche doch im-
mer die besten Hüter und Wächter sind in den Seelen gottbefreun-
c deter Männer. — Bei weitem wohl, sagte er. — Hier aber, glaube ich,
haben falsche Sätze und hoffärtige Meinungen einen Anlauf genom-
men und statt jener sich desselben Ortes bemächtigt. — Jawohl, sagte
er. — Geht er dann nicht wieder zu jenen Lotophagen und lebt nun
ganz öffentlich mit ihnen? Und wenn von den Angehörigen her ir-
gendeine Hilfe für das Sparsame in seiner Seele anlangt: so schlie-
ßen jene hoffärtigen Reden die Tore der königlichen Feste in ihm
und lassen weder die Hilfsmacht hinein, noch auch nehmen sie Re-
d den von Älteren, weil sie ja doch nur von einzelnen kämen, als Ab-
gesandte auf; sondern sie selbst siegen im Gefecht und treiben dann
die Scham, welche sie Dummheit nennen, ehrlos als Flüchtling hin-
aus, die Besonnenheit nennen sie unmännliches Wesen und jagen sie
unter schimpflichen Behandlungen fort, Mäßigkeit aber und häus-
liche Ordnung stellen sie als bäurisches und armseliges Wesen dar
und bringen sie über die Grenze, unterstützt von einer Menge nutz-
loser Begierden. — Sehr gewiß. — Haben sie nun die Seele des von ih-
e nen Eingenommenen und Geweihten von diesen allen mit großem
Aufwand ausgeleert und gereinigt: dann holen sie mit einem zahl-
reichen Chor den Übermut ein und die Unordnung und die Schwel-
gerei und die Unverschämtheit, glänzend geschmückt und bekränzt
unter Lobpreisungen und süßen Schmeichelreden, indem sie den
Übermut als Wohlgezogenheit begrüßen, die Unordnung als Frei-
sinnigkeit, die Schwelgerei als großartige Lebensweise und die Un-
561 a verschämtheit als mannhafte Zuversicht. Geschieht es nicht so, sprach
ich, daß einer in der Jugend aus einem bei den notwendigen Begier-
den Auferzogenen zur Befreiung und Loslassung der nicht notwen-
digen übergeht? — Und das sehr deutlich, antwortete er. — Nach die-
sem nun, denke ich, lebt ein solcher so, daß er Geld, Zeit und Mühe
um nichts mehr auf die notwendigen als auf die nicht notwendigen
verwendet. Ja, wenn er glücklich ist und von jener bacchischen Be-
geisterung nicht noch weiter fortgerissen wird, vielmehr, nachdem
er etwas älter geworden ist und das große Getümmel sich etwas ver-
b laufen hat, er dann die Vertriebenen zum Teil wieder aufnimmt und
sich den damals Eingedrungenen nicht gänzlich hingibt: so wird er
dann in einem gewissen ruhigeren Gleichgewicht der Lüste leben,
indem er der, welche jedesmal eintritt, als ob das Los sie getroffen
hätte, die Herrschaft in sich übergibt, bis sie befriedigt ist, und dann
wieder einer andern, indem er keine nachteilig auszeichnet, sondern
sie alle gleichmäßig pflegt. — So allerdings. — Eine wahre Rede aber,
fuhr ich fort, nimmt er nicht an, noch läßt er sie in seine Wacht,

wenn eine etwa aussagte, einige Lüste rührten von edlen und guten c
Begierden her, andere aber von schlechten, und jenen müsse man nachstreben und sie ehren, diese aber bändigen und unterwerfen; sondern hierüber hat er immer nur *eine* Antwort, daß sie alle einander ähnlich sind und auf gleiche Weise zu ehren. — Gar sehr, sagte er, ist es so mit ihm bestellt, und so handelt er. — Also, sprach ich, so verlebt er für sich seine Tage immer der eben aufgeregten Begierde gefällig, bald im Rausch und übermütig, dann wieder trinkt er Wasser und hält magere Kost, bald emsig in Leibesübungen,
manchmal auch träge und sich um nichts kümmernd, bald wieder, d
als vertiefe er sich ganz in die Wissenschaft. Oft auch treibt er die öffentlichen Angelegenheiten, und wenn er aufspringt, redet und handelt er, wie es sich gerade trifft. Wird er einmal eifersüchtig auf Kriegsmänner, so wendet er sich dahin, und wenn auf Geldmänner, dann auf diese Seite. So daß irgendeine Ordnung oder Notwendigkeit gar nicht über sein Leben schaltet; sondern ein solches Leben nennt er anmutig und frei und selig und hält sich überall danach. —
Auf alle Weise, sprach er, hast du das Leben eines Mannes durch- e
genommen, der alles zu gleichen Rechten behandelt. — Und meiner Meinung nach, fuhr ich fort, ist der Mann ein gar mannigfaltiger, die meisten Sitten und Gemütsstimmungen in sich vereinigend, und schier ebenso schön und bunt als jener Staat, so daß ihn auch viele Männer und Frauen seiner Lebensweise wegen beneiden, weil er die Muster der meisten Verfassungen und Denkungsarten in sich trägt.
— So, sprach er, verhält es sich. — Wie nun? Soll uns ein solcher 562 a
Mann auf die Seite der Demokratie gestellt bleiben, als der mit Recht den Namen eines demokratischen führt? — Dahin soll er gestellt bleiben, sagte er.

[14. Auflösung der Demokratie durch ihre Unersättlichkeit nach Freiheit]

Nun wäre uns mithin noch übrig, sprach ich, die trefflichste Verfassung und den trefflichsten Mann durchzugehen, die Tyrannei und den Tyrannen. — Offenbar, sagte er. — Wohlan denn, lieber Freund, welches ist wohl die Art, wie die Tyrannei entsteht? Denn daß sie sich aus der Demokratie abändert, ist wohl fast offenbar! — Offenbar. — Entsteht nun etwa auf dieselbe Weise, wie aus der Olig-
archie die Demokratie, auch aus der Demokratie die Tyrannei? — b
Wieso? — Was die Oligarchie sich als das größte Gut vorsteckte und wodurch sie auch zustandegekommen war, das war doch der große Reichtum. Nicht wahr? — Ja. — Die Unersättlichkeit im Reichtum aber und die Vernachlässigung alles übrigen um des Geldmachens willen gereichte ihr zum Untergang. — Richtig! sagte er. — Und die Demokratie, löst nicht auch diese sich auf durch die Unersättlichkeit in dem, was sie sich als ihr Gut vorsetzt? — Was meinst du aber, daß sie sich vorsetze? — Die Freiheit, antwortete ich. Denn von dieser
wirst du immer in einer demokratischen Stadt hören, daß sie das c
Vortrefflichste sei, und daß deshalb auch nur in einer solchen leben dürfe, wer von Natur frei sei. — Das Wort wird freilich gar oft ge-

sagt. — Ist es nun etwa nicht, was ich eben sagen wollte, die Uner-
sättlichkeit hierin mit Vernachlässigung alles übrigen, was auch diese
Verfassung umgestaltet und sie dahin bringt, der Tyrannei zu be-
dürfen? — Wie das? sprach er. — Ich meine, wenn einer demokrati-
d schen, nach Freiheit durstigen Stadt schlechte Mundschenken vorste-
hen und sie sich über die Gebühr in ihrem starken Wein berauscht:
so wird sie ihre Obrigkeiten, wenn diese nicht ganz zahm sind und
alle Freiheit gewähren, zur Strafe ziehen, indem sie ihnen schuld gibt,
bösartig und oligarchisch zu sein. — Das tun sie wohl, sagte er. —
Und die den Obrigkeiten gehorchen, mißhandelt sie als knechtisch
Gesinnte und gar nichts Werte; und nur Obrigkeiten, welche sich
wie Untergebene, und Untergebene, welche sich wie Obrigkeiten an-
stellen, werden, wo man unter sich ist und öffentlich, gelobt und ge-
ehrt. Muß nun nicht in solchem Staat die Freiheit sich notwendig
e überallhin erstrecken? — Wie sollte sie nicht? — Und so, sprach ich,
o Freund, wird sie sich auch in die Häuser einschleichen und am Ende
so weit gehen, daß auch dem Vieh die Ungebundenheit eingepflanzt
wird. — Wie, sprach er, ist wohl dies gemeint? — Als wenn, sagte
ich, ein Vater sich gewöhnt, dem Knaben ähnlich zu werden und sich
also vor den erwachsenen Söhnen zu fürchten, und ein Sohn dem
Vater, also die Eltern weder zu scheuen noch bange vor ihnen zu
sein, damit er nämlich recht frei sei; ebenso ein Hintersasse dem Bür-
563 a ger und der Bürger dem Hintersassen sich gleichzustellen, und der
Fremde ebenso. — Das geschieht freilich, sagte er. — Dieses, fuhr ich
fort, und noch andere ähnliche Kleinigkeiten. Der Lehrer zittert in
einem solchen Zustande vor seinen Zuhörern und schmeichelt ih-
nen; die Zuhörer aber machen sich nichts aus den Lehrern und so
auch aus den Aufsehern. Und überhaupt stellen sich die Jüngeren
den Älteren gleich und treten mit ihnen in die Schranken in Worten
und Taten; die Alten aber setzen sich unter die Jugend und suchen
b es ihr gleichzutun an Fülle des Witzes und lustiger Einfälle, damit
es nämlich nicht das Ansehen gewinne, als seien sie mürrisch oder
herrschsüchtig. — So ist es allerdings, sagte er. — Das äußerste aber,
o Freund, was an Größe der Freiheit in solchem Staat zum Vorschein
kommt, ist wohl dieses, wenn die gekauften Männer und Frauen
nicht minder frei sind als ihre Käufer. Wie groß aber zwischen Frau-
en und Männern und Männern und Frauen die Rechtsgleichheit und
Freiheit wird, das hatten wir beinahe vergessen zu erwähnen. —
c Wollen wir aber doch nach dem Aischylos nun davon reden, was uns
jetzt in den Mund kommt? — Gern, sagte ich, und ich meine es so.
Wieviel freier die dem Menschen unterworfenen Tiere hier sind als
anderwärts, das glaubt niemand, der es nicht erfahren hat. Denn die
Hunde sind schon offenbar nach dem Sprichwort wie junge Fräulein;
und Pferde und Esel sind gewöhnt, ganz frei und vornehm immer
geradeaus zu gehen, wenn sie einem auf der Straße begegnen, der
ihnen nicht aus dem Wege geht, und ebenso ist alles andere voll
d Freiheit. — Recht erzählst du mir meinen Traum, sagte er; denn oft-
mals ergeht es mir so, wenn ich aufs Land reise. — Die Summe nun
von diesem allen, sprach ich, wenn man es zusammenrechnet, merkst

du wohl, wie zart nämlich dadurch die Seele der Bürger wird, so daß,
wenn ihnen einer auch noch so wenig Zwang auflegen will, sie gleich
unwillig werden und es gar nicht vertragen. Und zuletzt weißt du
ja, daß sie sich auch um die Gesetze gar nichts kümmern, mögen es
nun geschriebene sein oder ungeschriebene, damit auf keine Weise
irgend jemand ihr Herr sei. — Jawohl, sagte er, weiß ich das. — e

[15. Die Krankheit der Demokratie] Diese treffliche und jugendliche
Wurzel, o Freund, sprach ich, ist es nun eben, aus welcher, wie es
mir scheint, die Tyrannei hervorwächst. — Jugendlich genug freilich,
sagte er, aber wie weiter? — Dieselbe Krankheit, sprach ich, an wel-
cher die Oligarchie, wenn sie davon betroffen wird, zugrunde geht,
diese, wenn sie sich auch hier einstellt, wo sie, weil jedem alles frei-
steht, noch weit häufiger und heftiger wird, verknechtet die Demo-
kratie. Und in der Tat, das äußerste Tun in irgend etwas pflegt im-
mer eine große Hinneigung zum Gegenteil zu bewirken, bei der
Witterung, bei den Gewächsen, bei den lebendigen Körpern, und 564 a
ebenso auch nicht weniger bei den Staaten. — Das läßt sich hören,
sagte er. — Also auch die äußerste Freiheit wird wohl dem einzelnen
und dem Staat sich in nichts anderes umwandeln als in die äußerste
Knechtschaft. — Wahrscheinlich freilich. — So kommt denn natürli-
cherweise die Tyrannei aus keiner andern Staatsverfassung zustan-
de als aus der Demokratie, aus der übertriebensten Freiheit die streng-
ste und wildeste Knechtschaft. — Das hat freilich Grund, sagte er. —
Jedoch ich glaube, du fragtest nicht hiernach; sondern was für eine
auch in der Oligarchie vorkommende Krankheit die Demokratie in b
Knechtschaft bringe. — Du hast recht, sagte er. — Ich meinte nun,
sagte ich, jenes Geschlecht fauler und verschwenderischer Menschen,
wovon die tapferen anführen und die feigeren ihnen folgen und wel-
ches wir mit den Drohnen verglichen, jene mit solchen, die einen Sta-
chel führen, diese mit stachellosen. — Und richtig gewiß, sagte er. —
Diese beiden nun, sprach ich, richten Unordnung an in jeder Verfas-
sung, wo sie sich auch finden, wie im Körper Schleim und Galle. Wel-
che beide also der gute Arzt und Gesetzgeber eines Staates nicht min- c
der als der gute Bienenvater schon von weitem hüten muß, damit sie
am liebsten gar nicht hineinkommen, sind sie aber einmal da, sobald
als möglich, ja allenfalls auch mit den Wachskuchen selbst ausge-
schnitten werden. — Ja beim Zeus, sprach er, auf jede Weise! — Laß
es uns denn so, sprach ich, anfassen, damit wir genauer sehen, was
wir wollen. — Wie? — In drei Teile laß uns einen demokratischen
Staat einteilen, wie es sich auch verhält. Der erste Teil ist diese Gat-
tung, welche wegen der Ungebundenheit in einem demokratischen d
nicht minder entsteht als im oligarchischen. — So ist es. — Hier aber
ist es bei weitem herber als dort. — Wieso? — Dort, weil sie nicht in
Ehren gehalten, sondern von den obrigkeitlichen Ämtern zurückge-
drängt wird, bleibt sie ungeübt und wird nicht kräftig; in der Demo-
kratie aber hat diese mit wenigen Ausnahmen überall den Vorsitz.
Und die hitzigen darunter reden und handeln, die andern setzen sich
um die Gerichtsstellen her und summen und leiden nicht, daß je-

e mand etwas anderes sage, so daß in einem solchen Staate bis auf
einiges wenige alles von dieser Gattung verwaltet wird. — Jawohl,
sagte er. — Das andere ist nun wohl dieses, was sich von der Menge
ausscheidet. — Was für eines? — Wenn doch alle aufs Erwerben ge-
stellt sind: so werden die von Natur Sittsamen gewöhnlich die Reich-
sten. — Wahrscheinlich. — Von da nun, denke ich, fließt für die Droh-
nen der meiste und reichlichste Honig. — Wie sollte auch wohl einer,
sagte er, von denen etwas auspressen, die wenig haben? — Solche
Reiche aber, meine ich, heißen die Weide der Drohnen. — Beinahe
wohl, sagte er. —

565 a *[16. Entstehung des Tyrannen]* Die dritte Gattung nun wäre also
das Volk, alle die mit eigenen Händen arbeiten und sich der Staats-
geschäfte enthalten und deren Besitz gar wenig bedeutet. Diese ist
die zahlreichste in der Demokratie und die am meisten den Aus-
schlag gibt, wenn sie zusammengebracht ist. — Das freilich, sagte er,
aber sie pflegt nicht leicht zusammengebracht zu werden, wenn sie
nicht von dem Honig etwas bekommt. — Davon bekommt sie aber
jedesmal, sprach ich, sooft die Vorsteher Gelegenheit finden, die Ver-
mögenden zu berauben und davon, indem sie das meiste für sich be-
b halten, auch unter dem Volk zu verteilen. — Auf diese Weise frei-
lich, sagte er, bekommt sie davon. — Sonach werden doch, denke ich,
diejenigen, welche man beraubt, genötigt, sich durch Reden im Volk
und auch, soweit sie können, tätlich zur Wehr zu setzen. — Wie soll-
ten sie nicht! — Daher, wenn sie auch in der Tat gar keine Lust ha-
ben zu Neuerungen, werden sie nun doch von den andern beschul-
digt, daß sie dem Volke nachstellen und oligarchisch sind. — Das
läßt sich denken. — Am Ende also, wenn sie sehen, daß das Volk,
nicht aus eignem Antriebe, sondern in seiner Unwissenheit und von
c ihren Verleumdern hintergangen, doch darauf ausgeht, ihnen un-
recht zu tun, dann endlich, mögen sie nun wollen oder nicht, wer-
den sie wirklich oligarchisch, nicht aus eignem Antriebe, sondern
auch dieses bringt ihnen jenes Unheil, die Drohne, durch seine Sti-
che bei. — Offenbar. — Und so entstehen dann gegenseitige Ankla-
gen, Rechtsstreitigkeiten und Kämpfe. — Jawohl. — Pflegt nun dann
nicht das Volk ganz vorzüglich immer *einen* an seine Spitze zu stel-
len und diesen zu hegen und großzumachen? — Das pflegt es frei-
d lich. — Soviel scheint mir also klar, wenn ein Tyrann entsteht, so ist
dieses Vortreten seine Wurzel, und anderwärts her sproßt er nicht
auf. — Sehr klar! — Welches ist also der Anfang dieser Umwandlung
aus einem Volksvorsteher in einen Tyrannen? Oder dann offenbar,
wenn der Vorsteher angefangen hat, dasselbe zu tun wie jener in der
Fabel, welche von dem arkadischen Tempel des Lykäischen Zeus er-
zählt wird? — Was denn? — Daß, wer menschliches Eingeweide geko-
stet hat, wenn dergleichen unter andere von anderen Opfertieren mit
hineingeschnitten ist, der notwendig zum Wolfe wird. Oder solltest
e du die Geschichte nicht gehört haben? — Wohl habe ich. — Ist es nun
nicht ebenso, wenn ein Volksvorsteher, der die Menge sehr lenksam
findet, sich einheimischen Blutes nicht enthält, sondern — wie sie es

gern machen – auf ungerechte Beschuldigungen vor Gericht führt und Blutschuld auf sich lädt, indem er Menschenleben vertilgend und mit unheiliger Zunge und Lippe Verwandtenmord kostend bald vertreibt, bald hinrichtet, wobei er auf Niederschlagung der Schulden und Verteilung der Grundstücke von ferne hindeutet, daß dann ei- 566 a
nem solchen von da an bestimmt ist, entweder durch seine Feinde unterzugehen oder ein Tyrann und also aus einem Menschen ein Wolf zu werden? – Wohl ganz notwendig. – Dieser nun wird also, sagte ich, das Parteihaupt gegen die Vermögenden. – Gewiß. – Wenn der nun vertrieben ist und gewaltsam zurückkehrt trotz seiner Gegner, kommt er dann nicht als ein gemachter Tyrann zurück? – Offenbar. – Sind sie aber zu ohnmächtig, um ihn zu vertreiben oder b
durch Verleumdungen bei dem Staat hinzurichten: so stellen sie ihm nach, um ihn heimlich gewaltsam zu töten. – So pflegt es wohl zu geschehen, sagte er. – Die allbekannte tyrannische Forderung also sinnen sich deshalb auch alle aus, die einmal so weit gegangen sind, nämlich das Volk um eine Leibwache zu bitten, damit doch der Beschützer des Volkes selbst sicher sei. – Ei freilich, sagte er. – Und die geben sie ihm, weil sie besorgt sind seinetwegen, ihrer selbst wegen aber ganz guten Mutes. – Gewiß. – Wenn dies nun ein Reicher sieht, c
der bei seinem Reichtum zugleich im Verdacht steht, ein Volksfeind zu sein: so macht er es nach dem Orakel, das Kroisos bekam: ‹Zum kieselreicheren Hermos flieht er und bleibt nicht mehr, noch schämt er sich, feige zu heißen.› – Ganz recht! sagte er. Zum zweiten Male möchte er auch nicht wieder in den Fall kommen. – Denn wer sich, denke ich, fangen läßt, der wird in den Tod gegeben. – Notwendig. – Jener Vorsteher aber sitzt nun nicht etwa nur groß in großer Herrlichkeit, sondern, nachdem er viele andere zu Boden geworfen, steht d
er offenbar in dem Wagen des Staats und lenkt ihn allein und ist nun aus einem Vorsteher vollständig ein Tyrann geworden. – Wie sollte er nicht? sagte er.

[17. Notwendigkeit für den Tyrannen, Krieg zu führen und den Staat von guten Männern zu reinigen]

So laß uns denn, sprach ich, die Glückseligkeit des Mannes sowohl als des Staates durchgehen, in welchem ein solcher Sterblicher aufgekommen ist. – Allerdings, sagte er, wollen wir das. – Wird er nun nicht in der ersten Zeit wohl alle anlächeln und begrüßen, wem er nur begegnet, und behaupten, er sei gar kein Tyrann, und ihnen e
vielerlei versprechen einzeln und gemeinsam, wie er denn auch Befreiung von Schulden und Verteilung von Äckern dem Volke gewährt und denen, die ihn umgeben, und wird sich gegen alle günstig und mild anstellen? – Notwendig, sagte er. – Wenn er aber, denke ich, mit den äußeren Feinden sich teils vertragen, teils sie aufgerieben hat und also Ruhe vor jenen geworden ist, dann regt er zuerst immer irgendeinen Krieg auf, damit das Volk eines Anführers bedürfe. – Natürlich wohl. – Nicht auch, damit sie, durch starke Abgaben ver- 567 a
armend, genötigt werden, an den täglichen Bedarf zu denken, und ihm weniger nachstellen können? – Offenbar. – Und auch, denke

ich, wenn er einige im Verdacht hat, daß sie freisinnig wären und
ihn nicht würden fortherrschen lassen, damit er die auf gute Art aus
dem Wege schaffen könne, indem er sie den Feinden preisgibt? Ist
es nicht aus allen diesen Ursachen einem Tyrannen immer notwen-
dig, Krieg zu erregen? — Notwendig. — Und wenn er so handelt, ist
es doch natürlich, daß er den Bürgern immer mehr verhaßt werde?
b — Wie sollte er nicht? — Und werden dann nicht einige von denen,
die ihn haben einsetzen helfen und mächtig sind, gegen ihn und un-
ter sich frei mit der Sprache herausgehen und tadeln, was geschieht,
wenigstens die herzhaftesten unter ihnen? — Wahrscheinlich ja! —
Und aller dieser muß der Tyrann sich entledigen, wenn seine Herr-
schaft bestehen soll, bis weder von Feind noch Freund irgendeiner
übrig ist, der etwas taugt. — Offenbar. — Gar scharf also muß er se-
c hen, wer tapfer ist und wer großherzig, wer klug ist und wer reich.
Und so glückselig ist er, daß er diesen allen, mag er nun wollen oder
nicht, notwendig feind ist und ihnen nachstellt, bis er die Stadt ge-
reinigt hat. — Eine schöne Reinigung! sagte er. — Freilich, sprach ich,
entgegengesetzt der, wie die Ärzte den Leib reinigen; denn diese füh-
ren das Schlechteste aus und lassen das Beste übrig, er aber umge-
kehrt. — Und doch, sagte er, kann er, wie es scheint, nicht anders,
wenn er herrschen will. —

d *[18. Art der Glückseligkeit des Tyrannen]* So ist er also, sprach ich,
von einer gar seligen Notwendigkeit gebunden, welche ihm auflegt,
entweder unter einer Menge schlechter Menschen zu hausen, noch da-
zu von diesen gehaßt, oder gar nicht zu leben. — Unter einer solchen
steht er. — Je mehr er nun durch alles dieses den Bürgern verhaßt
geworden ist, wird er nicht desto mehrerer und treuerer Leibwachen
bedürfen? — Wie sollte er nicht? — Aber welche sind treu? Und wo-
her soll er sie sich holen? — Von selbst, sagte er, werden sie ihm in
Menge zugeflogen kommen, wenn er nur den Lohn reicht. — Du
scheinst mir, beim Hunde, sprach ich, schon wieder irgend Drohnen
e zu meinen, ausländische von allerwärtsher. — Ganz recht, sprach er,
hast du es getroffen. — Würde er denn die an Ort und Stelle nicht
wollen? — Wieso? — Würde er nicht den Bürgern ihre Sklaven neh-
men, diese frei machen und sie seiner Leibwache beigesellen wollen?
— Gewiß, sagte er, denn diese sind ihm die Getreuesten. — So ist
denn, sprach ich, ein Tyrann wahrlich ein glückseliges Wesen, wenn
568 a er sich nun solcher Freunde und Getreuen rühmt, nachdem er jene
früheren zugrundegerichtet hat. — Aber doch, sagte er, rühmt er
sich wirklich solcher. — Und diese Freunde, sprach ich, bewundern
ihn, und die jungen Bürger halten sich zu ihm; aber die rechtschaffe-
nen hassen und meiden ihn? — Wie sollten sie nicht? — So ist es denn
gar nicht töricht, fuhr ich fort, daß die Tragödie überhaupt für weise
gehalten wird und ganz besonders in ihr noch Euripides. — Wieso?
— Weil auch dieses so tiefen Sinn darbietet, was er gesagt hat, daß
b ‹Tyrannen weise durch der Weisen Umgang› sind, und offenbar
meinte er, das seien die Weisen, mit denen sie umgehen. — Und
recht als etwas Gottgleiches, sprach er, verherrlicht er die Tyrannei,

und noch sonst auf vielerlei Art, er sowohl als die andern Dichter.
— So werden ja wohl, sagte ich, die Tragödiendichter, wenn sie weise
sind, auch uns und denen, deren Staatsverfassung noch in unserer
Nachbarschaft liegt, verzeihen, daß wir sie als Lobredner der Tyran-
nei in unsere Verfassung nicht mit aufnehmen können. — Ich glaube
wohl, sagte er, die unter ihnen feine Männer sind, werden es uns ver-
zeihen. — Wie sie aber in den andern Städten umherziehen, die Volks- c
mengen um sich versammelnd, so locken sie durch die schönen star-
ken und einschmeichelnden Stimmen, die sie sich noch dingen, die
Verfassungen zur Tyrannei und Demokratie hinüber. — Gar sehr. —
Und dafür, nicht wahr, erhalten sie noch dazu Belohnungen und Eh-
renbezeugungen, am meisten, wie auch natürlich, von Tyrannen,
nächstdem aber auch von Demokratien. Je steiler es aber dann zu
den höher liegenden Verfassungen hinaufgeht, desto mehr ermüdet d
gleichsam ihr Ruhm, als ob er vor Beklemmung nicht weiter fort
könnte. — Freilich wohl. —

[19. Endstadium der Tyrannei] Indessen, sagte ich, hierher sind wir
nur abgeirrt. Laß uns noch einmal zurückgehen zu jenem schönen
und zahlreichen und buntscheckigen und immer wieder anderen Hee-
re des Tyrannen, wovon er es wohl erhalten wird. — Offenbar, sagte
er, wenn es Tempelgüter in der Stadt gibt, wird er die einziehen, und,
soweit er mit dem Erlös des Veräußerten reicht, das Volk nur zu ge-
ringeren Steuern zwingen. — Wie aber, wenn diese ausgegangen e
sind? — Dann offenbar, sagte er, wird er sowohl als seine Zechgenos-
sen, Freunde und Freundinnen vom Väterlichen erhalten werden
müssen. — Ich verstehe, sprach ich. Das Volk, welches ja den Tyran-
nen erzeugt hat, soll ihn und seine Freunde ernähren. — Das ist wohl
ganz notwendig, sagte er. — Wie meinst du aber? entgegnete ich;
wenn nun das Volk aufsässig wird und sagt, es sei weder recht, daß
ein erwachsener Sohn vom Vater ernährt werde, sondern im Gegen-
teil der Vater vom Sohne, noch auch habe es ihn deshalb erzeugt und 569 a
eingesetzt, um, wenn er nun groß geworden, seinen eigenen Sklaven
unterworfen, ihn und diese Sklaven samt noch anderem Gesindel zu
ernähren, sondern um unter seiner Anführung von den Reichen und
sogenannten Edlen befreit zu werden? Und wenn es nun ihn und
seine Freunde aus der Stadt gehen heißt, wie ein Vater, der seinen
Sohn samt dessen beschwerlichen Zechgenossen aus dem Hause
treibt? — Dann, sprach er, wird das Volk, beim Zeus, wohl sehen,
was für ein Früchtchen es sich erst erzeugt und dann gehegt und ge- b
pflegt hat, und wie es nun als der schwächere Teil die Stärkeren aus-
treiben will. — Wie, sprach ich, meinst du? Wird denn der Tyrann
so dreist sein, seinem Vater Gewalt zu tun, und wenn er ihn nicht
überreden kann, ihn gar zu schlagen? — Ja, sagte er, nachdem er ihm
nämlich die Waffen genommen hat. — So erklärst du ja, sprach ich,
den Tyrannen für einen, der sich an seinem Vater vergreift und also
ein gar unleidlicher Alterspfleger ist. Und dieses wäre nun, wie es
scheint, die ganz eingestandene Tyrannei; und das Volk, wie man zu
sagen pflegt, wäre, weil es schon dem Rauch der Knechtschaft, wie

c sie unter Freien ist, entgehen wollte, in die Flamme einer von Knechten ausgeübten Zwingherrschaft hineingestürzt und hätte statt jener übergroßen und unzeitigen Freiheit die unerträglichste und bitterste Knechtschaft angezogen. – Ganz gewiß, sagte er, so geschieht dieses. – Wie nun, sprach ich, wird es nicht ganz schicklich gesagt sein, wenn wir behaupten, hinlänglich auseinandergesetzt zu haben, sowohl wie Demokratie in Tyrannei übergeht, als auch wie diese, einmal entstanden, beschaffen ist? – Vollkommen hinreichend, sagte er.

NEUNTES BUCH

*[1. Aufweis des Daseins einer in jedem vorhandenen gesetzwidrigen
Art von Begierden, die sich im Traum offenbart]* Nun also, sprach ich,
ist der tyrannische Mann selbst uns noch zu betrachten übrig, wie 571 a
er sich aus dem demokratischen umgestaltet, und wenn einmal ge-
geben, wie er dann beschaffen ist und auf welche Weise er lebt, elend
oder glückselig. — Der ist uns freilich noch übrig, sagte er. — Weißt
du wohl, sprach ich, was ich noch immer vermisse? — Was denn? —
Wegen der Begierden, dünkt mich, haben wir noch nicht gehörig un-
terschieden, was für welche und wievielerlei es gibt. Ist aber dies
mangelhaft: so wird auch die Untersuchung unsicherer sein, die wir b
anstellen. — Also bis jetzt, sprach er, ist noch alles unverdorben? —
Allerdings; und nun betrachte, was ich gern darin zeigen möchte. Es
ist aber dieses. Unter den nicht notwendigen Vergnügungen und
Begierden scheinen mir einige gesetzwidrig zu sein, welche zwar in
allen Menschen entstehen, werden sie aber von den Gesetzen und
den besseren, mit Vernunft verbundenen Begierden im Zaum gehal-
ten, so verlieren sie sich aus einigen Menschen entweder gänzlich,
oder es bleiben doch nur wenige und schwache Spuren davon zurück,
bei andern aber erhalten sie sich stärker und häufiger. — Und welche, c
sagte er, meinst du denn hierunter? — Die im Schlaf zu entstehen
pflegen, sprach ich, wenn das übrige in der Seele, was vernünftig und
mild ist und über jenes herrscht, im Schlummer liegt, das Tierische
und Wilde aber, durch Speisen oder Getränke überfüllt, sich bäumt
und den Schlaf abschüttelnd losbricht, um seiner Sitte zu frönen. Du
weißt, wie es dann, als von aller Scham und Vernunft gelöst und ent-
blößt, zu allem fähig ist. Denn es unternehmen, sich mit der Mutter
zu vermischen, wie es ja meint, macht ihm nicht das mindeste Be- d
denken, oder mit irgendeinem andern, sei es Mensch, Gott oder Tier,
oder sich mit irgend etwas zu beflecken, und keiner Speise glaubt es
sich enthalten zu müssen und, mit einem Wort, von keinem Unsinn
und keiner Unverschämtheit bleibt es zurück. — Vollkommen rich-
tig, sagte er, beschreibst du es. — Wenn hingegen einer, denke ich,
gesund mit sich selbst umgeht und besonnen und sich zum Schlaf
begibt, nachdem er das Vernünftige in sich aufgeregt hat und mit
schönen Reden und Untersuchungen bewirtet und zum Bewußtsein
seiner selbst gekommen ist, das Begehrliche aber hat er weder in e
Mangel gelassen noch überfüllt, damit es sich hübsch ruhig verhalte
und dem Besten keine Störung verursache durch Freude oder Schmerz,
sondern es gewähren lasse, wenn dieses rein für sich allein betrachtet 572 a
und verlangt, etwas wahrzunehmen, was es nicht kennt, sei dies nun
Geschehenes oder Gegenwärtiges oder Bevorstehendes, und nachdem
er ebenso auch das Zornartige besänftigt hat und nicht etwa mit ei-
nem zum Unwillen gegen jemand aufgeregten Gemüt einschläft,
sondern nachdem er die zwei Triebe beschwichtigt und nur den drit-
ten in Bewegung gesetzt hat, in welchem das Denken einwohnt, so
sich zur Ruhe begibt, weißt du wohl, daß er in solchem Zustande mit

der Wahrheit vorzüglich Verkehr hat und dann am wenigsten ruch-
b lose Gesichter in Träumen zum Vorschein kommen? — Ganz voll-
kommen, sagte er, bin ich allerdings dieser Meinung. — Dieses nun
haben wir nur zum Überfluß als Abschweifung gesagt; was wir aber
wissen wollen ist dieses, daß also eine heftige, wilde und gesetzlose
Art von Begierden in einem jeden wohnt, und wenn auch einige von
uns noch so gemäßigt erscheinen; und dieses nun eben wird in den
Träumen offenbar. Sieh also zu, ob dir dies etwas gesagt zu sein
scheint und ob du es einräumst. — Freilich räume ich es ein. —

[2. Die Entstehung des tyrannischen Mannes] So erinnere dich nun,
wie wir den Volksmann beschrieben haben, daß er sei. Er war uns
c also von Jugend an unter einem sparsamen Vater erzogen, der nur
die auf den Erwerb gerichteten Begierden in Ehren hielt, die nicht
notwendigen aber, die sich nur auf Spiel und Verschönerung bezie-
hen, geringachtete. Nicht wahr? — Ja. — Nachdem er nun mit statt-
licheren Männern voll jener eben beschriebenen Begierden zusam-
mengekommen war und aus Haß gegen die väterliche Knickerei sich
in allen Übermut und die gesamte Art und Weise jener hineinbe-
geben hatte: so wurde er, weil von besserer Natur als seine Ver-
führer, auf beide Seiten gezogen und blieb in der Mitte zwischen
d beiden Lebensweisen stehen, und beider mäßig, wie er meint, genie-
ßend, lebt er weder ein schmutziges noch ein gesetzverächterisches
Leben, und ist uns so aus einem oligarchischen ein volksgemäßer
Mann geworden. — So war es, sagte er, und das ist unsere Vorstel-
lung von einem solchen. — So setze denn, sprach ich, auch von die-
sem wieder einen, aber wenn er selbst schon älter geworden ist, noch
jungen, gleichfalls in des Vaters Sitten erzogenen Sohn. — Den setze
ich. — Nimm ferner an, daß mit ihm auch dasselbe geschehe wie mit
seinem Vater und er in alle Ruchlosigkeit hineingeführt werde, die
e aber von denen, die ihn hineinführen, ganz und gar nur Freiheit ge-
nannt wird, und daß den sich in der Mitte haltenden Begierden der
Vater und die andern Angehörigen beistehen, daß aber die auf der
andern Seite Helfenden, wenn diese gewaltigen Zauberer und Tyran-
nenbildner glauben den jungen Menschen nicht anders festhalten zu
können, ihm suchen eine Verliebtheit einzuflößen, einen Vorsteher
573 a der mäßigen und das Vorhandene verteilenden Begierden, eine große
geflügelte Drohne. Oder glaubst du, daß die Liebe bei solchen Men-
schen etwas anderes ist? — Nichts anderes nach meiner Meinung,
sprach er, als eben dieses. — Wenn dann auch die übrigen Begierden,
diese Liebe mit Rauchwerk und Salben und Wein und Kränzen und
den andern in solchen Zusammenkünften gewöhnlichen ausgelasse-
nen Lüsten umschwirrend und sie bis auf den höchsten Grad stei-
gernd und nährend, der Drohne noch den Stachel der Sehnsucht bei-
geben: dann wird dieser Vorsteher der Seele vom Wahnsinn als sei-
b ner Leibwache umschirmt und rast. Und wenn er dann noch einige
Vorstellungen und Neigungen bei sich findet, die gutartig gezogen
und der Scham noch empfänglich sind: so tötet er sie und stößt sie
von sich hinaus, bis er von jeder Spur von Besonnenheit rein und

alles in ihm von jenem herbeigeholten Wahnsinn besetzt ist. — Ganz genau, sagte er, beschreibst du die Entstehung eines tyrannischen Mannes. — Heißt auch, sprach ich, etwa eben deshalb schon von alters her Eros ein Tyrann? — Das mag wohl sein, sagte er. — Und hat nicht, o Freund, fuhr ich fort, auch ein trunkener Mann ein solches
tyrannisches Gemüt? — Das hat er freilich. — Aber auch einer, bei c
dem es nicht recht richtig ist, wenn er zum Wahnsinn gesteigert wird, nimmt einen Ansatz und lebt der Hoffnung, er werde über Menschen nicht nur, sondern gar auch über Götter herrschen können. — Allerdings, sagte er. — Ein tyrannischer Mann also, sprach ich, du Göttlicher, entsteht genau genommen, wenn einer vermöge seiner Natur oder durch seine Führung oder durch beides ein Trunkenbold geworden ist oder ein Wollüstling oder ein Schwarzgalliger. — Vollkommen richtig.

[3. Die Lebensweise des Tyrannen]

So demnach, wie sich zeigt, wird uns der Mann und ein solcher. Wie aber lebt er nun? — Darauf sagte er: Dies, wie sie im Scherze
sprechen, sollst du mir auch sagen. — Das will ich tun, sprach ich. Ich d
denke nämlich, von da an gibt es nun bei ihnen Feste mit lustigen Aufzügen und Schmausereien und Freudenmädchen und allem dergleichen, wenn Eros als der drinnen hausende Tyrann alles in der Seele regiert. — Notwendig, sagte er. — Sprießen da nun nicht jeden Tag und jede Nacht viele und gewaltige Begierden auf, die gar vieles bedürfen? — Viele freilich. — So sind denn, wenn es irgend Einkünfte gibt, diese sehr bald erschöpft. — Wie sollten sie nicht? — Dann geht
also das Borgen an und die Verschleuderungen des Vermögens. — e
Nicht anders. — Wenn aber nun alles ausgeht, werden dann nicht notwendig die vielen und gewaltigen eingenisteten Begierden schreien, und werden nicht die auch von den übrigen Begierden, vorzüglich aber von dem Eros selbst, der die übrigen insgesamt als seine Söldner anführt, wie von Stacheln angetriebenen umherschwärmen und zusehen, wo jemand etwas hat, dem man es mit List oder Gewalt
abnehmen könne? — Gar sehr, sagte er. — Und notwendig müssen die 574 a
von überallher einbringen, oder sie werden von gewaltigen Schmerzen und Beklemmungen geängstigt werden? — Notwendig. — Wie nun die in ihm erst hinzugekommenen Lüste die früheren überwältigten und sie des Ihrigen beraubten, wird nun nicht ebenso auch er selbst als der jüngere mehr haben wollen als Vater und Mutter und an sich reißen, um, wenn sein eigner Anteil aufgezehrt ist, von dem väterlichen auszuteilen? — Was wohl sonst? sagte er. — Wenn sie es
nun aber nicht zugeben, wird er dann nicht zuerst versuchen, die El- b
tern zu bestehlen und zu betrügen? — Auf alle Weise. — Wenn er aber das nicht könnte, so würde er dann wohl Gewalt brauchen und rauben? — Ich denke wohl, sagte er. — Und wenn der alte Mann und die alte Frau widerstrebten und sich zur Wehr setzten, du Wunderbarer, würde er wohl so viel Scheu und Schonung haben, nichts Tyrannisches zu begehen? — Keineswegs, sprach er, habe ich ganz guten Mut wegen der Eltern eines solchen. — Also, o Adeimantos, beim

Zeus, einer Freundin wegen, die ihm erst seit kurzem lieb geworden
und ihm gar nicht notwendig ist, wird ein solcher seine ihm von je-
c her liebe und durch die Natur verbundene Mutter, oder wegen eines
jugendlich schönen, erst kürzlich erworbenen und ihm gar nicht un-
entbehrlichen Freundes seinen schon hinfälligen alten Vater, welcher
sein ältester Freund und durch solche Bande ihm verwandt ist, wohl
gar mißhandeln und diese jenen dienstbar unterwerfen, wenn er sie
in demselben Hause zusammenbringt? — Ja, beim Zeus, sprach er. —
So ist das wohl, wie sich zeigt, eine große Glückseligkeit, einen tyran-
nischen Sohn gezeugt zu haben? — Nicht sonderlich wohl, sagte er. —
d Wie aber, wenn dann auch das väterliche und mütterliche Vermögen
einen solchen im Stich läßt und es hat sich doch schon ein großer
Schwarm von Lüsten bei ihm eingelegt: wird er dann nicht wo in ein
Haus einbrechen müssen und einem, der spät bei nächtlicher Weile
geht, den Mantel abziehen und zuletzt irgendein Heiligtum auslee-
ren? Und bei allen diesen Handlungen werden dann jene Vorstellun-
gen, die er immer gehabt hat, von Kindheit an, vom Guten und
Schlechten, die für gerecht gehaltenen von diesen kürzlich erst aus
der Knechtschaft entlassenen, bei dem Eros in Sold stehenden mit
seiner Hilfe überwunden, welche früherhin, solange er noch unter
den Gesetzen und seinem Vater demokratisch für sich selbst lebte,
e nur im Traume, während er schlief, losgelassen wurden; seit er aber
vom Eros tyrannisch beherrscht wird, ist er nun wachend immer ein
solcher, wie er sonst nur bisweilen im Traume war, und wird sich
weder jedes schrecklichen Mordes enthalten noch irgendeiner solchen
575 a Speise oder Tat, sondern Eros lebt tyrannisch in ihm in gänzlicher
Zügellosigkeit und Gesetzlosigkeit als alleiniger Selbstherrscher und
wird den, welchen er besitzt, wie jener seine Stadt, zu jeglichem Wa-
gestück bringen, womit er sich selbst und den ihn umgebenden
Schwarm erhalten kann, sowohl den durch schlechten Umgang von
außen eingedrungenen als auch den ursprünglichen, aber erst durch
schlechte Sitten und ihn selbst losgelassenen und in Freiheit gesetz-
ten. Oder ist dieses nicht das Leben eines solchen? — Gewiß dieses,
sagte er. — Und wenn es nun, sprach ich, nur wenige solche in einer
b Stadt gibt, die übrige Menge aber verständig ist: so werden sie aus-
wandern , um anderswo einem Tyrannen als Söldner zu dienen oder
auch sich als Hilfstruppen zu verdingen, wenn irgendwo Krieg ist;
müssen sie aber in Ruhe und Friede bleiben, so werden sie in der
Stadt selbst gar vielerlei kleines Unheil verüben. — Was für welches
meinst du doch? — Wie Stehlen, Einbrechen, Beutelschneiden, Kleider-
abziehen, Tempelraub und Seelenverkäuferei treiben. Bisweilen auch
werden sie falsche Ankläger, wenn sie das Reden in ihrer Gewalt ha-
ben, und falsche Zeugen und lassen sich sonst zu allerlei bestechen. —
c Klein, sagte er, kannst du das Unheil wohl nennen, wenn es nur we-
nige solche gibt. — Weil ja das Kleine, sprach ich, gegen das Große
klein ist; und alles dieses will doch, was Verderbtheit und Elend eines
Staates betrifft, gegen einen Tyrannen, wie man sagt, auch gar nichts
bedeuten. Wenn hingegen viele solche in einer Stadt sind und noch
andere ihnen nachgehen, und wenn sie ihre Anzahl bemerken: so

sind diese es, die, von dem Unverstande des Volkes unterstützt, denjenigen aus ihnen zum Tyrannen einsetzen, der selbst in seiner Seele
den größten und stärksten Tyrannen hat. — Natürlich wohl, sagte d
er; denn der wird auch am meisten tyrannisch sein. — Wenn sie sich nämlich gutwillig unterwerfen. Wenn aber die Stadt nicht einwilligt, dann wird er, wie er dort gegen Vater und Mutter Gewalt brauchte, so auch gegen das Vaterland, wenn er nur stark genug ist, Gewalt brauchen, indem er neue Freunde mit hereinbringt und unter diesen das von jeher so liebe ‹Mutterland›, wie die Kreter sagen, und Vaterland in einem Zustande der Knechtschaft hält und unterhält. Und dies also wäre das Ziel der Begierde eines solchen Mannes. — Dieses,
sprach er, auf alle Weise. — Sind nun nicht diese, ehe sie Staatsmän- e
ner werden und zur Herrschaft gelangen, so beschaffen? Zuerst mit welchen sie umgehen, die müssen als ihre Schmeichler mit ihnen umgehen und immer bereit sein, ihnen in allem zu dienen; oder wenn sie selbst jemandes irgend wozu bedürfen, so demütigen sie sich
ebenso gegen ihn und übernehmen unbedenklich jede Rolle als ihm 576 a
ganz Befreundete, haben sie es aber erlangt, dann sind sie wieder fremd? — Gar sehr sind sie so. — Ihr ganzes Leben lang also sind sie niemals jemandes Freund, sondern immer herrschen sie über einen oder dienen einem andern. Wahrer Freiheit und Freundschaft aber bleibt eine tyrannische Natur immer unkundig. — Allerdings wohl. — Können wir nun nicht solche mit Recht Treulose nennen? — Wie sollten wir nicht! — Ungerecht aber doch gewiß so sehr als möglich, wenn wir anders in dem vorigen richtig über die Gerechtigkeit über-
eingekommen sind, was sie sei. — Das war aber gewiß richtig. — So b
laß uns den Schlechtesten noch einmal kurz zusammenfassen. Es ist aber doch der, welcher, wie wir einen Träumenden beschrieben, ein solcher wachend ist. — Allerdings. — Ein solcher aber wird, wer als von Natur höchst tyrannisch zur Alleinherrschaft gelangt; und je länger er im Besitz solcher Herrschaft fortlebt, um desto mehr wird er ein solcher. — Notwendig, sagte Glaukon, welcher hier die Rede aufnahm.

[4. Unglückseligkeit der tyrannisch regierten Stadt. Erfordernisse, um über das Glück des Tyrannen urteilen zu können]

Wird nun nicht, sprach ich, wer sich als der Verdorbenste zeigt,
auch als der Unseligste erscheinen? Und wer die längste Zeit und c
am meisten tyrannisch geherrscht hat, der auch am meisten und die längste Zeit ein solcher wirklich gewesen sein? Die Menge freilich meint auch mancherlei. — Notwendig, sagte er, muß sich das so verhalten. — Und so ist es doch, sprach ich, daß der Tyrannische auch der tyrannisch beherrschten Stadt und der Volksmäßige der demokratisch verwalteten ähnlich ist, und ebenso die andern? — Wie sonst! — Also auch wohl, wie sich die eine Stadt zu der andern verhält, was Tugend und Glückseligkeit betrifft, so auch der eine Mann
zu dem andern? — Natürlich. — Wie also verhält sich an Tugend eine d
tyrannisch beherrschte Stadt zu einer königlich regierten, so wie wir sie zuerst beschrieben? — Ganz als das Gegenteil, sagte er. Denn

die eine ist die beste, die andere die schlechteste. — Ich will nicht fra-
gen, entgegnete ich, welche von beiden du meinst; denn es ist offen-
bar. Urteilst du aber über ihre Glückseligkeit und Unseligkeit eben-
so oder anders? Und laß uns nicht etwa irre werden, indem wir auf
den Tyrannen, der nur einer ist, sehen, und auf die einigen wenigen,
e die ihn umgeben; sondern wie man sich eine Stadt ganz beschauen
muß, wenn man hineinkommt, so laß uns überall herumsteigen und
zusehen und dann unsere Meinung abgeben. — Sehr richtig, sagte
er, ist deine Forderung; und es ist wohl jedem klar, daß keine unse-
liger ist als eine tyrannisch beherrschte, und keine glückseliger als
eine königlich regierte. — Würde ich nun nicht, sprach ich, ebenso
577 a richtig hinsichtlich der Männer dieselbe Forderung stellen, indem
ich nur demjenigen gestattete über sie zu entscheiden, der mit seinen
Gedanken in das Gemüt eines Mannes eingehen und es beschauen
kann und nicht, indem er es nur von außen betrachtet, wie ein Kind
vor der Herrlichkeit erstaunt, womit sich die Tyrannen vor denen
draußen bekleiden, sondern genau zusieht? Wenn ich also meinte,
wir sollten alle auf jenen hören, der zuerst imstande ist zu urteilen,
dann aber auch mit einem solchen zusammengewohnt hat und zuge-
gen gewesen ist, sowohl bei häuslichen Verhandlungen, wie er sich
da gegen seine Angehörigen verhält, wo er am meisten entblößt zu
b sehen ist von allem tragischen Pomp, als auch wiederum bei öffent-
lichen Fährlichkeiten, und wenn ich dem, der dies alles mit angese-
hen hat, auftrüge auszusagen, wie sich, was Glückseligkeit und Un-
seligkeit anlangt, der Tyrann zu den übrigen verhält? — Sehr rich-
tig, sagte er, würdest du auch das fordern. — Wollen wir nun einmal
annehmen, sprach ich, wir seien solche, die urteilen können und auch
schon auf solche Menschen getroffen sind, damit wir doch einen ha-
ben, der uns auf unsere Fragen antworte? — Ei freilich. —

*[5. Unfreiheit, Armut und Furchtsamkeit der tyrannischen Seele. Stei-
gerung ihrer Unseligkeit durch Erlangung politischer Macht]* So
c komm denn, sprach ich, und betrachte es so. Die Ähnlichkeit zwischen
Staat und Mann im Sinne behaltend und so im einzelnen der Reihe
nach sie betrachtend, gib die Zustände von beiden an. — Was für
welche? sagte er. — Zuerst, sprach ich, um vom Staate zu handeln,
nennst du einen tyrannisch beherrschten Staat frei oder knechtisch?
— Im höchsten Grade, sagte er, knechtisch. — Aber du siehst ja doch
darin Herren und Freie. — Ich sehe wohl, sagte er, ein weniges der
Art; das Ganze aber, wenn ich es sagen soll, und das Vorzüglich-
ste in ihm ist in einer ehrlosen und unseligen Knechtschaft. — Wenn
d nun, entgegnete ich, der Mann dem Staate ähnlich ist, muß dann
nicht auch in ihm dieselbe Ordnung sich vorfinden und seine Seele
voll Unfreiheit und vielfältiger Knechtschaft sein, und gerade die
Teile derselben in der Knechtschaft sein, welche die edelsten waren,
und nur ein kleiner, und zwar der wertloseste und ausschweifendste,
herrschen? — Notwendig, sagte er. — Wie nun? Wirst du sagen, daß
eine solche Seele knechtisch sei oder frei? — Knechtisch, sage ich, ge-
wiß. — Und weiter, der knechtische und tyrannisch beherrschte Staat

tut wohl am wenigsten, was er will? — Gewiß. — So wird auch wohl
die tyrannisch beherrschte Seele am wenigsten tun, was sie gern woll- e
te, wenn man nämlich von der ganzen Seele redet, sondern wie sie
immer vom Stachel mit Gewalt getrieben wird, muß sie auch immer
voll Schrecken und Reue sein. — Wie sollte sie nicht! — Aber arm oder
reich, welches muß wohl ein tyrannisch beherrschter Staat sein? —
Arm. — So muß folglich auch eine tyrannische Seele immer ärmlich 578 a
und ungesättigt sein. — Allerdings, sprach er. — Und wie? Muß nicht
ein solcher Staat und ein solcher Mann immer voller Furcht sein? —
Sehr notwendig. — Und glaubst du, daß du in irgendeinem andern
mehr Klagen und Seufzer und Angst und Weh antreffen wirst? —
Nirgends. — Und glaubst du, daß dergleichen in irgendeinem andern
Manne mehr sein wird, als in diesem tyrannischen, der von wollü-
stiger Liebe und andern Begierden ganz verstört ist? — Woher wohl?
sagte er. — Auf alles dieses und noch mehr dergleichen hast du wohl b
eben gesehen, als du diesen Staat für den unseligsten unter allen er-
klärtest. — Und mit Recht doch wohl, sagte er. — Ja freilich, sprach
ich. Aber was urteilst du nun mit Hinsicht auf eben dieses von dem
tyrannischen Mann? — Daß er bei weitem der unseligste ist, sagte
er, von allen andern insgesamt. — Dieses, sprach ich, ist wohl nicht
mehr ebenso richtig gesagt. — Wieso? sprach er. — Ich denke nicht,
sagte ich, daß dieser schon der am meisten solche ist. — Aber wer
denn? — Der folgende wird dir vielleicht doch noch unseliger zu sein
scheinen als dieser. — Welcher nur? — Derjenige tyrannische, sprach
ich, welcher sein Leben nicht als Privatmann zu Ende bringt, sondern c
so unglücklich ist, daß ihm durch ein ungünstiges Geschick die Ge-
legenheit geboten wird, ein Tyrann zu sein. — Ich ahne wohl, sagte
er, daß nach dem vorher Vorgetragenen du recht hast. — Schön,
sprach ich, aber dergleichen muß man nicht meinen, sondern es sehr
genau nach folgender Regel überlegen. Denn die Betrachtung geht
hier um das wichtigste, nämlich gut leben oder schlecht. — Vollkom-
men richtig, sprach er. — Sieh also zu, ob ich recht habe. Mir deucht
nämlich, wir müssen von hier aus die Sache betrachten. — Von wo d
aus? — Indem wir auf die reichen Leute sehen in den Städten, wel-
che sich viele Sklaven halten. Denn diese haben doch soviel Ähnli-
ches mit den Tyrannen, daß sie über viele herrschen; nur in der Men-
ge hat jener den Vorzug. — Den hat er freilich. — Nun weißt du doch,
daß diese ganz getrost sind und sich vor ihren Hausleuten keines-
wegs fürchten. — Woher sollten sie sich auch fürchten! — Freilich gar
nicht, erwiderte ich; aber merkst du auch die Ursache? — Ja, weil die
ganze Stadt jedem einzelnen Beistand leistet. — Ganz recht, sprach
ich. Wie aber, wenn ein Gott einen Mann, der fünfzig und mehr e
Sklaven hat, aus der Stadt wegnähme und ihn selbst mit Weib und
Kind und seiner übrigen Habe sowohl als seinen Hausleuten in eine
Wüste setzte, wo ihm nun kein anderer Freier zu Hilfe kommen
könnte: was meinst du wohl, in wie großer Furcht er schweben wür-
de wegen seiner selbst und seiner Kinder und seiner Gattin, ob sie
nicht durch die Hausleute umkommen würden? — In der allergröß-
ten, sprach er, denke ich. — Wird er dann nicht einige von seinen 579 a

Sklaven verhätscheln müssen und ihnen vielerlei versprechen und
sie freilassen ohne weiteren Grund und sich so als einen Schmeichler
seiner eigenen Diener darstellen? — Gar sehr notwendig, sagte er,
oder untergehen. — Wie aber, sprach ich, wenn der Gott ihm rund-
um viele solche als Nachbarn einsetzte, die es gar nicht leiden möch-
ten, daß einer auf solche Weise andere beherrsche, vielmehr, wo sie
irgendeines solchen habhaft würden, ihn mit den ärgsten Strafen be-
b legten? — So würde er, sagte er, in noch viel ärgerer Not sein, denke
ich, wenn auf allen Seiten von lauter Feinden bewacht. — Ist aber
nicht in der Tat der Tyrann in einer solchen Gefangenschaft gehal-
ten, der von Natur ein solcher ist, wie wir ihn beschrieben haben,
voll der mannigfaltigsten Besorgnisse sowohl als Begierden? Wie
sehr auch seine Seele lecker ist nach neuen Genüssen, so ist er doch
der einzige in der Stadt, der nicht einmal wagen kann, irgendwohin
auszureisen, noch zu schauen, was andern freien Männern Verlan-
gen erregt, sondern er lebt die meiste Zeit in sein Haus vergraben
c wie ein Weib und neidet es auch den andern Bürgern, wenn einer
auswärts reisen will und etwas Treffliches sehen. — Auf alle Weise,
sagte er. —

*[6. Ausspruch der Entscheidung über die Glückseligkeit der verschie-
denen Menschenarten]* Um so große Übel reicher also ist der Mann,
wenn er, in sich selbst so schlecht verwaltet, daß du ihn schon als ei-
nen solchen tyrannenartigen für den unseligsten erklärtest, nun
noch dazu nicht für sich zurückgezogen leben kann, sondern von ir-
gendeinem Geschick genötigt wird, die tyrannische Herrschaft zu er-
greifen, und unfähig wie er ist, sich selbst zu beherrschen, versuchen
muß, andere zu regieren, wie wenn einer mit einem kränklichen und
seiner selbst nicht mächtigen Leibe doch nicht Ruhe halten könnte,
d sondern im körperlichen Wettstreit und Kampf mit andern sein Le-
ben hinbringen müßte. — Sehr ähnlich ist dieses, sagte er, und voll-
kommen recht hast du, o Sokrates. — Ist also nicht dieses, sprach ich,
mein lieber Glaukon, ein vollkommen elender Zustand, und lebt
nicht doch noch unseliger als der, dessen Leben du für das unseligste
erklärtest, der Tyrann? — Offenbar ja, sagte er. — So ist demnach in
Wahrheit, und wenn es einer auch nicht glaubt, der rechte Tyrann
auch ein rechter Sklave, vermöge der ärgsten Augendienerei und
e Knechtschaft und als ein Schmeichler der schlechtesten Menschen.
Und keineswegs etwa erfüllt er seine Begierden, sondern fast an al-
lem fehlt es ihm, und der Wahrheit nach erscheint er arm, wenn ei-
ner die ganze Seele versteht ins Auge zu fassen, und sein ganzes Le-
ben lang immer in Furcht und voll Krampf und Schmerzen, wenn er
anders in gleichem Zustande ist wie der Staat, über den er gebietet.
Und dem gleicht er doch; nicht wahr? — Gar sehr, sagte er. — Und
580 a nun werden wir dem Mann auch das noch zuteilen müssen, was wir
auch vorher schon sagten, daß er nämlich neidisch, treulos, unge-
recht, freundlos, frevelhaft, gottlos und aller Schlechtigkeit Pfleger
und Beschützer eben der Herrschaft wegen noch mehr sein und im-
mer mehr werden muß als zuvor, und daß er aus allen diesen Grün-

den mehr als sonst jemand selbst unglückselig ist und auch diejeni-
gen, die ihm nahestehen, zu solchen macht. — Kein Vernünftiger,
sagte er, wird dir darin widersprechen. — So komm denn, sagte ich,
und wie, wer in irgendeiner Sache über alle durchweg richten soll,
sein Urteil abgibt, so sprich auch du jetzt aus über alle, welcher nach b
deiner Meinung an Glückseligkeit der erste ist und welcher der zwei-
te, und so der Reihe nach über alle fünf, den königlichen, den timo-
kratischen, den oligarchischen, den demokratischen, den tyranni-
schen Mann. — Leicht, sagte er, ist ja das Urteil. Denn nach der Ord-
nung, wie sie aufgetreten sind, weise ich ihnen wie Chören ihren
Rang an, sowohl an Tugend und Schlechtigkeit als an Glückselig-
keit und dem Gegenteil. — Sollen wir nun einen Herold dingen, frag-
te ich, oder rufe ich selbst aus, Aristons Sohn hat den Spruch getan,
der trefflichste und gerechteste sei auch der glückseligste, dies sei aber
der am meisten königlich gesinnte und sich selbst königlich beherr- c
schende; der schlechteste aber und ungerechteste sei auch der unselig-
ste, und dies sei der am meisten tyrannisch Gesinnte und auch sich
selbst sowohl als den Staat so tyrannisch als möglich Beherrschende.
— Das sei ausgerufen! sagte er. — Soll ich etwa noch dazusetzen,
fragte ich, einerlei ob es allen Menschen und Göttern entgeht oder
nicht, daß sie solche sind? — Das setze hinzu! sprach er.

[7. Im Hinblick auf die Seelenteile vorgenommene Unterscheidung dreier Menschenarten und ihrer Lust]

Wohl denn! sagte ich. Dies also sei unser erster Beweis; als zwei-
ten aber sieh diesen, ob er etwas zu sein scheint. — Welcher ist dies? d
— Wenn doch, wie der Staat in drei Gattungen geteilt ist, so auch ei-
nes jeglichen Seele in dreierlei: so wird, wie mich dünkt, noch ein an-
derer Beweis möglich sein. — Und was für einer wäre das? — Dieser.
Für diese drei zeigen sich mir auch dreierlei Arten von Lust, für jede
einzelne eine besondere; und ebenso auch dreierlei Begierden und
Regierungen. — Wie meinst du dies? sprach er. — Das eine, sagen
wir, war doch, womit der Mensch lernt, das andere, womit er sich er-
eifert, das dritte aber konnten wir seiner Vielartigkeit wegen nicht
mit einem einzigen ihm eigentümlichen Namen benennen, sondern e
was es Größtes und Stärkstes in sich schloß, danach benannten wir
es. Das Begehrliche nämlich nannten wir es wegen der Heftigkeit der
auf Speise und Trank und Liebessachen und was hiermit sonst noch
zusammenhängt bezüglichen Begierden, und das Geldliebende auch,
weil vorzüglich durch Geld die Begierden dieser Art befriedigt wer- 581 a
den. — Und recht war das wohl, sprach er. — Wenn wir also auch von
der hierher gehörigen Lust und Liebe sagten, daß sie auf Gewinn
und Nutzen gehe: so würden wir uns in der Erklärung doch auf
ein Hauptstück stützen, so daß wir uns selbst doch immer etwas Be-
stimmtes dächten, sooft wir diesen Teil der Seele aussprechen? Und
wenn wir ihn also das Geldliebende und Gewinnsüchtige nennten, so
wäre er richtig benannt? — Das scheint mir wenigstens, sagte er. —
Wie aber das Zornartige? Sagen wir nicht, daß dieses auf das Macht-
haben und Siegen und Berühmtsein ganz und gar ausgehe? — Aller-

b dings. — Wenn wir dies also als das Ehrliebende und Streitlustige
überschrieben, würde das wohl angemessen sein? — Vollkommen
angemessen gewiß. — Wiederum womit wir lernen, davon ist doch
jedem offenbar, daß es ganz und gar immer darauf gestellt ist, die
Wahrheit zu wissen, wie es mit der steht, und daß um Geld und
Ruhm dieses unter allen dreien sich am wenigsten kümmert. — Bei
weitem. — Nennen wir also dieses lernlustig und weisheitliebend:
so ist es wohl seiner Art und Weise gemäß benannt? — Wie sollte es
nicht! — Nun aber, sprach ich, herrscht doch auch in den Seelen der
c einen dieses, der anderen ein anderes von diesen, welches sich eben
trifft? — So ist es, sagte er. — Deshalb nun laß uns zuvörderst sagen,
daß es auch drei Arten von Menschen gibt, eine weisheitliebende, ei-
ne streitlustige und eine gewinnsüchtige. — Offenbar wohl. — Dann
auch drei Arten von Lust, jedem von diesen eine zugehörig. — Aller-
dings. — Weißt du auch wohl, sprach ich, daß, wenn du drei solche
Menschen jeden besonders fragen wolltest, welche von diesen drei
Lebensweisen die angenehmste sei, dann jeder seine eigene vorzüg-
lich herausrühmen wird? Und der Gewerbsmann wird sagen, in Ver-
d gleich mit dem Geldschaffen sei die Lust an der Ehre oder den Kennt-
nissen gar nichts wert, ausgenommen, wenn etwas der Art Geld
bringt. — Gewiß! sagte er. — Und wie der Ehrliebende? sprach ich.
Hält der nicht die Lust am Gelde für etwas Gemeines; und wiederum
die am Lernen, wenn eine Kenntnis nicht Ehre bringt, für leeren
Dunst und Possenspiel? — So ist es, sagte er. — Und der Weisheitlie-
bende, als was sollen wir annehmen daß er die andern Arten der
e Lust einschätzt im Vergleich mit der, die Wahrheit zu wissen, wie
sie sich verhält, und immer lernend mit etwas der Art zu verkehren?
Nicht als weit von ihr entfernt? Und daß er sie recht eigentlich not-
wendige nenne, weil er diese andern gar nicht brauchen würde, wenn
die Not nicht wäre? — Das, sagte er, müssen wir ja genau wissen. —

[8. Beweis, daß die Lust am Wahren die angenehmste ist] Wenn nun
also, sprach ich, die Lust jeder Gattung mit den anderen im Streit
ist, und so auch jede Lebensweise selbst, und zwar nicht über das ed-
ler oder schändlicher leben und schlechter oder besser, sondern eben
582 a über das angenehmer und schmerzloser selbst: wie können wir dann
erkennen, wessen Aussage die richtigste ist? — Dies, sagte er, weiß
ich nicht sonderlich zu sagen. — Betrachte es doch so. Womit muß
denn das beurteilt werden, was richtig beurteilt werden soll? Nicht
mit Erfahrung, Einsicht und Vernunftgründen? Oder weiß einer ein
besseres Hilfsmittel als diese? — Woher doch! sagte er. — So schaue
denn. Welcher von diesen drei Männern ist wohl der erfahrenste in
allen diesen Arten der Lust, von denen die Rede war? Dünkt dich der
Gewinnsüchtige, wenn er nun die Wahrheit selbst, was sie ist, ken-
nenlernt, erfahrener zu sein in der Lust an der Erkenntnis als der
b Weisheitliebende in der am Gewinn? — Weit gefehlt wohl! sagte er.
Denn diesem ist es ja schon von seiner Kindheit an notwendig, auch
die anderen zu kosten; der Gewinnsüchtige aber, wenn er nun auch
lernt, wie das Seiende geartet ist, braucht deshalb nicht notwendig

diese Lust zu kosten noch eine Erfahrung davon zu machen, wie süß
sie ist; vielmehr, wenn er auch dazu aufgeregt wäre, würde es ihm
nicht leicht sein. – Also, sprach ich, hat vor dem Gewinnsüchtigen
der Weisheitliebende bei weitem den Vorzug an Erfahrung in beiden
Arten der Lust? – Bei weitem freilich. – Wie aber verhält er sich ge- c
gen den Ehrliebenden? Ist er wohl unerfahrener in der Lust am Ge-
ehrtwerden als jener in der am Weisesein? – Wohl nicht, sagte er;
denn Ehre folgt ja doch, wenn sie nur wirklich erlangen, wonach je-
der strebt, ihnen allen insgesamt. Denn auch der Reiche wird von vie-
len geehrt und der Tapfere und der Weise, so daß von der Lust am
Geehrtwerden, was sie sei, alle eine Erfahrung haben. Die Anschau-
ung des Wahren aber kann unmöglich ein anderer gekostet haben,
welche Lust sie bei sich führt, als nur der Weisheitliebende. – We-
gen der Erfahrung also, sagte ich, urteilt dieser am trefflichsten un- d
ter allen jenen Männern. – Bei weitem. – Und auch er allein nur
wird wohl mit Einsicht zur Erfahrung gekommen sein. – Wie an-
ders! – Aber auch das Werkzeug, mittels dessen die Sache beurteilt
werden muß, ist nicht das Werkzeug des Gewinnsüchtigen oder Ehr-
liebenden, sondern das des Weisheitliebenden. – Welches doch? –
Nach Vernunftgründen, sagten wir ja doch, solle geurteilt werden.
Nicht wahr? – Ja. – Eben die sind aber doch das Werkzeug von die-
sem vorzüglich. – Wie sollten sie nicht! – Wenn also das zu Beur-
teilende am besten nach Reichtum und Gewinn beurteilt würde, so
müßte, was der Gewinnsüchtige lobt und tadelt, notwendig das e
Richtigste sein. – Notwendig ja. – Und wenn nach Ehre, Sieg und
Tapferkeit, dann wohl, was der Streitlustige und Ehrliebende? –
Offenbar. – Da aber nach Erfahrung, Einsicht und Vernunftgründen?
– Notwendig, sagte er, ist dann, was der Weisheitliebende und Ver-
nunftliebende lobt, das richtigste. – Von den drei Arten der Lust al- 583 a
so wäre die desjenigen Teils der Seele, vermöge dessen wir lernen,
die angenehmste, und in welchem unter uns dieser herrscht, dessen
Lebensweise die angenehmste? – Wie könnte es anders sein? sagte
er. Da ja als gebührender Lobredner der Weise seine eigene Lebens-
art lobt. – Welches aber, sprach ich, sagt wohl der Richter, sei die
zweite Lebensweise und die zweite Lust? – Offenbar wohl die des
Kriegerischen und Ehrliebenden; denn sie steht ihm näher als die des
Gewerbsmannes. – Die letzte also, wie es scheint, ist die des Gewin-
süchtigen. – Wie anders? sprach er.

[9. Aufweis, daß die Lüste des Körpers nicht reine Lust sind, sondern Erledigung von Schmerz]

Dies wären also nun zwei Gänge hintereinander, und zweimal b
hätte der Gerechte den Ungerechten besiegt; dem dritten aber, ganz
nach olympischer Weise für den rettenden und olympischen Zeus,
siehe nun zu, daß nämlich die Lust der andern außer der des Weisen
auch nicht ganz wahr ist noch auch rein, sondern ein trüber Schat-
tenriß gleichsam, wie ich glaube von einem der Weisen gehört zu ha-
ben; und dies wäre doch die größte und entscheidendste Niederlage.
– Bei weitem; aber wie meinst du dies? – So, sprach ich. Ich denke

c es zu finden, wenn du mir antwortest, indem ich es mit dir suche. — So frage denn! sagte er. — Sprich also, hub ich an; sagen wir nicht, Schmerz sei das Gegenteil der Lust? — Allerdings. — Und weder Lust haben noch Schmerz sei auch etwas? — Etwas gewiß. — Also zwischen diesen beiden in der Mitte eine gewisse Ruhe der Seele in bezug hierauf? Oder meinst du es nicht so? — Vollkommen so, sagte er. — Und besinnst du dich nicht auf die Reden der Kranken, die sie führen, wenn sie krank sind? — Was für welche? — Daß doch nichts angenehmer sei als Gesundsein; aber ehe sie krank geworden, sei ihnen
d ganz entgangen, daß jenes das Angenehmste sei. — Sehr wohl besinne ich mich, sagte er. — Und hörst du nicht auch die, welche in heftigen Schmerzen liegen, sagen, es sei nichts angenehmer, als wenn der Schmerz aufhört? — Das höre ich. — Und nun merkst du wohl, daß es noch viele andere Umstände gibt, worin die Menschen, wenn es ihnen verdrießlich geht, das Keinen-Verdruß-Haben und die Ruhe in dieser Beziehung als das Allerangenehmste preisen, nicht aber das Lust-Haben. — Dies wird ihnen vielleicht, sagte er, eben dann angenehm und wohltuend, die Stille. — Und wenn einer aufhört Lust
e zu empfinden, dann wird wohl, sagte ich, die Stille der Lust ihm schmerzlich sein. — Vielleicht, sagte er. — Was wir also eben zwischen beiden zu sein behaupteten, die Ruhe, das wird wohl beides sein, Schmerz sowohl als Lust. — So scheint es. — Ist denn aber auch möglich, daß, was keines von beiden ist, beides werde? — Nein, scheint mir. — Wenn aber das Angenehme in der Seele entsteht und das Unangenehme: so ist doch beides eine Bewegung. Oder nein? —
584 a Ja. — Und das weder Schmerzliche noch Angenehme, hatte sich uns das nicht eben als eine Ruhe und als etwas zwischen diesen beiden gezeigt? — So hatte es sich freilich gezeigt. — Wie kann man also mit Recht das Nicht-Schmerz-Haben für angenehm halten, und das Nicht-Lust-Empfinden für schmerzvoll? — Gar nicht. — Also auch dieses ist nicht, sprach ich, sondern die Ruhe erscheint nur jedesmal neben dem Schmerzlichen angenehm und neben dem Angenehmen schmerzlich; und an diesen Erscheinungen ist nichts Gesundes in bezug auf das Wesen der Lust, sondern sie sind ein Gaukelspiel. — Wie wenigstens, sagte er, unsere Rede andeutet. — So sieh denn, sprach
b ich, auf solche Lust, welche nicht aus Schmerz entsteht, damit du nicht etwa für jetzt glaubst, dieses beides verhalte sich so, daß Lust das Aufhören des Schmerzes sei, und Schmerz der Lust. — Wohin also, und welche meinst du? — Gar viele, sagte ich, gibt es auch andere, wenn du aber willst, so betrachte gleich die angenehmen Empfindungen des Geruchs. Denn diese entstehen, ohne daß man vorher die mindeste Unlust gehabt, plötzlich in großer Stärke, und wenn sie aufgehört haben, lassen sie nicht eine Spur von Unlust zurück. —
c Vollkommen richtig, sagte er. — So wollen wir denn nicht glauben, die Befreiung von der Unlust sei reine Lust, noch die von der Lust solche Unlust. — Freilich nicht. — Aber doch, sagte ich, sind wenigstens die durch den Leib zur Seele gelangenden und vorzüglich so genannten Lüste, die meisten beinahe und größten, von dieser Art, Erledigungen von Schmerzen. — Das sind sie freilich. — Und nicht

wahr, die über Zukünftiges aus der Erwartung entstehenden angenehmen und unangenehmen Vorempfindungen verhalten sich ebenso? — Ebenso. —

*[10. Vergleich der körperlichen und der geistigen Lust hinsichtlich
des Gehalts an Seiendheit]* Weißt du nun wohl, wie diese insgesamt d
beschaffen sind und womit vorzüglich zu vergleichen? — Womit? —
Nimmst du auch an, sprach ich, daß es in den Dingen ein Oben gibt
und ein Unten und eine Mitte? — Ich gewiß. — Und wenn einer sich
von unten nach der Mitte bewegt, meinst du, daß er etwas anderes
glauben werde, als sich nach oben zu bewegen? Und wenn er, in der
Mitte zur Ruhe gelangt, dahin schaut, woher er gekommen ist, wird
er wohl etwas anderes glauben als oben zu sein, da er das wahre
Oben nicht gesehen hat? — Beim Zeus, sagte er, ich glaube nicht, daß
ein solcher etwas anderes glauben wird. — Aber wenn er nun wieder
in Bewegung käme: so würde er glauben, sich nach unten zu bewe- e
gen, und würde auch recht glauben? — Wie sollte er nicht? — Und
das alles würde ihm doch begegnen, weil er keine Kunde hätte von
dem, was wahrhaft oben ist und unten und in der Mitte? — Offen-
bar. — Kannst du dich also wundern, wenn auch die der Wahrheit
Unkundigen sowohl von vielen andern Dingen keine gesunden Vor-
stellungen haben, als auch zu Lust und Unlust und zu dem in der Mit-
te von ihnen sich so verhalten, daß, wenn sie nach der Unlust hin
sich bewegen, sie richtig glauben und wirklich Unlust haben, wenn 585 a
aber von der Unlust weg nach der Mitte hin, sie wunder wie sehr
glauben zur Erfüllung und zur Lust zu gelangen, aber wie wenn man
Graues neben Schwarzem sieht aus Unkunde des Weißen, so, indem
sie neben der Unlust die Schmerzlosigkeit betrachten, aus Unkunde
der Lust sich täuschen? — Beim Zeus, sprach er, ich würde mich nicht
wundern, sondern weit mehr, wenn es nicht so käme. — So betrachte
es denn, sagte ich, einmal so. Sind nicht Hunger und Durst und der-
gleichen gewisse Leerheiten des körperlichen Zustandes? — Wie soll- b
ten sie nicht? — Unwissenheit und Unverstand aber, sind die nicht
wiederum ebenso eine Leerheit in dem Zustande der Seele? — Frei-
lich wohl. — Angefüllt also würde, wer Nahrung zu sich nimmt und
wer Verstand bekommt? — Was sonst? — Welches ist aber die wahr-
haftere Anfüllung, die mit einem minder oder die mit einem mehr
Seienden? — Offenbar die mit einem mehr. — Welche von beiden
Gattungen nun, glaubst du wohl, habe mehr Anteil am reinen Sein,
die, wozu Brot und Getränk und Gekochtes und alle Nahrungsmittel
insgesamt gehören, oder die Gattung der richtigen Vorstellung
und der Wissenschaft und des Verstandes und alles dessen insge-
samt, was Tugend ist? Beurteile es aber so: Was an dem sich immer c
Gleichen und Unsterblichen haftet und an der Wahrheit, sowohl sol-
cherlei selbst seiend als auch in solchem entstehend, dünkt dich dies
in höherem Grade zu sein oder das an dem nie sich selbst Gleichen
und Sterblichen Haftende als auch selbst solches und in solchem ent-
stehend? — Bei weitem mehr, sagte er, das an dem immer sich selbst
Gleichen. — Also das Wesen des sich immer Gleichen, hat das mehr

am Sein Anteil als am Wissen? — Keineswegs. — Und wie? An der
Wahrheit? — Auch das nicht. — Wenn aber etwas weniger an der
Wahrheit, dann auch am Sein. — Notwendig. — Überhaupt also wird
d das zur Pflege des Leibes Gehörige in seinen verschiedenen Arten
minder als die Arten des zur Pflege der Seele Gehörigen an der Wahr-
heit und dem Sein Anteil haben? — Bei weitem wohl. — Und meinst
du nicht ebenso auch der Leib minder als die Seele? — Ich gewiß. —
Wird also nicht auch das mit wahrhafter Seiendem angefüllte selbst
auch wahrhafter Seiende wahrhafter angefüllt als das mit minder
Seiendem und selbst minder Seiende? — Wie könnte es anders sein!
— Wenn also mit der Natur Angemessenem angefüllt werden an-
genehm ist: so würde auch das wahrhafter und mit wahrhafter Sei-
e endem Angefüllte sich wirklicher und wahrhafter wohlbefinden in
wahrhafter Lust, dem aber minder Seiendes zugeteilt wird, das wür-
de auch minder wahrhaft und auf die Dauer angefüllt werden, und
hätte nur Teil an einer unzuverlässigen und minder wahrhaften
586 a Lust. — Ganz notwendig, sagte er. — Die also der Einsicht und Tu-
gend bar sind, in Schmausereien aber und dergleichen sich immer
pflegen, bewegen sich, wie es uns vorkam, nach unten hin und dann
wieder bis zur Mitte und schweben hier zeitlebens, über dieses aber
hinaus zu dem wahrhaften Oben haben sie niemals weder hinauf-
gesehen noch einen Anlauf dorthin genommen und sind also auch
mit Seiendem nie wahrhaft angefüllt worden, noch haben sie je eine
dauernde und reine Lust geschmeckt; sondern nach Art des Viehes
immer auf den Boden sehend und zur Erde und den Tischen gebückt
nähren sie sich und bespringen sich einander auf der Weide; und
b wenn sie aus habsüchtiger Begierde nach diesen Dingen ausschlagen
und stoßen, so töten sie sich auch untereinander mit eisernen Hör-
nern und Hufen aus Unersättlichkeit, weil sie nicht mit Seiendem
weder ihr Seiendes noch dasjenige, was Empfangenes festhält, ange-
füllt haben. — Vollkommen wie in einem Göttersprudh, o Sokrates,
sprach Glaukon, bezeichnest du die Lebensweise der großen Menge.
— Leben nun nicht solche auch notwendig in mit Unlust gemischten
Lüsten, gleichsam in Doppelgängern oder Schattenbildern der wah-
c ren Lust, welche nur durch die Zusammenstellung Farbe bekommen,
so daß sie als gewaltig erscheinen und diesen Toren wahnsinnige Lei-
denschaften zu sich einflößen und der Gegenstand heftigen Streites
werden, wie auch um das Schattenbild der Helena nach Stesichoros
unter den Trojanern solcher Streit entstand aus Unkunde der wah-
ren. — Notwendig, sagte er, muß es sich so begeben. —

*[11. Abstand der wahrhaften königlichen Lust von der des Tyran-
nen]* Und wie? Muß nicht eben dergleichen notwendig auch mit dem
Zornartigen begegnen, wenn einer dasselbe vollbringt, neidischer-
weise aus Ehrgeiz oder gewaltsamerweise aus Streitlust oder zorni-
gerweise aus Ungeschlachtheit, indem er Sättigung an Ehre, Sieg und
d Wiedervergeltung erstrebt ohne Einsicht und Vernunft? — Ähnliches,
sagte er, erfolgt notwendig auch hierbei. — Wie also? sprach ich.
Wollen wir kühnlich sagen, daß von allen auf das Gewinnsüchtige

sowohl als das Streitlustige bezüglichen Begierden diejenigen, wel-
che der Erkenntnis und vernünftigen Rede nachgehend und nur nach
deren Anleitung der Lust nachstrebend diejenigen Lüste erlangen,
auf welche die Vernunft hindeutet, daß diese sowohl die wahrhaf-
testen erlangen werden, soweit ihnen nämlich möglich ist, Wahres
zu erlangen, weil sie ja der Wahrheit gefolgt sind, als auch die ihnen
eigentümlich zugehörigen, wenn doch das beste für einen jeden auch e
das ihm Eigentümlichste ist. – Gewiß wohl, sprach er, ist dies ja das
Eigentümlichste. – Folgt also die ganze Seele dem Weisheitliebenden
und ist ihm nicht aufsässig: so gelangt jeder Teil dazu, daß er nicht
nur sonst das Seinige verrichtet und gerecht ist, sondern jeder erntet
auch an Lust das ihm Zugehörige und Beste und soviel irgend mög-
lich das Wahrhafte. – Offenbar ja. – Wenn hingegen einer von den 587 a
andern Teilen die Gewalt bekommt: so vermag nicht einmal er
selbst sich die ihm zukommende Lust zu verschaffen und nötigt auch
die andern, daß sie fremder und nicht wahrhafter Lust nachgehen
müssen. – So ist es, sagte er. – Wird also nicht, was am weitesten
von der Weisheitsliebe und der Vernunft absteht, auch dieses am
meisten bewirken? – Bei weitem. – Und steht nicht, was von Gesetz
und Ordnung, eben das auch am weitesten von der Vernunft ab? –
Unleugbar. – Am weitesten abstehend aber hatten sich ja die ver-
liebten und tyrannenhaften Begierden gezeigt? – Bei weitem. – Am b
wenigsten aber die königlichen und sittsamen? – Ja. – Also wird
auch, denke ich, der Tyrann am meisten von wahrer und eigentüm-
licher Lust entfernt bleiben, jener aber am wenigsten. – Notwendig.
– Auch am unerfreulichsten wird also der Tyrann leben, der König
aber am anmutigsten. – Ganz notwendig. – Und weißt du wohl,
sprach ich, um wieviel unerfreulicher ein Tyrann lebt als ein König?
– Wenn du es mir sagst, antwortete er. – Da es, wie sich gezeigt hat,
drei Arten der Lust gibt, von denen die eine echt ist, zwei aber un- c
echt, so ist der Tyrann in das Jenseits der unechten hinübergestiegen,
indem er Gesetz und Vernunft geflohen hat, und lebt nun mit gewis-
sen knechtischen und söldnerischen Lüsten; wieviel er aber dabei zu
kurz kommt, ist gar nicht leicht zu sagen, außer etwa so. – Wie
doch? fragte er. – Von dem Oligarchischen ist doch der Tyrann der
dritte; denn zwischen beiden war noch der Volksmann. – Ja. – Al-
so besitzt er auch, wenn das Vorige richtig ist, von jenem ab mit der
Wahrheit verglichen, das dritte Schattenbild der Lust? – So ist es. –
Der oligarchische Mann aber ist wiederum der dritte vom königli-
chen, wenn wir den aristokratischen und königlichen an dieselbe d
Stelle bringen. – Der dritte freilich. – Um das Dreifache des Drei-
fachen also, sprach ich, steht der Tyrann von der wahrhaften Lust
entfernt. – So scheint es. – Und das Schattenbild der tyrannischen
Lust wäre also die Fläche, die zu jener Zahl als ihrer Wurzel gehört.
– Unleugbar ja. – Aus der Wurzel und der dritten Potenz also wird
erhellen, um welche Entfernung er absteht. – Offenbar, sagte er,
dem wenigstens, der sich auf das Rechnen versteht. – Also wenn ei-
ner die Sache umkehrend von dem Könige sagen wollte, wie weit er
vermöge der Wahrheit seiner Lust von dem Tyrannen entfernt ist: e

so wird er nach vollendeter Vervielfältigung finden, daß er sieben-
hundertundneunundzwanzigmal anmutiger lebt, der Tyrann also
unseliger ist in demselben Maß und gleicher Entfernung. — Eine
wunderbare Rechnung, sagte er, hast du da zusammengetragen von
588 a dem Unterschiede zwischen den beiden Männern, dem gerechten und
dem ungerechten, was Lust und Unlust betrifft. — Und doch eine
richtige und ihrem Leben angemessene Zahl, sprach ich, da ihnen ja
Tage und Nächte, Monate und Jahre angemessen sind. — Das sind
sie ja freilich, sagte er. — Und wie? Wenn der Gute und Gerechte den
Schlechten und Ungerechten schon an Lust um so vieles überwindet:
um wie unendlich viel mehr wird er ihn nicht überwinden in des Le-
bens Wohlgestaltung und Schönheit und Tüchtigkeit? — Unendlich
weit freilich, beim Zeus, sagte er.

*[12. Verdeutlichung der eigentlichen Bedeutung des Unrechttuns
und Gerechthandelns durch ein Bild der Seele]*

b Wohlan, sprach ich, weil wir nun hierher gelangt sind mit unse-
rer Rede: so laß uns das zuerst Gesagte wieder aufnehmen, weshalb
wir hierher gekommen sind. Es wurde doch gesagt, Unrechttun nütze
dem, der vollkommen ungerecht zwar sei, gerecht aber erscheine.
Oder ist nicht so gesagt worden? — Allerdings so. — Nun also,
sprach ich, laß uns mit diesem reden, nachdem wir einig geworden
sind, was es mit beidem, dem Unrechttun und dem Gerechthandeln,
auf sich habe. — Wie aber, fragte er. — Laß uns zuerst ein Bildnis der
Seele in Worten anfertigen, an welchem, wer jenes behauptete, sehen
c könne, was er gesagt hat. — Was für eines? fragte er. — Von der Art
eines, sprach ich, wie die Fabel lehrt, daß es vor Zeiten Naturen ge-
geben habe; die der Chimaira und der Skylla und des Kerberos und
verschiedene andere werden ja beschrieben, daß sie viele Gestalten
in eines zusammengewachsen gewesen seien. — Das wird freilich er-
zählt. — So bilde dir denn *eine* Gestalt eines gar bunten und vielköp-
figen Tieres, rundherum Köpfe von zahmen und wilden Tieren ha-
bend und imstande, dies alles abzuwerfen und aus sich hervorzu-
d bringen. — Dazu gehört ein tüchtiger Bildner, sagte er; indessen, da
doch Worte leichter zu handhaben sind als Wachs und dergleichen,
so sei es gebildet. — Nun auch noch eine andere Gestalt des Löwen
und eine des Menschen: bei weitem das größte aber sei die erste und
das nächste die zweite. — Dieses, sagte er, ist schon leichter, und es
ist gebildet. — Weiter verknüpfe nun diese drei in eines, so daß sie
miteinander zusammenwachsen. — Sie sind verknüpft, sagte er. —
Und nun bilde außen um sie herum das Bildnis des einen, nämlich
des Menschen, so daß es dem, der das Innere nicht sehen kann, son-
e dern nur die äußere Hülle sieht, als ein lebendes Wesen erscheint,
nämlich ein Mensch. — Das sei herumgebildet, sagte er. — Und nun
gehen wir zu dem, welcher behauptet, diesem Menschen nütze Un-
rechttun, Gerechthandeln aber sei ihm nichts nütze, und sagen ihm,
er behaupte nichts anderes, als es nütze ihm, jenes vielgestaltige Tier
nebst dem Löwen und was ihm angehört durch Wohlleben stark zu
589 a machen, den Menschen aber Hungers sterben zu lassen und abzu-

schwächen, so daß er sich muß schleppen lassen, wohin eben eines von jenen beiden ihn zieht, und nicht etwa sie aneinander gewöhnt und eines mit dem andern befreundet, sondern sie sich untereinander beißen und im Streite verzehren läßt. — Auf alle Weise, sprach er, behauptet das der, welcher das Unrechttun lobt. — Also auch wohl, wer das Gerechte für nützlich erklärt, der würde behaupten, man müsse solches tun und reden, wodurch des Menschen innerer Mensch
recht zu Kräften kommt und sich auch des vielköpfigen Geschöpfes b
annehmen kann, wie ein Landmann das Zahme nährend und aufziehend, dem Wilden aber, nachdem er sich die Natur des Löwen zu Hilfe genommen, wehrend, daß es nicht wachse, auf daß er so, für alle gemeinsam sorgend, nachdem er sie untereinander und mit ihm selbst befreundet, sie so erhalte. — Offenbar behauptet wiederum dieses, wer das Gerechte lobt. — Auf alle Weise also sagt ja der das Wahre, der das Gerechte erhebt, der aber das Unrecht, täuscht sich.
Denn mag man nun auf die Lust sehen oder auf den guten Ruf oder c
auf die Förderlichkeit: so hat der Lobredner des Rechts die Wahrheit für sich, der Tadler aber sagt nichts Gesundes und tadelt, ohne zu wissen was. — Gewiß, sagte er, weiß er es ganz und gar nicht. — So laß ihn uns denn in Güte überreden, da er ja auch nicht mit Willen fehlt, und ihn fragen: Würden wir nicht doch sagen, o Lieber, daß auch das Edle und Schlechte sich aus solchen Ursachen geltend gemacht habe, das Edle nämlich als dasjenige, wodurch das Tierische
in der Natur unter den Menschen oder vielmehr unter das Göttliche d
gebracht wird, das Schändliche aber, weil es das Zahme unter die Gewalt des Wilden bringt? Wird er beistimmen, oder wie? — Wenn er anders mir folgen will, sagte er. — Kann es nun wohl, sprach ich, dieser Erklärung zufolge irgendeinem nützlich sein, ungerechterweise Geld zu nehmen, wenn doch dergleichen etwas geschieht, daß, indem er das Geld nimmt, zugleich das Beste von ihm selbst dem
Schlechtesten verknechtet wird? Oder soll man sagen, daß zwar, e
wenn er für Geld einen Sohn oder eine Tochter in die Knechtschaft gäbe, zumal noch unter wilde und böse Menschen, es ihm nicht nützen könnte, auch noch so viel unter solcher Bedingung zu empfangen; wenn er aber das Göttlichste seiner selbst in des Ungöttlichsten und Unreinsten Gewalt gibt ohne Erbarmen, dann wäre er nicht
elend und hätte nicht für einen weit unseligeren Verlust Geld ge- 590 a
nommen als Eriphyle, die jenen Schmuck annahm für ihres Mannes Leben? — Bei weitem wohl! sprach Glaukon, denn ich will dir für ihn antworten. —

[13. Erklärung des als Sitte Geltenden nach diesem Bild. Die sich hieraus ergebende Lebensführung dessen, der Vernunft hat] Und meinst du nicht, daß auch die Zügellosigkeit um deswillen von jeher getadelt wurde, weil in dergleichen allem jenes abscheuliche, jenes große und vielgestaltige Tier weit über die Gebühr freigelassen wird? — Offenbar, sagte er. — Anmaßendes und unfreundliches Wesen aber wird ja wohl getadelt, sofern das Löwenartige und Schlan-
genartige auf übelstimmende Weise angespannt und genährt wird? b

— Allerdings. — Und wird nicht Üppigkeit und Weichlichkeit wegen
Erschlaffung und Abspannung des nämlichen getadelt, wenn jenes
Feigheit darin hervorbringt? — Nicht anders. — Schmeichelei aber
und Niederträchtigkeit etwa nicht, wenn jemand eben dieses, das
Zornartige, jenem ungetümen Tier unterwirft und des Geldes we-
gen und aus unersättlicher Begierde nach diesem es durch Mißhand-
lungen von Jugend an gewöhnt, statt des Löwen den Affen zu spie-
c len? — Ei freilich! sagte er. — Niedriges Handwerk aber und Tage-
löhnerei, weshalb, meinst du, liegt darauf ein Schimpf? Sollen wir
wohl eine andere Ursache angeben, als sofern jenes Trefflichste in
einem von Natur so schwach ist, daß es über die andern Tiere in
ihm nicht herrschen kann, sondern ihnen dienen muß und nur die
Dienstleistungen, welche sie fordern, zu erlernen vermag? — So
scheint es wohl, sagte er. — Sollen wir nun nicht sagen, damit auch
ein solcher von demselben beherrscht werde wie der Trefflichste, müs-
se er der Knecht jenes Trefflichsten, welcher das Göttliche herrschend
d in sich hat, werden? Keineswegs jedoch in der Meinung, der Knecht
solle zu seinem eigenen Schaden beherrscht werden, wie Thrasyma-
chos von den Beherrschten meinte, sondern daß es beiden das beste sei,
von dem Göttlichen und Verständigen beherrscht zu werden, am
liebsten zwar so, daß jeder es als sein eigenes in sich selbst habe,
wenn aber nicht, dann daß es ihm von außen gebiete, damit wir alle
als von demselben beherrscht auch nach Vermögen einander insge-
samt ähnlich seien und befreundet. — Und ganz mit Recht geschehe
e es so, sagte er. — Und auch das Gesetz, sprach ich, zeigt ja deutlich,
daß es dergleichen anrät, welches doch allen im Staat auf gleiche
Weise verbündet ist; und so auch die Regierung der Kinder, indem
wir sie nicht frei sein lassen, bis wir in ihnen wie im Staat eine Ver-
fassung eingerichtet haben und das Edelste in ihnen, nachdem wir
591 a es mittels desselben in uns gepflegt und erzogen, auf ähnliche Weise
zum Wächter und Regenten bestellt haben, und hierauf lassen wir
sie dann frei. — Das ist freilich klar, sagte er. — Auf welche Weise,
o Glaukon, und aus welchem Grunde sollen wir also sagen, unge-
recht und zügellos sein oder Schlechtes tun sei nützlich, wenn einer,
wiewohl er schlechter dadurch wird, doch mehr Geld oder anderwei-
tiges Vermögen erwerben kann? — Auf keine Weise wohl, sagte er.
— Und wie, daß es nützlich sei, wenn man Unrecht tue, verborgen
bleiben und seine Strafe nicht erleiden? Oder wird nicht der Verbor-
b genbleibende noch schlechter, wenn einer aber nicht verborgen
bleibt, sondern gestraft wird, wird dann nicht das Tierische in ihm
besänftigt und gezähmt, das Zahme aber freigemacht, so daß die
ganze Seele, indem sie nach der edelsten Natur geordnet nun Beson-
nenheit und Gerechtigkeit mit Weisheit annimmt, eine weit treffli-
chere Beschaffenheit erlangt als ein Leib, welcher Stärke und Schön-
heit mit Gesundheit bekäme, um soviel mehr nämlich, als die Seele
selbst preiswürdiger ist als der Leib? — Auf alle Weise gewiß, sagte
c er. — Wird also nicht, wer Verstand hat, sein Leben so einrichten,
daß er alles Seinige hierzu anspannt, indem er zuerst diejenigen
Kenntnisse in Ehren hält, welche seine Seele zu einer solchen bilden

können, die anderen aber zurücksetzt? — Offenbar, sagte er. — Dem-
nächst, fuhr ich fort, des Leibes Beschaffenheit und Ernährung wird
er nicht nur keineswegs der tierischen und vernunftlosen Lust an-
heimgebend und dahin gewendet leben, sondern nicht einmal auf
die Gesundheit vorzüglich sehend und das vorzüglich betreibend,
daß er kräftig, gesund und schön werde, wenn er nicht dadurch zu-
gleich auch züchtig und besonnen würde; vielmehr immer wird er d
sich zeigen als einer, der die Verhältnisse des Leibes in bezug auf die
Übereinstimmung in der Seele ordnet. — Auf alle Weise, sagte er,
wenn er anders in der Tat ein der Harmonie Kundiger sein soll. —
Nicht auch ebenso, sprach ich, die Anordnung und Verhältnismäßig-
keit in dem Besitz des Vermögens? Und er wird uns wohl nicht des-
sen Masse, betäubt von der Bewunderung der Menge, ins Unendli-
che mehren, um sich endlose Übel zu bereiten? — Ich denke wohl
nicht, sagte er. — Sondern er wird ja wohl, fuhr ich fort, die in ihm e
bestehende Verfassung wohl beachtend und sich hütend, daß er nicht
dort etwas aufstöre durch Überfluß oder Mangel an Vermögen, hier-
auf hinsteuernd so genau er es irgend vermag, sein Vermögen so-
wohl vermehren als verwenden. — Offenbar ja, sagte er. — Und so
wird er wohl auch, was Ehre betrifft, auf dasselbe sehend an einiger 592 a
teilnehmen und sie genießen, wovon er nämlich glaubt, es werde ihn
besser machen; wovon aber, es werde die bestehende innere Verfas-
sung auflösen, davor wird er sich hüten, sowohl im Hause als im
öffentlichen Leben. — Also, sprach er, wird er sich wohl nicht mit
Staatssachen einlassen wollen, wenn ihm jenes am Herzen liegt? —
Beim Hunde, sprach ich, in seinem eigenen Staate gar sehr, vielleicht
jedoch nicht in seinem Vaterlande, wenn ihm nicht ein göttliches Ge-
schick zu Hilfe kommt. — Ich verstehe, sagte er, du meinst in dem
Staate, den wir jetzt durchgegangen sind und angeordnet haben und
der in unseren Reden liegt; denn auf der Erde glaube ich nicht, daß
er irgendwo zu finden sei. — Aber, sprach ich, im Himmel ist doch b
vielleicht ein Muster aufgestellt für den, der sehen will und nach
dem, was er sieht, sich selbst einrichten. Es gilt aber gleich, ob ein
solcher irgendwo ist oder sein wird; denn dessen Angelegenheiten
allein wird er doch verwalten wollen, eines anderen aber gar nicht.
— Wahrscheinlich wohl, sagte er.

ZEHNTES BUCH

*[1. Erneute Untersuchung der nachahmenden Darstellung. Die Wei-
se einer scheinbaren Darstellung aller Dinge]* Und gewiß, sprach ich,
595 a auch an vielem anderen in diesem Staate bemerke ich, daß wir ihn
vortrefflich angelegt haben, nicht am schwächsten aber behaupte ich
dies, wenn ich an die Dichtkunst denke. — An was doch? fragte er. —
Daß wir auf keine Weise aufnehmen, was von derselben darstellend
ist. Denn daß diese ganz vorzüglich nicht aufzunehmen sei, das zeigt
sich, wie mich dünkt, jetzt noch deutlicher, seitdem wir die verschie-
denen Teile der Seele einzeln voneinander gesondert haben. — Wie
b meinst du das? — Um es nur zu euch zu sagen — denn ihr werdet mich
doch nicht angeben bei den Tragödiendichtern und den übrigen Dar-
stellenden insgesamt —, mir scheint dergleichen alles ein Verderb
zu sein für die Seelen der Zuhörer, so viele ihrer nicht das Heilmittel
besitzen, daß sie wissen, wie es sich damit verhält. — In welcher Hin-
sicht sagst du dieses? — Ich muß mich wohl erklären, sprach ich, wie-
wohl eine Liebe und Scheu, die ich von Kindheit an für den Homeros
hege, mich hindern will zu reden. Denn er mag wohl aller dieser
c trefflichen Tragiker erster Lehrer und Anführer gewesen sein. Aber
kein Mann soll uns doch über die Wahrheit gehen; also muß ich
wohl sagen, was ich denke. — Auf alle Weise, sagte er. — So höre
denn, oder vielmehr antworte. — Frage nur. — Was Darstellung
überhaupt ist, weißt du mir das wohl zu sagen? Denn ich selbst sehe
noch nicht recht, was sie sein will. — Und, sagte er, da soll ich es wohl
sehen? — Das wäre ja, sprach ich, gar nichts Sonderbares, denn schon
596 a oft haben Stumpfsichtige etwas eher gesehen als Scharfsichtigere. —
Das ist wohl richtig, sagte er; aber in deiner Gegenwart könnte ich
nicht einmal das Herz fassen zu sagen, was mir etwa einfiele; also
sieh du nur selbst zu. — Willst du also, daß mir die Betrachtung hier-
bei anfangen nach der gewohnten Weise? Nämlich *einen* Begriff pfle-
gen wir doch jedesmal aufzustellen für jegliches Viele, dem wir den-
selben Namen beilegen. Oder verstehst du mich nicht? — Wohl ver-
stehe ich. — Nehmen wir also, was du willst von solchem Vielen! Wie
b zum Beispiel, wenn es dir recht ist, gibt es doch viele Bettgestelle und
Tische? — Wie sollte es nicht. — Aber Begriffe gibt es doch nur zwei
für diese Geräte, einen des Bettes und einen des Tisches. — Ja. — Und
pflegen wir nicht zu sagen, daß die Verfertiger jedes dieser Geräte,
auf den Begriff sehend, so der eine die Bettgestelle macht, der andere
die Tische, deren wir uns bedienen, und ebenso auch alles andere?
Denn den Begriff selbst verfertigt doch keiner von diesen Meistern;
wie sollte er auch? — Auf keine Weise. — Aber sieh einmal zu, nennst
c du auch diesen einen Meister? — Welchen doch? — Der alles macht,
was jeder einzelne von diesen Handwerkern. — Das ist ja ein außer-
ordentlicher und wundervoller Mann! — Noch eben nicht; aber bald
wirst du es wohl noch stärker ausdrücken. Denn dieser selbe Hand-
werker ist imstande, nicht nur alle Geräte zu machen, sondern auch
alles insgesamt, was aus der Erde wächst, macht er, und alle Tiere

verfertigt er, die andern wie auch sich selbst, und außerdem noch den
Himmel und die Erde und die Götter, und alles im Himmel und unter
der Erde im Hades insgesamt verfertigt er. – Einen ganz wunderba- d
ren Sophisten, sagte er, beschreibst du da. – Glaubst du es etwa
nicht? sprach ich; und sage mir, dünkt es dich überhaupt keinen sol-
chen Meister zu geben, oder daß einer nur auf gewisse Weise alle
diese Dinge verfertigt, auf andere aber wieder nicht? Oder merkst du
nicht, daß auch du selbst imstande bist, auf gewisse Weise alle diese
Dinge zu machen? – Und, fragte er, was ist doch dies für eine Weise?
– Gar keine schwere, sprach ich, sondern die vielfältig und in der Ge-
schwindigkeit angewendet wird. Am schnellsten aber wirst du wohl,
wenn du nur einen Spiegel nehmen und den überall umhertragen
willst, bald die Sonne machen und was am Himmel ist, bald die Erde, e
bald auch dich selbst und die übrigen lebendigen Wesen und Geräte
und Gewächse, und alles, wovon soeben die Rede war. – Ja scheinbar,
sagte er, jedoch nicht in Wahrheit seiend. – Schön, sprach ich, und
wie es sich gebührt, triffst du die Rede. Nämlich einer von diesen
Meistern, meine ich, ist auch der Maler. Nicht wahr? – Wie sollte er
nicht? – Aber du wirst sagen, meine ich, er mache nicht wahrhaft,
was er macht. Wiewohl auf gewisse Weise, macht auch der Maler ein
Bettgestell. Oder nicht? – Ja, sagte er, ein scheinbares auch er. –

*[2. Unterscheidung zwischen Wesensbildner, Werkbildner und Nach-
bildner und Entferntheit der Nachbildnerei von der Wahrheit]* Wie
aber der Tischler? Sagtest du nicht eben, daß auch er ja den Begriff 597 a
nicht macht, der doch eigentlich, wie wir behaupten, ist, was das Bett-
gestell ist, sondern ein einzelnes Bettgestell mache er? – Das sagte ich
freilich! – Also wenn er nicht macht, was ist: so macht er auch nicht
das Seiende, sondern nur etwas Sobeschaffenes wie das Seiende, Sei-
endes aber nicht? Und wenn jemand behaupten wollte, das Werk des
Tischlers oder sonst eines Handwerkers sei im eigentlichsten Sinne
seiend, der schiene wohl nicht richtig zu reden? – Freilich nicht, sagte
er, wie es wenigstens denen vorkommen würde, die sich mit derglei-
chen Reden beschäftigen. – So wollen wir uns demnach nicht wun-
dern, wenn auch dieses etwas Trübes ist gegen die Wahrheit. – Frei-
lich nicht. – Willst du nun, daß wir eben hiervon auch den Nach- b
bildner aufsuchen, wer er wohl ist? – Wenn du willst, sagte er. –
Also dieses werden uns drei Bettgestelle, das eine das in der Natur
seiende, von dem wir, denke ich, sagen würden, Gott habe es gemacht.
Oder wer sonst? – Niemand, denke ich. – Eines aber der Tischler. –
Ja, sagte er. – Und eines der Maler. Nicht wahr? – So sei es. – Maler
also, Tischler, Gott, diese drei sind Vorsteher der dreierlei Bettge-
stelle. – Ja, drei. – Gott aber, ob er nun nicht wollte oder ob eine c
Notwendigkeit für ihn da war, nicht mehr als *ein* Bettgestell in der
Natur zu machen, so machte er auch nur eins allein, jenes selbst, was
das Bettgestell ist. Zwei solche aber oder mehrere sind von Gott nicht
erzeugt worden und werden es auch nicht werden. – Wieso? sagte er.
– Weil, sprach ich, wenn er auch nur zwei gemacht hätte: so würde
sich doch wieder *eines* zeigen, wovon jene beiden die Gestalt an sich

hätten, und so wäre dann jenes, was das Bettgestell ist, und nicht die
d zwei. — Richtig! sagte er. — Dieses nun wissend, denke ich, hat Gott,
weil er wahrhaft der Verfertiger des wahrhaft seienden Bettgestells
sein wollte und nicht eines einzelnen Bettgestells, noch auch ein
Tischler, es als *eines* dem Wesen nach gebildet. — So scheint es ja. —
Sollen wir diesen also den Wesensbildner hiervon nennen oder ungefähr so? — Das ist ja wohl billig, sagte er, da er ja dieses und alles
andere dem Wesen nach gemacht hat. — Und wie den Tischler? Nicht
den Werkbildner des Bettgestells? — Ja. — Nennen wir auch wohl den
Maler Werkbildner und Verfertiger desselben? — Keineswegs. —
Aber was denn sagst du, daß er von dem Bettgestelle sei? — Ich den-
e ke, entgegnete er, am schicklichsten nennen wir ihn Nachbildner dessen, wovon jene die Werkbildner sind. — Sei es! sprach ich. Des dritten Erzeugnisses Vorsteher von dem Wesen ab nennst du also Nachbildner. — Allerdings, sagte er. — Dieses also wird auch der Tragödiendichter sein, wenn er doch Nachbildner ist, ein dritter von dem
Könige und dessen wahrem Wesen, und so auch alle andern Nachbildner. — So scheint es. — Über den Nachbildner also sind wir eins;
598 a sage mir aber vom Maler noch dieses. Dünkt er dich darauf auszugehen, von jeglichem jenes *eine* selbst in der Natur nachzubilden
oder die Werke der zweiten Bildner? — Die der Werkbildner, sagte
er. — Und wie sie sind, oder wie sie erscheinen? Denn auch dieses unterscheide mir noch. — Wie meinst du? sagte er. — So: Ein Bettgestell,
wenn man es von der Seite sieht oder von gerade gegenüber oder
wie sonst, ist es deshalb von sich selbst verschieden oder das zwar
gar nicht, es erscheint aber anders? Und mit allem andern ebenso? —
So ist es, sagte er; es erscheint anders, ist aber nicht verschieden. —
b Nun betrachte mir eben dieses. Auf welches von beiden geht die Malerei bei jedem? Das Seiende nachzubilden, wie es sich verhält, oder
das Erscheinende, wie es erscheint, als eine Nachbildnerei der Erscheinung oder der Wahrheit? — Der Erscheinung, sagte er. — Gar
weit also von der Wahrheit ist die Nachbildnerei; und deshalb, wie
es scheint, macht sie auch alles, weil sie von jeglichem nur ein Weniges trifft und das im Schattenbild. Wie der Maler, das leugnen wir
doch nicht, der wird uns Schuster, Tischler und die andern Handwer-
c ker nachbilden, ohne irgend etwas von diesen Künsten irgend zu verstehen; aber doch, ist er nur ein guter Maler und zeigt, wenn er einen Tischler gemalt hat, ihn nur hübsch von fern, so wird er doch
Kinder wenigstens und unkluge Leute anführen, daß sie das Gemälde für einen wirklichen Tischler halten. — Wie sollte er nicht! — Aber
dieses, meine ich, o Freund, müssen wir doch von allen dieser Art
denken: Wenn uns jemand von einem berichtet, er habe einen Menschen angetroffen, der alle Handwerke verstehe, und alles andere,
d was sonst jeder nur einzeln weiß, verstehe er um nichts weniger genau als irgendeiner, den muß man doch gleich darauf anreden, daß
er ein einfältiger Mensch ist, den ein Taschenspieler oder ein Nachbildner angeführt hat, so daß er ihn wirklich für allweise hielt, weil
er selbst nämlich nicht fähig ist, Erkenntnis und Unkenntnis und
Nachbildung zu sichten. — Vollkommen richtig, sagte er. —

[3. Frage nach Zeugnissen für die Weisheit Homers] Nächstdem,
sprach ich, laß uns nun die Tragödie vornehmen und ihren Anführer
Homeros, weil wir ja doch immer von einigen hören, daß diese Dich-
ter alle Künste verstehen, und alles Menschliche, was sich auf Tu- e
gend und Schlechtigkeit bezieht, und das Göttliche dazu. Denn not-
wendig müsse der gute Dichter, wenn er, worüber er dichtet, gut
dichten solle, als ein Kundiger dichten, oder er werde nicht imstande
sein zu dichten. Wir müssen also zusehen, ob diese etwa von diesen
Nachbildnern hintergangen worden sind und, wenn sie ihre Werke
sehen, nicht merken, daß diese um das Dreifache von der Wahrheit 599 a
abstehen und leicht sind auch einem der Wahrheit nicht Kundigen
zu dichten, weil sie nämlich Erscheinungen dichten, nicht Wirkliches,
oder ob sie vielleicht recht haben und die guten Dichter das alles
wirklich verstehen, wovon sie den meisten gut zu reden scheinen. –
Allerdings, sagte er, müssen wir das untersuchen. – Meinst du nun
wohl, wenn einer beides machen könnte, das Nachzubildende und
das Schattenbild, er sich gestatten würde, viel Mühe auf die Verferti-
gung der Schattenbilder zu wenden und dieses an die Spitze seines
Lebens zu stellen als das Beste, was er habe? – Ich wohl nicht. – b
Sondern, denke ich, wenn er doch der Wahrheit dieser Dinge kundig
wäre, welche er nachbildet: so würde er ja weit eher seine Mühe an
die Werke selbst wenden als an die Nachbildungen, und würde ver-
suchen, viele und treffliche Werke als Denkmale von sich zurückzu-
lassen, und würde weit lieber der Gepriesene sein wollen als der Lob-
redner. – Das denke ich, sagte er; denn nicht gleich ist die Ehre so-
wohl als der Vorteil. – Über das übrige nun wollen wir nicht erst
Rechenschaft fordern vom Homeros oder welchem Dichter sonst, daß c
wir sie fragten, wenn einer von ihnen wirklich heilkundig wäre und
nicht nur ein Nachbildner heilkundiger Reden, wen denn wohl ein
alter oder neuer Dichter gesund gemacht haben solle wie Asklepios,
oder was für Schüler in der Heilkunde einer hinterlassen habe, wie
jener seine Nachkommen? Auch über die andern Künste wollen wir
sie nicht erst befragen, sondern das gut sein lassen; über das Größte
und Herrlichste aber, wovon Homeros zu handeln unternimmt,
Kriege und Führung von Feldzügen, Anordnung der Städte und Bil-
dung der Menschen, ist es doch billig, ihn ausforschend zu fragen: d
Lieber Homeros, wenn du denn, was Tugend anlangt, nicht der drit-
te von der Wahrheit abstehende Verfertiger des Schattenbildes bist,
wie wir den Nachbildner bestimmt haben, sondern doch der zweite,
und wirklich zu erkennen vermochtest, durch welche Bestrebungen
die Menschen besser werden oder schlechter im häuslichen Leben so-
wohl als im öffentlichen: so sage uns doch, welche Stadt denn durch
dich eine bessere Einrichtung bekommen hat, wie Lakedaimon durch
den Lykurgos und so viele andere große und kleine Städte durch an-
dere mehr? Welche Stadt führt dich denn auf als einen tüchtigen Ge- e
setzgeber und einen, der ihr Wohl begründet habe? Denn Italien und
Sizilien nennt den Charondas und wir den Solon; dich aber welche?
Wird er wohl eine angeben können? – Ich denke nicht, sagte Glau-
kon; auch wird ja dergleichen nicht einmal von den Homeriden selbst

600 a behauptet. – Aber wird wohl irgendeines Krieges aus Homeros' Zeiten gedacht, der unter seiner Anführung oder Beratung glücklich zu Ende gebracht worden? – Keiner. – Aber doch als eines menschlicher Werke kundigen Mannes werden viele und brauchbare Erfindungen in den Künsten oder zu andern Verrichtungen von ihm angeführt, wie von dem milesischen Thales oder dem Skythen Anacharsis? – Ganz und gar dergleichen nichts. – Wenn also nichts öffentlich, so wird doch wohl Homeros einigen einzeln der Anführer in ihrer Ausbildung gewesen sein, welche sich an seinem Umgang
b erfreuten und den Nachkommen eine homerische Lebensweise überliefern konnten, wie Pythagoras selbst vorzüglich deshalb hochgeschätzt wurde und auch jetzt noch die Späteren, die ihre Lebensweise die pythagoreische nennen, für ausgezeichnet vor allen andern gelten? – Auch dergleichen, sagte er, wird nichts gerühmt; denn Kreophylos, des Homeros Freund, wäre ja noch lächerlicher seiner Bildung nach als sein Name, wenn das wahr ist, was vom Homeros erzählt wird. Es wird nämlich erzählt, daß man sich erstaunlich wenig
c um ihn bekümmert bei eben jenem, als er dort lebte. –

[4. Der Dichter als Nachbildner hat weder Erkenntnis noch auch nur richtige Meinung von dem, was er nachbildet] Das wird freilich erzählt. Aber meinst du wohl, o Glaukon, wenn Homeros wirklich imstande gewesen wäre, Menschen auszubilden und besser zu machen, als einer, der hierin nicht nur Nachbildner war, sondern Einsicht davon hatte, daß er sich nicht würde gar viele Freunde gemacht haben und von ihnen geehrt und geliebt worden sein? Sondern Protagoras der Abderit und der keische Prodikos und viele andere sollten durch ihren Umgang ihre Zeitgenossen zu dem Glauben haben bringen
d können, daß sie weder ihr Hauswesen noch ihren Staat gut zu verwalten imstande sein würden, wenn nicht sie ihre Bildung leiteten, und diese zwar werden solcher Weisheit halber so sehr geliebt, daß nicht viel fehlt, ihre Freunde trügen sie überall auf den Schultern umher: den Homeros aber, wenn er imstande gewesen wäre, ihnen zur Tugend förderlich zu sein, oder den Hesiodos hätten ihre Zeitgenossen umherziehen lassen als Bänkelsänger und würden nicht viel mehr an ihnen gehangen haben als an ihrem Gelde und sie genötigt,
e bei ihnen daheim zu bleiben, oder wenn sie sie nicht überreden konnten, sollten sie nicht mit ihren Kindern nachgezogen sein, wohin jene nur gingen, bis sie der Bildung genug gehabt hätten? – Auf alle Weise, sagte er, scheinst du mir vollkommen recht zu haben, o Sokrates! – Wollen wir also feststellen, daß vom Homeros an alle Dichter nur Nachbildner von Schattenbildern der Tugend seien und der andern Dinge, worüber sie dichten, die Wahrheit aber gar nicht berühren; sondern wie wir eben sagten, der Maler werde etwas machen, was man für einen Schuhmacher hält, ohne selbst etwas von
601 a der Schusterei zu verstehen, und für die, welche nichts davon verstehen, sondern nur auf Farben und Umrisse sehen? – Das sagten wir. – Ebenso, denke ich, wollen wir auch von dem Dichter sagen, daß er Farben gleichsam von jeglicher Kunst in Wörtern und Namen

auftrage, ohne daß er etwas verstände als eben nachbilden; so daß andere solche, wenn sie die Dinge nach seinen Reden betrachten, mag er nun von der Schusterei handeln in gemessener und wohlgebauter und wohlklingender Rede, glauben müssen, daß es vollkommen richtig gesetzt sei, oder mag er vom Kriegswesen oder was du sonst irgend willst handeln, so einen gewaltigen Reiz habe eben dieses von b
Natur. Denn wie die Werke der Dichter, entkleidet von den Farben dieser Tonkunst, an und für sich vorgetragen sich zeigen, das, denke ich, weißt du; du hast es ja wohl einmal wahrgenommen. — Das habe ich freilich, sagte er. — Nicht wahr, sprach ich, sie gleichen jugendlichen, aber nicht schönen Gesichtern, wie die anzusehen sind, wenn ihre Blütezeit vorüber ist? — Vollkommen, sagte er. — So komm und betrachte auch noch dieses! Der Verfertiger des Schattenbildes, der Nachbildner, sagen wir doch, verstehe von dem, was wirklich ist, nichts, sondern nur davon, wie jedes erscheint. Nicht so? — Ja. — Dieses nun laß uns nicht halb gesagt liegen, sondern laß es uns vollstän- c
dig betrachten. — Sprich nur, sagte er. — Der Maler, sagen wir, kann uns Zaum und Gebiß malen? — Ja. — Machen aber wird sie der Riemer und der Kupferschmied? — Freilich. — Wie nun Zügel und Stange beschaffen sein müssen, versteht das der Zeichner? Oder nicht einmal der Kupferschmied und der Riemer, der sie macht, sondern nur jener allein, der sich derselben zu bedienen weiß, der Reiter? — Vollkommen richtig. — Wollen wir nun nicht sagen, daß es sich mit allem so verhalte? — Wie? — Daß es für jedes diese drei Künste gibt, d
die gebrauchende, die verfertigende, die nachbildende? — Ja. — Nun aber bezieht sich doch eines jeglichen Gerätes und Werkzeuges sowie jedes lebenden Wesens und jeder Handlung Tugend und Schönheit und Richtigkeit auf nichts anderes als auf den Gebrauch, wozu eben jegliches angefertigt ist oder von der Natur hervorgebracht. — Richtig. — Notwendig also ist auch der Gebrauchende immer der Erfahrenste und muß dem Verfertiger Bericht erstatten, wie sich das, was er gebraucht, gut oder schlecht zeigt im Gebrauch. Wie der Flötenspieler dem Flötenmacher Bescheid sagen muß von den Flöten, welche ihm gute Dienste tun beim Blasen, und ihm angeben muß, wie e
er sie machen soll, dieser aber muß Folge leisten. — Natürlich. — Der eine also als Wissender gibt an, was gute und schlechte Flöten sind, der andere aber verfertigt sie als Glaubender? — Ja. — Von demselben Gerät also hat der Verfertiger einen richtigen Glauben, wie es schön sei oder schlecht, weil er mit dem Wissenden umgeht und genötigt wird, auf diesen Wissenden zu hören; die Wissenschaft da- 602 a
von aber hat der Gebrauchende. — Freilich. — Der Nachbildner aber, wird der aus dem Gebrauch eine Wissenschaft haben von dem, was er zeichnet, ob es schön und richtig ist, oder nicht? Oder hat er eine richtige Meinung vermöge notwendigen Umganges mit dem Wissenden und weil dieser ihm befiehlt, wie er zeichnen soll? — Keines von beiden. — Also weder Einsicht wird der Nachbildner haben noch richtige Vorstellung von dem, was er nachbildet, was Güte und Schlechtigkeit anlangt. — Es scheint nicht. — Trefflich also ist der in der Nachbildung begriffene Nachbildner in der Kunde von dem, was

b er macht? — Nicht sonderlich. — Aber doch wird er drauflos nachbilden, ohne zu wissen, wie jedes gut oder schlecht ist, sondern, wie es scheint, was dem Volk und den Unkundigen als schön erscheint, das bildet er nach. — Was auch sonst! — Dieses also, wie sich zeigt, ist uns ziemlich klargeworden, daß der Nachbildner nichts der Rede Wertes versteht von dem, was er nachbildet, sondern die Nachbildung eben nur ein Spiel ist und kein Ernst, und daß, die sich mit der tragischen Dichtung beschäftigen in Jamben sowohl als in Hexametern, insgesamt Nachbildner sind so gut als irgendeiner. — Allerdings.

[5. Die Nachbildnerei als im Bunde mit dem der Vernunft Fernen in uns]

c Beim Zeus, sprach ich, dieses Nachbilden gehörte doch zu dem dritten von der Wahrheit ab. Nicht so? — Ja. — Aber worauf im Menschen äußert es denn die Kraft, die es hat? — Wovon meinst du denn? — Nun hiervon. Dieselbe Größe erscheint uns doch durch das Gesicht wahrgenommen von nahebei und von ferne nicht gleich? — Nein freilich. — Und dasselbe als krumm und gerade, je nachdem wir es im Wasser sehen oder außerhalb, und als ausgehöhlt und erhaben wegen der Täuschungen, die dem Auge durch die Farben entstehen.
d Und so ist dies insgesamt eine große Verwirrung in unserer Seele, auf welche Beschaffenheit unserer Natur dann die Schattierkunst lauert und keine Täuschung ungebraucht läßt, so auch die Kunst der Gaukler und viele andere dergleichen Handgriffe. — Richtig. — Haben sich nun nicht Messen, Zählen und Wägen als die dienstlichen Hilfsmittel hiergegen erwiesen, so daß das scheinbare Größere oder Kleinere oder Mehrere und Schwerere nicht in uns aufkommt, sondern das Rechnende, Messende und Wägende? — Natürlich. — Aber
e dies ist doch das Geschäft des Verstandes in der Seele. — Dessen allerdings. — Diesem aber erscheint oftmals, wenn er gemessen hat und nun anzeigt, daß einiges größer sei oder kleiner als anderes oder gleich groß, zur gleichen Zeit das Entgegengesetzte über dieselben Dinge. — Ja. — Sagten wir aber nicht, dasselbe könne nicht von demselben zugleich Entgegengesetztes vorstellen? — Und ganz mit Recht
603 a behaupteten wir dieses. — Was also in der Seele unbekümmert um das Maß urteilt, kann nicht dasselbe sein mit dem nach dem Maß Urteilenden. — Freilich nicht. — Aber doch ist wohl, was dem Maß und der Rechnung vertraut, das Beste der Seele. — Wie sonst! — Was also mit diesem im Widerspruch steht, das gehört zu dem Schlechteren in uns. — Notwendig. — Weil ich nun dieses feststellen wollte, sagte ich, daß die Malerei und die Nachbildnerei überhaupt, wie sie in großer Ferne von der Wahrheit ihr Werk zustande bringt, so auch mit dem von der Vernunft Fernen in uns ihren Verkehr hat und sich mit die-
b sem zu nichts Gesundem und Wahrem befreundet. — Ganz gewiß wohl, sagte er. — Selbst also schlecht und mit Schlechtem sich verbindend erzeugt die Nachbildnerei auch Schlechtes. — Das scheint wohl. — Und etwa nur die es mit dem Gesicht zu tun hat, oder auch die mit dem Gehör, welche wir die Dichtkunst nennen? — Wahr-

scheinlich wohl, sagte er, auch diese. — Laß uns jedoch nicht, sprach ich, der Wahrscheinlichkeit allein vertrauen, welche uns aus der Malerei entsteht, sondern zu demjenigen selbst in der Seele hinzutreten, womit die dichtende Nachbildnerei zu tun hat, und zusehen, ob c
es schlecht oder edel ist. — Das müssen wir freilich. — Legen wir es denn so dar! Diese Nachbildnerei bildet uns doch handelnde Menschen nach, in freiwilligen oder erzwungenen Handlungen, und welche durch diese Handlungen glauben, sich Gutes oder Schlimmes erhandelt zu haben, und in dem allen betrübt sind oder erfreut. Tut sie wohl noch sonst etwas außer diesem? — Nichts. — Ist nun in alle diesem der Mensch etwa einstimmig mit sich? Oder, wie er in Sachen d
des Gesichtes uneins war und über dieselben Gegenstände zu gleicher Zeit entgegengesetzte Vorstellungen in sich hatte, schwankt er nicht ebenso auch in seinen Handlungen und liegt selbst mit sich im Streit? Doch ich erinnere mich, daß wir hierüber jetzt gar nicht nötig haben etwas abzumachen, denn wir haben in unseren Reden schon oben alles dieses zur Genüge nachgewiesen, daß unsere Seele von viel tausend solchen gleichzeitig vorhandenen Widersprüchen voll ist. — Richtig! sagte er. — Richtig freilich, sprach ich; aber was wir damals ausgelassen haben, das, dünkt mich, tut uns jetzt not nachzu- e
holen. — Welches doch? sagte er. — Ein rechtschaffener Mann, sprach ich, den ein solches Geschick betroffen hat, daß er einen Sohn verloren hat oder sonst etwas ihm vorzüglich Wertes, wird dieses, das sagten wir wohl schon damals, bei weitem leichter ertragen als andere. — Freilich. — Nun aber laß uns dieses erwägen, ob es ihn denn gar nicht schmerzen wird oder ob dieses zwar unmöglich ist, er sich aber mäßiger beweisen wird in der Betrübnis. — Das letztere eher, sagte er, wenn man bei der Wahrheit bleiben soll. — Nun sage mir aber dieses von ihm, glaubst du, daß er stärker gegen die Betrübnis 604 a
ankämpfen und ihr entgegenstreben wird, wenn von seinesgleichen gesehen, oder dann, wenn er in der Einsamkeit es nur mit sich selbst zu tun hat? — Bei weitem wohl mehr, sagte er, wenn er gesehen wird. — In der Einsamkeit aber, meine ich, wird er vielerlei vorbringen, worüber er sich schämen würde, wenn ihn einer hörte, und vielerlei tun, worüber er nicht möchte von einem betroffen werden. — So ist es, sagte er. —

[6. Aufweis, daß der Dichter notwendig dem Schlechten in der Seele gefällig sein muß] Und was ihm gebietet, Widerstand zu leisten, das ist doch Vernunft und Gesetz; was ihn aber zur Betrübnis hinzieht, das ist das, was er erlitten hat, selbst? — Richtig. — Entsteht aber in b
dem Menschen zu gleicher Zeit in derselben Beziehung ein solcher entgegengesetzter Zug: so, sagen wir, ist notwendig auch zweierlei in ihm. — Notwendig. — Und das eine ist doch bereit dem Gesetze zu folgen, wohin dieses führt? — Wieso? — Das Gesetz sagt ja doch, es sei am schönsten, möglichst ruhig zu sein bei Unfällen und sich nicht zu erzürnen, weil ja weder offenbar ist, was hieran gut ist oder übel, noch auch für die Zukunft irgendein Vorteil aus dem unwilligen Ertragen entstehen kann, noch auf irgend etwas von solchen mensch-

c lichen Dingen großer Wert zu legen ist, gewiß aber demjenigen, wozu wir am meisten jeden Augenblick bereit sein müssen, die Betrübnis hinderlich wird. — Was denn meinst du? sprach er. — Die Beratung über das Geschehene, sprach ich; und daß wir wie beim Würfelspiel unsere Angelegenheiten dem Wurf gemäß so stellen, wie die Vernunft es als das beste vorzieht, nicht aber, wenn wir uns gestoßen haben, wie Kinder die schmerzhafte Stelle halten und beim Schreien bleiben, sondern immer die Seele gewöhnen, daß sie so
d schnell wie möglich dazu schreite, das Zerstoßene und Krankhafte zu heilen und in Ordnung zu bringen und die Klagelieder durch Heilkunst zu beschwichtigen. — Am richtigsten, sprach er, würde man wenigstens auf diese Art den Unfällen entgegengehen. — Und das Beste, sagen wir doch, will dieser Erwägung folgen. — Offenbar. — Was aber zu schmerzhaften Erinnerungen und Klagen hinzieht und nicht genug davon haben kann, wollen wir nicht sagen, das sei unvernünftig und träge und der Feigheit befreundet? — Das werden
e wir freilich sagen. — Für dieses Unwillige nun gibt es gar viele und mancherlei Nachbildung; die vernünftige und ruhige Gemütsfassung aber, welche ziemlich immer sich selbst gleichbleibt, diese ist weder leicht nachzubilden noch auch die Nachbildung leicht zu verstehen, zumal für eine große Versammlung und die verschiedenartigsten Menschen, wie sie sich vor den Schaubühnen zusammenfinden. Denn es wäre eine Nachbildung eines ihnen fremden Zustandes. — Aller-
605 a dings freilich. — Offenbar also, daß der nachbildende Dichter nicht für dieses in der Seele geartet ist und seine Kunst sich nicht daran hängen darf, diesem zu gefallen, wenn er Ruhm haben will bei der Menge, sondern für die gereizte und wechselreiche Gemütsstimmung eignet er sich, weil diese leicht ist nachzubilden. — Offenbar. — Können wir ihn also nicht jetzt mit vollem Recht angreifen und ihn als ein Seitenstück zu dem Maler aufstellen? Denn darin, daß er Schlechtes hervorbringt, wenn man auf die Wahrheit sieht, gleicht
b er ihm; und daß er sich an eben solches in der Seele wendet und nicht an das Beste, auch darin sind sie einander ähnlich. Und so sind wir wohl schon gerechtfertigt, wenn wir ihn nicht aufnehmen in eine Stadt, die eine untadelige Verfassung haben soll, weil er jenes in der Seele aufregt und nährt und, indem er es kräftig macht, das Vernünftige verdirbt, wie im Staat, wenn einer den Schlechten die Gewalt verschaffend den Staat verrät und die Besseren herunterbringt, ebenso werden wir sagen, daß der nachbildende Dichter jedem eine schlechte Verfassung in seiner Seele aufrichtet, indem er dem Unver-
c nünftigen darin, welches nicht einmal Großes und Kleines unterscheidet, sondern dasselbe bald für groß hält, bald für klein, sich gefällig beweist und ihm Schattenbilder hervorruft, von der Wahrheit aber ganz weit entfernt bleibt. — Allerdings.

[7. Die größte Anklage gegen die Dichtkunst: sie verdirbt auch um Tugend bemühte Männer]

Und doch haben wir die größte Anklage gegen sie noch nicht vorgebracht; denn daß sie imstande ist, auch die Wohlgesinnten, einige

gar wenige ausgenommen, zu verderben, das ist doch gar arg. — Ganz gewiß, wenn sie dies nur wirklich tut. — So höre und überlege. Auch die Besten von uns, wenn wir den Homeros hören oder einen andern Tragödiendichter, wie er uns einen Helden darstellt in trau-
riger Bewegung und eine lange Klagerede haltend, oder auch singen- d
de und sich heftig gebärdende: so wird uns wohl zumute, wir geben uns hin und folgen mitempfindend, und die Sache sehr ernsthaft nehmend, loben wir den als einen guten Dichter, der uns am meisten in diesen Zustand versetzt. — Das weiß ich; wie sollten wir auch nicht? — Wenn aber einen von uns ein eigner Kummer trifft: so merkst du doch, daß wir dann ganz im Gegenteil unseren Ruhm darein setzen, wenn wir imstande sind, ruhig zu sein und auszuharren, weil das die
Sache eines Mannes sei, jenes aber weibisch, was wir damals lobten? e
— Das merke ich, sagte er. — Ist das nun wohl ein feiner Ruhm, wenn man jemanden sieht, so wie man selbst nicht sein möchte, sondern sich schämen würde, davor sich nicht zu ekeln, sondern sich daran zu freuen und es zu loben? — Das scheint, sagte er, beim Zeus, wohl
nicht vernünftig. — Gewiß, sprach ich, wenn du es auch noch so be- 606 a
trachten wolltest. — Wie? — Wenn du bedenken wolltest, daß das damals bei eigenen Unfällen mit Gewalt Zurückgehaltene und gleichsam Ausgehungerte, indem es sich nicht hat sattweinen und zur Genüge ausjammern können, obwohl es von Natur so geartet ist, hiernach zu begehren, daß gerade dieses dann von den Dichtern befriedigt wird und sich wohl befindet; das von Natur Beste aber in uns, weil noch nicht hinreichend durch Wort und Sitte gebildet, in der
Achtsamkeit auf dieses Tränenreiche nachläßt, weil es ja nur fremde b
Zustände betrachtet und für es selbst ja nichts Schmähliches darin liegt, wenn ein anderer, der sich für einen trefflichen Mann gibt, unzeitig trauert, diesen zu loben und Mitleid mit ihm zu haben; sondern jene Lust wird für baren Gewinn genommen, und man möchte sie nicht gern missen, das ganze Gedicht verwerfend. Denn so, glaube ich, pflegen nur wenige zu rechnen, daß man doch von dem Fremden notwendig etwas zu genießen bekommt für das Eigene und daß, wenn man aus jenem das Trübselige genährt und gestärkt hat, es bei eigenen Unfällen nicht leicht sein wird, es im Zaum zu halten. — Sehr
wahr, sagte er. — Und verhält es sich etwa mit dem Lächerlichen c
nicht ebenso? Wenn du einen Schwank, den du dich schämen würdest selbst zu machen, doch, hörst du ihn in dem öffentlichen Lustspiel oder in einem kleinen Kreise, gewaltig belachst und nicht als etwas Schlechtes abweist: so tust du dasselbe wie dort bei den Klagen. Was du nämlich durch Vernunft zurückhieltest, wenn es in dir selbst Schwänke machen wollte, weil du doch den Ruf eines Possenreißers scheutest, das läßt du nun wieder los; und hast du es dort aufgefrischt, so wirst du unvermerkt bald auch in deinem eigenen Kreise so weit ausschlagen, daß du einen Spaßmacher vorstellst. —
Sehr leicht wohl, sagte er. — Und auch mit dem Geschlechtstrieb und d
dem Unwillen und allem, was es der Begierde Angehöriges oder der Lust und Unlust Verwandtes in der Seele gibt, wie wir denn zugeben, daß dieses uns durch alle Verhältnisse begleitet, ist es dann so,

daß uns die dichterische Nachbildung dergleichen antut. Denn sie
nährt und begießt alles dieses, was doch sollte ausgetrocknet wer-
den, und macht es in uns herrschen, obwohl es doch müßte beherrscht
werden, wenn wir Bessere und Glückseligere statt Schlechtere und
Elendere werden sollen. — Ich weiß nichts dagegen zu sagen, sprach
e er. — Also, sagte ich, o Glaukon, wenn du Lobredner des Homeros
antriffst, welche behaupten, dieser Dichter habe Hellas gebildet, und
bei der Anordnung und Förderung aller menschlichen Dinge müsse
man ihn zur Hand nehmen, um von ihm zu lernen, und das ganze
eigene Leben nach diesem Dichter einrichten und durchführen: so
607 a mögest du sie dir gefallen lassen und mit ihnen, als die so gut sind,
wie sie nur immer können, vorliebnehmen, auch ihnen zugeben, Ho-
meros sei der dichterischste und erste aller Tragödiendichter, doch
aber wissen, daß in den Staat nur der Teil von der Dichtkunst auf-
zunehmen ist, der Gesänge an die Götter und Loblieder auf treffli-
che Männer hervorbringt. Wirst du aber die süßliche Muse aufneh-
men, dichte sie nun Gesänge oder gesprochene Verse: so werden dir
Lust und Unlust im Staate das Regiment führen statt des Gesetzes
und der jeweils von der Gesamtheit für das beste gehaltenen ver-
nünftigen Gedanken. — Sehr wahr, sagte er. —

[8. Allein eine als förderlich erwiesene Dichtkunst wäre der Beach-
b *tung wert]* Dieses also sei zu unserer Verteidigung gesagt, weil wir
der Dichtkunst wieder gedachten, daß wir sie mit gutem Rechte da-
mals aus der Stadt verwiesen, da sie eine solche ist; denn die Ver-
nunft nötigte es uns ab. Wir wollen ihr aber zureden, daß sie uns
nicht einer Härte und Unartigkeit zeihe, weil ja ein alter Streit ist
zwischen der Philosophie und Dichtkunst. Denn jener ‹lärmige gegen
die Herren ankläffende Hund› und ‹groß in der Toren Leerrednerei-
c en› und ‹der Gottweisen herrschendes Volk› und ‹die zart die Gedan-
ken verspinnenden, weil sie eben hungern› und tausenderlei derglei-
chen sind Zeichen des alten Haders unter diesen beiden. Dennoch sei
ihr gesagt, daß wir ja, wenn nur die der Lust dienende Dichtung und
Nachbildnerei etwas anzuführen weiß, weshalb auch ihr ein Platz
zukomme in einem wohlverwalteten Staate, sie mit Freuden aufneh-
men würden, da wir uns bewußt sind, wie auch wir von ihr angezo-
gen werden. Aber was uns wahr dünkt preiszugeben, wäre doch nicht
ohne Frevel. Nicht wahr, Freund, zieht sie dich nicht auch an, und
d am meisten, wenn sie dir im Homeros erscheint? — Dann bei weitem.
— Können wir also nicht mit Recht verlangen, daß sie herabsteige,
um sich zu verteidigen, sei es nun in Strophen oder anderem Silben-
maß? — Allerdings. — Doch wollen wir auch ihren Beschützern, so
viele deren nicht selbst Dichter sind, sondern nur Dichterfreunde,
gern vergönnen, auch in ungebundener Rede für sie sprechend zu
beweisen, daß sie nicht nur anmutig sei, sondern auch förderlich für
die Staaten und das gesamte menschliche Leben, und wir wollen un-
befangen und wohlmeinend zuhören. Denn es wäre ja unser eigener
e Vorteil, wenn sich zeigte, sie sei nicht nur angenehm, sondern auch
heilsam. — Wie sollte es nicht unser Vorteil sein! sagte er. — Wenn

aber etwa nicht, lieber Freund: dann werden wohl auch wir, wie die-
jenigen, die einmal verliebt waren, wenn sie glauben, daß ihnen die
Liebe nicht mehr förderlich sei, sich mit Mühe zwar, aber doch zu-
rückziehen, so auch wir, wegen der Liebe, die wir früher vermöge un-
serer Erziehung in so trefflichen Staaten zu dieser Dichtung hegten,
ihr zwar wohlwollend helfen, um ins Licht zu setzen, daß sie gar 608 a
vortrefflich und vollkommen wahr sei; solange sie aber ihre Vertei-
digung nicht zustande bringt, wollen wir, indem wir ihr zuhören, mit
dieser Rede und diesem Zauberspruch uns selbst besprechen, aus
Furcht, wieder in jene kindische und gemeine Liebe zurückzufallen,
und wollen als sicher annehmen, daß man sich um diese Dichtkunst
nicht ernsthaft bemühen dürfe, als ob sie selbst ernsthaft sei und die
Wahrheit treffe, daß vielmehr der Hörer, der um die richtige Ver-
fassung seiner selbst besorgt ist, sich gar sehr vor ihr zu hüten habe b
und so von der Dichtkunst zu denken, wie wir es ausgesprochen ha-
ben. — In allen Stücken, sprach er, stimme ich dir bei. — Denn groß,
fuhr ich fort, o lieber Glaukon, groß und nicht wie es gewöhnlich
genommen wird, ist der Kampf darum, ob man gut werde oder
schlecht; so daß, weder durch Ehre noch Geld noch irgendeine Gewalt,
ja auch nicht einmal durch die Dichtkunst aufgeregt, jemand die Ge-
rechtigkeit und die übrige Tugend vernachlässigen sollte. — Ich stim-
me dir bei, sagte er, vermöge alles dessen, was wir auseinandergesetzt
haben, und glaube, auch jeder andere werde es tun.

*[9. Die Unsterblichkeit der Seele. Satz vom Untergang jedes We-
sens durch die ihm eigene Schlechtigkeit]*

Und doch haben wir die größten Aussichten und vorgesteckten c
Preise für die Tugend noch nicht auseinandergesetzt. — Du mußt
wohl, sagte er, eine ungeheure Größe im Sinne haben, wenn es an-
deres, größeres als das Gesagte geben soll. — Was kann aber, sprach
ich, in kurzer Zeit Großes geschehen? Denn diese ganze Zeit von der
Kindheit bis zum Alter ist doch gegen die ganze insgesamt eine
gar kurze. — So gut wohl als gar nichts, sagte er. — Wie also? Meinst
du, ein unsterbliches Wesen solle sich um so weniger Zeit willen ab-
gemüht haben, und nicht vielmehr wegen der ganzen? — Ich glaube d
es wenigstens, sagte er, aber wie meinst du dieses? — Bist du dessen
nicht innegeworden, sprach ich, daß unsere Seele unsterblich ist und
niemals umkommt? — Da sah er mich an und sagte verwundert: Beim
Zeus, ich nicht! Du aber kannst dies behaupten? — Wenn ich mich
nicht ganz irre, sprach ich. Aber ich denke, du auch, denn es ist gar
nichts Schweres. — Mir gewiß! sagte er. Aber von dir möchte ich gar
zu gern dieses gar nicht Schwere vernehmen. — So höre denn, sprach
ich. — Rede nur, sagte er. — Nennst du, begann ich, etwas gut und
böse? — Ich gewiß. — Denkst du nun auch darüber so wie ich? — Wor- e
in? — Daß alles Verderbende und Zerstörende das Böse ist, das Er-
haltende aber und Fördernde das Gute. — So denke ich, sagte er. —
Und wie? Setzt du auch für jegliches ein Gutes und Böses? Wie für
die Augen die Fistel und für den gesamten Leib die Krankheit, für 609 a
das Korn den Brand, für das Holz die Fäulnis, für Eisen und Erz den

Rost, und, wie ich sage, setzt du für alles und jedes fast seine besondere ihm angestammte Krankheit und sein Böses? — Das setze ich, sagte er. — Und nicht wahr, wenn dies zu einem Dinge kommt, so wird das schlecht, bei dem es sich eingestellt hat, und zuletzt kommt es ganz um und wird zerstört? — Wie sollte es nicht. — Das einem jeden angestammte Böse also und die Schlechtigkeit zerstört jedes; und
wenn diese es nicht zerstört, so gibt es nichts, was etwas verderben
b kann. Denn das Gute könnte doch wohl nie irgend etwas zerstören,
und das, was weder gut noch böse ist, ebensowenig. — Wie könnte es wohl! sagte er. — Wenn wir also so etwas fänden, welches freilich auch sein Böses hat, wodurch es schlecht wird, nicht so jedoch, daß dieses imstande wäre, es zerstörend aufzulösen: werden wir dann nicht schon wissen, daß es für das so Beschaffene keinen Untergang gebe? — So scheint es wohl, sagte er. — Wie also? sprach ich; hat die Seele nicht auch etwas, das sie schlecht macht? — Ei freilich, sagte er,
dies alles, wovon wir gehandelt haben, die Ungerechtigkeit und Un-
c bändigkeit und die Feigheit und der Unverstand. — Kann nun wohl
etwas von diesen sie auflösen und zerstören? Und merke nur wohl, daß wir uns nicht etwa täuschen und denken, wenn ein ungerechter und unvernünftiger Mensch bei der Ungerechtigkeit ergriffen wird, so komme er dann um durch die Ungerechtigkeit, als welche die Schlechtigkeit der Seele ist. Sondern stelle die Sache so: so wie die Krankheit, welche die Schlechtigkeit des Leibes ist, den Leib verzehrt
und aufreibt und dahin bringt, daß er gar nicht mehr Leib ist; und
d alles soeben Angeführte durch das eigentümliche Böse, indem es
ihm zerstörend anhaftet und einwohnt, dahin kommt, nicht zu sein. Nicht so? — Ja. — So komm denn und betrachte die Seele auf dieselbe Weise. Kann wohl Ungerechtigkeit und sonst andere Untugend, die in ihr ist, sie dadurch, daß sie in ihr ist und ihr anhaftet, verderben und verzehren, bis sie sie zum Tode bringt und vom Leibe trennt? — Dieses doch auf keine Weise, sagte er. — Und jenes war doch ungereimt, sprach ich, daß die Schlechtigkeit eines anderen et-
was verderben solle, die eigene aber nicht. — Ungereimt. — Denn be-
e denke nur, o Glaukon, daß wir auch nicht glauben, an der Schlech-
tigkeit des Getreides, sofern sie nur dieses ist, sei es nun Alter oder Fäulnis oder was es sonst für eine sein mag, müsse der Leib verderben; sondern dann zwar, wenn des Getreides Schlechtigkeit in dem Leibe des Leibes Elend hervorbringt, werden wir sagen, er sei um jener willen an seiner eigenen Schlechtigkeit, welches die Krankheit ist,
untergegangen, daß aber an des Getreides Schlechtigkeit, welches ja
610 a etwas ganz anderes ist, der ganz etwas anderes seiende Leib, also an
einem fremden Bösen, welches nicht in ihm das seiner Natur anhaftende Böse hervorbringt, untergehen könne, werden wir niemals behaupten. — Vollkommen richtig gesprochen, sagte er. —

[10. Die ihr eigene Schlechtigkeit tötet die Seele nicht, und daher ist sie unsterblich] Nach derselben Regel, sprach ich, wenn nicht des Leibes Schlechtigkeit in der Seele ihre eigene Schlechtigkeit hervorbringt, wollen wir nie glauben, daß an einem fremden Übel ohne eigene

Schlechtigkeit die Seele untergehe, sie als ein ganz anderes an dem
Übel eines anderen. – Das ist richtig gefolgert, sagte er. – Entweder
also müssen wir dieses widerlegen, daß es nicht richtig war, oder so-
lange es unwiderlegt steht, laß uns nie behaupten, daß am Fieber oder b
sonst einer Krankheit oder auch am Schwert, und wenn einer auch
den ganzen Leib in die kleinsten Stückchen zerschnitte, deshalb auch
nur im geringsten die Seele untergehe, ehe nicht jemand nachweist,
daß wegen dieser Zustände des Leibes jene selbst ungerechter und un-
heiliger werde. Solange also nur in einem andern ein fremdes Übel,
in jeglichem aber sein eigentümliches nicht entsteht: so wollen wir
weder von der Seele noch von irgend etwas gelten lassen, daß es auf c
diese Weise untergehe. – Dieses aber, sagte er, wird doch wohl nie-
mals irgend jemand zeigen können, daß die Seelen der Sterbenden
des Todes wegen ungerechter werden. – Wenn aber doch einer, ent-
gegnete ich, dreist genug ist, gerade draufloszugehen, und, damit er
nicht nötig habe zuzugeben, daß die Seelen unsterblich sind, behaup-
tet, der Sterbende werde schlechter und ungerechter: so werden wir
doch annehmen, wenn jener recht hat mit seiner Behauptung, daß
die Ungerechtigkeit dem, der sie hat, tödlich sei wie eine Krankheit
und daß diejenigen, welche eine solche Krankheit bekommen, durch
diese sterben, die ihrer eigenen Natur gemäß tötet, die einen sehr d
früh, die anderen weit später, nicht aber so, wie jetzt für die Unge-
rechtigkeit andere es den Ungerechten als Strafe auflegen zu ster-
ben. – Beim Zeus, sagte er, so zeigte sich dann ja die Ungerechtig-
keit als etwas gar nicht so Schreckliches, wenn sie dem, der sie be-
kommt, tödlich wird; denn so wäre sie ja eine Ablösung von allen
Übeln. Vielmehr aber glaube ich, sie wird sich auf ganz entgegen-
gesetzte Art zeigen, als andere tötend, wenn sie kann, den aber, der e
sie hat, stellt sie gar lebenslustig dar, und außer dem, daß er lebens-
lustig ist, auch noch wachsam; so weit, wie man ja sieht, ist sie da-
von entfernt, tödlich zu sein. – Sehr richtig, sagte ich, bemerkst du
dies. Wenn denn also die eigene Schlechtigkeit und das eigene Böse
nicht imstande ist, die Seele zu töten und zu zerstören, so hat es wohl
keine Not, daß ein einem andern zum Verderben gesetztes Übel die
Seele oder sonst etwas anderes als das, dem es dazu gesetzt ist, zer-
stören sollte. – Keine Not, sagte er, wie man ja schließen muß. –
Also wenn doch gar kein Übel, weder eigenes noch fremdes, sie zer-
stört: so ist ja offenbar, daß sie notwendig etwas immer Seiendes ist; 611 a
und wenn immer seiend, dann unsterblich. – Notwendig, sagte er.

[11. Verschiedenheit der wahren Natur der Seele von der in ihrer jetzigen Gestalt erscheinenden Mannigfaltigkeit]

Dieses also, sprach ich, verhalte sich so! Wenn aber: so siehst du wohl, daß auch immer dieselben Seelen sein werden. Denn weder weniger können ihrer werden, wenn keine untergeht, noch auch mehrere. Denn wenn etwas von den unsterblichen Dingen mehr würde, so weißt du ja wohl, daß es aus dem Toten entstehen müßte, und so wäre zuletzt alles unsterblich. – Richtig gesprochen. – Allein, sprach ich, weder dieses laß uns glauben, denn die Vernunft läßt es nicht

b zu, noch auch wiederum, daß die Seele ihrer wahrhaftesten Natur
nach vieler Mannigfaltigkeit und Unähnlichkeit und Verschieden-
heit voll sei an und für sich. – Wie meinst du das? fragte er. – Nicht
leicht, sprach ich, wird ewig sein, wie sich uns doch jetzt die Seele ge-
zeigt hat, was aus vielem zusammengesetzt ist und sich nicht der al-
lervortrefflichsten Zusammensetzung erfreut. – Man sollte freilich
nicht denken. – Daß nun die Seele unsterblich ist, erweist sowohl
die gegenwärtige Rede als auch die übrigen. Was sie aber der Wahr-
c heit nach ist, das muß man nicht an ihr sehen wollen in der Verun-
staltung, wie wir sie jetzt nur sehen, durch die Gemeinschaft mit
dem Leibe und durch andere Übel; sondern so wie sie ist, wenn sie
sich reinigt, so müssen wir sie mit dem Verstande aufmerksam in
Augenschein nehmen, und viel schöner wirst du sie dann finden, und
daß sie viel bestimmter Gerechtigkeit und Ungerechtigkeit unter-
scheidet und alles, was wir eben besprochen haben. Jetzt aber haben
wir zwar richtig von ihr geredet, wie sie gegenwärtig erscheint; wir
sehen sie aber nur in solchem Zustande wie die, welche des Meer-
d gotts Glaukos ansichtig werden, doch nicht leicht seine ehemalige
Natur zu Gesicht bekommen, weil sowohl seine alten Gliedmaßen
teils zerschlagen, teils zerstoßen und auf alle Weise von den Wellen
beschädigt sind, als auch ihm ganz Neues zugewachsen ist, Muscheln
und Tang und Gestein, so daß er eher einem Ungeheuer ähnlich sieht
als dem, was er vorher war. Ebenso nun sehen auch wir unsere Seele
von tausenderlei Übeln übel zugerichtet. Aber, o Glaukon, dorthin
müssen wir unsere Blicke richten. – Wohin? fragte er. – Auf ihr wis-
e senschaftliebendes Wesen, und müssen bemerken, wonach dieses
trachtet und was für Unterhaltungen es sucht, als dem Göttlichen
und Unsterblichen und immer Seienden verwandt, und wie sie sein
würde, wenn sie ganz und gar folgen könnte, von diesem Antriebe
emporgehoben aus der Meerestiefe, in der sie sich jetzt befindet, und
612 a das Gestein und Muschelwerk abstoßend, welches ihr jetzt, da sie mit
Erde bewirtet wird, erdig und steinig, bunt und wild durcheinander
angewachsen ist von diesen sogenannten glückseligen Festen her. Und
dann erst würde einer ihre wahre Natur erkennen, ob sie vielartig
ist oder einartig, und wie und auf welche Weise sie sich verhält. Ihre
jetzigen Verschiedenheiten aber und Zustände in dem menschlichen
Leben haben wir, denke ich, deutlich genug auseinandergesetzt. –
Auf alle Weise gewiß, sagte er. –

*[12. Preis und Lohn der Gerechtigkeit bei Göttern und Menschen
während des Lebens]* Und nicht wahr, sprach ich, alles anderen ha-
b ben wir uns in der Rede entschlagen, und nichts von dem Lohn und
dem Ruhm der Gerechtigkeit herbeigezogen, wie ihr vom Hesio-
dos und Homeros sagtet, sondern die Gerechtigkeit an und für sich,
fanden wir, sei für die Seele an und für sich das Beste, und das Ge-
rechte müsse sie tun, möchte sie nun den Ring des Gyges haben oder
nicht haben, und außer solchem Ringe auch noch des Hades Helm.
– Vollkommen richtig, sagte er. – Nun aber, o Glaukon, sprach ich,
ist es doch ohne Gefahr, der Gerechtigkeit und der übrigen Tugend

außer jenem auch noch den Lohn beizulegen, was für welchen und c
wie großen sie der Seele verschafft bei Göttern sowohl als Menschen,
schon während der Mensch noch lebt und auch nach seinem Tode. –
Allerdings wohl! sagte er. – Gebt ihr also auch zurück, was ihr in
der Rede geborgt habt? – Was doch recht? – Ich gab euch zu, der
Gerechte solle für ungerecht gehalten werden und der Ungerechte
für gerecht. Denn ihr wart der Meinung, wenn es auch nicht möglich
sei, daß dies Göttern und Menschen entgehen könne, so müsse man
es doch der Untersuchung wegen zugeben, damit die Gerechtigkeit
an und für sich mit der Ungerechtigkeit an und für sich verglichen
werden könne. Oder erinnerst du dich nicht? – Sehr unrecht, sagte d
er, hätte ich, wenn nicht! – Nachdem also beide verglichen sind, for-
dere ich dieses im Namen der Gerechtigkeit zurück, daß, wie wirk-
lich bei Göttern und Menschen von ihr gehalten wird, so ihr auch
zugesteht, daß von ihr gehalten werde, damit sie nun auch die Sie-
gesehren, welche sie durch die Meinung erwirbt, davontrage und den
sie Besitzenden austeile, nachdem sich ja gezeigt hat, daß sie ihnen
auch durch ihr Sein und Wesen Gutes verleiht und diejenigen nicht
hintergeht, welche sie in Wahrheit in sich aufnehmen. – Gerecht,
sagte er, ist, was du forderst. – Dieses also, sprach ich, gebt ihr mir e
wohl zuerst zurück, daß den Göttern doch gewiß nicht verborgen
bleibt, wie jeder von diesen beiden beschaffen ist? – Das wollen wir
zurückgeben, sagte er. – Können sie aber nicht verborgen bleiben:
so wäre ja wohl der eine den Göttern lieb, der andere aber ihnen ver-
haßt, wie wir auch von Anfang an eingestanden haben. – So ist es.
– Und von dem, welcher den Göttern lieb ist, wollten wir nicht zu-
geben, daß ihm alles, was von den Göttern herkommt, auch auf das 613 a
möglichst beste zukomme; es müßte ihm denn aus früherer Sünde
noch ein notwendiges Übel herstammen? – Ganz gewiß! – So müssen
wir demnach denken von dem gerechten Manne, mag er nun in Ar-
mut leben oder in Krankheit oder was sonst für ein Übel gehalten
wird, daß ihm auch dieses zu etwas Gutem ausschlagen werde im Le-
ben oder nach dem Tode. Denn nicht wird wohl der je von den Göt-
tern vernachlässigt, der sich beeifern will, gerecht zu werden und, in-
dem er die Tugend übt, soweit es dem Menschen möglich ist, Gott b
ähnlich zu sein. – Wohl ist vorauszusetzen, sagte er, daß ein solcher
nicht von dem Ähnlichen vernachlässigt werde. – Und nicht wahr,
von dem Ungerechten muß man sich doch das Gegenteil hiervon
vorstellen? – Gar sehr gewiß. – Solcherlei also wären die von den
Göttern dem Gerechten verliehenen Siegesehren. – Meiner Meinung
nach wenigstens! sagte er. – Und wie, sprach ich, steht es bei den
Menschen? Verhält es sich nicht so, wenn man doch, was wirklich
ist, aufstellen soll? Machen es nicht die Gewaltigen und Ungerechten
wie jene Läufer, welche hinaufwärts zwar vortrefflich laufen, herab-
wärts aber nicht? Zuerst laufen sie mit großer Schnelligkeit aus, zu-
letzt aber werden sie ausgelacht, wenn sie die Ohren zwischen die c
Schultern stecken und sich unbekränzt davonmachen. Die rechten
Laufkünstler aber, welche bis zu Ende aushalten, erlangen den Preis
und werden bekränzt. Läuft es nicht auch mit den Gerechten meist

ebenso ab? Am Ende jedes Geschäfts und Verhältnisses und des Lebens selbst werden sie gepriesen und tragen auch bei den Menschen den Preis davon? — Jawohl. — Du wirst es also schon leiden, wenn ich von ihnen dasselbe sage, was du von den Ungerechten sagtest.
d Ich will nämlich sagen, die Gerechten, wenn sie nur erst älter geworden sind, erhalten in ihrer Vaterstadt welches Amt sie nur wollen, heiraten aus welchen Familien sie wollen, und geben ihre Töchter aus, wohin sie nur wollen; und alles, was du damals von jenen, behaupte ich jetzt von diesen. Und so auch wiederum von den Ungerechten, daß die meisten von ihnen, wenn sie auch in der Jugend unbemerkt bleiben, doch am Ende des Laufes ergriffen und ausgelacht werden und im Alter jämmerlich verhöhnt von Fremden und Einhei-
e mischen und ausgepeitscht, und wovon du weiter sagtest, es sei grob, woran du auch ganz recht hattest, daß sie gefoltert und gebrannt werden. Jenes alles nimm nun an auch von mir gehört zu haben, daß es ihnen begegnet. Also, wie gesagt, siehe zu, ob du es gelten läßt. — Gar sehr, sagte er, denn du hast recht.

[13. Erzählung des Er. Weg der abgeschiedenen Seelen und Größe der verhängten Strafen]

Was also, sprach ich, dem Gerechten bei seinem Leben von Göt-
614 a tern und Menschen für Preis und Lohn und Gaben zuteil werden außer jenen Gütern, welche die Gerechtigkeit an und für sich ihm darbietet, dies wären nun solcherlei. — Und gar Treffliches, sagte er, und Zuverlässiges. — Dieses aber, sagte ich, ist dennoch nichts, an Menge und Größe mit demjenigen verglichen, was jeden von beiden nach dem Tode erwartet. Auch dieses aber müssen wir vernehmen, damit jeder von beiden vollständig zu hören bekomme, was ihm die
b Rede schuldig ist. — Sage es nur, sprach er, und glaube, daß es nicht viel anderes gibt, was ich lieber hörte. — Ich will dir indessen keine Alkinoos-Erzählung mitteilen, sondern eine von einem gar wackern Manne, nämlich Er, dem Sohn des Armenios, einem Pamphylier dem Geschlecht nach; welcher einst im Kriege tot geblieben war, und als nach zehn Tagen die Gebliebenen schon verwest aufgenommen wurden, ward er unversehrt aufgenommen und nach Hause gebracht, um bestattet zu werden. Als er aber am zwölften Tage auf dem Scheiterhaufen lag, lebte er wieder auf und berichtete sodann, was er dort gesehen. Er sagte aber, nachdem seine Seele ausgefahren, sei sie
c mit vielen andern gewandelt, und sie wären an einen wunderbaren Ort gekommen, wo in der Erde zwei aneinander grenzende Spalten gewesen und am Himmel gleichfalls zwei andere ihnen gegenüber. Zwischen diesen seien Richter gesessen, welche, nachdem sie die Seelen durch ihren Richterspruch geschieden, den Gerechten befohlen hätten, den Weg rechts nach oben durch den Himmel einzuschlagen, nachdem sie ihnen Zeichen dessen, weswegen sie gerichtet worden, vorne angehängt, den Ungerechten aber den Weg links nach unten, und auch diese hätten hinten Zeichen gehabt von allem, was sie ge-
d tan. Als nun auch er hinzugekommen, hätten sie ihm gesagt, er solle den Menschen ein Verkünder des Dortigen sein, und hätten ihm ge-

boten, alles an diesem Orte zu hören und zu schauen. Er habe nun
dort gesehen, wie durch den einen jener Spalte im Himmel und in der
Erde die Seelen, nachdem sie gerichtet worden, abgezogen seien, von
den andern beiden aber seien aus dem in der Erde Seelen hervorge-
kommen voller Schmutz und Staub, durch den andern hingegen sei-
en reine Seelen vom Himmel herabgestiegen. Und die Ankommen- e
den hätten jedesmal geschienen wie von einer langen Wanderung
herzukommen, und sich, sehr zufrieden, daß sie auf diesen Matten
verweilen konnten, wie zu einer festlichen Versammlung hingela-
gert. Die einander Bekannten hätten sich dann begrüßt und die aus
der Erde Kommenden von den andern das Dortige erforscht, und so
auch die aus dem Himmel von jenen das Ihrige; und so hätten sie
einander erzählt, die einen heulend und weinend, indem sie gedach- 615 a
ten, welcherlei und wie Großes sie erlitten und gesehen während der
unterirdischen Wanderung, die Wanderung aber sei tausendjährig,
die aus dem Himmel hingegen hätten von ihrem Wohlergehen er-
zählt und der unbegreiflichen Schönheit des dort zu Schauenden.
Vielerlei nun davon erfordere viel Zeit zu erzählen, die Hauptsache
aber sei dieses, daß sie jeder für alles, was sie jemals und an wem
immer Ungerechtes getan, einzeln hätten Strafe geben müssen, zehn-
mal für jedes, nämlich immer wieder nach hundert Jahren, als wel-
ches die Länge des menschlichen Lebens sei, damit sie so zehnfach b
die Buße für das Unrecht ablösten. So zum Beispiel, wenn einige an
vielfältigem Tode schuldig gewesen, weil sie Städte verraten oder
Heere und in die Knechtschaft gestürzt oder sonst großes Elend mit-
verschuldet hatten, so mußten sie von dem allen für jedes zehnfache
Pein erdulden; hatten sie aber wiederum auch Wohltaten gespendet
und sich gerecht und heilig erwiesen, so empfingen sie auch dafür
nach demselben Maßstabe den Preis. Die aber anlangend, welche c
nach ihrer Geburt nur kurze Zeit leben, sagte er anderes, das nicht
nötig ist hier zu erwähnen. Für Ruchlosigkeit aber und Frömmigkeit
gegen Götter sowohl als Eltern und für eigenhändigen Mord gebe
es noch größeren Lohn. Denn er sei zugegen gewesen, als einer von
dem andern gefragt worden, wo denn Ardiaios der Große sei, wel-
cher nämlich in einer pamphylischen Stadt vor damals schon tausend
Jahren als Tyrann geherrscht, nachdem er seinen betagten Vater und
älteren Bruder getötet und viel anderen Frevel verübt hatte, der Sage d
nach. Der Gefragte also habe gesagt: ‹Er ist nicht hier und wird wohl
auch nicht hierher kommen.›

*[14. Strafe für die Tyrannen. Beschreibung der Spindel der Not-
wendigkeit]* ‹Denn auch dieses haben wir gesehen unter andern
grauenvollen Gesichten. Als wir nahe an der Mündung waren und
im Begriff auszusteigen, nachdem wir das andere alles erduldet, so
sahen wir plötzlich jenen mit anderen, von denen die meisten auch
Tyrannen waren, nur einige darunter waren keine Staatsmänner, hat-
ten aber sonst Großes verbrochen. Als diese meinten eben auszustei-
gen, nahm die Öffnung sie nicht auf, sondern erhob großes Gebrülle, e
sooft einer von den so Unheilbaren in der Schlechtigkeit, oder der

noch nicht hinreichend Strafe gegeben, versuchen wollte heraufzu-
steigen. Und gleich waren auch, fuhr er fort, gewisse wilde Männer
bei der Hand, ganz feurig anzusehen, welche den Ruf verstanden
und einige davon ergriffen und wegführten; dem Ardiaios aber und
616 a anderen banden sie Hände und Füße und Kopf zusammen, warfen
sie nieder und, nachdem sie sie mit Schlägen zugedeckt, zogen sie sie
seitwärts vom Wege ab, wo sie sie mit Dornen schabten und den
Vorbeigehenden jedesmal andeuteten, weshalb diese solches litten
und daß sie abgeführt würden, um in den Tartaros geworfen zu
werden.› Und so sei denn, sagte er, nachdem ihnen so viel und man-
cherlei Furchtbares begegnet, diese Furcht die schlimmste von allen
gewesen für jeden, daß, wenn er hinaufsteigen wollte, der Schlund
brüllen könnte, und mit der größten Zufriedenheit seien sie dann
hinaufgestiegen, wenn er geschwiegen habe. Solcherlei also seien die
b Büßungen und Strafen, und ebenso die Erquickungen, jenen als Ge-
genstück entsprechend. Nachdem aber jedesmal denen auf der Wiese
sieben Tage verstrichen, müßten sie am achten aufbrechen und wan-
dern und kämen den vierten Tag hin, wo man von oben herab ein
gerades Licht wie eine Säule über den ganzen Himmel und die Erde
verbreitet sehe, am meisten dem Regenbogen vergleichbar, aber glän-
zender und reiner. In dieses kämen sie, eine Tagereise weitergegan-
c gen, hinein und sähen dort mitten in dem Lichte vom Himmel her
seine Enden an diesen Bändern ausgespannt; denn dieses Licht sei
das Band des Himmels, welches wie die Streben an den großen Schif-
fen den ganzen Umfang zusammenhält. An diesen Enden aber sei die
Spindel der Notwendigkeit befestigt, vermittels deren alle Sphären
in Umschwung gesetzt werden, und an dieser sei die Stange und der
Haken von Stahl, die Wulst aber gemischt aus diesem und anderen
d Arten. Beschaffen aber sei diese Wulst folgendermaßen: Die Ge-
stalt, so wie hier; aus dem aber, was er sagte, war abzunehmen, sie
sei so, als wenn in einer großen und durchweg ausgehöhlten Wulst
eine andere ebensolche kleinere eingepaßt wäre, wie man Schachteln
hat, die so ineinander passen, und ebenso eine andere dritte und eine
vierte und noch vier andere. Denn acht Wülste seien es insgesamt,
e welche ineinander liegend ihre Ränder von oben her als Kreise zei-
gen, um die Stange her aber nur *eine* zusammenhängende Oberflä-
che einer Wulst bilden; diese aber sei durch die achte mitten durch-
getrieben. Die erste und äußerste Wulst nun habe auch den breite-
sten Kreis des Randes, der zweite sei der der sechsten, der dritte der
der vierten, der vierte der der achten, der fünfte der der siebenten, der
sechste der der fünften, der siebente der der dritten, der achte der der
zweiten. Und der der größten sei bunt, der der siebenten der glän-
617 a zendste, der der achten erhalte seine Farbe von der Beleuchtung der
siebenten, der der zweiten und fünften seien einander sehr ähnlich,
gelblicher als jene, der dritte habe die weißeste Farbe, der vierte sei
rötlich, der zweite aber übertreffe an Weiße den sechsten. Indem nun
die Spindel gedreht werde, so kreise sie zwar ganz immer in dem-
selben Schwunge, in dem ganzen Umschwingenden aber bewegten
sich die sieben inneren Kreise langsam in einem dem ganzen ent-

gegengesetzten Schwung. Von diesen gehe der achte am schnellsten;
auf ihn folgen der Schnelle nach zugleich miteinander der siebente, b
sechste und fünfte; als der dritte seinem Schwunge nach kreise, wie
es ihnen geschienen, der vierte, als vierter aber der dritte und als
fünfter der zweite. Gedreht aber werde die Spindel im Schoße der
Notwendigkeit. Auf den Kreisen derselben aber säßen oben auf jeg-
lichem eine mit umschwingende Sirene, *eine* Stimme von sich gebend,
jede immer den nämlichen Ton, aus allen achten aber insgesamt klän-
ge dann *ein* Wohllaut zusammen. Drei andere aber, in gleicher Ent-
fernung ringsumher jede auf einem Sessel sitzend, die weiß beklei- c
deten, am Haupte bekränzten Töchter der Notwendigkeit, die Moiren
Lachesis, Klotho und Atropos, sängen zu der Harmonie der Sirenen,
und zwar Lachesis das Geschehene, Klotho das Gegenwärtige, Atro-
pos aber das Bevorstehende. Und Klotho berühre von Zeit zu Zeit
mit ihrer Rechten den äußeren Umkreis der Spindel und drehe sie
mit, Atropos aber ebenso die inneren mit der Linken, Lachesis aber
berühre mit beiden abwechselnd beides, das äußere und innere. d

[15. Art der von Lachesis verordneten Wahl der Lebensweisen] Sie
nun, als sie angekommen, hätten sie sogleich zur Lachesis gehen müs-
sen. Ein Prophet aber habe sie zuerst der Ordnung nach auseinander-
gestellt, dann aus der Lachesis Schoß Lose genommen und Grundrisse
von Lebensweisen, dann sei er auf eine hohe Bühne gestiegen und
habe gesagt: ‹Dies ist der Tochter der Notwendigkeit, der jungfräu-
lichen Lachesis Rede. Eintägige Seelen! Ein neuer todbringender Um-
lauf beginnt für das sterbliche Geschlecht. Nicht euch wird der Dä-
mon erlosen, sondern ihr werdet den Dämon wählen. Wer aber zu- e
erst gelost hat, wähle zuerst die Lebensbahn, in welcher er dann not-
wendig verharren wird. Die Tugend ist herrenlos, von welcher, je
nachdem jeglicher sie ehrt oder geringschätzt, er auch mehr oder min-
der haben wird. Die Schuld ist des Wählenden; Gott ist schuldlos.›
Dieses gesprochen, habe er die Lose unter alle hingeworfen; und je-
der habe das ihm zufallende aufgehoben, nur er nicht, ihm habe er
es nicht verstattet. Wer es aber nun aufgehoben, dem sei kundge-
worden, die wievielte Stelle er getroffen habe. Gleich nach diesem
nun habe er die Umrisse der Lebensweisen vor ihnen auf dem Boden 618 a
ausgebreitet in weit größerer Anzahl als die der Anwesenden. Deren
nun seien sehr vielerlei, die Lebensweisen aller Tiere nämlich und
auch die menschlichen insgesamt. Darunter nun seien Zwingherr-
schaften gewesen, einige lebenslänglich, andere mitteninne zugrunde-
gehend und in Armut, Verweisung und Dürftigkeit sich endigend;
ebenso auch Lebensweisen wohlangesehener Männer, die es teils ih-
rer Persönlichkeit wegen waren, der Schönheit halber oder sonst we-
gen körperlicher Stärke und Kampftüchtigkeit, andere aber ihrer Ab-
kunft und voreltlichen Tugenden wegen, und auch unberühmter b
ebenso, gleichermaßen auch von Frauen. Eine Rangordnung der See-
len aber sei nicht dabei gewesen, weil notwendig, welche eine andere
Lebensweise wählt, auch eine andere wird. Alles andere sei unterein-
ander und mit Reichtum und Armut, Krankheit oder Gesundheit ge-

mischt; einiges auch zwischen diesem mitteninne. – Hierauf nun
eben, o lieber Glaukon, beruht alles für den Menschen, und deshalb
c ist vorzüglich dafür zu sorgen, daß jeder von uns mit Hintansetzung
aller anderen Kenntnisse nur dieser Kenntnis nachspüre und ihr
Lehrling werde, wie einer dahin komme zu erfahren und aufzufin-
den, wer ihn dessen fähig und kundig machen könne, gute und
schlechte Lebensweise unterscheidend, aus allen vorliegenden immer
und überall die beste auszuwählen, alles eben Gesagte und unterein-
ander Zusammengestellte und Verglichene, was es zur Tüchtigkeit
des Lebens beitrage, wohl in Rechnung bringend, und zu wissen,
was zum Beispiel Schönheit wert ist mit Armut oder Reichtum ge-
d mischt, und bei welcher Beschaffenheit der Seele sie Gutes oder
Schlimmes bewirkt, und was gute Abkunft und schlechte, eingezoge-
nes Leben und staatsmännisches, Macht und Ohnmacht, Vielwisserei
und Unkunde, und was alles dergleichen der Seele von Natur Anhaf-
tendes oder Erworbenes miteinander vermischt bewirken, so daß
man aus allen insgesamt zusammennehmend auf die Natur der Seele
hinsehend die schlechtere und die bessere Lebensweise scheiden kön-
e ne, die schlechtere diejenige nennend, welche die Seele dahin bringen
wird, ungerecht zu werden, die bessere aber, welche sie gerecht macht,
um alles andere aber sich unbekümmert lassen; denn wir haben ge-
sehen, daß für dieses Leben und für das nach dem Tode dieses die
619 a beste Wahl ist. Und eisenfest an dieser Meinung festhaltend muß
man in die Unterwelt gehen, um auch dort nicht geblendet zu werden
durch Reichtümer und solcherlei Übel, und nicht, indem man auf Ty-
ranneien und andere dergleichen Taten verfällt, viel unheilbares
Übel stifte und selbst noch größeres erleide, sondern vielmehr ver-
stehe, in Beziehung auf dergleichen ein mittleres Leben zu wählen
und sich vor dem Übermäßigen nach beiden Seiten hin zu hüten, so-
wohl in diesem Leben nach Möglichkeit als auch in jedem folgenden.
b Denn so wird der Mensch am glückseligsten.

*[16. Beispiele von Wahlen bekannter Männer, Führung der Seelen
zum Feld der Vergessenheit und neuem Eintritt ins Leben]* Daher
denn auch damals der Bote von dorther verkündet, der Prophet
habe also gesagt: ‹Auch dem letzten, welcher hinzunaht, wenn er
mit Vernunft gewählt hat und sich tüchtig hält, liegt ein angeneh-
mes Leben bereit, kein schlechtes. Darum sei weder, der die Wahl be-
ginnt, sorglos, noch der sie beschließt, mutlos.› Nachdem jener nun
dies gesprochen, sagte er, sei der, welcher das erste Los gezogen, so-
gleich daraufzugegangen und habe sich die größte Zwingherrschaft
erwählt; aus Torheit und Gierigkeit aber habe er gewählt, ohne alles
genau zu betrachten, und so sei ihm das darin enthaltene Geschick,
c seine eigenen Kinder zu verzehren, und anderes Unheil, entgangen.
Nachdem er es nun mit Muße betrachtet, habe er auf sich losgeschla-
gen und seine Wahl bejammert, nicht beachtend, was der Prophet
vorhergesagt. Denn er habe nicht sich selbst dieses Unheils Schuld
beigelegt, sondern das Glück und die Götter und alles eher als sich
selbst angeklagt. Er sei aber einer von den aus dem Himmel Kom-

menden gewesen, der in einer wohlgeordneten Verfassung sein erstes Leben verlebt und nur durch Gewöhnung ohne Philosophie an
der Tugend teilgehabt. So daß er auch sagte, es hingen sich an sol- d
cherlei Dinge nicht wenigere von den aus dem Himmel Gekommenen, weil sie nämlich in Mühseligkeiten unerfahren seien, wohingegen von denen aus der Erde gar viele, weil sie selbst Mühseligkeiten genug gehabt und auch andere darin gesehen, ihre Wahl nicht so auf den ersten Anlauf machten. Daher denn, so wie freilich auch durch den Zufall des Loses, den meisten Seelen ein Wechsel entstehe zwischen Übel und Gutem. Denn wenn jemand jedesmal, wenn er
in diesem Leben ankäme, sich der Weisheit wahrhaft befleißige und e
ihm dann das Los zur Wahl nur nicht unter den allerletzten falle: so würde er wohl dem dort Angekündigten zufolge nicht nur hier glückselig sein, sondern auch seinen Weg von hier dorthin und von dorther zurück nicht unterirdisch und rauh zurücklegen, sondern glatt und himmlisch. Denn dies Schauspiel sei wert gewesen, es zu
sehen, wie die Seelen jede für sich ihre Lebensweise wählten; denn es 620 a
sei jämmerlich zu sehen gewesen und lächerlich und wunderbar. Die meisten nämlich hätten der Erfahrung ihres früheren Lebens gemäß gewählt. So habe er gesehen, daß die Seele, die einmal des Orpheus gewesen, ein Schwanenleben gewählt, indem sie aus Haß gegen das weibliche Geschlecht, wegen des von ihm erlittenen Todes, nicht habe vom Weibe geboren werden wollen; und die des Thamyris habe eine Nachtigall gewählt. So habe auch ein Schwan sich durch seine Wahl zum menschlichen Leben umgewendet, und ebenso andere tonkünstlerische Tiere. Eine Seele, welche als zwanzigste gelost,
habe sich das Leben eines Löwen gewählt, und dies sei die des tela- b
monischen Aias gewesen, welche eingedenk des Spruches wegen der Waffen vermeiden wollte, ein Mensch zu werden. Nächstdem die des Agamemnon, und auch diese habe aus Haß gegen das menschliche Geschlecht wegen des Erlittenen das Leben eines Adlers eingetauscht. Mitteninne habe auch die Seele der Atalante gelost, und da sie große Ehrenbezeugungen für einen kampfkünstlerischen Mann gefunden, habe sie nicht widerstehen können, sondern dieses gewählt. Nach
dieser habe er die des Epeios, des Sohnes des Panopeus, sich in die c
Natur einer kunstreichen Frau begeben sehen, und weiter unter den letzten den Possenreißer Thersites einen Affen anziehen. Zufällig sei die Seele des Odysseus durch das Los die letzte von allen gewesen und so hinzugegangen, um zu wählen. Da sie sich aber im Angedenken der früheren Mühen von allem Ehrgeiz erholt, so sei sie lange Zeit umhergegangen, um eines von Staatsgeschäften entfernten Mannes Leben zu suchen, und mit Mühe habe sie es, von allen andern
übersehen, irgendwo liegen gefunden, und als sie es gesehen, habe d
sie gesagt, sie würde ebenso wie jetzt gehandelt haben, auch wenn sie das erste Los gezogen hätte, und habe mit Freuden dieses Leben gewählt. Gleichermaßen seien nun auch von den Tieren welche zu den Menschen übergegangen und eine Art in die andere, indem ungerechte sich in wilde verwandelt, gerechte aber in zahme, und allerlei dergleichen Wechsel seien vorgekommen.

Nachdem nun aber alle Seelen ihre Lebensweisen gewählt, seien sie
nach der Ordnung, wie sie gelost, zur Lachesis hinzugetreten, und
jene habe jedem den Dämon, den er sich gewählt, zum Hüter seines
e Lebens und Vollstrecker des Gewählten mitgesendet. Dieser nun
habe sie zunächst zur Klotho, unter deren Hand, wie sie eben den
Schwung bewirkend an der Spindel drehte, geführt, um das von je-
dem gewählte Geschick zu befestigen; und nachdem er diese berührt,
habe er sie zur Spinnerei der Atropos geführt, um das Angesponne-
ne unveränderlich zu machen. Von da sei er, ohne sich umzuwenden,
621 a an der Notwendigkeit Thron getreten und durch diesen hindurchge-
gangen, nachdem auch die andern insgesamt dies getan, seien sie
dann insgesamt durch furchtbare Hitze und Qualen auf das Feld der
Vergessenheit gekommen, denn es sei entblößt von Bäumen und al-
lem, was die Erde trägt. Dort hätten sie sich, da der Abend schon her-
angekommen, an dem Flusse Sorglos gelagert, dessen Wasser kein
Gefäß halten könne. Ein gewisses Maß nun von diesem Wasser sei
jedem notwendig zu trinken; die aber durch Vernunft nicht bewahrt
würden, tränken über das Maß, und wie einer getrunken habe, verges-
b se er alles. Nachdem sie sich nun zur Ruhe gelegt und es Mitternacht
geworden, habe sich Ungewitter und Erdbeben erhoben, und plötz-
lich seien sie dann hüpfend wie Sterne der eine hierhin, der andere
dorthin getrieben worden, um eben ins Leben zu treten. Er selbst
habe vom Wasser zwar nicht trinken dürfen, wie aber und auf wel-
che Weise er wieder zu seinem Leibe gekommen, wisse er doch nicht,
sondern nur, daß er plötzlich, des Morgens aufschauend, sich schon
auf dem Scheiterhaufen liegend gefunden.

Und diese Rede, o Glaukon, ist erhalten worden und nicht verlo-
c rengegangen und kann auch uns erhalten, wenn wir ihr folgen; und
wir werden dann über den Fluß der Lethe gut hinüberkommen und
unsere Seele nicht beflecken. Sondern wenn es nach mir geht, wollen
wir, in der Überzeugung, die Seele sei unsterblich und vermöge alles
Übel und alles Gute zu ertragen, uns immer an den oberen Weg hal-
ten und der Gerechtigkeit mit Vernünftigkeit auf alle Weise nach-
trachten, damit wir uns selbst und den Göttern lieb seien, sowohl
während wir noch hier weilen, als auch wenn wir den Preis davon-
d tragen, den wir uns wie die Sieger von allen Seiten umher einholen,
und hier sowohl als auch auf der tausendjährigen Wanderung, von
der wir eben erzählt, uns wohl befinden.

Vom Geld ist die Rede, von wem noch?

 «Nicht mehr als Sterblicher . . .

. . . sondern als ein unsterblicher Gott wandle ich unter euch, von allen geehrt, wie es sich gebührt.» So stellte sich ein Mann in einem seiner Werke vor, und besieht man's recht, war dieser gotteslästerliche Hochmut beinahe angebracht. Als Arzt hat er solche Wundertäten vollbracht, daß man ihn wie einen Gott verehrte: Er soll eine Tote zum Leben erweckt und eine Stadt von der Malaria befreit haben. Auch als Staatsmann hatte er Erfolge, so daß man ihm schließlich gar die Königswürde antrug, die er aber verschmähte. Seinen Nachruhm jedoch hat er als Dichter und Philosoph errungen.

Der Mann wurde in einer Stadt auf Sizilien geboren, deren Hafen heute nach ihm benannt ist. Seine Familie war angesehen und reich, so reich, daß sein Vater, Meton, ein führender Politiker der Stadt war. Trotz seines Reichtums vertrat er nicht die Interessen der Besitzenden, sondern förderte die Ziele der demokratischen Partei. Auch der Sohn blieb Demokrat, und als Staatsmann gelang es ihm, die demokratische Verfassung seiner Heimat gegen tyrannische Machtstreber erfolgreich zu verteidigen. Danach wollte man ihn zum König krönen.

Seine Lehren haben die Heilkunst jahrhundertelang beeinflußt, und sein Versuch, die Entstehung der biologischen Arten zu erklären, kann als eine frühe Form der Darwinschen Selektionstheorie verstanden werden. Erstaunlich: Der Mann war gut zwanzig Jahre älter als Sokrates!

Erneute Parteikämpfe in seiner Heimat zwangen den Mann schließlich in die Verbannung, wo er als 60jähriger starb. Die Legende behauptete später, er sei in einen Vulkan gesprungen, um die Leute glauben zu lassen, er sei unmittelbar unter die Götter versetzt worden; der Vulkan aber habe nachmals eine der eisernen Sandalen des Mannes wieder ausgespien und so den Schwindler entlarvt. Von wem war die Rede?

(Alphabetische Lösung: 5–13–16–5–4–15–11–12–5–19)

EMPEDOKLES

BIBLIOGRAPHIE

Zum Phaidon

ARCHER-HIND, R. D., The Phaedo of Plato, ed. with introd., notes and appendices. 2. A. London 1894

BAL, B. H., Plato's ascese in de Phaedo. Diss. Nijmwegen 1950

BLUCK, R. S., Phaedo, transl. with introd., notes and appendices. London 1955

BURNET, J., Plato's Phaedo, ed. with introd. and notes. Oxford 1911

DIRLMEIER, F., Phaidon, übers. u. erläutert. München 1949

GUARDINI, R., Der Tod des Sokrates. Rowohlts dt. Enzykl. 27, Hamburg 1956

HACKFORTH, R., Plato's Phaedo, transl. with introd. and comm. Cambridge 1955

MEUNIER, M., Phédon, trad. avec prolég. et notes. Paris 1952

ROLLA, G., Saggio critico sul Fedone. Firenze 1938

SCHAERER, R., La composition du Phédon. In: Revue des Etudes Grèques 1940

Zum Staat

ADAM, J., The Republic of Plato, 2 Bde. Cambridge 1902

BOYD, W., An Introduction to the Republic of Plato. London 1937

CORNFORD, F. M., The Republic, transl. with introd. and notes. Oxford 1941

—, Mathematics and dialectic in the Republic VI—VII. In: Mind 1932

CROISET, M., La République de Platon. Etude et analyse. Paris 1946

HEIDEGGER, M., Platons Lehre von der Wahrheit. Bern 1948

HOERBER, R. G., The theme of Plato's Republic. St. Louis 1944

JOSEPH, H. W., Knowledge and the Good in Plato's Republic. Oxford 1948

LANDHEER, B., Der Gesellschafts- und Staatsbegriff Platons. Rotterdam 1939

LODGE, R. C., Plato's theory of education. 2. A. London 1950

MURPHY, N. R., The interpretation of Plato's Republic. Oxford 1951

SCHÜTT, E., Interpretationen zu Platons Politeia, Buch VI u. VII. Diss. Heidelberg 1954

SHOREY, P., Plato's Republic. 1. Bd. New York 1930, 2. Bd. London 1935

Gesamtdarstellungen der platonischen Philosophie

Brommer, P., Eidos et Idea, Etude sémantique et chronologique des œuvres de Platon. Assen 1940

Burnet, J., Platonism. Berkeley 1928

Diès, A., Autour de Platon. Paris 1927

Festugière, A. J., Contemplation et vie contemplative selon Platon. Paris 1936

Field, G. C., Die Philosophie Platons. Stuttgart 1952

Friedländer, P., Platon. 1. Bd. Berlin und Leipzig 1928; 2. erw. u. verb. A. Berlin 1954. 2. Bd. Die platonischen Schriften. Berlin und Leipzig 1930; 2. erw. u. verb. A. Berlin 1957

Hoffmann, E., Platon. Zürich 1950

Jäger, W., Paideia. 2. Bd. Berlin 1944, 3. Bd. Berlin 1947

Leisegang, H., Platon. In: Pauly-Wissowas Real-Enzyklopädie, 20. Bd., Sp. 2342—2537. Stuttgart 1950

Lodge, R. C., The philosophy of Plato. New York und London 1956

Natorp, P., Platons Ideenlehre. Leipzig 1. A. 1903, 2. A. 1921

Pohlenz, M., Aus Platons Werdezeit. Berlin 1913

Raeder, H., Platons philosophische Entwicklung. Leipzig 1905

Ritter, C., Platon, Sein Leben, seine Schriften, seine Lehre. 1. Bd. München 1910, 2. Bd. München 1923

Robin, L., Platon. Paris 1935

Robinson, R., Plato's earlier Dialectic. 2. A. Oxford 1953

Ross, D., Plato's Theory of Ideas. Oxford 1951

Schaerer, R., La question platonicienne. Paris 1938

Shorey, P., What Plato said. Chicago 1933

Stefanini, L., Platone, 2 Bde. 2. A. Padua 1949

Stenzel, J., Studien zur Entwicklung der platonischen Dialektik. 2. A. Leipzig und Berlin 1931

—, Zahl und Gestalt bei Platon und Aristoteles. 2. A. Leipzig u. Berlin 1933

—, Platon der Erzieher. Leipzig 1928

Taylor, A. E., Plato, The man and his work. London 1. A. 1926, 6. A. 1949

Wilamowitz-Moellendorff, U. v., Platon, 1. Bd. Leben und Werke, 2. Bd. Beilagen und Textkritik. Berlin 1919

INHALT

JEAN-PAUL SARTRE
DAS WERK IM ROWOHLT VERLAG

Eine Auswahl

Romane und Erzählungen

Der Ekel Roman

Die Kindheit eines Chefs Erzählungen

Theaterstücke

Geschlossene Gesellschaft

Die Fliegen

Die schmutzigen Hände

Philosophische Schriften

Das Sein und das Nichts

Marxismus und Existenzialismus

Bewußtsein und Selbsterkenntnis

Schriften zur Literatur

Was ist Literatur?

Saint Genet, Komödiant und Märtyrer

Politische Schriften

Paris unter der Besatzung Artikel und Reportagen 1944–1945

Wider das Unrecht Die Affäre Henri Martin

Autobiographische Schriften

Die Wörter

Sartre über Sartre

Tagebücher

Briefe an Simone de Beauvoir

Zu Sartres Leben und Werk

Walter Biemel: **Jean-Paul Sartre**

Axel Madsen: **Jean-Paul Sartre und Simone de Beauvoir** Die Geschichte einer ungewöhnlichen Liebe

ROWOHLT

2200/1

rowohlts bildmonographien

Thema
Philosophie

J.M. Zemb
Aristoteles (63)

Silvia Markun
Ernst Bloch (258)

Jochen Kirchhoff
Giordano Bruno (285)

Marion Giebel
Marcus Tullius Cicero (261)

Rainer Specht
René Descartes (117)

Helmut Hirsch
Friedrich Engels (142)

Anton J. Gail
Erasmus von Rotterdam (214)

Hans-Martin Sass
Ludwig Feuerbach (269)

Wilhelm G. Jacobs
Johann Gottlieb Fichte (336)

Rainer Funk
Erich Fromm (322)

Heino Rau
Mahatma Gandhi (172)

Franz Wiedemann
Georg Wilhelm Friedrich Hegel (110)

Walter Biemel
Martin Heidegger (200)

Friedrich W. Kantzenbach
Johann Gottfried Herder (164)

H. Gumnior/R. Ringguth
Max Horkheimer (208)

Hans Saner
Karl Jaspers (169)

Uwe Schultz
Immanuel Kant (101)

Peter P. Rohde
Sören Kierkegaard (28)

Pierre Do-Dinh
Konfuzius (42)

Werner Blumenberg
Karl Marx (76)

Ivo Frenzel
Friedrich Nietzsche (115)

Albert Beguin
Blaise Pascal (26)

Gottfried Martin
Platon (150)

Georg Holmsten
Jean-Jacques Rousseau (191)

Ernst P. Sandvoss
Bertrand Russell (282)

Wilhelm Mader
Max Scheler (290)

Jochen Kirchhoff
Friedrich Wilhelm Joseph von Schelling (308)

Friedrich W. Kantzenbach
Friedrich Daniel Ernst Schleiermacher (126)

bildmono ro ro ro graphien

C 2054/5

rowohlts bildmonographien

Thema
Philosophie

Walter Abendroth
Arthur Schopenhauer
(133)

Gottfried Martin
Sokrates (128)

Jürgen Naeher
Oswald Spengler (330)

Theun de Vries
Baruch de Spinoza
(171)

Johannes Hemleben
Rudolf Steiner (79)

Georg Holmsten
Voltaire (173)

K. Wuchterl/A. Hübner
Ludwig Wittgenstein
(275)

bildmono ro ro ro graphien

C 2054/5a

PLATON
Sämtliche Werke

Nach der Übersetzung von Friedrich Schleiermacher
und Hieronymus Müller mit der Stephanus-Numerierung
herausgegeben von
Walter F. Otto † · Ernesto Grassi · Gert Plamböck

BAND I
Apologie · Kriton · Protagoras · Ion · Hippias II · Charmides
Laches · Euthyphron · Gorgias · Briefe [1]

BAND II
Menon · Hippias I · Euthydemos · Menexenos · Kratylos
Lysis · Symposion [14]

BAND III
Phaidon · Politeia [27]

BAND IV
Phaidros · Parmenides · Theaitetos · Sophistes [39]

BAND V
Politikos · Philebos · Timaios · Kritias [47]

BAND VI
Nomoi [54]

Gesamtauflage der Werke Platons in der Reihe
«rowohlts klassiker»: 570 000 Exemplare

Als «rowohlts monographie» erschien:
PLATON
in Selbstzeugnissen und Bilddokumenten dargestellt von
Gottfried Martin [150]

110/9